# 中国宗族通史

## · 辽宋夏金元卷 ·

常建华◎主编

王善军◎著

人民出版社

# 总　序

呈现在读者面前的这部八卷本《中国宗族通史》，是 2014 年 11 月立项的国家社会科学基金重大招标项目的最终成果。承担者系教育部人文社会科学重点研究基地——南开大学中国社会史研究中心的专兼职研究人员。

在冯尔康先生主持下，南开大学的学者于 1994 年著成《中国宗族社会》一书，由浙江人民出版社刊行；2009 年增订更名为《中国宗族史》，由上海人民出版社刊行。该书就中国宗族的演变提出了较为全面而系统的看法。此后，我们就中国宗族继续探讨，出版了断代性的多项研究成果，我曾著文《改革开放以来南开大学的中国宗族、家族与家庭研究》（《南开史学》2019 年第 2 期）予以介绍。为了更加充分地反映我们的研究成果以及学界的相关进展，我们采取多卷本的形式，揭示中国宗族的历史。

如何理解"宗族"这一概念？我在《宗族志·导言》（上海人民出版社 1998 年版）中曾对"宗族"释义，这里概括如下：

应当首先从中国古代的解释出发作为定义的基本依据。中国古代文献中最早对"宗族"一词的解释是《尔雅·释亲》所说："父之党为宗族。"《释亲》共分为宗族、母党、妻党、婚姻四部分；宗族部分，有 45 种宗亲称谓，己身直系男姓亲属上至高祖，下至云孙，以己身旁系亲属至从曾祖而别的三从兄弟。此外，还有一种三从兄弟之子，称为"亲同姓"。可知玄孙以下四世，即来孙、昆孙、仍孙、云孙，以及"亲同姓"均出了五服，宗族既包括五服之内人，也包括出服之人，只不过出服之人的血缘关系疏远,其称谓难以尽指而已。"父之党"即父系集团,包含具有直、旁系的亲属和出服之人,即有分支存在,也就是说,宗族是父系分支结成的集团。

把握"宗族"的含义,还应当考察"宗"和"族"二字。东汉许慎《说文解字》说:"宗","尊祖庙也"。强调祖先祭祀。至于"族",《说文解字》说:"矢锋也,束之族族也。"释为聚集之意。结合东汉班固《白虎通·宗族》的论述,可知宗是尊奉共同祖先的族人,有大宗、小宗、群弟若干层次,从而治理族人,"族"是上至高祖下至玄孙的五服亲。小宗以外,还有出了服的共祖之人。

根据《左传·襄公十二年》记载,鲁的亲属组织是三个层次,祭奉宗庙的同姓,祭奉祖庙的同宗,祭奉祢庙的同族。"宗"是指同姓之下有明确祖先的一级亲属组织,其下包含"族"。由于"族"是聚集的意思,所以不同层次的亲属组织聚集的规模和结构就不同,聚于高祖的族是最基层的"族",聚于宗的族,是"宗族",聚于姓的族是"姓族"。宗族,应当是指聚于宗之族人。北宋人邢昺为《论语·子路》"宗族称孝焉"所作疏云:"宗族,同宗族属也"。可知宗族最主要的是确立"宗",即共同祖先。同姓成员可以包括分支集团。

《尔雅》及邢昺是从系谱和家族角度对宗族下定义,将两个概念合起来理解,宗族即同一父系祖先若干分支结成的同姓集团。根据上述对宗和族的考察,宗族已成为一种制度,即它是宗族活动有组织的系统,以祖先崇拜把族人结合在一起,强调共同体意识和互助精神,并有相应的规范。这一制度表现在祭祀先祖和睦族人的庙制,包含继承、分支、管理的大小宗制,五服亲属制度,最基本的组织是家庭。

以上对宗族的认知,主要出自对先秦时代宗族制度的理解,融进了汉、宋时代人们对现实宗族制度的认识。宋以后宗族同前代宗族从谱系结构上比较,其特征主要表现在同姓为族现象上,即宗族范围扩大,谱系不太严格。元朝出生于苏州的徐元瑞撰有集释吏员习用术语的《吏学指南》一书,对宗族的解释是:"同姓曰宗,同枝曰族。""宗"的含义为同姓之人确立祖先,"族"则限制在"枝"的范围内,"枝"从属于"宗"。徐元瑞对宗族的解释,可以证诸历史。清代乾隆年间,江西宗族有"同姓立祠"之俗,联宗通谱扩展至府、省范围,所建府省祠堂与所修宗谱,推举年远君王将相一人共为始祖。这种宗族没有明确的继嗣关系,始祖是推举出来的,比较可靠的仅是同姓。但其组织法仍符合传统,有始祖、父系世系、同姓之人。

因此,中国的宗族,如同人类学家所说:"'宗族'之称不过是证明以父系继嗣关系,即所谓'宗'所界定出来的群体。这个宗族群体可以是缺乏实际社会功能的人群范畴(category),也可以是带有各种不同功能作用,彼此互动的社会团体(group)。"①宗族,既包括内部系谱关系较清楚的"宗族"(lineage),也含有松懈的同姓继嗣群体"氏族"(clan)。

学术界对于宗族的概念,表述不尽一致,我们的上述表达还是可行的。②

撰写《中国宗族通史》,自然应在"通"字上下功夫,做到贯通、汇通、会通,这是有相当难度的,我们知其难而勉力为之。一般来说,多卷本的通史应当有统一的框架。然而,写作框架太统一,也易产生削足适履之弊。鉴于不同历史时期宗族问题的差异性较大,我们采取相对统一的策略,达到"多元一体"的目标。为此,我们通过多次研讨形成共识,强调本项研究要在以下几个方面把握各卷的著述:

一是注意把握宗族历史的整体性,即注意宗族与政治、经济、社会、思想文化及民族的关联;

二是强调呈现宗族的不同时空特色,既要注意宗族的演变以及阶段性,又要关注不同地域的宗族特色;

三是强调从日常生活的视角看宗族制度,宗族的重要特征是作为生活共同体,探讨宗族的生活形态是本书的题中之义;

---

① 陈其南:《家族与社会》,联经出版事业公司1990年版,第217页。
② 钱杭:《宗族建构过程中的血缘与世系》,《历史研究》2009年第4期。

四是综合性论述与个案剖析相结合,通史的基本特性是综合性论述,但也容易流于平铺直叙,影响深入分析,好的个案可以弥补这样的缺陷。

以上四点做得好,或许可以在一定程度上形成本书的特色。不过,由于各卷的具体情况不同,这四点从形式到内容的体现也有所不同。

下面向大家介绍各卷的特色:

先秦卷,论述晚商、西周至春秋、春秋晚期以降至战国三个时期的宗族,撰述突出争议较大的核心问题。本卷提出,商王室并无社会史意义上的宗族组织,只是未继位的王子王孙,可以另立门庭,立庙铸器,祭祀所自出的祖灵,保留了"多子族"的血族团体组织。西周采取赐民、赐土与赐姓命氏的封建制度。新出现的"姓族",改变了周人对血亲范围的认知,彰显出家族团结的重要性,分家别族的自发性本能冲动受到抑制,于是宗族结构发生了变化。

秦汉卷,认为秦汉时代的宗族带有以父系为主、兼顾母系二元性的"后氏族时代"家族的特征;同时社会又出现许多新的父权制家长因素,克服母系遗风的新型父系宗族开始成长。从"整体史"多视野的思维设计专题论述,还从宗族的视角,去探讨秦汉人物、事件中的族制因素。如从宗族的迁徙、世代职业,探究汉高祖的定陶戚姬家族背景,刘邦立赵王如意背后的外戚宗族因素;由属籍制探讨海昏侯的身份与"大刘记印"的含义。

魏晋南北朝卷,既充分兼顾魏晋南北朝时期各类型宗族的诸面向,同时通过社会史研究理路,以"人"的生存方式为核心,还原此时期宗族的社会性。还通过对不同时间、空间、生态背景下的魏晋南北朝宗族问题的解读,建构全新的宗族史学术诠释体系。认为这时的宗族是由若干宗族单元组成的亲族关系网络。宗族作为一种"关系"而存在,并非实体。每个宗族单元则是实体,更像家庭。

隋唐五代卷,强调宗族的基本组织结构,包括家庙、谱牒、祖茔、族产及其来源与管理,宗族类型可分为皇族、山东士族宗族、关中宗族、鲜卑族宗族、岭南与蜀中地域特征突出的宗族以及安史之乱后的勋族等,宗族与国家政权的互动与博弈,影响着国家治理,士族宗族的家礼、家法和家学等文化传统影响着社会历史发展,宗族发展呈现出承绪、振兴、重建、大流动与大整合的不同时期,宗族组织在社会文化生活中具有广泛、深入的影响。

辽宋夏金元卷,这一时期宗族形态演变过程中明显具有区域性差别,辽夏金统治区域内的宗族,较多地继承了门阀士族宗族制度的观念和组织方式;宋代特别是南宋统治区域内的宗族,则沿着敬宗收族宗族制度的方向进行转型。元代敬宗收族宗族制度的发展虽逐渐完善,但明显表现出南方与北方的地域差别。宗族的组织结构与各民族的社会发展阶段、生活方式与民族习俗密切相关。

明代卷,重点论述祖先祭祀、族谱纂修、族产族学、族规家训,并就日常生活与移风易俗、故家论与名族志加以阐述,注意宗族在明代前期、中期、后期不同时期的变化,认为明代宗族形态的区域性特点比较突出,大致可以分为三种类型:闽赣皖型宗族、江南型宗族、粤及北方型宗族。一定程度上突破了南方宗族、北方宗族的二分法模式认知,通过对明代三种类型宗族模式的分析,以期把握明代宗族形态的多样性与复杂性。

清代卷,通过对宗族活动意识、祠堂、族长、祠祭、祖坟、族谱、族学、族产以及家国一体的细密剖析,提出清代宗族呈现四个特点:一是宗族实现绅衿平民化、大众化,具有“自治”性;二是传统宗族笃信的宗法观念仍在人们的生活中起作用,但出现由传统型族长制向近代族会民主制类型转化的趋势;三是宗族行施教化权,族权与政权密切结合;四是宗族在不同地区发展不平衡,不同时期发展程度亦不相同。

近现代卷,20世纪以来中国社会经历了封建王朝的覆灭、新中国的成立和实行改革开放三次巨变,家族走过了受冲击、基本上销声匿迹以及一定程度的复苏的历程。人们的宗族宗亲活动受家族观念支配,各界人士的家族观有所不同,宗族、宗亲会一般活动与修谱活动均在开展,人们关注宗族与现代化关系、家族文化的当代价值。随着中国社会的巨大变化,宗族式微,但它能够适应社会发展变化,逐渐克服其宗法性,向近现代社会团体方向转化。

综合以上各卷内容与观点,形成了我对中国宗族演变阶段性及其特色的看法:先秦宗族的商周两种模式,属于中国宗族的奠基阶段;秦汉至五代宗族的多样性,属于中国宗族的变异阶段;辽宋夏金元明清宗族的组织化,属于中国宗族的转型阶段;近现代宗族与现代化,属于中国宗族的蜕变阶段。

最后简单介绍本书完成经过,并向有关人士致谢。这一课题于2015年5月26日举行开题报告会,听取专家意见。2017年11月10—13日,课题组与南开大学中国社会史研究中心合作举办"日常生活视野下的中国宗族学术研讨会",并于2009年11月由科学出版社出版了常建华、夏炎主编的《日常生活视野下的中国宗族》论文集。2019年底项目初稿完成,并于翌年9月27日举行了结项鉴定会。此后,进入初稿修改阶段,由于正值新冠疫情防控时期,修改工作的进展缓慢,本来2022年完成修订出书的计划不得不延迟一年,2023年7月终于完成修订工作。从立项到出书,历时九年之久,深感大型集体项目完成之不易,倘若这一学术成果被读者所认可,也是拜课题组冯尔康先生暨闫爱民、王力平、王善军、陈絜、夏炎诸教授以及惠清楼、梁轩、王旭东等合作者精诚团结、不懈努力所赐。感谢大家!特别是要向著名宗族史研究专家冯尔康老师致敬!

本课题立项与出版方面还得到以下学者的帮助与指教,他们是论证阶段的朱凤瀚教授、李治安教授,开题时的赵世瑜教授、钱杭教授、侯旭东教授、姜锡东教授、王跃生研究员,结项时的赵世瑜教授、孟宪实教授、阿风教授、郭玉峰教授、王跃生研究员、张利民研究员、任吉东研究员,出版阶段的钱杭教授、郑振满教授。在此,向诸位先生表示衷心的感谢!

本书一定存在这样那样的问题,还请专家学者以及读者不吝赐教。

常 建 华

2023年7月25日于津门

# 目　录

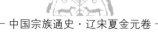

绪　论

辽宋夏金元时期作为中国历史上从多政权并立到大一统王朝的特殊历史时期,社会形态十分复杂,民族因素、区域因素与社会发展因素交织在一起。在中华大地上,这一时期不少民族的统治者建立过区域性或大一统的政权。这些政权统治的范围或大或小,统治的时间或长或短,计有数十个之多。而且,在每一个政权统治的内部,又都是包含有多民族成分的。有些统治民族在其政权内是多数民族,也有不少统治民族在其政权内属于少数民族。因而,在政权内部,不同民族间的关系也非常复杂。正是在这种错综复杂的社会关系中,处于不同社会发展阶段、不同层次的民族共同体聚散融离,演示出丰富多彩的历史画面。宗族作为社会发展过程中的重要血缘群体,在辽宋夏金元的社会结构中具有重要地位。因此,全面认识一个社会中的宗族问题,对认识该时代的社会发展具有重要意义。

在近百年来的辽宋夏金元宗族史研究历程中,地域间和民族间的不均衡现象始终是不容忽视的问题。相对而言,中原地区或中原王朝统治区域内的研究受到更多的重视,而周边地区或区域政权特别是少数民族所建区域政权统治范围内的研究则未能充分展开;人口数量众多的汉族受到更多的重视,而人口数量相对较少的各少数民族则未能充分展开。对于中国10—14世纪并存的各政权来说,辽夏金宗族的研究相比宋元还较为薄弱,研究的广度与深度并没有达到一个相对应的层次。

将北方民族政权统治下的宗族问题,作为一种社会现象进行深入探讨的研究成果,主要是漆侠《辽夏金社会中的宗族问题》①一文。该文结合辽

① 参见《辽夏金社会中的宗族问题》,《漆侠全集》第12卷,河北大学出版社2008年版。

夏金的社会特点,从经济的角度予以阐释,对宗族经济实体及其发展的社会
方向进行了剖析。认为契丹、党项和女真宗族拥有各自的土地、族属、武
装等,成为互不统属的独立经济实体,同时在作为经济实体的宗族中孕育
着不同程度的奴隶制与封建制两种经济因素。相比而言,更多的成果是
就某一王朝或民族的宗族问题进行探讨。杨茂盛《中国北疆古代民族政
权研究》①中的相关章节分别论述了契丹、党项、女真的宗族部族及其民族
与国家的形成。杜建录《论党项宗族》②认为宗族贯穿于党项西夏全过程,
以血缘为纽带的中小家族作为单位组成强宗大族,发挥着军事和经济双重
作用。

　　作为构成部落的基本单位,契丹宗族的组织结构与部落演变息息相关。
杨茂盛《论契丹的宗族—家族斗争及其世选制》③指出,契丹民族是由宗族部
族发展而来,与此相适应而形成权力继承上的宗族—家族世选制。随着宗族
本位逐步让位于家族本位和家庭本位,世选制的范围越来越小,而权力的作
用则越来越大,因而对权力的争夺也越来越深入,体现为从宗族之间到家族之
间,再到兄弟、叔侄之间。党项宗族组织主要是以族帐为单位组成的联合体。
乔幼梅《论党项的宗法封建制》④指出,党项氏族制末期的大量宗法关系和奴
隶制的经济成分长期地与封建制经济纠结在一起,形成了党项独具的宗法封
建制。杨茂盛和陈春霞《党项人的宗族部族及其民族与国家的形成》⑤认为
党项民族的统一和国家的形成是在氏族部落及其联盟的基础上发展起来
的。魏淑霞《西夏职官中的宗族首领》⑥认为西夏首领具有双重身份,既是部
族首领,又是西夏职官,是西夏重要的政治力量,在西夏政权汉化的过程中将
最初的主军权拓展至政治领域。日本学者松浦茂《金代女真氏族的构成》⑦

①　参见杨茂盛:《中国北疆古代民族政权研究》,黑龙江教育出版社2014年版。

②　参见杜建录:《论党项宗族》,《民族研究》2001年第4期。

③　参见杨茂盛:《论契丹的宗族—家族斗争及其世选制》,《北方文物》1996年第1期。

④　参见乔幼梅:《论党项的宗法封建制》,《烟台大学学报》1994年第2期。

⑤　参见杨茂盛、陈春霞:《党项人的宗族部族及其民族与国家的形成》,《黑龙江民族丛刊》
　　2003年第2期。

⑥　参见魏淑霞:《西夏职官中的宗族首领》,《宁夏社会科学》2015年第5期。

⑦　参见[日]松浦茂:《金代女真氏族的构成》,载中国社会科学院民族研究所编译:《民族史
　　译文集》第10辑,1981年。

以《金史·百官志》记载的女真封号规定为线索,在搜集整理实例的基础上对女真氏族的由来和形成作了初步探讨。孙昊《辽金女真的"家"与家庭形态》①认为"家"是指女真的同居单位,其内部存在各异的家庭形态。"家"承担基本的经济责任,由"家"构成的"族"则是社会与政治互助单位。另外,韩世明《辽金时期女真氏族制度新论》②对辽金时期女真氏族制度的演变进行研究,还对与此相关的某些"部"的性质、地缘关系及血缘集团类型、婚姻制度及继嗣集团的衍化等问题进行了新的探讨。

对中原汉族王朝统治区域内宗族制度的研究,早期主要是讨论宗族共产问题。如日本学者中田薰《唐宋时代的家族共产制(一、二)》③、仁井田陞《唐宋之家族同产及遗嘱法》④等多篇论文集中进行了探讨。中国学者陈鲲化《唐宋时代家族共产制度与法律》⑤以中外比较的方法对家族共产进行了法律学分析,刘兴唐《宋代中国之血族公有财产制》⑥则专门探讨宋代血缘群体的共财。20世纪80年代以后,关于宋代宗族的研究成果日益增多。徐扬杰发表的《宋明以来封建家族制度述论》⑦一文,将宋代以后的家族制度统称为"近代封建家族制度",认为其主要特点是祠堂、家谱和族田。同居共财大家庭作为一种特殊的宗族组织,受到学者较多的关注。柯昌基《宋代的家庭公社》⑧最早专门探讨了宋代社会存在的这一特殊现象。漆侠《宋元时期浦阳郑氏家族之研究》⑨主要从经济角度分析了作为义门个案的

① 参见孙昊:《辽金女真的"家"与家庭形态》,《贵州社会科学》2015年第11期。

② 参见韩世明:《辽金时期女真氏族制度新论》,《东北亚论坛》1994年第2期。

③ 参见[日]中田薰:《唐宋时代的家族共产制(一、二)》,《国家学会杂志》第40卷第7、8号,1926年。

④ 参见[日]仁井田陞:《唐宋之家族同产及遗嘱法》,汪兼山译,《食货》第1卷第5期,1935年。

⑤ 参见陈鲲化:《唐宋时代家族共产制度与法律》,朝阳大学《法律评论》第12卷第1、2期,1934年。

⑥ 参见刘兴唐:《宋代中国之血族公有财产制》,《文化批判》第3卷第1期,1935年。

⑦ 参见徐扬杰:《宋明以来封建家族制度述论》,《中国社会科学》1980年第4期。

⑧ 参见柯昌基:《宋代的家庭公社》,《南充师范学院学报》1982年第3期。

⑨ 参见漆侠:《宋元时期浦阳郑氏家族之研究》,载《刘子健博士颂寿纪念宋史研究论文集》,同朋舍1988年版。

浦江郑氏。许怀林陆续发表研究江州陈氏、金溪陆氏和浦阳郑氏的多篇论文,《财产共有制家族的形成与演变——以宋代江州义门陈氏、抚州义门陆氏为例》①一文,对同居共财大家庭在宋代的形成、演变进行了系统考察,将"义门"划分为陈氏经济型、陆氏理学型和郑氏礼制型。与此同时,学术界关于宋代族产、族谱、宗族教育、家法族规、家族祭祀等方面的问题,也陆续出现了许多重要成果。王善军《宋代宗族和宗族制度研究》②一书,从宗族谱牒、宗族公产、宗法族规、宗族祭祀、族塾义学和宗祧继承6个方面系统深入地探讨了宋代宗族制度,"是当时大陆地区宋代家族组织制度式研究的总结和代表性成果"③;《宋代宗族发展的区域差异及其原因》④一文则是从地区差异上探究南、北方及四川地区宗族发展的内在结构差异,并总结出以上3个地区的宗族组织特征。陶晋生《北宋士族——家庭·婚姻·生活》⑤和张邦炜《宋代婚姻家族史论》⑥两部著作探讨了宋代家族婚姻的基本情况。其中陶晋生根据宋代士大夫们的家族活动实况重现他们起家的经过、仕宦生涯的甘苦、妇女角色的演变、家族维续的策略以及对退隐生活的规划。柳立言《宋代的家庭与法律》⑦从族谱和家族案例着手,涉及宋代的家族与家庭,特别是宋代的父权家长制、共财等基本制度。美国学者柏文莉《权力关系:宋代中国的家族、地位与国家》⑧以宰相家族和婺州地区家族为主要研究对象,论述两宋士大夫如何从唐朝以来的贵族精英转变为政治精英和地方精英,如何通过科举、婚姻、经济纽带相互

① 参见许怀林:《财产共有制家族的形成与演变——以宋代江州义门陈氏、抚州义门陆氏为例》,《大陆杂志》1998年第2—4期。
② 参见王善军:《宋代宗族和宗族制度研究》,河北教育出版社2000年版;人民出版社2018年版。
③ 粟品孝:《组织制度、兴衰沉浮与地域空间——近八十年宋代家族史研究走向》,《社会科学战线》2010年第3期。
④ 参见王善军:《宋代宗族发展的区域差异及其原因》,《安徽史学》2013年第1期。
⑤ 参见陶晋生:《北宋士族——家庭·婚姻·生活》,台湾"中央研究院"历史语言研究所2001年版。
⑥ 参见张邦炜:《宋代婚姻家族史论》,人民出版社2003年版。
⑦ 参见柳立言:《宋代的家庭与法律》,上海古籍出版社2008年版。
⑧ 参见[美]柏文莉:《权力关系:宋代中国的家族、地位与国家》,刘云军译,江苏人民出版社2015年版。

扶持以巩固和提升自己的社会地位。戴建国《宋代家法族规试探》①、马泓波《宋代家法族规研究:儒家理想中的社会秩序》②探究家法族规与法律、教育、婚姻、经济间的关系,认为家法族规与国家法律互为依存,家法族规是国家法律的一种补充,而国家法律对家法族规的实施起着保障作用。

有关大一统政权元朝统治时期宗族组织的研究,学者多是涉及某些方面或区域,综合性的研究相对较少。尹俊和席永春《元人文集家谱序中的元代家族》③探讨元代宗族的分布、谱序所反映的宗族延续性、宗族组织的发展状况等。常建华《元代族谱研究》④系统地论述了元代族谱的修纂、世系记载、体例与书法等问题;《元人文集族谱序跋数量及反映的谱名与地区分布》⑤考订出现存元人文集族谱序跋总计 233 篇,反映出"族谱"一词的流行和江西地区修谱的盛行。赵华富《宋元时期徽州族谱研究》⑥认为现存宋元时期徽州族谱有 15 种,并据此分析了徽州族谱的体例和内容、修谱活动及宗旨等。涉及徽州宗族问题的成果,还有章毅《理学社会化与元代徽州宗族观念的兴起》⑦认为元代后期的徽州出现了宗族观念兴起的趋势,是理学在徽州深入传播和地方社会结构变动相互作用的结果;常建华《宋元时期徽州祠庙祭祖形式及其变化》⑧探讨祭祖与宗族形成的问题,论述了徽州宗族祭祖在元代的转变;陈瑞《元代徽州的宗族建设》⑨论述宗族的建设措

①  参见戴建国:《宋代家法族规试探》,载漆侠、李埏主编:《宋史研究论文集》(1996 年年会编刊),云南民族出版社 1997 年版。
②  参见马泓波:《宋代家法族规研究:儒家理想中的社会秩序》,吉林人民出版社 2011 年版。
③  参见尹俊、席永春:《元人文集家谱序中的元代家族》,《中共宁波市委党校学报》2005 年第 3 期。
④  参见常建华:《元代族谱研究》,《谱牒学研究》第 3 辑,书目文献出版社 1992 年版。
⑤  参见常建华:《元人文集族谱序跋数量及反映的谱名与地区分布》,《史学集刊》2008 年第 6 期。
⑥  参见赵华富:《宋元时期徽州族谱研究》,《元史论丛》第 7 辑,江西教育出版社 1999 年版。
⑦  参见章毅:《理学社会化与元代徽州宗族观念的兴起》,《中国社会历史评论》第 9 卷,天津古籍出版社 2008 年版。
⑧  参见常建华:《宋元时期徽州祠庙祭祖形式及其变化》,《徽学》2000 年卷,安徽大学出版社 2001 年版。
⑨  参见陈瑞:《元代徽州的宗族建设》,《安徽师范大学学报》2009 年第 2 期。

施及其成效。常建华《元代墓祠祭祖问题研究》①还专门探讨了墓祠祭祖问题。许守泯《元代金华士人的宗族观——从修谱谈起》②也是利用区域谱序等资料探讨元人的宗族观念。刘晓《试论累世同居共财在元代的发展及其特点》③探讨元代有关同居共财法律政策的发展变化,总结了累世同居共财现象在元代的发展状况及其特点。美国学者万安玲《宋元转变的汉人精英家族:儒户身份、教育传统与书院》④认为,元代书院既是国家教育机构的组成部分,也是南北方士人通过坚持儒家教育传统而保持地位的手段。日本学者宫本则之《宋元时代的坟庵与祖先祭祀》⑤探讨祖先祭祀与坟庵的关系;中岛乐章《元朝统治和宗族形成——围绕东南山区的坟墓问题》⑥论述祖墓与宗族形成的关系。

　　与从宗族制度方面进行的综合性研究相比,宗族群体研究与个案研究的成果更为丰硕。在辽宋夏金元政权中,上层社会中的宗族在政治、经济、文化和社会生活中的作用受到学术界的持续关注,因而研究成果主要围绕皇族群体、后族群体及其他世家大族群体展开。王善军《世家大族与辽代社会》⑦一书,论述了辽朝契丹、奚、渤海、汉人等民族的主要世家大族的发展道路及其特点,并深入探讨了各民族世家大族在经济、政治、文化和社会生活等方面的状况、地位和影响。韩世明《辽代皇族六院部夷离堇房相关问题考》⑧厘清了辽代皇族六院部夷离堇房复杂的世系。王民信《契丹外戚

①　参见常建华:《元代墓祠祭祖问题研究》,载赵清主编:《社会问题的历史考察》,成都出版社 1992 年版。
②　参见许守泯:《元代金华士人的宗族观——从修谱谈起》,《元代文化研究》第 1 辑,北京师范大学出版社 2001 年版。
③　参见刘晓:《试论累世同居共财在元代的发展及其特点》,《中国经济史研究》2002 年第 1 期。
④　参见[美]万安玲:《宋元转变的汉人精英家族:儒户身份、教育传统与书院》,《中国社会历史评论》第 9 卷,天津古籍出版社 2008 年版。
⑤　参见[日]宫本则之:《宋元时代的坟庵与祖先祭祀》,《佛教史学研究》第 35 卷第 2 期,1992 年。
⑥　参见[日]中岛乐章:《元朝统治和宗族形成——围绕东南山区的坟墓问题》,载[日]井上彻、远藤隆俊编:《宋—明宗族的研究》,汲古书院 2005 年版。
⑦　参见王善军:《世家大族与辽代社会》,人民出版社 2008 年版。
⑧　参见韩世明:《辽代皇族六院部夷离堇房相关问题考》,《民族研究》2012 年第 2 期。

集团的形成》①、冯永谦《辽史外戚表补证》②、蔡美彪《辽代后族与辽季后妃三案》③等论述了后族及外戚的相关问题，并对"外戚表"进行了订补。史风春《辽朝后族诸问题研究》④着重对辽代后族相关人物的身世等问题作了系列考证。罗继祖《辽汉臣世系表》⑤采摭有关史书、文集，编成 39 个辽代汉族臣僚宗族的世系表。萧启庆《汉人世家与边族政权——以辽朝燕京五大家族为中心》⑥分析了汉人世家大族与辽朝政权之间的关系。李锡厚《试论辽代玉田韩氏家族的历史地位》⑦考察了韩氏从入仕到"出宫籍"的过程，根据不同时期韩氏社会经济地位的变化分析了韩氏在辽代历史上的地位问题。爱新觉罗乌拉熙春《韩知古家族世系考》⑧，围绕玉田韩氏世系展开考察。都兴智《略论辽金时期的渤海高氏》⑨探讨高氏的家世、政绩和军功以及科举和文化成就等问题。齐伟《辽代汉官集团的婚姻与政治》⑩涉及若干汉族官僚家族的情况，特别是对其婚姻与仕宦作了分析。

关于宋代宗族的群体研究，有侧重阶层者，亦有侧重区域者。黄宽重《宋代的家族与社会》⑪重点探讨宋代依托科举起家的士人家族的基本情况，从家族发展轨迹、家族与基层社会关系以及家族兴衰与社会流动等三方面入手，以期获得对宋代士人家族更全面的了解。朱开宇《科举社会、地域秩序与家族发展》⑫对宋明时期徽州宗族制度的演变进行深入探讨，并给出

---

① 参见王民信：《契丹外戚集团的形成》，《契丹史论丛》，学海出版社 1973 年版。

② 参见冯永谦：《辽史外戚表补证》，《社会科学辑刊》1979 年第 3—4 期。

③ 参见蔡美彪：《辽代后族与辽季后妃三案》，《历史研究》1994 年第 2 期。

④ 参见史风春：《辽朝后族诸问题研究》，人民出版社 2017 年版。

⑤ 参见罗继祖：《辽汉臣世系表》，《愿学斋丛刊》，1937 年。

⑥ 参见萧启庆：《汉人世家与边族政权——以辽朝燕京五大家族为中心》，载《"国家"科学委员会研究汇刊》第 3 卷第 1 期，1993 年。

⑦ 参见李锡厚：《试论辽代玉田韩氏家族的历史地位》，载中国社会科学院历史研究所宋辽金元研究室编：《宋辽金史论丛》第 1 辑，中华书局 1985 年版。

⑧ 参见爱新觉罗乌拉熙春：《韩知古家族世系考》，《立命馆文学》591 号，2005 年 10 月。

⑨ 参见都兴智：《略论辽金时期的渤海高氏》，《东北亚研究论丛》第 3 辑，吉林大学出版社 2009 年版。

⑩ 参见齐伟：《辽代汉官集团的婚姻与政治》，科学出版社 2017 年版。

⑪ 参见黄宽重：《宋代的家族与社会》，国家图书馆出版社 2009 年版。

⑫ 参见朱开宇：《科举社会、地域秩序与家族发展》，台湾大学出版委员会 2004 年版。

了造成该区域宗族势力强固的原因。邹重华和粟品孝主编《宋代四川家族与学术论集》①对宋代四川主要家族的教育、学术网络和藏书情况进行了集中探讨。美国学者贾志扬《天潢贵胄：宋代宗室史》②叙述了两宋宗室在宋代历史中政治地位的变迁。何兆泉《两宋宗室研究：以制度考察为中心》③集中围绕宋代宗室的主要负责机构、谱牒编纂与人口管理、司法管辖与身份特权、宫学与宗学、选举途径、授官任职等专题，分别加以分析阐述。魏峰《宋代迁徙官僚家族研究》④以宋代两浙地区为中心，考察官僚家族迁徙的方向及原因、迁徙后的家族维持与婚姻关系及其与地方社会关系、地域认同等问题。个案专著则有李贵录《北宋三槐王氏家族研究》（齐鲁书社 2004 年版）、刘焕阳《宋代晁氏家族及其文献研究》（齐鲁书社 2004 年版）、马斗成《宋代眉山苏氏家族研究》（中国社会科学出版社 2005 年版）、何新所《昭德晁氏家族研究》（上海古籍出版社 2006 年版）、罗莹《宋代东莱吕氏家族研究》（人民出版社 2011 年版）、陈莉萍和陈小亮《宋元时期四明袁氏宗族研究》（浙江大学出版社 2012 年版）以及美国学者戴仁柱《丞相世家：南宋四明史氏家族研究》（杜克大学出版社 1986 年版；中文本，刘广丰、惠冬译，中华书局 2014 年版）等。王善军《宋代世家个案研究》⑤一书集中论述了10 个有代表性的不同类型的世家。日本学者小林义广《欧阳修——他的生涯与宗族》⑥涉及欧阳氏宗族，井上彻和远藤隆俊编《宋—明宗族的研究》⑦所收论文也以个案研究为主。

　　西夏宗族的研究也多集中在皇族和后族。陈玮《西夏番姓大族研究》⑧论述了番姓大族的权力构建、政治权力对其身份认同意识的形塑、政治权力与其宗教信仰之间的互动；《从〈天盛律令〉看西夏皇族》⑨对西夏皇族进行

①　参见邹重华、粟品孝主编：《宋代四川家族与学术论集》，四川大学出版社 2005 年版。
②　参见[美]贾志扬：《天潢贵胄：宋代宗室史》，赵冬梅译，江苏人民出版社 2005 年版。
③　参见何兆泉：《两宋宗室研究：以制度考察为中心》，上海古籍出版社 2016 年版。
④　参见魏峰：《宋代迁徙官僚家族研究》，上海古籍出版社 2009 年版。
⑤　参见王善军：《宋代世家个案研究》，人民出版社 2019 年版。
⑥　参见[日]小林义广：《欧阳修——他的生涯与宗族》，创文社 2000 年版。
⑦　参见[日]井上彻、远藤隆俊编：《宋—明宗族的研究》，汲古书院 2005 年版。
⑧　参见陈玮：《西夏番姓大族研究》，甘肃文化出版社 2017 年版。
⑨　参见陈玮：《从〈天盛律令〉看西夏皇族》，《西夏研究》2010 年第 2 期。

分类和整理,论述了西夏皇族的仪制、婚姻与经济生活、国政、法律特权等方面。佟建荣《西夏后妃宗族考》①认为西夏后妃梁姓是党项化的银夏大族,西夏王室通婚对象呈现多元化,而且出现银夏故地大族逐渐沉寂,河西大姓、汉姓抬头的变化气象。

金代上层宗族群体的研究,比较全面的是陈述《金史氏族表初稿(上下)》②一文。该文对金朝宗室氏族、白号之姓与黑号之姓的所封氏族,进行了细致系统的考证与增补。刘浦江《渤海世家与女真皇室的联姻——兼论金代渤海人的政治地位》③通过对渤海右姓大氏、李氏、张氏与女真皇室通婚的考察,以昭示金代渤海上层宗族政治势力的兴衰。李玉君《金代宗室研究》④对金代宗室问题进行了比较全面的论述。金代宗族个案谱系研究涉及女真族,也涉及渤海等民族。杨忠谦《金代女真皇族谱牒文化述论》⑤强调了女真谱牒的政治意义和民族本位。刘晓溪《完颜希尹家族新证》⑥结合墓志与文献探讨了完颜希尹家族的起源、家庭成员以及世系等。李智裕和苗霖霖《略论辽金时期东京渤海遗民张氏家族》⑦梳理了张氏家族主要成员的身份、世系和为官经历以及联姻情况,分析了家族代表性人物在辽金时期诸多重要历史事件中的重要作用,对王朝更替与兴衰产生的深远影响。

元代宗族群体的研究,多为对官宦或士人宗族的探讨。符海朝《元代汉人世侯群体研究》⑧一书,论述了金元之际汉人世侯的兴起背景、汉人世侯群体与北方儒士间的关系、蒙元政权对汉人世侯群体的控制机制以及世

---

① 参见佟建荣:《西夏后妃宗族考》,《西夏研究》2014 年第 2 期。
② 参见陈述:《金史氏族表初稿(上下)》,《历史语言研究所集刊》第 5 本第 3、4 分,1935 年。该文后经修订补充,更名为《金史氏族表》,收入《金史拾补五种》(科学出版社 1960 年版)一书。
③ 参见刘浦江:《渤海世家与女真皇室的联姻——兼论金代渤海人的政治地位》,《北大史学》第 3 辑,北京大学出版社 1995 年版。
④ 参见李玉君:《金代宗室研究》,科学出版社 2016 年版。
⑤ 参见杨忠谦:《金代女真皇族谱牒文化述论》,《中州学刊》2012 年第 3 期。
⑥ 参见刘晓溪:《完颜希尹家族新证》,《东北史地》2013 年第 6 期。
⑦ 参见李智裕、苗霖霖:《略论辽金时期东京渤海遗民张氏家族》,《辽金历史与考古》第四辑,辽宁教育出版社 2013 年版。
⑧ 参见符海朝:《元代汉人世侯群体研究》,河北大学出版社 2007 年版。

侯群体的夷夏观等。萧启庆《元代四大蒙古家族》①分析了4个蒙古贵族（博尔术、博尔忽、木华黎、赤老温）家族的起源、封建、仕进、婚姻与家学家风，旨在了解蒙元政府政权的组织与性质。刘晓《元好问寄中书耶律公书补释——兼论士大夫家族在金元政治生活中的延续》②对元好问《寄中书耶律公书》中提到的54人中前人未考及的部分人物进行了补释，并论述了部分家族在金元政治生活中的延续。个案研究则涉及各种类型宗族的多个侧面。章毅《元明之际徽州地方信仰的宗族转向：以婺源大畈知本堂为例》③通过分析一个具有祭祀传统的宗族，说明其转变在元明之际得以发生的过程。许守泯《江南第一家——元代浦江郑氏的发展及其士人网络》④探讨义门郑氏与士人的互动关系，分析蒙元统治下的家族发展。王颋《应奎从杨——元、明之际的华亭"璜溪吕氏"》⑤认为，璜溪吕氏是随着经济的蓬勃发展而出现的地方豪富，在士人文化活动的影响下，崇尚儒雅。吴海涛《从元代贺氏家族的兴盛看两种文化之间的中介角色》⑥分析了京兆贺氏在草原游牧文化和中原农业文明的融汇期所扮演的中介角色。王梅堂《元代内迁畏吾儿家族世家——廉氏家族考述》⑦考察了廉氏家族的源流、宅邸堂号、婚姻、成员情况、业绩等。胡小鹏《元代巩昌汪氏家族事略》⑧考述巩昌汪氏的政治活动，汪受宽《巩昌汪氏的族属及其与徽州汪氏的通谱》⑨探讨

---

① 参见萧启庆：《元代四大蒙古家族》，载《元代史新探》，台北新中出版公司1983年版。
② 参见刘晓：《元好问寄中书耶律公书补释——兼论士大夫家族在金元政治生活中的延续》，载中国社会科学院历史研究所学刊编委会编：《中国社会科学院历史研究所学刊》第2集，商务印书馆2004年版。
③ 参见章毅：《元明之际徽州地方信仰的宗族转向：以婺源大畈知本堂为例》，《（香港中文大学）中国文化研究所学报》2007年第47期。
④ 参见许守泯：《江南第一家——元代浦江郑氏的发展及其士人网络》，《元史论丛》第10辑，中国广播电视出版社2005年版。
⑤ 参见王颋：《应奎从杨——元、明之际的华亭"璜溪吕氏"》，《元史论丛》第7辑，江西教育出版社1999年版。
⑥ 吴海涛：《从元代贺氏家族的兴盛看两种文化之间的中介角色》，载《元史论丛》第七辑，江西教育出版社1999年版。
⑦ 参见王梅堂：《元代内迁畏吾儿家族世家——廉氏家族考述》，《元史论丛》第7辑，江西教育出版社1999年版。
⑧ 参见胡小鹏：《元代巩昌汪氏家族事略》，《西北师大学报》1990年第3期。
⑨ 参见汪受宽：《巩昌汪氏的族属及其与徽州汪氏的通谱》，《民族研究》2006年第3期。

作为世代军功巨族的巩昌汪氏与徽州汉族大姓汪氏的通谱问题。在个案研究中，前代统治民族在元代的状况受到学者的较多关注。罗海燕《契丹石抹家族在元代的变迁》①认为，石抹宜孙家族因战争而流布中原，终定居台州，在迁移中逐渐汉化。魏淑霞《元代的西夏遗民——斡氏家族》(《西北第二民族学院学报》2008 年第 2 期)、史金波和吴峰云《元代党项人余氏及其后裔》(《宁夏大学学报》1985 年第 2 期)、孟楠《略论元代的察罕及其家族》(《内蒙古大学学报》2003 年第 3 期)、周峰《元代西夏遗民杨朵儿只父子事迹考述》(《民族研究》2014 年第 5 期)、陈广恩《元唐兀高氏家族考略》(《元史及民族与边疆研究集刊》第 22 辑，2010 年)等，均是关于西夏后裔的研究成果。研究高昌回鹘后裔的则有田卫疆《元代高昌畏兀儿偰氏家族研究》(《新疆历史研究》1985 年第 1 期)、萧启庆《蒙元时代高昌偰氏的仕宦与汉化》(台湾"中央研究院"历史语言研究所出版品编辑委员会 1998 年版)等。

辽宋夏金元时期，宗族组织形态表现复杂，又处于特殊社会条件下的转型或不断变动中，因此研究范围广泛。总体来看，现有成果在诸多方面都有涉及，有些方面已积累了相当数量的学术成果，相关认识亦不断深化。然而，需要进一步加强之处亦复不少。一方面，研究成果的积累很不平衡，无论是依政权还是依地域来看，都明显存在这一现象。宋代宗族的研究相对较为充分，基本涉及了宗族研究的各个方面，但也存在个案研究较多而群体研究相对较少、南方地区研究较多而北方地区研究相对较少等现象。辽代宗族研究相对来说也算比较全面，但较多地集中在上层社会中的世家大族特别是其谱系、仕宦、婚姻等问题上。金代宗族研究侧重于女真社会，对上层宗族的研究又主要集中于皇族。有些成果在一定程度上是从研究辽金的政治结构出发的。西夏宗族研究相对薄弱，已有成果集中在西夏姓氏考证和西夏遗民等方面。元代宗族的研究曾在相当长时期内比较薄弱，但已越来越受到学者的关注。已有成果较多地集中在徽州地区的研究和个案研究方面。

另一方面，将辽宋夏金元视为整体，从中国历史特定时期出发进行宗族

---

① 参见罗海燕：《契丹石抹家族在元代的变迁》，《黑龙江民族丛刊》2011 年第 3 期。

演变的总体审视或理论概括的研究少之又少。尽管辽宋夏金元时期大体属于中国历史发展过程中的一个阶段,其中辽、西夏、金、元4个政权又同属于北方民族建立的政权,但对这一时期中国境内宗族进行同一层面的必要联系与对比的考察还较为缺乏,对宗族社会的构成单位——家庭的丰富内涵也缺乏必要的动态认知。作为中国历史上承前启后的特定时期,无疑"需要加强长时段的研究,注意历史断裂与连续过程中宗族的实态"①。总起来看,从宏观层面对这一历史时期的宗族进行深入研究,或进行相关的理论创新,有待于进一步加强。

本卷作为《中国宗族通史》的有机组成部分,尝试在照顾不同政权统治范围的情况下,适当融入民族的和地域的因素,尽量反映辽宋夏金元时期宗族的实态及其发展和演变的全貌。

①　常建华:《近十年宋辽金元宗族研究综述》,《安徽史学》2011年第1期。

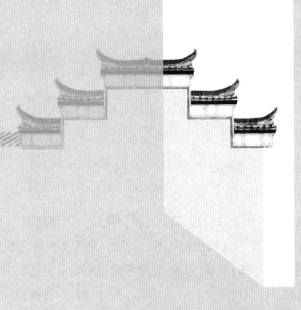

辽夏金游牧社会宗族组织的形成

第一章

在辽夏金的居民中,游牧民族具有重要地位。尽管他们在人口总数量中仍属少数,但契丹作为辽朝统治民族、党项作为西夏统治民族,享有各种特权,人口数量增加迅速;奚族、回鹘、吐蕃等族也有新的发展。因而,该时期可说是游牧民族在中国历史上的活跃时期。在辽、西夏、金统治区内及回鹘、吐蕃等族所建政权范围内,甚至是宋西北沿边的一些地区,北方游牧民族在不同程度上处于聚居状态,游牧社会的宗族组织,或逐渐形成,或不断发展。

## 第一节　父系群体继承权的确立

游牧社会宗族组织的形成,是以父系家庭的普遍发展为前提的。在各民族父系群体逐渐形成的过程中,继承权的确立是其核心内容。在继承权确立的过程中,北方民族独具特色的世选制度,又与其宗族组织密切相关。

### 一、契丹

关于契丹族的起源,众所周知的传说是青牛白马相会、神人天女结合。《辽史》卷三七《地理志一》上京道"永州"条记载:

> 相传有神人乘白马,自马盂山浮土河而东,有天女驾青牛车由平地松林泛潢河而下。至木叶山,二水合流,相遇为配偶,生八子。其后族属渐盛,分为八部。

这一传说,无疑包含着契丹民族父系群体的形成因素。男女结合而生八子,其后族属分为八部,显然是指契丹各部族均是兄弟部族,有着共同的父系祖先。这种状况,应是反映了父系家长制家庭发展初期的情况。《辽史》另一处记载,说得更为明白:"契丹之先,曰奇首可汗,生八子。其后族属渐盛,分为八部,居松漠之间。"①

对于这个传说所反映的历史时期,《辽史》并没有给出明确的答案。宋人范镇《东斋记事》的类似记载则稍微明确一些:"契丹之先,有一男子乘白马,一女子驾灰牛,相遇于辽水之上,遂为夫妇。生八男子,则前史所谓迭为君长者也。"作者云此事得于"尝为契丹史官"的赵志忠。其时间为中原何代,"志忠亦不能答,而云'约是秦汉时'"②。当代史家蔡美彪先生认为:"这个传说显然没有他们的历史那么古老,至多是反映着父权制时代迁来这里的一段记忆……我们可以推断,传说的产生,当是在北魏初年或者较早一些时候。"③其他学者则多从契丹族生活区域加以推断,时间更晚一些。事实上,尽管范镇并不相信赵志忠的时间推断,但若单从社会组织的发展来看,仍有其合理性。

《契丹国志》卷首《契丹国初兴本末》还曾记载契丹族早期的社会管理情况云:

> 后有一主,号曰廼呵,此主特一髑髅,在穹庐中,覆之以毡,人不得见。国有大事,则杀白马灰牛以祭,始变人形,出视事,已,即入穹庐,复为髑髅。因国人窃视之,失其所在。复有一主,号曰喎呵,戴野猪头,披猪皮,居穹庐中,有事则出,退复隐入穹庐如故。后因其妻窃其猪皮,遂失其夫,莫知所如。次复一主,号曰昼里昏呵,惟养羊二十口,日食十九,留其一焉,次日复有二十口,日如之。是三主者,皆有治国之能名,余无足称焉。

尽管这种说法包含较多的荒诞不经的成分,但综合来看,在早期契丹人以巫术组织人们的情况下,从不完善的家庭组织向逐渐完善的小家庭组织过渡仍是比较明显的。居于穹庐中的契丹人,以男性成员为中心,从有较为固定的妻子,到"养羊二十口"作为主要经济来源的家庭游牧生活,父系群体自然会随之形成。唐前期契丹人攻破营州,闻唐兵将至,曾欺骗唐俘说:"吾辈家属,饥寒不能自存,唯俟官军至即降耳。"④这里反映出的家属观念,也

---

① (元)脱脱等:《辽史》卷三二《营卫志中》,中华书局 2017 年版,第 428 页。
② (宋)范镇:《东斋记事》卷五,中华书局 1980 年版,第 43 页。
③ 蔡美彪:《契丹的部落组织和国家的产生》,《历史研究》1964 年第 5、6 期合刊。
④ (宋)司马光:《资治通鉴》卷二〇五"万岁通天元年八月丁酉",中华书局 2011 年版,第 6622 页。

无疑说明了父权观念的逐渐强化。

　　父系群体的形成,与人们的身份和财产继承权的确立密不可分。契丹宗族势力的真正崛起,也无疑是在私有财产有了一定发展,社会群体急剧分化之时。具体来看,这样的时刻在奇首可汗之后不久即已来临。

　　在部落联盟时期,首领的产生方式通常经历一个军事民主制时期。有关契丹族以军事民主制方式选举首领的情况,赵志忠《虏廷杂记》曾有较为详细的记载:

　　　　凡立王,则众部酋长皆集会,议其有德行功业者立之。或灾害不生,群牧孳盛,人民安堵,则王更不替代。苟不然,其诸酋长会众部,别选一名为王,故王以番法,亦甘心退焉,不为众所害。①

这段记载,实际上是辽朝时人对往昔政治生活的追忆,而且理想化的色彩十分浓重。显然,赵志忠并没有说清楚哪些人具有被选为王的资格。其范围究竟多大,是故王宗族成员,还是诸酋长,抑或所有部众?从现有资料记载看,契丹选举首领的制度似乎并非一成不变,而是有过多次具体变化。早在2世纪末至3世纪初,契丹的前身宇文部就曾"有葛乌菟者,雄武多算略,鲜卑慕之,奉以为主,遂总十二部落,世为大人"②。耶律羽之的先祖也是"历汉魏隋唐以来,世为君长"③的。这里的"世为大人"、"世为君长",到底是世选还是世袭,因史载有阙,难以详知。④ 如果是世袭制,则说明在此之前已有过一个阶段的军事民主制,但此时已受到世袭制的冲击。另外,按照赵志忠的说法,契丹王似乎并无任职期限,只是根据政绩好坏来决定是否替

---

① (宋)司马光:《资治通鉴》卷二六六"开平元年五月丁丑",中华书局 2011 年版,第 8797 页。《虏廷杂记》,原作"《虏庭杂纪》",今依晁公武《郡斋读书志》(晁公武撰,孙猛校证:《郡斋读书志校证》,上海古籍出版社 1990 年版)作《虏廷杂记》。

② (唐)令狐德棻等:《周书》卷一《文帝纪上》,中华书局 1971 年版,第 1 页。

③ 《耶律羽之墓志铭》,载刘凤翥等辑:《辽上京地区出土的辽代碑刻汇辑》,社会科学文献出版社 2009 年版,第 86 页。

④ 契丹早期历史虽无首领传承关系的记载,然其母体民族鲜卑族则是"自檀石槐后,诸大人遂世相传袭"((南朝)范晔:《后汉书》卷九〇《鲜卑传》,中华书局 1965 年版,第 2994 页)的。契丹直接脱胎于宇文鲜卑,宇文鲜卑在宇文莫槐家族"世为东部大人"时的世次更迭情况为:莫槐被杀,弟普拨立;普拨死,子丘不勤立;丘不勤死,子莫廆立;莫廆死,子逊昵延立;逊昵延死,子乞得龟立(李延寿:《北史》卷九八《匈奴宇文莫槐传》,中华书局 1974 年版,第 3267—3268 页)。可见,鲜卑曾实行过世袭制。

代。然考诸史实,恐不尽然。有关契丹部落联盟长的选举情况,大贺氏联盟以前已难以确知。然至大贺氏联盟时期,军事民主制的选举方式仍在执行。史称:"其部族之大者曰大贺氏,后分为八部……部之长号大人,而常推一大人建旗鼓以统八部。至其岁久,或其国有灾疾而畜牧衰,则八部聚议,以旗鼓立其次而代之。被代者以为约本如此,不敢争。"①大贺氏联盟的君长可考见者有9位,即摩会、窟哥、阿卜哥、尽忠、失活、娑固、郁于、吐于、邵固。这9位君长,除摩会、阿卜哥二位关系不明外,其他7位关系如下:尽忠为窟哥之孙,失活为尽忠从父弟,娑固为失活弟,郁于为娑固从父弟,吐于为郁于弟,邵固为吐于弟②。从这些首领产生的方式看,已明显表现出世选制度的特征。如郁于被"推以为主";邵固,"国人共立之"③。不过,这种世选制度不但"被显赫家族控制",而且"显现了兄终弟及的传承关系"④。这充分说明在契丹社会组织内部,宗族势力已在迅速崛起。

契丹族发展至遥辇氏联盟时期,政治活动中仍然存在着军事民主制的选举形式。耶律阿保机之取代痕德堇可汗,表面看来也是部落首领推举的结果。不过,这个时期的联盟首领选举,蜕变日趋明显。军事民主制的成分已是越来越少,而决定性的因素乃是宗族或个人的势力。与此同时,世选的范围则在急剧扩大。《辽史》记载的一些契丹人家族,有"世为国相"、"世为虞人"、"世为决狱官"、"世为小吏"等特权情况。显而易见,几乎所有的联盟和部落公职,均为一些固定的宗族所分割霸占。

就契丹建国前选官制度的演变趋势来看,纯粹的军事民主制成分已愈来愈少,宗族势力的形成和崛起在契丹人的政治生活中已发挥着愈来愈重要的作用。恩格斯在总结国家起源问题时曾指出:

掠夺战争加强了最高军事首长以及下级军事首长的权力;习惯地由同一家庭选出他们的后继者的办法,特别是从父权制实行以来,就逐

---

① (宋)欧阳修:《新五代史》卷七二《四夷附录第一》,中华书局2016年版,第1002页。
② 参见《辽史》卷六三《世表》,中华书局2017年版,第1054—1057页。新、旧《唐书》的《契丹传》均作尽忠弟。另参见张正明:《契丹史略》附录《唐代契丹君长世次》,中华书局1979年版。
③ (元)脱脱等:《辽史》卷六三《世表》,中华书局2017年版,第1056、1057页。
④ 漆侠:《契丹辽国建国初期的皇位继承问题》,《知困集》,河北教育出版社1992年版。

渐转变为世袭制,他们最初是耐心等待,后来是要求,最后便僭取这种世袭制了;世袭王权和世袭贵族的基础奠定下来了。于是,氏族制度的机关就逐渐挣脱了自己在民族中,在氏族、胞族和部落中的根子,而整个氏族制度就转化为自己的对立物:它从一个自由处理自己事务的部落组织转变为掠夺和压迫邻近部落的组织,而它的各机关也相应地从人民意志的工具转变为独立的、压迫和统治自己人民的机关了。①

显然,早在辽王朝建立之前,契丹族已将"习惯地由同一家庭选出他们的后继者的办法"逐渐确定为世选制度,"世袭王权和世袭贵族"已经产生。只是成员获得世袭资格的范围相对较广,是宗族而不是个人而已。

## 二、党项

与契丹族类似,在党项族的起源传说中,也同样包含着父系传承因素。西夏文文学作品《夏圣根赞歌》所说的"黔首石城漠水边,赤面父冢白高河"②,明显含有党项族父权形成的信息。"赤面父"或指党项人自称的所谓"猕猴种"。据《隋书》记载:"党项羌者,三苗之后也。其种有宕昌、白狼,皆自称猕猴种。"③

自魏晋以来,党项开始强大,至迟到隋朝及唐初,党项族父系群体的发展已日益明显,父系继承权也随之确立。见诸史籍记载的有细封氏、费听氏、往利氏、颇超氏、野利氏、房当氏、米擒氏、拓跋氏 8 个部落,而拓跋部最为强族。这里所称的"氏",当为据父系姓氏所形成的血缘群体。进一步看,具体的情况是:"其种每姓别自为部落,一姓之中复分为小部落,大者万余骑,小者数千骑,不相统一。"宗族是在父系前提下部落发展的过程中逐渐形成的,一个部落往往会包含若干宗族,其关键性的因素,就是父系继承权的确立。党项族在该时期已充分体现出身份和财产的父系继承原则。

---

① 《马克思恩格斯选集》第 4 卷,人民出版社 2012 年版,第 181 页。
② 俄罗斯科学院东方研究所圣彼得堡分所、中国社会科学院民族研究所、上海古籍出版社合编:《俄藏黑水城文献》第 10 册,上海古籍出版社 1999 年版,第 285 页。
③ (唐)魏徵、令狐德棻:《隋书》卷八三《党项传》,中华书局 1973 年版,第 1845 页。

"妻其庶母及伯叔母、嫂、子弟之妇,淫秽烝亵,诸夷中最为甚,然不婚同姓。"①这一婚姻习俗,说明了妇女地位的严重下降,她们甚至被作为财产,限定在宗族内部加以继承。唐人沈亚之曾说:"党项羌,其类意气不等,因聚党为兵相伐,强者有其马、牛、羊、骆驼。其后支属更仇杀,辗转六七十年,莫能禁。"②聚党很可能是纠集宗族武装,支属也应该是父系群体的亲属。因亲属群体具有很强的团聚力,所以党项人"尤重复仇,若仇人未得,必蓬头垢面,跣足蔬食,要斩仇人而后复常"③。

在党项族发展的过程中,拓跋部逐渐拥有了超诸部落的军事势力和经济实力。自隋初拓跋部之拓跋宁丛率部内附隋朝,始接受中原王朝的册封,宁丛的宗族便进一步确立了政治身份的父系继承。可以说"虽未称国,而王其土"④。拓跋木弥宗族在唐代逐渐成长为党项部落的政治首领,拓跋立伽在唐高宗时率众内属,其下共有 18 个拓跋氏部落,每部落设一羁縻州。立伽被封为大将军兼十八州部落使,其后立伽之子罗胄、孙后那、曾孙思泰、玄孙守寂、六世孙澄澜、七世孙乾晖⑤等世袭部落大酋长,世袭静边州要职。"静边州都督府,旧治银州郡界内,管小州十八。"⑥十八个小州即拓跋部十八个部落,静边州成为党项拓跋部在陕北的居地。

唐末,拓跋思恭曾率部协助唐中央政府镇压黄巢起义,受赐国姓李,被任命为定难军节度使,拓跋贵族的统治在此奠定了初基。⑦ 其后裔先后交替担任定难军节度使或夏州刺史,逐渐成为陕北四大军事豪强(麟州杨氏、府州折氏、延州高氏、夏州拓跋李氏)之一。拓跋氏借军事势力偕同政治威权,从整个党项族中游离出来,成为统治上层,拓跋李氏先后有六代九人成

---

① (后晋)刘昫等:《旧唐书》卷一九八《党项传》,中华书局 1975 年版,第 5290、5291 页。

② (唐)沈亚之著,肖占鹏、李勃洋校注:《沈下贤集校注》卷三《夏平》,南开大学出版社 2003 年版,第 42 页。

③ (后晋)刘昫等:《旧唐书》卷一九八《党项传》,中华书局 1975 年版,第 5291 页。

④ (元)脱脱等:《宋史》卷四八六《夏国传下》,中华书局 1985 年版,第 14030 页。

⑤ 汤开建:《隋唐五代宋初党项拓跋部世次嬗递考》,《西夏学》第 9 辑,上海古籍出版社 2013 年版,第 109 页。

⑥ (后晋)刘昫等:《旧唐书》卷三八《地理志一》,中华书局 1975 年版,第 1413 页。

⑦ 漆侠、乔幼梅:《辽夏金经济史》,河北大学出版社 1998 年版,第 197—198 页。

为中原王朝在党项的最高统治者。从中原王朝获得的定难军节度使一职，使李氏宗族实现了对辖内诸州的世袭性领有和政治支配权。自拓跋思恭以来，拓跋李氏与汉族士族通婚已逐渐常态化。拓跋思恭之妻梁氏、李仁福之妻濩氏、李光义之妻杨氏、李光琇之妻苏氏等，均出自汉族。① 在与汉族通婚的同时，拓跋李氏用姻亲关系联结党项豪右的政治传统仍继续维持，由此团结了众多的党项大族。李继迁连娶豪族，德明娶卫慕氏、咩迷氏、讹藏屈怀氏，元昊娶没藏氏、野利氏、没嵨氏、索氏、母米氏、都罗氏、咩迷氏等姓。这种婚姻状况，强化了相关父系群体的团聚力。

北宋初期，宋政府对西北地区少数民族首领"优恤其家属，厚其爵禄……听其招募骁勇，以为爪牙"②，同时，"皆因其酋豪，许之世袭"③。不过，时隔不久，定难军节度使李继捧的承袭却受到来自宗族内部的挑战，一时出现"宗族携贰"④的局面。这当然主要是指以其从父李克文为代表的族人对其承袭的反对。继捧在入觐宋廷时也"自陈诸父昆弟多相怨怼"⑤。而当宋政府发遣李氏族人赴京时，李继迁坚决反对："吾祖宗服食兹土逾三百年，父兄子弟列居州郡，雄视一方。今诏宗族尽入京师，死生束缚之，李氏将不血食矣！奈何？"⑥正是不断强化的父系继承关系，才会出现"夏国自祖考以来，父死子继，国人乃服"⑦的社会传统。

在父系继承关系逐渐确立的过程中，由若干小家庭组成的宗族也逐渐成为重要的一级社会组织。至西夏建国，小家庭虽具有相对的独立性，但宗

---

① 具体可参见周伟洲：《陕北出土三方唐五代党项拓跋氏墓志考释》，《民族研究》2004 年第 6 期；杜建录等：《宋代党项拓跋部大首领李光睿墓志铭考释》，《西夏学》第 1 辑，宁夏人民出版社 2006 年版；杨浣：《五代夏州拓跋部世系与婚姻考论》，《宁夏社会科学》2005 年第 1 期。

② （宋）李焘：《续资治通鉴长编》卷三"建隆三年十二月甲辰"，中华书局 2004 年版，第 77 页。

③ （元）脱脱等：《宋史》卷三一八《张方平传》，中华书局 1985 年版，第 10357 页。

④ （清）吴广成撰，胡玉冰校注：《西夏书事校注》卷三，上海古籍出版社 2021 年版，第 43 页。

⑤ （宋）李焘：《续资治通鉴长编》卷二三"太平兴国七年五月己酉"，中华书局 2004 年版，第 520 页。

⑥ （清）吴广成撰，胡玉冰校注：《西夏书事校注》卷三，上海古籍出版社 2021 年版，第 44 页。

⑦ （宋）李焘：《续资治通鉴长编》卷一六二"庆历八年正月辛未"，中华书局 2004 年版，第 3902 页。

族的凝聚力仍然很强。宋人苏辙曾在论及宋朝与西夏的和市与岁赐关系时说:"传闻羌中得此厚利,父子兄弟始有生理。"①这说明党项族以父子兄弟为核心形成的宗族,在经济上仍有较多的联系。西夏谚语"有志族女不厌嫉,参战独子不惜命";"亲者无好于亲父母,肉者无甜于骨上肉";"天上诱飞鸟,举饵落手上;父母杖妻子,躲避而出走";"幼子不见珍贵长子,长子一去爱惜幼子"②之类,也表现出日常生活中的小家庭成员与宗族亲属之间千丝万缕的关系。由于父系继承观念的深刻影响,家庭中也出现了重男轻女的现象。谚语"虽有十女难脱孤名"③,意思是说一个家庭尽管有很多个女儿,但如果没有儿子,也不能算是有后。

### 三、其他游牧民族

奚族与契丹族"异种同类"④,发展历程多有相似之处。尽管奚族早期的继承观念尚不明确,然至迟至唐朝时其父系成员间的传承已甚为明显。"其先曰时瑟……自立为奚王。卒,弟吐勒斯立。"⑤这显然已是兄终弟及的传承原则了。参加过安史之乱、后归降唐朝的奚人李宝臣,逐渐发展为势力强大的河朔藩镇之一。他"以七州自给,军用殷积,招集亡命之徒,缮阅兵仗,与薛嵩、田承嗣、李正己、梁崇义等连结姻娅,互为表里,意在以土地传付子孙"⑥。显然,这已完全是父死子继的观念了。

吐蕃族源于西羌,在建立吐蕃王朝之前,早已确立父系继承权的传承。吐蕃王朝衰弱之后,西北地区的吐蕃族"族种分散,大者数千家,小者百十家,无复统一矣"⑦。百十家至数千家的族,有些是由若干宗族组成的部族,也有些其实即为宗族。其酋长的传承,大多依靠由父系关系确定的世袭制度。如唃厮啰一族,在青唐建立地方政权后,主位传承基本在父系范围内进

---

①　(宋)苏辙:《栾城集》卷四一《论西事状》,《苏辙集》,中华书局1990年版,第723页。

②　陈炳应译:《西夏谚语——新集锦成对谚语》,山西人民出版社1993年版,第11、12页。

③　陈炳应译:《西夏谚语——新集锦成对谚语》,山西人民出版社1993年版,第13页。

④　(北齐)魏收:《魏书》卷一〇〇《契丹传》,中华书局1974年版,第2223页。

⑤　(元)脱脱等:《辽史》卷三三《营卫志下》,中华书局2017年版,第439页。

⑥　(后晋)刘昫等:《旧唐书》卷一四二《李宝臣传》,中华书局1975年版,第3866页。

⑦　(元)脱脱等:《宋史》卷四九二《吐蕃传》,中华书局1985年版,第14151页。

行。在唃厮啰死后,子董毡继位。董毡卒,养子阿里骨继位。由于"阿里骨本于阗人。少从其母给事董毡,故养为子"①,其即位曾遭唃厮啰族人的反对。阿里骨卒,子瞎征继位。居住于邈川地区的亚然族,势力较强。温逋奇作为其中一部的首领,曾与唃厮啰一同接受宋朝的授官。温逋奇死后,其直系后裔不断继任亚然部首领。见于文献记载的,其子有一声金龙、温溪心、温阿格旺;其孙有厮波温、阿罗、阿令京、觉勒玛斯多卜、阿敏、温声腊抹、温讷支郢成;其曾孙有集星衮。② 首领在这些直系后裔中的传承,不管是父死子继、兄终弟及,还是族内世选,都没有脱离父系继承这一总的原则。

## 第二节　宗族的组织结构

宗族形成于氏族社会末期,但并非宗族一出现氏族就消失了。二者的更替,有一个长期的渐变过程。从文字记载看,契丹族从其"自号曰契丹"③之日起,就已处于氏族社会的末期,宗族已经产生,并且具有了一定的势力。由于从氏族组织向宗族组织的过渡是一个漫长的交替过程,也由于战争、天灾等自然因素与政权发展的需要,游牧民族基层社会组织不断受到干扰,所以游牧民族的宗族组织结构十分复杂。

### 一、宗族首领

随着宗族势力的形成和崛起,首领的作用必然日益突出。首领不但维持宗族内部的秩序,而且会积极参与部落等各级社会组织的事务。契丹族在大贺氏联盟的约百年时间内,除两位首领关系不明外,其他 7 位为祖孙、兄弟、从兄弟关系,显然是出自同一个宗族的。而《耶律羽之墓志铭》云"其先宗分佶首,派出石槐,历汉魏隋唐已来,世为君长"④。佶首即奇首,石槐

---

① （元）脱脱等:《宋史》卷四九二《吐蕃传》,中华书局 1985 年版,第 14165 页。
② 齐德舜:《〈宋史·吐蕃传〉笺证》,中国社会科学出版社 2015 年版,第 19 页。
③ （宋）欧阳修、宋祁:《新唐书》卷二一九《契丹传》,中华书局 1975 年版,第 6167 页。
④ 《耶律羽之墓志铭》,载刘凤翥等辑:《辽上京地区出土的辽代碑刻汇辑》,社会科学文献出版社 2009 年版,第 86 页。

即2世纪中叶做鲜卑大联盟首领的檀石槐。耶律羽之宗族能追述先世至奇首、石槐，说明后人对当时宗族首领所具有的政治势力怀有朦胧记忆。

随着阶级分化的加剧，宗族势力也并非一成不变，新的宗族势力崛起已成为历史必然。唐开元七年（719年），大贺氏娑固联盟长担心其衙官可突于势力过于强大，准备加以铲除。但由于泄密，可突于首先发难。娑固受攻逃奔营州，并联合了营州都督许钦澹及奚君李大酺，反攻可突于，结果仍然不能取胜，娑固、李大酺均被杀。可见，这时的可突于宗族已具有很强的势力。至开元十八年（730年），大贺氏宗族的最后一位可汗邵固终于为可突于所杀。这一次，可突于不再立大贺氏宗族成员了，而是立另一宗族的屈列为联盟长。而在大贺氏时代曾与可突于"分典兵马"①的另一衙官过折，显然也代表着另一颇具实力的新兴宗族。过折乘幽州节度使张守珪攻契丹之机，斩杀屈列、可突于等，并坐上了联盟长的宝座。然而，宝座尚未坐热，就被可突于余党泥礼所杀，泥礼并"屠其家"②。泥礼是世里宗族的代表人物，他杀过折后，也感到自己宗族的势力尚不够强大，因而推举原为八部大帅的怀秀做可汗（即阻午可汗），从此联盟长的职位为遥辇氏宗族所占。而世里宗族则控制了军事首长的权位，并由此而势力急剧膨胀起来。至耶律阿保机为迭烈府夷离堇时，遥辇氏宗族已相对"单弱"③了。

在一些势力较强宗族对联盟高层职位展开争夺的同时，势力暂时不够强大的宗族则对中下层的职位进行分割。如萧塔列葛的八世祖只鲁，"遥辇氏时尝为虞人。唐安禄山来攻，只鲁战于黑山之阳，败之。以功为北府宰相，世预其选"④。北府为遥辇氏部落联盟的两个集团之一，只鲁宗族能够世预北府首长之选，说明这个宗族也是较有势力的宗族之一。又如萧敌鲁的五世祖胡母里，"遥辇氏时尝使唐，唐留之幽州。一夕，折关遁归国，由是世为决狱官"⑤。而某些势力相对弱小的宗族，也就只能去占据低层的职位

---

① （宋）司马光：《资治通鉴》卷二一四"开元二十二年十二月乙巳"，中华书局2011年版，第6929页。

② （元）脱脱等：《辽史》卷六三《世表》，中华书局2017年版，第1057页。

③ （元）脱脱等：《辽史》卷六〇《食货志下》，中华书局2017年版，第1033页。

④ （元）脱脱等：《辽史》卷八五《萧塔列葛传》，中华书局2017年版，第1451页。

⑤ （元）脱脱等：《辽史》卷七三《萧敌鲁传》，中华书局2017年版，第1349页。

了。萧护思宗族,"世为北院吏"①。突吕不部人耶律解里宗族,则是"世为小吏"②的。可以推断,世选职位的高低,与宗族势力的大小是密切绾连在一起的。

联盟以下的各个部落内部,势力强盛的宗族展开了对部落首长——夷离堇职位的争夺。因而,夷离堇也就成了部落内部最为重要的世选职位。耶律阿保机宗族世选迭剌部夷离堇,史有明载。其他部落夷离堇在契丹建国前也早已为显赫宗族霸占,自然也是事实。《辽史》卷七八《萧海璃传》载:"其先遥辇氏时为本部夷离堇,父塔列,天显间为本部令稳。"③可以推知,萧海璃宗族在联盟时期已为世选本部夷离堇的宗族。契丹社会组织结构所形成的各级部落管理职务的"世选"方式,标志着原由大家族共享的权益转变成只由父子相继的独享的权力,形成部落贵族家庭享有政治特权的基本形态。④

党项族宗族首领在社会生活中发挥的作用更为明显。早在隋唐时期,党项社会便"每姓别自为部落,一姓之中复分为小部落"⑤。这种部落复分部落的析种分衍方式延续了羌人的传统,当部落人口繁衍增多超过一定经济供养承载力之后,部落就会自觉地分种离析,每个种姓逐渐分出多个部落。如拓跋部有十八个拓跋氏部落,野利部有九个野利氏部落。雍熙二年(985年),"府州女乜族首领来母崖男社正等内附,因迁居茗乜族中"⑥。女乜族首领请求内附,宋朝政府在充分考虑了其各种情况后,迁居茗乜族中。显然,两族具有一定的亲缘关系。党项社会中,宗族首领声威势力甚隆,在军事上具有举足轻重的地位。据宋人记载:"西贼首领,各将种落之兵,谓之'一溜',少长服习,盖如臂之使指,既成行列,举手掩口,然后敢食,虑酋

---

① (元)脱脱等:《辽史》卷七八《萧护思传》,中华书局2017年版,第1396页。

② (元)脱脱等:《辽史》卷七六《耶律解里传》,中华书局2017年版,第1373页。

③ 辽太祖时将迭剌、乙室两大部以外的小部落夷离堇改称令稳,辽圣宗时又改令稳为节度使。

④ 任爱君:《9世纪中后期契丹社会的组织结构与发展状态——以世里氏家族研究为中心》,《内蒙古社会科学》2008年第6期。

⑤ (后晋)刘昫等:《旧唐书》卷一九八《党项羌传》,中华书局1975年版,第5290页。

⑥ (元)脱脱等:《宋史》卷四九一《党项传》,中华书局1985年版,第14140页。

长遥见。"①同时,宗族首领在经济上也发挥着重要作用。至道元年(995年),"睡泥族首领你乜逋令男诣灵州,言族内七百余帐为李继迁劫略,首领哱逋一族奔往萧关,你乜逋一族乞赐救助,诏赐以资粮"②。大首领作为宗族的总负责人,其下又有若干的下级首领,以便与宗族分层管理的模式相适应。淳化四年(993年),"直荡族大首领啜尾、子河汊大首领马一并来贡,诏以啜尾叔罗买为本族都监,又啜尾下首领十人、马一下首领十二人皆赐锦袍、银带、器币"③。嘉祐六年(1061年),贷命编管五门蕃部巡检苏恩,"仍分所管蕃部为八族,各推首领以主之"④。在宗族的任何活动中,几乎都离不开各级首领的作用。

## 二、帐族

游牧民族的宗族,一般是组成部族的基本社会组织。但在部族组织逐渐松弛的情况下,宗族的独立性就会越来越强。在日常生活中具有紧密联系的实体性的宗族,往往被称为"族",有些甚至直接被称为"家族"、"宗族"。如党项族有奈喝三家族、奈家族、杨家族、旺家族⑤、姚家族⑥等;吐蕃族有安家族、大小马家族、懒家族、党宗族、鬼留家族⑦等。宗族之下的组织,则称为"帐族"。

帐族即房族。在规模较大的宗族之下,往往分为若干帐族。每一帐族又由若干帐组成。宋朝使臣曾记载东北地区的情况云:"自来流河阿骨打所居指北带东,行约五百余里,皆平坦草莽,绝少居民,每三五里之间,有一

---

① (宋)李焘:《续资治通鉴长编》卷一三二"庆历元年五月甲戌",中华书局2004年版,第3136页。
② (元)脱脱等:《宋史》卷四九一《党项传》,中华书局1985年版,第14142页。
③ (元)脱脱等:《宋史》卷四九一《党项传》,中华书局1985年版,第14141页。
④ (宋)李焘:《续资治通鉴长编》卷一九五"嘉祐六年十月戊午",中华书局2004年版,第4729页。
⑤ (元)脱脱等:《宋史》卷四九一《党项传》,中华书局1985年版,第14138、14141、14146页。
⑥ (宋)沈括:《梦溪笔谈》卷二四《杂志一》,载《全宋笔记》第2编,第3册,大象出版社2006年版,第178页。
⑦ (元)脱脱等:《宋史》卷四九二《吐蕃传》,中华书局1985年版,第14153、14154、14157、14158、14160页。

二族帐,每帐族不过三五十家。"①这里的"族帐",也指的是帐族或宗族。

规模较小的宗族,则帐族作为一级组织并不明显。辽太祖八年(914年),"有司上诸帐族与谋逆者三百余人罪状,皆弃市"②。统和二十九年(1011年),辽圣宗曾"诏帐族有罪,黥墨依诸部人例"③。这里的帐族,或指各宗族的房族,或专指皇族族属。

北宋中期,张守约"主原州截原砦,招羌酋水令通等十七族万一千帐"④。17 族共有 11000 余帐,每族平均有 647 帐。显然,数百帐甚至千余帐组成的宗族,在帐与族之间非常需要一级组织来协调行动。熙宁四年(1071年)王韶言、俞龙珂等举族内附,授以殿直、蕃巡检,"又分其本族大首领四人为族下巡检,既分为四头项,自此可令不复合为一,免点集作过"⑤。这里被分为四头项的宗族,是以行政方式来划分的。但更多的情况下,则是在宗族内部逐渐形成的。

《金史》云"奚有十三部、二十八落、一百一帐、三百六十二族"⑥。部指部族,落指部落,帐应是帐族,族应是宗族。为何奚族的帐族是较大的宗族组织单位,而族反而小于帐呢? 因为在最初的房枝分出后,随着世代的发展,帐族可以越来越大,甚至地域上已较为分散,而族主要是指在地域上较为接近的亲属群体。这正是游牧民族宗族复杂性的表现。

## 三、帐户

宗族内部最小的组织单位是家,或称帐、户、帐户等。在游牧民族的社会生活中,"同一家庭的人经常也就是住在同一帐幕中的人,因此'帐'通常是游牧社会称呼家庭的数量单位。如说这个家族或部落有多少'帐',大约

---

① (宋)徐梦莘:《三朝北盟会编》卷四"宣和二年十一月二十九日"引马扩《茆斋自叙》,上海古籍出版社 2008 年版,第 30 页。

② (元)脱脱等:《辽史》卷一《太祖纪一》,中华书局 2017 年版,第 10 页。

③ (元)脱脱等:《辽史》卷一五《圣宗纪六》,中华书局 2017 年版,第 185 页。

④ (元)脱脱等:《宋史》卷三五〇《张守约传》,中华书局 1985 年版,第 11072 页。

⑤ (宋)李焘:《续资治通鉴长编》卷二二八"熙宁四年十二月戊辰",中华书局 2004 年版,第 5556 页。

⑥ (元)脱脱等:《金史》卷六七《奚王回离保传》,中华书局 2020 年版,第 1688 页。

便是指它有多少家庭"①。

北魏太和三年(479 年),契丹"莫弗贺勿于率其部落车三千乘、众万余口,驱徙杂畜,求入内附,止于白狼水东"②。家庭作为部落的基本组成单位,对契丹而言应该是以"车"作为计量单位的,一家为一车。契丹以车帐为生,过着游牧生活,而且家庭成员人数不多,平均有 3—4 人。《辽史·营卫志中》更直接记述契丹人的生活现状为:"转徙随时,车马为家。"③辽圣宗的部落重组、迁徙民众,对游牧民族均是按帐户来作为基本单位的。据《辽史》记载,"惠和县。圣宗迁上京惠州民,括诸宫院落帐户置";"隰州……圣宗括帐户迁信州,大雪不能进,建城於此,置焉"④。

奚人的生活状态,与契丹颇为相似。刘敞《铁浆馆》云:"稍出卢龙塞,回看万壑青。旷原开碛口,别道入松亭。卢马寒随草,奚车夕戴星。忽悲田子泰,寂寞向千龄。"其自注为"奚人以车帐为生,昼夜迁徙"⑤。

党项"其民一家号一帐,男年登十五为丁,率二丁取正军一人"⑥。每一宗族由若干帐(或户)组成。淳化二年(991 年),宋政府"以黄乜族降户七百余散于银、夏州旧地处之"⑦。黄乜族是一个拥有 700 余户的大型宗族,因而需要散处于二州之地。

帐户与农耕民族的小家庭一样,在其发展过程中必然存在不断分家析产的问题。原本为同一帐户的成员,经过析分,从而变成不同帐户的成员。但血缘关系较近的成员,析分后仍然会有各种各样的联系。西夏谚语云:"族节近亲各远未到,近友相爱自我颂扬。""叔父语柔孤男颂他,姨母头低妹女自答。"⑧正是对各种亲属关系的形象说明。

---

① 王明珂:《游牧者的抉择:面对汉帝国的北亚游牧部族》,广西师范大学出版社 2008 年版,第 40 页。
② (北齐)魏收:《魏书》卷一〇〇《契丹传》,中华书局 1974 年版,第 2223 页。
③ (元)脱脱等:《辽史》卷三二《营卫志中》,中华书局 2017 年版,第 423 页。
④ (元)脱脱等:《辽史》卷三九《地理志三》,中华书局 2017 年版,第 547、553 页。
⑤ (宋)刘敞:《公是集》卷二二《铁浆馆》,宋集珍本丛刊本,第 9 册,线装书局 2004 年版,第 518 页。
⑥ (元)脱脱等:《宋史》卷四八六《夏国传下》,中华书局 1985 年版,第 14028 页。
⑦ (元)脱脱等:《宋史》卷四九一《党项传》,中华书局 1985 年版,第 14140 页。
⑧ 陈炳应译:《西夏谚语——新集锦成对谚语》,山西人民出版社 1993 年版,第 13 页。

### 四、奴隶与依附民

随着经济关系的发展,阶级分化也明显地加剧了。在家庭经济发展的初期,奴隶往往是最主要的财富之一。在契丹建国前,史书中就经常有契丹掳掠人口的记载。如武则天万岁通天年间,契丹攻入幽州,"杀略人吏"①;又攻入冀州,"掠数千人"②;唐德宗贞元四年(788年),契丹与奚共同攻入振武城,"大掠人畜而去"③。掳掠人口,说明显贵阶层已有了大量占有奴隶的愿望。契丹社会发展的趋势,一方面是少数宗族经济势力和社会地位的不断上升;另一方面,则是广大部民朝向贫民或奴隶方向发展。

至辽朝建立后,宗族拥有奴隶已是普遍的社会现象。尤其是大量契丹贵族以所俘汉人为奴,设立头下军州加以管理。《辽史·百官志》云:"其间宗室、外戚、大臣之家筑城赐额,谓之头下州军。唯节度使朝廷命之,后往往皆归王府。不能州者谓之军,不能县者谓之城,不能城者谓之堡。"④头下州的俘户在指定的地方进行农业生产以满足契丹贵族的消费需要。统和七年(989年),"诏南征所俘有亲属分隶诸帐者,给官钱赎之,使相从"⑤。这一诏令,为奴隶家庭成员的团聚提供了保障,但对于契丹等族的奴隶主们,并没有限制他们拥有奴隶。耶律元妻萧氏"育婢仆百千口,整家道十数年"⑥。后族成员萧惠,在辽兴宗使其"恣取珍物"时曾说:"臣以戚属据要地,禄足养廉,奴婢千余,不为阙乏。"⑦可见,特权宗族占有数量庞大的奴隶。

西夏的党项宗族,同样大多占有数量不等的奴隶。律令文书所见的使军、奴仆,实际上就是私家奴隶。他们可以被主人典当和出卖,如同土地、房产一样。西夏法律规定:"诸人将使军、奴仆、田地、房舍等典当、出卖于他

---

① (后晋)刘昫等:《旧唐书》卷一九九下《契丹传》,中华书局1975年版,第5351页。

② (宋)欧阳修、宋祁:《新唐书》卷二一九《契丹传》,中华书局1975年版,第6169页。

③ (后晋)刘昫等:《旧唐书》卷一九九下《契丹传》,中华书局1975年版,第5354页。

④ (元)脱脱等:《辽史》卷四八《百官志四》,中华书局2017年版,第906页。

⑤ (元)脱脱等:《辽史》卷一二《圣宗纪三》,中华书局2017年版,第144页。

⑥ 《耶律元妻晋国夫人萧氏墓志》,载向南编:《辽代石刻文编》,河北教育出版社1995年版,第211页。

⑦ (元)脱脱等:《辽史》卷九三《萧惠传》,中华书局2017年版,第1513页。

处时,当为契约。"①这在黑水城出土的西夏经济文书中有所体现,如《俄藏黑水城文献》5147—1号文书就是一件以人口为质押物的典身贷粮契,被典者是一位二十岁的"使军"弥药奴。② 使军、奴仆各有自己的主人,称为"头监"。他们虽然有自己的财产,但对头监具有很强的依附关系。"诸人所属使军、奴仆唤之不来,不肯为使者,徒一年。"③"妻子、媳妇、使军、奴仆等有谋逆,犯者当依法承罪,公公、婆母、丈夫、头监及妇人所有子女等勿连坐。其中使军、奴仆属畜、物、地、人所有多少,当付嘱头监。"④在党项宗族中,使军、奴仆普遍存在。

在宗族内部,权贵家庭还通过各种渠道逐渐占有了一定数量的依附民。西夏《天盛律令》载:"租户家主有种种地租役草,催促中不速纳而住滞时,当捕种地者及门下人,依高低断以杖罪,当令其速纳。"⑤这里的"门下人",显然是具有很强依附关系的成员。宋英宗治平年间,同知谏院吕诲上奏说:"逐部族今所存者,却有外来散户依附其间,或是连亲,或即庸力,混杂居处,例各年深。"⑥外来的散户投奔有一定势力的宗族,往往需要依附于人,从而形成了两者间的依附关系。

宗族的依附成员不但有外族成员,也有本族成员。天圣六年(1028年)十二月十一日,宋廷"诏陕西诸路缘边蕃部使臣、首领、人员等,如今后自作过犯,合断罪罚羊,令蕃部使臣、首领、人员等亲自出办送纳,即不得更于族下户上非理科敛"⑦。又,熙宁二年(1069年)闰十一月,臣僚上言:"陕西沿

---

① 史金波、聂鸿音、白滨译注:《天盛改旧新定律令》卷一一《出典工门》,法律出版社2000年版,第390页。

② 史金波:《俄藏5147号文书10件西夏文贷粮契译考》,《中国经济史研究》2020年第3期。

③ 史金波、聂鸿音、白滨译注:《天盛改旧新定律令》卷二〇《罪则不同门》,法律出版社2000年版,第606页。

④ 史金波、聂鸿音、白滨译注:《天盛改旧新定律令》卷一《谋逆门》,法律出版社2000年版,第113页。

⑤ 史金波、聂鸿音、白滨译注:《天盛改旧新定律令》卷一五《地水杂罪门》,法律出版社2000年版,第508页。

⑥ (宋)赵汝愚:《宋朝诸臣奏议》卷一二五吕诲《上英宗请重造蕃部兵账》,上海古籍出版社1999年版,第1379页。

⑦ (清)徐松辑:《宋会要辑稿》兵二七之二四,上海古籍出版社2014年版,第9194页。

边熟户自来倚为藩篱,或闻边臣有徇私灭公者,以规财利,颇成困扰。盖城寨官吏受亲故请嘱,以来货给与蕃官,责限取直,倍称其利。蕃族首领可以更行减刻,亦所乐从,受弊者乃族下散户。"①有学者认为,前者是宗族首领将犯罪罚款转嫁给族下民户,后者是蕃族首领将高价货物强行派给族下散户承买,以牟取利益,反映出宗族首领对族下散户的超经济剥削和压榨。②毫无疑问,这些宗族成员对首领具有一定的人身依附关系。

## 第三节　宗族类型、规模与裂变

宗族虽然主要由血缘关系维系,但由于游牧民族相对来说更容易聚散离合,因而在宗族复杂的形成过程中,便因组织方式不同而产生了不同类型。在宗族发展到一定规模后,又因受到各种条件的制约,势必发生裂变,以便适应社会环境与自然环境。

### 一、宗族类型

游牧民族的社会结构在不同的社会发展阶段会有其时代特点,部族组织也非一成不变,因而其宗族组织就更为复杂。大体上说,宗族组织与部族组织具有密切的关系,而且并不是简单的包含与被包含的关系,而往往是交织在一起。因此,部族的类型往往会影响着宗族的类型。

《辽史·营卫志》云:

> 部落曰部,氏族曰族。契丹故俗,分地而居,合族而处。有族而部者,五院、六院之类是也;有部而族者,奚王、室韦之类是也;有部而不族者,特里特勉、稍瓦、曷术之类是也;有族而不部者,遥辇九帐、皇族三父房是也。③

这里的部族被划分为四种类型,为我们理解部族类型提供了重要线索。张正明曾对此作了解释:"所谓'族而部',是指以一个氏族为基础组成一个或

---

① (清)徐松辑:《宋会要辑稿》兵二八之六,上海古籍出版社 2014 年版,第 9211 页。

② 杜建录:《论党项宗族》,《民族研究》2001 年第 4 期。

③ (元)脱脱等:《辽史》卷三二《营卫志中》,中华书局 2017 年版,第 426 页。

几个部落；'部而族'适与'族而部'相反，是指一个部落包容着若干氏族；'部而不族'，是指部落内部已经没有明显的氏族界限了；至于'族而不部'，则是指保持着氏族或家族组织，而已经从部落中分化出来的显贵家族。"①杨军认为"所谓'族而部者'，是经由上述'家'与'族'（指其文中论述的家与族的范围——引者）的裂变发展而成的部，部人对裂变过程尚存在清晰的记忆；所谓'部而族者'，是存在典型的部—'族'—'家'内部结构的部，但其部人已说不清楚本部的形成过程；所谓'部而不族'，指内部不存在'族'—'家'结构的部；所谓'族而不部'，指不系属于某部，独立存在的族。但不管哪一种类型，族的下面都分为不同的'家'"②。二位学者的解释其实有相通之处，但仍然比较抽象。为了更好地理解部族的这四种类型，我们不妨以《辽史》举述的具体实例加以说明。

"有族而部者，五院、六院之类是也。"五院、六院原为辽太祖耶律阿保机所在的迭剌部。"天赞元年，以强大难制，析五石烈为五院，六爪为六院，各置夷离堇。"③"五石烈：即五院。非是分院为五，以五石烈为一院也。六爪：爪，百数也。"④迭剌部可说基本上是由氏族组织自然发展所形成的部族，因而其成员大都是同一祖先的后代。虽析为五院、六院，但其核心成员均为辽朝皇族。可见，族而部者的基本特点是部族内部包含的人户基本上是由血缘关系自然发展形成的若干氏族组成的部。这类部族下属的若干石烈，基本上可以看作是一个宗族或若干宗族。

"有部而族者，奚王、室韦之类是也。"奚族与室韦作为被契丹降服的游牧民族，其部族组织难免受到辽王朝的干预。"奚王府六部五帐分。……初为五部：曰遥里，曰伯德，曰奥里，曰梅只，曰楚里。太祖尽降之，号五部奚。天赞二年……以奚府给役户，并括诸部隐丁，收合流散，置堕瑰部……遂号六部奚。"⑤奚族的原五部或许是由氏族组织自然发展所形成的部族，

---

① 张正明：《契丹史略》，中华书局1979年版，第142—143页。

② 杨军：《"变家为国"：耶律阿保机对契丹部族结构的改造》，《历史研究》2012年第3期。

③ （元）脱脱等：《辽史》卷三三《营卫志下》，中华书局2017年版，第436页。

④ （元）脱脱等：《辽史》卷一一六《国语解》，中华书局2017年版，第1704页。

⑤ （元）脱脱等：《辽史》卷三三《营卫志下》，中华书局2017年版，第439页。

但辽王朝将其与新置的堕瑰部组合在一起,组成了新的大部族。室韦部族在辽太祖时有突吕不室韦部,"本名大、小二黄室韦户。太祖为达马狘沙里,以计降之,乃置为二部";二部中的另一部为涅剌拏古部,"与突吕不室韦部同"。辽圣宗时有涅剌越兀部,"以涅剌室韦户置";又有室韦部,"以室韦户置"①。以室韦户所置的这些,很可能包含有被统称为室韦的若干氏族。可见,部而族者的基本特点是部族内部包含有具有一定关系的若干氏族,但这些氏族却未必出自同一祖先。这类部族下属的若干石烈,基本上可以看作是一个宗族或若干宗族,但石烈之间却没有必然的亲缘关系。

"有部而不族者,特里特勉、稍瓦、曷术之类是也。"特里特勉部,"初于八部各析二十户以成奚,侦候落马河及速鲁河侧,置二十详稳。圣宗以户口蕃息,置为部"。该部既然是从八部中析出,每部中的二十户就未必恰好是一个宗族,而很可能户与户之间已基本上没有亲情关系了。置二十详稳,每详稳统率八户,完全是行政划分,而不可能是血缘组织方式。稍瓦部,"初,取诸宫及横帐大族奴隶置稍瓦石烈。稍瓦,鹰坊也。居辽水东,掌罗捕飞鸟。圣宗以户口蕃息置部"。曷术部,"初,取诸宫及横帐大族奴隶置曷术石烈,曷术,铁也。以冶于海滨柳湿河、三黜古斯、手山。圣宗以户口蕃息置部"②。该两部的人户最初是从诸宫及横帐大族的奴隶中析出的,户与户之间当然也不可能存在宗族关系。可见,部而不族者的基本特点是部族内部包含的人户基本上是各自独立的,并不是由血缘关系自然发展形成的若干氏族组成的部。这类部族即使下属若干石烈,也是完全人为划分的组织。因此,从血缘关系的角度来说,这类部族不能算是宗族。

"有族而不部者,遥辇九帐、皇族三父房是也。"遥辇九帐族指遥辇氏部落联盟时期的九世可汗即洼可汗、阻午可汗、胡剌可汗、苏可汗、鲜质可汗、昭古可汗、耶澜可汗、巴剌可汗、痕德堇可汗的后裔形成的九支帐族。皇族三父房族指耶律阿保机的伯父岩木、释鲁以及阿保机兄弟的后裔(一说三父房不包括阿保机的后裔,即为阿保机的伯父岩木、释鲁以及阿保机诸弟的

---

① (元)脱脱等:《辽史》卷三三《营卫志下》,中华书局 2017 年版,第 440、443 页。

② (元)脱脱等:《辽史》卷三三《营卫志下》,中华书局 2017 年版,第 441 页。

后裔)。该二部族已经从部落中分化出来,拱卫在御帐附近,不入于"太祖十八部"及"圣宗三十四部"之列。可见,族而不部者的基本特点是部族内部包含的人户基本上是宗族成员,他们有共同的祖先和明确的世系关系。族而不部者之所以能从部族中分离出来,是因为他们有强大的宗族势力和明确的政治特权。

有必要加以说明的是,父系氏族在发展到家长制家庭成为基本的社会组织单位之时,即可称为宗族了。或者氏族包含若干宗族,或者氏族即为宗族。因此,后世也时常以氏族指代宗族。

### 二、规模

宗族是一种较为松散的血缘群体,其范围具有一定的不确定性。游牧民族的宗族规模不仅处于不断的变动中,而且人口数量相差较大。大者人口逾万,小者不过数十人而已。但因游牧生产与生活的需要,成员间联系较为密切,亲属范围相对固定。若依此而论,宗族的规模可有大、中、小之分。

(一)大型宗族

拥有 500 帐以上的宗族,人多势众,可称为大型宗族。

辽太祖天赞元年(922 年),以契丹族迭剌部"强大难制,析五石烈为五院,六爪为六院"①。所谓五院,"非是分院为五,以五石烈为一院也"。而所谓六爪,"爪,百数也",六爪即是 600 帐。奚族的情况也颇为类似,"辽有六百家奚,后为六院,义与五院同"②。显然,这些宗族都是大型的宗族。

党项族中的兀泥族,"在青岗岭、三角城、龙马川,领族帐千五百户"③,无疑是一个超级的大型宗族。麟州勒厥麻等 3 族,共有 1500 帐,族均 500帐;水令逋等 17 族,共有 11000 帐,族均 647 帐;丰州藏才 38 族,10 万众,2万余帐,族均 526 帐④,均属于大型宗族。

---

① (元)脱脱等:《辽史》卷三三《营卫志下》,中华书局 2017 年版,第 436 页。
② (元)脱脱等:《辽史》卷一一六《国语解》,中华书局 2017 年版,第 1704 页。
③ (元)脱脱等:《宋史》卷四九一《党项传》,中华书局 1985 年版,第 14143 页。
④ 杜建录:《论党项宗族》,《民族研究》2001 年第 4 期。

（二）中型宗族

拥有 100 帐至 500 帐的宗族，规模相对比较大，可称为中型宗族。

宋太宗雍熙二年（985 年），宋朝西北边将"降银麟夏等州、三族砦诸部一百二十五族，合万六千一百八十九户"①。125 族合计有 16189 户，则族均约 130 户。显然，这些宗族大多属于中型宗族。雍熙三年，潘美等上言："云、应、寰、朔州民五万户，及吐浑、突厥三部落、安庆等族八百余帐，久困戎虏，善接王师，愿移旧地，南居忻、代之境。"②吐浑、突厥等族的宗族至少应在 5 个以上，800 余帐的成员说明他们多是中型宗族或小型宗族。淳化四年（993 年），宋官府"禁盐池"数月之后，"边人四十二族万余骑寇环州"③。42 族拥有万余骑，则族均约 238 骑。一族拥有 200 余骑，当在百帐以上，这些宗族也多为中型宗族。

（三）小型宗族

拥有 100 帐以下的宗族，规模较小，可称为小型宗族。

宋真宗咸平六年（1003 年），庆州"熟户与生羌错居，颇为诱胁"④，环庆都部署张凝"领兵离木波镇，由新开路径至八州原外寨，招降得岑移等三十三族，又从淮安镇入分水岭，招降得麻谋等三十一族，又至柔远镇，招降得巢迷等二十族，遂抵业乐，招降得夥树罗家等百族，合四千八十户，第给袍带物彩，慰遣还族帐"。这些"内属戎人"⑤共计 184 族，合 4080 户，族均约 22 户。宋神宗元丰四年（1081 年），宋将李宪"降龚波给家等二十二族首领，凡千九百余户"⑥。22 族共计 1900 余户，则族均约 86 帐。这些均是以小型宗族为主的结构。

三、财产继承与家庭经济势力的分化

在宗族形成和发展的过程中，经济上随着财产权观念的逐渐形成和强

———————

① （元）脱脱等：《宋史》卷四九一《党项传》，中华书局 1985 年版，第 14140 页。
② （清）徐松辑：《宋会要辑稿》蕃夷一之一一，上海古籍出版社 2014 年版，第 9717 页。
③ （元）脱脱等：《宋史》卷四八五《夏国传上》，中华书局 1985 年版，第 13987 页。
④ （元）脱脱等：《宋史》卷二七九《张凝传》，中华书局 1985 年版，第 9480 页。
⑤ （宋）李焘：《续资治通鉴长编》卷五四"咸平六年三月乙卯"，中华书局 2004 年版，第 1186 页。
⑥ （宋）李焘：《续资治通鉴长编》卷三一六"元丰四年九月乙未"，中华书局 2004 年版，第 7641 页。

化,内部经济关系日益复杂。北方游牧民族宗族内部,在分家析产时财产多由幼子继承。反映奚王家族婚姻聘礼情况的《大王记结亲事碑》记载:"大王言:我年老。我从十六上别父。我弟穉吒年小,并不得父母悉妇,我成长后,遂与弟下羊马牛等,求穉免并儿郎悉妇,并是我与六畜求到,其弟把父母大帐,有好弱物,并在弟处,我处无。"①可以看出,游牧民族的男子在成年后,便从家庭中分离出来,另立"小帐",而原来的父母家庭则称为"大帐"。只有幼子始终随父母居住,继承家业。不过,受农耕民族的影响,有些游牧民族也出现了长子继承的现象。西夏谚语云"哥哥继承家族,弟弟到处游宿"②,应是指党项等民族的情况。

随着宗族经济势力的发展,相对独立的各家庭经济势力也会产生分化。契丹宗族势力的形成和发展,与其经济关系的发展、阶级分化的加剧是密切相关的。史称北魏太武帝以来契丹各部落"岁致名马","得交市于和龙、密云之间"③,以此同中原王朝建立一定的经济联系。契丹在羁属回鹘的时候,回鹘曾派遣监使,"岁督其贡赋"④,其经济联系为隶属关系。这种经济联系,尤其是相互贸易的出现,无疑说明了契丹内部各宗族已经发展起了较强的经济势力。北齐时,由于"为突厥所逼",契丹"以万家寄处高丽境内"。隋朝时,又有"别部四千余户违突厥来降"⑤。这两处记载称契丹以"家"以"户",而不是以"部"以"口",这说明在契丹各部组织之内,个体家庭已发展至相当成熟的程度。也就是说,个体家庭经济已确立了其在经济生活中的主导地位。这时的契丹民族,也就不再是纯粹的氏族社会了。因为"在氏族制度之下,家庭从来不是,也不可能是一个组织单位"⑥。但是,个体小家庭一旦普遍存在,宗族内部家庭间的经济势力便不可避免地被不断分化。

唐末五代时期,在战乱环境中,吐谷浑的宗族经济势力出现了严重的分

---

① 《大王记结亲事碑》,载刘凤翥等辑:《辽上京地区出土的辽代碑刻汇辑》,社会科学文献出版社 2009 年版,第 297 页。

② 陈炳应:《西夏文物研究》,宁夏人民出版社 1985 年版,第 350 页。

③ (元)脱脱等:《辽史》卷六三《世表》,中华书局 2017 年版,第 1053 页。

④ (宋)司马光:《资治通鉴》卷二四六"会昌二年九月",中华书局 2011 年版,第 8088 页。

⑤ (元)脱脱等:《辽史》卷六三《世表》,中华书局 2017 年版,第 1054 页。

⑥ 《马克思恩格斯选集》第 4 卷,人民出版社 2012 年版,第 113 页。

化。一些酋长或将领宗族的经济势力迅速发展,积累了相当可观的财富。尤其是大首领白承福"家甚富,饲马用银槽"①。后晋出帝开运三年(946年),河东节度使刘知远诛杀吐谷浑大首领白承福、白铁匮父子,并赫连海龙等共5族,"夷其族凡四百口",主要原因是"利其孳畜财宝"②。刘知远诛灭吐谷浑5族,籍没其家赀,"得良马数千匹、财货百万计"③。当是时,晋出帝"遣使发其部落千九百人,分置河阳及诸州"④。被诛杀的5族有400口,平均每族80口,显然是小型宗族。而其余的1400人则"以别部王义宗"⑤统率,若仍以每族80口计算,则包含约18个宗族。

## 四、宗族裂变

宗族在发展过程中,势必不断出现代际更替。随着代际更替与人口的变化,宗族群体便具有一定的不稳定性。在各种外部条件的作用下,宗族很可能发生裂变。

契丹人的宗族裂变在辽王朝建立前后已明显受到政治因素的影响。如遥辇九帐族即是如此。契丹的宫分或称斡鲁朵,一般认为是耶律阿保机即位后确立的一种制度。即便如此,宫分制的雏形无疑在遥辇氏时代即已产生了。《辽史》卷四五《百官志一》解释"遥辇九帐大常衮司"云:"掌遥辇洼可汗、阻午可汗、胡刺可汗、苏可汗、鲜质可汗、昭古可汗、耶澜可汗、巴刺可汗、痕德堇可汗九世宫分之事。太祖受位于遥辇,以九帐居皇族一帐之上,设常衮司以奉之,有司不与焉。凡辽十二宫、五京,皆太祖以来征讨所得,非受之于遥辇也。"这段记载清楚地说明,遥辇九代可汗每人均有宫分。结合辽代斡鲁朵制的情况可以推测,遥辇九可汗的宫分主要内容应是经济实体。而《辽史》卷一一六《国语解》则云:"遥辇氏九帐,遥辇九可汗宫分。"《辽史》卷七三《耶律曷鲁传》亦云:"遥辇九营棋布,非无可立者。"这又进一步

---

① (宋)司马光:《资治通鉴》卷二八五"开运三年八月",中华书局2011年版,第9435页。
② (宋)薛居正等:《旧五代史》卷八四《少帝纪四》,中华书局2016年版,第1297页。
③ (宋)薛居正等:《旧五代史》卷一一〇《周太祖纪一》,中华书局2016年版,第1687页。
④ (宋)司马光:《资治通鉴》卷二八五"开运三年八月",中华书局2011年版,第9435页。
⑤ (宋)薛居正等:《旧五代史》卷九九《汉高祖纪上》,中华书局2016年版,第1548页。

说明,遥辇氏宗族成员分属于 9 个支系,它们都是以宫分的形式存在的。保留了遥辇九可汗宫分,也就是使遥辇氏宗族的原有形态得以继续存在。因而,其经济实力也没有受到多大损害。所以《百官志一》又云:“其(阿保机)待先世之厚,蔑以加矣。”遥辇氏宗族在辽代始终是以九帐族(或九宫分)的形式存在和发展的。

《辽史》又载:“涅里相阻午可汗,分三耶律为七,二审密为五,并前八部为二十部。三耶律:一曰大贺,二曰遥辇,三曰世里,即皇族也。二审密:一曰乙室己,二曰拔里,即国舅也。”①肖爱民认为,“分三耶律为七,二审密为五”实为辽朝时期发生的事情。所谓“分三耶律为七”,是指把皇族耶律氏分成七个部分,即皇族四帐、五院、六院和遥辇氏九帐族;“二审密为五”是指把后族萧氏分成五个部分,即国舅乙室己大、小翁帐和国舅拔里大、少父帐及国舅别部。②

在辽代皇族的发展过程中,各支系不断分出,自成系统,形成小家族。首先是耶律阿保机的直系后代被分解到各个斡鲁朵中。“每一皇帝的子孙都是属于这一皇帝的斡鲁朵的,其子孙中即帝位者,则‘别为行宫’,也就是王易所说的‘小禁围’;不即帝位的子孙,如果不是出任外职,则依旧留居原斡鲁朵中;即帝位另建斡鲁朵,其子孙则属新斡鲁朵。”③阿保机建国之初,创立斡鲁朵法,首设算斡鲁朵,主要目的是要建设一支亲卫武装,他的几个儿子无疑是斡鲁朵中的军事首领。至辽朝灭亡之时,斡鲁朵已发展至 12 个,另有 1 个文忠王府,各斡鲁朵尤其是辽初诸帝的斡鲁朵,已容纳了较大数量的皇族成员。

三父房中的季父房包括耶律阿保机的直系后代。除这一部分最为显贵的皇族外,三父房皇族的其他支系也在极为优越的社会条件下得到了很大的发展。有的支系“人物门第,伟冠一时”。如出自仲父房的耶律仁先一

① (元)脱脱等:《辽史》卷三二《营卫志中》,中华书局 2017 年版,第 431 页。
② 肖爱民:《“分三耶律为七,二审密为五”辨析——契丹遥辇氏阻午可汗二十部研究之二》,《内蒙古社会科学》2005 年第 2 期。
③ 杨若薇:《契丹王朝政治军事制度研究》,中国社会科学出版社 1991 年版,第 19 页。

族,兄弟五人,均位至要津,"时人号之为五龙"①。但也有的支系在发展过程中逐渐衰落下来,甚至也出现了一些"贫者"。兴宗重熙十一年(1042年),就曾"振恤三父族之贫者"②。杨军认为,契丹人的"家"指同一祖父的后裔,"族"指同高祖的后裔。在契丹建国前,两者都持续发生代际裂变。在阿保机建国过程中,一方面人为中止了皇族的裂变,以加强皇族的力量,为维护皇权服务;另一方面又脱离季父房另立自己的"家",以将皇位继承权限定在其"家"之内,取消其他皇族各房对皇位的继承权,以消除皇族内部对皇权的威胁。通过这种方式,阿保机最终冲破契丹人的部族结构,"变家为国"③。这种将"家"与"族"截然分开的看法,虽对政治演变有一定的解释力,但若用来说明血缘群体的演变,则颇难对号入座。

党项族、吐谷浑族的情况,也说明游牧民族的宗族裂变有其自身特点。尽管宗族裂变大都是在其发展过程中由内部因素不断积聚促成的,但外部环境变迁也往往会导致宗族发生裂变。庆历四年(1044年),范仲淹言:唐龙镇嘉舒、克顺等七族"旧属府州,比因边臣不能存恤,逃入西界,在今府州东北缘黄河西住坐,其地面与火山军界对岸。昨西贼大掠麟府界,人户悉居于彼,遂分为十四族"④。从7族裂变为14族,似是由每族一分为二而形成的。这显然与特殊的政治事件有关。熙宁四年(1071年),王韶言:俞龙珂等举族内附,授以殿直、蕃巡检,"又分其本族大首领四人为族下巡检,既分为四头项,自此可令不复合为一,免点集作过"⑤。这表明宋朝为打破内附党项宗族内部的凝聚力,对其进行了人为的分化瓦解。《辽史》卷四六《百官志三》记有吐谷浑国王府、吐浑国王府,又记有退欲德部、白可久部。其中退欲德、白可久均为吐谷浑酋长名。部族名直接采用酋长之名,这或许是吐谷浑族的传统,但也说明吐谷浑的部族主要是由父系家长制家庭群体发

① 《耶律庆嗣墓志》,载向南编:《辽代石刻文编》,河北教育出版社1995年版,第456—457页。
② (元)脱脱等:《辽史》卷一九《兴宗纪二》,中华书局2017年版,第260页。
③ 杨军:《"变家为国":耶律阿保机对契丹部族结构的改造》,《历史研究》2012年第3期。
④ (宋)李焘:《续资治通鉴长编》卷一五二"庆历四年十月壬子",中华书局2004年版,第3709页。
⑤ (宋)李焘:《续资治通鉴长编》卷二二八"熙宁四年十二月戊辰",中华书局2004年版,第5556页。

展起来的。大家庭逐渐裂变为若干小家庭,在不断发展过程中组成为宗族,嫡系的或最有能力的家长就会成为族长。宗族进一步裂变,就会形成新的部族,嫡系的或最有能力的族长就会成为部族酋长。这样一来,以酋长名来命名部族也算是顺理成章的方式。

辽夏金游牧社会世家大族势力的发展

第二章

　　宋人沈括曾云:"士人以氏族相高,虽从古有之,然未尝著盛。自魏氏铨总人物,以氏族相高,亦未专任门地。唯四夷则全以氏族为贵贱……自后魏据中原,此俗遂盛行于中国。"①在沈括看来,汉人对门第的看重,实没有四夷突出。尽管他所说的四夷包含了中原地区以外的所有非汉族的人类群体,但就辽夏金政权内的游牧民族社会来说,"以氏族为贵贱"的情况的确比宋更为突出。

## 第一节　契丹世家大族

　　契丹族是辽王朝的统治民族,在政治上具有其他民族不可企及的优势地位,因而在耶律氏一朝中拥有众多的世家大族。这些世家大族,以皇族和后族为其代表,既有建国前已发展起宗族势力的传统世家大族,又有建国后发展起来的新兴世家大族。契丹族世家大族,在辽王朝的建立和发展过程中,所起作用异常重要。金灭辽后,留在金朝境内的契丹族,社会地位一落千丈,但仍有一些改仕金王朝的契丹宗族,在风云诡谲的政治环境中世代仕宦,维持了世家大族的地位。

### 一、辽代耶律氏皇族

　　(一)皇族的范围

　　皇族作为一个血缘团体,其范围是仅就血缘关系而划定的,它的内部又

---

① (宋)沈括:《梦溪笔谈》卷二四《杂志一》,载《全宋笔记》第2编,第3册,大象出版社2006年版,第182—183页。

分为不同的支系,尤其是在日益繁盛之后,各支系的社会组织也有所不同。统观辽朝的情况,皇族主要包括横帐三父房皇族和二院皇族。横帐三父房皇族分为孟父房、仲父房和季父房,其中孟父房为耶律阿保机二伯父岩木的后代,仲父房为阿保机三伯父释鲁的后代,季父房为阿保机的直系后代以及阿保机诸弟的后代;二院皇族分为五院皇族和六院皇族,其中五院皇族为阿保机伯曾祖洽昚的后代,六院皇族为阿保机叔曾祖葛剌、洽礼及伯祖帖剌、叔祖裹古直的后代。①

尽管皇族的范围是确定的,但由于与最高统治者的血缘关系有远有近,所以以上各支系虽均属皇族,却在尊贵程度上仍然有所差别。

(二)皇族的发展

历朝皇族,均随着王朝的存在和持续而有一个发展过程,惜辽朝皇族的发展变化史无明载。《辽史》述及北面皇族帐官曾云:

> 肃祖长子洽昚之族在五院司;叔子葛剌、季子洽礼及懿祖仲子帖剌、季子裹古直之族皆在六院司。此五房者,谓之二院皇族。玄祖伯子麻鲁无后,次子岩木之后曰孟父房;叔子释鲁曰仲父房;季子为德祖,德祖之元子是为太祖天皇帝,谓之横帐;次曰剌葛,曰迭剌,曰寅底石,曰安端,曰苏,皆曰季父房。此一帐三房,谓之四帐皇族。②

这段材料虽明确叙述了皇族的统属情况,但未涉及其沿革情况。而且,此处所述横帐与三父房之关系,与他处记载又明显抵牾。实际上,横帐与三父房之关系,本身就与皇族的发展息息相关。

"横帐"的用法,有时就是指皇族的族帐。根据史书记载:"契丹部族,本无姓氏,惟各以所居地名呼之,婚嫁不拘地里。至阿保机变家为国之后,始以王族号为'横帐',仍以所居之地名曰世里著姓。"③这里便明确指出了横帐是指"王族"。而这个"王族",则当指三父房。因为耶律阿保机建国之

---

① 参见王善军:《论辽代皇族》,《民族研究》2003 年第 5 期。
② (元)脱脱等:《辽史》卷四五《百官志一》,中华书局 2017 年版,第 795—796 页。
③ (旧题)(宋)叶隆礼:《契丹国志》卷二三《族姓原始》,上海古籍出版社 1985 年版,第 221 页。

后，"分本部为五院、六院，统以皇族"①，将较为疏远的皇族分到五院、六院中去了，只将亲近的三父房皇族留在了身边。在已出土的数种契丹小字皇族成员墓志中，也不免要涉及墓主的出身问题。据契丹文字学者研究，契丹小字表示"横帐"的词组就是契丹语的"横"加"帐"。②

《辽史》中经常使用"横帐三父房"一词，在大多数场合下，是一个复合名词，"横帐"与"三父房"意思是相同的。三父房中的季父房，一部分是辽代最为显贵的皇族——耶律阿保机的直系后代，另一部分则是其他支系。在极为优越的社会条件下，三父房族得到了很大的发展。但就各个支系的情况来看，这种发展又是很不平衡的。

耶律阿保机依靠迭剌部的强大势力从遥辇氏手中夺得了政权，但其宗族的其他贵族尤其是其诸弟，同样依靠迭剌部的势力不断进行反叛活动。所以，建国后不久，阿保机不得不将迭剌部一分为二，称为五院部和六院部，以弱其势。被分割后的迭剌部，仍然是契丹王朝所依靠的重要力量。为了有效地利用这两部的力量，阿保机又将皇族中除三父房以外的支系分配到这两部中去，加以统率。被分配到五院部的是阿保机伯曾祖洽眘的后代，被分配到六院部的是阿保机叔曾祖葛剌、洽礼及伯祖帖剌、叔祖褭古直的后代。这两部分皇族成员，统称为二院皇族。有辽一代，二院皇族也获得了很大的发展，但这种发展同样是不平衡的。一些支系可能"简策鲜妍，重重书内戚传；冠裳赫奕，世世为本郡王"③，而另一些支系则可能闻人稀少，势力衰弱。据漆侠先生对《辽史》列传人物的统计，出自阿保机伯祖帖剌支系的，计有耶律曷鲁等24人；出自阿保机叔祖褭古直支系的，计有耶律斜涅赤等6人；出自阿保机伯曾祖洽眘、叔曾祖葛剌、洽礼支系的，计有耶律图鲁窘等4人。④ 二院皇族发展的不平衡性是显而易见的。

（三）皇族的特权

辽朝的血缘关系在社会生活中占有重要的地位，皇族在诸多方面享有

---

① （元）脱脱等：《辽史》卷三五《兵卫志中》，中华书局2017年版，第458页。
② 爱新觉罗·乌拉熙春：《契丹横帐考》，《立命馆文学》583号，2004年4月。
③ 《北大王墓志》，载向南编：《辽代石刻文编》，河北教育出版社1995年版，第223页。
④ 漆侠：《从对〈辽史〉列传的分析看辽国家体制》，《历史研究》1994年第1期。

特权。

在政治方面,皇族享有的特权主要是可以世选某些重要官职和在刑法上的部分豁免权。《辽史》云"百官择人,必先宗姓"①,虽然并不完全准确,但中央政府、重要部族及地方的许多关键职务,皇族成员具有参与世选的资格,则是事实。如南宰相府诸职务,"皇族四帐世预其选"。两个由皇族所控制的强大部族五院部和六院部,其官长主要从皇族成员中产生。圣宗曾明确下诏:"两国舅及南、北王府,乃国之贵族,贱庶不得任本部官。"②而对于一些边远部族,则经常是派遣皇族成员或其他官员充任它们的官长。五京留守作为最为重要的地方军事、行政长官,皇族成员出任的比例也是比较高的。

辽朝"亦有八议、八纵之法"③。"八议"的第一条便是"议亲","谓皇帝祖免以上亲及太皇太后、皇太后缌麻以上亲,皇后小功以上亲"④。根据这一原则,皇族成员一般的刑事犯罪自然多作赦免。如天显五年(930年),"皇弟李胡请赦宗室舍利郎君以罪系狱者,诏从之"⑤。即使较重的犯罪,其处罚也会较轻。如会同四年(941年),"皇族舍利郎君谋毒通事解里等,已中者二人",其处罚只是"命重杖之,及其妻流于厥拔离弥河",而对"造药者",则实施了族刑。⑥ 还有一些皇族成员,犯了重罪只被开除族籍,变成所谓的"庶耶律",其实是免于刑事处罚的。

在经济方面,皇族享有的特权主要是获得赏赐、创置头下军州以及减免赋役等。皇族成员由于与皇帝具有特殊关系,经常可以获得大量的赏赐。如在举行瑟瑟仪时,"皇族、国舅、群臣与礼者,赐物有差"⑦。相对贫寒的皇族成员,则可以获得资助。如兴宗重熙十一年(1042年),曾"振恤三父族之

①　(元)脱脱等:《辽史》卷四五《百官志一》,中华书局2017年版,第783页。
②　(元)脱脱等:《辽史》卷一七《圣宗纪八》,中华书局2017年版,第229页。
③　(元)脱脱等:《辽史》卷六一《刑法志上》,中华书局2017年版,第1038页。
④　(唐)长孙无忌著,刘俊文笺解:《唐律疏议笺解》卷一《名例·八议》,中华书局1996年版,第104页。
⑤　(元)脱脱等:《辽史》卷三《太宗纪上》,中华书局2017年版,第33页。
⑥　(元)脱脱等:《辽史》卷六一《刑法志上》,中华书局2017年版,第1039页。
⑦　(元)脱脱等:《辽史》卷四九《礼志一》,中华书局2017年版,第929页。

贫者"①。赏赐既包括财物,也包括奴隶或封地。圣宗统和四年(986 年),"以所俘分赐皇族及乳母"②。辽朝的奴隶制经济成分占有较大比重,皇族成员尤其是其中的诸王,拥有的奴隶数量很大。为了使奴隶更好地实现其价值,皇族成员除帝后创斡鲁朵外,诸王、公主往往创建头下军州进行管理。"头下军州,皆诸王、外戚、大臣及诸部从征俘掠,或置生口,各团集建州县以居之。横帐诸王、国舅、公主许创立州城,自余不得建城郭。朝廷赐州县额。"③创置头下军州,可说是辽朝皇族所享有的一项重要经济特权。在赋税征收方面,皇庄对朝廷"止进鞍马"④,头下军州只上交田租的一半和酒税,均享有减免赋役的特权。

在军事方面,皇族成员除多被任命为方面统帅或禁卫首领外,还具有创置私兵的特权。"辽亲王大臣,体国如家,征伐之际,往往置私甲以从王事。大者千余骑,小者数百人,著籍皇府。"⑤六院郎君葛剌之后耶律棠古,出任乌古部节度使,"及至部,敌烈以五千人来攻,棠古率家奴击破之"⑥。能够击败五千人的进攻,其家奴武装必定具有较强的势力。在日常军事职务的安排上,皇族所在部族、帐房的军事官长基本由皇族成员担任,外族人员一般不能担任。北、南王府即五院部和六院部,是契丹部族兵的两个主力单位,五院部部族兵的军事首长为北院大王,六院部部族兵的军事首长为南院大王,二者基本由皇族成员出任。除两院外,三父房皇族也有自己的直辖兵马,号"横帐兵",由"惕隐相公统之"⑦。但外族尤其是一些中小部族、边远部族的军事官长,则时常由皇族成员来担任。这是皇族成员在军事任职上的特权。

在文化教育方面,皇族成员也享有一定的文化教育特权。皇族中的皇子、诸王等,其府下则设有专门的辅助、教育臣僚及伴读官员,具有享受最高

---

① (元)脱脱等:《辽史》卷一九《兴宗纪二》,中华书局 2017 年版,第 260 页。
② (元)脱脱等:《辽史》卷一一《圣宗纪二》,中华书局 2017 年版,第 131 页。
③ (元)脱脱等:《辽史》卷三七《地理志一》,中华书局 2017 年版,第 506 页。
④ (元)脱脱等:《辽史》卷一〇《圣宗纪一》,中华书局 2017 年版,第 120 页。
⑤ (元)脱脱等:《辽史》卷三五《兵卫志中》,中华书局 2017 年版,第 465 页。
⑥ (元)脱脱等:《辽史》卷一〇〇《耶律棠古传》,中华书局 2017 年版,第 1572 页。
⑦ (宋)路振:《乘轺录》,载《全宋笔记》第 8 编,第 8 册,大象出版社 2017 年版,第 69 页。

级文化教育的特权。他们即使出任外官,也可以携伴读官员前往。圣宗太平七年(1027年),"匡义军节度使中山郡王查葛、保宁军节度使长沙郡王谢家奴、广德军节度使乐安郡王遂哥奏,各将之官,乞选伴读书史,从之"①。契丹民族由于以游牧生活方式为主,文化上相对较为落后,但中原文化对其影响已是越来越大。皇族成员则是有条件最早接受中原文化教育的群体之一。耶律阿保机长子倍,好儒术,聚书数万卷于医巫闾山绝顶望海堂,为子孙的儒家教育创造了良好的条件。从《辽史》列传及出土墓志可以看出,皇族成员多具有良好的文化修养。如《耶律羽之墓志铭》云:"儒释庄老之文,尽穷旨趣;书算射御之艺,无不该通。"②这显然是皇族成员因享有较好的文化教育权利所致。

　　皇族依靠皇权而存在,皇权依靠皇族来加强统治,这是具有浓重血缘关系的辽朝政治的一个基本点。但是,二者相互依存、相互促进只是问题的一个方面。另一方面,二者也有相互矛盾和相互冲突的时候。而且,这种矛盾和冲突亦对辽朝政治产生了十分重要的影响。正如史书所云:"终辽之世,其出于横帐、五院、六院之间者,大憝固有,元勋实多。"③从这一评价可以看出,皇族与皇权之间的关系,支持是主要方面,而破坏则是次要方面。

## 二、辽代萧氏后族

　　后族与皇族不同,并非只有一个宗族。一个朝代后族的多少与变迁,完全视帝王的婚姻对象而定。辽朝皇室通婚对象较为固定,选后基本上限定在特定的宗族之内。这些特定的宗族,即为辽代的后族。

　　(一)后族的范围

　　后族即皇后(或皇太后)的宗族。辽朝可考的皇后,就其所出自的宗族而言,世宗皇后甄氏系后唐宫人被俘北上,在辽朝没有族人;穆宗皇后萧氏,家系不明,其父萧知璠之名,在《辽史》中仅出现一次而已;其他的皇后,主

---

① (元)脱脱等:《辽史》卷一七《圣宗纪八》,中华书局2017年版,第227页。
② 《耶律羽之墓志铭》,载刘凤翥等辑:《辽上京地区出土的辽代碑刻汇辑》,社会科学文献出版社2009年版,第86页。
③ (元)脱脱等:《辽史》卷六六《皇族表》,中华书局2017年版,第1121页。

要分属于淳钦皇后（又称应天皇后）宗族和睿智皇后（又称承天皇后）宗族。①

值得注意的是，辽朝后族的确定，并非完全由建国后历代皇后的所属宗族而自然形成，而是在建国初期已经确定了固定的宗族。据史书记载："太祖称帝，尊祖母曰太皇太后，母曰皇太后，嫔曰皇后。等以徽称，加以美号，质于隋、唐，文于故俗。后族唯乙室（己）、拔里氏，而世任其国事。"②耶律阿保机对其母及祖母的尊封，虽然主要是受中原王朝传统做法的影响，但处于当时的契丹社会状态下，在现实政治生活中并非仅有象征性意义，而是具有建立政治联盟的更深层意义。可考的辽代产生皇后的两个宗族，与辽初确定的后族范围是完全吻合的。即，淳钦皇后等属于拔里宗族，睿智皇后等属于乙室己宗族。但辽朝的后族却不完全局限于这两个宗族。因为至迟至世宗时，情况又有所变化。大同元年（947年），世宗"尊母萧氏为皇太后，以太后族剌只撒古鲁为国舅帐，立详稳以总焉"③。这是世宗即位后提高母族地位的一项重要措施。史家云："世宗以舅氏塔列葛为国舅别部。"④可见，这一个后族，也就是《辽史》习称的"国舅别部"。关于国舅别部宗族，尽管有关其成员情况的记载不多，但这个宗族出自契丹的强盛宗族，应该是不成问题的。

（二）后族的发展

1. 国舅帐拔里宗族

综观耶律氏一朝，拔里宗族可说是最为显赫的外戚宗族，但在不同阶段也有盛衰起伏。拔里宗族在辽初的兴盛主要表现在当时的几位皇后大多出自这个宗族，即太祖淳钦皇后述律平、太宗靖安皇后萧温、世宗怀节皇后萧撒葛只。尤其是淳钦皇后，对宗族发展起了关键作用。拔里宗族在辽初的

---

① 其他皇后所属宗族均史载明确，唯圣宗皇后萧氏，仅在《辽史》本纪统和十九年三月记事中有一句"皇后萧氏以罪降为贵妃"的记载。根据新出资料推断，应为萧排押之女。参见王善军、王迎辉：《辽代〈故贵妃萧氏玄堂志铭〉考释》，《中国边疆史地研究》2021年第1期。

② （元）脱脱等：《辽史》卷七一《后妃传》，中华书局2017年版，第1318页。

③ （元）脱脱等：《辽史》卷五《世宗纪》，中华书局2017年版，第72页。

④ （元）脱脱等：《辽史》卷六七《外戚表》，中华书局2017年版，第1135页。

兴盛还表现在功臣、重臣的出现和世选重要职位的确立。大父房一系室鲁是辽初重要军事将领,曾率兵征讨于骨里之叛,娶阿保机之女质古,为驸马都尉。少父房一系阿古只亦为辽初重要军事将领,功业、官职均在乃兄室鲁之上,在辽太祖的佐命功臣中被喻为"耳"。神册三年(918年),"以功拜北府宰相,世其职"①。阿古只之子安团,官至右皮室详稳。阿古只一系由于功业最显,并取得了世选北府宰相的特权,因而后代最为发达。

在辽太宗去世后的皇位之争中,淳钦后由于支持耶律李胡谋取帝位失败,为世宗软禁于祖州,使拔里宗族在政治上受到较大打击。从世宗至圣宗,这个宗族明显地缺乏功业和人物,则说明其势力处于相对的衰弱状态。这一时期的重要皇后亦不再出自这个宗族。兴宗即位以后,出自拔里宗族的圣宗元妃褥斤,依靠其皇帝生母的身份,诬齐天皇后谋乱,迫令其自杀。随后,褥斤自立为皇太后,摄政。一时之间,"若昆若季,乃王乃侯;一门之盛,千古无俦"②。这就使拔里宗族重新兴盛起来,并迅速达到了其发展史上的辉煌顶峰。褥斤之后,这个宗族又出了三个皇后,可谓是"一门多后妃之贵,四荒秉王侯之权"③,成为能够左右辽朝后期政局的一个重要宗族。至天祚帝时期,长期的政治斗争终于使这个宗族受到了致命的打击,迅速走向衰落。

2. 国舅帐乙室己宗族

乙室己宗族在建国之初的关键人物为萧敌鲁,此人为著名军事将领,在辽太祖的佐命功臣中被喻为"手",以功业卓著拜北府宰相,"世其官"④,"后族为相自此始"⑤。其子萧翰亦为辽初著名军事将领,但因数次参与谋反而最终伏诛。敌鲁的另一子萧干,穆宗朝官至北府宰相,在景宗朝的对宋

---

① (元)脱脱等:《辽史》卷七三《萧敌鲁传附阿古只传》,中华书局2017年版,第1349—1350页。

② 《圣宗钦哀皇后哀册》,载向南编:《辽代石刻文编》,河北教育出版社1995年版,第283页。

③ 《兴宗仁懿皇后哀册》,载向南编:《辽代石刻文编》,河北教育出版社1995年版,第375页。

④ (元)脱脱等:《辽史》卷七三《萧敌鲁传》,中华书局2017年版,第1249页。

⑤ (元)脱脱等:《辽史》卷一《太祖纪上》,中华书局2017年版,第4页。

战争中显示了不凡的军事才干,加政事令,进一步巩固了宗族的政治地位。

及至辽朝中期,逐渐兴盛发达的是这个宗族的另一支系——萧思温族系。[①] 思温为忽没里之子,忽没里与敌鲁为族兄弟关系。思温尚太宗女燕国公主,穆宗时"以密戚预政"。穆宗为庖人所杀,思温与高勋、女里等拥立景宗。以功"为北院枢密使,兼北府宰相","世预其选"[②]。其女萧绰被景宗纳为皇后,是为睿智皇后。她在景宗朝即已被委决国政,圣宗即位后临朝称制,摄政又达27年之久。当此之时,"唯兹萧氏,世称茂族,或为后,或为妃,或为夫人,皆出此一宗"[③]。睿智皇后以后,这一宗族又产生了3位皇后。圣宗朝和兴宗朝皇后的产生,是宗族势力维持的表现;而天祚皇后的产生,则说明该宗族虽然有过相对衰弱的时期,然而势力仍十分强大,在适当时候仍能重新崛起。辽朝末期的重臣萧奉先,就出身于乙室己宗族。这个宗族在辽朝后期的政治斗争,尤其是后族各宗族间的斗争中,最终占据了优势,奉先成为当时最有权势的大臣之一。然乙室己宗族在异代鼎革之际所受到的打击,比其他世家大族所受打击更为沉重。

3. 国舅别部刺只撒古鲁宗族

与其他两个产生了众多皇后的后族相比,刺只撒古鲁宗族并没有产生当朝皇后,势力也相对薄弱一些,因而有关这一宗族的世系人物记载较少。这一宗族得列后族,主要是辽初政治斗争的产物。世宗的即位,虽符合契丹传统选汗制度中的世选原则,但却遭到以淳钦后为首的后族拔里宗族的极力反对。淳钦后支持幼子李胡,曾与世宗以兵戎相见,失败后其势力受到沉重打击。世宗为加强统治,随即"尊母萧氏为皇太后,以太后族刺只撒古鲁

---

① 　关于这一族系,蔡美彪据《辽史》卷一二《圣宗纪三》"国舅太师萧闼览为子排亚请尚皇女延寿公主",认为萧排亚为萧挞凛之子,又据《辽史》卷八八《萧排亚传》"国舅少父房之后"一语,将这一族系统列入拔里宗族之少父房,并推断有关不符记载均为史、志误记,似不确(《辽史外戚表新编》,《社会科学战线》1994 年第 2 期)。按,《辽史》的《萧思温传》所云"宰相敌鲁之族弟忽没里之子"与《萧幹传》所云"皇后(萧绰)以父呼幹",可证这一族系为乙室己宗族。

② 　(元)脱脱等:《辽史》卷七八《萧思温传》,中华书局 2017 年版,第 1398 页。

③ 　《秦国太夫人墓志》,载盖之庸:《内蒙古辽代石刻文研究》,内蒙古大学出版社 2002 年版,第 84 页。

为国舅帐,立详稳以总焉"①。"剌只撒古鲁"一名,《辽史》仅此一见,别无旁证。

（三）后族的特权和宗族势力

辽朝的后族几乎享有与皇族相对等的特权,是仅次于皇族的特权世家大族群体,他们的活动状况,对辽朝政治产生了十分重要的影响。

世预后选是后族的最大特权。一个皇后尤其是摄政皇后的产生,对于她的本生宗族来说,无疑意味着将为宗族带来巨大的利益。辽朝后妃参与国政,多喜重用本生宗族的成员。如钦哀后初摄政,即"诸弟皆王之,虽汉五侯无以过"②。这种特权和利益,显然是普通世家大族所无法比拟的。

后族在政治上还具有参与一些重要官职如北府宰相等世选的特权,在军事上还具有统领部族兵和拥有私兵的特权。同皇族一样,后族成员既可以出任中央及地方的重要官职,也可以出任一些小部族的官职。但后族所属的帐分,其官职则一般由本族成员担任,他族人基本无权出任。太平八年（1028 年）,"诏两国舅及南、北王府,乃国之贵族,贱庶不得任本部官"③。就部族兵的统领权力来说,同皇族帐的情况一样,国舅帐部族兵的各级军事首领,也完全由后族成员来充任。同时,由于后族拥有大量的奴隶、媵臣,所以,他们也完全可以利用这些奴隶、媵臣或其他依附人口,组成具有一定势力的"家兵",这在契丹社会是完全合法的。太平九年（1029 年）,渤海地区爆发大延琳之叛,"时国舅详稳萧匹敌治近延琳,先率本管及家兵据其要害,绝其西渡之计"④。萧匹敌的家兵,无疑是极具实力的一支军事力量。

在经济上,后族同样享有多种特权。首先是同皇族一样,可以创建头下军州。头下军州创建后,创建者在法定范围内享有全部的所有权,其子孙也可以继承这种所有权。其次是作为"国之贵族",后族成员可以经常获得最高统治者的大量赏赐。因受到特殊宠遇而获得赏赐虽然不局限于后族成员,但对于后族成员来说,却是比较常见的事情。在朝廷举行的重大吉凶礼

---

① （元）脱脱等:《辽史》卷五《世宗纪》,中华书局 2017 年版,第 72 页。
② （元）脱脱等:《辽史》卷七一《圣宗钦哀皇后萧氏传》,中华书局 2017 年版,第 1325 页。
③ （元）脱脱等:《辽史》卷一七《圣宗纪八》,中华书局 2017 年版,第 229 页。
④ （元）脱脱等:《辽史》卷一七《圣宗纪八》,中华书局 2017 年版,第 230 页。

仪中,后族成员少不了参加,获得赏赐甚至成为其经常性的经济特权。如举行瑟瑟仪时,"皇族、国舅、群臣与礼者,赐物有差"①。除此之外,娶公主所带来的经济利益也是后族不容忽视的一项特权。辽朝的公主,大多可为驸马宗族带来较大的经济利益。如下嫁北府宰相萧继先的景宗长女观音女,"皇后尤加爱,赐奴婢万口"②。"奴婢万口"显然是一笔巨大的财富。秦国王耶律隆庆之女韩国长公主,嫁与萧昌裔,亦获赐媵臣一千户。这些获得庞大奴婢赏赐的公主、驸马,也均有权力创置头下军州,以头下军州的形式来实施对媵臣户的剥削。

### 三、辽代遥辇氏宗族及其他契丹世家大族

作为统治民族的契丹,耶律氏一朝除存在皇族和后族外,也有一些传统世家大族的存在和新兴世家大族的产生。这些世家大族就其总体势力或权势来说,固然无法与皇族、后族相比,但却不能排除其在一定时期或场合下的巨大能量及其对辽朝历史发展所起的重要作用。

#### (一)遥辇氏宗族

在契丹族的发展史上,耶律阿保机建国无疑是划时代的历史事件,但从政权结构的角度讲,世里氏宗族之取代遥辇氏宗族却是一个长期的渐进过程。阿保机"受禅"③后,不但对遥辇氏宗族采取了十分优宠的政策,而且承认自己承遥辇氏之统,"诏皇族承遥辇氏九帐为第十帐"④。因此,遥辇氏宗族在失去了世选可汗地位以后,整个宗族并未遭到覆灭性的打击,而是在新政权中找到了适宜自己存在的有利位置。

辽朝最高统治者对遥辇氏宗族所采取的优宠政策,主要包括两个方面。一方面是对遥辇氏宗族组织的认可和保护。遥辇九可汗的原有宫分得以保留。契丹的宫分或称斡鲁朵,一般认为是耶律阿保机即位后确立的一种制度。即便如此,宫分制的雏形无疑在遥辇氏时代即已产生了。《辽史》解释

---

① (元)脱脱等:《辽史》卷四九《礼志一》,中华书局 2017 年版,第 929 页。
② (元)脱脱等:《辽史》卷六五《公主表》,中华书局 2017 年版,第 1107 页。
③ (元)脱脱等:《辽史》卷四五《百官志一》,中华书局 2017 年版,第 782 页。
④ (元)脱脱等:《辽史》卷一《太祖纪上》,中华书局 2017 年版,第 3 页。

"遥辇九帐大常衮司"云:"掌遥辇洼可汗、阻午可汗、胡剌可汗、苏可汗、鲜质可汗、昭古可汗、耶澜可汗、巴剌可汗、痕德堇可汗九世宫分之事。"[①]这清楚地说明,遥辇九代可汗每人均有宫分。遥辇氏宗族成员分属于9个支系,每个支系都是以宫分的形式存在的。保留了遥辇九可汗宫分,也就是使遥辇氏宗族的原有形态得以继续存在。由于辽太祖又"尊九帐于御营之上"[②],所以终辽之世,这个宗族享有极高的社会声誉,不但得以列入"辽内四部族"之中,而且还居于"四部族"中的首位。

另一方面是对遥辇氏宗族子弟加以任用。太祖时期,一些有才干的遥辇氏宗族子弟就得到重用。如耶律敌剌为鲜质可汗之子,太祖曾"命掌礼仪,且诿以军事"[③]。太祖以后,辽朝最高统治者也没有忘记这个传统的贵族宗族,对其子弟仍是不断加以任用的。天显二年(927年)十二月,太宗即位不久,就"诏选遥辇氏九帐子弟可任官者";天显四年二月,又"阅遥辇氏户籍"[④]。查阅户籍当与选拔其子弟为官有关。有辽一代,遥辇氏宗族子弟不断有人入仕,维持了传统世家大族的地位。

当然,在对遥辇氏宗族子弟加以任用的同时,辽朝最高统治者也对其适当加以防范。就遥辇氏宗族而言,宗族世选可汗权力的丧失,使绝大部分成员心理出现了不平衡,甚至时刻想伺机而发。而只有极少数明智者如耶律海里等,才心悦诚服地表示归顺。史称耶律阿保机"初受命,属籍比局萌觊觎,而遥辇故族尤觖望"[⑤]。对此,阿保机洞察得十分清晰,并适时采取了各种必要的措施。首先是命"严重、有济世志"的耶律欲稳,"典司近部,以遏诸族窥觎之想"[⑥]。其次是"列二院以制遥辇"[⑦],即将皇族控制的迭剌部析为五院部和六院部,安排在重要位置,作为皇权的主要支持力量,以制衡遥辇氏宗族势力。

---

① （元）脱脱等：《辽史》卷四五《百官志一》,中华书局2017年版,第800页。
② （元）脱脱等：《辽史》卷四五《百官志一》,中华书局2017年版,第799页。
③ （元）脱脱等：《辽史》卷七四《耶律敌剌传》,中华书局2017年版,第1355页。
④ （元）脱脱等：《辽史》卷三《太宗纪上》,中华书局2017年版,第30、32页。
⑤ （元）脱脱等：《辽史》卷七三《耶律海里传》,中华书局2017年版,第1353页。
⑥ （元）脱脱等：《辽史》卷七三《耶律欲稳传》,中华书局2017年版,第1352页。
⑦ （元）脱脱等：《辽史》卷四五《百官志一》,中华书局2017年版,第800页。

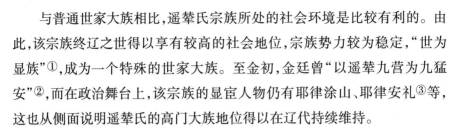

与普通世家大族相比，遥辇氏宗族所处的社会环境是比较有利的。由此，该宗族终辽之世得以享有较高的社会地位，宗族势力较为稳定，"世为显族"①，成为一个特殊的世家大族。至金初，金廷曾"以遥辇九营为九猛安"②，而在政治舞台上，该宗族的显宦人物仍有耶律涂山、耶律安礼③等，这也从侧面说明遥辇氏的高门大族地位得以在辽代持续维持。

（二）其他契丹世家大族

在皇族、后族及遥辇氏宗族之外的其他契丹世家大族，相对来说，宗族的规模和势力较小，大体上可分为如下三种类型。

1. 传统贵族式世家大族

在契丹部落联盟时代，主要由于军事民主制的发展与日益崛起的宗族势力相融合，各种重要公职均为强族所占有。他们世代占有某一公职，拥有一定的权力，成了部落联盟中的贵族宗族。这些宗族，在建国后无疑发生了明显的分化。某些在建国前后的政治斗争中站错了阵营，参与叛乱，与阿保机作对的贵族宗族，受到了沉重打击，往往是宗族精英人物丢失了性命，家属则被籍没为奴婢，从此失去了贵族地位。从传世资料看，这部分贵族宗族的数量是不少的。仅建国初期的几次诸弟之乱，就有众多宗族受到牵连。辽太祖七年（913 年）六月，"以养子涅里思附诸弟叛，以鬼箭射杀之。其余党六千，各以轻重论刑"；八月，又"轘逆党二十九人，以其妻女赐有功将校"。而辽太祖八年七月，"有司上诸帐族与谋逆者三百余人罪状，皆弃市"④。受到如此沉重的打击，以至于像南府宰相这样的重要职位，"自诸弟搆乱，府之名族，多罹其祸，故其位久虚"⑤。一部分"名族"罹祸而衰，而另一部分"名族"则因功而盛，这正是契丹社会大变革时期对传统贵族的冲击。那些追随阿保机的传统贵族，不但地位得到巩固，而且也不难在政治形势的起伏中寻求到扩大势力的机会，为自己的宗族在契丹王朝中成为世家

① （元）脱脱等：《金史》卷八二《耶律涂山传》，中华书局 2020 年版，第 1951 页。

② （元）脱脱等：《金史》卷七七《达懒传》，中华书局 2020 年版，第 1876 页。

③ （元）脱脱等：《金史》卷八三《耶律安礼传》，中华书局 2020 年版，第 1989—1990 页。

④ （元）脱脱等：《辽史》卷一《太祖纪上》，中华书局 2017 年版，第 8、10 页。

⑤ （元）脱脱等：《辽史》卷二《太祖纪下》，中华书局 2017 年版，第 18 页。

大族奠定了坚实的基础。乙室部人耶律欧里思,阿保机建国时任南府宰相,曾与北府宰相萧辖剌率群臣上尊号"天皇帝"。其子耶律撒合,穆宗应历年间拜乙室大王,兼知兵马事。[1] "其先尝相遥辇氏"的耶律沙,不知何部人,应历年间累官南府宰相,其子耶律德里为将,于乾亨初年战没。[2] 十分明显,这两个宗族是契丹建国前即为名族、入辽后又得到维持或发展的世家大族。

### 2. 部族酋长式世家大族

契丹世家大族,在中央政府担任要职的同时,也有许多又"世为酋长"[3],即世代控制本部族酋长的职位。但这里所说的部族酋长式世家大族,主要是指小部族的情况。契丹社会所属部族数量,前后变化不一。史称:"阻午可汗析为二十部,契丹始大。至于辽太祖,析九帐、三房之族,更列二十部。圣宗之世,分置十有六,增置十有八,并旧为五十四部。"[4]部族酋长的名称,遥辇氏时期称为夷离董,辽太祖将迭剌部及乙室部以外的小部族的夷离董改称为令稳,辽太宗升北、南二院(即原迭剌部)及乙室夷离董为大王,又改称令稳为节度使。部族酋长的职位一般为特定宗族所充任,《辽史》多次称"节度使世选之家",大概主要就是指此而言。按照辽朝的习惯,小部族的官长有时可以派皇族、后族成员及其他臣僚充任。但就绝大多数情况而言,部族酋长均为本部族成员充任,朝廷加以任命。

在这样的社会条件下,那些世预本部族酋长之选的宗族,势力日益强盛,从而成为部族酋长式世家大族。如突举部人耶律谐理,因在统和四年(986年)的对宋战争中获宋将康保威,"以功诏世预节度使选"[5],他本人于太平元年(1021年)迁本部节度使。这样的宗族发展成为部族酋长式世家大族,是顺理成章的事情。又如突吕不部人耶律解里宗族,本是一个"世为小吏"的宗族,至解里时因征战之功官至太子太傅,"应历初,置本部令稳,

---

[1]　(元)脱脱等:《辽史》卷八五《耶律撒合传》,中华书局2017年版,第1451—1452页。

[2]　(元)脱脱等:《辽史》卷八四《耶律沙传》,中华书局2017年版,第1439页。

[3]　(旧题)(宋)叶隆礼:《契丹国志》卷一五《述律鲁速传》,上海古籍出版社1985年版,第156页。

[4]　(元)脱脱等:《辽史》卷三二《营卫志中》,中华书局2017年版,第427页。

[5]　(元)脱脱等:《辽史》卷八五《耶律谐理传》,中华书局2017年版,第1448页。

解里世其职"①,宗族从此成为部族酋长式世家大族。

3. 基层崛起式世家大族

尽管辽朝的任官制度对社会下层成员极为不利,但频繁的内外战争与波谲云诡的政治生活,仍为社会底层成员尤其是契丹部人提供了某些改变个人和宗族命运的机遇。机遇的获得,一般有两条途径。一是战功。契丹民族在建立和巩固王朝政权的过程中,经历了大大小小无数次的战争,由此产生出众多的有功之臣。他们在自己获得了较高职位后,又很可能为宗族赢得世选的特权。二是恩宠。在专制制度下,掌权者的恩宠是个人进身的重要渠道,这是一条铁的规律。这既包括最高统治者的恩宠,也包括实力派权臣的恩宠。一旦获得恩宠,不但平民出身或低层官吏出身者可平步青云,甚至奴仆亦可一步登天,迅速改变自身的地位。宫分人耶律喜孙,在圣宗病重之时,与冯家奴诬告仁德皇后同宰相萧浞卜等谋逆,以投机即将到来的政治风云。果然,"及钦哀为皇太后称制,喜孙尤见宠任",兴宗甚至"以喜孙有翼戴功","欲世其官"。由于出身低微,喜孙竟"无所出之部",结果"因见马印文有品部号,使隶其部"②,拜为南府宰相,其宗族也就随之崛起为新兴世家大族。辽道宗朝的一代权臣耶律乙辛,"身出寒微"③,本为"五院部人,父迭剌,家贫,服用不给,部人号'穷迭剌'"④。由于获得帝后宠幸,竟在仕途上一帆风顺,位至北院枢密使。道宗竟下诏:"耶律乙辛同母兄大奴、同母弟阿思世预北、南院枢密之选,其异母诸弟世预夷离堇之选。"⑤为乙辛宗族成为新兴世家大族提供了制度保障,尽管该宗族旋即因政治斗争而覆灭。而大康年间任护卫太保的耶律查剌,因迎合乙辛之意诬告耶律撒剌等废立事,而获"加镇国大将军,预突吕不部节度使之选"⑥的特殊酬劳。

以上三种类型的世家大族,并非绝对泾渭分明,而是经常相互交叉、相

① (元)脱脱等:《辽史》卷七六《耶律解里传》,中华书局2017年版,第1373—1374页。

② (元)脱脱等:《辽史》卷九七《耶律喜孙传》,中华书局2017年版,第1552页。

③ (元)脱脱等:《辽史》卷九九《耶律石柳传》,中华书局2017年版,第1568页。

④ (元)脱脱等:《辽史》卷一一〇《耶律乙辛传》,中华书局2017年版,第1633页。

⑤ (元)脱脱等:《辽史》卷二三《道宗纪三》,中华书局2017年版,第317页。

⑥ (元)脱脱等:《辽史》卷二三《道宗纪三》,中华书局2017年版,第318页。

互融合的。传统贵族式世家大族有些子弟在中央或地方州郡担任官职的同时,也有些子弟担任本部族的酋长,甚至世代占据本部族酋长职务。而有些部族酋长式世家大族,其子弟出任中央或地方外官的亦不罕见。基层崛起式世家大族则亦可能在崛起后世代担任本部族的酋长,从而成为新的部族酋长式世家大族。

### 四、金代契丹世家大族

契丹族是金代民族的重要组成部分。在金灭辽后,契丹人沦为被统治者,政治及社会地位较之前大为下降。但金初迅速扩大的统治区域需要利用有统治经验的官员恢复秩序,契丹族降官因此得到重用。在各族社会上层形成联合统治集团的过程中,契丹族中的官僚宗族在一定程度上得以恢复势力甚至发展壮大。

以耶律履为代表的耶律氏宗族可说是金代最为显赫的契丹宗族。作为"辽太祖长子东丹王突欲之七世孙"①,履虽以其父德元荫补官,但他家学深厚,有很高的文化修养。"通六经、百家之书……至于阴阳方技之说,历象、推步之术,无不洞究,善属文……善契丹大小字。"②卓越的个人才能使其在金王朝的政治舞台上发挥了重要作用。除充分展示宗族成员的文化素养和个人才能外,耶律氏宗族还充分利用姻亲关系来巩固宗族势力。履三娶,"始娶萧氏,辽贵族;再娶郭氏,岠山世胄之孙;三娶杨氏,名士昺之女"③。这些女子家世显赫,自身修养高,对耶律氏宗族的发展具有重要作用。杨氏在履去世后,曾亲自抚养教育楚材,后楚材成为显名后世的名臣。不仅履娶妇为大族之女,其子楚材妻苏氏也"系由鼎族"④;辩才妻靖氏、善才妻郭氏,

① （金）元好问著,狄宝心校注:《元好问文编年校注》卷五《故金尚书右丞耶律公神道碑》,中华书局2012年版,第693页。
② （金）元好问著,狄宝心校注:《元好问文编年校注》卷五《故金尚书右丞耶律公神道碑》,中华书局2012年版,第693—694页。
③ （金）元好问著,狄宝心校注:《元好问文编年校注》卷五《故金尚书右丞耶律公神道碑》,中华书局2012年版,第702页。
④ （金）元好问著,狄宝心校注:《元好问文编年校注》卷五《中令耶律公祭先妣国夫人文》,中华书局2012年版,第687页。

亦应出自世家大族。不仅宗族男性成员娶妇于大族,女性成员也大适士族。如履三女,嫁士族;善才二女,嫁士族。借助于与名族联姻,耶律氏得以不断发展。在宗族教育方面,耶律氏有重视教育特别是忠义教育的传统。金末社会动荡,辩才、善才作为金代的官员,始终忠贞不二。辩才面对其弟楚材要求归附蒙古政权时"涕泣请留死汴京"①。善才亦随其兄长以死明志,"乞留死汴梁",并最终投水而死②。终金一代,耶律氏宗族仕宦不绝,人才辈出,维持了世家大族的社会地位。

如果说耶律履宗族是辽代皇族后裔的代表,那么萧仲恭宗族可说是后族后裔的代表。"萧仲恭,本名术里者。祖挞不也,仕辽为枢密使,守司徒,封兰陵郡王。父特末,为中书令,守司空,尚主。"萧仲恭降金后因"忠于其主"而受到礼遇,仕途顺畅。"皇统初,封兰陵郡王,授世袭猛安,进拜平章政事,同监修国史。"③其弟仲宣,本名野里补,仕金后"历顺义、永定、昭义、武宁四镇节度使",因"为政平易","朔、潞百姓皆为立祠刻石颂之"④。仲恭子拱,本名迪辇阿不,初为兰子山猛安,仕至礼部侍郎,海陵王时因有人诬告其"语涉怨谤"⑤而被杀。可惜萧氏宗族因政治事件的打击而迅速衰落。

金代后期的石抹元毅宗族也是颇具代表性的契丹世家大族。石抹元毅"以荫补吏部令史"⑥,说明先世仕宦并属中上层官僚。元毅仕至抚州刺史,捐躯边疆。其子世勣荫补侍仪司承应,后登进士第,官至礼部尚书,兼翰林侍讲学士。他曾谏止河北军户徙河南者给以田之议、哀宗北渡黄河亲征之议。后随哀宗出走蔡州。世勣子嵩,兴定二年(1218 年)经义进士。时为新蔡县令,"拜上于马前,兵乱后父子始相见"。哀宗授嵩应奉翰林文字,"蔡

---

①　(金)元好问著,狄宝心校注:《元好问文编年校注》卷五《奉国上将军武庙署令耶律公墓志铭》,中华书局 2012 年版,第 712 页。

②　(金)元好问著,狄宝心校注:《元好问文编年校注》卷五《龙虎卫上将军耶律公墓志铭》,中华书局 2012 年版,第 717 页。

③　(元)脱脱等:《金史》卷八二《萧仲恭传》,中华书局 2020 年版,第 1966 页。

④　(元)脱脱等:《金史》卷八二《萧仲宣传》,中华书局 2020 年版,第 1967 页。

⑤　(元)脱脱等:《金史》卷八二《萧仲恭传附萧拱传》,中华书局 2020 年版,第 1967 页。

⑥　(元)脱脱等:《金史》卷一二一《石抹元毅传》,中华书局 2020 年版,第 2787 页。

城破,父子俱死"①。石抹氏宗族祖孙三代为金王朝捐躯。②

除上述三个宗族外,金源一代,尚有若干世代仕宦的契丹人宗族。如奚人萧公建"夫人耶律氏,曾门而上,累叶通显,号为世家"③。只是大多数宗族留下的资料有限,难以窥其全貌而已。

## 第二节　党项世家大族

西夏的主体民族是党项羌。隋唐时期,其分为 8 个部落,每一部落为一姓,其中以拓跋部最为强大。唐初,拓跋部首领拓跋赤辞率部归唐,被任命为西戎州都督,赐以唐皇室李姓。宋初,拓跋部首领臣属宋朝,又被宋赐以赵姓。其后,元昊继承王位,采取政治、军事、文化方面诸多措施,为建国做准备时,取消了唐宋赐给的李、赵姓氏,改姓嵬名氏。所以,西夏建国后,嵬名氏成为西夏皇族,其他七部落内的各势力家族,或与其联姻,成为后族;或由传统部落首领宗族演变为世家大族;或凭借文治武功发展成新兴的世家大族。由于西夏建国后,仍长期实行党项贵族联合专政,宗法传统、世族权利的延续使西夏保存着更多的贵族特权。④ 同时,随着社会性质的转变和以皇权为中心的集权政治体制建设的需要,原党项世家大族的沉浮兴衰受其与皇权之间关系的影响日益明显。

### 一、皇族嵬名氏的势力发展与政治地位

#### (一)皇族前身拓跋氏的发展

西夏皇族嵬名氏的发展可追溯至隋唐时期。史籍记载:"其种姓每姓别自为部落,一姓之中复分为小部落,大者万余骑,小者数千骑,不相统一。有细封氏、费听氏、往利氏、颇超氏、野利氏、房当氏、米禽氏、拓跋氏,而拓跋

---

① (元)脱脱等:《金史》卷一一四《石抹世勣传》,中华书局 2020 年版,第 2661 页。

② 夏宇旭:《金代契丹人研究》,中国社会科学出版社 2014 年版,第 159 页。

③ 《漆水郡夫人耶律氏墓志铭》,载王新英:《全金石刻文辑校》,吉林文史出版社 2012 年版,第 32 页。

④ 史金波:《西夏社会》,上海人民出版社 2007 年版,第 215 页。

最为强族。"①由此可知,党项共有八个部落,这八部是当时的宗族大姓,西夏皇族嵬名氏的先世拓跋部,实力最为强大。隋开皇五年(585 年),"拓跋宁从等各率众诣旭州内附,授大将军,其部下各有差"②。这表明,党项族以部落整体内附的拓跋部,开始与中原王朝接触并寻求政治保护。其首领取得"大将军"的封号,与党项其他部落首领相较,开始出现政治待遇的差异。这说明在拓跋部中,以拓跋宁从为中心的宗族已有较强的经济或政治实力,党项部落内部出现了阶级分化的迹象。散居于山谷间的党项部落,在与中原王朝的接触过程中,部落中出现实力差别,拓跋部在政治上开始崭露头角。

公元 7 世纪,随着吐蕃势力不断发展壮大,党项族直接受到吐蕃强大势力的挤压。迫于吐蕃的压力,党项部落不得不陆续内迁依附唐王朝。"自贞观元年始,党项诸部相继内属,朝廷即其部落设置为数极多的羁縻府州,并擢其部酋为世袭都督刺史。"③最早内属的是细封氏,贞观三年(629 年),"酋长细封步赖举部内附,太宗降玺书慰抚之。……拜步赖为刺史"④。在细封步赖的示范作用下,"诸姓酋长相次率部落皆来内属,请同编户……各拜其首领为刺史"⑤。党项诸部落开始接受唐王朝的封号,正式与中原王朝开始政治统属联系,成为唐王朝羁縻边政体系中的组成部分。在党项八部落中,接受"刺史"封号的只有七部落,拓跋赤辞的封号为"都督",并且被赐国姓李氏。在唐代的职官体系中,都督级别要高于刺史,更有赐姓李氏的政治殊荣,拓跋部取得高于其他部落的政治地位。

随着吐蕃的强大与侵袭,至高宗永隆元年(680 年),吐蕃"尽收羊同、党项及诸羌之地,东与凉、松、茂、巂等州相接"⑥,导致贞观年间设立的大量的党项羌羁縻州的废弃和诸多党项羌人的内徙。武周天授三年(692 年),党

---

① (后晋)刘昫等:《旧唐书》卷一九八《党项传》,中华书局 1975 年版,第 5290 页。

② (唐)魏徵、令狐德棻:《隋书》卷八三《党项传》,中华书局 1973 年版,第 1845 页。

③ 白寿彝主编:《中国通史》第六卷,上海人民出版社 1995 年版,第 309 页。

④ (后晋)刘昫等:《旧唐书》卷一九八《党项传》,中华书局 1975 年版,第 5291 页。

⑤ (后晋)刘昫等:《旧唐书》卷一九八《党项传》,中华书局 1975 年版,第 5291 页。

⑥ (后晋)刘昫等:《旧唐书》卷一九六《吐蕃传上》,中华书局 1975 年版,第 5224 页。

项内附户共有 20 万。党项拓跋部首先内徙,唐政府"移其部落于庆州,置静边等州以处之"①。唐德宗时,党项诸部再一次相率内附,内徙党项的人数极多,到肃宗上元元年(760 年)前,徙处泾、陇二州的党项有十万众。内迁的党项诸部以聚居地为标志逐渐形成三大部落集团:其一,六府部落;其二,东山部落;其三,平夏部落。三部之中"大姓之强者各自来朝贡"②。

唐末是党项拓跋部崛起及其割据势力形成的时期。党项贵族拓跋思恭因率部协助唐政府镇压黄巢起义,得以受赐国姓李氏,并被任命为定难军节度使,辖有银、夏、绥、宥四州之地。从此,这个地区实际上成了以拓跋思恭宗族为首的党项诸部统治的地区,拓跋贵族的统治在此奠定了初基。③ 党项拓跋部的崛起与割据夏州,对拓跋部以后的发展产生了重要影响。拓跋李氏在唐末五代争雄的混乱局面中,为保存实力,避免卷入中原王朝内战,在名义上先后对统治中原的各政权保持着臣属关系。事实上却在乘机发展势力,雄踞西北边隅,其后裔先后交替担任定难军节度使或夏州刺史,逐渐成为陕北四大军事豪强之一。拓跋氏借军事势力偕同政治威权从整个党项族中游离出来,成为统治上层,拓跋李氏先后有六代九人成为中原王朝在党项的最高统治者。以拓跋氏为中心的割据势力,逐渐成为分散于各地的党项诸部的中心。同时,拓跋氏高踞于党项各部之上,迅速汉化,与其余诸部走上了不同的发展道路,树立了在党项部落中无可替代的威信与地位。④ 拓跋氏汉化的重要表现:一是与汉族大姓通婚。从拓跋后那至拓跋守寂,党项拓跋部与汉族士族常常通婚,似已呈现常态化。二是受唐朝文化的影响,李氏宗族对传统文化产生了深层心理认同。三是在夏州政权建立发展的过程中一直对有地位有才能有影响的汉人予以重用,如白敬立、毛汶等⑤,党项夏州政权呈现蕃汉官员相容的局面。拓跋李氏在与汉族婚姻的同时,用姻亲关系联结党项豪右一直是政治传统,拓跋李氏与党项豪族互为婚姻团

---

① (后晋)刘昫等:《旧唐书》卷一九八《党项传》,中华书局 1975 年版,第 5292 页。
② (宋)薛居正等:《旧五代史》卷一三八《党项传》,中华书局 2016 年版,第 2150 页。
③ 漆侠、乔幼梅:《辽夏金经济史》,河北大学出版社 1998 年版,第 197—198 页。
④ 参见杨茂盛:《中国北疆古代民族政权研究》,黑龙江教育出版社 2014 年版,第 261 页。
⑤ 杜建录:《夏州拓跋部的几个问题》,《西夏研究》2013 年第 1 期。

结了众多的党项大族。①

　　宋太宗时,夏州党项拓跋部因继立问题发生内讧,李继捧入朝归宋后,夏州政权发生分裂,进而导致整个党项部落群体的变化,党项群体依据自身利益考量或可分为两部分。一部分是以李继迁为中心的割据自立型部落;另一部分是以李继捧为首的接受宋王朝册封羁縻的内附型部落。内附型部落主要生活在临宋边境地区,成为熟户,但是熟户的政治属性并不稳定,常因为诸多因素而叛服无常。自立型部落主要在陕北地区,成为西夏立国后的主体民族。虽然继迁自立初期,经济和军事势力弱小,但借助"李氏世著恩德"的政治优势,豪右"往往所归之"②。同时依靠党项大族的帮扶,"及继迁兵势寖盛,自灵州北河外、镇戎军、环州至鏊子山、贺兰山西、陇山内外、黄河以东诸族,无不帖服"③。继迁成为党项部落联盟的首领,随后"五州尽复,诸族慑从,逆者攻以兵,顺者役其众"④。继迁通过军事手段取得一定的政治威权,所以在向契丹纳贡时可以"岁时贡献悉取资于蕃族"⑤。继迁死后,其子德明继承王位。他除延续继迁时期与辽通好的政策外,又积极改善与宋的关系,使双方大体上保持着友好往来。宋天禧四年(1020年),德明将统治中心由灵州迁往贺兰山麓的怀远镇,改称兴州。其后,又派兵攻占甘凉地区,降服瓜沙,进而占领了整个河西走廊,奠定了西夏王国的版图基础。其后,元昊继承王位,其人自有雄才大略,"以兵法勒诸部"⑥,"悉会诸族豪酋于贺兰山坡,与之盟"⑦,联系笼络了党项大族,形成对自己的有力支持。

---

①　五代时期,拓跋李氏与党项大族的婚姻事迹,可参见杨浣:《五代夏州拓跋部世系与婚姻考论》,《宁夏社会科学》2005年第1期。宋初拓跋李氏与党项大族的婚姻事迹在《西夏书事》卷四、《宋史·夏国传》中有明确记载,继迁复连娶豪族,德明娶三姓,卫慕氏、咩迷氏、讹藏屈怀氏,元昊娶五姓,其中有没藏氏、野利氏、罔氏等。
②　(元)脱脱等:《宋史》卷四八五《夏国传上》,中华书局1985年版,第13986页。
③　(清)吴广成撰,胡玉冰校注:《西夏书事校注》卷五,上海古籍出版社2021年版,第70页。
④　(清)吴广成撰,胡玉冰校注:《西夏书事校注》卷八,上海古籍出版社2021年版,第101页。
⑤　(清)吴广成撰,胡玉冰校注:《西夏书事校注》卷五,上海古籍出版社2021年版,第64页。
⑥　(元)脱脱等:《宋史》卷四八五《夏国传上》,中华书局1985年版,第13993页。
⑦　(清)吴广成撰,胡玉冰校注:《西夏书事校注》卷一二,上海古籍出版社2021年版,第160页。

他还采取各种措施,积极为建国做准备。宋宝元元年(1038年),元昊立国称帝,建立大夏国,皇族嵬名氏进入新的发展时期。

(二)元昊改姓与皇族发展

嵬名氏是西夏的皇族,也是西夏的第一大姓,在蕃姓中名列第一。"元昊既袭封……自号嵬名氏,称吾祖。……于是属族悉改嵬名,蕃部尊荣之,疏族不与焉。"①元昊之所以改姓,很大程度上是政权建设的需要。元昊一支本拓跋思忠之后就较近世系而论,其祖、父辈并不是夏州政权的最高首领,即元昊一系不是夏州政权的世袭继承人。李继迁原本为拓跋思恭的族孙,但是继迁在起兵反宋后却声称自己是李彝殷之后,并以其作为政治偶像进行对外宣传。作为支庶的继迁之所以能够获得党项豪族的支持,与其政治谱系的构建和宣传密切相关。由此,宋初继迁成为定难军李氏在党项羌聚居区唯一具有合法统治威力的代表,成功完成作为彝殷后人这一政治谱系的创造。在西夏建国前,李元昊又不满足于自称彝殷后人,开始向定难军首任节度使拓跋思恭看齐,将其加入自己的政治谱系。拓跋思恭是定难军基业的开创者,因镇压黄巢起义而获唐室赐姓,在唐末显赫一时,成为藩镇士族。元昊称其为"远祖思恭",使其建国更具政治合法性和影响力。② 元昊祖父三代在完成政治谱系建构的同时,其军事势力和政治影响在拓跋诸部中具有绝对优势。西夏政权已经逐渐发展成能与宋辽周旋的一方势力。为了能够更有力地号召党项和牢固地掌握政权进而凸显自己近族的影响,元昊将拓跋氏改为嵬名氏,以提升自己族属的政治地位,而远支旁系则不得用此姓。

西夏建国后,随着集权措施的完善,作为皇族的嵬名氏在中央位居高官,手握实权。终西夏一朝,朝廷重视对皇族成员的授官以培植其政治势力。所以,他们始终是统治阶层中最有势力的政治集团,是西夏政界和军界重要的支柱。西夏职官分文武两途。皇族所任文职官主要在中央和地方行政机构。在中央行政机构中,皇族官员多分布在中书门下、御史台、秘书监、

① (清)吴广成撰,胡玉冰校注:《西夏书事校注》卷一一,上海古籍出版社2021年版,第143页。

② 参见陈玮:《西夏番姓大族研究》,甘肃文化出版社2017年版,第202页。

礼部、蕃大学院等机构。元昊称帝之初,"始大建官,以嵬名守全、张陟、张绛、杨廓、徐敏宗、张文显辈主谋议"①。嵬名守全是当时"第一级的负责官员侍中和中书令"②。濮王嵬名仁忠曾在枢密院和中书省任官,因为"仁忠性谨严,持法峻,人不敢干以私。晋王察哥广起第宅,横征多诛求,蕃汉苦之。仁忠上疏劾,察哥为之罢役,朝野肃然。乾顺嘉其风力,使由左枢密进中书令"③。编纂《天盛律令》的皇室成员亦多为中书省官员。如北王兼中书令嵬名地暴、中书令赐长艳文孝恭敬东南姓官上国柱嵬名忠□、中书智足赐才盛文孝恭敬东南姓官上国柱嵬名地远、中书副赐义持文孝恭敬东南姓官民地忍嵬名□□④,都是中书省官员。中书省属于上等司⑤,其官员位高权重。另外,还有在御史台、秘书监等中央机构任职的皇族成员。御史台是中央监察机构,属于次等司,设有六正、六承旨、六都案、二十二案头。嵬名直本曾任御史台正,嵬名世安为"夏宗室,官至御史大夫"⑥。在地方任职的皇族成员多集中于凉州、大都督府、甘州等重要地区。嵬名遵顼"始以宗室策进士及第,为大都督府主"⑦。

　　皇族成员还占据军事要职,既有中央高级武官,也有地方统兵将领。元昊叔父嵬名山遇曾在中央任职于枢密院,"山遇先在元昊处为枢密"⑧。他还在地方上任"左厢监军"⑨。嵬名济乃、嵬名阿埋、嵬名仁礼等都曾任地方监军,掌握地方军事大权。枢密院是西夏的最高军事机关,属于上等司。⑩

---

① (元)脱脱等:《宋史》卷四八五《夏国传上》,中华书局1985年版,第13994页。

② 陈炳应:《西夏文物研究》,宁夏人民出版社1985年版,第147页。

③ (清)吴广成撰,胡玉冰校注:《西夏书事校注》卷三四,上海古籍出版社2021年版,第428页。

④ 参见史金波、聂鸿音、白滨译注:《天盛改旧新定律令·颁律表》,法律出版社2000年版,第107页。

⑤ 史金波、聂鸿音、白滨译注:《天盛改旧新定律令》卷一〇《司序行文门》,法律出版社2000年版,第363页。

⑥ (清)吴广成撰,胡玉冰校注:《西夏书事校注》卷三九,上海古籍出版社2021年版,第488页。

⑦ (元)脱脱等:《宋史》卷四八六《夏国传下》,中华书局1985年版,第14027页。

⑧ (宋)司马光:《涑水记闻》卷一二《山遇归宋被拒》,中华书局1989年版,第220页。

⑨ (清)吴广成撰,胡玉冰校注:《西夏书事校注》卷一二,上海古籍出版社2021年版,第160页。

⑩ 参见史金波、聂鸿音、白滨译注:《天盛改旧新定律令》卷一〇《司序行文门》,法律出版社2000年版,第363页。

枢密院设官员 12 人,南柱、北座、西摄、东拒、副、名入六大人和六承旨。①
仁宗时期,嵬名仁谋曾任枢密东拒、嵬名忠信曾任枢密名入、嵬名仁忠曾任
左枢密使。因为西夏向来注重武力,所以皇族嵬名氏成员在历朝中多有掌
军权者。

　　嵬名氏除在中央和地方担任文武官职外,还可依封王之制获得封爵,以
凸显其政治地位。西夏的封爵主要有国王、嗣王、郡王、平王等。西夏皇族
中国王的授封者有晋国王嵬名察哥、齐国忠武王嵬名彦忠、梁国正献王嵬名
安惠等。一字王有濮王嵬名仁忠(死后又追赠吴王)、舒王嵬名仁礼、越王
嵬名仁友等。嗣王仅见于齐国忠武王嵬名彦忠之子嵬名遵顼,"纯佑廷试
进士,唱名第一,令嗣齐王爵"②。郡王有镇夷郡王安全、德旺之弟清平郡
王。平王有清平郡王之子南平王睍及一不知名之东平王。西夏受封王爵者
一般都是皇族中的皇子和宗室,其所封王爵由当朝皇帝授予。爵位高低顺
序为双字国王、单字国王、郡王、平王等。他们从中央到地方构成了实力雄
厚的军政集团,成为西夏王朝权力的核心成员。③ 所以,即使在西夏前期,
皇族和后族反复的权力争斗中,后族可以短暂把持朝政,但国家权力依然掌
握在皇族手中。

## 二、蕃姓后族的兴衰沉浮

　　在西夏政治史上,后族具有权臣与豪右大族领袖的双重身份。这种身
份重叠促使他们谋求对国家政治资源的掌控,挑战皇族的世袭性政治权
威。④ 后族是西夏政治舞台上的重要势力,在西夏立国后的相当长时间内
朝政由皇族和后族共同把握。因通过与皇帝婚姻而进入后族范围的大族很
多,故后族并非一个宗族。后族的政治地位仅次于皇族,不少后族成员皆被

---

① 史金波、聂鸿音、白滨译注:《天盛改旧新定律令》卷一〇《司序行文门》,法律出版社 2000
　　年版,第 366 页。
② (清)吴广成撰,胡玉冰校注:《西夏书事校注》卷三九,上海古籍出版社 2021 年版,第
　　493 页。
③ 参见陈岑:《西夏王号性质考略》,《西夏学》第 18 辑,甘肃文化出版社 2019 年版。
④ 参见陈玮:《西夏番姓大族研究》,甘肃文化出版社 2017 年版,第 228 页。

委以重任,担任中央和地方的文武官职,甚至有些被封以王号。自元昊始,列于后族的宗族有卫慕氏、索氏、都罗氏、咩迷氏、野利氏、耶律氏、没嵬氏①、没藏氏、梁氏、任氏、罔氏、罗氏等,这些宗族约可分为番族与汉族两个群体。以下仅论述蕃姓后族。

(一)野利氏宗族

野利部原是党项八部之一②,因部族繁衍而部落日益增多,渐成举足轻重的党项大族。如"庆州有破丑氏族三、野利氏族五、把利氏族一"③。在唐代,伴随着党项的内徙浪潮,拓跋和野利等族迁往银、夏地区,逐渐成为那里的大姓宗族。拓跋氏与野利氏也因联姻而关系日益密切。在李继迁割据自立而反宋时,"野利等族皆以女妻之"④,以表明支持继迁的态度。双方的联姻延续到李元昊时期,元昊曾娶妻多人,其中就有宪成皇后野利氏。由此可见,野利氏因在党项大族中的重要地位而成为拓跋氏着力拉拢的对象。野利旺荣和野利遇乞兄弟二人也成为李元昊倚重的军事重臣。

李元昊分境内军队为左右厢,野利旺荣统率左厢,为谟宁令,号野利王;野利遇乞统率右厢,为宁令,号天都大王。兄弟二人足智多谋,曾多次参与对宋和对辽之间的战役,因其卓越的军事才能而成为元昊可以倚赖的肱骨之臣。同时,也成为北宋王朝想要离间和拉拢的重点对象。为了离间野利兄弟与元昊之间的关系,进而削弱元昊的军事力量,北宋边帅曾多次为此谋划。庆历二年(1042年),庞籍为鄜延经略使时,曾令保安军守将写信给野利兄弟,以求拉拢。其书云:"公(野利旺荣)方持灵、夏兵,倘内附,当以西平茅土分册之。"⑤泾源路经略安抚招讨使王沿和泾源路副都总管葛怀敏也曾派人送书信和金银给遇乞。北宋边帅虽多次拉拢然并无实质性成效。其后,种世衡又使离间计,派王嵩化装持书送给旺荣。旺荣将嵩押见元昊,元

---

① 参见(清)吴广成撰,胡玉冰校注:《西夏书事校注》卷一八,上海古籍出版社2021年版,第231页。

② 参见(后晋)刘昫等:《旧唐书》卷一九八《党项传》,中华书局1975年版,第5290页。

③ (宋)欧阳修、宋祁:《新唐书》卷二二一《党项传》,中华书局1975年版,第6217页。

④ (清)吴广成撰,胡玉冰校注:《西夏书事校注》卷四,上海古籍出版社2021年版,第50页。

⑤ (清)吴广成撰,胡玉冰校注:《西夏书事校注》卷一五,上海古籍出版社2021年版,第195页。

昊在嵩棉衣中发现种世衡给遇乞的书信。元昊见后大怒,自此怀疑野利兄弟有反叛之心。后因遇乞与元昊乳母感情不和,遭其谗言,元昊借机将遇乞赐死。一年后,元昊又将旺荣诛杀。随着野利兄弟的死亡,曾位高权重的野利宗族因之逐渐衰落,兼之元昊又废皇后遇乞之妹,野利宗族因而于西夏初年衰败。

(二)没藏氏宗族

没藏氏本是景宗皇后野利氏兄野利遇乞的妻子,元昊受宋朝反间计错杀野利兄弟后,因野利后的哭诉,元昊下令找寻野利家属遗口,得遇乞妻没藏氏,迎入宫中,并与没藏氏私通。此事被野利后发觉,令没藏氏于戒坛寺出家为尼,称没藏大师。天授礼法延祚十年(1047年)二月,元昊与没藏氏猎于两岔河,生子谅祚,令养于没藏氏兄没藏讹庞家中。三月,讹庞升为国相。其后,没藏氏兄妹暗中策划了谋害太子宁令哥的活动。宁令哥妻没啰氏美貌动人,被元昊看中,纳为"新皇后"。元昊于贺兰山修筑离宫与新皇后游乐享受,"悉以国事委之讹庞"①。后因太子宁令哥遭失妻黜母之祸,日夜焦虑不安,讹庞暗中劝宁令哥刺杀元昊。宁令哥纠集野利族人浪烈等,趁元昊酒醉,入宫行刺,元昊受重伤,次日死去。宁令哥逃避讹庞家中,反被讹庞执杀,又杀其母野利。没藏兄妹欲策划以谅祚为帝,其后,尊没藏氏为太后,讹庞为国相。史称"元昊死,立谅祚,而舅讹庞相之"②,总揽权柄。"没藏本大族,讹庞为之长,至是权益重,出入仪卫拟于王者"③。西夏朝政很长一段时间把持在没藏氏一族手中。为了进一步独揽朝政大权,讹庞又将女儿嫁给谅祚,讹庞由国舅成为国丈,以国舅与国丈双重身份独揽朝纲,诛杀异己。奲都三年(1059年)八月,讹庞借故杀害谅祚乳母之夫高怀正、毛惟昌等人,并诛杀其全家,谅祚止之未果。谅祚心中颇不平,对讹庞有怨恨。讹庞心中恐惧,想先下手为强。其子妇梁氏知其谋,密告谅祚,谅祚令

---

① (清)吴广成撰,胡玉冰校注:《西夏书事校注》卷一八,上海古籍出版社2021年版,第231页。

② (宋)沈括:《梦溪笔谈》卷二五《杂志二》,载《全宋笔记》第2编,第3册,大象出版社2006年版,第187页。

③ (清)吴广成撰,胡玉冰校注:《西夏书事校注》卷一八,上海古籍出版社2021年版,第234页。

漫咩将兵杀讹庞及其子。"其弟侄族人外任者悉戮之,夷其宗"①,废后没藏氏,始亲国政。至此,起于宫廷斗争的没藏氏一族又终于宫廷斗争。

### (三)梁氏宗族

谅祚诛杀皇后没藏氏,并灭其族。后又宠幸梁氏,并以其为后,任其弟梁乙埋为家相,许其世袭。梁氏一族又借此进入后族之列。拱化五年(1067年),谅祚去世,秉常继位。"秉常,毅宗之长子,母曰恭肃章宪皇后梁氏。治平四年冬即位,时年七岁,梁太后摄政"②。梁太后摄政后,任其弟乙埋为国相,又封为梁大王,其宗族成员随之水涨船高,在中央或地方担任一定的要职。史称秉常时期,"梁氏悉以国政委乙埋,乙埋擢其子弟并居近要,于是诸梁权日甚"③。西夏开启了太后干政,母族擅权的新时期。

为了巩固权力,梁氏一族滥用亲信,排斥异己,并趁机打击皇族。同时,为了争取党项贵族领主的支持,取消谅祚全面推行的汉礼,恢复蕃礼。秉常16岁亲政后,又在皇族的支持下复行汉礼,这引起梁氏的极大不满。因此,以皇帝为代表的皇族和以梁氏为代表的后族集团以蕃礼和汉礼之争的形式而形成了势如水火的对立局面。为了削弱母党的权势,秉常接受大将李清的建议,欲与宋和好。梁太后因此将秉常囚禁,皇族和党项各部举兵与梁氏对抗,造成国内矛盾加剧。统军禹藏花麻请宋朝发兵讨伐,宋朝发兵五路伐夏,宋夏战争断续持续3年之久,宋夏之间岁赐、和市断绝,结果导致西夏国内财用困乏,横山一带民不敢耕,田地荒芜,民不聊生。为了缓和宋夏关系,平复国内矛盾,梁氏同意秉常复位,但实权仍然掌握在梁氏手中。大安十一年(1085年),国相梁乙埋去世,其子梁乙逋自立为国相。秉常与乙埋女即乙逋妹结婚,乙逋以国舅和国相双重身份把持国政,与其妹内外用事,秉常因之忧愤而死。

天安礼定二年(1086年),秉常去世,其子乾顺3岁继位。西夏大权落

---

① (清)吴广成撰,胡玉冰校注:《西夏书事校注》卷二〇,上海古籍出版社2021年版,第253页。

② (元)脱脱等:《宋史》卷四八六《夏国传下》,中华书局1985年版,第14007页。

③ (清)吴广成撰,胡玉冰校注:《西夏书事校注》卷二二,上海古籍出版社2021年版,第273页。

入乾顺的母亲昭简文穆太后和国舅梁乞逋手中,梁氏一族一门二后,权势进一步扩大。为巩固权势,梁氏残酷迫害大臣,"秉常旧时亲信、老成悉因事陷害"①,造成皇族和后族之间的矛盾更加尖锐。为转移国内矛盾,乞逋与宋进行连年战争。同时,乞逋因之权势滔天,有阴谋篡夺夏国最高统治权之意。因此也触犯到梁太后的利益,兄妹之间发生了争夺权力的斗争。梁太后逐步削弱乞逋兵权。天佑民安五年(1094 年)十月,乞逋阴谋叛乱,被大臣嵬名阿吴、仁多保忠等发觉,在梁太后支持下,讨杀乞逋,并诛杀全家。而梁太后依然集军政大权于一身。永安二年(1099 年),乾顺年满 16 岁,梁太后却依然把持朝政大权而不许其亲政,这引起辽朝不满。后在辽道宗帮助下,用毒酒将梁太后毒死,乾顺因此亲政,梁氏一族至此覆亡。

　　除上述几大宗族外,还有诸多后族世家大族遭到不同程度的打击和削弱。卫慕氏即是其中的典型例子。作为银夏地区的党项大族,卫慕氏与拓跋李氏有长期的联姻基础。李元昊生母惠慈敦爱皇后即是卫慕氏人,李元昊又娶其舅父之女。后因为卫慕氏首领卫慕山喜意图谋杀元昊,事情泄露后,元昊杀其母,而山喜之族皆沉于河。其后,又因宠妃野利氏谗言而将其妃卫慕氏母子诛杀。此后,卫慕氏一族逐渐式微。

　　西夏立国之后,党项大族的沉浮与皇族和后族的斗争密切相关。如没藏氏、梁氏等族皆因皇帝年幼继位、太后摄政而逐渐掌握军政大权,成为显赫一时的政治大族。在西夏中期,乾顺结束贵族领主势力的长期专政,外戚式党项大族基本销声匿迹。

### 三、其他世家大族的发展

　　除居于最高统治地位的皇族以及与之联姻的后族外,西夏还存在更多的世代仕宦的宗族。这些宗族既有在西夏建国前已形成传统势力的大族,也有在西夏的长期统治过程中逐渐崛起的新兴宗族。党项族的传统风俗

① (清)吴广成撰,胡玉冰校注:《西夏书事校注》卷二八,上海古籍出版社 2021 年版,第 344 页。

"以种族为贵贱","故部酋之死,其后世之继袭者,虽刍稚之子,亦足以服老长之众"①。因此,建国前已形成传统势力的大族,世代仕宦也就不足为奇。同时,西夏政权的长期存在和内忧外患的政治形势,也为以能力和功业逐渐兴起的宗族提供了舞台。以下几个宗族,可说是具有代表性的世家大族。

斡氏宗族为兴州大族,代表人物是斡道冲。其先祖本灵州人,后"从德明迁兴州,世掌夏国史职"②。仁宗天盛三年(1151年)十二月,以道冲为蕃汉教授。斡道冲是西夏著名的学者,自幼熟读儒家经典。史称道冲"八岁以《尚书》中童子举,长通五经,为蕃汉教授。译《论语注》,别作《解义》二十卷,曰《论语小义》。又作《周易卜筮断》,以其国字书之,行于国中,至今存焉"③。道冲通过科举入仕,其为人"刚介直言,侃侃不挠",因任得敬专权,将其沉沦有二十年。得敬伏诛后,"仁孝重其节概,至是擢中书令……未几,任为相"④。斡氏宗族世掌夏国史职,可知其文化特色明显。在仁孝时期,借由提倡文业的政治环境下,道冲由科举入仕,将其宗族地位进一步提高和巩固。

芭里氏宗族为党项大族,芭里昌祖曾于天盛十五年(1163年)充贺金正旦使,后官至殿前太尉。他与杨彦敬同为夏国名臣。其弟芭里庆祖曾于乾祐八年(1177年)三月使金贺万春节。

野遇氏宗族亦为传统大族,野遇忠辅在乾祐十八年(1187年)三月使金贺万春节。"野遇,西夏大族。忠辅磊落英发,历官左枢密使,为时名卿"⑤。另有野遇思文与野遇克忠兄弟,思文为克忠族弟,初知兴庆府,后官至金吾卫上将军。在天庆元年(1194年)九月使金贺天寿节、天庆七年(1200年)十月使金贺生日。

---

① (宋)李焘:《续资治通鉴长编》卷三八九"元祐元年十月戊戌",中华书局2004年版,第9472页。
② (清)吴广成撰,胡玉冰校注:《西夏书事校注》卷三六,上海古籍出版社2021年版,第449页。
③ (元)虞集:《道园学古录》卷四《西夏相斡公画像赞》,四部丛刊初编本。
④ (清)吴广成撰,胡玉冰校注:《西夏书事校注》卷三七,上海古籍出版社2021年版,第469页。
⑤ (清)吴广成撰,胡玉冰校注:《西夏书事校注》卷三八,上海古籍出版社2021年版,第480页。

以上所举党项宗族,多是以文业起家的世家大族。不过,诸宗族并不是在西夏中后期爆发性地人才辈出,而是有长期的积淀,故史称西夏多世禄之家。只是诸宗族在西夏中后期的集中出现,或与提倡文治的社会环境有关。贞观元年(1101年)秋八月,"乾顺命于蕃学外特建国学,置教授,设弟子员三百,立养贤务以廪食之"①。同时特别规定,"命选人以资格进。凡宗族、世家议功、议亲,俱加蕃汉一等。工文学者,尤以不次擢"②。仁宗仁孝在即位后大兴文化事业,致力于推行儒学。人庆元年(1144年),令州县各立学校;二年,初立太学,仁孝亲释奠,赐予有差;三年,尊孔子为文宣帝。令州郡悉立庙祀,殿庭宏敞,并如帝制;四年,策举人。立唱名法,复设童子科;五年,建内学,仁孝亲选名儒主之。由于西夏在中后期大力倡导读书应举,世家大族和皇族力行文业,很多宗族出现兄弟同朝为官的现象,因而"国多世禄之家"③。无论如何,这些世家大族是西夏后期政治集团的重要组成部分,在社会结构中占有重要地位,是西夏社会中不容忽视的重要力量。

## 第三节　奚族世家大族

奚与契丹"异种同类"④,有着同源关系,但在辽朝建国前的很长一段历史时期,却经常相互攻略,视若寇仇。契丹建国前后,首先征服了奚族,将其纳入自己的统治范围。正由于奚族与契丹的族源关系,更重要的是这个民族最早归服于契丹统治,所以,与其他被统治民族相比,奚族在辽朝的地位是较高的。奚族的社会组织,既得到了一定程度的延续,也有一定程度的改变,其社会上层宗族基本维持了世代仕宦的政治特权,成为辽朝世家大族的重要组成部分。金朝建立后,作为北方民族的奚族也被纳入猛安谋克组织

① (清)吴广成撰,胡玉冰校注:《西夏书事校注》卷三一,上海古籍出版社2021年版,第386页。
② (清)吴广成撰,胡玉冰校注:《西夏书事校注》卷三二,上海古籍出版社2021年版,第399页。
③ (清)吴广成撰,胡玉冰校注:《西夏书事校注》卷三七,上海古籍出版社2021年版,第459页。
④ (北齐)魏收:《魏书》卷一〇〇《契丹传》,中华书局1974年版,第2223页。

体系,其上层宗族仍有享受一定世袭特权的情况。

## 一、奚王族

在辽朝建立前后,同契丹族一样,奚族部落联盟长也称"可汗"①。但与契丹不同的是,似乎此时奚王的产生已确定为兄终弟及或父死子继的世袭制度。据《辽史》记载,奚族"其先曰时瑟,事东遥里十帐部主哲里。后逐哲里,自立为奚王。卒,弟吐勒斯立"②。这是一个兄终弟及的实例。而带领族人西迁的奚王为去诸,去诸卒,子扫刺立;扫刺卒,子拽刺立。③ 这则是十分明显的父死子继的实例。契丹统治者在征服了奚族以后,基本上对奚人的部落联盟组织予以保留并加以利用。史称"辽太祖有帝王之度者三",其一便是"并奚王之众,抚其帐部,拟于国族"④。将奚王帐部拟于国族,其实就是承认奚王宗族在奚人中的统治地位,同时又将契丹的政治制度强加于奚人。其中最主要的一条,就是废除了奚王的世袭制度,实行世选制度。这样一来,奚王的终身制自然也被废除。由于契丹建国后世选制度中"选"的权力已不再是自下而上,而是自上而下。因而,契丹对奚王实行世选,其实就是将奚王的任免权完全控制在契丹最高统治者手中,只是被选的对象局限于奚人中的固定宗族。显然,这种方法既有利于加强契丹对奚族的控制,又有利于稳定和利用奚人原有的社会组织。

《金史》有云:"奚有五王族,世与辽人为昏,因附姓述律氏中。"又云:"奚有五,大定间,类族著姓有遥里氏、伯德氏、奥里氏、梅知氏、揣氏。"⑤这说明奚族原五部的酋长宗族均称为"王族",正像大贺、遥辇、世里号称"三耶律"一样,他们则号称"五王族"。⑥ 他们与契丹耶律氏存在着婚姻关系,

① (元)脱脱等:《辽史》卷八五《奚和朔奴传》称和朔奴为"奚可汗之裔",中华书局 2017 年版,第 1450 页。
② (元)脱脱等:《辽史》卷三三《营卫志下》,中华书局 2017 年版,第 439 页。
③ (宋)欧阳修:《新五代史》卷七四《四夷附录第三》,中华书局 2016 年版,第 1029 页。
④ (元)脱脱等:《辽史》卷四五《百官志一》,中华书局 2017 年版,第 799 页。
⑤ (元)脱脱等:《金史》卷六七《奚回离保传》,中华书局 2020 年版,第 1689 页。
⑥ (元)脱脱等:《辽史》卷八五《奚和朔奴传》则云"副常衮总知酋长五房族属"(中华书局 2017 年版,第 1451 页),似亦有一个宗族分为五房的可能,惜不及其详。

因而附姓述律氏(萧氏)。但至金朝时期,各王族又基本上将姓氏恢复为他们的部族名称(以部为姓)。按照部落联盟发展的一般规律,处在一定历史阶段的奚族五部的酋长,均有竞选部落联盟长的资格。也就是说,"五王族"均有机会成为奚族社会中的最尊贵宗族。但社会现实却是,至迟到辽朝建立的前夕,奚人选举联盟长的制度已经受到世袭制度的严重冲击。在臣服于契丹以后,奚王的产生完全取决于契丹统治者的意志。虽然"五王族"仍具有世选奚王的资格,但随着通婚关系的发展及其他一些原因,奚王却越来越固定于个别宗族。在极特殊的情况下,契丹人尤其是皇族成员亦可以权奚王(如耶律抹只)。但正常情况下,奚王无疑是由奚人担任的。赵志忠《虏廷杂记》云:"太祖一举并吞奚国,仍立奚人依旧为奚王,命契丹监督兵甲。"①可见,契丹人主要是担任监督职务。《辽史》中所载奚王情况亦记载得十分简单,现据以列表如下:

**表 2-1　《辽史》所载奚王情况简表**

| 人物 | 出身 | 时代 | 职任 |
|---|---|---|---|
| 勃鲁恩 | | 太祖时 | 任奚王 |
| 劳骨宁 | | 会同年间 | 任奚王 |
| 和朔奴(字筹宁) | 奚可汗之裔 | 保宁至统和年间 | 为奚六部长(奚王) |
| 萧观音奴(字耶宁) | 奚王搭纥之孙 | 统和十九年 | 以右祗候郎君班详稳迁奚六部大王 |
| 题里姑 | | 开泰四年 | 以旗鼓拽剌详稳为六部奚王 |
| 萧蒲奴(字留隐) | 奚王楚不宁之后 | 开泰至重熙年间 | 三任奚六部大王 |
| 萧高六 | | 重熙十五年 | 以北女直详稳为奚六部大王 |
| 萧高九 | 尚圣宗女十哥 | | 为奚王 |
| 萧韩家奴(字括宁) | 奚王渤(勃)鲁恩之后 | 约重熙年间 | 任奚六部大王 |
| 奚底 | | 清宁四年 | 以保安军节度使为奚六部大王 |

---

① (宋)司马光:《资治通鉴考异》卷二九《后梁纪下》,四部丛刊初编本。

续表

| 人物 | 出身 | 时代 | 职任 |
|---|---|---|---|
| 马六 | | 清宁八年 | 以右夷离毕为奚六部大王 |
| 拾得奴 | | 咸雍七年 | 以西南面招讨使迁奚六部大王 |
| 图赴 | | 大康八年 | 以权知奚六部大王事为本部大王 |
| 涅葛 | | 大安五年 | 以知奚六部大王事为本部大王 |
| 萧幹①(回离保、回里不) | 奚王忒邻之后 | 寿昌、天庆间 | 任奚六部大王 |
| 秃开 | | 寿昌六年 | 以太师致仕起为奚六部大王 |
| 马奴 | | 乾统六年 | 为奚六部大王 |
| 萧遏买(霞末) | | 保大年间 | 任奚王 |

由上表可知,除萧韩家奴与勃鲁恩之间关系较为明确外,其他人均看不出直接的联系。不过,由于辽人多一人多名,这其中可能有些为一人,但难以考证。上列各人中出自本传的有和朔奴、萧观音奴、萧蒲奴、萧韩家奴、萧幹,其他则出自纪、表。不难发现,出自纪、表者受体例所限,未言及所出;而得入列传的各位奚王,无一例外均明言为奚可汗、奚王之后。虽然我们尚不知道搭纥、楚不宁、忒邻为何时之奚王,亦不知他们之间的宗族关系。但可以肯定的是,既然奚王均为前代奚王之后,那么产生奚王的奚人宗族就必定十分固定。这样一来,原五部的"王族"就未必均能产生奚王。在出土文献中,也有一些传世文献未载的奚王姓名。其中的奚王萧福延,为萧福善(即萧韩家奴)之弟。该宗族为奚王勃鲁恩之后,福善、福延兄弟又皆为奚王,另一弟福德为宿直官。福善有子杨九,官右祗候郎君班详稳,娶耶律仁先之女。② 福延有子五人:郑留、玉留、柒里钵、胡

---

① 关于萧幹之名,《辽史》记载甚为混乱。综合各种记载,可以断定:《辽史》卷一一四《奚回离保传》所云"奚回离保,一名翰","翰"乃"幹"之误。

② (元)脱脱等:《辽史》卷九六《萧韩家奴传》,中华书局 2017 年版,第 1540 页;《耶律庆嗣墓志》,载向南编:《辽代石刻文编》,河北教育出版社 1995 年版,第 457—458 页。

都钴、乙信,皆"有祖先之遗风"①。又有神得、挞里么、拜里古等三奚王。据记载,"惯宁相公求得神得奚王女蒲里不夫人……蒲里不夫人故,再求得挞里么奚王儿查鲁太保女,名骨欲夫人。生得……第二个女特及夫人,娉与拜里古奚王孙什德奴相家为妇"②。三位奚王的具体关系虽然不明,但与皇族耶律氏通婚则甚为明显。

奚王宗族因与耶律氏通婚,附姓萧氏是可以理解的,其他一些仕辽的大族也可能因同样的原因而姓萧。但绝大部分的奚人必定是在同族内部通婚,也必定有自己的姓氏。咸雍十年(1074年),"以奚人达鲁三世同居,赐官旌之"③。达鲁之名,《辽史》仅一见,其姓氏难知。《金史》所载的"类族著姓"是否此前即以此为姓,目前尚不能确知。《金史》言五王族均附姓述律氏中,难以得到确证。辽初由被俘奚户创置的部族,其成员则多附姓耶律氏中。如奚迭剌部人有耶律斡腊④。

奚王宗族既有世选奚王之特权,同时又可在辽朝中央及地方任官,自然是辽朝的世家大族。勃鲁恩之后萧韩家奴,在任奚六部大王之前曾历官祗候郎君、敦睦宫使、北面林牙、南院副部署等,之后又任南京统军使、北院宣徽使、西南面招讨使等。其子杨九,终右祗候郎君班详稳。奚可汗之后和朔奴,为奚六部长,其子乌也,郎君班详稳。

金代虽已不再有奚王之称,但原奚王后裔仍然存在世代为官的现象。如作为"乃烈奚王之后"⑤的萧翊,天辅年间归降金朝,曾官兴中尹;其子恭,仕至兵部尚书;恭子九哥,曾任护卫。

## 二、传统贵族式奚族世家大族

在契丹政权兼并奚族后,除奚王宗族外,原五部的酋长宗族也同样保存

---

① 《萧福延墓志》,载向南等编:《辽代石刻文续编》,辽宁人民出版社2010年版,第132页。
② 《耶律庶幾墓志》,载刘凤翥等辑:《辽上京地区出土的辽代碑刻汇辑》,社会科学文献出版社2009年版,第287页。
③ (元)脱脱等:《辽史》卷二三《道宗纪三》,中华书局2017年版,第313页。
④ (元)脱脱等:《辽史》卷九四《耶律斡腊传》,中华书局2017年版,第1520页。
⑤ (元)脱脱等:《金史》卷八二《萧恭传》,中华书局2020年版,第1954页。

有传统的仕宦特权,成为辽王朝的世家大族。《辽史》曾云"奚王府六部五帐分"①,舒焚先生认为,"五帐分"指到勃鲁恩的时候,勃鲁恩的氏族中的人已经有五代任奚王了。② 但就实际情况来看,六部中的五帐分,应以指奚族原五部中的酋长宗族为妥。辽朝在政治上具有特殊地位的显贵宗族,往往称为"帐分"。奚王府之下之所以六部五帐分,可能主要由于原五部各有"王族",而堕瑰部因系新置而无"王族"。这些宗族,即使不能有幸成为奚王宗族,但也往往世为本部节度使。统和二十年(1002年),"奚王府五帐六节度献七金山土河川地,赐金币"③。"五帐六节度",意思是奚王府下辖的六部族的节度使均出自五帐,即五王族。

在部落联盟时期担任联盟高级公职的显贵宗族,入辽以后也发展成为辽的世家大族。如曾任奚六部敌稳的突吕不宗族,就可能是这样的世家大族。突吕不的五世孙拔剌,3岁居父母丧,养于家奴奚列阿不。既长,有远志,不乐仕进。兴宗"以其名家,又有时誉",拜为舍利军详稳。拔剌子乐音奴,40岁时始为护卫,以功迁护卫太保,改本部南剋、旗鼓拽剌详稳,拜五蕃部节度使。乐音奴子阳阿,年十九为本班郎君,历三军详稳、易州刺史、权知东北路统军使事等,卒于权南京留守任上。这个宗族还颇具有文化特色。拔剌"不乐仕进,隐于奚王岭之插合谷","有时誉";乐音奴"貌伟言辨,通辽、汉文字,善骑射击鞠,所交皆一时名士"④;阳阿"端毅简严,识辽、汉字,通天文、相法。父卒,自五蕃部亲挽丧车至奚王岭,人称其孝"⑤。楮特部人萧惟信,世为高官,"五世祖霞赖,南府宰相;曾祖乌古,中书令;祖阿古只,知平州",父高八,亦至南府宰相,惟信本人官至北院枢密副使。⑥ 其弟惟忠,亦官南府宰相。该宗族九代人中,"相继位为南宰相者十有一人"⑦。这样的宗族,从其仕历即可看出,必为传统贵族式世家大族。

---

① (元)脱脱等:《辽史》卷三三《营卫志下》,中华书局2017年版,第439页。
② 舒焚:《辽史稿》,湖北人民出版社1984年版,第184页。
③ (元)脱脱等:《辽史》卷一四《圣宗纪五》,中华书局2017年版,第172页。
④ (元)脱脱等:《辽史》卷九六《萧乐音奴传》,中华书局2017年版,第1542页。
⑤ (元)脱脱等:《辽史》卷八二《萧阳阿传》,中华书局2017年版,第1426页。
⑥ (元)脱脱等:《辽史》卷九六《萧惟信传》,中华书局2017年版,第1541页。
⑦ 贾鸿恩、李俊义:《辽萧孝恭萧孝资墓志铭考释》,《北方文物》2006年第1期。

近年有墓志出土的萧资茂宗族，为"奚五帐族人"，若非出自奚王宗族，则应为原五部的酋长宗族。该宗族由辽入金，仕宦不绝。萧资茂之"曾祖讳勔，辽西京留守"①。"萧勔很可能就是辽代的最后一任西京留守萧查（察）剌，萧勔很可能是萧查（察）剌的汉名。"②萧勔之子公建，仕金，曾官同知西京留守事、京兆府兵马都总管等。公建子谦，曾官知滨军州事，以节度使致仕；另一子粘汉，仕宦未详。谦子资茂、资义、资艾，其中资茂"授谋克"③。与萧氏联姻的宗族，也多为世家大族。如萧公建夫人耶律氏，"曾门而上，累叶通显，号为世家"；萧谦夫人刘氏，为"故节度使昉之女"④。

### 三、新兴奚族世家大族

在奚族的部民中，有些利用各种社会机遇起家的宗族，具有成为新兴世家大族的可能。居住于库党河地区的萧王家奴，早年仕辽为太子率府率，辽金易代时率其乡人降金，得为千户。因多有战功，于天会八年（1130 年）"除静江军节度使，授世袭千户"⑤，后又升为万户，为后人世代仕宦奠定了基础。

在由被俘奚户所创置的部族中，也有一些新兴奚人世家大族，他们多是因取得了突出的军功，而使宗族中产生了侧身于高级官僚行列的人物，或由于担任辽主护卫，得以表现自己的突出才干而进身高层，从而为宗族带来了政治上的长久利益。如奚迭剌部人耶律斡腊，"趫捷有力，善骑射"，保宁初年补护卫。在田猎颉山和田猎赤山时，射杀豪猪，身挡奔鹿，两救景帝于危难，迁护卫太保。后官至同政事门下平章事、东京留守。

奚俘户所置部族的酋长，是否主要从奚人中产生，目前尚无直接材料加以说明。《辽史》卷七三《耶律欲稳传》云契丹突吕不部人耶律欲稳，

① 《萧资茂墓志铭》，载王新英：《全金石刻文辑校》，吉林文史出版社 2012 年版，第 287 页。
② 周峰：《奚族史略》，载王明荪主编：《古代历史文化研究辑刊》十六编第 26 册，花木兰出版社 2016 年版，第 94 页。
③ 《萧资茂墓志铭》，载王新英：《全金石刻文辑校》，吉林文史出版社 2012 年版，第 287 页。
④ 《漆水郡夫人耶律氏墓志铭》，载王新英：《全金石刻文辑校》，吉林文史出版社 2012 年版，第 32 页。
⑤ （元）脱脱等：《金史》卷八一《萧王家奴传》，中华书局 2020 年版，第 1942 页。

"以功迁奚迭剌部夷离堇"。这是契丹人出任奚部酋长的证明。这又从一个侧面反映出,奚俘户部族与保存原有组织的奚六部的确是有所不同的。在奚六部之内,契丹人一般不充任酋长。欲稳之弟霞里,就只终奚六部秃里而已。

辽夏金游牧社会宗族的维系方式

第三章

　　游牧社会中的宗族成员,因受其生产与生活方式的制约,日常生活中的交往范围相对较小,但却具有很强的宗族意识。一旦受到外来威胁,或面对重大事件进行决策和行动时,宗族群体的认同意识就会强烈地表现出来,宗族群体的凝聚力得以加强。这种状况无疑与宗族成员关系的日常维系是分不开的。其维系方式,与农耕民族并无重大区别,只是表现形式有所不同而已。

## 第一节　宗族祭祀

　　宗族祭祀源于宗族成员对共同祖先的崇拜。而祖先崇拜产生于原始社会,至迟也在母系氏族社会末期,可说是人类社会最早的信仰之一。进入父系社会以后,祖先崇拜不断发展,成为中国古代社会日常生活中最为普遍的信仰。游牧民族的祖先崇拜同样产生甚早,并形成具有民族特色的祭祀仪式。不过,通过族际交往,各民族崇拜祖先的仪式亦会相互影响。

### 一、祭祀场所

　　契丹族以奇首可汗为始祖,建国前已在永州木叶山创建了始祖庙。"有木叶山,上建契丹始祖庙,奇首可汗在南庙,可敦在北庙,绘塑二圣并八子神像"[1],以供人们定期进行祭拜。

　　游牧民族祭祀祖先的场所,除在固定地点建庙外,更多的是在穹庐中。

---

[1]　(元)脱脱等:《辽史》卷三七《地理志一》,中华书局 2017 年版,第 504 页。

契丹族有所谓"神帐"。据《辽史》记载，辽太祖七年（913年），再三发动叛乱的耶律阿保机诸弟，在受到痛击之后，"剌葛奔溃，遗其所夺神帐于路"，阿保机"见而拜奠之"①。辽太宗会同三年（940年）"十二月壬辰朔，率百僚谒太祖行宫。甲午，燔柴，礼毕，祠于神帐"②。辽穆宗应历十八年（968年）六月"己未，为殿前都点检夷腊葛置神帐"③。辽圣宗统和七年（989年）三月"戊子，赐于越宋国王红珠筋线，命入内神帐行再生礼，皇太后赐物甚厚"④。可见，在契丹人的日常精神生活中，神帐具有相当重要的作用。

神帐之意，应即供奉神明之帐。唐人虞世南辑录的《北堂书钞》一书，引《汉武帝故事》云："上以琉璃珠玉、明月夜光杂错天下珍宝为甲帐，其次为乙帐。甲以居神，乙以自居。"⑤汉武帝所设居神之帐，虽与游牧民族的可移动之帐有所不同，但其作为祭祀场所的功用则是一致的。宋人江休复《江邻幾杂志》云："祫享昭穆，各有幄次，谓之神帐云。"⑥农耕民族在祭祀时室内另设幄次，增加祖先的神秘感，自然亦可称之为"神帐"。

党项族居住在以毛毡覆盖的木结构帐篷中，其具体的使用情况是："所居正寝，常留中一间，以奉鬼神，不敢居之，谓之'神明'，主人乃坐其傍。"⑦所谓的神明，虽可能主要是党项人信奉的自然神，但亦应包括祖先神在内。党项族亦有神帐。《天盛律令》规定："诸寺庙、官堂、神帐中，不许诸人住宿。""诸人需于寺庙、官堂、神帐等中穿墙壁、凿井、取土时，当报职官处。"⑧随着党项人接受中原文化的影响以及其居住方式的变化，上层社会成员建设宗庙祭祀祖先便成为常见现象。

---

① （元）脱脱等：《辽史》卷一《太祖纪上》，中华书局2017年版，第7页。
② （元）脱脱等：《辽史》卷四《太宗纪下》，中华书局2017年版，第53页。
③ （元）脱脱等：《辽史》卷七《穆宗纪下》，中华书局2017年版，第94页。
④ （元）脱脱等：《辽史》卷一二《圣宗纪三》，中华书局2017年版，第144页。
⑤ （唐）虞世南辑录：《北堂书钞》卷一三二引《汉武帝故事》，文渊阁四库全书本，第889册，第658页。
⑥ （宋）江休復：《江邻幾杂志》，中华书局1991年版，第10页。
⑦ （宋）沈括：《梦溪笔谈》卷一八《技艺》，载《全宋笔记》第2编，第3册，大象出版社2006年版，第138页。
⑧ 史金波、聂鸿音、白滨译注：《天盛改旧新定律令》卷一一《为僧道修寺庙门》，法律出版社2000年版，第411页。

## 二、祭祀仪式

契丹族在木叶山始祖庙祭祀的祖先,主要是奇首可汗、可敦及其八子,庙中绘塑他们的神像。《辽史》频繁出现"祠木叶山"、"祀木叶山"、"祭木叶山",很大程度上是因为祖庙祭祀既有固定的时节祭祀,又有因事而进行的临时祭祀。每逢祭祀,仪式相当隆重。《辽史》记载的"祭山仪"如下:

> 设天神、地祇位于木叶山,东乡;中立君树,前植群树,以像朝班;又偶植二树,以为神门。皇帝、皇后至,夷离毕具礼仪。牲用赭白马、玄牛、赤白羊,皆牡。仆臣曰旗鼓拽剌,杀牲,体割,悬之君树。太巫以酒酹牲。礼官曰敌烈麻都,奏"仪办"。皇帝服金文金冠,白绫袍,绛带,悬鱼,三山绛垂饰犀玉刀错,络缝乌靴。皇后御绛帔,络缝红袍,悬玉佩,双结帕,络缝乌靴。皇帝、皇后御鞍马。群臣在南,命妇在北,服从各部旗帜之色以从。皇帝、皇后至君树前下马,升南坛御榻坐。群臣、命妇分班,以次入就位;合班,拜讫,复位。皇帝、皇后诣天神、地祇位,致奠;阁门使读祝讫,复位坐。北府宰相及惕隐以次致奠于君树,遍及群树。乐作。群臣、命妇退。皇帝率孟父、仲父、季父之族,三匝神门树;余族七匝。皇帝、皇后再拜,在位者皆再拜。上香,再拜如初。皇帝、皇后升坛,御龙文方茵坐。再声警,诣祭东所,群臣、命妇从,班列如初。巫衣白衣,惕隐以素巾拜而冠之。巫三致辞。每致辞,皇帝、皇后一拜,在位者皆一拜。皇帝、皇后各举酒二爵,肉二器,再奠。大臣、命妇右持酒,左持肉各一器,少后立,一奠。命惕隐东向掷之。皇帝、皇后六拜,在位者皆六拜。皇帝、皇后复位,坐。命中丞奉茶果、饼饵各二器,奠于天神、地祇位。执事郎君二十人持福酒、胙肉,诣皇帝、皇后前。太巫奠酹讫,皇帝、皇后再拜,在位者皆再拜。皇帝、皇后一拜,饮福,受胙,复位,坐。在位者以次饮。皇帝、皇后率群臣复班位,再拜。声跸,一拜。退。

祭山仪不仅仅是祖先祭祀仪式,也包含了其他的信仰和仪式,但无疑以祖先祭祀为主。祭祀仪式虽相对固定,但也会因事变通。辽太宗之后,因"太宗幸幽州大悲阁,迁白衣观音像,建庙木叶山,尊为家神",所以"于拜山仪过树之后,增'诣菩萨堂仪'一节,然后拜神"①。

各宗族在发展过程中,也对本支系的祖先逐渐神化崇拜。辽兴宗曾问皇族成员耶律马哥:"卿奉佛乎?"马哥回答:"臣每旦诵太祖、太宗及先臣遗训,未暇奉佛。"②显然,他是把"先帝"和"先臣"当作像佛一样的神灵来崇拜的。太平七年(1027年),辽圣宗"诏谕驸马萧钮不、公主粘米衮:'尔于后有父母之尊,后或临幸,祗谒先祖,祗拜空帐,失致敬之礼,今后可设像拜谒。'"③此处之"后"即齐天后,她在探望本家时必谒拜先祖。毫无疑问,祭祀祖先是契丹人日常生活中普遍的社会现象。

妇女作为夫家祭祀祖先的具体操办者,在祭祀仪式中起着重要作用。因而在现存墓志中,多见对女墓主生前精心祭祀的赞美。例如,耶律昌允妻萧氏,"修时祭必服勤而躬馈之;荐福供必洁己而亲致之"④;耶律元妻萧氏,"祭祀洁其诚,淑善恤于下。育婢仆百千口,整家道十数年。衣食由是丰,仓廪以之实"⑤。萧继远妻耶律观音女,"筐筐之仪,竭勤诚于荐献","蒸(应为烝)尝荐庙,则精意以佐禋"⑥。由此可见,契丹族具有很强的祖先崇拜观念,对祭祀仪式也是相当重视的。

辽金元时期北方民族祭祀祖先的特殊仪式是烧饭,即死者葬后,每当朔、望、节辰、忌日等,焚烧酒食的祭祀仪式。这种仪式始于契丹,行于女真、蒙古等族。⑦

## 第二节　族　谱

族谱是人类社会的一种文化现象,在文字出现以前很久即已存在。游

---

① (元)脱脱等:《辽史》卷四九《礼志一》,中华书局2017年版,第928—929页。

② (元)脱脱等:《辽史》卷八三《耶律休哥传附马哥传》,中华书局2017年版,第1433页。

③ (元)脱脱等:《辽史》卷一七《圣宗纪八》,中华书局2017年版,第227页。

④ 《耶律昌允妻萧氏墓志》,载刘凤翥、王云龙:《契丹大字〈耶律昌允墓志铭〉之研究》附录,《燕京学报》新17期,北京大学出版社2004年版。

⑤ 《耶律元妻晋国夫人萧氏墓志》,载向南编:《辽代石刻文编》,河北教育出版社1995年版,第212页。

⑥ 《秦晋国大长公主墓志》,载向南编:《辽代石刻文编》,河北教育出版社1995年版,第249页。

⑦ 宋德金:《烧饭琐议》,《中国史研究》1983年第2期。

牧民族在发展过程中,大都曾有背诵系谱的习惯。蒙古族在其民族形成初期,就已"有保存祖先的系谱、教导出生的每一个孩子[知道]系谱(nasab)的习惯。这样他们将有关系谱的话语做成氏族(millat)的财产,因此他们中间没有人不知道自己的部落(qabīleb)和起源"①。族谱作为人类血缘世系的记录和反映,自然成为维系宗族组织的重要方式。

## 一、姓氏的确立

### (一)契丹

契丹族的姓氏,仅见耶律氏和萧氏。然其由来,则众说纷纭。《辽史》卷一一六《国语解》云:"本纪首书太祖姓耶律氏,继书皇后萧氏,则有国之初,已分二姓矣。有谓始兴之地曰世里,译者以世里为耶律,故国族皆以耶律为姓。有谓述律皇后兄子名萧翰者,为宣武军节度使,其妹复为皇后,故后族皆以萧为姓。其说与纪不合,故陈大任不取。又有言以汉字书者曰耶律、萧,以契丹字书者曰移剌、石抹,则亦无可考矣。"卷六三《世表》又云:"至耨里思之孙曰阿保机,功业勃兴,号世里氏,是为辽太祖。于是世里氏与大贺、遥辇号'三耶律'。"可见契丹姓氏之扑朔迷离。都兴智认为,关于耶律氏和萧氏的由来,与契丹始兴之地名和辽朝绍周汉继统思想有关。②而蔡美彪认为辽朝建国后确立的耶律氏和萧氏是在契丹氏族部落制解体后,遥辇和审密互通婚姻的两大集团分别采取的共姓。③

姓氏一旦形成,就会比较固定,但也并非一成不变。辽朝灭亡后,契丹人有改汉姓的情况。④ 金王朝则从民族主义的立场出发,改耶律和萧为移剌和石抹,具有民族歧视和政治侮辱的色彩。⑤ 辽朝统治者有赐予其他民族臣僚契丹姓氏的做法,而契丹族成员至金朝则有被赐予女真姓氏的现象。

① [波斯]拉施特主编:《史集》第1卷第2分册,余大钧、周建奇译,商务印书馆1983年版,第12页。
② 参见都兴智:《契丹族的姓氏和名称》,《辽宁师范大学学报》1990年第5期;《辽代契丹人姓氏及其相关问题考探》,《社会科学辑刊》2000年第5期。
③ 参见蔡美彪:《试说辽耶律萧氏之由来》,《历史研究》1993年第5期。
④ 参见陈述:《契丹女真汉姓考》,《东北集刊》1941年第2期。
⑤ 参见冯继钦:《金元时期契丹人姓名研究》,《黑龙江民族丛刊》1992年第4期。

（二）党项

党项族姓氏众多，这当与其部族来源较为复杂有关。据《新五代史》记载："其大姓有细封氏、费听氏、折氏、野利氏，拓跋氏为最强。"①党项族的部落首领还有接受中原王朝赐姓的情况。如世为夏州节度使的拓跋氏一族，在唐朝时被赐李姓，至宋朝时又被赐赵姓。元昊建国，"以李、赵赐姓不足重，自号嵬名氏，称吾祖"②，表明党项人姓氏意识的进一步强化。

（三）奚族

关于奚族人姓氏，《五代会要》云："族有五姓：一曰阿荟部，管县六；二曰啜米部，管县四；三曰奥质部，管县六；四曰奴皆部，管县四；五曰黑讫支部，管县三。"③这说明奚族各部落均有其姓氏④。这是奚族在被契丹征服之前的情况。辽朝时，奚族姓氏也比较明确。《金史》云："奚有五王族，世与辽人为昏，因附姓述律氏中。"⑤五王族是否均附姓述律氏中，令人颇为怀疑。但从具体事实看，至少奚族在辽朝还有姓耶律者。如耶律斡腊⑥、耶律张哥⑦等。《金史》又云："奚有五，大定间，类族著姓有遥里氏、伯德氏、奥里氏、梅知氏、揣氏。"⑧这说明至金朝时期，各王族又基本上将姓氏恢复为他们的部族名称（以部为姓）。《金史》卷八一有"奚五王族人"伯德特离补的传，卷八二又有"乃烈奚王之后"萧恭的传。

二、世系记录

族谱记载世系，这是称其为"谱"的基本前提。各民族的族谱，尽管发展趋势是愈来愈复杂，但最初均是仅有世系记录而已。以结绳为载体的族

---

① （宋）欧阳修：《新五代史》卷七四《四夷附录第三》，中华书局 2016 年版，第 1032 页。
② （清）吴广成撰，胡玉冰校注：《西夏书事校注》卷一一，上海古籍出版社 2021 年版，第 143 页。
③ （宋）王溥：《五代会要》卷二八《奚》，上海古籍出版社 2006 年版，第 452 页。
④ （宋）司马光：《资治通鉴》卷二六六"开平元年五月记事"亦云"五姓奚"，中华书局 2011 年版，第 8798 页。
⑤ （元）脱脱等：《金史》卷六七《奚回离保传》，中华书局 2020 年版，第 1687—1688 页。
⑥ （元）脱脱等：《辽史》卷九四《耶律斡腊传》，中华书局 2017 年版，第 1520 页。
⑦ 《张哥墓志》，载向南编：《辽代石刻文编》，河北教育出版社 1995 年版，第 200 页。
⑧ （元）脱脱等：《金史》卷六七《奚回离保传》，中华书局 2020 年版，第 1689 页。

谱,仅记世系自不必说。进入文字时代,文字谱也同样有很多是只记世系的。复杂的族谱,则以记录世系为主体。契丹等游牧民族的族谱,很可能以口述谱或结绳谱最为普遍,但在社会上层成员中,已盛行文字谱。史称"契丹本无文记,唯刻木为信"①,刻木属类似结绳的记事方式,其记录世系应为普遍现象。

目前尚未见辽夏金时期游牧民族的传世文字谱,但其记录内容则在墓志中多有提及。《秦晋国妃墓志》云:"妃姓萧氏,其先兰陵人。嗣袭绵远,则家谍录而存焉;勋业隆盛,则国史载之详矣。"②同为后族的萧义,其墓志云:"若乃标之国史,纪之家牒,固可以追踪前哲,贻则后昆。"③刘嗣昌所撰《耶律弘世妻秦越国妃墓志》亦云:"妃姓萧氏,世出兰陵。其族望之华,枝属之盛,史谍详焉,此不复录。"④

正是由于族谱以世系记录为主体内容,因而熟知贵族世系特别是皇族世系便成为专门的学问。辽代皇族成员耶律官奴,"沉厚多学,详于本朝世系"⑤。六院部人耶律世良,"才敏给,练达国朝典故及世谱。上书与族弟敌烈争嫡庶,帝(圣宗)始识之"⑥。所谓"世谱",当即皇族的族谱。据《宋史》云:"龙图阁:……阁上以奉太宗御书、御制文集及典籍、图画、宝瑞之物,及宗正寺所进属籍、世谱。"⑦西夏臣僚罗世昌则是熟稔党项族谱系的谱学家。据《金史》记载:"夏之立国旧矣,其臣罗世昌谱叙世次,称元魏衰微,居松州者因以旧姓为托跋氏。"⑧此外,《元云南行尚书省右丞李公墓志》记载:"公讳爱鲁,其先沙陀贵种。唐末之乱,余裔流寓陇右,远祖后徙酒泉郡之沙州,遂□□□□。曾王父府君,西夏省官兼判枢密院事;显祖府君,官肃州钤部,

---

① (宋)王溥:《五代会要》卷二九《契丹》,上海古籍出版社 2006 年版,第 457 页。
② 刘凤翥等辑:《辽上京地区出土的辽代碑刻汇辑》,社会科学文献出版社 2009 年版,第205 页。
③ 《萧义墓志》,载向南编:《辽代石刻文编》,河北教育出版社 1995 年版,第 625 页。
④ 《耶律弘世妻秦越国妃墓志》,载向南等编:《辽代石刻文续编》,辽宁人民出版社 2010 年版,第 229 页。
⑤ (元)脱脱等:《辽史》卷一〇六《耶律官奴传》,中华书局 2017 年版,第 1616 页。
⑥ (元)脱脱等:《辽史》卷九四《耶律世良传》,中华书局 2017 年版,第 1524 页。
⑦ (元)脱脱等:《宋史》卷一六二《职官志二》,中华书局 1985 年版,第 3819 页。
⑧ (元)脱脱等:《金史》卷一三四《西夏传》,中华书局 2020 年版,第 3034 页。

谱牒散失,名讳无□。□□□府君,讳益立山,调沙州钤部。"①据此可知,原西夏境内的沙陀李氏亦有谱牒记录其家族世系。

### 三、世系之外的记录

简单的族谱仅记录世系,但复杂的族谱则会记载一些世系之外的内容。族谱愈复杂,记录世系之外的内容就会愈多。根据可知的资料,契丹等游牧民族的族谱,记录的内容除世系外,主要包括如下几个方面。

（一）官爵

重熙十四年(1045年),杨佶撰《秦国太妃墓志》云:"若乃与国同姓之始,起家为王之来,经纶协谋之勤,佐佑席宠之贵,国史书焉;累朝入仕之资,重世袭爵之庆,期功显晦之迹,婚媾中外之伦,家谍存焉。"②撰于大安八年(1092年)的《耶律昌允妻萧氏墓志》亦云:"若乃与国结婚之始,起家为相之来,经纶协谋之勤,佐佑席宠之贵,国史书焉;累朝入仕之资,重世袭爵之庆,奇功显晦之迹,宗亲中外之伦,家谍存焉。"③可以看出,后世墓志撰者具有参考前人或抄袭前人墓志的习惯。但族谱记载宗族成员的官爵,已成为人们的共识。

在传统的官本位社会,官爵作为人们身份的显著标志,为族谱所记载应属正常现象。契丹小字墓志中,还出现了记载女子封号的情况:"(萧术哲)妻梁国太妃名涅睦衮……国王居于相位两年,和善笃谐、家族兴旺,封为乙里婉,载入谱牒。"④"乙里婉"为契丹语,或译乙林免、乙里婉、乙失娩、迤逦免等,是契丹贵族夫人的封号,可直译为"夫人"或"妃"。⑤ 耶律涅睦衮"封为乙里婉,载入谱牒",说明契丹族谱不但记录男性成员的官爵,亦记录女性成员的封号。

---

① 《元云南行尚书省右丞李公墓志》,载杜建录:《党项西夏碑石整理研究》,上海古籍出版社2015年版,第201页。
② 《秦国太妃墓志》,载向南等编:《辽代石刻文续编》,辽宁人民出版社2010年版,第90页。
③ 《耶律昌允妻萧氏墓志》,载向南等编:《辽代石刻文续编》,辽宁人民出版社2010年版,第208页。
④ 韩世明、[日]吉本智慧子:《梁国王墓志铭文初释》,《民族研究》2007年第2期。
⑤ 刘凤翥:《释契丹语"迤逦免"和"乙林免"》,《沈阳师范学院学报》1980年第1期。

（二）事迹

族谱记载人物事迹是族谱发展至一定阶段的必然现象。至迟至魏晋南北朝,族谱已比较普遍地记载宗族成员的简要事迹。契丹等游牧民族受到唐朝的较大影响,对人物事迹的记载也很重视。前述《秦国太妃墓志》《耶律昌允妻萧氏墓志》所说的"期(奇)功显晦之迹",显然就是针对宗族成员的政治活动和事迹而言的。张济所撰《耶律元妻晋国夫人萧氏墓志》亦云:"述乃宗枝,国史备光于简册;陈乎丕绩,家牒悉著于缣箱。"①这些说法不但透露出契丹族族谱记载人物事迹的情况,并且也说明祖先的功绩受到特别关注。白霫人郑恪的墓志中,也有类似的说法:"君讳恪,世为白霫北原人,其先史记世家及家状详焉。"②记载郑氏世家及家状的"先史",当具有族谱的功用,其内容或许更侧重于祖先的功业和官职。彰显祖先的功绩,意在成为子孙后世学习的榜样,以激励子孙努力进取,这正是族谱承担宗族教化功能的表现。

（三）训诫

在传统社会中,宗族多注重对子弟的训诫。作为皇族成员的耶律义先,"常戒其族人曰:'国中三父房,皆帝之昆弟,不孝不义尤不可为。'"③耶律庶箴也曾寄其子蒲鲁《戒谕诗》④。族谱对祖先训诫加以记载,目的是使有益的训诫能够长久地规范子弟行为。《秦国太妃墓志》云:"婚媾中外之伦,家谍存焉。"⑤《耶律昌允妻萧氏墓志》亦云:"宗亲中外之伦,家谍存焉。"⑥族谱记载的伦理道德要求,无疑是训诫的主要内容。萧义墓志曾云:"位不

---

① 《耶律元妻晋国夫人萧氏墓志》,载向南编:《辽代石刻文编》,河北教育出版社1995年版,第211页。

② 《郑恪墓志》,载向南编:《辽代石刻文编》,河北教育出版社1995年版,第428页。

③ （元）脱脱等:《辽史》卷九〇《耶律义先传》,中华书局2017年版,第1495页。《辽史》卷四五《百官志一》云:"兴宗重熙二十一年,耶律义先拜惕隐,戒族人曰:'国家三父房最为贵族,凡天下风化之所自出,不孝不义,虽小不可为。'其妻晋国长公主之女,每见中表,必具礼服。义先以身率先,国族化之。"（见同书第783页）

④ （元）脱脱等:《辽史》卷八九《耶律庶成传附蒲鲁传》,中华书局2017年版,第1487页。

⑤ 《秦国太妃墓志》,载向南等编:《辽代石刻文续编》,辽宁人民出版社2010年版,第90页。

⑥ 《耶律昌允妻萧氏墓志》,载向南等编:《辽代石刻文续编》,辽宁人民出版社2010年版,第208页。

期骄,禄不期侈,上古之深诫也。公(萧义)则书之绅带,莫敢弭忘。满而不溢,崇而不危,诸侯之成训也。公则□□规矩,罔有逾越。王褒作颂,表圣主之得贤臣;孟子立言,宜仁者之在高位。□□方册,可谓不诬。若乃标之国史,纪之家牒,固可以追踪前哲,贻则后昆。"①可见,作为世代仕宦的贵族,萧氏宗族对成员的要求是相当高的。

### 四、族谱的作用

游牧民族的族谱,无论是口述谱,还是结绳谱,抑或文字谱,均具有多方面的作用。除族谱凝聚宗族成员的认同意识这一基本作用外,至少还具有如下的一些作用。

#### (一)婚媾

由于处于社会等级比较明显的历史阶段,辽宋夏金时期的游牧民族,多存在门第相当的宗族间世代通婚的现象。族谱的存在,正可为门第婚提供依据。特别是在社会上层成员中,族谱在婚姻中发挥的作用更为明显。时人所说的"官爵有国史,婚媾有家谍"②,正是这种社会现象的反映。

族谱对宗族婚姻的作用,不仅仅是为门第婚提供依据。因为族谱记载了世世代代的宗族成员的通婚对象,自然会对后世成员的议婚产生影响,从而使相互通婚的宗族进一步加强婚姻关系。

#### (二)选官

契丹等游牧民族的选官主要是世选制度。世选制度产生于契丹部落联盟时期。在辽王朝统治的 200 余年间,这一制度一直存在。具体内容是从某些固定宗族的成员中选任人员来担任某一官职。世选制度主要实行于契丹族中,与契丹关系密切的奚族以及其他一些北方游牧民族,在纳入辽朝统治范围后也是实行世选制度的。清代史家赵翼在评论辽世选制度时说:"辽初功臣无世袭,而有世选之例。盖世袭则听其子孙自为承袭,世选则于其子孙内量才授之。……辽代世选官之制,功大者世选大官,功小者世选小

---

① 《萧义墓志》,载向南编:《辽代石刻文编》,河北教育出版社 1995 年版,第 625 页。
② 《萧乌卢本娘子墓志》,载向南等编:《辽代石刻文续编》,辽宁人民出版社 2010 年版,第 205 页。

官,褒功而兼量才也。"①

　　世选制度的选官对象,并非像嫡长子世袭制下严格限制在嫡长的顺序内,而是宗族世袭,嫡系子孙均有平等的机会。而且,凡是世选某官的宗族,一般来说只是具有资格,而并非这个宗族对某官职的世代占有。因而,在选官过程中,族谱便发挥着提供宗族成员世系关系和嫡庶身份的作用。辽圣宗太平四年(1024 年),萧朴"拜北府宰相,迁北院枢密使。时太平日久,帝(兴宗)留心翰墨,始画谱牒以别嫡庶,由是争讼纷起"②。由于争讼纷起,为世选过程增加了麻烦,太平八年,辽圣宗又诏庶孽"虽已为良,不得预世选"③。

　　(三)身份和财产继承

　　族谱作为宗族成员世系关系的确凿证据,对宗族内部的身份继承和财产继承具有无可替代的作用。契丹等游牧民族的政治权利和财产权利多在宗族成员内部传承,因而族谱便尤为重要。辽圣宗曾"画谱牒以别嫡庶"④,正说明血缘身份区分的细致性。六院部人耶律世良,"上书与族弟敌烈争嫡庶",圣宗"始识之"⑤。

　　(四)宗族教化

　　族谱的宗族教化功能主要是教育族人增强认同意识以及对族人进行道德教育。游牧民族的生存环境比较容易发生变化。在经历各种自然的或人为的灾难后,常常会出现族人离散的情况。为了尽快恢复游牧社会的群体组织,便会充分利用族人的认同意识。尽管这种认同意识主要依靠宗族谱系记忆,有时甚至是有选择的历史记忆,但族谱对增强族人的认同意识无疑是十分重要的。

　　不管是口述谱还是文字谱,族谱对族人进行道德教育的作用同样是十

①　(清)赵翼著,王树民校证:《廿二史劄记校证》卷二七《辽官世选之例》,中华书局 1984 年版,第 590—591 页。
②　(元)脱脱等:《辽史》卷八〇《萧朴传》,中华书局 2017 年版,第 1411 页。
③　(元)脱脱等:《辽史》卷一七《圣宗纪八》,中华书局 2017 年版,第 229 页。
④　(元)脱脱等:《辽史》卷八〇《萧朴传》,中华书局 2017 年版,第 1411 页。
⑤　(元)脱脱等:《辽史》卷九四《耶律世良传》,中华书局 2017 年版,第 1524 页。

分明显的。族谱对祖先嘉言懿行的弘扬及其家风传承、家训约束,均会对族人的日常言行起到潜移默化的作用。

## 第三节　宗祧继承

宗祧继承作为宗族父系成员身份和财产的传承方式,对宗族的延续和发展具有无可替代的作用。契丹等游牧民族的宗祧继承,在长期的宗族发展过程中,已形成自己的传统和基本规则。

### 一、嫡庶观念

契丹建国前已有嫡庶观念,从耶律阿保机诸弟的叛乱中可以看出,庶出的耶律苏从不参与,因为庶出者无资格,不会得到酋长们的拥戴。《辽史》卷七七《耶律洼传》云:"永康王,人皇王之嫡长。"永康王兀欲具有嫡长的身份,在辽初的特定条件下,具有继承皇位的资格。因而在辽太宗去世后,臣僚们不等千里之外的述律太后作出反应,抢先拥立其即位,并非属于"篡夺"。传统世选的原则,凡为嫡出者,不论长幼,均有相同的资格,庶出者则无。至圣宗时,仍然规定:"庶孽,虽已为良,不得预世选。"[1]

《辽史》卷三七《地理志一》云:"辽制,皇子嫡生者,其女与帝女同。"由此,嫡生皇子之女亦得封公主或长公主,其夫亦为驸马都尉。"耶律世良,小字斡,六院部人。才敏给,练达国朝典故及世谱。上书与族弟敌烈争嫡庶,帝(圣宗)始识之。"[2]太平四年(1024年),萧朴"拜北府宰相,迁北院枢密使。时太平日久,帝(兴宗)留心翰墨,始画谱牒以别嫡庶,由是争讼纷起"[3]。这些事例都是契丹人已具有较强嫡庶观念的反映。

党项人亦具有嫡庶观念,《圣立义海》中就记载:"人有同胞,子有嫡庶。"[4]在西夏社会中,嫡庶之分主要体现在继承权方面,嫡长子的地位尤为

---

① （元）脱脱等:《辽史》卷一七《圣宗纪八》,中华书局2017年版,第229页。

② （元）脱脱等:《辽史》卷九四《耶律世良传》,中华书局2017年版,第1524页。

③ （元）脱脱等:《辽史》卷八〇《萧朴传》,中华书局2017年版,第1411页。

④ ［俄］克恰诺夫、李范文、罗矛昆:《圣立义海研究》,宁夏人民出版社1995年版,第92页。

突出。西夏宗族成员中有大姓与小姓之分。大姓是长门长子,成为同族主干,有优先继承权。《天盛律令》规定:"国内官、军、抄等子孙中,大姓(嫡长子)可袭,小姓(庶子)不许袭。……官、军、抄当赐大姓,大姓情愿,则允许于共抄不共抄中赐亲父、亲伯叔、亲兄弟、亲侄、亲孙等五种。"①而军抄中的正军更是必须由嫡长子继承:"种种大小臣僚、待命者、军卒、独诱等,正军有死、老、病、弱时,以其儿子长门者当为继抄。若年幼,则当为抄宿。辅主强,正军未长大,当以之代为正军,待彼长成,则本人当掌职。"②西夏谚语"哥哥继承宗族,弟弟到处游宿"③,形象地说明了嫡庶之间的巨大差别。

## 二、宗祧继承方式

宗祧继承的方式,受家庭有无亲生子的影响。对于有亲生子的家庭而言,自然会由亲生子中的嫡子按照习俗规范进行继承,而无子之家则会通过人为安排的方式进行继承。

### (一)自然继承

契丹等游牧民族的传统宗祧继承方式,是幼子承帐。家庭中若有多位兄弟,一般是年长者成年后可分家。通过不断分家,最后由幼子与父母一起生活,不再离开"大帐"。奚王宗族的《大王记结亲事碑》记载:"其弟把父母大帐,有好弱物,并在弟处,我处无。"④可以看出,奚人将父母的家庭称为"大帐",只有幼子始终随父母居住,继承家业。

### (二)人为继承

无子之家通过人为继承方式来确定宗祧继承人,又有生前抱养与身后指定两种情况。

---

① 史金波、聂鸿音、白滨译注:《天盛改旧新定律令》卷一〇《官军敕门》,法律出版社 2000 年版,第 353 页。
② 史金波、聂鸿音、白滨译注:《天盛改旧新定律令》卷六《抄分合除籍门》,法律出版社 2000 年版,第 261 页。
③ 陈炳应:《西夏文物研究》,宁夏人民出版社 1985 年版,第 350 页。
④ 《大王记结亲事碑》,载刘凤翥等辑:《辽上京地区出土的辽代碑刻汇辑》,社会科学文献出版社 2009 年版,第 297 页。

1. 生前抱养

萧知微夫妇有本生子二人，但由于早卒，便"以族子、南面承旨乙信嗣其帐"①。这则事例似属于生前抱养的情况。

近年出土的契丹小字墓志，多有记载族帐承桃情况的内容。如《欧里懒·太山将军与妻永清郡主二人之墓志》中有"叔父撒懒宰相之第五女人耨斤夫人之子"、"郎君无嗣"、"那阿主族帐承桃"等语。据都兴智先生研究，这应是说"萧翰本是阿古只与其第五妻耨斤夫人所生之子……萧翰所承桃的族帐无疑就是萧缅思的族帐"②。《耶律慈特·兀里本墓志铭》也记载了耶律慈特出继伯父的情况。据刘凤翥先生考释，耶律慈特的父亲兄弟4人，其父涅邻·兀古匿排行第三，其伯父兀古邻·控骨里则排行第二，无嗣，而以耶律慈特承其帐。③ 无子之家从亲弟之子中确立承帐者，不少应属于生前抱养。

在契丹小字《耶律永宁郎君墓志铭》中，则记载了一个明显的生前抱养的事例："圣光奴郎君由其弟十神奴太师、迪里德凑弗处各抱养一子。十神奴太师所生之子乃胡都古太尉；迪里德太师所生之子乃斡特剌郎君。"④或许由于耶律圣光奴的仲弟与季弟均为多子者，所以圣光奴便抱养了两个男孩。不过，从游牧民族的宗桃继承传统来说，斡特剌郎君应为正式的宗桃继承人。

吐蕃族的唃厮啰首领董毡卒后，以养子阿里骨继位。而"阿里骨本于阗人，少从其母给事董毡，故养为子"⑤。

2. 身后指定

辽代的汉族权臣韩德让无子，辽圣宗"特以皇侄周王宗业绍其后"，"宗业无子，帝复以周王同母弟宗范继隆运后"⑥。道宗时，又"以皇族魏王贴不

① 《梁国太妃墓志》，载向南等编：《辽代石刻文续编》，辽宁人民出版社2010年版，第257页。
② 都兴智：《从出土的石刻资料看萧翰的出身和族帐》，载贾淑荣、韩世明主编：《辽金史论集》第17辑，中国社会科学出版社2019年版，第53页。
③ 参见刘凤翥等：《契丹小字〈耶律慈特·兀里本墓志铭〉考释》，《燕京学报》新20期，北京大学出版社2006年版。
④ 爱新觉罗乌拉熙春：《契丹语言文字研究》，（日本）以文社2004年版，第236页。
⑤ （元）脱脱等：《宋史》卷四九二《吐蕃传》，中华书局1985年版，第14165页。
⑥ （旧题）（宋）叶隆礼：《契丹国志》卷一八《耶律隆运传》，上海古籍出版社1985年版，第176页。

子耶鲁为嗣"①,此时离耶律隆运去世已有 40 余年的时间;耶鲁早卒,天祚帝即位之后,甚至又以皇子敖鲁斡继之,而此时离耶律隆运去世已近百年之久。显然,这多次的立嗣活动,其目的主要是继承拟诸斡鲁朵例所建的文忠王府。

统和元年(983 年)八月,"以政事令孙祯无子,诏国舅小翁帐郎君桃隈为之后"②。孙祯之名,《辽史》仅一见,难以判断其出身情况,甚至其民族成分亦不得而知。桃隈应即萧陶瑰,汉名萧和。《辽史》又载:统和四年十一月,"权领国舅军桃畏请置二校领散卒,诏以郎君世音、颇德等充"③;统和六年十一月,"宋军千人出益津关,国舅郎君桃委、详稳十哥击走之"④。"桃隈"、"桃畏"、"桃委",应均为"陶瑰"之同音异译。可以看出,此人在后族中具有重要地位。其后代也十分昌盛,成为辽朝中后期最有权势的后族支系。

### 三、宗祧继承人的确立

游牧社会宗族对宗祧继承人的确立,多是通过长期的社会习俗自然形成的。由于男子成人后需离开原帐户而独立生存,因而父母往往会与较小的儿子一起生活。这样一来,自然幼子就会更容易更方便继承父母的各种资源。因此,对于具有亲生儿子的帐户来说,幼子多被确定为宗祧继承人。但在各游牧民族政权发展过程中,家庭中年龄稍长的儿子由于能力更强、贡献更多,在政治上往往更适合作为继承人。如果长子取得政治身份上的继承权力,其诸弟的继承权力亦难以消失,因而兄弟轮替或兄终弟及便是最好的折中方式。可见,在社会上层宗族中,宗祧由幼子继承的传统已受到一定程度的挑战。但对于普通的牧民宗族而言,由幼子继承本族宗祧仍然是一种普遍的社会现象。

对于无亲生儿子的帐户而言,宗祧继承人的确立也会通过立继的方式。

---

① (元)脱脱等:《辽史》卷三一《营卫志上》,中华书局 2017 年版,第 419 页;卷八二《耶律隆运传》,第 1423 页。
② (元)脱脱等:《辽史》卷一〇《圣宗纪一》,中华书局 2017 年版,第 119 页。
③ (元)脱脱等:《辽史》卷一一《圣宗纪二》,中华书局 2017 年版,第 134 页。
④ (元)脱脱等:《辽史》卷一二《圣宗纪三》,中华书局 2017 年版,第 142 页。

其人选主要有三种情况：

（一）族内昭穆相当者

前述萧知微夫妇"以族子、南面承旨乙信嗣其帐"、耶律慈特出继伯父兀古邻·控骨里的情况，均属于族内昭穆相当者。这应是游牧民族宗祧继承中最为普遍的社会现象。

（二）族内昭穆不相当者

尽管无子之家宗祧继承人的确立，从侄辈成员中选取最为合适，但也并非每家均能找到合适的人选。所以，立族内昭穆不相当者的情况也会不时出现。据契丹小字《耶律永宁郎君墓志铭》记载："高奴郎君承继伯祖父尼兀里将军之帐。"[1]高奴郎君为勃古只太师之长子、韩九郎君之长孙，而韩九郎君为尼兀里将军之弟。可见，以侄孙承继伯祖之帐，若按昭穆而论，并不相当。另外，因幼子承帐，长子出继应是一种普遍的社会现象。

（三）族外继承者

尽管立继多是在本宗族中进行，但也有一些无子之家所立子嗣，已超出本宗族的范围，个别甚至也超出本民族的范围，形成族际继嗣关系。如前所述，辽圣宗以侄耶律宗业为汉人韩德让立后，因宗业无子，复以其弟宗范继之，道宗时又以皇族贴不子耶鲁为嗣，天祚帝时又因耶鲁早卒而以皇子敖鲁斡继之。尽管韩德让曾被赐姓耶律，隶横帐季父房，但毕竟不是纯正的皇族成员。辽朝帝王连续以皇族成员为其立后，显然是以契丹人承祧汉人。

吐蕃族的唃厮啰首领董毡虽曾有一子，但早卒，而"本于阗人"的阿里骨，"少从其母给事董毡，故养为子"[2]，后得以即位为青唐主。阿里骨以族外继承者的身份得继青唐大统。

## 第四节　宗族字辈

字辈一般是指宗族成员取名时同辈成员按照一定的规律相连，多见每一

---

① 爱新觉罗乌拉熙春：《契丹语言文字研究》，（日本）以文社 2004 年版，第 236 页。
② （元）脱脱等：《宋史》卷二五一《吐蕃传》，中华书局 1985 年版，第 14165 页。

辈分成员用同一个字相连，单名则用同一偏旁相连，或两者兼用。在游牧民族宗族成员中，以字辈取名较为常见，特别是其汉名中，更为明显。这在一定程度上是受到汉族影响的结果。辽宋夏金时期，游牧民族已使用字辈取名。

契丹人传统上一般以"奴"、"女"、"哥"等取名①，但随着对汉文化接受程度的加深和族际交流的频繁，契丹人取名已变得越来越复杂，社会上层成员除契丹名外，普遍又取汉名。而名字中的字辈，也逐渐流行起来。

辽代皇族三父房之仲父房中，耶律休哥有子高八、道士奴、高九、高十，是既用字辈又用排行②，只是道士奴未排在其中；耶律思忠有子仁先、义先、礼先、智先、信先③，名连"先"字。后族成员汉名中的字辈亦比较明显。拔里氏宗族成员萧和之5子，均有汉名，并且明确使用字辈：孝穆、孝先、孝诚、孝友、孝惠。以孝为字辈，反映出契丹族对汉文化核心价值观的歆慕。孝穆子侄辈名知足、知章、知□（只剌）、知微、知人、知行、知善、知玄等④，名连"知"字；孙辈名德温、德良、德恭、德俭、德让、德崇等⑤，名连"德"字。后族乙室已宗族成员中有绍宗、绍矩兄弟⑥，其子辈中则有永、宁、安兄弟，孙辈中有阇、阐、间兄弟⑦，曾孙辈中有奉先、保先、嗣先兄弟⑧，应是以绍、点、门、先为字辈的。另被尊为尚父的后族成员萧仲，其4子分别名琪、琳、琏、琼，显然以玉为字辈。⑨

① 宋德金、史金波：《中国风俗通史·辽金西夏卷》，上海文艺出版社2006年版，第120页。
② （元）脱脱等：《辽史》卷八三《耶律休哥传》、卷一四《圣宗纪五》，中华书局2017年版，第1433、173页。
③ 《耶律仁先墓志》，载向南编：《辽代石刻文编》，河北教育出版社1995年版，第354页。
④ 《萧知行墓志》，载向南等编：《辽代石刻文续编》，辽宁人民出版社2010年版，第124页。
⑤ 《萧德温墓志铭》，载刘凤翥等辑：《辽上京地区出土的辽代碑刻汇辑》，社会科学文献出版社2009年版，第155页。
⑥ 《秦晋国大长公主墓志》、《陈国公主墓志》，载向南编：《辽代石刻文编》，河北教育出版社1995年版，第249、153页。
⑦ 《萧阇墓志铭》，载刘凤翥等辑：《辽上京地区出土的辽代碑刻汇辑》，社会科学文献出版社2009年版，第159—160页。
⑧ （元）脱脱等：《辽史》卷一〇二《萧奉先传》、卷七一《天祚皇后萧氏传》，中华书局2017年版，第1585、1327页。
⑨ 《萧琳墓志铭》，载刘凤翥等辑：《辽上京地区出土的辽代碑刻汇辑》，社会科学文献出版社2009年版，第288页。

尽管契丹人的汉名明显流行字辈习俗,但其契丹名是否也有字辈习俗,则尚不能完全肯定,需要契丹文字的进一步解读来加以证明。根据已释读的契丹小字,比照汉人字辈取名的情况,在契丹小字《许王墓志》中也有明显体现。① 或许可以说,至迟至辽朝后期,契丹人以本民族文字的取名,也已深受汉人字辈的影响。

党项人的取名,上层很早就受到汉族的影响,其中首领宗族的汉名影响最为突出。自拓跋思恭以来,字辈已比较严格。思恭有弟思孝、思敬、思谏、思忠,名连"思"字。拓跋思恭之子为李仁佑、李仁福、李成庆,思忠之子为李仁颜,除成庆外,名连"仁"字。第三代以后仍以李为姓,字辈更为严格。第三代名连"彝"字,如彝昌、彝殷、彝谨、彝氤、彝超、彝温、彝景等。第四代名连"光"字,如光普、光新、光睿、光文、光宪、光美、光遂、光信、光俨等。第五代名连"继"字,如光睿之子为继筠、继捧,光俨之子为继迁、继冲、继忠,他们虽已出了五服,但字辈仍相连。继捧、继迁,宋朝又赐姓名为赵保忠、赵保吉,仍然是字辈相连。不过,在元昊建国后,皇族的字辈则不再明显,这或许与元昊的改革习俗有关。对于社会下层的各民族成员而言,尽管存在着族际影响,却未必有明显的字辈。如黑水城出土文书 6342 号作为户籍帐,即反映出西夏人取名的多样性,而且"还能发现兄弟或姐妹名字多不排行,反而有父子、母女名字不避讳排行的现象"②。

宋朝境内的党项族则字辈更为明显。如府州折氏,德扆、德愿兄弟名连"德"字,御卿、御勋兄弟名连"御"字,惟正、惟昌、惟信、惟忠等兄弟名连"惟"字。其后代以继、克、可、彦等为字辈甚为严格。丰州王氏,承美、承义兄弟名连"承"字,文恭、文宝兄弟名连"文"字,怀玉、怀信、怀钧兄弟名连"怀"字,余庆、余懿、余胜、余应等兄弟名连"余"字。

奚族上层社会成员也有以字辈取名的现象。奚人萧福延,有兄福善(即萧韩家奴)、弟福德③,显然兄弟名连"福"字。其中福善、福延均曾任奚

---

① 参见王善军:《辽代的宗族字辈与排行》,《安徽史学》2019 年第 1 期。

② 史金波:《西夏社会》,上海人民出版社 2007 年版,第 767 页。

③ 《萧福延墓志》,载向南等编:《辽代石刻文续编》,辽宁人民出版社 2010 年版,第 132 页。

王。在《大王记结亲事碑》中涉及的奚王兄弟名为耨免、耨吒①,应是名连"耨"字。奚王中有萧高六,又有萧高九,是否为字辈与排行,则限于史料,尚难以断定。

萧孝恭宗族出自初鲁得(楮特)部族,有学者认为该部"由阻午可汗吞并了的一部分奚人所组成"②。据《萧孝恭墓志》记载,其祖"讳德顺",其父"讳惟信",其叔父"惟忠",其姐(妹)三人"长曰都哥,次曰庐佛女,次曰乌卢本",子三人"长曰消灾奴,次曰杨奴,小曰望孙",女二人"长曰召相,小曰了孙"③。其堂弟《萧孝资墓志》中又记其祖"讳顺德",其父"讳惟忠",弟二人"长曰孝思……次曰孝宁"④。据考证,德顺、顺德名虽不同,实为一人。⑤可以看出,惟信、惟忠兄弟,名连"惟"字;其下一辈成员孝恭、孝资、孝思、孝宁,名连"孝"字。德、顺、信、忠、孝均属于儒教概念,庐佛女、消灾奴则是以佛教词汇与本族习俗相结合的名字,都哥、乌卢本、杨奴等是本族传统的名字。在宗族取名的过程中,萧氏宗族分别受到了儒教、佛教和传统习俗等多种文化因素的影响。

吐蕃族上层社会中,接受宋朝赐姓、赐名或自取汉名者,也遵循了汉族的字辈习俗。唃厮啰后人中,瞎毡一系多有汉名。赵思忠、赵继忠、赵济忠、赵醇忠、赵存忠、赵绍忠等兄弟以"忠"为字辈。赵思忠之子赵怀义、赵秉义兄弟名连"义"字;赵醇忠之子赵永寿、赵永顺、赵永吉、赵永福、赵永保等兄弟名连"永"字,是兄弟后人各为字辈也。唃厮啰兄弟的后人中,有赵怀德、赵怀恩兄弟名连"怀"字。怀恩之子安国、宁国兄弟名连"国"字,宁国之子康朝、庆朝、昌朝、显朝、拱朝、光朝等兄弟名连"朝"字。

---

① 《大王记结亲事碑》,载刘凤翥等辑:《辽上京地区出土的辽代碑刻汇辑》,社会科学文献出版社 2009 年版,第 297 页。

② 爱新觉罗·乌拉熙春、呼格吉勒图:《初鲁得族系考》,《内蒙古大学学报》2007 年第 6 期。

③ 《萧孝恭墓志铭》,载刘凤翥等辑:《辽上京地区出土的辽代碑刻汇辑》,社会科学文献出版社 2009 年版,第 293 页。

④ 《萧孝资墓志铭》,载刘凤翥等辑:《辽上京地区出土的辽代碑刻汇辑》,社会科学文献出版社 2009 年版,第 295 页。

⑤ 贾鸿恩、李俊义:《辽萧孝恭萧孝资墓志铭考释》,《北方文物》2006 年第 1 期。

## 第五节　宗族排行

除用字辈区分宗族成员的辈分关系外,宗族中还流行以排行相称。排行又称行第,是指同一祖父、曾祖父、高祖父或更远的祖先之下同辈成员相排,或兄弟和姐妹分别排列,或兄弟姐妹混合排列。游牧民族的宗族成员,日常称谓中以排行相称,甚至以排行取名,也比较常见。由于这种现象出现较早,很可能是游牧民族的传统,虽与汉族传统相吻合,却未必是受汉族影响而使然。

排行的出现早于字辈。排行发展到唐代,已直接以顺序数字表示,比之先秦时期即已盛行的天干和伯(孟)、仲、叔、季,更加方便。及至辽宋夏金时期,以排行相称日益盛行。

契丹族早在建国前已有排行,皇族中的孟父房、仲父房和季父房,是以耶律阿保机的父辈进行的排行。契丹人的排行多为兄弟排行,属于小排行。但辽兴宗"笃于亲亲,凡三父之后,皆序父兄行第"[1],显然又属于大排行。或许正因为皇族成员排行的流行,所以《辽史》在《皇子表》中专列有"行第"一栏。后族中的拔里宗族,分为大父房、少父房,乃是以辽初功臣萧室鲁、萧阿古只兄弟的排行而分。乙室已宗族则分为大翁帐、小翁帐,也是同样的情况。出土于内蒙古自治区宁城县的办集胜事碑,刻文有"功德主等,尚父大王、乙里免、北里宣徽相公、防御太尉、林牙太师、东哥娘子、腊夫人、胡都夫人、率府将军、二郎君、三郎君"[2]。虽因年代不清,难以考证这些人具体是谁,但据称谓可知应为契丹人,其中的二郎君、三郎君应属以排行相称。

契丹人用数字取名的习俗所含内容丰富,未必一定是排行。皇族成员耶律万辛有子名马九、三部奴、杷八、陈六、散八[3],就显然不是排行。因为不但兄弟名中带"八"字者有二人,而且长子名中所带的数字最大,次子以

① (元)脱脱等:《辽史》卷八九《耶律和尚传》,中华书局 2017 年版,第 1490 页。

② 《办集胜事碑》,载向南等编:《辽代石刻文续编》,辽宁人民出版社 2010 年版,第 317 页。

③ 《北大王墓志》,载向南编:《辽代石刻文编》,河北教育出版社 1995 年版,第 223 页。

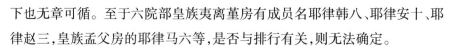
下也无章可循。至于六院部皇族夷离堇房有成员名耶律韩八、耶律安十、耶律赵三,皇族孟父房的耶律马六等,是否与排行有关,则无法确定。

在现有资料中,似也有奚人以排行取名的现象。据奚人耶律张哥的墓志记载,"青阳郡奚耶律太保张哥男高七,次男望哥,孙子韩九、七哥、王八、王九、十一,重孙豆哔哩"①。耶律张哥宗族的名字,特别是其孙辈的成员,应包含有以排行取名的因素。

## 第六节　族人通财

在游牧民族的宗族内部,财产的占有主要是以家庭为单位的,但族人相互之间以及家庭相互之间仍然具有十分密切的经济联系。这种联系,在一定程度上体现了宗族成员的共财意识,其具体表现形式,主要是牧地共用、生活互助以及成员收养等。

### 一、牧地共用

宗族内部除了各家庭(小帐)有可供自己支配的财产外,也有一些共有的财产,这主要是共同的牧地。对于游牧民族来说,主要的生产资料当是牧地和畜产。由于游牧的移动性,牧地的所有权观念并不是很强。据《辽史》记载,"广义县。本回鹘部牧地。应天皇后以四征所俘居之,因建州县"②。这种情况,很可能是广义县所在的地方,原为回鹘族某一宗族或若干宗族的共同牧地。

契丹的游牧地,大体是按部落划分的。建国后,耶律阿保机重新编组部落并再次确定诸部的游牧范围。因此,牧地大体上可以被看作部落和氏族的公产。但是,这些公产却不断受到契丹贵族的侵夺,部落和氏族的公产逐渐演变为宗族的公产。如丰州,"本辽泽大部落,遥辇氏僧隐牧地";松山州,"本辽泽大部落,横帐普古王牧地"等。似此类事例,均说明贵族对氏族

---

① 《张哥墓志》,载向南编:《辽代石刻文编》,河北教育出版社1995年版,第200页。
② (元)脱脱等:《辽史》卷三七《地理志一》,中华书局2017年版,第505页。

牧地公产的侵夺情况。又如闾州,"罗古王牧地,近医巫闾山";豫州,"横帐陈王牧地";宁州,"本大贺氏勒得山,横帐管宁王放牧地"①等,均涉及皇族的某些支系。显然,随着辽代皇族的发展,皇族各支系广泛占有牧地。

西夏的情况与之类似,也是以部落为单位划分牧场的,并且各个部落都有其固定的放牧区域,不允许随意越界。西夏法典《天盛律令》规定:"边境地迁家,牲畜主当在各自所定地界中牧耕、住家,不许超过"②;"诸牧场之官畜所至住处,昔未纳地册,官私交恶,此时官私地界当分离,当明其界划"③。

随着游牧民族私有权观念的发展,不仅会出现贵族侵占部落和氏族公共牧地的情况,即使普通牧民,也会形成以牧团为单位的牧地权属观念。一个牧团,可视为宗族中的一个支派,或农耕民族所称的房。牧团占有牧地,自然是本支系的共用地。

## 二、生活互助

生活互助是游牧民族族人通财最为常见的方式。契丹人萧知微之妻梁国太妃耶律氏,便"视诸帐妇子无疏昵,必爱拊之,犹己之待,介介有节义"④。金代契丹人的族人通财仍十分常见。如东丹王耶律倍的后人中,"族人有负人债而宦游不返者",耶律履"代为输息者十年,既又无以偿,遂代偿之"。履还曾"奉使江左,得金直千万,皆散之亲旧,旬月而尽"⑤。

党项人的生活互助主要体现在兄弟姊妹之间。西夏社会主张兄弟同根,重视手足之情。《圣立义海》"兄弟之名分"条云:"兄弟生长,如手足相助,相依相靠。诗中云:'长兄为脊背,幼弟为柱脚。'"⑥"姐妹名义"之下强

---

① (元)脱脱等:《辽史》卷三七《地理志一》,中华书局2017年版,第508、509页。

② 史金波、聂鸿音、白滨等译:《天盛改旧新定律令》卷四《边地巡检门》,法律出版社2000年版,第210页。

③ 史金波、聂鸿音、白滨等译:《天盛改旧新定律令》卷一九《牧场官地水井门》,法律出版社2000年版,第598页。

④ 《梁国太妃墓志》,载向南等编:《辽代石刻文续编》,辽宁人民出版社2010年版,第257页。

⑤ (金)元好问著,狄宝心校注:《元好问文编年校注》卷五《故金尚书右丞耶律公神道碑》,中华书局2012年版,第706页。

⑥ [俄]克恰诺夫、李范文、罗矛昆:《圣立义海研究》,宁夏人民出版社1995年版,第77页。

调长姐要"养育幼弟"、"安养小妹",并举例云:"往昔,姐大弟年幼,父母已丧,姐不行婚嫁,令弟习文业,及弟得官,然后婚嫁。"①

奚人的族人通财也是日常生活中的正常现象。记事于辽太祖天赞二年(923年)的《大王记结亲事碑》,记载奚王宗族的婚姻聘礼情况时云:"大王言:我年老。我从十六上别父。我弟㮰吒年小,并不得父母悉妇,我成长后,遂与弟下羊马牛等,求㮰免并儿郎悉妇,并是我与六畜求到,其弟把父母大帐,有好弱物,并在弟处,我处无。记娉安祖哥女与契丹素舍利,所得诸物并在弟㮰吒处,合与他者,并还他讫。"②从此记事碑的大体内容中,可以看出奚人在成年后便从家庭分出,另立"小帐",而父母的家庭则称为"大帐"。只有幼子始终随父母居住,继承家业。但在实际生活中,小帐的财产可以支援大帐,而小帐困顿时则可从大帐借支。

### 三、成员收养

早在辽王朝建立之前,契丹族已有长辈家庭收养宗族成员的习俗。耶律阿保机幼时,"祖母简献皇后异之,鞠为己子。常匿于别幕,涂其面,不令他人见"③。这类说法虽然颇显神秘,实际应属于宗族对成员的收养。阿保机伯父岩木的后人耶律朔古,"幼为太祖所养"④,即阿保机也曾收养过朔古。同时,他还收养过涅里思,也应是本宗族的成员。辽太祖七年(913年)六月,"以养子涅里思附诸弟叛,以鬼箭射杀之"⑤。辽穆宗即位后,将年仅4岁的世宗遗孤耶律贤收养⑥,视如己出。萧夤底石为萧兴言之侄,并为其所养,养父对他保护爱惜,"与嫡无异"⑦。萧柳为淳钦皇后弟萧阿古只五世孙,"幼养于伯父排押之家"⑧。上述事例显示,宗族成员之间的收养,多属

---

① [俄]克恰诺夫、李范文、罗矛昆:《圣立义海研究》,宁夏人民出版社1995年版,第81页。

② 《大王记结亲事碑》,载刘凤翥等辑:《辽上京地区出土的辽代碑刻汇辑》,社会科学文献出版社2009年版,第297页。

③ (元)脱脱等:《辽史》卷一《太祖纪一》,中华书局2017年版,第1页。

④ (元)脱脱等:《辽史》卷七八《耶律朔古传》,中华书局2017年版,第1374页。

⑤ (元)脱脱等:《辽史》卷一《太祖纪上》,中华书局2017年版,第8页。

⑥ (元)脱脱等:《辽史》卷八《景宗纪上》,中华书局2017年版,第97页。

⑦ 《萧兴言墓志》,载向南等编:《辽代石刻文续编》,辽宁人民出版社2010年版,第189页。

⑧ (元)脱脱等:《辽史》卷八五《萧柳传》,中华书局2017年版,第1448页。

于近亲收养。

辽王朝灭亡后,契丹族的亲族收养习俗继续盛行。耶律履为金朝名臣,他幼年为伯父德元养子,后德元又生亲子震。及德元死,履"悉推家资予之。及震卒,妻子贫,无以为资,复收养之"①。履亲属间明显存在相互收养的关系。可见,自辽王朝建国前直至灭亡后的漫长历史时期内,契丹族均盛行宗族对成员尤其是孤幼成员的收养。

党项宗族内也有收养同宗子弟的习俗,并且对收养的范围有着明确的规定。《天盛律令》载:"种种待命独诱中,亲伯叔、亲兄弟、亲侄、亲孙允许为继子于父弟、子兄弟。已为继子而后生己子,及子死而遗孙等时,抄、官、军当由己子孙大姓袭,当赐继子宝物多少一分而使别居。若未有己子孙,则抄、官、军皆以继子袭,畜物亦由继子掌。若违律不应为继子而为继子时,依转院法判断。"②从律文中看,作为继子的亲属范畴,有父辈之亲伯叔、己辈之亲兄弟、子辈之亲侄、孙辈之亲孙,收养主体是父辈之弟、子辈之兄弟。这种不合昭穆之制的收养行为应与当时社会盛行的"以弟为子"之俗有关。③除此之外,同宗养子中,同昭穆之子仍应为收养群体的主流。黑水城出土的俄藏西夏文第8203号文书就提到同宗族中一人以养子身份承袭了其亲叔叔的职位和财产。④ 这也表明,西夏同宗养子的目的主要是对军事官职和财产的继承,从而防止族产的外流。

---

① （金）元好问著,狄宝心校注:《元好问文编年校注》卷五《故金尚书右丞耶律公神道碑》,中华书局2012年版,第706页。

② 史金波、聂鸿音、白滨译注:《天盛改旧新定律令》卷一〇《官军敕门》,法律出版社2000年版,第353页。

③ 参见郝振宇:《论西夏养子的类型及其社会地位》,《宁夏社会科学》2017年第5期。

④ ［俄］克恰诺夫:《俄藏第8203号西夏文书考释》,韩潇锐译,《西夏学》2010年第5辑。

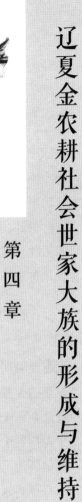

第四章

辽夏金农耕社会世家大族的形成与维持

　　自唐中叶以来,在中原地区人身依附关系日益松弛的社会背景下,传统的门阀士族逐渐退出了主流的历史舞台。不过,在辽、西夏、金等北方民族政权统治区的汉人社会中,隋唐时期具有较强人身依附关系的门阀宗族组织,在一定程度上得以传承和演变,并逐渐形成了众多新兴的世家大族。这些世家大族,在政治能量、经济势力、文化成就以及社会影响方面,仍然是居于重要地位而不容忽视的。

## 第一节　汉人世家大族

　　辽夏金时期,汉族作为被统治的人口数量庞大的民族,其内部构成也是相当复杂的。其中亦有相当数量的宗族凭借各种有利的社会条件,逐渐跻身于辽夏金朝统治阶级各阶层之中,形成世家大族,在政治、经济以及社会生活中发挥着十分重要的作用。

　　辽朝统治下的汉人,入金后基本上是被作为一个族群看待的。而辽金的汉人官宦盛族,大多数并没因易代鼎革而受到致命冲击。因此,元人将辽金时期的汉人世家大族统称为"辽金大族"。金朝末年曾任邓州教授的吴仲傑,"平生于辽、金右族字名、官勋、世数、子孙,及其外氏何人,皆能默疏而备言"。其子吴京,"习闻余论",亦"喜谭辽、金世族"①。可见,辽金大族对后世具有重要的社会影响。辽金大族中的代表,则是所谓的"燕四大族",即韩知古宗族、刘景宗族、马人望宗族、赵思温宗族。②

①　(金)元好问著,狄宝心校注:《元好问文编年校注》卷五《显武将军吴君阡表》,中华书局2012年版,第848页;(元)姚燧:《牧庵集》卷三《樗菴集序》,四部丛刊初编本。
②　王善军:《世家大族与辽代社会》,人民出版社2008年版,第107页。

## 一、以文治起家的世家大族

耶律阿保机在建立和巩固国家政权的过程中,多得汉人助益。在初期辅助阿保机的汉人中,以康默记、韩延徽、韩知古最为知名,三人均为辽太祖佐命功臣。在燕四大族中,韩、刘、马三家均属于以文治起家的世家大族。

康氏一族地望不甚明确,《辽史》卷七四《康默记传》惟曰"少为蓟州衙校",至于是否为蓟州人,则未明言。康默记本名照,辽太祖征蓟州时得之。因爱其才,隶于麾下。当时一切关于契丹和汉人关系的事情,均由默记来处理,甚得耶律阿保机信任。"时诸部新附,文法未备。默记推析律意,论决重轻,不差毫厘。罹禁网者,人人自以为不冤。"可见,默记虽只做过官小职卑的衙校,但却很有统治才能。"推析律意",大概是力图将比较严密的中原汉法,行之于归附阿保机的各部族及各民族成员。神册三年(918年),阿保机建都于上京,以默记具体负责施工,"百日而讫事"。默记以其文治之功,拜官左尚书、皇都夷离毕等。同时,在战场上,他也同样是一员武将,多有战功。例如,出师居庸关,俘馘甚众;从征渤海,复讨大諲譔之叛,率骁勇先登;与萧阿古只讨平渤海复叛之城邑。默记之子辈情况史书缺载,其孙延寿于景宗时官千牛卫大将军,在辽宋高梁河之战中,立有战功,遥授保大军节度使。以默记之功业,康氏宗族后人当有较大发展,然有关康氏宗族其他成员的情况,则材料甚少。辽初将军康末怛,似应与这一宗族有一定关系,惜乎无直接资料。① 但他与默记均为辽太祖近臣,其名中"末"字又与"默"同音,很可能是默记的兄弟辈成员。圣宗统和二十一年(1003年),宋将王继忠降辽,萧太后"知其贤,授户部使,以默记族女女(妻?)之"②。道宗朝进士、知大定府少尹尚昒,娶康氏,亦为默记后代。③ 可知,直至辽朝中后

---

① 参见(元)脱脱等:《辽史》卷二《太祖纪下》,中华书局2017年版,第24页。

② (元)脱脱等:《辽史》卷八一《王继忠传》,中华书局2017年版,第1416页。

③ 《尚昒墓志》,载向南编:《辽代石刻文编》,河北教育出版社1995年版,第499页。墓志云康氏"即梅棘夷离毕侍中之孙女也"。梅棘,应即默记;按年龄推算,康氏不应为康默记孙女,此处之"孙"当为"裔孙"之意。

期,康氏宗族仍具有一定影响。

　　安次韩氏在韩延徽之前已是当地的仕宦宗族。延徽之父梦殷,累官蓟、儒、顺三州刺史。延徽入辽前仕至幽州观察度支使,因聘使见留。辽太祖欣赏其才华、谋略,立命参军事。果然不负所望,"攻党项、室韦,服诸部落,延徽之筹居多"。其后,"乃请树城郭,分市里,以居汉人之降者。又为定配偶,教垦艺,以生养之",也就是以定居农耕的方法使被俘的汉人奴隶得到一定程度的休养生息。在辽太祖统治时期,延徽虽一度叛逃,但却是始终得到辽太祖信任的,以至于"中外事悉令参决"。据载,"太祖初元,庶事草创,凡营都邑,建宫殿,正君臣,定名分,法度井井,延徽力也"①。这一方面说明延徽在辽王朝的建章立制方面的确出力不小,另一方面也说明辽王朝建立伊始即有一定汉化倾向。延徽历仕辽初四朝,官至政事令、南府宰相,子辈中以德枢仕宦最显。德枢曾镇东平,任辽兴军节度使、南院宣徽使等。德枢子辈无闻。孙辈绍勋,任东京户部使时对渤海经济政策实施不当,曾激起大延琳之叛,被执杀;绍芳,重熙间官参知政事。绍芳孙辈资让,寿昌初拜中书侍郎。从延徽至资让,韩氏宗族六世仕辽,显达者不乏其人。入金后,韩氏后人仍不乏官高位尊者。如辽末状元昉,降金后曾任礼部尚书,后拜参知政事。②

　　玉田韩氏宗族的起家人物韩知古归附契丹最早,尽管身份低贱,但却逐渐发展成为有辽一代最有权势的汉人世家大族。知古之父融曾任蓟州司马③,可知先世为中原王朝的宦族。但是,早在契丹建国以前,知古就被俘入述律氏宗族为奴。由于成为述律后的陪嫁"媵臣",知古得以亲近耶律阿保机。在契丹建国初期,知古辅佐辽太祖管理汉人,制订礼仪,从征渤海,官至中书令,为辽太祖佐命功臣之一。知古有 11 个儿子,皆出仕为官,封王者有匡嗣、匡美,而官至节度使加司徒、太尉、太保、太傅者又有 4 人。其中尤为显赫者为匡嗣。从第二代起,韩氏开始与契丹贵族互为婚姻。匡嗣之子

①　(元)脱脱等:《辽史》卷七四《韩延徽传》,中华书局 2017 年版,第 1358 页。
②　参见(元)脱脱等:《金史》卷一二五《韩昉传》,中华书局 2020 年版,第 2862—2863 页。
③　参见《韩匡嗣墓志》,载盖之庸:《内蒙古辽代石刻文研究》,内蒙古大学出版社 2002 年版,第 64 页。

德让,由于对辽圣宗有拥戴之功及其与承天太后有着一层特殊的关系①,因而其权势迅速膨胀起来。在辽朝的辅政大臣中,德让是集权最多、影响最大的一位。随着韩氏宗族势力的发展,辽廷对德让及其近族赐姓耶律,出宫籍,隶横帐季父房。从此,韩氏宗族不但摆脱了私奴身份,而且获得了皇族身份。德让去世以后,乃侄制心"以皇后外弟,恩遇日隆"②,官至四十万兵马都总管,兼侍中,南院大王。一时韩氏宗族拜使相者,任宣猷者,"持节旄,缙符印,宿卫交戟,入侍纳陛者",大有人在。③ 直至辽朝中期,韩氏一族可谓"代生贤相,世出名王,建带河砺岳之功,居列鼎累茵之贵"④。此后,尽管韩氏宗族的势力不再像从前一样强盛,但辽朝后期仍是具有一定影响的世家大族。涤鲁于道宗清宁初年任官南府宰相,其子燕五,官至南京步军都指挥使。而且,辽末韩氏族人亦开始利用进士一途入仕。因此,入金以后,韩氏宗族势力又得以延续和发展。金初的汉人代表韩企先,即出自这一宗族。企先为辽天祚皇帝乾统年间进士及第,但"回翔不振",改仕金朝后逐渐飞黄腾达。至天会六年(1128 年),已官至同中书门下平章事、知枢密院事。后历任迁尚书左仆射兼侍中、尚书右丞相等职,封楚国公。金朝典章制度,多出其手,"世称贤相焉"⑤。企先之子铎,荫补入仕,"熙宗闻其有儒学,赐进士第"⑥,官至顺天军节度使。

河间刘氏宗族入辽的第一代人物为刘守敬,降辽后出任南京副留守。其子刘景,"好学能文",应历初年,以幽都府文学迁右拾遗、知制诰,为翰林学士。景宗时曾任南京副留守、户部使,并历武定、开远二军节度使。刘景之子慎行,由膳部员外郎累迁至北府宰相。经过几代人的仕宦,刘氏宗族已

---

① 承天太后年轻时曾许嫁韩德让,后皇族求妇于萧氏宗族,萧氏夺之以纳。景宗去世后,承天太后缢杀韩德让妻李氏,与韩德让"同穹庐而处"(路振《乘轺录》)。因而史称韩德让"有辟阳侯之幸,宠荣终始,朝臣莫及焉"。参见(宋)叶隆礼:《契丹国志》卷一三《景宗萧皇后传》,上海古籍出版社 1985 年版,第 143 页。

② (元)脱脱等:《辽史》卷八二《耶律隆运传附制心传》,中华书局 2017 年版,第 1424 页。

③ 《韩橁墓志》,载向南编:《辽代石刻文编》,河北教育出版社 1995 年版,第 204 页。

④ 《韩相墓志》,载向南编:《辽代石刻文编》,河北教育出版社 1995 年版,第 151 页。

⑤ (元)脱脱等:《金史》卷七八《韩企先传》,中华书局 2020 年版,第 1890 页。

⑥ (元)脱脱等:《金史》卷七八《韩企先传附韩铎传》,中华书局 2020 年版,第 1890 页。

积聚了相当的势力。至第四代，兄弟数人出仕，多有成就，从而使这个宗族兴盛一时。刘慎行有子6人，分别名一德、二玄、三瑕、四端、五常、六符。德早世，玄终上京留守，常历三司使、武定军节度使，瑕、端、符皆第进士。瑕、端二人尚公主，为驸马都尉。兄弟之中，事功最著、官位最显者，莫过于末弟符。刘六符在任翰林学士期间，乘宋与西夏陷入长期战争之际，策划了带有对宋讹诈性质的索地外交事件。重熙增币事件以后，辽廷加六符同中书门下平章事。第四代以后，刘氏宗族仍然是"子孙显贵不绝"。史称六符之子孙，就有"为节度、观察者十数人"①。其中刘霄为咸雍十年（1074年）状元，官至中京留守。② 曾经使宋的刘雲亦当为与霄同辈的刘氏子弟，他曾对宋使陈襄说："本家有十二人曾奉使南朝。"③刘氏宗族此时俨然可称"外交世家"。道宗时官至知北院枢密使事的刘霂，还曾被赐予国姓。④ 直至辽亡，河间刘氏宗族仍是在政治上具有较大势力的世家大族。辽金鼎革，刘氏子弟成功实现了平稳过渡，因而为金代的继续发展打下了基础。霄子彦宗，擢进士乙科，曾在北辽政权中任签书枢密院事，降金后官至同中书门下平章事、知枢密院事。彦宗二子筈、萼，亦于辽末入仕，并随其父降金。筈官至尚书右丞相兼中书令，萼官至参知政事。筈子仲海，官吏部尚书；萼子仲询，赐进士及第。另有刘颎"以大臣子孙充阁门祗候"⑤，官太子太师。可见，刘氏宗族子弟仕金不绝。

医巫闾马氏本为中原汉人，第一代人物马胤卿，原为石晋青州刺史。辽

---

① （旧题）（宋）叶隆礼：《契丹国志》卷一八《刘六符传》，上海古籍出版社 1985 年版，第177 页。

② （金）元好问著，狄宝心校注：《元好问文编年校注》卷五《显武将军吴君阡表》，中华书局2012 年版，第 846 页；（元）脱脱等《金史》卷七八《刘彦宗传》，中华书局 2020 年版，第1881 页。周密《癸辛杂识》别集下《褚承亮不就试》引元好问《续夷坚志》云："金人天会中，皇子郎君破真定，拘城内进士，立试场。……大抵以徽宗无道、钦宗失信为问。……（主文）刘侍中名霄产，辽咸雍中状元，怨宋人海上之盟，故发此问。"刘霄产当为刘霄（宵，当为霄之误）。可知刘霄辽亡后改仕金朝，但仍对辽朝存有深厚感情。

③ 参见（宋）陈襄：《使辽语录》，《辽海丛书》第 67 册，第 3 页，载顾宏义编：《宋代日记丛编》，上海书店出版社 2013 年版，第 29 页。

④ （元）脱脱等：《辽史》卷二二《道宗纪二》、卷二三《道宗纪三》，中华书局 2017 年版，第307、319 页。

⑤ （元）脱脱等：《金史》卷七八《刘颎传》，中华书局 2020 年版，第 1886 页。

太宗举兵灭晋，攻至青州，胤卿坚守不降。后城破被执，太宗义而释之，但徙其族于医巫闾山。马胤卿是否改仕辽朝不得而知，然其子廷煦，却官至南京留守，跻入了辽朝上层官僚的行列。可见，这个宗族入辽以后，发展也颇为迅速。第三代、第四代的人物，仅知马渊，中京副留守；马诠①，中京文思使。第五代人物马人望为诠之子，然"幼孤"，早年在政治上可凭借的宗族势力必然要大打折扣。及长，"以才学称"，咸雍年间进士及第。初为松山县令，以敢于为民请命著称。② 在任新城县令时曾重修县学。③ 后擢中京度支司盐铁判官，又转南京三司度支判官，治事期间，公私兼裕，表现出了卓越的理财才能。除任财赋官外，人望还曾担任上京副留守、参知政事、南院枢密使等重要官职。至天祚末年，人望曾成为辽廷倚重的老臣之一。然而对日益严重的政权危机，人望等老臣们已是回天无力。由于医巫闾马氏宗族传世的资料太少，宗族迁徙状况不明，许多辽代的马姓人物难以判断是否出自这个宗族。如仕至知顺州军州事的马直温一系，曾被人称为"族世昌茂，雄视燕蓟"④；辽末对宋辽金关系产生重要影响的人物马植，被宋廷赐姓名李良嗣，后又赐姓赵，封有功《编年》说他"族本汉人，素居燕京霍阴，自远祖已来，悉登仕路"⑤；金朝宛平人马肩龙，"先世辽大族，有知兴中府者，故又号兴中马氏"⑥。上述三个支系，均不知是否出自医巫闾马氏。

　　金代文治昌盛，许多家族都以文业为动力，推动家族的发展。"承安、泰和间，文治熠然勃兴。士生于其时，蒙被其父兄之业，由子弟之学而为名

① （元）脱脱等：《辽史》卷一〇五《马人望传》，中华书局2017年版，第1610页。诠，《辽史》卷四八《百官志四》作"佺"。
② （元）脱脱等：《辽史》卷一〇五《马人望传》，中华书局2017年版，第1610页。
③ （清）李卫等：《（雍正）畿辅通志》卷二八《学校》，文渊阁四库全书本。
④ 《马直温妻张馆墓志》，载向南编：《辽代石刻文编》，河北教育出版社1995年版，第634页。
⑤ （宋）徐梦莘：《三朝北盟会编》卷一"政和七年七月四日"，上海古籍出版社2008年版，第2页。
⑥ （金）元好问编，张静校注：《中州集校注》壬集第九《马舜卿》，中华书局2018年版，第2321页；（元）脱脱等：《金史》卷一二三《爱申传附马肩龙传》，中华书局2020年版，第2838页。

卿材大夫者,尝十分天下寒士之九。"①如开"国朝文派"的河北真定蔡氏家
族,代表人物蔡松年及其子蔡珪都是有金一代的著名文学家。"松年字伯
坚,本杭人,长于汴都,从父靖除真定府判官,遂籍真定。累官吏部尚书,参
知政事进右丞相,卒封吴国公,谥文简。"松年仕宦之余以文词、品行著称于
当世,其"事继母以孝闻,喜周恤亲党,性复豪侈,不计家之有无。文词清
丽,尤工乐府,与吴激齐名,时号'吴、蔡体'。有集行于世"②。受松年熏
陶,其子珪"七岁赋菊诗,语意惊人"。天德三年(1151年),进士及第后不
赴选调,博览群书,"辨博为天下第一"。珪一生仕途不显,但著述颇丰,其
诗文清劲雄奇,自成一派,被推为金代文学的实际奠基人。元好问曾引用萧
贡的话指出,"国初文士如宇文大学、蔡丞相、吴深州之等,不可不谓之豪杰
之士,然皆宋儒,难以国朝文派论之",所以断自珪"为正传之宗","党竹谿
次之,礼部闲闲公又次之"。并认为萧贡的这一评论,"天下迄今无异议
云"③。施宜生亦称珪"学高才妙,斗南一人"。又如泽州高平李氏,为唐宗
室后裔,代表性人物李晏"世名儒,少以家学驰声"④。其父森,"工于诗"。
兄曼"幼以能赋称。大定三年登第。任隰州军事判官,政尚平易,号称循
良"⑤。晏于皇统六年(1146年)登进义进士第,章宗时官至礼部尚书、昭义
军节度使。⑥ 晏子仲略,中大定十九年(1179年)词赋进士,累迁吏部侍郎,
官终山东路按察使,"有集传于世"⑦。像李氏这样一家数代多人俱以文名
世的大族,在金代颇为多见。

　　西夏汉人中以文治起家的世家大族亦有不少。如高氏为河西大族,史

① (金)元好问著,狄宝心校注:《元好问文编年校注》卷一《张君墓志铭》,中华书局 2012 年版,第 11 页。
② (元)脱脱等:《金史》卷一二五《蔡松年传》,中华书局 2020 年版,第 2865 页。
③ (金)元好问编,张静校注:《中州集校注》甲集第一《蔡太常珪》,中华书局 2018 年版,第 170—171 页。
④ (清)张金吾编:《金文最》卷七三《西京副留守李公德政碑》,中华书局 1990 年版,第 1069 页。
⑤ (清)觉罗石麟等:《(雍正)山西通志》卷一二一《人物》,文渊阁四库全书本。
⑥ (元)脱脱等:《金史》卷九六《李晏传》,中华书局 2020 年版,第 2253—2255 页。
⑦ (金)元好问编,张静校注:《中州集校注》乙集第二《李承旨晏》,中华书局 2018 年版,第 490 页。

称其族"历世通显"、"世仕夏国"。高氏宗族见诸史籍的第一代代表人物是高岳,《西夏书事》关于他的情况只有夏仁宗天盛十七年(1165 年)"春正月,使贺金正旦。使人为武功大夫讹罗世、宣德郎高岳。岳官至枢密直学士"①。据虞集《重建高文忠祠记》记载,高岳是以科举入仕的,为"西夏进士第一人"②。可知高岳在夏仁宗朝由科举入仕,后入中央为官,任职于枢密院,奠定了高氏宗族崛起的基础。高氏第二代代表人物是高良惠,史书只记其官职,曾任大都督府尹,后官至中书右丞相。高氏第三代代表人物是高惠德,官至中书右丞相。高氏第四代代表人物是高智耀,"登本国进士第"③。后因西夏灭亡,入蒙不仕,体现了其忠君报国的气节。而他对儒士的认识更彰显了其受儒学影响之深远:"儒者之有用,不在荷戈与殳也。……昔之有天下者,用儒则治,舍儒则乱,则其效也。盖以为儒者以仁义为本,未有仁而遗其亲者也,未有义而后其君者也。为臣而忠,为子而孝,儒之教也。"④高氏因文业起家,经科举入仕,四世显著,两代为相,位极人臣。其宗族的文化优势明显,并借由文业维护其政治地位。

除高氏宗族外,西夏还有刘氏宗族和杨氏宗族较为突出。刘氏的刘志真在夏天盛十九年(1167 年)充贺金正旦使⑤。其弟刘志直,官翰林学士,工书法,乾祐元年(1170 年)充贺金正旦使。史书对志直的记载是以羊毛为笔,即"西北有黄羊,志直取其尾豪为笔,国中效之,遂以为法"⑥。据此推测,刘氏宗族应该以文业见长。杨氏宗族的杨彦敬初为翰林学士,后进参知政事,为夏国名臣⑦。在天盛十五年(1163 年)充贺金正旦使⑧。其弟彦和

① (清)吴广成撰,胡玉冰校注:《西夏书事校注》卷三七,上海古籍出版社 2021 年版,第 460 页。
② (元)虞集:《道园类稿》卷二五《重建高文忠祠记》,元人文集珍本丛刊本,第 5 册,新文丰出版公司 1985 年版,第 632 页。
③ (明)宋濂等:《元史》卷一二五《高智耀传》,中华书局 1976 年版,第 3072 页。
④ (元)虞集:《道园类稿》卷二五《重建高文忠祠记》,元人文集珍本丛刊本,第 5 册,新文丰出版公司 1985 年版,第 631 页。
⑤ 参见(元)脱脱等:《金史》卷六一《交聘表中》,中华书局 2020 年版,第 1515 页。
⑥ (清)吴广成撰,胡玉冰校注:《西夏书事校注》卷三七,上海古籍出版社 2021 年版,第 466 页。
⑦ 参见(清)吴广成撰,胡玉冰校注:《西夏书事校注》卷三七,上海古籍出版社 2021 年版,第 458 页。
⑧ 参见(元)脱脱等:《金史》卷六一《交聘表中》,中华书局 2020 年版,第 1511 页。

在乾祐八年(1177年)充贺金正旦使①、彦直在乾祐二十一年(1190年)充贺金正旦使②。

## 二、以武功起家的世家大族

对于以武立国的契丹来说,建国初期的单纯文臣几乎是不存在的。前期归附契丹的汉人官僚,虽有许多以文治而显,但他们同时也是带兵出战的将领。而那些原本为武人的归附者,则在战事不断的社会条件下,得到了充分的建功立业机会。以武功发家的世家大族,当是辽初汉人世家大族的主体。在燕四大族中,赵思温一族就是这种类型汉人世家大族的突出代表。其他如万年王氏等宗族,也是明显以武功发家而形成的世家大族。

卢龙赵氏宗族,在辽代的第一代人物为赵思温。其先世,因宦游于蓟北,遂为卢龙人。思温本为后唐平州刺史兼平、营、蓟三州都指挥使,于天赞二年(923年)降契丹。入辽以后,思温官至卢龙、临海等军节度使,进阶开府仪同三司,是辽初归降汉人将领中仕辽最为成功者之一。思温有子12人,均出仕辽朝,赵氏迅速成为官宦盛族。在思温降契丹之初,长子延照等尚仕于中原王朝,后皆入辽。延照在辽仕至永清军节度使、侍卫亲军事,并获得检校太师、同政事门下平章事、开国公等一系列官阶爵位,赐号推忠奉节毅勇功臣。第二代的其他成员亦多以军功而显。如延柞,燕京留守;延卿,大同军节度使;延宁,保静军节度使;延海,保静军马步军都指挥使;延光,顺义军节度使;延玉,彰国军节度使;延绍,同州兵马节度使;等等。有了赵氏父子的军功为基础,第三代及以后的成员乃可以广泛入仕。第三代成员可知者3人:匡尧,官至保静军节度使③;匡舜,官至右千牛卫大将军;匡禹,官至知临海军节度使事。第四代的成员,从仅知的匡禹一系后代来看,仕宦仍十分昌盛。匡禹有子10人,除一子不仕、一子早卒外,余多为刺史、节度使及汉军将军。经过数代发展,赵氏宗族真可谓"子孙盛矣,第宅丽

---

① 参见(元)脱脱等:《金史》卷六一《交聘表中》,中华书局2020年版,第1528页。

② 参见(元)脱脱等:《金史》卷六二《交聘表下》,中华书局2020年版,第1551页。

③ 参见《王悦墓志》,载向南编:《辽代石刻文编》,河北教育出版社1995年版,第113页。

矣,田园广矣,府藏盈矣"①! 至辽末,这个宗族已"七世并袭辽世爵"②,其成员仕为节度使者仍不乏其人。如渍,宁昌军节度使;公谨,静江军节度使。元人王恽在总结辽金赵氏宗族时说:"故开府仪同三司、侍中,赠太师、卫国赵公,早以骁勇善战受知辽太祖,烜赫贵显。生子十有二人,其后支分派别,官三事、使相、宣徽、节度、团练、观察、刺史,下逮州县职,余二百人。"③元人吴澄则具体谱列了从赵思温至与他同时代的赵穆之间的世系关系:"(思温)十二子,其五特进延威;特进二子,其二节度使匡禹;节度八子,其七团练使为翰;团练三子,其长团练使相之;(相之)生七子,七之三曰团练使洧;(洧)生六子,六之二曰观察使公为;观察之子镇国镕;镇国之子骠骑居常,九世皆仕于辽。骠骑生建春征士植,征士生玫,仕金为三司使。三司生钝轩逸士铉,逸士生穆,今为集贤司直。"对赵氏宗族这一绵延久长的仕宦之家,他不由感慨道:"辽金至于今日,国统三易,而赵氏一家历仕三国,垂四百年,绵绵若此,何其盛也。"④由此可见,赵氏宗族可谓辽金时期以军功起家为特点的汉人世家大族的代表。

京兆万年王氏,以王郁为入辽第一代人物。郁为唐义武军节度使王处直之庶子,神册六年(921 年),奉表送款,举室来降,并带来"所部山北兵马"⑤。后其兄王都因父自立,郁随皇太子耶律倍攻之不下,掠居民而还。从此,郁便长期留居契丹,跟随契丹统治者南征东伐,屡立战功。天赞元年(922 年),从攻镇州,破后唐兵于定州。天赞二年(923 年),与萧阿古只略地燕、赵。天赞四年(925 年),从太祖平渤海。郁以其战功,官至崇义军节度使、兴国军节度使,加政事令。其子鹗,亦仕至父职龙化州(兴国军)节度使;廷阮,左千牛卫大将军。鹗子 5 人,入仕者三,其中裕军功最著,仕至崇

① 《赵为幹墓志》,载向南编:《辽代石刻文编》,河北教育出版社 1995 年版,第 220 页。
② (元)王恽著,杨亮、钟彦飞点校:《王恽全集汇校》卷四八《卢龙赵氏家传》,中华书局 2013 年版,第 2265 页。
③ (元)王恽著,杨亮、钟彦飞点校:《王恽全集汇校》卷七三《题辽太师赵思温族系后》,中华书局 2013 年版,第 3086 页。
④ (元)吴澄:《吴文正公集》卷二九《题卢龙赵氏世家谱后》,元人文集珍本丛刊本,第 3 册,新文丰出版公司 1985 年版,第 504 页。
⑤ (元)脱脱等:《辽史》卷二《太祖纪下》,中华书局 2017 年版,第 19 页。

义军节度使;廷阮子7人,入仕者六,其中悦军功最著,仕至上京兵马部署。裕子7人,多入仕,其中瓒,积庆宫汉儿副部署;珌,左番殿直;琢、珏、玉,分任崇义军衙内都将、山河指挥使、节院使等职。王氏一门可谓是"箕裘袭庆,锺鼎联华"。①

金代以武功起家的汉人世家大族,与女真等其他民族相比,数量较少,且在发展过程中多转向科举宗族。河中李氏,"先世以武功显,仕至金吾卫上将军,时号李金吾家"。至李献能兄弟时,却"皆以文学有名"。献能之兄献卿先擢第,继之以献能,又继之以其从兄献诚、从弟献甫,"故李氏有四桂堂"②。又如"世为安定望族"的安定张氏,在宋代已为官宦之家。曾从父张达在宋军中任职的张中孚,降金后任陕西诸路节制使,后除行台兵部尚书,天德二年(1150年)拜参知政事,贞元初迁尚书右丞。弟忠彦,入金授招抚使,世宗朝终于吏部尚书。元好问评论中孚兄弟云:"昆弟天性友爱,起行阵间,而文雅俱有可称。信甫(中孚)自号长谷老人,才甫(忠彦)、季弟某义谷,有《三谷集》传于家。"③

西夏任氏宗族也是以武功起家的汉人世家大族的代表,曾兴盛一时。任氏自夏崇宗乾顺时开始发展,其核心人物是任得敬。"得敬,本西安州判,夏兵取西安,率兵民出降,乾顺命权知州事。有女年十七,使其弟得聪饰之以献,乾顺纳为妃,赏赉甚厚,擢得敬为静州防御使"④。任氏庄重寡言,乾顺对她十分喜爱。得敬欲使其女立为后,通过贿赂朝贵和宗室执政者,在蕃姓大族芭里祖仁的帮助下,其女被乾顺册立为皇后,得敬被授予静州都统军。大德五年(1139年)六月,乾顺死,子仁孝继立,尊任氏为太后。仁孝大庆元年(1140年)四月,夏州统军李合达据城叛乱,得敬因之请兵讨伐,因功

① (元)脱脱等:《辽史》卷七五《王郁传》,中华书局2017年版,第1369—1370页;《王裕墓志》、《王瓒墓志》、《王悦墓志》,载向南编:《辽代石刻文编》,河北教育出版社1995年版,第62—64、81、112页。
② (元)刘祁:《归潜志》卷二,中华书局1983年版,第16—17页。
③ (金)元好问编,张静校注:《中州集校注》乐府《张太尉信甫》,中华书局2018年版,第2923页。
④ (清)吴广成撰,胡玉冰校注:《西夏书事校注》卷三五,上海古籍出版社2021年版,第430页。

升至翔庆军都统军,并封西平公。大庆四年(1143年),夏国国内因饥荒与地震灾害,威州、静州、定州等地相继发生起义,得敬又率军讨平诸州之乱。任氏一族的政治权威逐渐发展,以至于得敬"冀与国政","上表请朝"①。最终,仁孝召得敬入朝,官为尚书令。其后,又晋升为中书令。天盛八年(1156年)九月,"以任得敬为国相","势日专横,政由己出,举朝侧目"②,得敬的权势达到鼎盛。随着得敬的得势,其族人多有官职,如弟得仁为南院宣徽使、得聪为殿前太尉、得恭为兴庆尹,侄纯忠为枢密副都承旨。随着任氏权势的增强,政治野心亦随之增长,以至于得敬有分国之举。任太后死,得敬即胁逼仁孝分国,仁孝被逼允许分夏国之西南路及灵州给得敬自立国,并遣左枢密使浪讹进忠、翰林学士焦景颜赴金朝为得敬求封册。金主知仁孝为得敬所迫,赐诏仁孝询问缘由。得敬因之心有恐惧,密谋应变。仁孝在金朝帮助下,举兵讨杀得敬,尽诛其党羽,任氏一族至此覆灭。

### 三、幽云地区原地方大族形成的世家大族

幽云地区在归入辽朝版图以后,由于契丹统治者采取以汉制待汉人的策略,官僚豪强利益基本未受损害,所以原地方大族多能积极与契丹统治者合作。凭借各种优势跻入新朝中上层官僚行列者,逐渐获得各种政治、经济特权,宗族势力得到进一步加强,从而成为世家大族。宋人夏竦曾说:"自幽蓟陷敌之余,晋季蒙尘之后,中国器度工巧、衣冠士族,多为犬戎所有。"③这里所说的中原王朝统治下的"衣冠士族",虽入辽后有所分化,但无疑是汉人世家大族的重要来源。

应州邢氏,入辽第一代人物当为邢简,仕至刑部郎中。其妻陈氏,营州人,父陈陉五代时累官司徒。④ 由此可知邢氏必为地方大族。简有子6人,

---

① (清)吴广成撰,胡玉冰校注:《西夏书事校注》卷三六,上海古籍出版社2021年版,第446页。
② (清)吴广成撰,胡玉冰校注:《西夏书事校注》卷三六,上海古籍出版社2021年版,第451页。
③ (宋)夏竦:《文庄集》卷一三《计北寇》,宋集珍本丛刊本,第2册,线装书局2004年版,第551页。
④ (元)脱脱等:《辽史》卷一〇七《邢简妻陈氏传》,中华书局2017年版,第1620页。

其中抱朴仕至南院枢密使,卒后赠侍中;抱质亦官至侍中。兄弟二人曾受经于母陈氏,皆以儒术显,时人荣之。①

析津李氏,奠基人物李仲禧,重熙中始仕,然仕宦甚为顺达。清宁初即至同知南院宣徽使事,而咸雍年间更获得"赐国姓"之殊荣,官升南院枢密使。仲禧子俨、俦,皆进士及第。俨"好学,有诗名,登咸雍进士第"②,历著作佐郎、大理卿、景州刺史、参知政事、知枢密院事等职,先后受到道宗和天祚帝的宠信,死后赠尚父,曾修《皇朝实录》70卷。俦曾为朝议大夫、守太常少卿、充史馆修撰③。俨子3人:处贞,太常少卿;处廉,同知中京留守事;处能,少府少监。李氏宗族"号李状元家",是当时"燕人之最以学著者"④。俨侄处温,辽末为相。天祚奔夹山后,处温与从弟处能、子奭,"外假怨军声援,结都统萧幹谋立魏国王淳",建立耶律淳政权。在政权中,处温守太尉,处能直枢密院,奭为少府少监,李氏宗族成为政权中的核心宗族之一。然政权很快陷入危机之中,淳死后,其妻萧氏将处温赐死,诛杀奭,籍没其家产,三代兴盛的李氏宗族迅速衰落下去。⑤ 处能落发为僧,侥幸逃脱,后投奔宋朝,拜延康殿学士,被赐姓名赵敏修。⑥

南京宛平县王泽宗族,"弈叶居燕,号为著族"。泽之曾祖嗣,"不仕而殁",祖让、父英,均曾为燕京染院使。至泽一辈,这一宗族进一步兴发起来。泽于开泰七年(1018年)登进士第,仕至奉陵军节度使。泽兄弟5人,其弟"惟善,在班祗候,早逝。次清,西头供奉官。次滋,登进士第,右司郎中、史馆修撰。次润,析津府文学"。泽"有子二人,皆进士登第",长子纪,曾仕上京留守推官、西京府少尹;次子纲,曾仕翰林学士、知制诰。纪之子安

---

① (元)脱脱等:《辽史》卷一〇七《邢简妻陈氏传》、卷八〇《邢抱朴传》,中华书局2017年版,第1620、1409页。

② (元)脱脱等:《辽史》卷九八《耶律俨传》,中华书局2017年版,第1557页。

③ 参见(宋)陆游:《家世旧闻》卷上《楚公使辽》,中华书局1993年版,第191页。

④ (宋)侯延庆:《退斋闲雅录》卷四,载《辽史拾遗》卷一〇《道宗纪一》,丛书集成初编本,中华书局1985年版,第181页。

⑤ (元)脱脱等:《辽史》卷九八《耶律俨传》,中华书局2017年版,第1558页;卷一〇二《李处温传》,第1587页。

⑥ 参见(宋)李心传:《建炎以来系年要录》"绍兴二年九月",中华书局2013年版,第1178页。

裔亦进士及第,仕神山县令。安裔子遽,知侍卫马军都虞候;惿,左承制。①
这一宗族至辽亡时族人仕宦不绝,在燕京地区的地方大族中具有一定代
表性。

　　医巫闾梁氏,梁文规为幽州军都指挥使,防御使;子廷嗣宰范阳县,历
任贵德州节度副使、宁远军节度使;孙延敬为内供奉班祗候,娶荆王女耶
律氏;曾孙仲方为宥州刺史,娶利州观察使郑玶之女。至第五代,拣由进
士入仕,任秘书省校书郎;援亦进士入仕,且高中状元,仕至知枢密院事,
娶职方郎中张靖之女;揆为左承制;抃由进士入仕,任秘书监。第六代,庆
详为左承制;庆谊为内供奉班祗候;庆先特赐进士及第,任应奉阁下文字;
庆元为左承制、洛苑副使;庆玄为内供奉班祗候;庆衷为阁门祗候②。延及
金朝,抃"之孙某,大定中户部尚书";援"之孙彬,明昌中济南尹。故梁氏世
为闾山甲族"。另有抃之子"庆璋,定远大将军、相州酒史";庆璋之子"镰,
宣武将军、彭城尉"③。

　　通州潞县王氏,王籍在辽朝时获"赠中书令、太原郡公",其后人历仕金
朝。至其七世孙利用,仕元朝,官至直学士。④　王氏宗族历仕辽金元而
不衰。

　　缙山侯氏,"侯氏大姓,世雄乡里……号衣冠族,辽金以来蝉联名宦不
绝,著称云朔间"。侯氏应是辽金时世代仕宦的地方大族。金朝时,侯士温
作为侯氏的"贤子弟",曾娶当地李氏宗族之女。因李氏年幼守寡,在战乱
中携子流离,教子孙有成,曾被元政府作为贞节典范,"许其家立祠奉祀"⑤。

　　以上数家,初仕情况均不甚明确,尤其是无明显军功可记。可见,他们

---

① 参见《王泽墓志》《王安裔墓志》,载向南编:《辽代石刻文编》,河北教育出版社1995年
　　版,第259—261、687页。
② 《梁援墓志》《梁援妻张氏墓志》《郑恪墓志》,载向南编:《辽代石刻文编》,河北教育出
　　版社1995年版,第519、566、428页。
③ (金)元好问著,狄宝心校注:《元好问文编年校注》卷三《赞皇郡太君墓铭》,中华书局
　　2012年版,第226—227页。梁抃之名,原文误为"忭"。
④ (明)宋濂等:《元史》卷一七〇《王利用传》,中华书局1976年版,第3993页。
⑤ (元)苏天爵编:《元文类》卷二〇郭松年《侯府君夫人李氏祠堂碑》,商务印书馆1958年
　　版,第253页。

多是凭宗族影响和文化优势进入仕途的。宋人苏轼说:"山前诸郡,既为(契丹)所并,则中国士大夫有立其朝者矣。"①他们能通过仕辽而使宗族势力得到发展,说明幽云地区的汉人地主阶级与少数民族统治者之间的确是存在密切合作关系的。

### 四、以科举起家的世家大族

辽朝的科举考试,主要是针对汉人而设,然前期取人甚少,进士出身者尚未受到特别重视。中期以后,不但取士人数增多,且进士身份在仕进中已越来越受重视。因此,众多出身于庶族地主者,便依靠读书应举而跻身于官僚阶层。正如《辽史》所言:"至景、圣间,则科目聿兴,士有由下僚擢升侍从,骎骎崇儒之美。"②以此为途径,逐渐形成了许多新兴世家大族。

南京人室昉,会同初年登进士第,历仕太宗、世宗、穆宗、景宗、圣宗五朝,官至枢密使兼北府宰相,加尚父,在汉人臣僚中少有其比。③ 其子种,奔宋为西京巡检④,宗族因之不甚显达。辽圣宗统和年间出使宋朝的给事中室程⑤,亦当为昉子侄辈成员。

南京析津人程冀,"仕辽广德军节度使",不但自己由科第入仕,而且6个儿子皆从事举业,"父子皆擢科第,士族号其家为'程一举'"。冀次子四穆,官至崇义军节度使。四穆之季子寀,"笃学,中进士甲科"⑥。程氏跨辽金而科第蝉联。

元人苏天爵曾云:"辽金大族,如刘、韩、马、赵、时、左、张、吕,其坟墓多在京畿。"⑦可见,在元人看来,辽金大族中的代表,除燕四大族外,尚有时、左、张、吕四族。这后四大族,应即是辽朝中期以后以科举起家的汉人世家

---

① 《苏轼文集》卷九《策断三》,中华书局1986年版,第287页。
② (元)脱脱等:《辽史》卷一〇三《文学传上》,中华书局2017年版,第1593页。
③ (元)脱脱等:《辽史》卷七九《室昉传》,中华书局2017年版,第1401—1402页。
④ (宋)黄鉴、宋庠:《杨文公谈苑》卷七《室种》,载《全宋笔记》第8编,第9册,大象出版社2017年版,第147页。
⑤ 参见(宋)李焘:《续资治通鉴长编》卷七四"大中祥符三年九月丙戌",中华书局2004年版,第1689页。
⑥ (元)脱脱等:《金史》卷一〇五《程寀传》,中华书局2020年版,第2443页。
⑦ (元)苏天爵:《滋溪文稿》卷二五《三史质疑》,中华书局1997年版,第423页。

大族的代表。

时氏占籍涿州新城，兴起于辽末，至金代甚为显达。时氏宗族的代表人物时立爱，于大康九年（1083年）中进士，在辽仕至辽兴军节度使兼汉军都统。① 时氏联姻于析津府王氏，立爱曾娶签枢密院事王师儒之女为妻。② 据碑志记载，立爱曾祖名延义，"潜德不仕"；祖名峦，"以仁孝勤俭裕其家"；父名承谏，"保有世资"。可见，在立爱起家之前，时氏虽是地方上具有较强经济势力的豪强大族，然无仕宦者。时氏宗族依靠科举而迅速崛起于辽末金初。天辅七年（1123年），金太祖完颜阿骨打攻灭辽国，立爱在审时度势之下积极归附新朝，"率其众纳款于燕，武元嘉之，超授同中书门下平章事、诸行宫都部署"③。仕金后，立爱又先后担任泰宁军节度使、知枢密院事、中书令等官职，并获得封爵，以"开府仪同三司、钜鹿王致仕"。立爱之后，时氏家族成员在仕途上并无太过显著的成就，所任多为中下级官吏。从出土墓志来看，立爱次子渐曾任太子左翊卫校尉，季子丰凭借其父地位入仕，"以恩特补左班殿直门只候"④，仕至领枢密院行营都提点、礼宾副使。孙辈之中，侄孙昌国"为通事舍人、东上阁门副使、客省副使者皆一，为西上阁门副使、引进副使、西上阁门使、东上阁门使者皆再"⑤。这都是一些品阶不高的礼仪官职，远未能再现先辈仕宦的辉煌。

左氏宗族之先祖左皓，原为后唐棣州刺史，入辽后曾守蓟。其后七世无闻，可想左氏宗族已从官僚宗族降为庶族宗族。至左企弓以进士入仕，历中京副留守、知枢密院事等职。耶律淳政权成立，企弓守司徒，加侍中，为其重要成员。企弓之子泌、瀛、渊，其中泌仕辽至棣州刺史。后父子俱降金。企弓降金后官守太傅、中书令，然旋为辽平州节度使张觉所杀。泌降金后仕至陕西路转运使。渊累官燕京副留守、中京路都转运使，在任贪鄙，"务以钱谷自营"，因盗用官府材木而除名。渊子贻庆，在金世宗即位时诣东京上

① 参见（元）脱脱等：《金史》卷七八《时立爱传》，中华书局2020年版，第1887页。
② 《王师儒墓志》，载向南编：《辽代石刻文编》，河北教育出版社1995年版，第647页。
③ 《时立爱墓志铭》，载《河北金石辑录》，河北人民出版社1993年版，第280页；《（民国）新城县志》卷一五李晏《故崇进荣国公致仕谥忠厚时公神道碑铭并序》。
④ 《时丰墓志铭》，载王新英编：《金代石刻辑校》，吉林人民出版社2009年版，第158页。
⑤ 王新英：《金代时立爱家族成员〈时昌国墓志铭〉考释》，《北方文物》2016年第1期。

表,获赐第三甲进士,授从仕郎;光庆,以荫入仕,官至右宣徽使,"喜为诗,善篆隶"①,被人称为"蓟北名士"②。同时氏宗族一样,左氏宗族也是金初的重要汉人宗族。

张氏一族所指不明。崛起于辽朝中期的宛平张氏宗族,在张姓宗族中最为突出,似可当之。张氏虽在辽前期即已数代仕宦,然不甚显达。该宗族的核心人物是张俭。俭曾祖礼,左散骑常侍;祖父正,太中大夫;父雍,左赞善大夫;季父琪,文德县令。俭于统和十四年(996年)举进士第一,历仕顺州从事、参知政事、武定军节度使、南院枢密使、左丞相等官职,在相位20余年。俭受两朝宠遇,圣宗朝封韩王,兴宗朝徙封陈王,加尚父,食邑至25000户,是韩德让之后又一位官高位显的汉人官僚代表人物。由于他"阶官勋宪,事任职秩,亢极人臣,复越今昔"③,终于使张氏大显。俭有弟5人,兴宗曾欲俱赐进士第,但固辞不受;有子3人,2个早亡,嗣宗亦中进士,官朝议大夫。④ 俭从侄嗣复,道宗朝仕至知枢密院事。⑤ 嗣复4子:峄,秦州团练使,知金肃军城主;屺,少府监,知尚书吏部铨;峤,知忠顺军节度副使;岐,顺州商麹都监。⑥ 终辽之世,张氏宗族可谓仕宦不绝。

吕氏一族应指东平吕氏。吕胤"当五代时避乱徙居潒阴,遂为燕人"⑦。后人论及吕姓时曾说:"故燕有此族,自唐已来,世为大家,列缙绅者,代不乏人。"⑧"幽蓟□地迁居,曩号于名家,石晋酬思割据,迁归于圣代,今为燕之人。"⑨

---

① (元)脱脱等:《金史》卷七五《左企弓传》《左泌传》,中华书局2020年版,第1834、1835页。

② (金)元好问编,张静校注:《中州集校注》丙集第三《承旨党公·君锡生子四月八日》,中华书局2018年版,第671页。

③ 《张俭墓志》,载向南编:《辽代石刻文编》,河北教育出版社1995年版,第265—270页。

④ (元)脱脱等:《辽史》卷八〇《张俭传》,中华书局2017年版,第1407—1408页;《张俭墓志》《张琪墓志》,载向南编:《辽代石刻文编》,河北教育出版社1995年版,第265、173页。

⑤ 《马直温妻张馆墓志》,载向南编:《辽代石刻文编》,河北教育出版社1995年版,第634页;(元)脱脱等:《辽史》卷二二《道宗纪二》,中华书局2017年版,第300页。

⑥ 《马直温妻张馆墓志》,载向南编:《辽代石刻文编》,河北教育出版社1995年版,第635页。

⑦ 《吕嗣延墓铭》,载王新英:《全金石刻文辑校》,吉林文史出版社2012年版,第423页。

⑧ 《吕恭墓志铭》,载王新英:《全金石刻文辑校》,吉林文史出版社2012年版,第321页。

⑨ 孙勐:《辽代吕□□墓志考释》,载《鲁谷金代吕氏宗族墓葬发掘报告》,科学出版社2010年版,第137页。

胤之子密,密之子德懋、德方。德懋,统和十二年(994年)状元及第,历仕三司使、枢密副使、知吏部尚书等,至宰相之职。德方,于"辽统和中举进士甲科,官至检校司空、顺州刺史"①。《辽史》中又有吕德推,开泰二年(1013年)任枢密直学士,与德懋、德方二人生活年代一致,字辈相连,应为一族。德懋之子为士宗,太平五年(1025年)曾任礼部员外郎。德方之子士安,重熙中举进士,官至左散骑常侍、奉陵军节度使。士安之子嗣延,寿昌中举进士,官至中京留守,入金后官至太常少卿。《辽史》记载的大安三年(1087年)参知政事吕嗣立,亦应出于一族。② 吕氏宗族在辽朝时已是有名的科举世家,至金朝,仍然极为重视科举与教育,产生了父子状元及多位进士。嗣延之子岩,官至信武将军、燕都仓使;介石,举德兴进士乙科,官至中宪大夫、安州刺史。孙辈成员有:"忠节,保义校尉、卫州酒使;忠卫,忠显校尉、监中都醋使司;忠美,修武校尉、酒房都监……忠敏,举天德进士高弟,令为南京路都转运副使;忠翰,举贞元进士第一,为莫州刺史;忠彦,武略将军、灵石尉;忠一,进义校尉。"③继忠翰成为状元后,其子造又成为状元,一时传为佳话,当时有诗云:"状头家世传三叶,天下科名占两魁。"④

在时、左、张、吕之外,尚有许多逐渐形成的世家大族,或在辽朝兴盛一时而入金后不显,或在金朝中期以后才日渐显盛,因而被排斥在"辽金大族"之外。这些世家大族的政治势力,与时、左、张、吕比较,或有过之而无不及,或难分轩轾,而更多的则是稍有逊色。

金朝在灭辽破宋的过程中,即已开科取士。至金朝中期,社会基本稳定,统治者大力推崇儒家文化,重视教育和科举取士。不少宗族借助金政府重视科举的社会环境而兴起,并逐渐发展成为新兴的世家大族。元好问曾云:"维金朝大定已还,文治既洽,教育亦至。名氏之旧与乡里之彦,率由科举之选。父兄之渊源,师友之讲习,义理益明,利禄益轻。一变五代、辽季衰陋之俗。迄贞祐南渡,名卿材大夫布满台阁。……累叶得人,

---

① 《吕嗣延墓铭》,载王新英:《全金石刻文辑校》,吉林文史出版社2012年版,第423页。

② (元)脱脱等:《辽史》卷二五《道宗纪五》,中华书局2017年版,第334页。

③ 《吕嗣延墓铭》,载王新英:《全金石刻文辑校》,吉林文史出版社2012年版,第423页。

④ (金)元好问:《续夷坚志》卷三《吕状元梦应》,中华书局2006年版,第55页。

于兹为盛。"①日照张氏、浑源刘氏等均是以科举起家的显赫宗族的代表。莒州日照县人张莘卿,进士起家,中天德三年(1151年)甲科,其子晔及孙辈行信、行简三人青出于蓝,皆位列高官。张氏宗族重视教育,在科举考试中成绩突出。晔为正隆五年(1160年)进士,其子行简于大定十九年(1179年)中进士第一②,行信于大定二十八年中进士。至张氏行字辈以下成员,仍是"诸子侄多中第居官"③,子孙一直延续科举入仕传统,终金之世,仕宦不绝。应州浑源县刘氏,起家人物为刘㧑。关于其先世,碑志记:"刘氏出彭城望族,五季板荡,播迁朔土。辽末,远祖讳用者,居弘州顺圣县之耀武关,世业耕稼。生子翰,赠承德郎,配张氏,追封彭城郡太君。生㧑,字仲谦,即今监察御史郁之高祖也。"㧑于天会元年(1123年)词赋进士第一,"子孙多由科第入仕"。㧑子汲、渭、溁、濬,其中汲、渭同擢天德三年进士。汲子偘,又中大定十年进士;濬子俨,中承安二年(1197年)进士。至第四代又有从益于大安元年(1209年)进士及第,从禹于正大七年(1230年)词赋进士及第。当时传为"四世八进士",被赵秉文誉为"丛桂蟾窟"。刘氏后人祁记其事云:"余高祖南山翁未第时,尝梦游山寺,见佛衣纹隐隐如金字,然细观之,乃七言诗也。觉而记其四句云:'喜逢汉代龙兴日,高谢商山豹隐秋。蟾宫好养青青桂,须占鳌头稳上游。'已而,金朝初开进士举,中魁甲。继以二子西岩、龙泉同擢第,又继以孙洺州君,继以孙中奉君、朝列君、曾孙翰林君、奉政君,凡四世八人也。在南京时,中奉君尝求书'八桂堂'于赵闲闲,闲闲曰:'君家岂止八桂而已耶?'为书'丛桂蟾窟'四字云。"④直至金末元初,祁、郁兄弟仍以文学知名。⑤　又有陵川武氏家族,武明甫"赋质纯厚,

① (金)元好问著,狄宝心校注:《元好问文编年校注》卷二《内相文献杨公神道碑铭》,中华书局2012年版,第141—142页。

② (元)脱脱等:《金史》卷一〇六《张晔传》《张行简传》,中华书局2020年版,第2467、2465页。

③ (元)脱脱等:《金史》卷一〇七《张行信传》,中华书局2020年版,第2509页。

④ (元)刘祁:《归潜志》卷一〇,中华书局1983年版,第120页。

⑤ 参见(元)王恽著,杨亮、钟彦飞点校:《王恽全集汇校》卷五八《浑源刘氏世德碑铭并序》,中华书局2013年版,第2565—2571页;(元)脱脱等:《金史》卷一二六《刘从艺传》,中华书局2020年版,第2883—2884页。

聪明过人,年方弱冠,即登贞元状元及第。"①其从子天佑,泰和三年(1203
年)经义第一。天佑弟天和,泰和六年(1206年)经义第一。时人称为"陵
川武氏三状元"。

当然,汉人世家大族的发展并不局限于以上4种渠道。而且,以上4种
渠道也非截然分明,而是相互融合、相互渗透的。一个世家大族的形成,往
往是诸种因素综合作用的结果。但不管怎么说,通过各种渠道发展起来的
汉人世家大族,在辽夏金社会结构中占有重要地位,是社会生活中不容忽视
的一种力量。

## 第二节　渤海世家大族

渤海族的形成,是以历史上的渤海国为基础的。早在7世纪后期,渤海
国就已建国。渤海国的创立者虽为粟末靺鞨,但在发展过程中逐渐吸纳了
一些其他民族。在渤海国内部,汉化程度和民族融合程度都非常深。契丹
灭渤海国后,基本上是将渤海遗民看作一个民族共同体的。辽金时期渤海
的世家大族以渤海王族和右姓为代表,基本上是以原渤海国的传统世家大
族为主的。

### 一、渤海王族

先天二年(713年),大祚荣被唐王朝册封为渤海郡王。自此之后,子孙
世袭这一封号,后又晋封为渤海国王。因此,渤海政权中最尊贵的宗族号称
"王族"。

耶律阿保机灭渤海后,将渤海王大諲譔举族西迁,押送到皇都上京临潢
府以西,"筑城以居之"②。大諲譔一子大光显逃奔高丽,改姓王氏。史称辽
太祖"灭渤海国,存其族帐,亚于遥辇"③,说明渤海王族在名义上也得到契

---

①　(清)张金吾编:《金文最》卷八七《武公墓表碑铭》,中华书局1990年版,第1275页。

②　(元)脱脱等:《辽史》卷二《太祖纪下》,中华书局2017年版,第25页。

③　(元)脱脱等:《辽史》卷四五《百官志一》,中华书局2017年版,第799页。

丹统治者的尊崇。

由于在大氏统治渤海的 200 余年时间里,王族已发展成为一个十分庞大的宗族。在成员仕宦过程中,一些支系已分散各地,各自发展,因而具有相对的独立性。被契丹人迁至上京临潢府的,只是大諲撰的近属,是渤海王族的核心部分,而非全部。

辽朝官制中,"北面诸帐官"中有所谓"渤海帐司",尽管《辽史》云其"官职未详"①,但还是列有渤海宰相、渤海太保、渤海挞马三个官职及渤海近侍详稳司一个机构。可见,被掳至临潢府的渤海王族,与契丹一些重要宗族一样,被视作一个重要的"族帐"。因而,契丹统治者为其专门建立了一个帐司,并与遥辇帐、大国舅司、国舅别部、奚王府、乙室王府等一同列入特殊宗族帐司。这也是契丹统治者对渤海王族的一个特殊优待。

渤海王族中的疏属成员和支系,由于散处各地而得到辽朝的优待较少,有些已与其他渤海"右姓"无别。尽管如此,他们的势力却也不容忽视。凭借各种途径,他们或可以使本支的地位由衰弱而重新得到提升,或可以维护在东丹国(后为东京地区)的较高政治地位。如大公鼎一系,"先世籍辽阳率宾县",无疑已是王族疏属。"统和间,徙辽东豪右以实中京,因家于大定",则是被作为"豪右"对待的。公鼎曾祖忠为礼宾使,祖父则无闻,父信为兴中主簿,可见这一家系在世家大族中已属于下层。公鼎咸雍十年(1074 年)登进士第,调沈州观察判官,历良乡令、兴国军节度副使、大理卿、长宁军节度使、南京副留守、东京户部使等,官至中京留守。其子昌龄,官左承制;昌嗣,官洺州刺史;昌朝,官镇宁军节度。公鼎父子的仕宦,使这一支系的势力得到不断上升,然已是辽朝灭亡的前夕,难以再正常发展。在公鼎等支系迁出辽阳后,留在辽阳的大氏族人,也是"世仕辽有显者"②的。

在已知的渤海王族仕宦成员中,有辽一代以南府宰相大康乂官职最高。南府宰相是辽朝中央官员中的一个重要职位,多以皇族成员充任。康乂于开泰间累官南府宰相,说明渤海王族成员有资格担任中央重要官职。

① (元)脱脱等:《辽史》卷四五《百官志一》,中华书局 2017 年版,第 803 页。
② (元)脱脱等:《金史》卷八〇《大臭传》,中华书局 2020 年版,第 1921 页。

渤海族作为曾与契丹族长期作对的民族,尤其受到契丹统治者的民族压迫。正是这种压迫,曾激起过多次渤海人的反抗斗争,而其中规模最大的一次,则是渤海王族成员大延琳领导的反叛斗争。这次斗争,除具有反抗辽朝经济压迫的因素外,还具有明显的复国斗争色彩。据记载,太平九年(1029 年)八月,"东京舍利军详稳大延琳囚留守、驸马都尉萧孝先及南阳公主,杀户部使韩绍勋、副使王嘉、四捷军都指挥使萧颇得,延琳遂僭位,号其国为兴辽,年为天庆"①。虽然在反叛之前东京地区已"民怨思乱",具有了较好的社会基础,但在斗争过程中,仍然显示了渤海王族的强大号召力。辽东地区的渤海遗民纷纷起兵相应,甚至于"时南北女直,皆从延琳"。契丹统治者不得不迅速调集大军,加以镇压。天祚帝末期,乘混乱之际,渤海遗民又"聚族立姓大者于旧国为王"②,然旋为金人讨灭。

金代的大氏后裔也多有跻身社会上层者。由于女真起兵时曾有意联合渤海族,因而完颜氏皇族世代与渤海世家大族通婚。大氏后裔也多有与皇族通婚者。作为金太祖长子的完颜宗幹,即娶大氏女子,海陵王完颜亮即其所生。海陵即位,尊大氏为皇太后。大氏"曾祖坚嗣赠司空,祖臣宝赠司徒,父昊天赠太尉、国公,兄兴国奴赠开府仪同三司、卫国公"③。海陵还有一个"从母姊"④大氏,嫁宗室完颜昂。其他宗室成员与大氏联姻者也不乏其人。如完颜亨"次妃大氏"⑤;完颜阿里虎娶大氏为妻。同时,海陵王有一个"第二娘子大氏"⑥,即位后逐渐进封元妃;金世宗的柔妃也是大氏。此二女及阿里虎之妻均为挞不野之女。挞不野即大臭之本名。可以看出,大氏与金朝皇室的联姻相当频繁。这也说明大氏宗族在金朝具有很高的社会地位。

金代大氏宗族的代表人物,当以开国功臣大臭为首。臭早年曾为辽王

①　(元)脱脱等:《辽史》卷一七《圣宗纪八》,中华书局 2017 年版,第 230 页。
②　(宋)洪皓:《松漠纪闻》,载《全宋笔记》第 3 编,第 7 册,大象出版社 2008 年版,第 119 页。
③　(元)脱脱等:《金史》卷六三《海陵母大氏传》,中华书局 2020 年版,第 1602 页。
④　(元)脱脱等:《金史》卷八四《昂传》,中华书局 2020 年版,第 2008 页。完颜昂之妻大氏,似应为完颜亮之舅家女,或即大兴国奴之女。
⑤　(元)脱脱等:《金史》卷七七《亨传》,中华书局 2020 年版,第 1870 页。
⑥　(元)脱脱等:《金史》卷六三《海陵后徒单氏传》,中华书局 2020 年版,第 1604 页。

朝效力,"辽兵败,臬脱身走宁江。宁江破,臬越城而逃,为军士所获,太祖问其家世,因收养之。收国二年,为东京奚民谋克。是时,初破高永昌,东京旁郡邑未尽服属,使臬伺察反侧。有闻必达,太祖以为忠实,授猛安,兼同知东京留守事"。此后灭辽侵宋,臬均立有军功。天会十一年(1133年),"入见,太宗赐坐,慰劳甚久,特迁太子太保,赐衣一袭、马二匹及鞍辔铠甲,改元帅右都监。齐国废,臬守汴京。熙宗念臬久劳,降御书宠异之"。海陵即位,疑左副元帅完颜撒离喝,以大臬为行台左丞相,使伺察之。后海陵竟杀撒离喝,召臬入朝,"拜尚书右丞相,封神麓郡王"①。臬有子磐,本名蒲速越,"以大臣子累官登州刺史,袭猛安"。大定三年(1163年),除嵩州刺史,从仆散忠义伐宋有功。不过,此人在武宁军节度使任上曾"坐事除名"。后虽"起为韩州刺史,改祁州刺史",但"复坐事,削四官,解职"。只是因为臬"别无嫡嗣"②,从而使其世袭猛安的爵位得以保留。

金代的大氏臣僚,除大臬父子外,还有海陵王时有点检大怀忠等人。大氏宗族出于自身发展的需要,积极与女真宗室联姻,故而海陵王、金世宗、卫绍王三人生母皆出自大氏。

## 二、渤海右姓

在渤海国统治时期,社会阶层相当固化,门阀观念十分强烈。"右姓曰高、张、杨、窦、乌、李,不过数种"③。这些"右姓",都是长期仕宦而形成的高门大族。诸右姓已取得了诸多特权,政治上世代仕宦,经济上拥有众多部曲、奴婢④,宗族地位得以长期维持。

渤海国被灭,右姓们的利益受到一定程度的冲击,出现了明显的分化。除一些人或西归中原王朝,或南奔高丽外,留在原渤海国区域内的,则沿着不同的道路发展。

---

① (元)脱脱等:《金史》卷八〇《大臬传》,中华书局2020年版,第1923页。
② (元)脱脱等:《金史》卷八〇《磐传》,中华书局2020年版,第1924页。
③ (宋)洪皓:《松漠纪闻》,载《全宋笔记》第3编,第7册,大象出版社2008年版,第119页。
④ 参见(宋)洪皓:《松漠纪闻》云:"部曲、奴婢无姓者,皆从其主。"(《全宋笔记》第3编,第7册,大象出版社2008年版,第119页)

　　第一种发展道路，是凭着宗族势力和影响，"据地自立，通宋而拒契丹"①，成为地方独立或半独立势力。其中最有影响的，是定安、乌惹二国，这两个小国（或为部族）首领均为乌姓宗族成员。尽管未必出自同一个宗族，但他们均来源于原渤海国的高门大族，当是不成问题的。定安国乃是契丹攻破渤海国后，有乌姓酋帅"守节不降，与众避地"而建，至其孙乌玄明为国王时，曾与宋太宗有书信往来，愿助讨契丹，以张掎角之势。② 乌惹国，《辽史》多作"兀惹部"，有户万余，亦为渤海旧臣乌氏所建。统和十三年（995年），其王乌昭度与叛辽之渤海人燕颇③等侵铁骊部，辽遣奚王和朔奴等讨之，乌昭度不久款服。此后叛服不常，最终归附女真。"据地自立"式的渤海右姓，主要是原渤海国中在地方上有较大势力的部族酋长类大姓。

　　第二种发展道路，是仕辽、金而显，在新王朝中继续保持其社会地位，而成为新王朝的高门大族。这种情况的渤海右姓，以高氏最为突出。高氏仕辽的代表人物为高模翰。耶律阿保机平渤海之时，模翰也和其他一些右姓人物一样，"避地高丽"，高丽王待为贵宾，"妻以女"。后"因罪亡归"，并且又"坐使酒杀人下狱"。然而，阿保机知其为将才，特予赦免。模翰仕辽后，果然屡立战功。在天显十一年（936年）的援晋之战胜利后，辽太宗曾当面称赞他说："朕自起兵，百余战，卿功第一，虽古名将无以加。"授上将军头衔，后又以功加侍中、加太傅，仕至天下兵马都部署。世宗天禄二年（948年），模翰加开府仪同三司。穆宗应历初，为东京中台省右相，后迁左相而卒。④ 高氏宗族在辽初似还产生了一位有影响的女性。耶律倍从东丹国浮海奔后唐时携一高美人，极可能属渤海右姓。至后唐以后，高氏生子道隐。自模翰之后，高氏宗族"代袭重禄，家累余赀"，成为依附于辽王朝的世家大族。模翰子儒，历官胜州刺史。儒子为裘，"由祖父荫寄班祗候"，仕至知顺

① 黄维翰：《渤海国记》卷上《种族》，载金毓黻辑：《辽海丛书》第1集，第11页。

② 参见（元）脱脱等：《宋史》卷四九一《定安国传》，中华书局1985年版，第14128页。

③ 燕颇，渤海人，曾仕辽，为黄龙府卫将，于保宁七年（975年）杀其监张琚以叛。辽遣敞史耶律曷里必讨之，燕颇败走兀惹城。参见《辽史》卷八《景宗纪上》，中华书局2017年版，第103页。

④ 参见（元）脱脱等：《辽史》卷七六《高模翰传》，中华书局2017年版，第1377—1378页。

义军马步军都指挥使事。为裘有子 3 人,曰泽,曰洵,曰渥。有女 2 人,"长女适扶风马三郎,次女适夫(扶)风马兴祖,皆名家子"①。泽子永肩,仕至蔚州长清军指挥使。② 圣宗开泰七年(1018 年)在与高丽之战中战死的渤海详稳高清明③,虽世系不明,但却极可能为模翰之后。作为一个跨越王朝而不断发展的世家大族,高氏宗族也已出现了不同分支,居住于不同地区。模翰之先世,本为渤海国扶馀府鱼谷县人,其后代为裘一系,则迁居于朔州鄯阳县。④ 除居于朔州的这一支外,辰州的一支则在辽末金初兴发起来。高安国仕辽至兴、辰、开三镇节度使,子六哥,官至刺史。六哥子彪,生当辽金易代之时,仕金至枢密副使。另有彪宗人昂,曾与彪率兵三千攻取廓州。⑤ 辽阳作为辽朝东部的政治经济中心,居民以渤海人为主,因而也是高氏甚为集中的居住区。在辽末的政治动乱中,东京裨将高永昌,领导了渤海人的抗辽运动,称帝建国,后为金人所灭。而叛乱发生时任东京副留守者为高清臣⑥。辽末渤海高氏闻人尚有海州刺史高仙寿,曾于天庆四年(1114年)统渤海军应援受女真攻击的宁江州。⑦ 辽阳人高桢,也曾参与高永昌集团,降金后任同知东京留守事,授猛安,仕至御史大夫。⑧ 高德基,皇统二年(1142 年)进士,仕至户部尚书。⑨ 子锡,以荫补官,累迁河北东路按察转运使,金末为国捐躯。⑩ 高衎,年二十六登进士第,仕至吏部尚书。⑪

---

① 《高为裘墓志》,载向南编:《辽代石刻文编》,河北教育出版社 1995 年版,第 609 页。
② 参见《高泽墓志》,载向南编:《辽代石刻文编》,河北教育出版社 1995 年版,第 612 页。
③ 参见(元)脱脱等:《辽史》卷一六《圣宗纪七》,中华书局 2017 年版,第 207 页。
④ 参见《高为裘墓志》《高泽墓志》,载向南编:《辽代石刻文编》,河北教育出版社 1995 年版,第 610、611 页。文编编者向南先生认为"高模翰家族在援晋时被留在山西",似误。因《辽史》已明言高模翰卒于东京中台省右相任上,其后人又多有为辽阳人者。如五世孙高桢,即为"辽阳渤海人"((元)脱脱等:《金史》卷八四《高桢传》,中华书局 2020 年版,第 2009 页)。高氏迁朔州,似为高为裘时,因为裘任官朔州(顺义军)马步军都指挥使。
⑤ 参见(元)脱脱等:《金史》卷八一《高彪传》,中华书局 2020 年版,第 1938 页。
⑥ 参见(元)脱脱等:《辽史》卷二八《天祚皇帝纪二》,中华书局 2017 年版,第 374 页;卷四八《百官志四》,第 897 页。
⑦ 参见(元)脱脱等:《辽史》卷二七《天祚皇帝纪一》,中华书局 2017 年版,第 367 页。
⑧ 参见(元)脱脱等:《金史》卷八四《高桢传》,中华书局 2020 年版,第 2009—2010 页。
⑨ 参见(元)脱脱等:《金史》卷九〇《高德基传》,中华书局 2020 年版,第 2118 页。
⑩ 参见(元)脱脱等:《金史》卷一二一《高锡传》,中华书局 2020 年版,第 2799 页。
⑪ (元)脱脱等:《金史》卷九〇《高衎传》,中华书局 2020 年版,第 2127 页。

高氏无疑是这一发展道路的代表性的宗族,除此之外,其他渤海右姓在辽金仕宦者亦大有人在。尽管《辽史》一书中缺乏明确记载,然根据《辽史》隐晦的记载及《金史》等书,我们仍可对窦氏和李氏作一相对清晰的叙述。

首先看窦氏。《辽史》有《窦景庸传》,云:"中京人,中书令振之子。"中京大定府,本为奚王牙帐地,辽圣宗统和年间于此建都。而与此同时,又"徙辽东豪右以实中京",许多辽东豪右"因家于大定"①。据此而论,中京窦氏极可能就是渤海右姓窦氏。窦景庸之父为中书令振,子瑜官至三司副使。景庸于清宁中第进士,历枢密直学士、南院枢密副使、知枢密院事、南府宰相、中京留守等重要官职。② 窦氏可谓是一个仕辽而显的世家大族。

其次看李氏。李姓作为大姓,《辽史》所载人物较多,然无明言为渤海李氏者,幸金代辽阳李氏为一显赫大族,有关传记不免提及这个宗族的先世。③ 据史书记载:"李石字子坚,辽阳人,贞懿皇后弟也。先世仕辽,为宰相。高祖仙寿,尝脱辽主之舅于难,辽帝赐仙寿辽阳及汤池地千顷,佗物称是,常以李舅目之。父雏讹只,桂州观察使,高永昌据东京,率众攻之,不胜而死。"④雏讹只还被人称为"世为辽阳大族观察使李侯"⑤。可见,李氏宗族也是一个仕辽而显的渤海世家大族。石于乾统七年(1107 年)以进士第一入仕⑥,辽末任翰林学士,在辽末动荡中"先尝被掳,后缘张觉放归"⑦,曾

---

① (元)脱脱等:《辽史》卷一〇五《大公鼎传》,中华书局 2017 年版,第 1608 页。
② 参见(元)脱脱等:《辽史》卷九七《窦景庸传》,中华书局 2017 年版,第 1549 页;卷二五《道宗纪五》,第 337 页。《力庄严三昧》云"施主燕台故窦相公女赐紫比丘尼",窦氏可能又曾进一步南迁。参见陈述辑:《全辽文》卷一二《窦景庸女赐紫比丘尼造经记》,中华书局 1982 年版。
③ 尽管《金史》没有明确指出辽阳李氏为渤海遗族,然这一点已为中外学者所证实。参见刘浦江:《辽金史论》,辽宁大学出版社 1999 年版,第 97 页。
④ (元)脱脱等:《金史》卷八六《李石传》,中华书局 2020 年版,第 2031 页。
⑤ 《通慧圆明大师塔铭》,邹宝库:《辽阳市发现金代〈通慧圆明大师塔铭〉》,《考古》1984 年第 2 期。
⑥ (元)脱脱等:《辽史》卷二七《天祚皇帝纪一》,中华书局 2017 年版,第 361 页。《析津志》记载李献可之父李石为辽末状元,可证《辽史》所载李石即为辽阳李氏宗族之李石。不过,李石何以被记载为燕人(参见(宋)叶隆礼:《契丹国志》卷一二《天祚帝纪下》,上海古籍出版社 1985 年版,第 133 页),仍有待考证。
⑦ (旧题)(宋)叶隆礼:《契丹国志》卷一二《天祚帝纪下》,上海古籍出版社 1985 年版,第 133 页。

改名安弼①。在张觉失败后，似又为金人俘获，从此改仕金朝。石之姊洪愿（其子金世宗即位后谥为贞懿皇后），在金初天辅年间金朝贵族"选东京士族女子有姿德者赴上京"②时，被选入完颜宗辅府第。因此，入金以后，李氏宗族的发展更获得空前的机遇。在海陵王南伐之时，"李石定策，世宗即位于东京"③。此后，石在朝中备受恩宠，历仕参知政事、御史大夫、尚书令等官职。石之姊妹除世宗之母外，另有一人于大定四年（1164 年）被封为邢国夫人，获"赐银千两、锦绮二十端、绢五百匹"④。石有一女嫁予世宗，被封元妃。因世宗"感念昭德皇后，不复立后"，而"元妃下皇后一等，在诸妃上"⑤，所以石之女虽未封后，但可说已是事实上的皇后。石另一女嫁出身于渤海大族的张汝猷，且汝猷所娶继室为"兴中府治中、辅国李刚中之女"⑥，亦出自李氏。石子献可、遂可。其中献可于大定十年（1170 年）中进士第，世宗喜曰："太后家有子孙举进士，甚盛事也。"⑦献可累官户部侍郎，迁山东提刑使。献可子道安，擢符宝郎。⑧ 金源一朝，李氏宗族基本上是仕宦不绝的。

　　第三种发展道路，是传统世家大族地位因在新朝仕宦不顺而受到冲击，在沦落一段时期后，又重新兴起。这类右姓主要为张氏和杨氏。张氏人物在《辽史》等书中未见明确记载，具体情况只能从《金史》等书中探知。张氏人物可知者主要有：霸，仕辽，官职不详；霸子祐，祐子匡，"仕辽至节度使"；霸孙行愿，"以世家充枢密院令史，迁左班殿直"⑨。可见，张氏宗族虽仕辽，

---

① （元）脱脱等：《辽史》卷二九《天祚皇帝纪三》，中华书局 2017 年版，第 391 页。
② （元）脱脱等：《金史》卷六四《睿宗贞懿皇后传》，中华书局 2020 年版，第 1616 页。
③ （元）脱脱等：《金史》卷六四《睿宗贞懿皇后传》，中华书局 2020 年版，第 1617 页。
④ （元）脱脱等：《金史》卷六四《睿宗贞懿皇后传》，中华书局 2020 年版，第 1617 页。
⑤ （元）脱脱等：《金史》卷六四《世宗元妃李氏传》，中华书局 2020 年版，第 1621 页。
⑥ 《张汝猷墓志铭》，载王新英：《全金石刻文辑校》，吉林文史出版社 2012 年版，第 471 页。
⑦ （元）脱脱等：《金史》卷八六《李献可传》，中华书局 2020 年版，第 2035 页。
⑧ 参见（元）脱脱等：《金史》卷八六《李石传附献可传》，中华书局 2020 年版，第 2035 页。
⑨ （元）脱脱等：《金史》卷八三《张浩传》《张玄素传》，中华书局 2020 年版，第 1980、1986 页；陈述辑：《全辽文》卷一〇《张行愿墓志》，中华书局 1982 年版，第 287 页。《张浩传》云"本姓高，东明王之后。曾祖霸，仕辽而为张氏"，恐未可信。因张霸后人多有与渤海高氏通婚者，如张玄征、张汝弼等，似有世婚的特点，必非出自一姓。

但并不显达,仅勉强维持世家地位而已。不过,金王朝兴起之后,张氏宗族又重新发达起来。金朝初兴,张浩"以策干太祖,太祖以浩为承应御前文字"。天会八年(1130年),浩获赐进士及第,授秘书郎。天眷二年(1139年),详定内外仪式,历户、工、礼三部侍郎,迁礼部尚书。海陵王即位后,诏浩为户部尚书,拜参知政事,进拜尚书右丞。世宗即位,浩遣户部员外郎完颜谋衍上贺表,拜太师、尚书令,封南阳郡王。浩历仕太祖、太宗、熙宗、海陵王及世宗五朝,在当时政坛上颇具影响,为张氏宗族的兴盛提供了坚实的基础。浩有子汝为、汝冀、汝霖、汝能、汝方、汝招、汝猷,其中汝冀"登进士乙科"①,而兄弟中以被其称为"吾家千里驹"的汝霖仕宦最显。汝霖少聪慧好学,贞元二年(1154年),获赐进士第,特授左补阙。大定八年(1168年),除刑部郎中。后拜参知政事,汝霖族兄汝弼亦于同日进拜尚书左丞,时人荣之。二十八年,进拜平章政事,封芮国公。章宗即位,加银青荣禄大夫,进封莘。张玄素与浩同曾祖,在辽末以荫得官。随高永昌据辽阳,金军至,玄素开门出降,由此特授世袭铜州猛安。天会间,历西上阁门使、客省使、东宫计司。后改镇西军节度使,迁东京路都转运使。世宗即位,玄素来见,与李石力言宜早迁燕京,官至户部尚书。玄素之兄玄徵,官彰信军节度使,女为世宗元妃。玄徵子汝弼,初以父荫补官,正隆二年(1157年),中进士第,调沈州乐郊县主簿。"世宗即位于辽阳,汝弼与叔玄素俱往归之,擢应奉翰林文字",仕至尚书左丞。"汝弼为相,不能正谏。上所欲为,则顺而导之,所不欲为,则微言以观其意。上责之,则婉辞以引过,终不忤之也。而上亦知之。且黩货,以计取诸家名园甲第珍玩奇好,士论薄之。"②尽管如此,张氏宗族在金代的发展却甚为顺利,并与大氏、李氏、王氏等渤海大族世代联姻,成为具有重要社会影响的世家大族。

渤海杨氏人物《辽史》中仅见二人。一是杨详世,此人《辽史》仅两见。一处云:"东京贼将杨详世密送款,夜开南门纳辽军。擒(大)延琳,渤海平。"③

---

① 《张汝猷墓志铭》,载王新英:《全金石刻文辑校》,吉林文史出版社2012年版,第471页。
② (元)脱脱等:《金史》卷八三《张汝弼传》,中华书局2020年版,第1987、1989页。
③ (元)脱脱等:《辽史》卷一七《圣宗纪八》,中华书局2017年版,第231页。

另一处云："其将杨详世等擒延琳以降,辽东悉平。"①大延琳之叛是带有复国色彩的渤海人叛辽事件,详世虽投降辽朝,然此后史籍中未见其他任何有关他的记载,说明辽朝对这个渤海叛徒也未加以重用。二是杨朴,此人《辽史》亦仅两见。两处人名均在天庆七年(1117 年)纪事中:"是岁,女直阿骨打用铁州杨朴策,即皇帝位,建元天辅,国号金。杨朴又言,自古英雄开国或受禅,必先求大国封册。遂遣使议和,以求封册。"②此处所记事件虽十分重要,然于朴其人,则仅提及而已。倒是《契丹国志》说得较为清楚:"是时有杨朴者,辽东铁州人也,本渤海大族,登进士第,累官校书郎。先是,高永昌叛时,降女真,颇用事,劝阿骨打称皇帝,改元天辅,以王为姓,以旻为名,以其国产金,号大金。又陈说阿骨打曰:'自古英雄开国受禅,先求大国封册。'"③朴作为"渤海大族",不是通过他途,而是通过考中进士而进入仕途的。仕宦亦难显达,仅"累官校书郎"而已。所以先是参加高永昌叛辽,后又降于女真。出于杨氏对辽朝统治下不能显达的觖望,朴极力劝说完颜阿骨打称帝建国,志在灭辽。入辽而衰的渤海右姓虽在政治上的地位难以与从前相比,但经济势力和社会影响未必受到极大削弱。因此,异代鼎革之际这些宗族仍有重新崛起的能力。

以上分析主要根据洪皓提供的渤海右姓线索而展开,但也必须清楚,尽管渤海右姓"不过数种",却未必完全局限于高、张、杨、窦、乌、李六大宗族,只是由于资料的限制,难以再进一步分辨罢了。

### 三、渤海新兴世家大族

由于渤海人受到契丹统治者的猜忌和防范最重,仕辽的渤海人能跻身上层、受到重用的就特别少,而普通宗族的上升则更为困难。尽管如此,仍有渤海新兴世家大族的崛起。至金朝时期,社会环境的改变,为渤海人的仕宦提供了有利条件。下面我们以夏氏宗族和王氏宗族为例对此

---

① (元)脱脱等:《辽史》卷八七《萧孝穆传》,中华书局 2017 年版,第 1466 页。
② (元)脱脱等:《辽史》卷二八《天祚皇帝纪二》,中华书局 2017 年版,第 376 页。
③ (旧题)(宋)叶隆礼:《契丹国志》卷一〇《天祚皇帝上》,上海古籍出版社 1985 年版,第 112 页。

略作说明。

渤海夏氏的核心人物是夏行美。在渤海国时期,夏氏不见任何记载。入辽以后,明确记载为渤海夏氏的人物也仅行美一人而已。据《辽史》记载:

> 夏行美,渤海人。太平九年,大延琳叛,时行美总渤海军于保州。延琳使人说欲与俱叛,行美执送统军耶律蒲古,又诱贼党百人杀之。延琳谋沮,乃婴城自守,数月而破。以功加同政事门下平章事,锡赉甚厚。明年,擢忠顺军节度使。重熙十七年,迁副部署,从点检耶律义先讨蒲奴里,获其酋陶得里以归。致仕,卒。上思其功,遣使祭于家。[1]

在大延琳之叛时,夏行美为渤海太保,戍保州,是渤海人中握有兵权的人物。延琳本打算说服行美一同叛辽,并且"使图统帅耶律蒲古",结果行美"乃以实告",蒲古"得书,遂杀渤海兵八百人,而断其东路"[2]。延琳由是"谋沮"。可见,行美在辽朝平定大延琳之叛的过程中起了十分重要的作用,因而得以"超授"平章事。

《辽史》本传既没有说明夏行美如何入仕,也没有涉及其先人和后人的任何字句。所幸我们从《辽史》的统和七年(989年)纪事中可发现这样一条材料:"以东京骑将夏贞显之子仙寿先登,授高州刺史。"[3]东京骑将的官职和仙寿之名[4]透露出贞显父子为渤海人的一些信息,至于夏氏父子是否为行美先人则无法推断,但出自同一个宗族却是极有可能的。从贞显父子及行美的简要事迹可以看出,夏氏宗族极可能是入辽后由军功而兴起的世家大族。以行美的功业和官位,为子孙后代进一步打开仕宦之门是顺理成章的。

另一个入辽而显的新兴世家大族实例,是渤海王氏。据王氏家牒记载,

---

① (元)脱脱等:《辽史》卷八七《夏行美传》,中华书局2017年版,第1470—1471页。

② (元)脱脱等:《辽史》卷一七《圣宗纪八》,中华书局2017年版,第230页。此处纪与传所记稍有不合,未知孰是。

③ (元)脱脱等:《辽史》卷一二《圣宗纪三》,中华书局2017年版,第143页。

④ 渤海人多有名仙寿者,如文王时献可大夫张仙寿、辽末海州刺史高仙寿及李石高祖李仙寿等。

在原渤海国统治时期,王氏宗族无显宦成员①,只是"以孝闻"而已。辽太祖平渤海以后,有王继远者,仕东丹国为翰林学士,"因迁家辽阳"。继远孙咸饬,仕辽朝为中作使。圣宗太平九年(1029 年),避大延琳之难,迁居渔阳。咸饬孙叔宁,官六宅使、恩州刺史,迁居中京大定府。叔宁子永寿,先迁居韩州,后又迁居盖州之熊岳,此时已是天祚帝天庆年间了。② 显然,这个宗族在入辽以后便逐渐成长为一个新兴的渤海世家大族了。入金以后,这个宗族更以文学而显。宗族成员王政,本名南撒里,当辽季乱世,浮沉州里。金兴,政识时度势,归附金朝,授卢州渤海军谋克。后从破白霫,下燕云,伐宋,仕至保静军节度使。政子遵仕、遵义、遵古。遵古登正隆五年(1160 年)进士第,娶渤海族名臣张浩之女,仕至翰林直学士,金章宗曾称他为"故人"。因好学守道,天下目为"辽东夫子"③。遵古子庭筠,大定十六年(1176 年)进士甲科及第,历仕应奉翰林文字、翰林修撰等职。庭筠为一时名士,"为文能道所欲言,暮年诗律深严,七言长篇尤工险韵。……书法学米元章……尤善山水墨竹云"。王氏宗族与张氏宗族世代通婚,庭筠娶张浩孙女为妻。庭筠子万庆,"亦能诗并书,仕至行省右司郎中,自号'澹游'云"④。可见,虽经易代鼎革,但王氏宗族的社会势力基本得以维持。

## 第三节　女真世家大族

女真族在辽代的世家大族主要是在地方上为官,特别是世代占据部族官位的宗族,而能够进入中央政府做官的,则几乎没有。金朝建立后,作为统治民族,部族时期的贵族几乎均获得了世代为官的特权,因而所谓"女真

---

① 参见(元)脱脱等:《金史》卷一二八《王政传》云:"王政,辰州熊岳人也。其先仕渤海及辽,皆有显者。"(中华书局 2020 年版,第 1912 页)这一说法显然不够准确。
② 参见(金)元好问著,狄宝心校注:《元好问文编年校注》卷六《王黄华墓碑》,中华书局 2012 年版,第 1338 页。
③ (清)张金吾编纂:《金文最》卷三五王去非《博州重修庙学碑》,中华书局 1990 年版,第 1016 页。
④ (元)脱脱等:《金史》卷一二六《王庭筠传》,中华书局 2020 年版,第 2882 页。"万庆",《金史》误为"曼庆",据《元好问文编年校注》卷六《王黄华墓碑》改。

贵种"便成为女真世家大族的主体。

## 一、女真皇族

女真皇族是指金朝建国后的以完颜阿骨打为核心形成的完颜氏宗族。而在建国前,"女真服属大辽二百余年,世袭节度使,兄弟相传,周而复始"①,完颜氏已取得了世袭部族官长的特权。建国后,皇族获得各种特权,得以迅速发展,但同时也深受各种政治斗争的影响。

(一)皇族的范围

金代皇族主要是完颜氏始祖函普的直系后裔,同时也包含了若干旁系后裔。据《金史》记载:"金人初起完颜十二部,其后皆以部为氏,史臣记录有称宗室者,有称完颜者。称完颜者亦有二焉,有同姓完颜,盖疏族,若石土门、迪古乃是也;有异姓完颜,盖部人,若欢都是也。大定以前称宗室,明昌以后避睿宗讳称内族,其实一而已。书名不书氏,其制如此。宣宗诏宗室皆称完颜,不复识别焉。"②以宗室与完颜相对,可见称完颜者应不属于宗室。但由于同姓完颜作为"疏族",毕竟血缘关系较为明确,石土门、迪古乃均为函普兄弟的后人。因而"疏族"中的一些成员经常被视作皇族,特别是函普兄弟的后人。不过,他们在政治上的特权常常被大打折扣。可以说,金代皇族的主体是函普的直系后裔。

(二)皇族的管理

1. 管理机构

金代管理皇族的机构主要是大宗正府。泰和六年(1206年),避睿宗讳,大宗正府改为大睦亲府。其官员设置与职掌情况是:

> 判大宗正事一员,从一品。以皇族中属亲者充,掌敦睦纠率宗属钦奉王命,泰和六年改为判大睦亲事。
>
> 同判大宗正事一员,从二品。泰和六年改为同判大睦亲事。
>
> 同签大宗正事一员,正三品。宗室充。大定元年置。泰和六年改

---

① (旧题)(宋)叶隆礼:《契丹国志》卷一○《天祚皇帝上》,上海古籍出版社1985年版,第102页。

② (元)脱脱等:《金史》卷五九《宗室表》,中华书局2020年版,第1449页。

同签大睦亲事。

　　大宗正丞二员,从四品。一员于宗室中选能干者充,一员不限亲疏,分司上京长贰、兼管治临潢以东六司属,泰和六年改为大睦亲丞。

　　知事一员,从七品。

　　检法,从八品。

　　诸宗室将军,正七品。上京、东温忒二处皆有之。世宗时始命迁官,其户凡百二十。明昌二年更名曰司属,设令、丞。承安二年以令同随朝司令,正七品,丞正八品。中都、上京、扎里瓜、合古西南、梅坚寨、蒲与、临潢、泰州、金山等置,属大宗正府。①

2. 特权

　　金代皇族的政治特权主要表现在猛安谋克职位的世袭和荫补各种官职上。猛安谋克作为女真人军政合一的组织,其职位具有军政实权。皇族成员获得世袭特权者不在少数。其基本原则是嫡长子继承制。"若袭封之人亡,及因他故合去官者,许令长男继之。如长男已亡,或笃废疾者,长孙继之。长子与长孙俱亡,次子继之。本枝绝,兄弟继之。兄弟无,近亲继之。"②如完颜宗雄子蒲鲁虎袭猛安;及其卒,子桓端袭之;"桓端卒,子袅频未袭而死,章宗命宗雄孙蒲带袭之"③。荫补子弟为官是金代官员入仕的主要途径,皇族因其官品及政治身份荫补子弟为官更为容易。大定四年(1164年),金世宗诏:"皇家祖免以上亲,就荫者依格引试,中选者勿令当檄使。"④至大定十二年,金世宗甚至认为:"宗室中有不任官事者,若不加恩泽,于亲亲之道,有所未弘",因而特"授以散官,量予廪禄"⑤。

　　皇族的法律特权虽无系统规定,但在日常生活中却有着充分体现。金代同历代王朝一样,对宗室成员实行"八议"制度。"八议"中最重要的一点就是"议亲",即皇帝祖免以上亲除犯十恶不赦之罪外,其余均可从轻处罚

---

① (元)脱脱等:《金史》卷五五《百官志一》,中华书局2020年版,第1324页。
② (宋)宇文懋昭撰,崔文印校证:《大金国志校证》卷三五《除授》,中华书局1986年版,第507—508页。
③ (元)脱脱等:《金史》卷七三《宗雄传》,中华书局2020年版,第1785页。
④ (元)脱脱等:《金史》卷五二《选举志二》,中华书局2020年版,第1239页。
⑤ (元)脱脱等:《金史》卷七《世宗纪中》,中华书局2020年版,第175页。

或减免。"议亲"所涉及的范围,在金朝曾有所变动。大定二十六年(1186年),"奏定太子妃大功以上亲、及与皇家无服者、及贤而犯私罪者,皆不入议。上谓宰臣曰:'法有伦而不伦者,其改定之。'"①此举将宗室中之无服者排除出了"议亲"的范围,但有金一代,仍有大量的皇族成员凭借这一法律特权"开后世轻重出入之门也"②。如完颜阿琐"坐赃一万四千余贯",金世宗对他说:"朕谓汝有才力,使之临民。今汝在法当死,朕以亲亲之故,曲为全贷。当思自今戒惧,勿复使恶声达于朕听。"③西京留守完颜京谋反,因"京等皆近属,曲贷死罪"④。

皇族的经济特权主要是占田、享受俸禄和赋役减免。占田方面,即使是较为疏远的分支,也能不断从官府获得田地。"海陵时,自上京徙河间,土瘠,诏按苔海一族二十五家,从便迁居近地,乃徙平州。诏给平州官田三百顷,屋三百间,宗州官田一百顷。"⑤享受俸禄方面,获得爵位和官职的皇族成员,均有固定的俸禄。"皇统二年定制,皇兄弟及子封一字王者为亲王,给二品俸,余宗室封一字王者以三品俸给之。"⑥赋役减免方面,皇族成员以其特殊身份,不但以各种方法规避赋役,甚至还有不少人"纵肆败法,惟利是营"⑦。

皇族成员在文化教育方面同样享有不少特权。金朝政府所办官学,特别是最高学府国子监,优先接收皇族子弟入学。"凡养士之地曰国子监……以宗室及外戚皇后大功以上亲、诸功臣及三品以上官兄弟子孙,年十五以上者入学,不及十五者入小学。"大定十六年设置的府学,"以尝与廷试及宗室皇家祖免以上亲、并得解举人为之"⑧。至于皇族中的近亲,如皇子、王子等成员,则有各种负责其教育的官员相伴。金朝宫师府内设有太子太

① (元)脱脱等:《金史》卷四五《刑法志》,中华书局 2020 年版,第 1092 页。
② (元)脱脱等:《金史》卷四五《刑法志》,中华书局 2020 年版,第 1092 页。
③ (元)脱脱等:《金史》卷六九《阿琐传》,中华书局 2020 年版,第 1708 页。
④ (元)脱脱等:《金史》卷一三二《徒单贞传》,中华书局 2020 年版,第 2985 页。
⑤ (元)脱脱等:《金史》卷七三《按苔海传》,中华书局 2020 年版,第 1788 页。
⑥ (元)脱脱等:《金史》卷五八《百官志四》,中华书局 2020 年版,第 1428 页。
⑦ (元)脱脱等:《金史》卷八〇《阿离补传》,中华书局 2020 年版,第 1925 页。
⑧ (元)脱脱等:《金史》卷五一《选举志一》,中华书局 2020 年版,第 1211 页。

师、太子太傅、太子太保、太子少师、太子少傅、太子少保等官职,人选要求极为严格,专门负责太子的教育。史载:"海陵谓侍臣曰:'上智不学而能,中性未有不由学而成者。太子宜择硕德宿学之士,使辅导之,庶知古今,防过失。诗文小技,何必作耶。至于骑射之事,亦不可不习,恐其懦柔也。'"①金世宗更明确提出"东宫官属尤当选用正人"②。金宣宗亦言"皇太子宜选正人为师保"③。金朝在亲王府属官下设傅一人,"掌师范辅导",设"文学二人,从七品,掌赞导礼仪,资广学问"④。这体现了金朝统治者对皇族成员教育的重视。

3. 禁约

皇族成员在享受特权的同时,也时常受到一些特殊禁约的束缚,甚至是"动有掣制"。如因政治斗争的需要,金政府于明昌二年(1191年)对作为世宗长子的完颜永中,"增置诸王司马一员,检察门户出入,球猎游宴皆有制限,家人出入皆有禁防"⑤。"宣宗南渡,防忌同宗,亲王皆有门禁。"⑥除出行外,皇族的日常行事也会受到一些特殊规制的约束。如金世宗曾下诏:"宗室、宗女有属籍者及官职三品者,除占问嫁娶、修造、葬事,不得推算相命,违者徒二年,重者从重。"⑦承安五年(1200年),金章宗"定皇族收养异姓男为子者徒三年,姓同者减二等,立嫡违法者徒一年"⑧。宣宗甚至长期把卫绍王和鄌厉王家人禁锢起来,"男女不得婚嫁"⑨。

(三)政治斗争对皇族的影响

金代统治集团内部特别是皇族内部的政治斗争,对皇族的发展产生了重要影响;而不同阶级、民族间的政治斗争,也对皇族产生了一定的影响。

先看统治集团内部斗争的影响。金朝初兴,重用皇族。"阿骨打初起

① (元)脱脱等:《金史》卷八二《海陵诸子传》,中华书局2020年版,第1970页。
② (元)脱脱等:《金史》卷七《世宗纪中》,中华书局2020年版,第176页。
③ (元)脱脱等:《金史》卷一四《宣宗纪上》,中华书局2020年版,第344页。
④ (元)脱脱等:《金史》卷五七《百官志三》,中华书局2020年版,第1388页。
⑤ (元)脱脱等:《金史》卷八五《永中传》,中华书局2020年版,第2019页。
⑥ (元)刘祁:《归潜志》卷一,中华书局1983年版,第4页。
⑦ (元)脱脱等:《金史》卷七四《宗望传》,中华书局2020年版,第1818页。
⑧ (元)脱脱等:《金史》卷一一《章宗纪三》,中华书局2020年版,第278页。
⑨ (元)脱脱等:《金史》卷六四《卫绍王后徒单氏传》,中华书局2020年版,第1630页。

兵,皆以宗族近亲为将相。"①尽管处在战争时期,但皇族发展迅速。有不少皇族成员建功立业,成为开国功臣。同时,皇族人口也在迅速增加。然而,建国后随着不同政治集团势力的此消彼长,统治集团内部矛盾日益凸显。相互斗争的结果,是不断有政治集团被消灭,皇族成员也难免杀身之祸。从熙宗开始,最高统治者甚至不断对族属大开杀戒。史称熙宗"屡杀宗室"②。太祖子宗隽、太宗子宗磐均为其所杀。至海陵王完颜亮篡位后,更是"以猜忌剪灭宗室"③。他不但诛杀了大量在京宗室,甚至还"遣使杀诸宗室"④之居于外地者。及金世宗即位,"保全宗室,无所不至"⑤。但好景不长,章宗以后又因内部斗争,对皇族或诛杀,或禁锢。及金朝将亡,崔立"又聚皇族皆入宫,俄遣诣青城,皆为北兵所杀"⑥。可以看出,金朝统治集团内部斗争对皇族产生的影响,在中国历史上是十分突出的。

再看不同阶级、民族间政治斗争的影响。契丹撒八起义主要是由契丹族与女真族的民族矛盾所引起的。起事之初,先杀作为皇族成员的招讨使完颜沃侧,夺取招讨司兵甲三千副,山前山后广大牧民纷起响应。红袄军起义本起因于以皇族为代表的女真贵族和各族地主阶级对农民的残酷压迫和剥削,特别是对农民土地的掠夺。因此,各地奋起反抗的红袄军,"雠拨地之酷,睚眦种人,期必杀而后已。若营垒,若散居,若侨寓、托宿,群不逞哄起而攻之,寻踪捕影,不遗余力。不三二日,屠戮净尽,无复噍类"⑦。显然,各民族被压迫者的反抗斗争,对皇族的发展也产生了不利的影响。

## 二、女真后族

女真族在部落联盟时期,逐渐形成了一些世代掌握权力的宗族。它们

① (宋)李心传:《建炎以来朝野杂记》乙集卷一九《边防二·女真南徙》,中华书局 2000 年版,第 840 页。
② (元)脱脱等:《金史》卷一三二《秉德传》,中华书局 2020 年版,第 2976 页。
③ (元)脱脱等:《金史》卷七三《按荅海传》,中华书局 2020 年版,第 1788 页。
④ (元)脱脱等:《金史》卷六九《宗敏传》,中华书局 2020 年版,第 1709 页。
⑤ (元)脱脱等:《金史》卷八五《世宗诸子传》,中华书局 2020 年版,第 2029 页。
⑥ (元)刘祁:《归潜志》卷一一《录大梁事》,中华书局 1983 年版,第 130 页。
⑦ (金)元好问著,狄宝心校注:《元好问文编年校注》卷五《临淄县令完颜公神道碑》,中华书局 2012 年版,第 539 页。

相互之间世代通婚,形成婚姻联盟群体。至金朝建国,这种传统仍得以延续。"金之徒单、拏懒、唐括、蒲察、裴满、纥石烈、仆散,皆贵族也。天子娶后必于是,公主下嫁必于是。"①因此,金朝的后族并非出自一个宗族。不过,由于"金代,后不娶庶族,甥舅之家有周姬、齐姜之义"②,或者如时人所说"国朝立后,非贵种不预选择"③,因而后族的范围也是相对固定的。对此,时人有过比较准确的概括:"国朝故事,皆徒单、唐括、蒲察、拏懒、仆散、纥石烈、乌林荅、乌古论诸部部长之家,世为姻婚,娶后尚主。"④综合上述记载,后族包括徒单、唐括、蒲察、拏懒、仆散、纥石烈、乌林荅、乌古论、裴满共九姓。但是,九姓并非对应九个宗族,而是多有一姓包含若干宗族的情况。⑤ 九姓贵种所产生的皇后,具体情况如下。

(一)徒单氏

昭祖威顺皇后,讳乌古论都葛,活剌浑水敌鲁乡徒单部人。其父拔炭都鲁海。天会十五年(1137年)追谥。

显宗孝懿皇后,其先讹里辟剌人也。曾祖抄,从金太祖取辽有功,命以所部为猛安,世袭之。祖婆卢火,以战功多,累官开府仪同三司,赠司徒、齐国公。父贞,娶完颜宗幹女梁国公主,加驸马都尉,赠太师、广平郡王。她自幼谦谨,每畏其家世崇宠,见父母流涕而言曰:"高明之家,古人所忌,愿善自保持。"⑥其后,家果以海陵事败。这说明她是一个有卓识远虑的人。

废帝海陵后,太师斜也之女。

卫绍王后,大安元年(1209年),立为皇后。

哀宗皇后,镇南军节度使顽僧之女。正大元年(1224年),诏立为皇后。哀宗迁归德,遣后弟四喜等诣汴奉迎,夜至陈留,不敢进,复归于汴。未几,城破北迁,不知所终。

① (元)脱脱等:《金史》卷一二〇《世戚传》,中华书局2020年版,第2771页。
② (元)脱脱等:《金史》卷六三《后妃传上》,中华书局2020年版,第1592页。
③ (金)元好问著,狄宝心校注:《元好问文编年校注》卷四《平章政事寿国张文贞公神道碑》,中华书局2012年版,第469页。
④ (元)脱脱等:《金史》卷六四《章宗元妃李氏传》,中华书局2020年版,第1626页。
⑤ 参见王善军:《女真贵种与金代政治文明的演变》,《中国社会科学》2022年第6期。
⑥ (元)脱脱等:《金史》卷六四《显宗孝懿皇后传》,中华书局2020年版,第1623页。

（二）唐括氏

景祖昭肃皇后,帅水隈鸦村唐括部人,讳多保真。父石批德撒骨只,巫者也。天会十五年(1137年)追谥。

康宗敬僖皇后,天会十五年(1137年)追谥。

太祖圣穆皇后,天会十三年(1135年)追谥。仍赠后父留速太尉、荣国公,祖迭胡本司徒、英国公,曾祖劾廼司空、温国公。

太宗钦仁皇后,熙宗即位,尊为太皇太后,赠后父阿鲁束太尉、宋国公,祖实匹司徒、英国公,曾祖阿鲁琐司空、温国公。

（三）蒲察氏

肃宗靖宣皇后,天会十五年(1137年)追谥。

睿宗钦慈皇后,睿宗元配。后之母,太祖之妹也。世宗即位,追谥钦慈皇后。赠后曾祖赛补司空、韩国公,祖蒲剌司徒、郑国公,父按补太尉、曹国公。

章宗钦怀皇后,上京路曷速河人也。曾祖太神,金初有功,累阶光禄大夫,赠司空、应国公。祖阿胡迭,官至特进,赠司徒、谯国公。父鼎寿尚熙宗郑国公主,授驸马都尉、中都路昏得浑山猛安、曷速木单世袭谋克,累官至金吾卫上将军,赠太尉、越国公。

（四）挐懒氏

世祖翼简皇后,辽大安九年(1093年)卒,天会十五年(1137年)追谥。

（五）仆散氏

太祖宣献皇后,睿宗母也。天会十三年(1135年),追册曰德妃。大定元年(1161年)追谥。

（六）纥石烈氏

太祖钦宪皇后,天会十三年(1135年),尊为太皇太后,宫号庆元,十四年卒。

（七）乌林荅氏

世宗昭德皇后。其先居海罗伊河,世为乌林荅部长,率部族归附完颜部,居上京,与完颜氏为婚姻家。曾祖胜管,康宗时累使高丽。祖术思黑。父石土黑,骑射绝伦,从金太祖伐辽,领行军猛安。虽在行伍间,不嗜杀人。

以功授世袭谋克,为东京留守。乌林荅氏为海陵王所召,自杀而亡。大定二年(1162年),追册为昭德皇后。

(八)乌古论氏

穆宗贞惠皇后,天会十五年(1137年)追谥。

(九)裴满氏

太祖光懿皇后,天会十三年(1135年)追谥。

熙宗悼平皇后,天眷元年(1138年),立为皇后。父忽达拜太尉,曾祖斜也赠司空,祖鹘沙赠司徒。

尽管后族内部也存在等级差别和不同的政治集团,但能够产生皇后的宗族,其政治势力和社会影响大都在金源一朝得以维持。因此,这些宗族的成员世代仕宦或世袭爵位是一种比较普遍的社会现象。除产生皇后最多的徒单姓各宗族外,其他后族姓所包含的宗族,也不乏其例。

纥石烈氏的韩赤宗族,自"太尉韩赤以来,与国家世为甥舅"。韩赤四代孙撒八,"海陵时赐名怀忠,为泰州路颜河世袭谋克,转猛安,尝为东平尹、开远军节度使"①。撒八子志宁,为金朝中期的名将,曾官拜平章政事,进枢密使,任右丞相,封金源郡王。金朝初兴时屡与辽索要的叛人阿疏,其裔孙纥石烈执中,曾授世袭谋克,金宣宗即位,拜为"太师、尚书令、都元帅、监修国史,封泽王,授中都路和鲁忽土世袭猛安"。其弟"特末也为都点检,兼侍卫亲军都指挥使,子猪粪除濮王傅、兵部侍郎"②。可见,纥石烈氏不但权势甚盛,且基本上能与金王朝相始终。

仆散氏的各宗族,族大人众,在金朝产生过不少重臣。仆散师恭,本名忽土,上京老海达葛人。本微贱,宗干尝周恤之,擢置宿卫为十人长。海陵谋逆,以忽土为内应。既即位,忽土为左副点检,赐钱绢马牛羊铁券。转都点检,改名师恭。进拜枢密使。③ 兄浑坦,年十六,从其父胡没速征伐。以

---

① (元)脱脱等:《金史》卷八七《纥石烈志宁传》,中华书局2020年版,第2051页。
② (元)脱脱等:《金史》卷一三二《纥石烈执中传》,中华书局2020年版,第2996页。
③ 参见(元)脱脱等:《金史》卷一三二《仆散师恭传》,中华书局2020年版,第2982—2984页。

功迁利涉军节度使,授世袭济州和术海鸾猛安涉里斡设谋克。①

唐括氏共出现过四后四妃,在通婚九姓之中皇后数量仅次于徒单氏,位居第二。唐括德温宗族的成员之中,曾有多人担任过显要官职。这一宗族,自德温曾祖以来,世代皆有战功。德温善射,尚睿宗女楚国长公主,曾于皇统元年(1141 年)从都元帅完颜宗弼南征,历仕殿前都点检、西京留守、皇太子太傅等。② 德温子鼎、贡俱尚公主,任高官,颇为显赫。另有唐括安礼,"好学,通经史,工词章"。大定初,召为大兴尹。后拜参知政事,进拜平章政事,授世袭谋克。大定二十一年(1181 年),拜右丞相,封申国公,为世宗朝名臣。③

### 三、其他女真世家大族

除皇族与后族外,也有一些传统部落贵族,入金后仍世代为官,成为金朝女真世家大族的重要组成部分。这些宗族,大多仍属于女真"贵种"行列。同时,部落联盟时期的普通部民,也有一些成长为新王朝的世家大族,同样也是女真人世家大族的有机组成部分。

#### (一)传统贵族式世家大族

金建国前完颜部落有十二部,"其后皆以部为氏"④,因而完颜氏除皇族外又有所谓"同姓完颜"和"异姓完颜"。显然,在皇族之外,完颜氏还有不少来自传统贵族的世家大族。除了完颜氏,也有一些后族之外的来自传统贵族的世家大族。完颜娄室宗族可说是传统贵族式世家大族的代表。娄室"与国同姓","其先曰合笃者,居阿注浒(即按出虎)水之源,为完颜部人";祖洽鲁直,"以财雄乡里。枝属浸蕃,乃择广上(应为土),徒(应为徙)雅挞濑水。拿邻麻吉等七水之人皆附丽焉";父白荅,"事世祖(即劾里钵)为七水部长"⑤。娄室代父"为七水诸部长"⑥,跟随完颜阿骨打起兵,屡立战功,

---

① 参见(元)脱脱等:《金史》卷八二《仆散浑坦传》,中华书局 2020 年版,第 1961 页。

② 参见(元)脱脱等:《金史》卷一二〇《唐括德温传》,中华书局 2020 年版,第 2760—2761 页。

③ 参见(元)脱脱等:《金史》卷八八《唐括安礼传》,中华书局 2020 年版,第 2085—2089 页。

④ (元)脱脱等:《金史》卷五九《宗室表》,中华书局 2020 年版,第 1449 页。

⑤ 《完颜娄室神道碑》,载王新英:《全金石刻文辑校》,吉林文史出版社 2012 年版,第 220 页。

⑥ (元)脱脱等:《金史》卷七二《娄室传》,中华书局 2020 年版,第 1753 页。

为金朝开国名将,子孙世袭猛安。娄室之子活女等人,也多立战功,仕宦显达。其中"长曰活女,官至仪同三司、京兆尹、本路兵马都总管;曰斡鲁,光禄大夫、迭剌部节度使;曰谋衍,崇进、留守东京;曰什古乃,金吾卫上将军、留守北京"①。娄室之族子海里,曾任西北路招讨都监、广宁尹等②。娄室之孙辈,仕者"曰斛鲁,镇国上将军、世袭猛安;曰度剌,世袭谋克;曰宁古,符宝祗候;曰撒葛祝,太子内直郎;曰辞烈,宿卫士"③。娄室孙辈中的谋衍之子斜哥,曾从父征战,但因"暴横军中,诏勒归本贯"。人告斜哥寄书与父谋反,"世宗察其诬,诏鞫告者"④。可见,娄室宗族在金代跌宕起伏的政治风云中,政治地位虽然呈代际递降的趋势,但世代仕宦,宗族发展相当平稳。

完颜希尹家族被列为"异姓之臣"的首位,在金朝历史上也扮演过重要的角色。希尹曾祖石鲁"与昭祖同时同部同名,交相得……土人呼昭祖为勇石鲁,呼石鲁为贤石鲁"。石鲁辅佐昭祖在完颜部初起之时立下显著功勋,为家族日后的发展奠定了基础。至景祖时,其祖"劾孙举部来归,居于安出虎水源胡凯山南"。希尹父欢都历仕世、肃、穆、康四朝,曾参与平定腊醅、麻产及阿注阿等叛乱,数有大功。《金史》对其评价:"欢都事四君,出入四十年,征伐之际遇敌则先战,广延(应为廷)大议多用其谋。"⑤金朝建立后,太祖曾对臣下说:"汝辈能如欢都父子有劳于国者乎?"⑥由此可见欢都一家地位之高。希尹为欢都长子,"自太祖举兵,常在行阵,或从太祖、或从撒改,或与诸将征伐,比有功"⑦。天辅年间,希尹还受命创制女真大字。太宗天会三年(1125年),金军分两路南下征宋,以希尹为元帅右监军,灭北宋后获赐铁券。及熙宗即位,希尹初因拥立有功,进封为尚书左丞相兼侍中加开府仪同三司;后受宗磐倾陷,被罢为兴中尹。天眷二年(1139年),希尹复

---

① 《完颜娄室神道碑》,载王新英:《全金石刻文辑校》,吉林文史出版社 2012 年版,第 222 页。

② (元)脱脱等:《金史》卷七二《海里传》,中华书局 2020 年版,第 1761 页。

③ 《完颜娄室神道碑》,载王新英:《全金石刻文辑校》,吉林文史出版社 2012 年版,第 222 页。

④ (元)脱脱等:《金史》卷七二《谋衍传》,中华书局 2020 年版,第 1759 页。

⑤ (元)脱脱等:《金史》卷六八《完颜欢都传》,中华书局 2020 年版,第 1694 页。

⑥ (元)脱脱等:《金史》卷六八《完颜谋演传》,中华书局 2020 年版,第 1695 页。

⑦ (元)脱脱等:《金史》卷七三《完颜希尹传》,中华书局 2020 年版,第 1788 页。

入朝,为左丞相兼侍中,封陈王,与宗幹共诛宗磐一伙。最终,由于完颜宗弼进谗言,希尹被熙宗下令赐死,诸子一同被诛。但希尹诸孙皆获宥,此后又被金朝统治者重新起用。希尹孙守贞"贞元二年,袭祖谷神谋克"[1],世宗时曾任北京留守、同知西京留守事,章宗即位,召为刑部尚书。后又进为尚书左丞,授上京世袭谋克。明昌四年(1193年),拜平章政事,封萧国公。希尹另一孙守道,"以祖谷神功,擢应奉翰林文字"[2]。后因功授世袭谋克,迁尚书左丞相,兼太子少师。大定二十年(1180年)进拜太尉、尚书令、尚书左丞相。此外,孙辈之中尚有守能、蒲带、守宁以及一不知名之曾任昭勇大将军者,俱以功业著称。[3] 希尹曾孙见于史传碑文者有珪、璋、术讷、琦四人。珪和璋均为守道子,大定二十五年(1185年),世宗特录守道长子珪"袭谋克,充符宝祗候"[4],后又赐次子璋进士第。希尹家族墓地出土的墓志中又提到完颜琦为广威将军、袭济州路合扎懒崖猛安、开国伯。[5] 总之,完颜希尹家族从石鲁起家直至完颜琦等,200余年间名臣将相接踵,其间虽有曲折,但总体来看发展稳定。

(二)新兴世家大族

在金朝兴起和发展的过程中,也有不少新兴女真宗族,或因功业,或因宠遇,或因才干,产生了高级官僚。这类宗族,如能利用各种社会有利因素和自身条件,世代仕宦,便成为新兴女真世家大族。金大定二十一年(1181年),针对"豪强之家多占夺田"的情况,金世宗说:"前参政纳合椿年占地八百顷,又闻山西田亦多为权要所占,有一家一口至三十顷者,以致小民无田可耕,徙居阴山之恶地,何以自存? 其令占官地十顷以上者皆括籍入官,将均赐贫民。"省臣又奏:"椿年子猛安参谋合、故太师耨碗温

① (元)脱脱等:《金史》卷七三《完颜守贞传》,中华书局2020年版,第1791页。
② (元)脱脱等:《金史》卷八八《完颜守道传》,中华书局2020年版,第2078页。
③ 参见张博泉:《完颜希尹家族考略》,《史学集刊》1986年第4期;刘晓溪:《完颜希尹家族新证》,《东北史地》2013年第6期。
④ (元)脱脱等:《金史》卷八八《完颜守道传》,中华书局2020年版,第2080页。
⑤ 参见《故昭勇大将军同知雄州节度使墓碑》《大金故昭勇大将军同知雄州永定军度使墓碑》,载王新英:《全金石刻文辑校》,吉林文史出版社2012年版,第293页。

敦思忠孙长寿等,亲属计七十余家,所占地三千余顷。"①像纳合氏宗族,在政治上攫取权力的同时,迅速实现了经济地位的提升,成为新兴世家大族的代表。

---

① (元)脱脱等:《金史》卷四七《食货志二》,中华书局 2020 年版,第 1122 页。

辽夏金农耕社会的宗族组织

第五章

辽夏金各政权内的农耕民族,若与同时期宋王朝境内的农耕民族相比,其宗族组织内部成员之间,明显具有较强的人身依附关系。由于受到民族传统和社会发展状况的影响,不同地区间的差别亦甚为明显。可以说,农耕社会宗族组织依附关系的差别,既有民族的因素,又有地域的因素。

## 第一节　宗族结构

宗族作为群体组织,内部关系比较复杂。不同家庭间、不同成员间,甚至附属的奴隶与主人家之间,形成各种各样的等级结构与人身依附关系。

### 一、燕云地区的宗族结构

燕云地区原为传统上由中原王朝统治的幽、蓟、瀛、莫、涿、檀、顺、云、儒、妫、武、新、蔚、应、寰、朔等十六州。该地区在石晋割献给辽朝以后,由于土广人众,契丹统治者是难以把这一地区的民众全部作为奴隶来统治的。因此,与对待以往所掠夺的汉人不同,契丹统治者保存了这一地区的原有社会经济制度。

那么,这一地区的原有社会经济制度又是怎样的呢?正如漆侠先生所指出的:"唐中叶以后,全国社会经济都发生了深刻变化,封建租佃制日益兴起,庄园农奴制日趋衰落。可是,在河北,这方面的变化不甚显著。"[①]包括幽云十六州在内的靠近少数民族的北方地区,一方面由于传统的世族豪

---

① 漆侠、乔幼梅:《辽夏金经济史》,河北大学出版社1998年版,第173页。

强势力比较深厚,另一方面受战争和民族交往的影响,从唐后期便有所谓"胡化"问题,所以就生产关系的发展而言,是落后于中原和南方先进地区的。而入辽以后,这一地区的先进经济制度虽对辽朝社会产生了某些积极的影响,但契丹奴隶制经济关系也同时对这一地区产生着或大或小的影响。就总的情况来看,在诸种因素的作用下,农奴制仍是辽代燕云地区占主导地位的经济制度。

燕云地区的农奴制主要表现在宗族依附人口的大量存在和在生产中所占的主导地位方面。辽太祖九年(915年),曾有"幽州军校齐行本举其族及其部曲男女三千人请降"①,一个军校的宗族及部曲能拥有3000人,说明宗族势力的强盛;举族而降的行动,则说明宗族内依附关系必定较强。宋人富弼在奏章中所说的燕云地区"土人甚有豪杰,每一豪杰可自率子弟数百人为官军前驱","所得边豪,令自率乡户,各成一队"②等情况,无疑是就这一地区宗族成员间普遍的人身依附关系所言的。"豪杰"们无疑都是大小农奴主,他们有能力支配族众、部曲、门客为其所用。由于依附人口是农奴主剥削的主要对象,所以对于农奴主来说,谁占有了大量的依附人口,谁获取的社会财富就多,谁的社会势力也就大。与宋代豪强地主主要通过隐田漏税的方式同官府争夺社会财富不同,辽代燕云地区以农奴主为代表的豪强地主则主要通过隐占依附户口的方式同官府争夺社会财富。统和九年(991年),韩德让曾"言燕人挟奸,苟免赋役,贵族因为囊橐,可遣北院宣徽使赵智戒谕"③。统和十三年(995年),辽廷下诏:"诸道民户应历以来胁从为部曲者,仍籍州县。"④诸道部曲的身份并不一致,契丹奴隶主贵族的部曲,就是奴隶⑤;而燕云、辽东地区农奴制关系下的部曲,则多为农奴。大康

---

① (元)脱脱等:《辽史》卷一《太祖纪上》,中华书局2017年版,第10页。
② (宋)赵汝愚编:《宋朝诸臣奏议》卷一三五富弼《上仁宗河北守御十三策》,上海古籍出版社1999年版,第1506页。
③ (元)脱脱等:《辽史》卷八二《耶律隆运传》,中华书局2017年版,第1422页。
④ (元)脱脱等:《辽史》卷一三《圣宗纪四》,中华书局2017年版,第158页。
⑤ (元)脱脱等:《辽史》卷一《太祖纪上》:"(逆党)所掠珍宝、孳畜还主;亡其本物者,命责偿其家;不能偿者,赐以其部曲。"(中华书局2017年版,第8页)可证明契丹奴隶主的部曲即为奴隶。

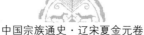

　　九年(1083年),辽廷又下诏:"诸路检括脱户,罪至死者,原之。"检括户口,一般都是国家政权同豪右大族争夺隐漏依附户口的斗争手段。那么,这些诏令的执行情况又是怎样的呢?在辽代史料中,虽有官府基本达到目的的个别实例。贾师训在按察河东路刑狱时,"间有酋豪负势,诈良民五百口为部曲",贾师训便"伺得其情,乃召酋豪诘之,一言切中其病,语立塞,遂服,因籍其户还官"①。但就总体情况而言,官府与豪强之间往往是既有冲突,又有妥协。道宗时"朝廷遣使括三京隐户,不得",后改由客省使耶律引吉代之,"得数千余户"②。《辽史》云,马人望在南京任职期间,也曾进行过一次规模不算太小的检括户口工作。在马人望主持之下,这次检括户口"未两旬而毕",其目标是"大率十得六七"。实际情况可能离其目标尚远。尽管如此,却已为辽政府增加了大量的财富,以至于"公私兼裕"③。这说明,一方面,燕京地区的世家大族的确控制了数量庞大的依附人口;另一方面,以马人望为代表的政府官僚,本身就是世家大族的代表人物,在施政过程中,他们不可能触动世家大族的根本利益。

　　由于有众多依附人口为依托,豪强地主也就成了最为重要的乡里地方势力。他们的日常行为,可能与官府政令发生一定程度的冲突,破坏正常社会秩序,甚至仗势的强仆悍奴,经常有欺压百姓之举。在这方面,自然也经常与官府发生冲突。邓中举在任燕京副留守时,就将此事作为一项重要工作来抓。"或大宗强奴有恣横者,公(指邓中举——引者)令捕获,必正以法。"因成效突出,所以"阖邑之内,畏而爱之"④。边境"两属"之民,辽中期曾"有大姓举族南徙,慕而来者至二万"⑤。"慕而来者至二万",这些数字足以说明宗族势力之大和其影响之强。这应是基层社会中汉人宗族势力的表现。

　　金朝统治者占领燕云地区之初,曾经实行迁徙强宗大族的政策。天辅

---

① 《贾师训墓志》,载向南编:《辽代石刻文编》,河北教育出版社1995年版,第476页。
② (元)脱脱等:《辽史》卷九七《耶律引吉传》,中华书局2017年版,第1550页。
③ (元)脱脱等:《辽史》卷一〇五《马人望传》,中华书局2017年版,第1610页。
④ 《邓中举墓志》,载向南编:《辽代石刻文编》,河北教育出版社1995年版,第488页。
⑤ (元)脱脱等:《宋史》卷二九〇《张耆传附利一传》,中华书局1985年版,第9712页。

七年(1123 年),"取燕京路,二月,尽徙六州氏族富强工技之民于内地"。同年,"以山西诸部族近西北二边,且辽主未获,恐阴相结诱,复命皇弟昂与孛堇稍喝等以兵四千护送,处之岭东。……又以猛安详稳留住所领归附之民还东京,命有司常抚慰,且贷一岁之粮,其亲属被虏者皆令聚居"①。这里的"内地",是指女真统治者的兴起之地,即所谓的金源腹地;"岭东",是指兴安岭以东之地。同时,在女真灭辽后,燕云地区原先仕辽的汉族高官纷纷转而仕金,原辽地汉人也成为金朝属民。这些由辽入金的汉族官员和原辽地汉人,相较其他民族,宗族意识本来就比较强烈,再加之金初遭受战争之苦后,渴望强大的宗族来保护个人和家庭,因而宗族成员之间的关系得以进一步凝聚。在宗族发展的过程中,一些贫困成员特别是失去土地的成员,甚至与农奴一样,逐渐依附于富室大户,为富室大户所控制。金朝末年,定兴人张柔"尝以家人数千口,出为齐民"②,正说明其控制的依附户之多。

## 二、辽东地区的宗族结构

辽东地区原属渤海国统治区,其划归辽朝则早于幽云十六州。辽东地区的宗族组织一方面受到渤海、女真等民族社会发展阶段的制约,另一方面也在一定程度上受到中原文化的影响。社会生产方式的演变,多民族的杂居与交往,均与宗族组织的发展具有一定关系。

早在耶律阿保机征战渤海国的过程中,就不断将一批批战俘及所掳掠的人口迁往上京地区,这些被迁徙者成了契丹人的奴隶。在既灭渤海国之后,面对数百万的人口③,契丹统治者只能继承了原渤海国的统治机器和统治制度,建东丹国加以统治。辽太宗时期的大规模迁徙东丹国人口,基本是以不改变原有社会关系为基础的。而原渤海国的社会经济制度,则是农奴制占主导地位的。洪皓《松漠纪闻》论及渤海社会关系时说:"部曲、奴婢无姓者,皆从其主。"这些部曲、奴婢,就是依附于右姓大族的农奴和为其所占

---

① (元)脱脱等:《金史》卷四六《食货志一》,中华书局 2020 年版,第 1106—1107 页。
② (元)苏天爵:《元朝名臣事略》卷六《万户张忠武王》,中华书局 1996 年版,第 100 页。
③ 王承礼先生推算渤海人口总数达到三百万人左右。参见王承礼:《中国东北的渤海国与东北亚》,吉林文史出版社 2000 年版,第 102—103 页。

有的奴隶。辽末降金的渤海人,多是几百户、几千户地集体行动,往往由大族"率户降于金"。如天庆六年(1116 年),"春州渤海二千余户叛,东北路统军使勒兵追及,尽俘以还"①。类似这样的行动,多是大族支配广大依附农奴的表现。由此可以看出,在渤海人聚居的辽东地区,经济关系是以农奴制为主的。与汉人聚居的燕云地区相比,辽东地区的农奴制较为落后,奴隶制成分仍较重。因而,渤海人的宗族,内部具有很强的依附关系。作为农奴主的豪强,不但控制大量的族属,而且还控制众多的部曲和奴婢。

金王朝的建立,为辽东地区带来了较大的变化。作为金源一朝的龙兴之地,在易代鼎革之际,宗族结构曾受到一定程度的冲击。天会元年(1123 年),金太宗即位后发布一道诏令:"诏女直人,先有附于辽,今复虏获者,悉从其所欲居而复之。其奴婢部曲,昔虽逃背,今能复归者,并听为民。"②这道诏令,对部分奴婢和部曲人身依附关系的改变是有一定作用的。不过,在女真社会经济迅速发展的过程中,因经济因素所产生的依附关系也在迅速发展。"二月己巳,诏曰:'比以岁凶,庶民艰食,多依附豪族,因为奴隶,及有犯法,征偿莫办,折身为奴者,或私约立限,以人对赎,过期则为奴者,并听以两人赎一为良。若元约以一人赎者,即从元约。'"③可见,富有宗族成员甚至依靠放债而拥有大量奴隶。同时,由于女真人宗族与部族组织密切结合,普通宗族成员对宗族及其族长的依附关系也甚为明显。如完颜杲,"本名撒离喝,安帝六代孙,泰州婆卢火之族。……及婆卢火为泰州都统,宗族皆随迁泰州。撒离喝尝为世祖养子,独得不迁,仍居安出虎水"④。徒单克宁,本名习显,其先金源县人,"徙居比古土之地,后徙置猛安于山东,遂占籍莱州"。"上谓克宁曰:'此制朕欲亲授与卿,误授之于外也。'又曰:'朕欲尽徙卿宗族在山东者居之近地,卿族多,官田少,无以尽给之。'乃选其最亲者徙之"⑤。完颜按苔海,"海陵时,自上京徙河间,土瘠,诏按苔海一族二十五家,从便迁居近地,乃徙平州"①。这些迁徙事例,均说明女真宗族成员具有很强的团聚性,普通成员对宗族的依附关系显而易见。

辽东地区还有不少主动或被动迁入的汉族成员。辽迁后晋皇族石氏,金迁宋皇族赵氏,可说是被动迁入的代表。天会五年(1127年),金破开封,宗望携"宋二主及其宗族四百七十余人,及珪璋、宝印、衮冕、车辂、祭器、大乐、灵台、图书,与大军北还"②。这种大迁徙对被迁徙的宗族影响是很大的。这些宗族从原本熟悉的地域到陌生的环境,需要依靠宗族的群体力量,无疑加强了普通成员对宗族的依附。毫无疑问,不论是被迫的还是自愿的,迁徙到新环境后,宗族组织都发生了一定的变化。

### 三、西夏境内农耕民族的宗族结构

西夏境内的平原、河谷地带,居民以汉族等农耕民族为主。他们大都是西夏政权建立之前即已生活在该区域的居民,但也有不少属于夏王朝的归附者或被俘获者。西夏的自然环境和社会关系,使农耕民族的宗族组织具有明显的时代特征与区域特征。

(一)宗族组织的构成

西夏农耕民族的宗族主要由税户家主和税户组成。税户家主是有耕地的纳税户,需要承担基本的赋役,但是权力较大。有学者认为,西夏的税户家主具有多种职能,在交租、税草之外,还有监管家民、维护渠道、参与催税、维持治安等职责。③ 如《天盛律令》记载:"催租地租者乘马于各自转运司白册□□(应为数卷)盖印,家主当取收据数登记于白册。"④"诸人已为诈盗,载持畜物时,家主人有知握踪迹,则当报告,并协助掌握踪迹。"⑤西夏宗族家主的权力很大,对内为宗族负责,对外受官府领导,既是家门的负责人,

---

① (元)脱脱等:《金史》卷七三《按荅海传》,中华书局2020年版,第1788页。

② (元)脱脱等:《金史》卷七四《宗望传》,中华书局2020年版,第1812页。

③ 参见潘洁:《西夏税户家主考》,《宁夏社会科学》2016年第2期。

④ 史金波、聂鸿音、白滨译注:《天盛改旧新定律令》卷一五《地水杂罪门》,法律出版社2000年版,第507页。

⑤ 史金波、聂鸿音、白滨译注:《天盛改旧新定律令》卷三《搜盗踪迹门》,法律出版社2000年版,第181页。

又是基层的管理者,是联系宗族与地方政权的桥梁。① 税户家主在一定程度上具有政府代理人的特征。

税户家主之下,是普通的税户,税户是有耕地且要纳税的自由民。税户要受家主的约束和监管,家主和家民之间具有一定的从属关系。在一定程度上,家主与税户共同组成一个相对严谨的宗族组织。同时应注意,税户虽然受到家主的约束甚至两者有从属关系,但是税户并不是依附于家主以致没有自主权,这和家内奴隶是有本质区别的。

在宗族内,基本的组织单位是税户家庭,税户家庭是在原家庭基础上通过不断继替而产生的具有独立户籍的基本社会单位。西夏受儒家孝亲文化和唐宋同居共财的大家庭观念影响,原则上提倡同居共财。《圣立义海》有诗云,"兄弟一世相敬爱,百年合居莫分开";"老宅有畜莫分取,兽肉可积不可离"②等。这类赞诗,期盼民众能接受同居共财的家庭观念和营造孝亲的社会环境。西夏人认为"兄弟前寿缘同德,今同父母共腹。如树同根,亲肉连命"③,兄弟之间应该因和积财,相依相顺。虽然西夏对兄弟共同生活多持赞扬态度并试图营造同居共财的家庭观念,分家却是家庭发展过程中的自然趋势。《天盛律令》明文规定:"诸人父母不情愿,不许强以谓我分居另食,若违律时徒一年,父母情愿则勿治罪。"④据此可知,若父母同意则可分居另食,若父母不同意而擅自分居另食则属违法行为,就会受到"徒一年"的违律处罚。在西夏法典中,可见多处针对父母与子女是否同居的不同的法律责任规定,这说明父母与子女分居是十分普遍的社会现象。⑤ 虽分家已成事实,但家庭与家庭之间并未断绝联系,依然凭借血缘亲缘关系将各个家庭有序地置于宗族网络中。

由所述可知,西夏农耕民族的宗族组织以税户家主为首,统领数量不等

---

① 潘洁:《西夏税户家主考》,《宁夏社会科学》2016年第2期。
② [俄]克恰诺夫、李范文、罗矛昆:《圣立义海研究》,宁夏人民出版社1995年版,第79页。
③ [俄]克恰诺夫、李范文、罗矛昆:《圣立义海研究》,宁夏人民出版社1995年版,第77页。
④ 史金波、聂鸿音、白滨译注:《天盛改旧新定律令》卷二〇《罪则不同门》,法律出版社2000年版,第609页。
⑤ 杨积堂:《法典中的西夏文化:西夏〈天盛改旧新定律令〉研究》,法律出版社2004年版,第220页。

的税户家庭。但因资料有限,宗族的具体规模不能确知。不过,若从农迁溜组织管中窥豹,或可略见一斑。农迁溜是以农业为基础的基层组织,而农迁溜又与税户家主有密切关联。《天盛律令》规定:"名(应为各)租户家主由管事者以就近结合,十户遣一小甲,五小甲遣一小监等胜任人,二小监遣一农迁溜。"①由此可知,一农迁溜应监管一百户,但在西夏户籍文书中,一农迁溜的户数多不满百,在五十户、七十户左右。农迁溜组织多不满额,原因可能有二:一是税户居住过于分散,就近结合原则之下不能建立有效的监管联系;二是税户家主作为宗族首领,其监管的宗族内税户数目多少不一,即宗族规模或大或小,由此导致农迁溜户数不能满额。两相比较,后一种情况的可能性更大。有学者利用航拍影像资料对比分析出,居延地区古渠系与古城址、农田等紧密关联。渠道从引水口通向重要城池,并在四周形成渠系,耕地依赖渠系集中在城池的周边。② 既然耕地集中在城池周边,那么税户的常住房屋也应该是绕城分布或者是在城内。所以黑水城地区的税户不应该是分散居住在各自的耕地上,而是有条件地就近结合而居。西夏贺兰山地区的佚名诗人《早行》中写道:"邻鸡初唱梦魂惊,灯下相催起早行。□□□□门紧闭,□衢皎皎月才倾。"③这里注意"邻鸡初唱梦魂惊"一句,邻鸡惊梦表明两家相距不远,即比邻而居。又如,《和雨诗上金□》诗曰:"洒济郊原枯草嫩,救□垄亩握禾高。村中农叟歌声远,窗下书生咏意豪。"④诗中有"郊原"、"村"、"农叟"、"垄亩"、"禾"等农业社会中的元素,因此西夏农村的形态应该是聚落型的。

简言之,西夏农耕民族的宗族组织以小家庭为基本社会单位,宗族规模较小。

---

① 史金波、聂鸿音、白滨译注:《天盛改旧新定律令》卷一五《纳领谷派遣计量小监门》,法律出版社 2000 年版,第 514 页。"租户家主",即"税户家主"。

② 蓝利等:《古居延绿洲汉代至西夏渠系影像特征及绿洲环境变迁》,《第四纪研究》2009 年第 2 期。

③ 宁夏大学西夏学研究中心、国家图书馆、甘肃五凉古籍整理研究中心编:《中国藏西夏文献》第 15 册,甘肃人民出版社、敦煌文艺出版社 2005 年版,第 136 页。

④ 宁夏大学西夏学研究中心、国家图书馆、甘肃五凉古籍整理研究中心编:《中国藏西夏文献》第 15 册,甘肃人民出版社、敦煌文艺出版社 2005 年版,第 157—158 页。

（二）宗族成员的人身依附关系

西夏社会阶层主要有三：一是有官的贵族阶层，一是自由民阶层，最后是使军、奴仆等没有土地的依附阶层。依附阶层主要依附于贵族阶层，也有些依附于自由民阶层，如西夏文《杂字》记录有"仆童奴婢"①。

据《元史·张文谦传》记载，至元元年（1264年），"诏文谦以中书左丞行省西夏中兴等路。羌俗素鄙野，事无统纪，文谦得蜀士陷于俘虏者五六人，理而出之，使习吏事，旬月间簿书有品式，子弟亦知读书，俗为一变。浚唐来、汉延二渠，溉田十数万顷，人蒙其利。三年，还朝。诸势家言有户数千，当役属为私奴者，议久不决。文谦谓以乙未岁户帐为断，奴之未占籍者，归之势家可也，其余良民无为奴之理。议遂定，守以为法"②。即使西夏亡后40年，张文谦行省西夏中兴等路3年后，诸势家维护自身权益的言行仍透露出西夏故地家内奴隶的两点重要信息。

第一，西夏故地诸势家一直存在家庭奴隶的情况，即"奴之未占籍者，归之势家"。奴隶不占户籍，是势家的私有财产，而且可以自由买卖。如至元二十七年（1290年），"永昌站户饥，卖子及奴产者甚众"③。"永昌路驿百二十五，疲于供给，质妻奴应役。"④

第二，诸势家有将良民役为奴隶的现象，即"役属为私奴"。在西夏灭亡前后，势家役属良民人口众多。张文谦以"乙未岁户帐为断"，以占籍与未占籍来识别奴隶身份，已适当照顾到了势家的传统利益。因为乙未岁为公元1237年，距西夏亡国仅10年，其户帐当延续了传统。当然，张文谦又有"良民无为奴之理"的决议，并将之称为定法，以杜绝此类现象再发生。

至元八年（1271年），袁裕为西夏中兴等路新民安抚副使时，亦遇到驱良为奴的情况，即"西夏羌、浑杂居，驱良莫辨，宜验已有从良书者，则为良民。从之，得八千余人，官给牛具，使力田为农"⑤。

①　王静如：《西夏文〈杂字〉研究》，《西北民族研究》1997年第2期。

②　（明）宋濂等：《元史》卷一五七《张文谦传》，中华书局1976年版，第3696页。

③　（明）宋濂等：《元史》卷一六《世祖纪》，中华书局1976年版，第335页。

④　（清）嵇璜、曹仁虎等撰：《续文献通考》卷一四《户口考》，文渊阁四库全书本，第626册，第317页。

⑤　（明）宋濂等：《元史》卷一七〇《袁裕传》，中华书局1976年版，第3999页。

由上可知,西夏家内奴隶属于家庭私有财产,他们没有人身自由,对家长有极强的人身依附关系。家长对奴隶则有完全的处置权,既可用于家庭杂务和社会生产,也可用于买卖。

对于宗族内的税户而言,他们属于自由民阶层,对宗族的依附关系并不如奴隶那么强烈,但是他们在一定程度上依然受宗族首领约束。如天圣六年(1028年)十二月十一日,"诏陕西诸路缘边蕃部使臣首领人员等,如今后自作过犯,合断罪罚羊,令蕃部使臣首领人员等亲自出办送纳,即不得更于族下户上非理科敛"①。这虽说的是蕃部的情况,但汉族的宗族首领对普通族属同样具有一定的支配权。

由于税户是独立的个体家庭,彼此之间很难存在依附关系,在一定时空内,更多地呈现出一种平等的契约关系。因为黑水城农业属绿洲灌溉农业,它的发展依赖于水渠的修建与维护。黑水城地区自汉代始就大力修建水渠以发展农业,到西夏时期,已经形成了复杂庞大的灌渠系统。耕地集中在城池周边,相应的农户是环城而居或者在城内,就近结合而居,以便于耕地灌溉和水渠维护。西夏法律规定:"沿渠干察水应派渠头者,节亲、议判大小臣僚、租户家主、诸寺庙所属及官农主等水□(应为灌)户,当依次每年轮番派遣。"②"春开渠发役伏中,当集唐徕、汉延等上二种役伏,分其劳务,好好令开,当修治为宽深。"③因此,基于农业发展需要,灌溉和水渠维护成为家庭之间相互联系的重要缘由。在这种情况下,家庭之间更多的是平等的关系。在契约文书中,较多地呈现出家庭之间以知人或中间人的身份互相担保的事实。如黑水城出土俄藏5147号10件西夏文贷粮契中,第2件契约中作为借贷者契罗寿长势的同立契者契罗阿势子,在第6件契约中又为借贷者契罗长长盛做同立契者,这两名立契者与他同姓契罗,应是本家。第4件借贷者梁吉祥势,又在第3、6、7、9件中

---

① (清)徐松辑:《宋会要辑稿》兵二七之二四,上海古籍出版社2014年版,第9194页。
② 史金波、聂鸿音、白滨译注:《天盛改旧新定律令》卷一五《渠水门》,法律出版社2000年版,第499页。
③ 史金波、聂鸿音、白滨译注:《天盛改旧新定律令》卷一五《地水杂罪门》,法律出版社2000年版,第508页。

分别为借贷者移讹宝月奴、契罗长长盛、炯齐重李铁、梁宝吉做证人,梁吉祥势与梁宝吉应为同族。①

### 四、中原地区的宗族结构

金王朝建立后,中原地区汉族的宗族组织在延续北宋状态的基础上进一步发展。尽管汉族宗族组织有着悠久的传统,血缘身份等级比较严格,仅仅依靠传统的社会习俗与规范,成员间的关系就会比较密切。但在北方民族不断南下,各民族杂居的社会现实状况下,社会经济关系发生了一定程度的变化,宗族的内部关系也随之趋于复杂。

(一)宗族成员对强势之家的依附

宗族中的各家庭间,往往会有不同的发展路径,形成家庭间社会地位的差别。强势之家往往利用宗族关系扩大自己的势力。因而,普通成员对强势之家很容易形成依附关系。潞城县(今山西省潞城市)北垂村的刘氏宗族,"至肥田沃壤,连亘阡陌。积粟万数,囷廪充满。杂畜成群,林木郁茂。一川之间,望之可爱。聚族百余口,嬉嬉如也。洎佃户二百余口,公(刘正)使令趋,务必以软语美言,如臂运指,不动声气而集办。又欲增起第宅,就西北二百余里绵山县买斫木植,区区与仆隶同辛苦"。聚族百余口的宗族,刘正能够如臂运指,显然是充分利用了普通宗族成员对他的依附关系。刘正家又能"以物力充本乡巡绰捕盗,公私曲尽,人无怨言"②。说明利用宗族势力,足以对地方社会产生一定的影响。当然,一方面,强势之家利用宗族成员的依附关系,可以为地方社会带来相对安定的秩序。但另一方面,若强势之家利用宗族势力过于谋取私利,又必定会给地方社会秩序带来明显的破坏。长子县令乌塘,"聪明刚正,遇事不惑,慑服豪右,矜扶贫弱,善良受赐,奸猾胆裂,俾强宗大族敛手而无敢犯者"③。地方官员打击豪强,往往就是

① 史金波:《俄藏 5147 号文书 10 件西夏文贷粮契译考》,《中国经济史研究》2020 年第 3 期。
② 李可权:《金故刘公墓铭》,转引自周峰:《金代刘正墓铭考释》,《宋史研究论丛》第 23 辑,科学出版社 2018 年版,第 298 页。
③ (清)张金吾编纂:《金文最》卷七二刘丙《长子县令乌公德政碑》,中华书局 1990 年版,第 1064 页。

针对他们破坏地方秩序的行为。

（二）奴隶对主人家的依附

随着金王朝入主中原,社会关系的变动使奴隶制又有所发展。宗族中的富贵之家往往控制若干奴隶,有些甚至借各种机会使良民降为奴隶。这些奴隶,对主人家自然具有极强的依附关系。"获鹿世家,有以女婢诱陕右饥民为赘婿者,岁既久,并所生男女皆奴之。赘婿单弱,无以自解。"①世家有钱有势,在控制奴隶方面却也巧用心思。河中李氏宗族,"大奴弋信妻执伪券,诉有司,云是陕右饥民,为侯家（即李某家）强娶,法当为良。众谓宜辨其妄。夫人（李献卿之母梁氏）曰:'奴而良之,美事也! 奚以辨为?'听其去者余二十辈"②。宁晋县康氏宗族,康成"尝与昆弟分财,他田宅定无所问,止取南中生口十余人,纵为民而已。以故,家独贫"③。看来,若遇到开明主人,奴隶对主人家的依附关系可以解除。

在特殊情况下,尽管奴隶依附于主人家,但也受到主人的猜忌和防范。真定县冯氏宗族,冯璧"族弟理,七岁失怙恃,而资产殊厚。公（冯璧）虑为奴辈所侵,籍于有司,携理之官下。及长,乃付之,理迄于有成"④。这一事例,也说明奴隶是有自己的小家庭和私有财产的。

（三）宗族成员间的日常交往与依靠

宗族成员在日常生活中相互交往,相互依靠,事实上也形成了个人依附于群体的关系。杨奂东游曲阜时,"辞先圣于杏坛之下,（孔氏）族长德刚率族人别于归德门外,国祥暨德刚之子立之护至兖州西"⑤。孔氏宗族成员集体接待客人,送别客人,充分显示出宗族的团体性质。杨奂宗族为关中世族,唐朝时曾占有乾州奉天县赐田 400 顷,至五代时"始分世田,随诸房所

---

① （金）元好问著,狄宝心校注:《元好问文编年校注》卷五《阳曲令周君墓表》,中华书局 2012 年版,第 499 页。

② （金）元好问著,狄宝心校注:《元好问文编年校注》卷三《赞皇郡太君墓铭》,中华书局 2012 年版,第 227 页。

③ （金）元好问著,狄宝心校注:《元好问文编年校注》卷五《大司农丞康君墓表》,中华书局 2012 年版,第 999 页。

④ （金）元好问著,狄宝心校注:《元好问文编年校注》卷五《内翰冯公神道碑铭》,中华书局 2012 年版,第 572 页。

⑤ （元）杨奂:《还山遗稿》卷上《东游记》,《杨奂集》,吉林文史出版社 2010 年版,第 288 页。

居,号十二杨村,总谓之隋杨氏"。"金初,犹以大宗之家主祭祀事"①。杨氏宗族虽在发展过程中逐渐分居,但日常交往密切,特别是大宗之家主祭祀,说明族人由祖先崇拜而形成的归属感仍比较强烈。常用晦的宗族以力田为业,世豪于财,本来雄居乡里,但金初为"避汉阳质子之役",族属不得不散居。"有从建炎南渡而贵官者,有留居东门卢利者,有析居柏仁坊鹿者。"②因战争而被迫迁徙,使宗族成员散居各地。但居于某一地的宗族成员,仍然会关系密切,并很快形成新的宗族组织。

## 第二节　祖先崇拜与祭祀

辽夏金农耕民族的宗族祭祀,多具有悠久的传统,在人们的日常精神生活中具有重要地位。其外在的表现,是祭祀形式的多样与祭祀仪式的烦琐;而内在的动因,则是强烈的祖先崇拜观念。

### 一、燕云地区的祖先崇拜与祭祀

燕云地区传统上为宗族组织较为兴盛的地区。虽自唐中期开始,受到北方民族不断迁入的影响,但毕竟汉族人口仍占绝大多数,因而宗族组织与中原地区较为接近。不过,在社会关系不断变迁的过程中,燕云地区对传统社会组织方式的继承更为明显。

燕云地区的汉族,由于受到传统的宗族组织方式的影响,以族望相尚,祖先崇拜和祭祀受到广泛重视。人们在日常生活中自觉形成了"以孝敬奉乎宗祀"③的习惯。在人们的观念中,宗族的全体成员不但要祭祀共同的祖先,而且各支系甚至各家庭均需祭祀自己的支系祖先。

汉族传统上祭祀祖先的方式主要是祠祭和墓祭。杨佶在为名臣张俭撰

---

①　(金)元好问著,狄宝心校注:《元好问文编年校注》卷四《杨府君墓碑铭并引》,中华书局2012年版,第368页。

②　(金)元好问著,狄宝心校注:《元好问文编年校注》卷六《真定府学教授常君墓铭》,中华书局2012年版,第1168页。

③　《董庠妻张氏墓志》,载向南编:《辽代石刻文编》,河北教育出版社1995年版,第410页。

写墓志时,称赞他:"白茅苴社,对家庙以生荣。"①由此可知,张氏宗族建有家庙,用以祭祀祖先。为使祖先崇拜和祭祀得以延续,所有已逝的先人都要有直系的后人主祭。韩涤鲁在回答辽兴宗让他提要求时说:"臣富贵踰分,不敢他望。惟臣叔先朝优遇,身殁之后,不肖子坐罪籍没,四时之荐享,诸孙中得赦一人以主祭,臣愿毕矣。"②可见,即使只是叔侄关系,也将叔父是否有后人主祭作为最大心愿。嫁入汉族的契丹族妇女,对夫家的祖先祭祀也同样极为诚敬。韩迪烈妻萧乌卢本,"为妇时,尊宗祖,奉翁姑。每及时祭,则终夜不寝。监庖视膳,殷勤亲馈。虽隆暑沍寒,面无怠色。其诚敬有如此也"③。可以说,辽代祖先崇拜在不同民族间虽有一定的差别,但各民族对祖先的崇拜精神是一致的,而且在具体礼仪方面也相互影响。

尽管同一祖先的宗族成员众多,但五服之内的成员之间关系更为密切。《张景运为亡祖造陀罗尼经幢记》云:"更愿五服之内,大小先亡,并承资荐之因,俱遂解脱之理。"④

## 二、西夏的宗族祭祀

在西夏人的日常生活中,受儒家慈孝文化影响,孝顺父母是家庭中很重要的事情。就家庭中子女对于父母的行为来说,生时事之以礼,表现于顺从与奉养;死后事之以礼,表现于礼葬与祭祀。《圣立义海》记载:"七月十五,报父母之恩,供神石,设具场,乃众神会聚之日也。""君、臣、民等报恩孝顺父母,故期设神石器,悔过也。"⑤每年的农历七月十五是佛教的盂兰盆节和道教的中元节,也是报恩孝顺父母的重要节日。在这个节日里,人们更多地表现出对以父母为代表的宗族祖先的追思与崇敬。

西夏人宗族祭祀的传统,在西夏亡国后仍然流传。夏仁宗时期的重臣、

---

① 《张俭墓志》,载向南编:《辽代石刻文编》,河北教育出版社1995年版,第268页。

② (元)脱脱等:《辽史》卷八二《耶律隆运传附涤鲁传》,中华书局2017年版,第1424页。

③ 《耶律(韩)迪烈妻萧乌卢本娘子墓志铭》,载刘凤翥、唐彩兰、高娃:《辽代萧乌卢本等三人的墓志铭考释》,《文史》2004年第2辑。

④ 《张景运为亡祖造陀罗尼经幢记》,载向南编:《辽代石刻文编》,河北教育出版社1995年版,第390页。

⑤ [俄]克恰诺夫、李范文、罗矛昆:《圣立义海研究》,宁夏人民出版社1995年版,第52页。

灵武人斡道冲,在元朝时有后人路过凉州,"见殿庑有公从祀遗像,唏嘘流涕不能去,求工人摹而藏诸家"。其摹画斡道冲遗像之后,又想着能够记录祖先的生平事迹,代代传诸后人,以使子孙"不忘其亲"①,时时祭祀与膜拜。可见,斡氏宗族重视对祖先的祭祀。中兴府高氏,西夏末期右丞相高良惠的后裔,亦"烝尝之祭,有家庙在"②。设家庙祭祀祖先,在官宦之家中或许具有一定的代表性。

### 三、中原地区的宗族祭祀

中原地区的祖先崇拜兴盛已久,人们普遍相信过世的祖先会庇佑现世的宗族成员。真定人赵彦,在孙赵元英进士及第时对他说:"惟尔所获,亦惟我祖宗实有庆。尔无遂独庇尔胤,必及其余,以答我祖宗意。"③赵彦认为子孙能有所成就,端赖祖先庇佑,所以宗族成员应团结互助。

宗族祭祀的方式主要是在室内祭祖的庙祭和家祭、在祖墓祭祖的墓祭。阳泉市白羊墅《周氏家谱》里有一篇民国三十年的《续修家谱序》,讲到该宗族保存有金代的祖龛,上绘世系图,对祖先进行奉祀:宗祠正屋祖龛两侧有长龛三,一祀远祖讳美及以下六传至升,奉祀年月为金天德二年(1150 年)庚午。一祀远祖讳文及以下三传至展、钦、禄,奉祀年月为金正隆二年(1157 年)丁丑。又一无奉祀年月,从略。纪其时均在咸平以后,贞祐以前。④

金代中原地区的宗族祭祀,最流行的是墓祭。墓祭的盛行,又与族葬制度密切相关。金末元初人赵炳曾"参酌时宜",绘有《族葬图》,并作《图说》一篇。文中曰:

> 墓之葬,则以造茔者为始祖。子不别嫡庶,孙不敢即其父。皆以齿

① (元)虞集:《道园学古录》卷四《西夏相公斡公画像赞》,四部丛刊初编本。
② (明)钱谷:《吴都文萃续集》卷三《高文忠公专祠碑》,文渊阁四库全书本,第 1385 册,第 80 页。
③ 《赵彦墓志》,载王新英:《全金石刻文辑校》,吉林文史出版社 2012 年版,第 415 页。
④ 周克昌:《续修家谱序》"民国三十年",载周崇贤、周全实撰:《山西省阳泉市白羊墅周氏家谱》,1962 年。参见王慰霞:《金元以降山西中东部地区的宗族与地方社会》,南开大学博士学位论文,2010 年。

列昭穆,尊尊也。曾玄而下左右祔,以其班也。昭与昭、穆与穆并,百世可行也。昭尚左,穆尚右,贵近尊也。北首,诣幽冥也。妻、继室,无所出,合祔其夫,崇正体也。妾从祔,母以子贵也。降女君,明贵贱也。与夫同封,示系一人也。其黜与嫁,虽宗子之母不合葬,义绝也。男子长殇,居成人之位,十有六为父之道也。中下之殇,处祖后,示未成人也。序不以齿,不期夭也。男女异位,法阴阳也。而昭穆必以班,班不可乱也。祖北不墓,避其正也。葬后者皆南首,恶其趾之向尊也。嫁女还家,以殇处之,如在室也。妾无子犹陪葬,以恩终也。①

对于赵炳《族葬图》对宗族的作用,谢应芳曾评论说:"河南保定赵先生所著《族葬图》,其说本于周官,参诸众论,尊卑昭穆,粲然有伦,使观之者心生孝悌,亦犹观老泉《苏氏族谱》也如。是以葬其亲以祛其风水之惑,于名教岂小补哉!"②不过,儒士设计的祖葬规制虽甚严密,但毕竟要受自然条件的限制。诚如元人虞集所说:"族葬之法,惟中州土厚水深,宽平广袤,可以开舒布列,以成孝子慈孙百世之心焉。外方山川奇险,不得有所施也。"③正是因为中原地区比较适合族葬,人们对墓祭十分重视。如任城县李氏宗族有"远祖一林与南北两林"为宗族墓地。"岁时祭享,先远祖,次两林。酒醴羞馔,精洁而肃敬,不敢稍置懈怠。"④东海徐氏宗族,其成员自云:"惟有三伯,独恋乡贯。……□叶迁于□县界鲁桥镇西刘家庄,以田业所居,而别□茔域也。然而虽居异止,本□一宗,是用之族弟也。……而我虽居异止,享祀则一。唯侄云、弟霆二叶,不离本□,常守先茔,□亦乘田胜遂,子孙蕃衍。"⑤看来宗族成员虽有散居,但看重祖墓,通过墓祭团聚族人则未尝或缺。

---

① (元)谢应芳:《辨惑编》卷二《择葬》,丛书集成初编本,第988册,中华书局1985年版,第30—32页。

② (元)谢应芳:《龟巢稿》卷一四《跋族葬图》,文渊阁四库全书本,第1218册,第312页。

③ (元)虞集:《道园类稿》卷三五《跋司氏新阡表》,元人文集珍本丛刊本,第6册,新文丰出版公司1985年版,第159页。

④ (清)张金吾编纂:《金文最》卷八六黄晦之《济宁李氏祖茔碑》,中华书局1990年版,第1263页。

⑤ (清)张金吾编纂:《金文最》卷八七唐子固《东海徐氏墓碑》,中华书局1990年版,第1271页。

## 第三节　族　谱

　　辽夏金时期不同农耕民族的族谱,存在形式和记载内容的差别。女真族早期曾存在口述谱,但各民族均有文字谱见诸文献记载,且在名称、形式和记载内容等方面,比前代有了比较明显的变化。各种名称和形式的族谱,均对维系宗族组织起着十分重要的作用。

### 一、燕云地区的族谱

　　燕云地区的宗族重视以族谱维系宗族关系和社会声望。因为汉族编修族谱主要是继承唐代的传统,所以燕云地区的族谱多称"家牒"(又书为"家谍")。文慧大师所撰《秦德昌墓志》云"三代遗烈,家牒具之"[1];王用极所撰《刘宇傑墓志》云"国史明陈,家谍具载"[2];史克忠所撰《耿延毅妻耶律氏墓志》云"其韩氏之源,国纪家谍备矣"[3];李三畋所撰《张绩墓志》亦云"蔚国史以扬芬,炳家谍而腾茂"[4]。之所以多有记为"家谍"者,是因为"谍"乃"牒"之通假字。

　　除"家牒"称谓外,该地区族谱还至少有"谱籍"、"家谱"、"世谱"、"族谱"等多种称谓。出土文献中所见称"谱籍"者,有裴玄感为韩佚所撰墓志云:"夫膏粱华腴萃一门者,茂族纠绳节制启十乘者,元戎谱籍昭然惟公得矣。"[5]如果说墓志撰者此处或许有对族谱的泛称之意,未必是韩氏宗族的族谱称谓。那么,王纲为其父王泽所撰墓志中所称的"家谱",则无疑就是其本宗族的族谱称谓。该墓志云:"谨案家谱,其先琅琊人也。奕叶居燕,号为著族。轮菌建采,本大支繁;浩永洪河,流长派远。"[6]元人梁秉常为金

---

①　《秦德昌墓志》,载向南等编:《辽代石刻文续编》,辽宁人民出版社 2010 年版,第 166 页。

②　《刘宇傑墓志》,载向南编:《辽代石刻文编》,河北教育出版社 1995 年版,第 106 页。

③　《耿延毅妻耶律氏墓志》,载向南编:《辽代石刻文编》,河北教育出版社 1995 年版,第 142 页。

④　《张绩墓志》,载向南编:《辽代石刻文编》,河北教育出版社 1995 年版,第 313 页。

⑤　《韩佚墓志》,载向南编:《辽代石刻文编》,河北教育出版社 1995 年版,第 100 页。

⑥　《王泽墓志》,载向南编:《辽代石刻文编》,河北教育出版社 1995 年版,第 259 页。

朝尚书梁肃的后裔,家中藏有梁氏世谱。① 元代出现了作为"燕四大族"之一的赵氏宗族的《卢龙赵氏族谱》,元明善云:"观卢龙赵氏之谱,继继承承,的然可考,盖四百许年,十有三世矣。呜呼！是不徒伟人硕士,丰功盛烈,以永今垂,亦肖子哲孙,克衍其世,世为之谱,乃能是蕃且大也。"②可见,《卢龙赵氏族谱》虽由赵穆编成于元代,其先世却是"世为之谱"的。

另外,王景运撰《宋匡世墓志》云:"其宗祖贻谋,世家迭盛,先志具载。"③这里的"先志",或许为宋氏家志,应具有族谱的性质。李谦贞撰《郑恪墓志》云:"君讳恪,世为白霫北原人,其先史记世家及家状详焉。"④这里的"先史",或许为郑氏家史,也应具有族谱的性质。"家乘谱牒,一家之史也"⑤,因而很可能有人会习惯上将族谱称为家史。

上述事例主要讲的是汉人的情况,事实上,渤海人也是如此。出土于山西省朔州市的《高为裘墓志》云:"谨案高氏家录:公讳为裘,其先渤海国扶馀府鱼谷县乌恶里人也。"⑥这里的"家录",也具有族谱的性质。

## 二、辽东地区的族谱

辰州王氏宗族为渤海族著名的世家大族,据《王氏家牒》记载,其族原为太原祁人,避汉末之乱徙居辽东,后随东丹王迁徙至辽阳。⑦ 可见,渤海族已有相当完善的族谱。

女真族的宗族也编修谱牒。在早期没有文字的时代,祖宗世系凭借人

---

① (元)王恽著,杨亮、钟彦飞点校:《王恽全集汇校》卷四四《剑戒哀梁子也》,中华书局 2013 年版,第 2123 页。

② (元)元明善:《清河集》卷四《跋〈卢龙赵氏族谱〉后》,元人文集珍本丛刊本,第 5 册,新文丰出版公司 1985 年版,第 182 页。吴澄《吴文正公集》卷二九《题卢龙赵氏世家谱后》说赵氏族谱"中更乱离,谍记湮没,司直君考详纂述,无所遗坠"(元人文集珍本丛刊本,第 3 册,新文丰出版公司 1985 年版,第 504 页)。

③ 《宋匡世墓志》,载向南编:《辽代石刻文编》,河北教育出版社 1995 年版,第 180 页。

④ 《郑恪墓志》,载向南编:《辽代石刻文编》,河北教育出版社 1995 年版,第 428 页。

⑤ 章学诚:《文史通义》卷六外篇一《州县请立志科议》,上海古籍出版社 2015 年版,第 198 页。

⑥ 《高为裘墓志》,载向南编:《辽代石刻文编》,河北教育出版社 1995 年版,第 609 页。

⑦ (金)元好问著,狄宝心校注:《元好问文编年校注》卷六《王黄华墓碑》,中华书局 2012 年版,第 1338 页。

们的口耳相传,是靠着记忆保存的。女真人完颜宗翰访女真老人求祖宗遗事,以修国史。史载:"女直既未有文字,亦未尝有记录,故祖宗事皆不载。宗翰好访问女直老人,多得祖宗遗事。"①后来随着宗族组织和文字的发展,也有了谱牒。谱牒是记载宗族世系的重要文献,女真族十分重视谱牒的编修。完颜阿离合懑,"景祖第八子也","为人聪敏辨给,凡一闻见,终身不忘。始未有文字,祖宗族属时事并能默记,与斜葛同修本朝谱牒"②。元好问在为女真贵族撰写碑铭时,曾云上京人术虎术不,"勋贵之盛,国史家牒详焉"③;合懒路人夹谷息虎起,"天会初,尝以王爵握兵柄,史牒载其功详矣"④。天会六年(1128 年),金太宗命完颜勗(即勖,下同)与耶律迪越求访祖宗遗事,所获资料以备国史。完颜勗等"采摭遗言旧事,自始祖以下十帝,综为三卷。凡部族,既曰某部,复曰某水之某,又曰某乡某村,以别识之。凡与契丹往来及征伐诸部,其间诈谋诡计,一无所隐。事有详有略,咸得其实"⑤。在此基础上,完颜勗又"撰定《女直郡望姓氏谱》及他文甚众"⑥。姓氏谱作为总谱,应是在各族族谱的基础上编纂而成。金朝对皇族谱牒的修撰一直没有停止过。大定十六年(1176 年),金世宗"诏宗属未附《玉牒》者并与编次"⑦。承安五年(1200 年),"大睦亲府进重修《玉牒》"⑧。金朝至迟从"大定、泰和之间,祖免以上亲皆有属籍",直至"贞祐以后,谱牒散失,大概仅存,不可殚悉"⑨。战争使得女真谱牒散失,不可谓不遗憾。

在日常生活中,迁入中原地区的女真族似乎对谱系传承日益淡忘。金世宗尝曰:"今之女直,不比前辈,虽亲戚世叙,亦不能知其详。太后之母,

① (元)脱脱等:《金史》卷六六《勖传》,中华书局 2020 年版,第 1658 页。
② (元)脱脱等:《金史》卷七三《阿离合懑传》,中华书局 2020 年版,第 1775、1776 页。
③ (金)元好问著,狄宝心校注:《元好问文编年校注》卷五《龙虎卫上将军术虎公神道碑》,中华书局 2012 年版,第 580 页。
④ (金)元好问著,狄宝心校注:《元好问文编年校注》卷五《资善大夫武宁军节度使夹谷公神道碑铭》,中华书局 2012 年版,第 649 页。
⑤ (元)脱脱等:《金史》卷六六《勖传》,中华书局 2020 年版,第 1658 页。
⑥ (元)脱脱等:《金史》卷六六《勖传》,中华书局 2020 年版,第 1660 页。
⑦ (元)脱脱等:《金史》卷七《世宗纪中》,中华书局 2020 年版,第 181 页。
⑧ (元)脱脱等:《金史》卷一一《章宗纪三》,中华书局 2020 年版,第 277 页。
⑨ (元)脱脱等:《金史》卷五九《宗室表》,中华书局 2020 年版,第 1449 页。

太祖之妹,人亦不能知也。"他接着对完颜宗叙说:"亦是卿父谭王之妹,知之乎?"宗叙回答:"臣不能知也。"世宗不由感慨道:"父之妹且不知,其如疏远何。"①

从后世的族谱编修习俗看,女真族以布帛为载体的族谱似乎比较普遍。甘肃省泾川县的完颜氏宗族,保存有一份宗谱图,俗称"先人影",是在黄色粗布上用墨笔绘出人物形象,旁注文字。该宗谱图由5幅粗布缝合而成,长2.4米,宽2米。河南省汤阴县的金代夹谷氏遗民(已改姓全)的族谱,黑龙江省双城市的完颜氏族谱,也都是以布为载体的。这说明女真遗民的族谱多用布本。② 此外,女真遗民族谱也有用世系碑形式来展现者。陕西省岐山县蒲村镇洗马庄村保存有一通完颜氏世系碑,碑阴文字详细记载了完颜家族的田地和冢地亩数,碑阳文字按照昭穆次序,记载有完颜氏自高祖完颜准至十一世祖的谱系,分列人名共计170位,同时对其职衔、配偶、子男及事迹等做了简要叙述。③

### 三、中原地区的族谱

中原地区的族谱在金代得到很大发展,但名称、内容纷繁复杂,以下主要按名称作大体分类。

**(一)家牒、家谱**

家牒与家谱,历来是有关族谱的基本称谓,金代以此为称谓的情况仍然比较常见。元好问曾云早年见其宗族"家牒具存,碑表相生"。不想贞祐南渡,"家所有物,经乱而尽。旧所传谱牒,乃于河南诸房得之"④。作为金代著名文人,元好问念念不忘元氏家牒。

---

① (元)脱脱等:《金史》卷六四《睿宗钦慈皇后传》,中华书局2020年版,第1616页。

② 景爱:《双城完颜氏宗族谱考释》,《东北史研究》(内部交流刊物)2008年第2期;《皇裔沉浮——北京的完颜氏》,学苑出版社2002年版。

③ 参见杨富学、王小红:《陕西岐山女真遗民完颜氏世系碑文考释》,《吉林大学社会科学学报》2020年第1期。

④ (金)元好问著,狄宝心校注:《元好问文编年校注》卷四《南冠录引》,中华书局2012年版,第346页。

金代的另一文人李俊民曾编撰了《李氏家谱》①。现存石刻资料,也多有使用"家谱"名称的。如河东大族闻喜裴氏,在唐代时曾有裴涛所撰的《裴氏家谱》。至金代,裴氏祖庄裴柏村仍然是"自来耆旧相传祖先家谱,珍藏秘宝,未易示人。奈何先因兵火,继缘寇盗,常虑遗坠"。后有远孙裴再兴与族众商议后,于大定十一年(1171年)将家谱模勒于石碑,"非徒为远近荣观,又且为不朽之计"②。该碑至今仍存山西省闻喜县礼元镇裴柏村。碑额题名"裴氏相公家谱之碑"。碑文上部为刘若虚所撰的《闻喜裴氏家谱序》,下部即为裴涛所撰《裴氏家谱》。此谱名称虽延自唐代,但也说明金代人们仍是认可这一名称的。

(二)世谱、宗谱

世谱与宗谱,也是族谱的常见称谓。金代开封张氏的世谱,是由宋代流传下来的。元人程钜夫《书开封张氏世谱后》云,张氏"当五季之乱,徙自清河,传至于今,十有四矣。……及宋祚南迁,金源氏起,中原为兵革之场,世族故家,磨灭几尽。而张氏丘垅之藏、谱牒之载、金石之刻,犹宛然岿然"③。

与前述《裴氏家谱》同样立于大定十一年(1171年)的,还有绛县董氏宗谱碑。该碑原存山西省绛县郝庄乡西郝庄,今佚。碑文有《董氏家谱之记》与《董氏宗谱图》,是既用"家谱",又用"宗谱"称谓。同一时间地点所立的另一石碑名《董父豢龙碑》,至今存世。其序文叙董氏渊源于豢龙氏,并云:"家风好事,人物多贤;谱记镌石,永显其传。"④此碑应与已佚的家谱有一定关联。

(三)家传、千秋录

元好问在《东平贾氏千秋录后记》中曾云:"谨述《家传》所未载者三数条如右。"⑤显然,他将千秋录与家传视为完全相同的名称。他还曾撰《曹南

---

① (金)李俊民:《庄靖集》卷八《李氏家谱》,文渊阁四库全书本,第1190册,第632—634页。
② (金)刘若虚:《闻喜裴氏家谱序》,载阎凤梧主编:《全辽金文》,山西古籍出版社2002年版,第1625页。
③ (元)程钜夫:《雪楼集》卷二五《书开封张氏世谱后》,文渊阁四库全书本,第1202册,第372页。
④ 柴广胜主编:《三晋石刻大全·运城市绛县卷》,三晋出版社2014年版,第24页。
⑤ (金)元好问著,狄宝心校注:《元好问文编年校注》卷六《东平贾氏千秋录后记》,中华书局2012年版,第1282页。

商氏千秋录》，虽述人物世系、事迹较多，但实际上也是一篇千秋录的后记，自云："正叔以通家之故，请为《千秋录》作《后记》，因得件右之。"①

（四）先茔碑、宗支石

此类谱名与其载体为石刻有关，名称众多。如先茔碑、先茔幢、先代碑、宗支石等。

金代中原风俗，盛行在宗族墓地刻立载有宗族世系的碑铭。"刻石立铭，磨成不朽之图；异里命工，琢就无穷之记。可得明昭辨穆，知宗别派，其如指掌矣。"②所以李俊民有诗云："过客不须寻世谱，万山山下看沉碑。"③河南孟州的《苏氏先代碑》缕述宗族的来源、世系、婚姻、职业、葬地等，篇幅虽然有限，却涵盖族谱所记内容的众多方面。④ 赵秉文曾云孝义县丞崔某"世系载先茔幢，事业载圹铭"⑤。可见，宗族世系是先茔幢记载的主要内容。元好问曾撰《毛氏宗支石记》⑥，毛氏的所谓宗支石，显然就是记载世系关系的谱碑。大定二十九年（1189 年）刻立的《许氏坟林宗族之记》碑，曾云"自始祖而下尝有一图本"，因战乱散佚，故"宜自目今十代孙列在碑阴，广空其下，庶使来裔世世得以叙之石，至无所容，仍冀后人别加措划，以谋长策"⑦。显而易见，这是以石碑为载体来重修许氏族谱。明昌二年（1191年）所立的连家砭唐朝列圣之碑，碑阴为"唐李氏世系图"，左有《唐李氏薛王房世系图序》，乃是李唐王朝后裔所立世系碑。⑧

金代先茔碑的盛行，是在社会动乱之后，普通民众强化宗族意识的表

---

① （金）元好问著，狄宝心校注：《元好问文编年校注》卷六《曹南商氏千秋录》，中华书局 2012 年版，第 1318 页。

② （清）张金吾编纂：《金文最》卷八七唐子固《东海徐氏墓碑》，中华书局 1990 年版，第 1272 页。

③ （金）李俊民：《庄靖集》卷六《杜甫故里》，文渊阁四库全书本，第 1190 册，第 602 页。

④ 《苏氏先代碑》，载王新英：《全金石刻文辑校》，吉林文史出版社 2012 年版，第 183 页。

⑤ （清）张金吾编纂：《金文最》卷八八赵秉文《孝义县丞崔公墓铭》，中华书局 1990 年版，第 1282 页。

⑥ （金）元好问著，狄宝心校注：《元好问文编年校注》卷三《毛氏宗支石记》，中华书局 2012 年版，第 292 页。

⑦ 泰安岱岳区许家庄金大定二十九年《许氏坟林宗族之记》，碑已毁，文载《泰安日报》2010 年 10 月 20 日。

⑧ 该碑原出陕西省合水县太白乡，今存甘肃省庆阳市陇东古石刻艺术博物馆。

现。当时社会甚至出现了如下的情况："至于比闾之民,若子若孙,奉先世遗体,贵与贱不殊,既葬之后,不一二世,叩其谁为祖,谁为高曾,卷舌而不能言者,十常七八。物莫灵于人,至不知身之所出,岂理也哉!"而通过先茔碑的创立,可起到强化宗族意识的作用。"因其葬也,必有碣以树于林,使庆流之源,族派之别,后世晓然皆知其详。"从而使"比闾之民"能够"尊祖报本","敦睦九族"①。有学者认为,这种形式受到佛教刻立经幢的影响。如日本学者饭山知保以大定十一年(1171年)的《故周公之墓铭》、承安二年(1197年)的《智氏先茔石碑》和具体时间不详的《河中郭氏坟碑》为例,认为这种碑刻的世系图十分简略,其实就是先茔碑和佛教经幢的合体。② 更为清晰的是,刻于大定十年的《峪口吴家祖茔经幢》,现存山西省寿阳县朝阳镇峪口村。该碑六棱,第一、二、三面为《佛顶尊胜陀罗尼经》经文,第四面为墓志铭,第五面为宗族世系,第六面无文字。世系谱从高祖记起,共有五代人的姓名,排列整齐。③ 应该说,在三教合一的时代大背景下,宗族组织方式受到佛教的一定影响,是不足为奇的。

金代中原地区的族谱,尽管形式多样,世系记录远近不一,但在社会生活中,却能够充分发挥各种传统的和新增的作用。如作为传统习俗的联宗通谱,具有扩大社会关系甚至政治势力的作用,亦为时人所利用。金章宗宠妃李师儿家族,一时"势倾朝野","南京李炳、中山李著与通谱系",均在官位上"超取显美"④。

## 第四节　家法族规

宗族以家法族规管理族众,有成文法与习惯法两种形式。在辽夏金农

---

① (清)张金吾编纂:《金文最》卷八六黄晦之《济宁李氏祖茔碑》,中华书局1990年版,第1262—1263页。

② [日]饭山知保:《金元时期北方社会演变与"先茔碑"的出现》,《中国史研究》2015年第4期。

③ 史景怡主编:《寿阳碑碣》,山西古籍出版社2007年版,第81页。转引自王慰霞:《金元以降山西中东部地区的宗族与地方社会》,南开大学博士学位论文,2010年。

④ (元)脱脱等:《金史》卷六四《章宗元妃李氏传》,中华书局2020年版,第1626页。

耕民族的宗族中,除中原地区外,较少出现成文法的形式,而习惯法方式则比较盛行。这种情况,即使在汉人宗族中,亦是如此。如建州王敦裕宗族,"家法肃雍,闺风清□"①。

## 一、辽东地区的家法族规

女真族的家法族规以习惯法为主。早在金始祖函普时期,各部就开始以习惯法的形式来化解矛盾,约束部众。"始祖至完颜部,居久之,其部人尝杀它族之人,由是两族交恶,哄斗不能解。完颜部人谓始祖曰:'若能为部人解此怨,使两族不相杀,部有贤女,年六十而未嫁,当以相配,仍为同部。'始祖曰:'诺。'乃自往谕之曰:'杀一人而斗不解,损伤益多。曷若止诛首乱者一人,部内以物纳偿汝,可以无斗而且获利焉。'怨家从之。乃为约曰:'凡有杀伤人者,征其家人口一、马十偶、牸牛十、黄金六两,与所杀伤之家,即两解,不得私斗。'曰:'谨如约。'女真之俗,杀人偿马牛三十自此始。"②穆宗盈歌进一步在女真部落中推行习惯法。"初,诸部各有信牌,穆宗用太祖议,擅置牌号者置于法,自是号令乃一,民听不疑矣。自景祖以来,两世四主,志业相因,卒定离析,一切治以本部法令。"③在日常婚姻生活中,习惯法也有充分的体现。据《三朝北盟会编》记载:"其婚嫁,富者则以牛马为币,贫者则女年及笄,行歌于途。其歌也,乃自叙家世、妇工、容色,以申求侣之意。听者有未娶欲纳之者,即携以归,其后方具礼偕女来家以告父母。"④又"父死则妻其母,兄死则妻其嫂,叔伯死则侄亦如之"⑤。"旧俗,妇女寡居,宗族接续之。"⑥这说明传统习惯法中有接续婚的习俗。大定二年(1162 年),完颜宗翰之孙斜哥起为大宗正丞,除祁州刺史。坐赃枉法,以至

---

① 《王敦裕墓志》,载向南编:《辽代石刻文编》,河北教育出版社 1995 年版,第 379 页。
② (元)脱脱等:《金史》卷一《世纪》,中华书局 2020 年版,第 2 页。
③ (元)脱脱等:《金史》卷一《世纪》,中华书局 2020 年版,第 16 页。
④ (宋)徐梦莘:《三朝北盟会编》卷三"重和二年正月十日",上海古籍出版社 2008 年版,第 18 页。
⑤ (宋)徐梦莘:《三朝北盟会编》卷三"重和二年正月十日",上海古籍出版社 2008 年版,第 17 页。
⑥ (元)脱脱等:《金史》卷六四《睿宗贞懿皇后传》,中华书局 2020 年版,第 1616 页。

当死,金世宗特下诏将其杖一百五十,除名,并且遣左卫将军夹谷查剌谕斜哥说:"卿何面目至乡中与宗族相见。"①可见,宗族的传统习惯法与国法、与当世主流价值观,都是一致的。

在传统家法族规的熏陶下,宗族中的大多数成员会具备良好的素养。景祖昭肃皇后"不妒忌,阔略女工,能辑睦宗族"②。世宗昭德皇后"聪敏孝慈,容仪整肃,在父母家,宗族皆敬重之"③。显宗孝懿皇后"素谦谨,每畏其家世崇宠"④。

## 二、西夏的家法族规

西夏后期战乱不断,国势艰难,许多有识之士或以身许国,或以家训遗嘱方式训诫子孙以继其志。如南院宣徽使刘忠亮,"质直端重,有大臣体。镇夷郡王安全渐干政,忠亮正色,立朝临事,是非不稍回折。安全诱以甘言,忠亮曰:'是饵吾也。'终不顾。先安全篡一年卒,临终谓子思义曰:'吾不能为国纾难,负恩多矣。宜布衣入棺,以志吾恨。'思义遵遗命,亦不复仕"⑤。可知,刘忠亮因为李安全篡位自立,不受其诱惑,以遗言方式训诫其子刘思义,刘思义因之不仕于安全一朝。西夏遗民入元以后,家法族规有变化趋势,由刚性的忠君体国转向宗族的凝聚发展。如西夏遗民李世安曾"聚族戒曰:'此吾祖初基,今族大蕃衍,以淄川公视之,岂容有亲疏之异,族人无子孙或孤弱客死远方,为归其丧,就祖茔序昭穆以葬。'有义田,供展省之费,族之婚丧,皆取给于斯"⑥。李世安因官居大都,后至淄川聚族以诫,主要目的在于凝聚宗族。

① (元)脱脱等:《金史》卷七四《宗翰传附斜哥传》,中华书局 2020 年版,第 1806 页。
② (元)脱脱等:《金史》卷六三《景祖昭肃皇后传》,中华书局 2020 年版,第 1595 页。
③ (元)脱脱等:《金史》卷六四《世宗昭德皇后传》,中华书局 2020 年版,第 1618 页。
④ (元)脱脱等:《金史》卷六四《显宗孝懿皇后传》,中华书局 2020 年版,第 1623 页。
⑤ (清)吴广成撰,胡玉冰校注:《西夏书事校注》卷三九,上海古籍出版社 2021 年版,第 489 页。
⑥ (元)吴澄:《吴文正公集》卷四二《元故荣禄大夫江西等处行中书省平章政事李公墓志铭》,元人文集珍本丛刊本,第 4 册,新文丰出版公司 1985 年版,第 22 页。

### 三、中原地区的家法族规

中原地区的宗族以家法族规约束族众，可谓源远流长。金朝入主中原，虽然原有官宦世家不少南迁，高门士族的家法影响有所减弱，但宗族习惯法仍广泛存在，宗族成文法也多有刻于石或书于榜者。

陵川郝氏宗族的郝经，曾记载其宗族"自曾伯祖以嫡长涖家，已有法制，使子孙世守"。而至其伯祖父郝源时，"复以嫡长涖家，而昆季十余族，长稚百余口"，因而郝源"又以孝友、睦姻、任恤等数条书于榜，曰：'有违此者，非郝氏子孙。'"[①]可见，郝氏的家法族规尽管简洁，却形成了具有相当约束力的成文法。

浑源刘氏的刘似，"尝训子孙曰：为士当先行检，如丝之洁；将立其身，慎无点污。汝佩吾言，则无忝矣"[②]。至其孙刘祁，则更将人生的意义作了理论总结，并以之训诫子弟。他在《归潜志》中云："人之生有三乐，有志气之乐，有形体之乐，有性命之乐。夫事业、功名、权势、爵位，乐志气也；酒色、衣食、使令、车马，乐形体也；仁义、礼知、忠信、孝弟，乐性命也。虽然，事业、功名、权势、爵位，得时者之所有也；酒色、衣食、使令、车马，富厚者之所备也；惟仁义、礼知、忠信、孝弟，虽不得时、不富厚而于我皆具，盖穷士之所有也。今吾既不得时有志气之乐，又不富厚有形体之乐，居荒山之中，日惟藜藿之为养，其所享无一毫过于人，舍性命其何乐哉？"[③]

真定藁城人赵彦，"天资纯质，治生尤勤俭，细故躬亲不懈。服食器皿，期于仅足，自余无毫毛非分用，日夕蹙蹙，恒若不足。教诸子孙及所以语他人，亦唯是"。在其将终之时，"谓其子渊曰：'吾常叹人之子孙鲜克以义终。祖宗积累之业，一旦不难割散之，骨肉相视，一旦如道路人，恶孰甚焉？尔其帅下以严，处之以均，无息无颇，无速乖离，以隳我家。'其孙曰元英者，以进

---

① （元）郝经著，张进德、田同旭编年校笺：《郝经集编年校笺》卷三六《先伯大父墓铭》，人民文学出版社 2018 年版，第 954 页。

② （元）王恽著，杨亮、钟彦飞点校：《王恽全集汇校》卷五八《浑源刘氏世德碑铭并序》，中华书局 2013 年版，第 2567 页。

③ （元）刘祁：《归潜志》卷一二，中华书局 1983 年版，第 139—140 页。

土擢第,则又特戒曰:'惟尔所获,亦惟我祖宗实有庆。尔无遂独庇尔胤,必及其余,以答我祖宗意。'"①可见,族中长老教育子孙与族人多从勤俭与宗族和睦等实用内容出发。

## 第五节　宗族字辈

汉人宗族字辈在唐代已非常流行,辽夏金汉人的宗族字辈,无疑是从唐代继承下来的,而渤海、女真等民族,则比较明显地受到汉人字辈的影响。一般来说,姓名中的第一字为姓(复姓除外),第二字(或第三字,或第二字之偏旁)为字辈,第三字(或第二字)是名或字。

### 一、燕云地区的宗族字辈

安次韩氏是辽金时期燕云地区的著名大族,在其数代人的名字中,字辈规则甚为明显。该宗族第一代人物为辽初名臣韩延徽。不过,延徽一代仅见1人,字辈不明。延徽有子德枢、德邻,应是以"德"为字辈。孙辈有佚、倬、伟,以"人"为字辈。第四代绍勋、绍芳、绍雍、绍文、绍升等,以"绍"为字辈。第五代述、遘、遹、造等,以"走"为字辈。第六代资让、资懋、资道、资顺、资贞等,以"资"为字辈,另有晦、昉以"日"为字辈。第七代诇、计、谅等,以"言"为字辈。第八代景彰、景隆、景庄、景修等,以"景"为字辈。第九代汶、淑、汧、洙、湛、淳等,以"水"为字辈。可以看出,韩氏宗族拟定字辈的方式基本上是隔代相同,即若一代以单字为字辈,则其上一代与下一代均以偏旁为字辈。辽初名臣韩延徽名颖,字藏明,延徽亦应为其字②,应是符合韩氏宗族称谓规则的,只是因史书记载而使韩延徽之名更为人们所熟知而已。

五代时期迁居瀛阴的吕氏宗族,与安次韩氏宗族"皆燕巨族,且世有

---

① 王若虚著,胡传志、李定乾校注:《滹南遗老集校注》卷四三《保义副尉赵公墓志》,辽海出版社2006年版,第520页。

② (宋)欧阳修:《新五代史》卷七二《四夷附录第一》云"德光遣中书令韩颖奉册高祖为英武明义皇帝"(中华书局2016年版,第1010页),外交场合称"韩颖",应为正式姓名。

旧好"①,其成员也明显具有字辈规则。吕氏第一代人物吕胤与第二代人物吕密,因均只一人,字辈难知。密之子德懋、德方,还有世系不明的德推②,名连"德"字。第四代有德懋之子士宗、德方之子士安,名连"士"字。第五代嗣延、嗣立、嗣孙、嗣儒等,名连"嗣"字。第六代岩、介石,名连"石"字,另有吕观,字辈未连。第七代忠节、忠卫、忠美、忠敏、忠翰、忠彦、忠一等,名连"忠"字。第八代适、邈、遹、过、迈、造、述等,名连"走"字。第九代仲熊、仲麟等,名连"仲"字。可以看出,吕氏宗族的字辈多为三字姓名中的中间一字,另有较少的情况为单字名中的偏旁字辈。

如果说上述宗族均为官僚宗族,那么在有关平民宗族的有限记载中,亦体现出宗族字辈的流行。河北省蔚县大水门头村三官庙中矗立的两方经幢,记载的人物应为同一宗族。其中一方记李昌疑之子惟晟、惟□;惟晟之子文举、文全,惟□之子文□、文昱。另一方记李昌逸之子惟准、惟沐、惟□③。显然,可知的李氏第一代名连"昌"字;第二代名连"惟"字,其中李昌逸之子似又有同用"水"旁的现象,可惜碑文在关键处阙字;第三代名连"文"字。河北省阳原县出土的《赵忠立墓志》,记载赵忠立之父辈成员有文资、文堉、文翰等,兄弟辈成员有忠尹、忠信、忠惠等,子侄辈成员有伯祥、伯成、伯通、伯禄等。④ 很明显,赵氏三代人分别名连"文"、"忠"、"伯"。北京市房山区北郑村《北郑院邑人起建陀罗尼幢记》所记的建幢者中,有邑人郑景章、郑景辛、郑景遇、郑景约、郑景存、郑景章等。又有郑彦福,为景辛之子;郑彦温、郑彦周;郑彦从,弟彦殷;郑彦信,弟彦温、彦进、彦友。郑彦周之子有马五、马六等。⑤ 可以看出,郑氏三代人的字辈分别为景、彦、马。《房

①　《东平县君韩氏墓志铭》,载王新英:《全金石刻文辑校》,吉林文史出版社 2012 年版,第453 页。

②　关于吕德推与吕德懋兄弟的关系,可参见王善军:《世家大族与辽代社会》,人民出版社2008 年版,第 137 页。

③　《李惟晟建陀罗尼经幢记》《李惟准建陀罗尼经幢记》,载向南等编:《辽代石刻文续编》,辽宁人民出版社 2010 年版,第 268、269 页。

④　《赵忠立墓志》,载王新英:《全金石刻文辑校》,吉林文史出版社 2012 年版,第 154 页。

⑤　参见《北郑院邑人起建陀罗尼幢记》,载向南编:《辽代石刻文编》,河北教育出版社 1995年版,第 12 页。

山天开塔舍利石函记》所记良乡县村民岳姓有岳文山、岳文诠、岳文玄、岳文援,张姓有张世清、张世准、张世安、张世永①,显然也应是同族以字辈相连之成员。

二、辽东地区的宗族字辈

辽东地区由于在渤海国时期即受到汉文化很强的影响,同时也有大量的汉人迁入该区,因而宗族字辈比较流行。

渤海族因受汉文化影响较深,姓名中的宗族字辈有明显体现。渤海王族大氏后裔有名大公鼎者,其子昌龄、昌嗣、昌朝②,显然是以"昌"为字辈。右姓高氏高模翰后裔中,有名为裘者,其子泽、洵、渥,其孙永肩、永年,曾孙据、和哥、拱、扴、小和尚、乾孙③。可见,高氏宗族以"水"、"永"、"手"为字辈,只是墓志记载了若干幼儿小字而已。金代名臣张浩子汝为、汝霖、汝能、汝方、汝猷④,显然以"汝"为字辈。"与浩同曾祖"⑤的张玄素、玄徵兄弟,并未与浩连名,但兄弟名连"玄"字。玄徵之子汝弼,则又与浩之子连名。张浩之孙辈,孙男曰纬、绩、级、绶、续等,孙女曰玉秀、丽秀、瑞秀、倩秀、静秀等⑥。显然,男女分别排字辈,男子名连"系"字,女子名连"秀"字。辰州王氏王政之子遵仕、遵义、遵古⑦,名连"遵"字;遵古之子庭玉、庭坚、庭筠、庭淡,名连"庭"字;庭筠之子万安、万孙、万吉,皆早卒,"以弟庭淡之次子万庆为之后"⑧,名连"万"字。可以看出,可知的王氏宗族三代人的名字,均是严格按照字辈所取的。

---

① 参见《房山天开塔舍利石函记》,载向南等编:《辽代石刻文续编》,辽宁人民出版社 2010 年版,第 279 页。

② 参见(元)脱脱等:《辽史》卷一〇五《大公鼎传》,中华书局 2017 年版,第 1609 页。

③ 参见《高为裘墓志》《高泽墓志》,载向南编:《辽代石刻文编》,河北教育出版社 1995 年版,第 609、611—612 页。

④ 参见(元)脱脱等:《金史》卷八三《张浩传》,中华书局 2020 年版,第 1983 页。

⑤ (元)脱脱等:《金史》卷八三《张玄素传》,中华书局 2020 年版,第 1987 页。

⑥ 参见《张汝猷墓志铭》,载王新英:《全金石刻文辑校》,吉林文史出版社 2012 年版,第 471 页。

⑦ 参见(元)脱脱等:《金史》卷一二八《王政传》,中华书局 2020 年版,第 2913 页。

⑧ (金)元好问著,狄宝心校注:《元好问文编年校注》卷六《王黄华墓碑》,中华书局 2012 年版,第 1338、1345 页。

以宗族字辈取名,不仅在渤海族上层社会成员中流行,在下层社会成员中也同样如此。清宁四年(1058年),"显州北赵太保寨白山院建千佛舍利杂宝藏经塔壹所",建塔人的姓名在"石函记"中较为完整地保存下来。这些人应大都是渤海族宫分人,身份低下。在他们的名字中,也明显地表现出字辈的流行。如赵氏人物中有赵德政、赵德从、赵德受、赵德乂、赵德荣,又有赵惟德、赵惟辛、赵惟山、赵惟清、赵惟知、赵惟玄、赵惟进、赵惟塍、赵惟足、赵惟臣、赵惟方、赵惟吉、赵惟嵩、赵惟平、赵惟成、赵惟正[①]。可以看出,这些人均应是赵太保寨赵氏宗族中的"德"字辈成员和"惟"字辈成员。

女真人最初只有小名,从幼年到成年均使用小名。其特点是"臣僚之小字,或以贱,或以疾,犹有古人尚质之风"[②]。后来由于受汉人影响,除了女真语小名以外,又开始取汉名。而且,这种影响在东北地区即已比较明显,迁入中原后则更为普遍。以皇族为例,完颜阿骨打汉名旻,吴乞买汉名晟,乌也汉名勗,蒲家奴汉名昱,斜也、撒离喝汉名均为杲,奔睹、吾都补汉名均为昂,他们都是同一辈分的人。可以看出,女真人在接受汉人取名习俗时,是包含字辈规范在内的。阿骨打兄弟字辈为曰,其子辈则为宗。完颜斡本的汉名叫宗幹,斡离不的汉名叫宗望,讹里朵的汉名叫宗尧,兀术的汉名叫宗弼。宗字辈以下依次是一、允、珷、守。金熙宗汉名亶,海陵王汉名亮,金世宗汉名雍,这三位非正常传位的帝王,乃是同宗兄弟成员。看来至少在皇族成员中,汉名字辈已相当规范。

### 三、中原地区的宗族字辈

中原地区为汉人居住区的中心区域,传统上字辈流行广泛,金代同样如此。以"家法为士族仪表"[③]的日照张氏为例,张莘卿有子昈、暉,名连日字,有孙行简、行信、行敏、行正、行忠、行义,名连行字。[④] 稷山县段氏,有兄弟

---

① 参见《显州北赵太保寨白山院舍利塔石函记》,载向南编:《辽代石刻文编》,河北教育出版社1995年版,第288—289页。

② (元)脱脱等:《金史》卷末《金国语解》,中华书局2020年版,第3049页。

③ (元)脱脱等:《金史》卷一〇六《张暐传》,中华书局2020年版,第2467页。

④ 参见《张商老神道碑》,载王新英:《全金石刻文辑校》,吉林文史出版社2012年版,第335页。"暉",录文误为"皥"。

名季先、季亨、季良、季易、季连,名连季字。季良之子矩、季亨之子整,字辈不明,然矩之堂兄弟彻、衡、术、珩,名连行字。① 矩之子名钧、镛、铎,名连金字。段铎兄弟的子辈,名汝翼、汝楫、汝霖、汝明,名连汝字,其中后三者为铎之子,皆早逝,此后所生之子惟忠、惟孝,名连惟字。② 铎之子,字辈先连汝字,后连惟字,或许与忌讳早逝的三子有关。泽州高平人李仲略,有子名肯播,字克绍;肯获,字克守;肯德,字克脩。③ 李氏兄弟不仅取名字辈相连,且取字亦字辈相连。

进入中原地区的女真、契丹、奚族等各少数民族,在取汉名时同样很讲究宗族字辈。如前所述,女真族的皇族成员,建国初期已使用字辈取名。金朝中期以后,字辈使用更为严格。金章宗汉名璟,金宣宗汉名珣,他们的兄弟分别名琮、环、瓒、琦、玠,名连玉字。金章宗之子名洪裕、洪靖、洪熙、洪衍、洪辉、忒邻,均夭折,多名连洪字。金宣宗之子除金哀宗守绪外,还有守忠、玄龄、守纯,其中玄龄早逝,未及封爵,兄弟应名连守字。④ 金章宗与金宣宗为兄弟,其子辈虽属同辈,却分别使用不同的字辈。除皇族的字辈已经相对规范外,其他社会上层成员在取汉名时,也日益遵循字辈规则。乌古论元忠有四子,分别名谊、俨、价、修,名字多连人字。⑤ 奚人萧资茂,有弟资义、资艾,兄弟名连资字。⑥

## 第六节　宗族排行

在流行以字辈取名的同时,宗族排行在辽夏金农耕民族的亲属称谓或

---

① 参见《段季良墓表》,载王新英:《全金石刻文辑校》,吉林文史出版社 2012 年版,第436 页。
② 参见《段铎墓表》,载王新英:《全金石刻文辑校》,吉林文史出版社 2012 年版,第434—435 页。
③ 参见(金)元好问编,张静校注:《中州集校注》乙集第二《李承旨晏》,中华书局 2018 年版,第490 页。
④ 参见(元)脱脱等:《金史》卷五九《宗室表》,中华书局 2020 年版,第1464—1466 页。
⑤ 参见周昂:《金故鲁国大长公主墓志铭》,中国文物研究所、北京石刻艺术博物馆编:《新中国出土墓志·北京(1)》下册,文物出版社 2003 年版,第50—51 页。
⑥ 参见《萧资茂墓志铭》,载王新英:《全金石刻文辑校》,吉林文史出版社 2012 年版,第287 页。

取名中,也有比较充分的表现。

## 一、燕云地区的宗族排行

燕云地区的宗族排行,在社会各阶层中均很流行。出自著名世家大族玉田韩氏的韩德让,排行第四,因其次兄德庆早亡,耶律乌不吕呼其为"三父"①。韩氏宗族韩瑜与夫人萧氏"生九男三女",其中小字三哥、四哥者虽按实际排行为第七、第八,但因兄弟多有夭亡,应是取名时实际存活者的排行。② 河间刘氏宗族还曾直接以排行取名,刘慎行有子6人,分别名一德、二玄、三嘏、四端、五常、六符,这是兄弟之间的排行。前文提及的河间张氏宗族,张正嵩之子韩七、韩八,在兄弟中应排第五、第六,但因有两个姐姐,故在小字中含有数字七、八,无疑是男女混排的结果。③ 马直温妻张馆为张嗣复长女,有弟4人,其中张峤在四兄弟中排行第三,故自称"峤乃夫人次三弟也"④。这种情况说明同辈的男女一般是分别排行的。位于北京市房山区北郑村的辽塔,内有陀罗尼幢一座,上面所记的建幢者中,有"摄顺州司马都加进、母张氏、妻綦氏、男兴哥、霸哥、□哥、女九娘子、十娘子"。可以看出,都氏一家的男子以"哥"为字辈,女子则用排行相称,且是超越家庭的大排行。建幢者中还有"前摄顺州长史郑彦周、母王氏、妻李氏、男马五、马六、忙儿",郑氏的排行则与字辈相连。另有"晋任七、周王三、小二",似乎其称谓也与排行有关。还有"杜神如、奴许三"⑤,若许三为杜神如之奴隶,则说明奴隶有用排行取名的现象。

位于北京市门头沟区清水村的辽代经幢,其题记中涉及的人物应均是汉人,以排行为名或相称者众多。如"赵秀荣,男喜儿、瘢儿、三郎、四郎",

---

① （元）脱脱等:《辽史》卷八三《耶律学古传附乌不吕传》,中华书局2017年版,第1437页。

② 参见《韩瑜墓志铭》,载刘凤翥等辑:《辽上京地区出土的辽代碑刻汇辑》,社会科学文献出版社2009年版,第61页。

③ 参见《张正嵩墓志》,载向南编:《辽代石刻文编》,河北教育出版社1995年版,第69页。

④ 《马直温妻张馆墓志》,载向南编:《辽代石刻文编》,河北教育出版社1995年版,第633页。

⑤ 《北郑院邑人起建陀罗尼幢记》,载向南编:《辽代石刻文编》,河北教育出版社1995年版,第12页。

"齐在友,男大哥、二哥","冯延祚,男张五、张六、张七","女弟子刘氏……孙女五姐、六姐、七姐、八姐、九姐","刘氏,女大姐、二姐","女弟子李氏,女三姐"等,均是明确亲属关系的称谓。其他男子如小哥、三哥、张五、张六、阳三、六哥、三儿、留四、吾三、谢七、龚三、谢六、安七、阳五、端七、阳六、阳七、王五、王六、王七、王八、郭六、郭七、八哥、陈六、马五、高六、大福、小福等,女子如六娘、三女、四女、苏七、杨八、四女、杨六、八姐、五娘、三哥、吴八、五姐等①,应均是明显含有排行信息的称谓。撰于金皇统三年(1143年)的《赵励墓志铭》,称墓志主人"长孙女八十一,年十三岁……次孙女九十二,年二岁"②,显然是以排行为名,只是由于事例太少,难以推断其排行规则。类似的情况,还见于同样出土于北京市的《吕徵墓表》。墓表记"大定七年六月二十一日建。师望之男七十、九十……师孟之男八十"③。此处应可以视作宗族大排行,但是否以"十"为计数单位,则不敢妄断。④

在汉人的亲属称谓中,还有更清晰地使用排行的日常行为。现存于北京市大兴区礼贤镇清真寺的辽代经幢,其题记中称:"大耶耶□新□□李氏。二耶耶讳卯□□王氏。三耶耶尚书讳信,娘娘李氏。五耶耶讳宁,娘娘刘氏。"⑤由这类排行称谓可以推出,事主的亲"耶耶"排行第四。位于河北省易县的僧思拱墓幢,记文中提及事主"俗眷""大伯伯得安,三伯伯得兴,已亡大伯娘阿贾,□伯娘阿任……大嫂□□,二嫂阿孙,四嫂任氏"⑥等等,也是以排行相称的亲属称谓。

## 二、辽东地区的宗族排行

辽东地区各民族宗族成员的排行也比较流行,这可从出土文献中得到

---

① 参见《清水院陀罗尼幢题记》,载向南等编:《辽代石刻文续编》,辽宁人民出版社2010年版,第349—351页。

② 参见《赵励墓志铭》,载北京辽金城垣博物馆编:《北京辽金文物研究》,北京燕山出版社2005年版,第292页。

③ 《吕徵墓表》,载王新英:《全金石刻文辑校》,吉林文史出版社2012年版,第150页。

④ 因每人有十指,宗族为表示对人口昌盛的期盼,有时会以"十指"计量成员。

⑤ 《经幢记》,载向南等编:《辽代石刻文续编》,辽宁人民出版社2010年版,第198页。

⑥ 《僧思拱墓幢记》,载向南等编:《辽代石刻文续编》,辽宁人民出版社2010年版,第211页。

佐证。出土于辽宁省沈阳市的辽代舍利塔石函,其题记中涉及的人物有十五、杨八、五儿、三儿、十姐、冯六、三姐、八儿、小八、三八、马五、王四、陈四、刘七润、八姐、刘八、曹匡一、刘匡一、旦李一、吴三、刘文一、杨十、六姐、马六、二姐、陈十、王五、五姐、谢八、王十一、张六、马张十、韩十五、韩十七、八姐、三姐、吴十、八姐、韩三、谢五、三哥、十儿、张六、马五等①。这些人中,可能会有较多的汉人,但也会有一些渤海族及其他民族的民众。从其姓氏及一些有名无姓的情况看,应是一个具有多民族成分的群体。

在内蒙古巴林右旗罕山南麓发现的《崇善碑》②,内容主要为这一地区的地名和人名,反映了民族杂居的复杂状况。其中的"渤海店",应为渤海人相对聚居的地方。遗憾的是,其下的人名多漫漶不清。不过,在《崇善碑》所记载的清晰可辨的人名中,以排行取名却是十分盛行的。男子如週六儿、李八儿、张小二哥、张七儿、杨三、韩九哥、刘三贤、田八合、杨大、苏九哥、戴六儿、刘七、杨第二、陆八儿、李五儿、李六儿、契丹十五、李十儿、王十哥、王五儿、张三孙、杨六儿、高十哥、王八儿、刘六儿、仇七十、马三儿、耿三哥、尚三部、李十哥等,女子如二姐、三姐、吴二姐、孙五姐、六姐、大姐、二姑、戴四姐等。虽然这些人名难以辨别所有族属,但除契丹族外,应以汉族、渤海族为多。在这样的社会氛围中,渤海人以排行相称也应是自然的事情。出土于内蒙古自治区巴林左旗的王延福办佛会发愿碑,其碑文中涉及的人物有二姐、小二、三姐、五姐夫、小姐囗、小大姐等③。王延福等人应是上京道地区的汉人,看来以排行相称也颇为流行。

女真族在建国初期即已有了排行,有银珠哥大王者,行第六十。④ 看来应是实行的大排行。

① 参见《沈阳塔湾无垢净光舍利塔石函记》,载向南等编:《辽代石刻文续编》,辽宁人民出版社 2010 年版,第 352—358 页。
② 参见《崇善碑》,刘凤翥等辑:《辽上京地区出土的辽代碑刻汇辑》,社会科学文献出版社 2009 年版,第 306—310 页。
③ 参见《王延福办佛会发愿碑》,载向南等编:《辽代石刻文续编》,辽宁人民出版社 2010 年版,第 121 页。
④ 参见(宋)洪皓:《松漠纪闻》,载《全宋笔记》第 3 编,第 7 册,大象出版社 2008 年版,第 127 页。

### 三、中原地区的宗族排行

金代中原地区宗族排行也很盛行。汉族对宗族成员的排行,既有小排行的习俗,也有大排行的习俗。据记载:"灵壁北四十里,地名潼山,有南华观。庄子之后余二百家,族长以行第数之,有二千人,又有二千九翁之目。"①明昌三年(1192年)《修塔维那最上福田姓名真像传于不朽之碑》记载有"李村十七郎李德、刘和十二老解昌、西鸟村□推董渐、□村赵二郎、西王村薛十一老、陶梁五老李远、陶梁十一郎李一、修善柳□推、西卫四老贺言、西老村十一老、中静宁四郎、王家营三郎、郝壁皇四郎、孙何孙四郎、孙何□郎形贵"②。这其中有不少应属于大排行。大安二年(1210年)刻立的《金烛和尚焚身感应之碑》,记载有邢大郎、安五郎、隽十六、刘三郎、邵大郎、王七郎、杨四郎等。③ 其中的隽十六,也应属于大排行。在社会下层成员中,小排行无疑更为流行。海陵王统治时期,"大名府贼王九等据城叛,众至数万。契丹边六斤、王三辈皆以十数骑张旗帜,白昼公行,官军不敢谁何"④。王九、王三很可能是小排行,而且仅仅是姓加排行而已。这也可能反映了社会下层民众取名的普遍现象。孟州河阳县的陈氏家族,称谓、名字中也多含有数字。陈渐之父六公,其后人中有三儿、八哥、六哥、小一、念三、七哥、念二、五住、九哥、八十姑等名,显然是以排行取名或相称。有趣的是,女子中有两位名三儿者,或许是各自以小排行取名。名念三、念二、八十姑者,则应是依据了大排行的顺序。陈氏家族女子所嫁之婿中,有名郭□九、李一公、姚□大者,名字中也应是体现了排行情况。⑤

① 参见(金)元好问:《续夷坚志》卷三《潼川庄氏》,中华书局2006年版,第52页。
② 无名氏:《修塔维那最上福田》,阎凤梧主编《全辽金文》,山西古籍出版社2002年版,第4068页。
③ 参见《金烛和尚焚身感应之碑》,载王新英:《全金石刻文辑校》,吉林文史出版社2012年版,第497—498页。
④ (元)脱脱等:《金史》卷一二九《李通传》,中华书局2020年版,第2940页。
⑤ 参见《颍川郡故陈公墓表铭》,载王新英:《全金石刻文辑校》,吉林文史出版社2012年版,第374页。

辽夏金农耕社会宗族的演变

第六章

　　辽夏金农耕社会的宗族发展,与社会演变息息相关。高门大族的地位虽相对稳定,但也有不少不断走向衰落。已产生仕宦成员的普通官僚宗族,则极力谋求仕途升迁和世代传承,成功者社会地位进一步上升,不成功者则地位下降并可能重返平民宗族的行列。地方富室则由富求贵,地位上升是比较常见的社会现象。普通平民虽也有通过不断积累,成功实现向上流动的宗族,但也有地位进一步下降的宗族,更多的宗族则是地位相对平稳。

## 第一节　高门大族的维持与衰落

　　辽夏金的社会制度和社会环境尽管比较适宜世家大族的存在,但也并非所有的世家大族均能与其所处王朝相始终。事实上,宗族的盛衰兴替是历史发展不可抗拒的规律,完全凝固化、完全没有上下流动的社会从来都是不存在的。作为各民族上层代表的高门大族,也不可能完全置身于社会流动的现实之外。因此,高门大族不断走向衰落也是历史的必然。正所谓"往昔富贵者,今皆成粪土"①。

### 一、高门大族维护社会地位的手段

　　为了使社会地位尽可能稳固,高门大族总是采用种种手段,来阻止自身的向下流动。同时,还要尽力争取向上流动。综观高门大族所采取的维护社会地位的手段,主要有建功立业、争取宠遇、婚姻联盟、经营家产、教育子

---

① ［俄］克恰诺夫、聂鸿音:《西夏文〈孔子和坛记〉研究》,民族出版社 2009 年版,第 131 页。

弟以及参加科考等。

（一）建功立业

建功立业既是奠定宗族基础的重要手段之一，也是其维持宗族政治地位的最主要手段。只有宗族人物不断建功立业，才能使宗族在政治上具有最为可靠的资本。一个完全没有功业的宗族，即使可凭借其他手段获得一时发展，但却没有长期发展的后劲。这一点，无论渤海族、女真族的世家大族，还是汉族的世家大族，情况都是一样的。但相对于各政权建国前的传统贵族式宗族而言，在国家政权建立过程中和建国后兴起的高门大族，功业则显得更为重要。

金朝皇族成员的贵族身份虽然主要由先天血缘关系而确定，但在皇族内部，各支系的发展却也离不开功业的巨大作用。金王朝的重用皇族政策为皇族成员建功立业提供了优越的条件，因而皇族成员中功臣不在少数。那些功业突出者，不但自身的政治地位得到进一步提高，且对其子孙的发展也将产生更为有利的影响。至于数代均有突出功业者，则无疑会成为显赫的皇族支系。如完颜什古迺，"从太祖平辽，以功授上京世袭猛安"。其子阿鲁带，"皇统初北伐有功，拜参知政事"。阿鲁带之子襄，出将入相，"在政府二十年，明练故事，简重能断，器局尤宽大，待掾吏尽礼，用人各得所长，为当世名将相"[1]。

金朝后族虽大都属传统贵族式宗族，功业在其地位的维持方面也起了极大的作用。后族之中，也不乏在文治和武功方面积极建功立业者。如上京拔卢古河人仆散忠义，宣献皇后侄，元妃之兄。他在任博州防御使时于公务之暇"学女直字及古算法，阅月，尽能通之"。他为人"动由礼义，谦以接下，敬儒士，与人极和易，侃侃如也。善御将士，能得其死力。及为宰辅，知无不言"[2]。

至于皇族、后族以外的各民族的世家大族，除渤海王族以外，他们兴起的主要条件就是功业。汉族世家大族尤其如此。燕四大族之以文治武功兴

---

①　（元）脱脱等：《金史》卷九四《内族襄传》，中华书局2020年版，第2214、2220页。
②　（元）脱脱等：《金史》卷八七《仆散忠义传》，中华书局2020年版，第2063页。

家发家,无疑是尽人皆知的事实。

（二）争取宠遇

在专制主义政体下,"善仕不如遇合"①是具有普遍性的社会现象。就辽夏金的情况来看,无论对于世家大族的发家,还是宗族势力的维持,宠遇往往是起关键作用的因素之一。进入仕途的宗族成员,如果能够获得上司尤其是最高统治者的恩宠,无疑意味着在仕途上打开了广阔的空间。即使是地位至为卑贱的奴隶,在获得恩宠后也可以平步青云,而且一人得道,鸡犬升天,宗族势力迅速壮大。这种情况虽为古代社会的普遍现象,但与统治者的素质也有很大关系。在辽代由盛转衰的兴宗一朝,宠遇问题最为突出。兴宗崇佛,许多号称"出世"的佛门弟子也被宠任为高官显宦。世家大族为邀宠任,甚至争相以男女成员舍为僧尼。

在汉人燕四大族的发展过程中,便可看出宠遇有时起着重要作用。玉田韩氏宗族之能够发展成为汉人中的最强盛宗族,也与这个宗族数代代表人物获得的恩宠有着密切的关系。韩知古受到辽太祖的宠信,其子匡嗣则为辽景宗的藩邸密友,其孙德让更得承天太后"辟阳侯之幸",这就使韩氏宗族一步一个台阶地发展起来。河间刘氏宗族至刘一德兄弟时获得的宠遇非同一般,其宗族也正是在这一时期势力最大。史称辽兴宗"尝夜燕,与刘四端兄弟、王纲入乐队,命后妃易衣为女道士"②,正说明了这一问题。

（三）婚姻联盟

在以人治为主的政治生态下,婚姻是宗族间在政治上结成利益集团的主要手段之一。辽夏金世家大族的婚姻对象较为固定,门第观念强烈。世家大族之间互为婚姻,从而形成婚姻政治集团,这对其宗族地位的维持具有重要作用。

辽夏金各民族的世家大族,相互通婚的现象十分普遍。玉田韩氏世与契丹萧氏通婚。据墓志记载,韩氏宗族的韩匡嗣妻为萧氏;匡美三娶,皆出于萧氏;德威前、后夫人,均为萧氏;德颙妻,亦出于萧氏;元佐,先娶枢密使

---

① （汉）司马迁:《史记》卷一二五《佞幸列传》,中华书局 1982 年版,第 3191 页。

② （宋）李焘:《续资治通鉴长编》卷一八〇"至和二年八月己丑",中华书局 2004 年版,第 4363 页。

萧孝穆女,后娶北宰相萧善宁女;瑜,始娶、继室,均为萧氏;楀三娶,两位萧氏夫人,其女又有两位嫁予萧氏。除以上通婚情况外,据说景宗皇后萧燕燕在嫁给景宗前也曾许配韩德让。安次韩氏则与东平吕氏"皆燕巨族,且世有旧好"。如吕士安继室为韩绍文之女,士安之子嗣儒、嗣延兄弟亦娶于韩氏,士安的两个孙女嫁韩资贞、韩瞽。吕嗣延之子介石,有女嫁韩琚,其子吕忠敏则娶韩汝教之女。韩、吕二族,跨辽金而世代通婚,可谓是"惟韩及吕兮著姓于燕,世姻好兮蝉联"①。

仕宦之家缔结门当户对的婚姻关系,其主要作用就是使婚姻双方或多方能够在政治上相互利用,巩固或增强各自的政治势力和政治地位。汉人万年王氏宗族为辽前期以武功发家的著名世家大族,其成员王悦"娶室天水郡赵氏,保静军节度使、太保匡尧之长女"②,即联姻于卢龙赵氏。而卢龙赵氏宗族的婚姻对象,也多见有王姓成员。这两个宗族在辽代均具有较大影响,长期维持着世家大族地位。燕京丁氏宗族与安次韩氏宗族多有婚姻关系,两个宗族也同样是世代仕宦的大族。③

(四)经营家产

经济作为从事政治活动及各种社会活动的基础,自然受到世家大族的重视。经营家产无疑是维护和提升经济地位的重要手段。农耕民族聚居的燕云地区,作为辽金时期的经济发达地区,在世家大族兴起和维护其社会地位的过程中,尤其注重经营家产。卢龙赵氏家族经过数代发展,家产经营卓有成效,真可谓"子孙盛矣,第宅丽矣,田园广矣,府藏盈矣"④!家族的基础已非常坚固,势力已非常强大。"第宅丽矣,田园广矣,府藏盈矣",这几项指标自然都是世家大族经济势力强盛的表现。然而,第宅之丽,府藏之盈,只是社会财富的表现而已。而田园之广,则既是财富的表现形式,又是财富的主要来源。历辽金而入元的宣德县刘氏家族,在当地不但"以赀雄其乡,

---

① 《东平县君韩氏墓志铭》,载王新英:《全金石刻文辑校》,吉林文史出版社2012年版,第453页。
② 《王悦墓志》,载向南编:《辽代石刻文编》,河北教育出版社1995年版,第113页。
③ 《丁文道墓志》,载向南编:《辽代石刻文编》,河北教育出版社1995年版,第640页。
④ 《赵为幹墓志》,载向南编:《辽代石刻文编》,河北教育出版社1995年版,第220页。

委积丰实,畜牧蕃息",而且"北山之奚家关、西乡之土厚,皆有别业"①。

在占有广阔的庄宅田园的同时,世家大族还控制着大量的依附人口。所谓"若论庄宅田园,奴仆人户,牛驼车马等,卒不能知其数矣"②!"奴仆人户"可能包含有部分奴隶,但更多的则是具有依附关系的农奴。一个世家大族控制下的农奴数量,动辄即达万人以上。如"累代簪缨,传门侯伯"的耿氏家族,即有"户人万口",并由此而"广积仓缃"③。

(五)教育子弟

子弟作为宗族发展的传承人,其能力自然受到长辈成员的重视。世家大族以各种手段教育子弟,提高自身能力,成为辽夏金农耕社会的普遍现象。马直温妻张馆,"诗书可以教子孙"④。夏县司马氏宗族,前宋兵部侍郎司马朴曾手书唐朝柳批家诫以诫子弟,其子司马作则将其刻之于石,以便"子孙其永保之"。该家诫云:"凡门地高,可畏不可恃也。立身行己,一事有失,则罪行重于他人,死无以见先人于地下,此其所以可畏也。门高则骄心易生,族大则为人所嫉,懿行实才,人未之信,小有玷类,众皆指之,此其所以不可恃也。故膏粱子弟,学宜加勤,行宜加励,仅得比他人耳!"⑤

(六)参加科考

由于辽、西夏、金各政权均开通了科举选拔人才的通道,并且这种通道主要是针对汉族、渤海族等农耕民族的。因此,农耕民族的世家大族,大都积极参加科举考试,以不断为官僚队伍输送人才。吕氏宗族作为由辽入金的世家,李纯甫称赞说:"吕氏自国朝以来,父子昆弟凡中第者六人,以'六桂'名其堂。"⑥贞幹、士安、卿云等兄弟纷纷中第,为人们所津津乐道。渤海

---

① (金)元好问著,狄宝心校注:《元好问文编年校注》卷五《大丞相刘氏先茔神道碑》,中华书局 2012 年版,第 943—944 页。

② 《李知顺墓志》,载向南编:《辽代石刻文编》,河北教育出版社 1995 年版,第 188 页。

③ 陈述辑:《全辽文》卷六《耿知新墓志铭》,中华书局 1982 年版,第 138 页。

④ 《马直温妻张馆墓志》,载向南编:《辽代石刻文编》,河北教育出版社 1995 年版,第 634 页。

⑤ (金)司马作:《柳氏家训》,载阎凤梧主编:《全辽金文》,山西古籍出版社 2002 年版,第 1396 页。

⑥ (金)元好问编,张静校注:《中州集校注》辛集第八《吕陈州子羽》引李纯甫《故人外传》,中华书局 2018 年版,第 2174 页。

族的辽阳王氏宗族,王继远在东丹国时期曾仕至翰林学士,入金后,其裔孙王遵古"正隆五年进士,仕为中大夫、翰林直学士",遵古子庭筠又"擢大定十六年甲科"①。

## 二、高门大族的衰败

曾存在于辽夏金社会的众多高门大族,有些虽能与一代王朝相始终,但其间亦有相对的盛衰;有些在维持了一定时期后衰败,并且没能重新崛起;有些则在衰落了一定时期后又重新崛起。在各政权高门大族群体的发展过程中,呈现的是部分更替的景象。

### (一)衰败的表现

高门大族在衰败之前的政治经济表现往往是"翕翕赫赫,声势振耀,持梁刺肥,颐指气使,大官要职,亲族满前,视天下可欲事,无一不如意"②。这样的社会地位,宗族成员当然希望长期维持。毋庸讳言,在阶级社会中,社会各阶层都有对富贵的渴求,只是高门大族既已享受到富贵的好处,故而维持富贵的愿望更为强烈。他们不但希望自己长享富贵,而且希望子孙后代世世长享富贵;他们不但希望今生长享富贵,而且希望来世亦能长享富贵。高门大族的这类愿望尽管十分强烈,但历史的发展是不以任何人的意志为转移的。许多高门大族不得不走向由贵而贱和由富而贫的道路。当然,他们的社会声望也会随之而降。

在时人看来,由贵而贱是高门大族衰败过程中的常见现象。辽人撰写的《史洵直墓志》,述其宗族情况是:"公讳洵直,字知命,儒州缙山人也,世为右族。高祖继隆,尝为本郡刺史。曾祖旻,祖延赞,父翊,肥遯不仕。母曰战氏,追赠至洛阳郡太君。昆弟八人,公处其长。……清宁八年,登进士第。"③史氏宗族由"世为右族"到数代"肥遯不仕",是发生在辽代中期的事情。金末元初人李庭在撰写李国宝墓志铭时,说其"中都通州人,先世尝仕

---

① (金)元好问著,狄宝心校注:《元好问文编年校注》卷六《王黄华墓碑》,中华书局2012年版,第1338、1342页。

② (清)张金吾编纂:《金文最》卷二六赵秉文《种德堂记》,中华书局1990年版,第362页。

③ 向南编:《辽代石刻文编》,河北教育出版社1995年版,第651页。

辽朝,位至通显。曾祖某,祖某,父某,皆隐德不耀,世葬潞阳城台头岗,经乱谱逸"①。由"通显"到"隐德不耀",虽然李氏宗族已跨入了异代,但由贵而贱却甚为明显。

高门大族由富而贫,在社会现实中更是时有发生。《孟有孚墓志》称其"承父旧产,颇亦自丰,以急公缓私,竟至雕废,惟仰禄为给。既殁,而其家顿空,是诚可哀也已"②。更有甚者,在一些重大事件的影响下,成批的高门大族顿时衰败。辽夏金历次的政治动乱,特别是在皇权争夺的过程中,受到打击的高门大族,家产往往为官府籍没。③

高门大族的衰败,往往是既表现为由贵而贱,又表现为由富而贫。尤其是在政治斗争中遭受深重打击的宗族,更是如此。金人元好问所说的"长剑挂颐,大冠如箕,以揖让人主之前,可谓极矣! 其变也,至一簪不得著身;河润九里,泽及二族,名园甲第,布满州郡,可谓盛矣! 其衰也,子孙或不得聚庐而托处"④,正是高门大族衰败过程中表现出来的一种带有普遍性的现象。

（二）衰败方式

由政治事件打击、社会流动冲击以及自身竞争力下降等多种因素促成的世家大族的衰败,大多通过以下两种方式完成。

1. 后继乏人

高门大族的维持需要"孝子贤孙"。只有宗族中不断产生孝子贤孙,才可以维持祖业,进一步还可以发扬光大之。时人甚至认为,对于宗族而言,孝子贤孙比一时的富与贵更为重要。"墅业则连阡陌,箧笥则金玉满堂,谓之庆门,可乎? 此富室也,非庆门也。高楹甲第,车骑塞闾,身居大官,势可炙手,谓之庆门,可乎? 此贵家也,非庆门也。所谓庆门者,富与贵不与

---

① （元）李庭:《寓庵集》卷六《元朝故洵州三河县令兼镇抚军民李公墓志铭》,丛书集成续编本,第134册,新文丰出版公司1989年版,第31页。

② 向南编:《辽代石刻文编》,河北教育出版社1995年版,第471页。

③ 王善军:《辽代籍没法考述》,《民族研究》2001年第2期。

④ （金）元好问著,狄宝心校注:《元好问文编年校注》卷五《龙山赵氏新茔之碑》,中华书局2012年版,第758—759页。

焉。……必也子孙繁衍，尽事亲敬长之职，靳靳则保家，超卓则亢宗，孝弟姻睦，才能问学，处乡里称善人，入仕途为名士，广前人之声，副高明之志，是以谓庆门。"①

如若宗族中不能产生孝子贤孙，甚至出现不肖子孙，则必定会败荡家业，使宗族逐渐衰落下去。辽谚有云"偏怜之子不保业"②，就是说太娇惯的孩子会成为不肖子孙，难保祖上基业。燕京宛平县的丁氏宗族，自丁搜至丁从备，四代仕宦，号称"大家"，然至丁文道一代，明显表现出后继乏人的迹象。丁文道幼时为母所钟爱，"遂不使读书为事"③，兄弟虽皆入仕，然官品甚低。丁文道二子由于早逝，未能入仕。丁氏宗族后继乏人，迅速衰落。金代皇族成员完颜突合速"以次室受封，次室子因得袭其猛安。及分财异居，次室子取奴婢千二百口，正室子得八百口。久之，正室子争袭，连年不决，家赀费且尽，正室子奴婢存者二百口，次室子奴婢存者才五六十口。世宗闻突合速诸子贫窘，以问近臣，具以争袭之故为对"④。子弟不肖，不断争斗，必然导致宗族衰败。

从质的方面来说，宗族发展需要不断产生"孝子贤孙"；从量的方面来说，高门大族门阀的维持又需要一定数量的子孙。如果一个宗族后代昌盛，绵绵瓜瓞，也往往有利于宗族的发展。反之，如果一个宗族子孙不昌，甚至使许多支系不断绝嗣，则宗族衰落也势所难免。一般来说，世家大族由于物质条件优越，男性成员往往妻妾成群，自身繁衍能力极强。汉人高门大族中，韩知古有子11人，赵思温有子12人，从而使宗族很快兴发起来。韩知古子辈中韩匡嗣又有子9人，成为此后韩氏宗族中最昌盛的支房。墓志作者马得臣曾称赞韩匡嗣"位望高而如岳，子孙盛而如林"⑤。同样是在辽初具有开国勋业的耿崇美宗族，虽然是"三代之将门"⑥，但耿绍纪"惟诞一

① （元）胡祗遹：《胡祗遹集》卷一〇《丛桂堂记》，吉林文史出版社2008年版，第269页。
② （元）脱脱等：《辽史》卷六四《皇子表》，中华书局2017年版，第1079页。
③ 《丁文道墓志》，载向南编：《辽代石刻文编》，河北教育出版社1995年版，第639页。
④ （元）脱脱等：《金史》卷八〇《突合速传》，中华书局2020年版，第1917页。
⑤ 《韩匡嗣墓志》，载盖之庸：《内蒙古辽代石刻文研究》，内蒙古大学出版社2002年版，第66页。
⑥ 《耿延毅墓志》，载向南编：《辽代石刻文编》，河北教育出版社1995年版，第159—160页。

子",即耿延毅。耿延毅又"惟诞一子",而且"苗而不秀","不期夭殇",此即"享年一十五"的耿知新。耿知新"生前未偶",从而使耿氏的这一重要支房绝嗣。因而,尽管耿氏宗族"广积仓缃"①,但其衰落亦无可挽回。

除子孙之外,妇女对高门大族地位的维持和兴衰也具有重要作用。辽谚有云"难得之妇不主家"②,就是说通过艰难追求才得到的妇人,不会好好主持家业,反而很容易使家业耗败。在有关的墓志资料中,多有赞扬妇人"宜其室家"之言。韩匡嗣夫人萧氏,"洎结褵之后,宜家有闻","淑善之道,遐迩咸推。妇德、妇言、妇容、妇功,四者备矣。可以称轨范而厚人伦。以此立身,家道无不正;以此训子,门祚无不大"③。马直温妻张馆,"蘋蘩可以荐宗庙,诗书可以教子孙。宜其室家,睦于亲姻。内辅君子,更践清显"④。墓志中当然难见到关于"不主家"之妇女的记载,但这是由这种特殊文体所决定的,并不能说明现实生活中妇女大都是"宜家"的。事实上,某些妇女与不肖子弟一样,对高门大族的衰落是起了促进作用的。一般情况下,妇女的不贤表现在败荡家业、离间宗族成员关系及败坏家风等方面,这些均可对世家大族的发展起促退的作用,使宗族趋向衰落。

2. 骤然垮塌

高门大族以骤然垮塌的方式衰败,多见于在政治斗争中败北的一方。金朝的宗室在不断发生的内部斗争中,经常有支系骤然垮塌。及至易代鼎革,则难逃彻底覆灭的命运。元兵掳走的金朝宗室,"宫车三十七两,太后先,中宫次之,妃嫔又次之,宗族男女凡五百余口"⑤。

宗族精英人物因违法犯罪等事件丢掉性命,也会使宗族骤然垮塌。宗族中的精英人物或核心人物,对世家大族来说是支柱。支柱被抽走,宗族垮塌势所难免。与统治阶级内部矛盾的冲击相比,来自被统治阶级的冲击往

---

① 陈述辑:《全辽文》卷六《耿知新墓志铭》,中华书局 1982 年版,第 138 页。
② (元)脱脱等:《辽史》卷六四《皇子表》,中华书局 2017 年版,第 1079 页。
③ 《秦国太夫人墓志》,载盖之庸:《内蒙古辽代石刻文研究》,内蒙古大学出版社 2002 年版,第 84—85 页。
④ 《马直温妻张馆墓志》,载向南编:《辽代石刻文编》,河北教育出版社 1995 年版,第 634 页。
⑤ (元)脱脱等:《金史》卷一一五《崔立传》,中华书局 2020 年版,第 2670 页。

往更为剧烈，也更为彻底。在易代鼎革或遭逢其他变故的社会形势下，世家大族政治、经济受到双重的损失，也会出现近乎难以为继的状况。河中人李献能，"先世有为金吾卫上将军者，时号'李金吾家'。追献能昆弟皆以文学名，从兄献卿、献诚、从弟献甫相继擢第，故李氏有'四桂堂'"。正当李氏宗族蒸蒸日上之时，却赶上金末变故。"家故饶财，尽于贞祐之乱，在京师无以自资。其母素豪奢，厚于自奉，小不如意则必诃谴，人视之殆不堪忧，献能处之自若也。时人以纯孝称之。"还不止此，"大元兵破河中……值赵三三军变，遇害，年四十三"①。

也有些高门大族，其代表人物在重大问题上的言行有违时代主流价值观念，使宗族声誉一落千丈。这在时人特别是士大夫们看来，也是高门大族的骤然衰落。如刘祁兄弟在崔立事件中的行为，即被人作如是看待：

　　金朝末年，崔立之变，群小附和，请为立建《功德碑》，刘祁和刘郁兄弟二人参与撰文和立碑之事。郝经《辨磨甘露碑》诗云："国贼反城自为功，万段（碎尸万段）不足仍推崇。勒文颂德召学士，淖南先生（即若虚）付一死。林希更不顾名节，兄为起草弟亲刻。省前便磨甘露碑，书丹即用丞相血。百年涵养一涂地，父老来看暗流涕。数尊黄封几斛米，卖却家声都不计。盗据中国责金源，吠尧极口无腼颜。作诗为告曹听翁，且莫独罪元遗山。"其中的"卖却家声都不计"，后人谓当以二刘之高祖南山翁扬、从曾祖西岩老人汲、父御史从益，于金源氏百年以来，世为高门，今乃以此堕其家声，为可惜也。②

## 第二节　普通官僚宗族的上升谋求

起家初期的官僚宗族，尽管已成功实现了政治地位的上升，产生了一位或多位官僚，但社会地位并不稳固。如能不断上升，很有可能会发展成为高门大族；如不能继续上升，维持现状也并非易事，而很可能经一两代人即退

---

① （元）脱脱等：《金史》卷一二六《李献能传》，中华书局 2020 年版，第 2887 页；（元）刘祁：《归潜志》卷二，中华书局 1983 年版，第 16 页。

② （清）陈衍辑撰，王庆生增订：《金诗纪事》，上海古籍出版社 2003 年版，第 246 页。

回到平民宗族行列。如金朝太子詹事赵隇子孙、司徒张通古子孙"皆不肖淫荡,破赀产,卖田宅"。金世宗为此而专门下诏:"自今官民祖先亡没,子孙不得分割居第,止以嫡幼主之,毋致鬻卖。"①因此,官僚宗族多积极谋求社会地位的进一步提升和官僚身份的世代传承。

一、仕途升迁

进入官僚队伍的宗族成员,多会利用已有条件,谋求在仕途上的升迁。他们所依靠的手段,除极少数能够得到最高统治者的宠遇外,大多依靠文治和武功。

（一）依靠文治

文治不但是承平时期普通官僚宗族得以升迁的主要资本,而且在社会动乱时期也是恢复社会秩序必不可少的力量。涿州新城人时立爱,辽大康九年(1083年)进士入仕。辽金易代之际,金曾"以燕、蓟与宋,新城入于宋。宋累诏立爱,立爱见宋政日坏,不肯起,戒其宗族不得求仕"②。出于对宋王朝政治现状的不认同,时立爱为宗族长远计,劝阻宗族成员仕宋,这说明时立爱具有政治远见。在金政权稳定之后,时氏宗族成员以其政治才干纷纷入仕,一时"宗族之中联仕版者数十人,岁时会集,簪笏满庭"③。兴州刘氏宗族,自刘昂"曾、高而下,七世登科"④。刘昂又于大定十九年(1179年)进士及第。可见,刘氏宗族以其文治才能不断产生官僚,使宗族成为世家。浑源刘氏宗族,自刘抝"天会元年词赋进士,子孙多由科第入仕";其玄孙从益"登大安元年进士第,累官监察御史";从益"子祁字京叔,为太学生,甚有文名。值金末丧乱,作《归潜志》以纪金事"⑤。

（二）依靠武功

武功尽管存在一定的可遇不可求的成分,但总体上仍与个人的积极努

① （元）脱脱等:《金史》卷八一《赵隇传》,中华书局2020年版,第1944页。
② （元）脱脱等:《金史》卷七八《时立爱传》,中华书局2020年版,第1888页。
③ 《时立爱墓志铭》,载王新英《全金石刻文辑校》,吉林文史出版社2012年版,第46页。
④ （元）脱脱等:《金史》卷一二六《刘昂传》,中华书局2020年版,第2882页。
⑤ （元）脱脱等:《金史》卷一二六《刘从益传》,中华书局2020年版,第2884页。

力是分不开的。曷速馆人尼厖古钞兀,"初为大臭扎也,补元帅府通事"。"扎也"为女真语"侍从"之义,钞兀可谓"起身细微"。在其参与的历次与宋将韩世忠等人的交战中,"钞兀勇敢,善伺敌虚实,以此屡捷"。此后又"久在边陲,屡立战功",并在镇压契丹人撒八、窝斡起义的过程中起了重要作用,官至东北路招讨使。在其死后的大定十九年(1179 年),"诏以钞兀旧功,授其子和尚世袭布辉猛安徒胡眼谋克"①。可以说,钞兀正是依靠武功,使个人仕途不断升迁,并荫及子孙。又如唐括氏之德温一支,其"曾祖石古,从太祖平腊醅麻产,领谋克";"父挞懒,尚康宗女,从宋王宗望以军二万收平州,至城东十里许遇敌兵甚众,战败之,太祖赏赉甚厚,授行军猛安"②。可见,石古、挞懒均在太祖时期就以军功奠定了宗族发展的基业。

## 二、联姻高门

政治地位较低的官僚宗族如能与名门大族联姻,必然在政治上获得一定的奥援,从而有利于宗族地位的提升。上谷耿氏与玉田韩氏世代通婚,对耿氏来说就会获得更多的助益。耿氏第一代人物为耿崇美,"初授国通事"③,后任武定军节度使。其子耿绍纪官至涿州刺史。虽然韩氏嫁女于耿氏也勉强称得上"二姓合好,克符鸣凤之占;百两言归,允协乘龙之庆"④,但耿氏的政治地位显然无法与韩氏相比。不过,由于有韩氏为援,耿氏也长期维持了世家大族的政治地位。

官僚宗族通过与高门大族联姻,不但可获得姻亲的各种扶助,而且嫁入的妇女多能对宗族发展产生有利影响。她们饱读诗书,能高瞻远瞩,所虑甚远。吕忠敏之妻韩氏,燕地巨族出身,"言动有仪矩"。吕忠敏称赞其"助我宗族,疏近皆称慕焉,贤矣哉"⑤。时立爱"以白屋起家",但在原配李氏去

---

① (元)脱脱等:《金史》卷八六《尼厖古钞兀传》,中华书局 2020 年版,第 2043 页。

② (元)脱脱等:《金史》卷一二〇《唐括德温传》,中华书局 2020 年版,第 2760 页。

③ 《耿延毅墓志》,载向南编:《辽代石刻文编》,河北教育出版社 1995 年版,第 159 页。

④ 《耿延毅妻耶律氏墓志》,载向南编:《辽代石刻文编》,河北教育出版社 1995 年版,第 143 页。

⑤ 《东平县君韩氏墓志铭》,载王新英:《全金石刻文辑校》,吉林文史出版社 2012 年版,第 453 页。

世后,却攀上同中书门下平章事、天祚皇帝伴读王师儒之女。时氏"内外宗□,仅数百口,夫人待之以礼,上下称当,未尝肯以富贵自骄。事姑丰国太夫人,克尽至孝"①。在王氏去世后,又攀上故相王经之侄孙女。而在立爱与其子丰均去世后,王氏与丰之妻张氏婆媳,"抚育遗孤。既长,教其子专于从学,辟舍迎师,散金收书,无毫发之吝"②。尽管身世显赫,大族出身的女性反而多能心系夫家宗族的发展,并为宗族成员的行事规范作出表率。

### 三、充实家产

官僚宗族在成功起家后,经济地位一般也会随之提升。这一过程,主要表现为宗族中的仕宦成员利用政治身份不断充实家产。女真人纳合椿年,以补尚书省令史入仕,累官至参知政事。他虽"有宰相才","然颇营产业,为子孙虑",甚至"冒占西南路官田八百余顷",以此为人所讥。至其晚年,已积累了丰厚的家产。其去世之时,金政府"以长子参谋合为定远大将军,袭猛安,次子合答为忠武校尉"③。日照张氏在张莘卿之前,无疑是普通民众中的贫者。莘卿的曾祖父如玉、祖父宗愈、父衮,皆不仕。尽管莘卿"幼强学自立",但因"家贫无师",而只能"闭户独学"。在金灭北宋之际,张氏宗族也与其他民众一样"饥馑转徙,人不聊生"。在这种状态下,莘卿仍"挟策负书之田间,躬勤耒耜,日课□□,暇则为文"。莘卿虽成功起家,踏入仕途,但大器晚成,仕宦时间较短,因而"平生不置产业"。他曾教子云:"富人营求财利,朝夕遑遑□□□□□有阡陌之得,不还踵而失者有之。而士能力学以致禄仕,衣食自奉,取给公家,仰事俯育,终身优裕,且无农商耕获稗贩之劳,所得孰为多哉?"④至其子昞、暐等人仕宦,其孙行简、行信等人继世为官,家产自然不断得以充实。行信致仕后,"葺园池汴城东,筑亭号静隐,时

---

① 《时立爱三夫人墓志铭》,载王新英:《全金石刻文辑校》,吉林文史出版社 2012 年版,第 47 页。
② 《时丰墓志铭》,载王新英:《全金石刻文辑校》,吉林文史出版社 2012 年版,第 48 页。
③ (元)脱脱等:《金史》卷八三《纳合椿年传》,中华书局 2020 年版,第 1991 页。
④ 《张商老神道碑》,载王新英:《全金石刻文辑校》,吉林文史出版社 2012 年版,第 334—335 页。

时与侯挚辈游咏其间"①,显然早已是家产丰厚的豪族。

### 四、注重交游

在社会交往过程中,官僚宗族往往十分重视自己的交游对象。通过同僚、同乡、同年、姻亲,甚至共同的宗教信仰等各种方式,与相关人士交往。一些儒士出身的官僚,还往往会得到"爱重士大夫"的权贵人物眷顾,得以相互交往。辽代"有文名燕、蓟间"的马唐俊,在上巳日"与同志被禊水滨,酌酒赋诗"。这些相互交游的"同志",自然多为官僚宗族成员。"博通经史"的书生王鼎,偶然参与进来,"唐俊见鼎朴野,置下坐",并且"欲以诗困之"。结果鼎"援笔立成",唐俊不得不"惊其敏妙",因而与他"定交"②。金代的王渥,因仕于完颜陈和尚之兄的幕府,陈和尚"从之游"③,关系密切。通过交游,官僚宗族可以构建自己的社会关系网络,并利用各种社会关系相互扶持和帮助。

## 第三节　平民宗族的演变

平民宗族的社会地位相对稳定,但也具有一定的流动性。在日常生活中,他们的生活方式会受到各种因素的影响。农耕社会中的地方富室豪族,多是在本地长期积累而形成的,经济上积累起一定能量后,大多会由富求贵,积极谋求政治地位的提升。中下层的平民宗族,是基层社会的主体力量,随着社会经济的发展和社会结构的演变,社会地位也会发生一定程度的变化。

### 一、地方富室豪族由富求贵

地方上的富裕平民宗族,在财富积累的同时或财富积累至一定程度

---

① （元）脱脱等:《金史》卷一〇七《张行信传》,中华书局2020年版,第2509页。
② （元）脱脱等:《辽史》卷一〇四《王鼎传》,中华书局2017年版,第1601页。
③ （元）刘祁:《归潜志》卷六,中华书局1983年版,第62页。

后,必然注重谋求政治地位的提升。一方面,富室豪族会积极营造在本地的社会影响。如社会交往、对公益事业的参与、联姻状况,等等。这些活动,均对宗族的声望和社会势力起着重要作用。另一方面,更为重要的是,富室豪族会积极追求政治身份的提升,特别是让宗族成员进入官僚队伍行列。

辽金时期的归化州张氏宗族,可以说是成功实现由富求贵的代表性宗族。张氏宗族,"其先涿郡人也,后徙居雄武,遂家焉"①。雄武军即归化州,在后晋献予辽之前称为武州。该宗族可知的最早人物为张若拙,大约生活在辽代中期。若拙生三子,分别为匡正、匡素和匡胤。经过匡正一代的治家经营,张氏在当地已具有相当的经济势力和影响。匡正子文纪、文震、文藻,文纪曾"充州衙孔目院前行"②;文藻"孜孜勉勉,勤劳于家"。经过一番经营,张氏"财产饶给,方已具万"③。尽管张氏宗族存在着不断分家析产的可能,但在前几代人积累了相当财富的基础上,张氏宗族内部的凝聚力越来越强。辽金易代,虽使大批豪族富室败亡,但对张氏宗族的经济状况则冲击甚微。世本之次子辅,在金初登第,官至中散大夫、河东南路户籍判官。辅之长子煦,"闲居乡里"时曾"运筹策力",兴修了"隳弊日久"的州学,可见其应有较强的经济势力。而煦之次子子行,"其治家有父风,不甚劳力,使之有余"④。子行卒于明昌元年(1190 年),下距金朝灭亡仅 40余年。

张氏宗族对地方社会势力的营造,首先是注重社会交往。宗族成员注重与官吏、文士以及上层僧侣等各类精英人物的交往,努力在地方上营造自己的社会关系网络。世卿"徇义忘利",结交人士甚广;世古"生而柔善,长而淳俭,有谦慈顺美之声,无凶荒欺凌之性";恭诱则"性质端和,风猷茂

① 《张时中墓志》,《河北宣化发现金代石棺墓》配图,《中国文物报》2005 年 11 月 25 日。
② 《张匡正墓志》,载《宣化辽墓——1974~1993 年考古发掘报告》上册,文物出版社 2001 年版,第 65 页。
③ 《张文藻墓志》,载《宣化辽墓——1974~1993 年考古发掘报告》上册,文物出版社 2001 年版,第 123 页。
④ 《张子行墓志》,载《宣化辽墓——1974~1993 年考古发掘报告》上册,文物出版社 2001 年版,第 361 页。

远……名因德著，豪以道升"；子行在复兴广济院时既能"诱善人同力"[1]，又能请到高行僧善潜；时中在为父丁忧去官时，"王公大人皆器其才"[2]。其次是积极参与社会公益事务。世卿曾设置"层楼巨堂，前后东西廊具焉，以待四方宾客栖息之所"，"及设粥济贫，积十数载矣"。其堂弟世古，亦是"筵僧设贫，以为常务"。而世古之子恭诱，也同样是"筵设僧贫，罔知其数"。曾任兴中县令的张煦，"尝闲居乡里，顾州学隳弊日久"，"遂运筹策力为兴修，不数月而成"[3]。再次是联姻于豪族。张氏宗族前几代男性成员多娶本州普通庶族女子为妻。至辽末金初，辅娶伊氏，"乃大监伊皋之女，亦有辽世禄名士之家"[4]。伸娶耶律氏，或为有一定政治地位的契丹人宗族，或为被赐予耶律姓之汉人世家大族。及至子行娶渔阳马少监女，张氏已连续三代娶仕族女子。相比而言，张氏宗族嫁女更容易攀附豪族。匡正三个女儿，所嫁"皆豪族富戚，为之枝叶"。世本之女意儿，"嫁王氏，生一男一女：男曰克温，进士第，见带承奉郎"，王氏为官族无疑；世卿之女"五人，并适于豪族"；世古之女二人，所嫁"皆郡中豪右之族"。辅之长女嫁"郭朝散男楹，亦已进士第"；次女嫁"卫节副男桐，供奉班祗候"[5]。时中之两女则分嫁"以父荫补敦武"的王师允和"登进士第"的刘景宽[6]。复次是积极参与宗教事务。张氏宗族成员能够"慕道崇儒，敬佛睦族"，可见对儒、道、佛三教皆予信奉，但最主要的信仰是佛教。在宗教信仰的驱使下，宗族成员不断施财、斋僧、参与各种事务建设。文藻"于当州圣因寺施净财，画优填王壁，丹青绚彩，久而弥新，相好威仪，烂然可睹"。世卿在其创置的"幅员三顷"的大

① 《张世卿墓志》、《张匡正墓志》、《张世古墓志》、《张恭诱墓志》、《张子行墓志》，载《宣化辽墓——1974～1993年考古发掘报告》上册，文物出版社2001年版，第237、68、266、286、361页。

② 《张时中墓志》，《河北宣化发现金代石棺墓》配图，《中国文物报》2005年11月25日。

③ 《张世卿墓志》、《张世古墓志》、《张恭诱墓志》、《张子行墓志》，载《宣化辽墓——1974～1993年考古发掘报告》上册，文物出版社2001年版，第237、267、286、361页。

④ 《张世本墓志》，载《宣化辽墓——1974～1993年考古发掘报告》上册，文物出版社2001年版，第161页。

⑤ 《张匡正墓志》、《张世本墓志》、《张世卿墓志》、《张文藻墓志》，载《宣化辽墓——1974～1993年考古发掘报告》上册，文物出版社2001年版，第67、161、238、123页。

⑥ 《张时中墓志》，《河北宣化发现金代石棺墓》配图，《中国文物报》2005年11月25日。

花园中，"北置道院佛殿，僧舍大备"，又曾"特造琉璃瓶五百只，自春洎秋，系日采花，特送诸寺致供"，"周年筵僧一万人"。在每年四月二十九日天祚皇帝天兴节之时，世卿为"报上方覆露之恩"，还要"虔请内外诸僧尼，男女邑众，于园内建道场一昼夜，具香花美馔，供养斋设"。显然，这些活动和捐财，有利于扩大张氏宗族在佛教徒中的影响。世古亦"于圣因寺堂内，绘十方佛壁一门，又礼善友邑，增办佛事，幢伞供具，咸得周备。每年马鞍山供合院僧，三十余载，今犹未尽。筵僧设贫，以为常务"①。依靠在当地的社会关系网络、婚姻关系以及对各种地方事务（包括宗教事务）的积极参与，张氏宗族在当地具有较高的社会地位。即使是宗族中的普通成员，也往往是"亦为乡人所敬"②。

在积累财富和营造本地社会影响的同时，地方富室豪族也不忘谋求政治地位的提升。他们大多会结合自身的实际情况，从应征为吏、纳粟补官和参加科举考试等方式中选取适合自己的提升手段。

吏一般带有职役性质，但辽金时期的吏具有一定的政治地位，高级胥吏甚至已与官的身份无别。张氏宗族最早应征为吏的人物是文纪，他所充任的"州衙孔目院前行"，无疑应是吏人中的地位较高者。文纪之后，充任较高吏职的族人是恭谦，他"曾肄北枢密院勒留承应"③。汉人能在北枢密院任职，虽为吏人，亦应具有一定的政治地位。

辽代纳粟补官法明确见于记载的最早时间是大安四年（1088年）。是年"立入粟补官法"④，而张氏宗族恰在此时期纳粟补官。据《张世卿墓志》记载："大安中，民谷不登，饿死者众，诏行郡国开发仓廪，以赈恤之。公进粟二千五百斛，以助国用。皇上喜其忠赤，特授右班殿直，累覃至银青崇禄大夫、检校国子祭酒、兼监察御史、云骑尉。"此时的皇上为辽道宗。世卿纳

① 《张世卿墓志》、《张文藻墓志》、《张世古墓志》，载《宣化辽墓——1974～1993年考古发掘报告》上册，文物出版社2001年版，第237、123、237、267页。

② 《张匡正墓志》、《张世本墓志》，载《宣化辽墓——1974～1993年考古发掘报告》上册，文物出版社2001年版，第65、159页。

③ 《张世卿墓志》，载《宣化辽墓——1974～1993年考古发掘报告》上册，文物出版社2001年版，第238页。

④ （元）脱脱等：《辽史》卷二五《道宗纪五》，中华书局2017年版，第334页。

粟所得之"右班殿直"身份,应只是武阶名。其后"累覃"所至的各种身份,也无一实职。尽管如此,通过纳粟补官,张氏宗族的政治身份毕竟有所提高。

地方富室豪族提升政治地位最主要的手段,无疑应是读书应举。张氏宗族的读书识字,至少从文纪一辈已开始,其子侄辈成员中则明显具有较高文化知识并已开始积极应举。世卿"慕道崇儒",接受过良好的知识教育。宗族的第一个进士为辅,系世本之次子,自幼"肆进士业",于金朝"天会二年及第"。此年即辽之保大四年(1124年),是时离归化州降金不足二年,而辽王朝尚未最后灭亡。辅进士及第后踏入仕途,"官至中散大夫、河东南路户籍判官"①。与辅同辈的恭谐,"官至进义"。由于他"状貌魁伟"②,或许以武功入仕。所谓"进义",应为进义校尉之简称,金代为正九品之武散官名。辅之后,张氏宗族子弟读书应举更是不乏其人。辅之"长男煦,习进士业";"小男熙,亦习进士业"。其中煦亦踏入仕途,"官至承务郎、兴中府兴中县令"③。恭谐之子时中,"性好学,能属文,不与俗同。年三十,举进士高第",先后任密云簿、怀安令、间阳令、卢龙令、尚书省令史等,仕至西京路盐使。为时中撰写墓志铭的其侄某,亦为进士。④ 可见,通过张氏宗族的不断追求,其子弟科举中第情况虽尚称不上蝉联珪组,但亦非绝无仅有。

作为专制政体下世袭制度的表现形态之一,辽金均存在荫补制度。张氏宗族自然也充分利用这一制度,以使尽量多的子弟进入仕途。据《张子行墓志》记载,张子行之兄子文,为"承信校尉,任凤□□军器库使";弟子忠,为"昭信校尉,守长□尉"。此二人极可能借父祖之荫入仕。而子行本人,则"晚补门荫,以其职冗,意不甚乐"。可见,子行只是通过荫补获得了一个保义副尉的官称,并没有担任实际职务。

① 《张世本墓志》《张子行墓志》,载《宣化辽墓——1974～1993年考古发掘报告》上册,文物出版社2001年版,第160—161、361页。
② 《张时中墓志》,《河北宣化发现金代石棺墓》配图,《中国文物报》2005年11月25日。志文称张时中"父讳谐",当即张恭谐。
③ 《张世本墓志》《张子行墓志》,载《宣化辽墓——1974～1993年考古发掘报告》上册,文物出版社2001年版,第161、361页。
④ 《张时中墓志》,《河北宣化发现金代石棺墓》配图,《中国文物报》2005年11月25日。

由辽入金,张氏宗族通过利用各种入仕手段,不但从普通富室上升为官户,而且入仕人员逐渐增加。通观张氏宗族的求仕历程,尽管宗族在经济上已是数代富裕,但直至辽朝后期,才取得名义上的官户身份,至金朝中期,逐渐成为在本地颇有影响的仕禄之家。从这一过程不难看出,在以武立国的辽金社会,地方富室主要依靠经济势力和文化势力求取政治地位的提升,虽是正常出路,但并不容易。

与张氏宗族同处一地且坟茔相邻的韩氏宗族,依靠商业而成为富室,随之而由富求贵的道路亦与张氏宗族极为相似。据出土墓志记载:韩氏亦是"世居雄武人也",韩师训"得商贾之良术,栉风沐雨,贸贱鬻贵,志切经营,不数十载,致家肥厚,改贫成富,变俭为丰,田宅钱谷,咸得殷厚"。其"长男文坦,干父之蛊,幼仕公侯职事,渐转充当州客都之任,有果决之誉,闻于众听";其次男文询"志慕儒术,好穷经史,备进士举业"①。由此可见,由富求贵的发展路径,是地方豪强宗族发展过程中较为普遍的社会现象。

## 二、中下层平民宗族的聚居与迁徙

中下层平民宗族,多是由具有父系血缘关系的小家庭组成。尽管辽夏金政权均提倡同居共财,但社会现实中同居共财大家庭仍然比较少见,且同居世代亦难言久远。辽圣宗统和元年(983年),下诏规定:"民间有父母在,别籍异居者,听邻里觉察,坐之。有孝于父母,三世同居者,旌其门闾。"②《辽史》所载被旌表的数世同居家庭共有 6 家,其中汉人家庭就有 5 家。具体情况:开泰元年(1012年),"前辽州录事张庭美六世同居,仪坤州刘兴胤四世同居,各给复三年"③。咸雍八年(1072年),"庆州靳文高八世同居,诏赐爵"。大康四年(1078年),"锦州民张宝四世同居,命诸子三班院祗候"④。寿昌六年(1100年),"以天德军民田世荣三世同居,诏官之,

---

① 《韩师训墓志》,载《宣化辽墓——1974~1993 年考古发掘报告》上册,文物出版社 2001 年版,第 304 页。
② (元)脱脱等:《辽史》卷一〇《圣宗纪一》,中华书局 2017 年版,第 120 页。
③ (元)脱脱等:《辽史》卷一五《圣宗纪六》,中华书局 2017 年版,第 188 页。
④ (元)脱脱等:《辽史》卷二三《道宗纪三》,中华书局 2017 年版,第 312、319 页。

令一子三班院祇候"①。

金朝"三代同居,孝义之家,委所属申覆朝廷,旌表门闾,仍免户下三年差发"②。明昌三年(1192年),河东南路解州平陆县百姓张仁橇,"四世义居,县申州,州中□□□度□察衙,差官体究诣实。甲本道提刑司,申尚书户部,会法照例呈都省。准皇甫下旌表张仁橇门闾"③。获金朝官府旌表门闾。

女真人传统家庭以小家庭为主。《元典章》云:"旧例,女真人其祖父母、父母在日支析及令子孙别籍者听。"④金世宗时的参政粘割斡特剌曾说:"旧时兄弟虽析,犹相聚种,今则不然。"特别是经过海陵王时期的大规模迁徙之后,造成的普遍社会现象是:"彼方之人,以所得之地为家,虽兄弟不同处,故贫者众。"⑤正因为家庭规模较小,兄弟异居现象普遍,所以金人元好问才会发出"同胞而至别籍,往往起讼"⑥的感慨。

农耕社会中的小家庭,尽管别籍异财,但往往形成聚族而居的局面。这与人们的生产、生活方式以及社会关系等因素密切相关。时人曾总结说:"人之所居为乡,所居之世既久,则谓之故里;人之所葬为坟,所葬之世既久,则谓之先茔。乡里之久安也,□属、姻戚、师长、朋侪,饮食宴飨,岁时往来,得其生之乐也。茔域之已定也,树林行列,碑志建立,布置器皿,荐□馨香,得其祭之时也。"⑦

中原地区的汉人聚族而居最为明显。据元好问《续夷坚志》记载:"灵壁北四十里,地名潼山,有南华观。庄子之后余二百家,族长以行第数之,有

① (元)脱脱等:《辽史》卷二六《道宗纪六》,中华书局2017年版,第352页。

② (宋)宇文懋昭撰,崔文印校证:《大金国志校证》卷三五《杂色仪制三代同居仪》,中华书局1986年版,第502页。

③ 毛麾:《解州平陆县张氏义居门闾碑》,载阎凤梧主编:《全辽金文》,山西古籍出版社2002年版,第1679页。

④ 陈高华等点校:《元典章》一七《户部三·分析·父母在许令支析》,中华书局、天津古籍出版社2011年版,第601页。

⑤ (元)脱脱等:《金史》卷四四《兵志》,中华书局2020年版,第1066页。

⑥ (金)元好问著,狄宝心校注:《元好问文编年校注》卷六《善人白公墓表》,中华书局2012年版,第1176页。

⑦ 杨宏道:《李氏迁祖之碑》,载新文丰出版公司编:《石刻史料新编》第1辑第20册《益都金石记》,新文丰出版公司1982年版,第14867页。

二千人,又有二千九翁之目。"①庄氏宗族 200 余家聚居,人口当在千人左右,实际却有 2000 人左右。可见,庄氏不但宗族规模相当可观,而且家庭规模也明显偏大。黄晦之描述济宁李氏的情况是:"李氏自唐迄今五百余年矣,似续蕃茂,阖族五十余位,大小五百口,散居诸村。或大小郝,或南井河庄,例为甲乙户。阡陌连接,鸡犬相闻。大率俱以力田为业。"②可见,李氏宗族随着人口的不断增多,虽未能聚居于一村,但均居于周围,鸡犬相闻,相对仍比较集中。嘉祥县成氏宗族,"盖自高祖以上,不知其讳。自唐以来,十余世矣。高祖讳方,生三子。长子讳未闻,次子二公讳汶,妻卫氏,生三子,其后子孙皆二子之后也。……曾、玄孙至百数,未名者数十人。自梁唐已来,未有如此之巨族也。上下十世间,相继家风,父慈子孝,兄爱弟敬,夫和妻柔,姑慈妇听,遵依八义,师慕五常,姻睦族系"③。成氏宗族具有很强的凝聚力,历代相聚。

中下层平民宗族在发展过程中,虽普遍聚族而居,但也常会有宗族迁徙的情况。一方面在宗族人口有了较大增长之后,会有若干人口进行近距离的迁徙。如王思廉《东郡宋氏世德碑》:"宋氏东郡白马永宁乡中东林子里人,以农为业。里西北五里许宋胡寨北,先茔在焉。年代辽邈,丘垄颇多,不能辨昭穆。乃改卜里西原,别自为祖。"④

另一方面,宗族中的某些成员因各种原因而外迁定居。赵昌《樊氏墓碑》云:"夫公讳进,字用之,其先肇于潍之昌乐,不知几昭穆矣。高曾大父远不知讳,皆隐德弗耀。父讳松,母时氏,以银为治生之具,曩金末之乱,率家转徙淮南,寓居楚城。"⑤该宗族樊进后为管匠司提领,别无他官。陈观

①　(金)元好问:《续夷坚志》卷三《潼山庄氏》,中华书局 2006 年版,第 52 页。

②　(清)张金吾编纂:《金文最》卷八六黄晦之《济宁李氏祖茔碑》,中华书局 1990 年版,第 1263 页。

③　(清)张金吾编纂:《金文最》卷八六鹿汝弼《成氏葬祖先坟茔碑》,中华书局 1990 年版,第 1264—1265 页。

④　王思廉:《东郡宋氏世德碑》,载新文丰出版公司编:《石刻史料新编》第 3 辑第 29 册《滑县金石录》,新文丰出版公司 1982 年版,第 75 页。

⑤　余有林、曹梦九修,王照青纂:《(民国)高密县志》卷四一《樊氏墓碑》,《中国地方志集成·山东府县志辑》第 41 册,凤凰出版社、上海书店、巴蜀书社 2004 年版,第 184 页。

《樊氏先茔之记》："自刺史①居河中,后之子□散居支县。然岁□谱志,族系莫究。居临晋之董村者,又不知其几世也。近代有曰樊二员外者,金季以赀名举。家千□,乐振施,修德好礼,乡党称为善人。"②

### 三、中下层平民宗族社会地位的变迁

中下层平民宗族社会地位比较稳定,但经过一定程度的积累,向上流动也很可能;而若不断遇上不利因素,则会进一步向下流动。

（一）向上流动

宗族社会地位的向上流动,主要表现在政治地位的向上流动或经济地位的向上流动。一般来说,当一个宗族能够产生官员,成功实现政治地位的向上流动时,整体的经济地位也会进一步提高,特别是起家成员所在的家庭,日益富裕更为明显。

临潢府保和县人王仲康,记载其宗族发展情况云:"高祖翁王兆是南人,入国系保和县。曾翁承祚无嗣,承嗣堂祖翁延玉。伯士廉、士政,无嗣。弟仲言□□习。亲祖翁延臬。伯士俊。弟仲仁,带大理司直僧摄仪普究;弟仲伦。更有庶男仲佺。侄兴寿奴、亨寿奴、德寿。"③仲康之父士方,虽"素非簪笏",但"以忠孝之故","蒙恩授东头供奉官",仲康、仲祺兄弟,"并承荫调系三班院",仲康子侄辈的婆孙,为北密院番译。可以看出,王氏宗族重视宗祧继承,在发展过程中逐渐产生若干官吏,社会地位逐渐提升。卢龙永清县的张氏宗族,"世业农。金百年来,支属蕃息,居不异爨,至今以义门称燕朔间"。至张仝,适逢金元鼎革,"以良家子从军",终于"致身显达"④。吉州吉乡人冯延登,"曾大父世安,以医名河东,乡里推其阴德及物,谓子孙当有起其家者。大父成,易医而农。父时,颇知读书,且好与羽人禅客游"。

① 指唐代绛州刺史樊宗师。——引者注
② 胡聘之编:《山右石刻丛编》卷三一陈观《樊氏先茔之记》,续修四库全书,第907册,上海古籍出版社1996年版,第728页。
③ 《王士方墓志铭》,载刘风翥等辑:《辽上京地区出土的辽代碑刻汇辑》,社会科学文献出版社2009年版,第110页。
④ (元)王恽著,杨亮、钟彦飞点校:《王恽全集汇校》卷四八《大元故宣武将军千户张君家传》,中华书局2013年版,第2255页。

在冯延登之前,冯氏可说是一个由医转农的平民宗族。冯延登"幼颖悟不凡,初入小学,辄云:'吾家生我,将不复耕锄矣。'"23岁时终于登章宗承安二年(1197年)词赋进士第。金朝末年"历礼、吏二部侍郎,权刑部尚书"。冯氏至此成功向上流动。冯延登子"三人,皆用荫补:源,广威将军、嵩州军资库监;吉,广威将军、睢州军事判官;亨,忠显校尉,遥授灵宝县尉"①。可惜由于易代鼎革,该宗族未能继续发展。

也有些宗族,尽管始终未能产生官员,但在经济上日益富有,地位提升明显,社会影响随之扩大。隆德府潞城县北垂村的刘氏宗族,原为一个农户,逐渐发展成为一个富冠一乡的宗族。该宗族的起家人物是主要生活在北宋中后期的刘秀。秀之"曾、高失讳;大父讳钦,妣赵氏;父讳清,妣张氏",前几代默默无闻。秀"少孤,敬事叔父,自幼膺门户"。他重视本业,"唯朝夕从事于农桑,未尝稍懈"。熙宁初年,"联兵为农,号曰'义勇'",他为左副使。后"生资殷富,闾里称其豪右"。在家境渐好之后,其叔父与其分家异籍。他在"母老弟幼"的情况下,"益惇孝友,慨然复有起家之志。于是服田力穑必先躬亲,御家纯俭无一毫之妄费"。结果很快"增广饶衍,不啻于昔"。这时又面临与先前同样的问题——分家。"一日,弟欲星居,分均之际,举无难色。"秀"先娶王氏,天资惠淑,爱敬舅姑,勤于妇职,中外贤之。……继娶连氏,淑慎慈严,能循母道,内助有功。……一女,二子,次早亡。孙男五人,孙女三人,曾孙十二人,女二人"。秀之子顺,"克承父志,强敏干蛊,凡所经画,应求而得。以故物产隆厚,数倍于前,遂为大姓,仅冠乡邑"。秀"自知命之后,家事一委其子,安坐享丰腴者三十年"②。秀之孙正,据近年新发现的其墓志记载,"世为潞城县北垂村人,自远祖咸业农。曾大父讳清,大父讳秀,父讳顺,善播种、别五土之宜,由此起家,至为一乡之冠"。这与刘秀墓志所记完全吻合。刘正墓志又载,刘顺4娶,独郭氏生男5人,取名师尹、聚、正、忠、宽(与刘秀墓志所载的师尹、聚、师正、师中、虎,

---

① (金)元好问著,狄宝心校注:《元好问文编年校注》卷五《国子祭酒权刑部尚书内翰冯君神道碑铭》,中华书局2012年版,第884—885页。
② 杨丹:《故刘君墓志铭》,载阎凤梧主编:《全辽金文》,山西古籍出版社2002年版,第1153—1154页。

略有出入）。正有子5人,取名滋、渱、洪、汶、浃,有女2人。很明显,兄弟名连"水"字。至正去世时,有孙5人,取名琚、瑾、瑜者,名连"玉"字;另二人尚幼,小名长僧、居安,有孙女9人。刘氏虽在刘秀、刘顺父子时已成富户,但宋金战争有所破坏。"自经兵火,虽家资屋宅烧毁荡散,(刘正)因矻矻瘅(应为廛)身南亩数载,复完倍于畴昔。"随后,宗族的经济实力得到进一步发展。"至肥田沃壤,连亘阡陌。积粟万数,廥廪充满。杂畜成群,林木郁茂。一川之间,望之可爱。""建造屋宅,比旧增倍。"在经济实力发展的同时,人口也得到了很大的发展。不但"聚族百余口,嬉嬉如也",而且还雇用"佃户二百余口"。对于这些佃户,刘氏可以"如臂运指,不动声气而集办"。在宗族不断发展的基础上,"以物力充本乡巡绰捕盗,公私曲尽,人无怨言"。这虽然只是吏职,但在乡里社会中的政治地位显然得到很大加强。同时,刘氏宗族的社会声望和社会影响也得以不断扩大。"或乡社相聚有商评,必取公(刘正)为则;至于儒释道,皆喜延接,或有要求,殊无吝涩。"正是在宗族经济、政治及社会影响发展的过程中,刘氏开始创建"家塾",聘请乡贡进士李可权等人,系统地对子弟进行文化知识教育。显然,刘氏期盼宗族地位获得进一步的提升。尽管刘氏宗族在发展初期同居共财,人口众多,但也不可避免地走向分家析产的道路。在顺去世"三年之丧毕",正"诸侄中有欲析居者",因而将家产"分而为五"。尔后,正"慨然复有增益之意",于是"出谷命工,于张村泉子沟凿山取炭"。可见,其致富之路是开采煤矿。而且,"功既就,赖以养生者仅百家"[1],显然规模相当可观。可以推测,刘正支系在此后的宗族发展过程中,仍会成为经济实力最强的支系。总之,刘秀、刘正墓铭栩栩如生地展现了一个平民宗族发展和演变的历程。

(二)向下流动

与宗族社会地位的向上流动相反,平民宗族也有向下流动的可能。这主要表现在经济地位的下降和由此带来的社会声誉的降低。汾州西河县任氏,"世以农业为务,室甚豪富,后因兵火,失荡产业"。任氏因兵火造成经

---

① 《金刘正墓志》,载周峰编:《贞珉千秋——散佚辽宋金元墓志辑录》,甘肃教育出版社2020年版,第147页;周峰:《金代刘正墓铭考释》,《宋史研究论丛》第23辑,科学出版社2018年版。

济损失,经济地位急剧下降,但尚存一定基础。不数年间,又因族人"商贩诸郡"而"家复累巨万"①。

不过,大多数向下流动的平民宗族,未必有重新起家的机会。"燕人刘伯鱼,以赀雄大定间。性资豪侈,非珍膳不下箸。闲舍数百人,悉召尚食诸人居之,且时有赒赡。问知肉食之品,或一二效之。既老而病,财日削,郁郁以死。十数年后,两儿行丐于市。"②显而易见,作为平民宗族中的中下层群体,如进一步向下流动,只能降入社会最底层群体了。

---

① 《金任和墓志》,载周峰编:《贞珉千秋——散佚辽宋金元墓志辑录》,甘肃教育出版社2020年版,第152页。
② (金)元好问:《续夷坚志》卷一《玉食之祸》,中华书局2006年版,第8页。

宋代『敬宗收族』宗族组织的形成及其区域差异

第七章

在中原汉族王朝传统的核心区域内,经过唐末五代以来的社会变革,宗法人伦关系出现弱化趋势。宋王朝建立后,为稳定专制王朝的统治基础,标榜"以孝治天下",加强伦理教化,因而宗族关系日益受到人们重视,并逐渐形成适应社会新形势的"敬宗收族"宗族组织形态。由此,"敬宗收族"宗族组织主要表现在两宋统治区内,金、元统治时期也是在这些区域得到进一步的发展。

## 第一节 "敬宗收族"宗族组织形成的
## 社会基础与社会条件

中国历史发展至唐宋时期,传统经济制度发生了比较明显的变革。这种变革,不但带来人们经济关系的变动,也带来人们各种社会关系的变动,为旧宗族关系的松解和新宗族关系的形成提供了社会基础与社会条件。

### 一、"敬宗收族"宗族组织形成的社会基础

从唐中叶开始,经济制度即开始出现明显的变革趋势,至北宋初期,这一变革基本完成,大约经历了一百余年的时间。[①] 该时期内,农奴制经济关系日益衰落,租佃关系日益发展,最后完成了两者的更替。

首先是土地制度发生了一定程度的变革。魏晋隋唐时期,土地所有制形态主要有两种:一种是国家土地所有制;另一种是私人大土地所有制,亦

---

① 参见漆侠:《宋代经济史》上册,上海人民出版社 1987 年版。

即庄园制。这两种土地形态,都具有稳定的基本特征。国家土地所有制形态较为稳定自不必说。私人大土地所有制,在魏晋隋唐时期,具有法典化的特征。无论是西晋的占田法令,还是北魏、隋唐的均田法令,都有士族地主广占田地的规定,就是这一特征的表现。具体拿唐朝来说,中唐以前,唐王朝的土地制度以均田制为主,政府对土地的买卖有着较多的限制,国家对土地的控制比较严格。因此,中唐以前的土地所有权,相对来说是较为稳定的。中唐以后,均田制逐渐被破坏,地主土地所有制得以急剧发展。这种现实状况,迫使国家不再对土地所有权严格控制,而是以两税法代替租庸调制,调整了赋役剥削制度。税制的变革,无疑使地主土地所有制取得了合法地位,土地兼并因之更加迅猛发展,地权的转移也频繁起来。宋王朝继承了中唐以来的两税制,甚至明确施行"不抑兼并"[1]的土地政策。因此,地主土地所有制得以不断发展,土地所有权的更换更加频繁,地主土地所有制成为占主导地位的土地所有制形态。

唐宋之际土地制度的上述变革,不仅决定了剥削关系要与之相适应,而且也决定了阶级结构、阶级关系必然发生相应的变革。

首先是地主阶级的主体构成发生了明显变化。自东汉以来,门阀士族地主逐渐形成,并历魏晋不断取得政治、经济、军事上的诸多特权,在地主阶级中占据了主导地位。可以说,魏晋隋唐时期是中国历史上门阀士族地主统治时期。此后,门阀士族阶层虽经隋末农民起义和唐初统治者的打击,日见衰落,但唐中叶以前,新、旧士族在地主阶级中仍然占有头等重要的地位。这是因为,唐朝统治者在打击旧士族的同时,仍然确认等级门第,并赋予新贵以某些特权,使之成为新的士族。如唐太宗命高士廉等人修《氏族志》,主旨在于"崇重今朝冠冕",并确立了制定等级的原则:"不须论数世以前,止取今日官爵高下作等级。"[2]武则天令许敬宗、李义府改修《氏族志》为《姓氏录》,规定凡是在唐朝"得五品官者,皆升士流","于是兵卒以军功致

---

① (宋)王明清:《挥麈录》余话卷一《〈祖宗兵制〉名〈枢廷备检〉》,上海书店出版社2001年版,第221页。

② (后晋)刘昫等:《旧唐书》卷六五《高士廉传》,中华书局1975年版,第2444页。

五品者,尽入书限"①。不过,在社会变迁的过程中,士族地主所代表的生产关系已日益成为经济发展的阻碍力量,其为新的生产关系所取代,已是历史发展的必然趋势。因而,通过科举选官制度的发展,尤其是经历了唐末农民战争的荡涤,士族地主遂最终退出了历史舞台。及至五代时期,社会现实状况已经是"大臣子孙皆鲜克继祖父之业"②了。两宋时期,更是"取士不问家世,婚姻不问阀阅"③,先前的门阀世家,如著名的崔、卢、李、郑等,已经"绝无闻人"④了。在宋代的社会条件下,地主阶级主要由官僚地主和庶民地主两部分构成。官僚地主的产生有多种渠道。如荫补入仕、军功补官、吏人出职、纳粟补官等,但两宋作为中国历史上科举选官的鼎盛时期,科举入仕成为官僚地主产生的重要途径。他们是宋代地主阶级的主要当权派,在宋代文献中,一般被称作"官户"。庶民地主是指那些在政治上没有什么特权,只是依靠占有土地剥削农民的地主。就人数而论,他们是地主阶级的主体,在宋代文献中,被称为"乡村上户"。

宋代官僚地主虽然有政治上荫补子弟(高级官僚)、减免刑罚,经济上减免某些税役等特权,但与前代士族地主相比,在政治上已大大减少了世代为官的特权,在经济上对土地的占有方式也发生了重要变化。由于宋代地主阶级"富者有赀可以买田,贵者有力可以占田"⑤。在商品经济的冲击下,也由于他们的寄生性,已无法久远地保持其经济地位,而是呈现出迅速盛衰的特点。宋人张载有云:"今骤得富贵者,止能为三四十年之计,造宅一区及其所有,既死则众子分裂,未几荡尽,则家遂不存。"⑥阳枋进一步分析说:"俗言'三世仕宦,方会著衣吃饭'。余谓三世仕宦,子孙必是奢侈享用之

---

① (后晋)刘昫等:《旧唐书》卷八二《李义府传》,中华书局 1975 年版,第 2769 页。
② (宋)李焘:《续资治通鉴长编》卷二五"雍熙元年三月乙卯",中华书局 2004 年版,第 574 页。
③ (宋)郑樵:《通志》卷二五《氏族略·氏族序》,《通志二十略》,中华书局 1995 年版,第 1 页。
④ (宋)王明清:《挥麈录》前录卷二《本朝族望之盛》,上海书店出版社 2001 年版,第 15 页。
⑤ (元)马端临:《文献通考》卷二《田赋考二·历代田赋之制》,中华书局 2011 年版,第 49 页。
⑥ (宋)张载:《张载集·经学理窟·宗法》,中华书局 1978 年版,第 259 页。

极……惟口体是供,无德以将之,其衰必矣。"①这是针对官僚地主而言的。至于庶民地主,则更是"贫富无定势,田宅无定主"②,"鲜克有三世之久者"③。因此,宋代的地主阶级并不是一个凝固不变的阶级,同前代士族又有明显区别。

其次是农民阶级的构成和身份地位也发生了相应的变化。中唐以前,农民阶级主要由均田制下作为均田户的自耕农和依附于豪强庄园的部曲、佃客、依附户等构成,均田户与国家有着很强的隶属关系,他们不但要向国家交纳各种赋税,还要为国家负担繁重的劳役、兵役。部曲、佃客、依附户等则是庄园农奴制下的农奴,他们属主人"私家所有"④,世世代代被束缚在庄园里,在农奴主的督课下进行劳作,没有主人的放书,成不了良人。他们与农奴主的关系是一种超经济强制的关系。中唐以后,随着契约租佃关系主导地位的确立,农民阶级的构成也发生了变化,佃农和自耕农成为农民阶级的主体。契约租佃关系下的佃农,与地主的关系只是一种契约关系。他们所租种土地的数量、地租的多少等都记载在契约上。尤其是定额地租制的发展,更使得"驱使直接生产者的",已"不是直接的强制,是法律的规定,而不是鞭子"⑤。而且,宋代客户也有了"徙乡易主"⑥的自由,地主对佃客"一失抚存,明年必去而之他"⑦。在某些情况下,他们还有了改变自身地位的可能。"或丁口蕃多,衣食有余,稍能买田宅三五亩,出立户名,便欲脱离主户而去。"⑧可以说,宋代绝大部分地区的客户已实现了向半农奴非农奴的转化。宋代乡村下户中的一部分,实际上也是佃农或半佃农,他们的情况与

---

① (宋)阳枋:《字溪集》卷九《杂著·辨惑》,文渊阁四库全书本,第 1183 册,第 381 页。

② (宋)袁采:《袁氏世范》卷三《富家置产当存仁心》,商务印书馆 2017 年版,第 159 页。

③ (宋)吕皓:《云溪稿·上丘宪宗卿书》,丛书集成续编本,第 184 册,新文丰出版公司 1989 年版,第 426 页。

④ (唐)长孙无忌著,刘俊文笺解:《唐律疏议笺解》卷六《名例·官户部曲官私奴婢有犯》,中华书局 1996 年版,第 472 页。

⑤ 《马克思恩格斯文集》第 7 卷,人民出版社 2009 年版,第 898 页。

⑥ (宋)王之道:《相山集》卷二二《乞止取佃客札子》,北京图书馆出版社 2006 年版,第 276 页。

⑦ (清)徐松辑:《宋会要辑稿》食货一三之二一,上海古籍出版社 2014 年版,第 6255 页。

⑧ (宋)胡宏:《胡宏集·书·与刘信叔书五首》,中华书局 1987 年版,第 119 页。

客户差不多。自耕农民的社会地位，也随着兵役、劳役的减少而有所提高。唐宋之际阶级关系变化的主要趋势，便是地主阶级对农民阶级的人身控制越来越少，传统的依附关系日益向着松弛的方向发展。

经济关系、阶级关系的上述变化，必然带来其他社会关系的相应变化，这是唐宋之际宗族制度变革的社会基础。

## 二、"敬宗收族"宗族制度形成的社会条件

中唐以来经济关系和阶级关系的变化，使得门阀宗族制度的社会基础日益缩减，而为新型宗族制度的形成和确立奠定了社会基础。一方面，地主阶级和农民阶级身份地位的变化，不但使地主阶级无法再利用人身支配权控制广大族众，而且也使农民阶级不必再去依附宗族大地主了。另一方面，土地制度的变革、地权的频繁转移，使地主阶级不得不以宗族公产的形式来维持其社会地位，阶级关系的变化又为宗族内部新型人际关系的形成提供了前提。可以说，唐宋之际宗族制度的变革，根本原因即在于此。

然而，"敬宗收族"宗族制度得以在宋代社会形成和确立下来，除了这一根本原因之外，还需要有其诸多方面的有利社会条件。概括而言，宋代社会所具有的有利社会条件，主要有以下几个方面。

第一，自然经济结构是"敬宗收族"宗族制度得以确立的社会经济条件。自然经济在宋代仍然占主导地位，这种社会状态下，无论是自耕农民，还是佃农，其生产和生活都时时受到两种外来力量的袭击。其一是自然灾害，其二是残酷的赋役剥削和地租剥削。在抵抗这两种外来力量的袭击时，自耕农民和佃户时时显露出其经济上的脆弱性。"下户才有田三五十亩，或五七亩，而赡一家十数口，一不熟即转死沟壑。"[1]"官租私债纷如麻，有米冬春能几家？"[2]在这样的社会条件下，劳动人民为维持生存往往需要一种救济互助的组织。宋代地主阶级充分利用了这一点，捐出在剥削体制下所

① （宋）李焘：《续资治通鉴长编》卷一六八"皇祐二年六月乙酉"，中华书局2004年版，第4048页。
② （宋）范成大：《石湖诗集》卷三〇《腊月村田乐府十首·冬春行》，载《范石湖集》，上海古籍出版社1981年版，第410页。

获得的巨额财富中微乎其微的一部分，打着"收族"、"赡族"的招牌，来建立控制族众的宗族组织。

第二，国家政权的有力支持是"敬宗收族"宗族制度得以确立的社会政治条件。宋朝建立后，统治者"乘五代之疵国，化百年之污俗，以为非孝弟不足以敦本"[1]。他们不但继承并发展了前代王朝关于保护宗族内部等级名分、尊卑关系的所有法律条文，而且还通过各种途径对族权加以扶植。首先，从法律上确认宗族尊长、卑幼之间的权利和义务。宋朝的开国法典——《宋刑统》就有诸多这方面的条例。其次，加强伦理教化、整顿宗族关系，并将其作为整顿社会秩序的当务之急。察举孝悌力田，旌表累世义居，以法律手段制裁"不顺父兄、异居别籍者"[2]，都是宋王朝"敦风俗"、"崇教化"的重要内容。再次，支持并倡导"敬宗收族"宗族制形成和发展过程中的各项具体组织制度。对族产，宋政府曾颁布专门政策加以保护。元祐七年（1092年），宋哲宗"诏诸大（应为太）中大夫、观察使以上，每员许占永业田十五顷。余官及民庶，愿以田宅充奉祖宗飨祀之费者，亦听。官给公据，改正税籍，不许子孙分割典卖，止供祭祀。有余，均赡本族"[3]。对家法族规，宋政府更以实际行动加以提倡。宋真宗时将著名的江州"陈氏家法"送史馆缮写，分赐各王公之家。

第三，传统礼教在意识形态领域的长期统治和宋代士大夫的宗法伦理宣传是"敬宗收族"宗族制度得以确立的思想观念条件。中国古代统治者"为国以礼"，而礼的内容中很大一部分是关于宗族、家庭伦理道德方面的。礼教的长期统治，使社会上逐渐形成了一种根深蒂固的习惯势力，人们自觉不自觉地为这种习惯势力所约束、所支配。宋人陈藻曾说："今人燕尝未始有田者，古坟一丘，而十数代之子孙岁醵以祭，仁义之道，著在人心，不泯如此。"[4]可见，"仁义之道"的力量无时无刻不在起着作用。

---

① （宋）王禹偁：《小畜集》卷一九《诸朝贤寄题洪州义门胡氏华林书斋序》，四部丛刊初编本。

② （宋）李焘：《续资治通鉴长编》卷一七"开宝九年十月乙卯"，中华书局 2004 年版，第 382 页。

③ （清）徐松辑：《宋会要辑稿》食货六一之六一，上海古籍出版社 2014 年版，第 7469 页。

④ （宋）陈藻：《乐轩集》卷八《大宗小宗》，文渊阁四库全书本，第 1152 册，第 113 页。

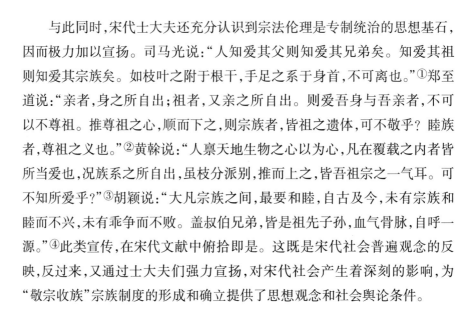

与此同时，宋代士大夫还充分认识到宗法伦理是专制统治的思想基石，因而极力加以宣扬。司马光说："人知爱其父则知爱其兄弟矣。知爱其祖则知爱其宗族矣。如枝叶之附于根干，手足之系于身首，不可离也。"①郑至道说："亲者，身之所自出；祖者，又亲之所自出。则爱吾身与吾亲者，不可以不尊祖。推尊祖之心，顺而下之，则宗族者，皆祖之遗体，可不敬乎？睦族者，尊祖之义也。"②黄榦说："人禀天地生物之心以为心，凡在覆载之内者皆所当爱也，况族系之所自出，虽枝分派别，推而上之，皆吾祖宗之一气耳。可不知所爱乎？"③胡颖说："大凡宗族之间，最要和睦，自古及今，未有宗族和睦而不兴，未有乖争而不败。盖叔伯兄弟，皆是祖先子孙，血气骨脉，自呼一源。"④此类宣传，在宋代文献中俯拾即是。这既是宋代社会普遍观念的反映，反过来，又通过士大夫们强力宣扬，对宋代社会产生着深刻的影响，为"敬宗收族"宗族制度的形成和确立提供了思想观念和社会舆论条件。

## 第二节　"敬宗收族"宗族组织的形成和确立

在漫长的社会变革背景下，"敬宗收族"宗族组织得以逐渐形成并确立在宗族组织方式中的主导地位。这一过程，大致从唐末五代开始，经北宋时期逐渐形成并初步确立，至南宋时期进一步完善和逐渐普及，可以说基本上与社会变革过程相始终。

### 一、传统宗族组织的衰落

唐代社会继承了汉魏以来的宗族组织方式，门阀宗族制度是其主流表现形式。就其表现特点和主要内容而言，门阀宗族制度主要包括如下几个方面：其一，大规模聚族而居。其二，宗族内部有着很强的人身隶属关系。

---

①　（宋）刘清之：《戒子通录》卷五《训子孙文》，文渊阁四库全书本，第703册，第62页。

②　（宋）陈耆卿：《嘉定赤城志》卷三七《天台令郑至道谕俗七篇》，宋元方志丛刊本，第7册，中华书局1990年版，第7576页。

③　（宋）黄榦：《勉斋集》卷二二《书新金郭氏叙谱堂记》，文渊阁四库全书本，第1168册，第241—242页。

④　《名公书判清明集》卷一〇《兄弟侵夺之争教之以和睦》，中华书局1987年版，第369页。

其三,门第观念、宗族观念表现得尤为突出。其四,宗族建筑坞堡,组织私兵,出则能战,退则能守,拥有很强的武装力量。

门阀宗族制在历史上存在了数百年之久,唐中叶以后,随着传统社会形态发生历史性的转折,便日益衰落,渐趋消亡了。就上述诸项门阀宗族制的主要内容而言,至五代宋朝时,有的已基本消失,有的仅以残余形式存在下来,有的则发生了质的变化。

首先,由于农民尤其是佃农获得退佃和迁徙的自由,大规模聚族而居的传统已不能再照旧维持下去。司马光在反对免役法时曾说,免役法召募的均是"四方浮浪之人充役",他们"无宗族、田产之累"。若以其做公人,则会"恣为奸伪,曲法受赃";若以其"主守官物",则会"侵欺盗用"。即使事发,他们也会"挈家亡去,变易姓名往别州县投名",而使"官中无由追捕"①。可见农民阶级的迁徙对聚族而居是一种破坏力量。至于官僚地主,他们"以官为家,捐亲戚,弃坟墓"②,游宦四方,也难以聚族而居。陆游介绍其宗族情况时曾说:"予先世本鲁墟农家,自祥符间去而仕,今且二百年。……族党散徙四方,盖有不知所之者。"③当然,在自然经济条件下,聚族而居乃是乡村居民基本的定居方式,尤其中国古代安土重迁,几千年来聚族而居并没有根本的改变。在宋代乡村中,聚族而居仍然是普遍现象。据《夷坚志》记载:"乐平县何冲里,皆程氏所居。"④"信州永丰县管村,皆管氏所居。"⑤这些都是"满村无别姓"⑥的单一宗族的村落。非单一宗族的村落,也往往是两个或多个宗族的聚族而居。尽管如此,但应该看到,宋代这种聚族而居的现象,与魏晋隋唐聚族而居相比,已有两点重要变化:一是聚族而居的规模大为缩小。像北魏宗主督护制下动辄千家万户聚族而居的情况,在宋代

---

① 《司马光集》卷四九《乞罢免役钱依旧差役劄子》,四川大学出版社 2010 年版,第 1044 页。
② 《文天祥全集》卷一○《跋李氏谱》,北京市中国书店 1985 年版,第 250 页。
③ (宋)陆游:《渭南文集》卷二三《陈氏老传》,载《陆游集》,中华书局 1976 年版,第 2191 页。
④ (宋)洪迈:《夷坚志》乙志卷一五《水斗》,中华书局 2006 年版,第 312 页。
⑤ (宋)洪迈:《夷坚志》支乙卷一《管秀才家》,中华书局 2006 年版,第 801 页。
⑥ (宋)刘克庄著,辛更儒笺校:《刘克庄集笺校》卷三《溪西》,中华书局 2011 年版,第 169 页。

确已寥若晨星了。二是魏晋隋唐时期聚族而居宗族内部宗主对族众有着很强的人身支配权,族众没有迁徙的自由,世代被束缚在宗主的庄园中。宋代聚族而居宗族内部的关系则相当松散,宗族地主与一般族众在政治法律上的身份地位并没有过大的悬殊,基本上不存在人身支配权的问题。

其次,唐宋之际经济关系的变革,冲击了传统的宗族组织和宗法关系,宗族观念也日趋淡薄。五代作为中国历史上"礼废乐坏"的时代,在"五十年间,天下五代而实八姓","君君臣臣父父子子之道乖,而宗庙、朝廷、人鬼皆失其序"。诚如士大夫所言:"世道衰,人伦坏,而亲疏之理反其常。干戈起于骨肉,异类合为父子。"①"五代王,十国判,义养盛,宗姓沦,人知其所自生,盖千一矣。"②因此,"氏族之乱,莫甚于五代之时"③。宋朝标榜"以孝治天下",讲究宗法,但"士夫习礼者专于举业,用莫究宗法为何如,祢已祔则不复飨其祖,祭有嫡而诸子并立庙,父在已析居异籍,亲未尽已如路人,或语及宗法则皓首诸父不肯陪礼于少年嫡侄之侧,而华发庶侄亦耻屈节于妙龄叔父之前"④。甚至有的"亲属相犯,问以服纪年月,皆言不知"⑤。可见,当时的宗族关系已是相当疏散。

再次,具有明显门阀等级功能的谱牒,在唐宋之际已处于废绝状态。其废绝的直接原因,是经过唐宋之际的社会变革,宋代的社会流动比先前有了更大的可能性,"贫不必不富,贱不必不贵"⑥。在这种情况下,"由贱而贵者耻言其先,由贫而富者不录其祖,而谱遂大废"⑦。更深层的原因,则是门阀谱牒制社会职能的丧失。在门阀宗族制下,士族地主利用谱牒选官和婚

① (宋)欧阳修:《新五代史》卷三六《义儿传》、卷一六《唐废帝家人传》,中华书局 2016 年版,第 433、201 页。
② (宋)薛季宣:《浪语集》卷三〇《贾氏家谱序》,文渊阁四库全书本,第 1159 册,第 494 页。
③ (清)顾炎武著,黄汝成集释:《日知录集释》卷二三《通谱》,上海古籍出版社 2006 年版,第 1297 页。
④ (宋)陈淳:《北溪大全集》卷九《宗会楼记》,文渊阁四库全书本,第 1168 册,第 571 页。
⑤ (宋)郑至道:《琴堂谕俗编》卷上《正丧服》,文渊阁四库全书本,第 865 册,第 237 页。
⑥ (宋)刘跂:《学易集》卷六《马氏园亭记》,丛书集成新编,第 62 册,新文丰出版公司 1985 年版,第 335 页。
⑦ (宋)苏洵著,曾枣庄、金成礼笺注:《嘉祐集笺注》卷一四《谱例》,上海古籍出版社 1993 年版,第 371 页。

姻的双重职能,"以绳天下",借以维护"贵有常尊,贱有等威"的等级制。既然宋代社会已"取士不问家世,婚姻不问阀阅"①,谱牒废绝便是极其自然的了。从宋代开始兴起的,是完全由私人编修的新式谱牒。

复次,宗族武装已不再普遍存在,且其私人武装的属性明显减弱。随着社会关系的变化,到五代北宋时,除了川峡地区和周边少数民族地区外,已很少再有强宗大族利用人身支配权组织私兵,雄踞一方,甚至与官府对抗的情况。魏晋南北朝时期,豪宗大族占据坞垒壁堡,部勒宗族,组织私兵,既与当时的长期战乱状况有关,更是豪族地主对宗族部曲拥有人身支配权的直接产物。豪族地主既是庄园的庄园主,又是宗族的宗主,还是私人武装的军事统帅。因此,豪族地主可以用私兵保家卫园,也可以用私兵镇压农民起义;可以用私兵参与军阀混战,也可以用私兵与官府对抗。在唐末五代的战乱中,虽然也有一些以宗族、乡党势力组织起来的私人武装,但主要是人们为了在动乱中求生存而自愿结合在一起的。如华阴弘农杨氏"奕世聚居,群众百口",杨郜认为"非用武断不能亢宗",于是在"唐季俶扰,干戈日寻"之际,"募乡民之拳勇者数百人,受署于本郡,为义军指挥使。坚壁要害,以备不虞,一邑赖之,终以无患"②。在两宋之际的抗金斗争中,北方各地兴起了许多忠义巡社,这是在金兵入侵和对北方人民蹂躏的情况下,人们自发武装组织起来保家卫国。可以看出,这与门阀宗族制下的宗族部曲武装是区别多于联系的。

最后,日常生活中的门第等级观念日渐削弱。明代史学家胡应麟指出:"五代以还,不崇门阀。"③在社会交往中,宋人"所交不限士庶"④。"婚姻不问阀阅"反映了由唐及宋的婚姻变化情况。但所谓的"不问阀阅",并非就是完全地不讲门第,只是指在婚姻问题上不再像魏晋隋唐时期那样,将阀阅

---

①　(宋)郑樵:《通志》卷二五《氏族略·氏族序》,载《通志二十略》,中华书局1995年版,第1页。

②　(宋)杨亿:《武夷新集》卷八《故信州玉山令府君神道表》,福建人民出版社2007年版,第135页。

③　(明)胡应麟:《少室山房笔丛》庚部《华阳博议下》,上海书店2009年版,第394页。

④　(宋)朱熹:《晦庵先生朱文公文集(五)》卷七四《增损吕氏乡约》,载《朱子全书》第24册,上海古籍出版社、安徽教育出版社2010年版,第3596页。

作为首要条件了。同时,宋人逐渐接受了更为重要的婚姻条件,那便是"贵人物相当"。在宋代士大夫的劝世谕俗之作中,也很清楚地反映了这一点。如袁采在《袁氏世范》中告诫世人:"男女议亲,不可贪其阀阅之高,资产之厚。苟人物不相当,则子女终身抱恨,况又不和而生他事者乎!"①

## 二、"敬宗收族"宗族组织的确立

传统宗族组织的衰落,带来了宗法人伦关系和伦理道德的弱化。"世道衰,人伦坏"的现实,无疑给宋朝专制统治带来潜在的威胁。宋朝统治者对此深有感触,他们深深地体会到,要想稳定专制统治,必须重整伦理道德;要想重整伦理道德,必须重整宗族组织。宋王朝一建立,就立即标榜"以孝治天下",认为"冠冕百行莫大于孝,范防百为莫大于义"②;"厚人伦者莫大于孝慈,正家道者无先于敦睦"③。旌表、提倡累世义居,以法律手段制裁父母在而别籍异居者。同时,官僚士大夫们也为宗法关系的复兴寻找理论根据,竭力进行宣传。张载就专门写了一篇论宗法的文章,说:"管摄天下人心,收宗族,厚风俗,使人不忘本,须是明谱系世族与立宗子法。"④在这样的社会氛围和社会环境下,以官僚士大夫为核心的宋代地主阶级纷纷编修谱牒,兴置族产,制定家法族规,创办族塾义学,完善宗族祭祀,倡导"尊尊"、"亲亲"、"敬宗"、"收族",形成治家治族的社会风气。经过地主阶级这样一番努力,以"敬宗收族"为突出特点的宗族制度便出现在宋代历史舞台上了。从"敬宗收族"宗族组织的形成和确立过程来看,无论是精神层面、物质层面,还是制度层面,均是通过相关的具体方式或观念将宗族成员组织起来的。

先看精神层面。在精神层面上,主要有三种观念对凝聚宗族群体起着重要作用。一是祖先崇拜观念。宗族成员普遍认为,祖先是子孙后代为人处世的楷模,宗族能够衍续下来,发展壮大,是由祖先的神圣所决定的;祖先

---

① （宋）袁采:《袁氏世范》卷一《议亲贵人物相当》,商务印书馆2017年版,第50页。
② （元）脱脱等:《宋史》卷四五六《孝义传》,中华书局1985年版,第13386页。
③ （清）徐松辑:《宋会要辑稿》刑法二之一,上海古籍出版社2014年版,第8281页。
④ （宋）张载:《张载集·经学理窟·宗法》,中华书局1978年版,第258页。

去世以后,被认为到另一个世界继续生活,并且按其在人世的世系辈分、尊卑关系继续存在,也就是其在人世的"社会关系"始终与他的灵魂同在;祖先最关心自己的子孙后代,所以宗族的一切事务都会受到祖先灵魂的干预,宗族只有认真奉祀,才算是对祖先孝敬,才会得到祖先灵魂的保佑。二是宗祧继承观念。在宗族内部,既强调血缘,又强调等级。宗祧继承既包括先天产生的自然内容,也包括后天赋予的社会内容。也就是说,宗族的世系传承除了血缘关系的传承之外,还有人们身份地位的传承。作为男性成员,完成上辈下世的宗祧继承,不但是他对宗族应尽的义务,而且,也成为影响其在宗族中地位(包括生前和死后)的重要因素。因而,宗族成员具有强烈的宗祧观念。宗祧传承的方式,主要通过自然继承和立继来完成。三是宗族认同意识。宗族成员的认同心理,就是把同一父系祖先所出的成员,视作一个群体。因祖先可以上推若干代,所以宗族成员的认同范围也可以有不同层次上的范围。在日常生活中,人们一般以某一地区始迁祖的后代为认同范围,但当需要扩大认同范围时,自然也就会扩展自己的祖先记忆。甚至一些没有明显血缘关系的人们,也可通过一些特殊方式来形成认同意识。

再看物质层面。在物质层面上,宗族成员主要通过族产和成员之间的经济互助来增强群体凝聚力。从宋代开始,族产成为宗族组织的重要物质基础。宋代族产种类繁多,就不动产来说,有田产(包括祭田、义田、义学田等),有宅舍(包括祠堂、义宅、义仓、学舍等)。就其产生时间来说,虽然有的在前代就已出现,但大多则属于宋代首创。其中尤值一提的是义田。宋仁宗皇祐元年(1049 年),范仲淹"于其里中买负郭常稔之田千亩,号曰义田,以养济群族。族之人,日有食,岁有衣,嫁娶凶葬皆有赡"[①]。此后,官僚士大夫争相仿效,"义田"一时被看作"收族睦族"的最佳手段。宋代族产来源已是十分广泛,为族产的迅速发展提供了有利的条件。伴随族产的发展,宗族组织日益表现出了以经济手段联系和控制族众的特点。在日常生活中,族众之间的相互通财对增强宗族群体的凝聚力具有重要作用。一方面,人们在困顿时期需要亲属群体的力量帮助渡过难关;另一方面,宗族发展过

---

① 《范仲淹全集》附录六钱公辅《义田记》,中华书局 2020 年版,第 1027 页。

程中势必产生贫富分化。宗族成员间的相互通财,其表现形式主要是官僚
赒济族众、富民赒济族众和族众日常互助等。

最后看制度层面。在制度层面上,族谱制、祭祖制、家法族规制、字辈
制、排行制等均具有凝聚宗族成员的作用。一是族谱制。宋代新式宗族族
谱的创建是在门阀谱牒制废绝不传的情况下开始的。以宋仁宗皇祐、至和
年间欧阳修所编《欧阳氏族谱》和苏洵所编《苏氏族谱》为开端。其内容包
括宗族世系、历史、现状、财产、规约、艺文等,以记载宗族亲疏关系和收拢、
团聚族人为最高原则,重今世而忽上世。其功用则在于"收宗族,厚风俗,
使人不忘本"①,"所以别生分类以著不忘"②,即完全是为"敬宗收族"服务
的。二是祭祖制。墓祭、祠祭和家祭等祭祖形式,古已有之,宋代随着宗族
组织发展的需要,更成为宗族祭祀的主要形式。就祭祀对象而言,宋代宗族
普遍祭祀始迁祖以下的历代祖先。宋代以后完善而系统的祭祖制的确立,
是门阀制度下身份等级制松动后宗族加强思想控制的重要表现。三是家法
族规制。两宋时,普通宗族创立家法族规者才逐渐多起来。"善为家者,必
立为成法。"③家法族规的约束性内容更加丰富、具体,文字上也更加具有法
规的条理性,调整的社会关系日益宽泛。四是字辈制。字辈作为标识辈分
的名字符号,与宗族辈分密切相关,主要表现为宗族成员起名或起字的格式
化。宋代宗族的字辈,大多是每一辈成员用同一个字相连,单名者则使用同
一偏旁相连,也有二字名中既用一字相连又用另一字的偏旁相连者。五是
排行制。排行是用来规范同辈成员长幼秩序的规则,主要在日常称谓中使
用。宋代宗族排行是指同一祖父、曾祖父、高祖父或更远的祖先之下同辈成
员相排,或兄弟和姐妹分别排列,或兄弟姐妹混合排列。在社会下层民众
中,有不少人只称呼姓和排行,没有名,更不曾取字。字辈可明确世系次第,
排行可明确长幼之序。二者的流行,对于宗族内部的分尊卑、别长幼,维系
成员间的相互关系,起着重要的作用。

---

① (宋)张载:《张载集·经学理窟·宗法》,中华书局 1978 年版,第 258 页。
② (宋)李石:《方舟集》卷一〇《代家德麟作重修家谱序》,文渊阁四库全书本,第 1149 册,
　　第 645 页。
③ (宋)熊禾:《勿轩集》卷三《汪氏族谱序》,文渊阁四库全书本,第 1188 册,第 798 页。

　　除此之外,制度层面还包括对宗族成员的日常管理。宋以后的宗族,既然是由某始迁祖的子孙后代组合而成,就难免户众人杂,事务纷繁,因而出现了分级管理的现象。族长统揽全族事务,其产生有三种方式:一是任命,即由宗族元老或老族长世相任命;二是先天法定继承,即由辈分最长、年龄最高者自然升为族长;三是公众推举。如永乐姚氏"世推尊长公平者主家"①。会稽裘氏"世推一人为长"②。这三种方式中,公众推举更加侧重族长人选的"德才兼备",最有利于宗族本身的稳定和发展。因而,宋以后普通宗族中选举族长的现象较为普遍。族之下分房(亦称支、位、户等),设房长,统揽族中某一支房的事务。如莆田方氏,"六房之后,各来赡敬,集者几千人"③。建阳陈氏一族,下分十二房。④《名公书判清明集》卷七《吴从周等诉吴平索钱》称:"凡立继之事,出于尊长本心,房长公议,不得已而为人后可也。"可见,房是宗族中重要的一级管理机构。房下有家,是宗族社会的最小血缘单位。除了族长、房长之外,宗族还设有许多专司某一事务的专职人员,如宗子主祭祀,庄正掌族产等等。他们的产生,宗子属先天法定继承,庄正则多由选举或任命产生。宗族日常管理的日益严密和完善,是"敬宗收族"宗族组织强化和发展的有力保障。

## 第三节　"敬宗收族"宗族组织的区域差异

　　在唐宋变革的社会大背景下,宋代宗族处于明显的变动过程中。这种变动过程,在不同区域内又表现出各自的特点。由于北方地区大体只在北宋时期属于宋王朝的统治范围,因而北方地区宗族的特点,亦大体限于北宋时期;而东南地区和四川地区,虽贯穿于两宋时期,但为比较的方便,论述中以北宋时期的情况为主。

---

①　(宋)邵伯温:《邵氏闻见录》卷一七,中华书局1983年版,第187页。

②　(宋)王栐:《燕翼诒谋录》卷五,中华书局1981年版,第48页。

③　(宋)刘克庄著,辛更儒笺校:《刘克庄集笺校》卷九三《荐福院方氏祠堂》,中华书局2011年版,第3942页。

④　参见(宋)洪迈:《夷坚志》丁志卷六《陈墓杉木》,中华书局2006年版,第585页。

## 一、北方地区宗族组织的特点

自早期的宗法宗族制发展至中古的门阀宗族制,基本是以北方地区为主要历史舞台的。因此,北方地区传统上是宗族势力相对比较强的地区。但唐中叶以来的社会变革,对北方地区宗族组织的冲击又是最大的。进入宋代,北方地区宗族形态相对松散,在新式宗族组织形态建设方面,明显落后于东南地区。如将其与同时的其他地区相比,大体可概括出如下一些特点:

第一,崇尚同居共财,注重亲族间的经济互助。

崇尚同居共财,可说是北方地区的历史传统。北魏时期,弘农华阴人杨播,"一家之内,男女百口,缌服同爨,庭无间言"[1];博陵安平人李几,"七世共居同财,家有二十二房,一百九十八口"[2]。唐朝时期,郓州寿张人张公艺九世同居,成员间艰难地忍让维持而不分家,唐高宗了解情况后"为之流涕"[3]。入宋以后,尽管政府按财产划分户等的政策不利于家庭规模的增长,但北方地区的总体家庭规模仍然比其他地区略大。同时,北方地区的同居共财大家庭也比其他地区为多。根据两宋时期同居共财大家庭的相关统计结果[4],北方诸路大家庭共计 70 例,其他地区合计 74 例。由于北方地区基本是北宋时期的情况,而其他地区则基本是两宋时期的情况,因此可以说,北方地区大家庭的数量几乎比其他地区多出 1 倍。况且,从人口规模上说,北方地区的人口规模亦比南方地区为少。这就更明显地说明,北方地区大家庭在社会上所占的比例相对较多,人们崇尚同居共财较为突出。

北方地区的家庭规模尽管相对较大,但同居共财大家庭的数量毕竟十分有限,社会上存在的家庭绝大多数仍属于小型家庭的规模。不过,北方地区的宗族成员之间,虽然生活在不同的家庭中,但亲族间的经济互助则比其他地区昌盛。这种经济互助,其表现形式可有多种。史料中常见的官员将俸禄

---

[1]　《魏书》卷五八《杨播传》,中华书局 1974 年版,第 1302 页。
[2]　《魏书》卷八七《李几传》,中华书局 1974 年版,第 1896 页。
[3]　(后晋)刘昫等:《旧唐书》卷一八八《张公艺传》,中华书局 1975 年版,第 4920 页。
[4]　参见王善军:《宋代宗族和宗族制度研究》,人民出版社 2018 年版,第 132—133 页。

或所得赏赐之类散诸亲族的事例,虽然各地区均不乏其例,但却有相当多就是发生在北方地区的官员身上。真定灵寿人曹彬,"居官,奉入给宗族,无余积"①。寿州人吕公著,"俸赐率以周九族,家无余积"。洛阳人程珦,"所得俸钱,分赡亲戚之贫者"。安阳人韩琦,"所得恩例,先及旁族"②。郓州阳谷县人张九思,"凡居官所得俸廪,计身衣食足而已,秩满还家,辄以所余分亲族"③。即使是布衣身份的富室,也同样有散财于亲族的事例。宋州楚丘人戚同文,"纯质尚信义,人有丧者力拯救之,宗族闾里贫乏者周给之"④。

　　与官僚、富室对族众的赒济行为相比,宗族内各家庭之间的经济互助更为普遍。这种互助多发生在婚丧嫁娶等礼仪时节或遇到特殊困难之时。产生于京兆府蓝田县的《吕氏乡约》,其中关于"患难相恤"之规定,显然应是从日常乡党、宗族间的行为中总结而来。宗族成员间进行相互帮助在中原具有悠久的传统。班固在解释宗族时即曾说:"一家有吉,百家聚之,合而为亲。生相亲爱,死相哀痛,有会聚之道,故谓之族。"⑤大量实例说明,这种传统的影响在北方地区较为突出。

　　第二,祖先崇拜观念较强,注重宗族成员间的亲情关系。

　　宗族的祖先崇拜观念,尽管是普遍存在的社会现象,但北方地区明显更为突出。"孝子之事,莫重于葬"⑥。宗族对于族葬比较重视,在宋代因迁徙而不归故乡甚为风行的情况下,北方人"从先茔"而葬的情况仍然较多。河中府永乐县姚氏,"族聚百余口,子孙躬耕农桑,仅能给衣食,历三百余年……经唐末、五代兵戈乱离,子孙保守坟墓,骨肉不相离散"⑦。"金乡县民李延家……世世结庐守坟墓。"⑧应天府宋城人张方平在论"不孝之刑"

---

① （元）脱脱等:《宋史》卷二五八《曹彬传》,中华书局 1985 年版,第 8982 页。
② （宋）赵善璙:《自警编》卷三《赈亲族》,文渊阁四库全书本,第 875 册,第 263—264 页。
③ 《欧阳修全集》卷六二《检校司农少卿致仕张公墓志铭》,中华书局 2001 年版,第 905 页。
④ （元）脱脱等:《宋史》卷四五七《戚同文传》,中华书局 1985 年版,第 13418 页。
⑤ （汉）班固著,陈立疏证:《白虎通疏证》卷八《宗族》,中华书局 1994 年版,第 398 页。
⑥ （宋）刘敞:《彭城集》卷三七《故将仕郎郡守太子中允致仕赐绯鱼袋蔡君墓志铭》,文渊阁四库全书本,第 1096 册,第 365 页。
⑦ （宋）王辟之:《渑水燕谈录》卷四《忠孝》,中华书局 1981 年版,第 38 页。
⑧ （宋）李焘:《续资治通鉴长编》卷二一"太平兴国五年七月己巳",中华书局 2004 年版,第 477 页。

时,甚至有这样的言论:"虽父母亡没而乡里有宗族坟墓,辄于别所立产而居者,无问贵卑,并当削其官爵,投弃退缴,虽经霈泽,不在原释。"①同样是应天府宋城人的王洙,则曾讲过这样一个故事:"昔有一士人,病其家数世未葬,呕出钱买地一方,稍近爽垲者。自祖考及缌麻小功之亲,悉以昭穆之次葬之。"②这显然都是祖先崇拜观念的表现。

祖先崇拜观念与宗族成员间的认同意识具有密切的关系。一般而言,祖先崇拜观念越强,宗族认同就会越强,认同范围也会越大。北方地区的宗族认同意识较强,早在南北朝时期已为时人注意。宋人吴曾总结说:

> 世以同宗族者为骨肉,《南史·王懿传》云:"北土重同姓,谓之骨肉,有远来相投者,莫不竭力营赡。"王懿闻王愉在江南贵盛,是太原人,乃远来归愉。愉接遇甚薄,因辞去。又按颜之推《家训》曰:"凡宗亲世数,有从父,有从祖,有族祖,江南风俗,自兹以往,高秩者通呼为尊,同昭穆者,虽百世,犹称兄弟,若对他人称之,皆云族人。河北士人,虽三二十世,犹呼为从伯从叔。"梁武帝尝问一中土人曰:"卿北人,何故不知有族?"答云:"骨肉易疏,不忍言族耳。"予观南北朝风俗,大抵北胜于南。距今又数百年,其风俗犹尔也。③

北方地区宗族成员间的亲情关系,主要表现为个人(或家庭)之间的礼仪往来,而较少表现为宗族团体的组织活动。程颐曾提倡"凡人家法,须令每有族人远来,则为一会以合族。虽无事,亦当每月一为之。古人有花树韦家宗会法,可取也。然族人每有吉凶嫁娶之类,更须相与为礼,使骨肉之意常相通"④。宗族成员间亲情关系的浓郁表现,是北方地区被人称为"风俗敦厚"的重要因素。宋神宗曾称河东路"其民风俗,素号忠厚"⑤。京东路

① (宋)张方平:《乐全集》卷一二《不孝之刑》,文渊阁四库全书本,第1104册,第100页。
② (宋)王钦臣:《王氏谈录·论阴阳拘忌》,载《全宋笔记》第3编,第3册,大象出版社2008年版,第7页。
③ (宋)吴曾:《能改斋漫录》卷一〇《北土重同姓》,文渊阁四库全书本,第850册,第693页。
④ (宋)程颢、程颐:《河南程氏遗书》卷一《二先生语一》,载《二程集》,中华书局2004年版,第7页。
⑤ (宋)李焘:《续资治通鉴长编》卷二六四"熙宁八年五月戊寅",中华书局2004年版,第6475页。

的风俗是"大率东人皆朴鲁纯直"①。河北路的风俗是"人性质厚少文……大率气勇尚义"②。如与其他地区相比,北方地区的亲情关系表现更为明显。苏洵曾说他的家乡四川地区是"无服则亲尽,亲尽则情尽,情尽则喜不庆,忧不吊",以至于"相视如途人"③。东南地区的情况则更有甚者:"亲属相犯,问以服纪年月,皆言不知。""苟有忿怨,不能自胜,则执持棒杖恣相殴击,岂择尊长也? 力足以胜之斯殴之矣。我富而族贫,则耕田佃地,荷车负担之役,皆其族人,岂择尊长也? 财足以养之斯役之矣。"④

第三,宗族关系与乡党关系相纠缠,各种社会关系较为复杂。

北方地区的一些宗族,即使是门阀士族之后裔,也往往在唐末以来族谱失传之后,世系关系不甚明确。但由于居住之处相去不远,而使大家有一种宗族认同意识。长安韦氏,"盖唐相之裔,家失其谱,不知为何房。城南诸韦聚处韦曲,宜其属系易知,然或东眷,或西眷,或逍遥公,或郑公,或南陂公,或龙门公,不知其实何房也"⑤。宗族疏属之间的认同,有时还表现出攀附权势的特点。陆游《老学庵笔记》曾记载:"常瑰,字子然,河朔人,本农家。一村数十百家皆常氏,多不通谱。子然既为御史,一村之人,名皆从玉,虽走史铃下皆然,无如之何。"⑥说"一村之人,名皆从玉"可能过于绝对,但同时也说明虽同为常氏,字辈关系却已紊乱。再加上"多不通谱",则更明确说明"数十百家"常氏即使出自同一宗族,有些也已甚为疏远,与乡党关系无异。但即便如此,在一定情况下却仍能表现出认同意识。

在北方地区的乡村,多见多姓村落即多个宗族合处的村落,而单姓村落较为少见。这就势必形成较为复杂的人际关系,宗族关系与乡党关系相互纠缠。关于这一点,从蓝田人吕大钧所作的《吕氏乡约》中也可看出。乡约

---

① (元)脱脱等:《宋史》卷八五《地理志一》,中华书局 1985 年版,第 2112 页。
② (元)脱脱等:《宋史》卷八六《地理志二》,中华书局 1985 年版,第 2130 页。
③ (宋)苏洵著,曾枣庄、金成礼笺注:《嘉祐集笺注》卷一四《苏氏族谱》,上海古籍出版社 1993 年版,第 373 页。
④ (宋)陈耆卿:《嘉定赤城志》卷三七《天台令郑至道谕俗七篇》,宋元方志丛刊本,第 7 册,中华书局 1990 年版,第 7574 页。
⑤ (宋)张礼:《游城南记》,载《全宋笔记》第 3 编,第 1 册,大象出版社 2008 年版,第 210 页。
⑥ (宋)陆游:《老学庵笔记》卷四,中华书局 1979 年版,第 51—56 页。

的第一条为"德业相劝",其内容如下:

> 德,谓见善必行,闻过必改。能治其身,能治其家。能事父兄,能教子弟。能御僮仆,能事长上。能睦亲故,能择交游。能守廉介,能广施惠。能受寄托,能救患难。能规过失,能为人谋。能为众集事,能解斗争,能决是非。能兴利除害,能居官举职。凡有一善为众所推者,皆书于籍,以为善行。

> 业,谓居家则事父兄,教子弟,待妻妾;在外则事长上,接朋友,教后生,御僮仆。至于读书治田,营家济物,好礼乐射御书数之类,皆可为之。非此之类,皆为无益。①

乡约的对象虽然是乡党,但涉及的各种人际关系,仍包含了大量的宗族关系。从某种程度上说,这类乡约的产生,正是当时当地社会生活的实际反映。

第四,富贵家庭在宗族中具有较强的号召力和凝聚力。

尽管北方地区在新式宗族组织的物质建设方面不甚发达,但其宗法关系对宗族的维系亦即"敬宗"却比较突出。张载所著的《宗法》篇,程颢、程颐兄弟有关宗法的议论,理应是以他们所了解的北方社会状况为基础的。他们所提出的一些变革主张,也可理解为宋代北方地区社会的发展现实和趋势使然。张载说:"宗之相承固理也,及旁支昌大,则须是却为宗主。"所谓"昌大",是指富贵,特别是贵。因而他又进一步阐述:"至如人有数子,长者至微贱不立,其间一子仕宦,则更不问长少,须是士人承祭祀。""宗子不善,则别择其次贤者立之。"②二程则更明确地提出"夺宗法":"立宗必有夺宗法。如卑幼为大臣,以今之法,自合立庙,不可使从宗子以祭。"③事实上,"仕宦者"、"贤者"之所以可以"夺宗",正是因为他们在宗族内部具有一定的号召力和凝聚力。

从这种社会观念的历史来源看,富贵者以其政治、经济势力以及社会声望在某种程度上控制族众的情况,仍可视为受魏晋隋唐时期社会关系的影响。只是这种影响在政治结构的变迁中表现得比较隐晦罢了。漆侠先生曾

---

① 吕大钧:《吕氏乡约乡仪》,载《蓝田吕氏遗著辑校》,中华书局1993年版,第563页。
② (宋)张载:《张载集·经学理窟·宗法》,中华书局1978年版,第259—260页。
③ (宋)程颢、程颐:《河南程氏外书》卷一一,载《二程集》,中华书局2004年版,第414页。

经指出:"从魏晋到隋唐,中国封建经济制度发展到庄园农奴制阶段……世族豪强就是这一制度的代表者。在北方,世族中的崔卢李郑具有特殊地位,实为当时的四大家族,崔李郑三族居于河北,卢则在幽州之涿郡。虽然不断改朝换代,但四大家族的社会地位依然是'基址不堕',世代占有大量土地、部曲和客,唐中叶以后,全国社会经济都发生了深刻变化,封建租佃制日益兴起,庄园农奴制日趋衰落。可是,在河北,这方面的变化不甚显著,而老牌世族则有了变化。……实际上,河北地区的这一阶级变动,是新兴的土地兼并势力对老牌世族地主的冲击造成的。"①漆先生的这一论断,在一定程度上也可扩大至整个北方地区。

## 二、东南地区宗族组织的特点

东南地区在宋代"敬宗收族"宗族组织的建设方面表现突出,新的组织方式和手段不断涌现并得以迅速发展,不但在当时成为引人注目的社会现象,而且对宋以后宗族形态的发展,也产生了甚为突出的影响。宋代东南地区的宗族形态发展,比较明显地具有以下一些特点:

第一,宗族聚族而居比较明显。

虽然聚族而居是中国古代的一种普遍社会现象,但相对而言,东南地区更为突出。如《夷坚志》所载:"乐平县何冲里,皆程氏所居。"②"信州永丰县管村,皆管氏所居。"③"婺源毕村,皆一姓所居。"④"德兴县外五里,一邨落名朱家哄,叶氏聚居之。"⑤"鄱阳丽池村,无田畴,诸聂累世居之。采木于山,捕鱼于湖,以为生业。"⑥"鄱阳义仁乡车门,一大聚落也,曹氏环而居之,至数十百家。"⑦这些都是"满村无别姓"⑧的单一宗族村落。非单一宗族的

① 漆侠、乔幼梅:《辽夏金经济史》,河北大学出版社1998年版,第172—173页。
② (宋)洪迈:《夷坚志》乙志卷一五《水斗》,中华书局2006年版,第312页。
③ (宋)洪迈:《夷坚志》支乙卷一《管秀才家》,中华书局2006年版,第801页。
④ (宋)洪迈:《夷坚志》三志辛卷六《牛头王》,中华书局2006年版,第1430页。
⑤ (宋)洪迈:《夷坚志》三志己卷一〇《叶氏七狐》,中华书局2006年版,第1380页。
⑥ (宋)洪迈:《夷坚志》支癸卷八《丽池鱼箔》,中华书局2006年版,第1284页。
⑦ (宋)洪迈:《夷坚志》支癸卷一《曹家莲花》,中华书局2006年版,第1224页。
⑧ (宋)刘克庄著,辛更儒笺校:《刘克庄集笺校》卷三《溪西》,中华书局2011年版,第169页。

村落,也往往是两个或多个宗族的聚族而居。如以温州府永嘉县楠溪江流域为例,基本可说明单一宗族村落的具体情况。据相关学者研究,"大姓宗族的历史,也就是楠溪江的开发史,起于唐末五代该流域实质性的开发,至南宋初年基本定型,历时3个多世纪"。"宋代,众多世家大族涌入温州府永嘉县楠溪江流域,选址定居后世代繁衍,形成有地域特色的宗族文化,以鼓励家族子弟读书入仕为其特色,在家谱、家规、族范中申明'耕以致富,读可荣身',提倡耕读传家。……在这个相对封闭的范围里,散布着200多座单姓的血缘村落,其中每一个村落都是一个宗法共同体,一个自然经济下的自治单位,一个完整的生活圈,一个民居、亭台、池榭、书院和寨墙等设施齐全的传统小社会,人们的生产、生活、文化各种活动要求都得到了满足。"①

尽管如前所述,东南地区的分家析户现象比较突出,家庭规模平均较小,但家庭居住地相距仍然较近,从地理位置上看完全不影响聚族而居的状态。形成聚族而居的原因尽管十分复杂,但自然地理环境无疑是其中的重要原因。东南地区适合农业人口居住和生产、生活的聚落点,往往为较小范围的区域。受山岭、江湖的制约,对外交往相对不甚方便。因此,尽管聚族而居现象十分普遍,但宗族成员间的亲情意识却长期淡于北方地区。例如,东南地区的族葬意识就不如北方强烈。陆游曾说"南方不族墓,世世各葬"②,这虽未必是普遍现象,却说明与北方具有比较明显的差异。

第二,宗族公有财产建设成效显著,宗族注重以经济手段收族。

东南地区宗族公有财产建设的显著成效,具有多方面的表现。首先是祭田的普遍存在。祭田作为供应祖先祭祀的田产,虽然起源甚早,但其迅速发展则在宋代。祭田又称烝尝田,南宋人陈藻曾说:"今自两府而至百姓之家,物力雄者,则烝尝田多。其后子孙繁庶,而其业依律以常存,岁祀不乏。"③祭田中的墓田,最为普遍。不过,东南地区墓田又较其他地区突出,

---

① 赵英丽、韩光辉:《楠溪江流域宗族与学术高峰》,《中国历史地理论丛》2006年第1辑。

② (宋)陆游:《放翁家训》,知不足斋丛书本,第8册,第422页。

③ (宋)陈藻:《乐轩集》卷八《大宗小宗》,文渊阁四库全书本,第1152册,第113页。

宋人诗句"南北山头多墓田"①即是说的这种情况。祭田中的祠田,则主要在东南地区得以普遍发展。朱熹在《家礼》中说:"初立祠堂,则计见田每龛取其二十之一,以为祭田。……上世初未置田,则合墓下子孙之田计数而割之,皆立约闻官,不得典卖。"②朱熹写作《家礼》是"多用俗礼"的,这显然反映的主要是东南地区的社会情况。

其次是义田的产生和推广。义田昉于范仲淹,他于皇祐元年(1049年)"于其里中买负郭常稔之田千亩,号曰义田,以养济群族"③。此后,"吴中士大夫多放而为之"④,外地的士大夫也纷纷仿效,义田作为宗族财产逐渐发展起来。根据现有史料,两宋时期宗族义田的创置事例,共有80例,其中北宋15例,南宋65例。南宋义田全部位于东南地区和四川地区自不必说,北宋的15例中,东南地区为10例,占67%。⑤ 这些具体事例,无疑可说明东南地区的义田建设最为突出。

再次是义学等宗族公有财产也同样发展较为迅速。义学和义学田在东南地区的发展,明显比其他地区迅速。著名的东佳学堂、华林书院、雷塘书院等,在宋初即已存在。北宋时期,宗族创办义学已不乏其例。如,洪州分宁人黄中理,"筑书馆于樱桃洞、芝台,两馆游士来学者常数十百人,故诸子多以学问文章知名,黄氏于斯为盛"⑥;越州新昌县人石待旦,"创堂贮书,又为义学三区"⑦;明州人姚阜,"创必庆堂于城南,延师以教宗族之子弟"⑧。南宋时期的事例,则不胜枚举。义宅、义仓类的族产,也多见于东南地区,而

---

① (宋)高翥:《菊磵集·清明日对酒》,文渊阁四库全书本,第1170册,第134页。
② (宋)朱熹:《家礼》卷一《通礼·祠堂》,《朱子全书》第7册,上海古籍出版社、安徽教育出版社2010年版,第876页。
③ 《范仲淹全集》附录六钱公辅《义田记》,中华书局2020年版,第1027页。
④ (宋)刘宰:《漫塘集》卷二一《希墟张氏义庄记》,文渊阁四库全书本,第1170册,第580页。
⑤ 参见王善军:《宋代宗族和宗族制度研究》,人民出版社2018年版,第39—43页。
⑥ (宋)黄庭坚:《宋黄文节公全集》正集卷三二《叔父和叔墓碣》,载《黄庭坚全集》,中华书局2021年版,第791页。
⑦ (宋)施宿等:《嘉泰会稽志》卷一八《拾遗》,宋元方志丛刊本,第7册,中华书局1990年版,第7057页。
⑧ 《楼钥集》卷一一四《通判姚君墓志铭》,浙江古籍出版社2010年版,第1968页。

在其他地区甚为少见。建立义宅是为收恤那些"贫不能自存"的族众。"新淦郭氏之于族人也,既买田以给之,又为堂以聚之"①。宗族义仓则主要是通过贷粮帮助族人度过灾荒年份和青黄不接的时节。嘉兴人陶宣义临死时要求其子:"为义廪,几以赒族姻。"②

东南地区宗族公有财产的普遍发展,使宗族表现出以经济手段吸引族众的特点。一方面,宗族成员在进行宗族活动时有较为充足的物质支撑。宗族祭祀活动、宗族教育活动、族谱的编修和续修、宗族聚会等,均可从族产及其收益中列支经费。另一方面,宗族成员在一些特殊情况下可以得到族产的资助,也可说为一些特殊群体提供了一定的经济保障。此类经济上的保障,无疑对族众具有持久的吸引力。

第三,宗族组织手段较为齐备。

宋代宗族在发展过程中,逐渐形成以族谱、族产、祠堂、族塾、族规等为组织手段的时代特点。东南地区宗族组织手段发展较为齐全,不少宗族已兼具多种物质性要素和制度性要素。关于族产的发展,前已述及。以下对其他组织手段,略加说明。

宋代新式族谱创始于欧阳修和苏洵,其中欧阳修为吉州庐陵人,即属东南地区。此后族谱的发展,东南地区远较其他地区为盛。范仲淹在创办义庄之后,还曾在"遗失前谱"的情况下续修了家谱,时间为皇祐三年(1051年)③,即大约与欧阳修、苏洵修谱同时。在此前后,还有个别修谱的实例。约在真宗、仁宗之间,泉州惠安人黄宗旦编修了《黄氏族谱》。④ 王安石曾为江南许氏编撰了《许氏世谱》⑤。会稽人杨杰则在宋哲宗元祐五年(1090年)编撰了《杨氏世谱》⑥。南宋时期编修族谱之风更得到进一步发展。南

---

① (宋)黄榦:《勉斋集》卷二二《书新淦郭氏叙谱堂记》,文渊阁四库全书本,第1168册,第242页。
② (宋)周南:《山房集》卷五《陶宣义墓铭》,文渊阁四库全书本,第1169册,第62页。
③ 参见(宋)范仲淹:《范文正公集》补编《续家谱序》,载《范仲淹全集》,中华书局2020年版,第645页。
④ 参见何炯:《清源文献》卷一二黄宗旦《黄氏族谱前记》,载《全宋文》卷二六八,上海辞书出版社、安徽教育出版社2006年版,第13册,第290页。
⑤ 参见《王安石全集》卷三三《许氏世谱》,上海古籍出版社1999年版,第294页。
⑥ 参见(宋)杨杰:《无为集》卷八《杨氏世谱序》,文渊阁四库全书本,第1099册,第720页。

宋初年,长沙人丁维皋编修了一部《皇朝百族谱》,周必大为之作序。虽然此谱"仅得百二十有三家,其阙遗尚多"①,但却说明东南地区对谱牒的重视。日本学者森田宪司统计宋元族谱序言的地域分布,结果是主要集中在江西、浙江、安徽、江苏、福建等地,②亦即主要集中于东南地区。

祠堂的发展也与族谱有类似的情况。尽管在北宋时期宗族祭祀所在的建筑物以祠堂命名者尚不多见,但朱熹在《家礼》中曾说:"古之庙制,不见于经,且今士庶人家之贱,亦有所不得为者,故特以祠堂名之,而制度亦多俗礼云。"③可见,民间祭祀除墓祭外,以家庙、影堂、祠堂等形式的祭祀已逐渐普及。从南宋的情况看,东南地区的发展更为迅速。常建华先生统计宋元各类祠堂的分布地区,结果"主要集中于江西、安徽、浙江、江苏、福建"④,亦即同样主要集中于东南地区。

族规作为宗族的组织手段,形成较早,宋代逐渐普及并向规范化发展。东南地区著名的族规,北宋时期即有《义门陈氏家法》《范氏义庄规矩》等,南宋时期则有叶梦得的《石林家训》、赵鼎的《家训笔录》、吕祖谦的《家范》、胡铨的《家训》等等。

各种宗族组织手段的发展,使东南地区的宗族活动日渐增多,宗族成员间的联系日益加强,宗族承担的社会职能也逐渐广泛,其社会影响超过了其他地区。

### 三、四川地区宗族组织的特点

由于特殊的地理位置和社会历史原因,四川地区在宗族发展方面有其自己的特点。著名学者蒙文通先生曾指出:"以蜀而论,其社会发展之迹,时之先后,因有大异于中原者,中国之世族盛于晋唐,而蜀独盛于两宋,斯其明验。"⑤"世族"的发展阶段不同于中原,乃是宗族形态及宗族观念的表现

---

① (宋)陈振孙:《直斋书录解题》卷八《谱牒类》,上海古籍出版社1987年版,第230页。
② 参见[日]森田宪司:《宋元时代的修谱》,《东洋史研究》第37卷第4号,1979年。
③ (宋)朱熹:《家礼》卷一《通礼·祠堂》,《朱子全书》第7册,上海古籍出版社、安徽教育出版社2010年版,第875页。
④ 冯尔康等:《中国宗族史》,上海人民出版社2009年版,第220页。
⑤ 《蒙文通文集》第四卷《古地甄微》,巴蜀书社1998年版,第108页。

所致。其区域特点,大体表现为如下几个方面。

第一,宗族内部具有较强的人身依附关系。

两宋时期,大土地所有制的经济形态,在四川地区仍然盛行。史载"西川四路,乡村民多大姓,一姓所有客户,动是三五百家,自来衣食贷借,仰以为生"①,这些客户与"大姓"之间,除了土地租佃关系外,显然还有着多重的相互关系。虽然这些客户与"大姓"并不一定都具有宗族关系,但即使是在宗族内部,人身依附关系相对较强的现象仍然比较普遍。与成都平原相比,山区中的人身依附关系则更为严重。剑南峡路诸州,"巴、庸民以财力相君,每富人家役属至数千户"。这些被役属的人户称为"旁户",他们要向主人"岁输租庸",而且"相承数世"②,主人"使之如奴隶"③,其社会地位十分低下。夔州也是"自来多兼并之家,至有数百客户者"④。熙宁年间编排保甲,此州官员特根据本地情况,"乞将主户下所管客户,依法编排,就令主户充都、副保正等提辖",并说这样"于人情事势最为顺便"。⑤

四川地区人身依附关系有多方面的表现。宋宁宗开禧元年(1205年),夔州路运判范荪曾上章"乞将皇祐官庄客户逃移之法稍加校定",即透露出该路人身依附关系的表现形式如下:"诸凡为客户者,许役其身,而毋得及其家属妇女皆充役作。凡典卖田宅,听其从条离业,不许就租以充客户;虽非就租,亦无得以业人充役使。凡借钱物者,止凭文约交还,不许抑勒以为地客。凡为客户身故,而其妻愿改嫁者,听其自便。凡客户之女,听其自行聘嫁。"也就是说,范荪希望改变的这些状况,在当地均是普遍存在的社会现实。因此他希望通过一纸奏章,"庶使深山穷谷之民得安生理,不至为强有力者之所侵欺,实一道生灵之幸"。由于四川地区的人口迁移受到较多的限制,与其他地区相比流动性较小,因此如此广泛、严重而又数世相承的

---

① (清)徐松辑:《宋会要辑稿》食货四之二八,上海古籍出版社2014年版,第6054页。
② (清)徐松辑:《宋会要辑稿》刑法二之五、六,上海古籍出版社2014年版,第8284页。《宋太宗实录》卷七八"至道二年八月丙寅"、《宋史》卷三〇四《刘师道传》所记略同。"数千户",《宋史》作"数十户"。
③ (元)脱脱等:《宋史》卷三〇四《刘师道传》,中华书局1985年版,第10064页。
④ (清)徐松辑:《宋会要辑稿》兵二之一一,上海古籍出版社2014年版,第8628页。
⑤ (清)徐松辑:《宋会要辑稿》兵二之一二,上海古籍出版社2014年版,第8628页。

人身依附关系,不可能不包括宗族成员在内。极有可能的情况是,在宗族内部成长起来的"富豪之家",在"争地客,诱说客户"①时首先对准的就是在宗族分化过程中沦为赤贫的成员。

第二,宗族注重在社会上的等级地位,有较强的门阀等级意识。

眉州人苏轼曾说:"吾州之俗,有近古者三:其士大夫贵经术而重氏族,其民尊吏而畏法,其农夫合耦以相助。盖有三代、汉、唐之遗风,而他郡之所莫及也。……而大家显人,以门族相上,推次甲乙,皆有定品,谓之江乡。非此族也,虽贵且富,不通婚姻。"②虽然苏轼说这是眉州独有的风俗,事实上类似情况还可稍加扩大。虞集在复述这一情况时就改为"吾蜀"地区。苏轼认为"盖有三代、汉、唐之遗风",说得未免笼统,虞集则进一步指出"盖犹有九品中正遗风、谱牒之旧法"③。"推次甲乙,皆有定品"的做法,或许并不普遍,但注重宗族社会等级的意识,的确在四川地区较为突出。陆游曾记述成都的情况说:"成都诸名族妇女,出入皆乘犊车。惟城北郭氏车最鲜华,为一城之冠,谓之'郭家车子'。"④他又将衣著等级上升到"士大夫家法"的层面说:"成都士大夫家法严。……士人家子弟,无贫富皆著芦心布衣,红勒帛狭如一指大,稍异此则共嘲笑,以为非士流也。"⑤

正因为四川地区宗族等级观念较强,所以才会产生题名元人费著撰写、实际可能撰于南宋的《氏族谱》(又称《成都氏族谱》)一书,"以表宋以来世系之盛","凡次第以起家,后先而见之"⑥。这种区域性的谱书,记载的全是为地方上广泛认可的世家大族,颇具有总结当地上层家族社会等级的意味。

第三,相对齐全的组织手段。

四川地区宗族组织手段的发展,虽然略逊于东南地区,但比北方地区明显齐全。特别是成都平原地区,同样是已逐渐向兼具多种组织手段方面

---

① (清)徐松辑:《宋会要辑稿》食货六九之六八,上海古籍出版社 2014 年版,第 8083 页。
② 《苏轼文集》卷一一《眉山远景楼记》,中华书局 1986 年版,第 352 页。
③ (元)虞集:《道园学古录》卷一〇《题晋阳罗氏族谱图》,四部丛刊初编本。
④ (宋)陆游:《老学庵笔记》卷二,中华书局 1979 年版,第 24 页。
⑤ (宋)陆游:《老学庵笔记》卷九,中华书局 1979 年版,第 113 页。
⑥ (元)费著:《氏族谱》,《巴蜀丛书》第 1 辑,巴蜀书社 1988 年版,第 244 页。

发展。

作为新式族谱创始者之一的苏洵,其家乡为眉州眉山县。资州人李石曾撰《家谱后序》,云:"吾宗谱系先御史府君始修之……迄今二百年,子孙益众。富若贵者,志铭多夸词;处约者,家传亦或缺焉。故稽志铭之所载,求故老之所传,敛华就实,自御史立传之后,皆续传焉。"①他又作《代家德麟作重修家谱序》,云:"吾宗得姓受氏,自洛而歙而睦,蔓衍四出,至于源同派别,有不可考者。故先御史府君实自玄英以下,定其可知者为谱。而先监场府君,又续修之。今逾百年,生齿日繁,昭穆失纪。耆年宿德,问之茫然。后生晚出,将为途人。谱其可不修乎?德麟不揣,辄因旧谱,访问诸族,补其未备者而续书之。"②可见主要讲的都是续修族谱的事情,而始修反倒早于苏洵。仙井监人李新撰有《世系略》,实即《李氏族谱》。③ 这些具体事例,说明作为新式族谱的发源地之一,四川地区的族谱编修和续修是较为流行的。

各式各样的族产,四川地区也多有出现。眉州家氏对于"老而无以为养,病而无以为药"的族人,"则为居庐以收恤之"④,说明宗族义宅的存在。在各种族产中,产生于宋代的义田最为引人注目。四川地区的义田,可知者至少有如下一些:成都府,施扬休为宗族"经远之计","割二顷为义田"⑤;汉州绵竹县,张浚"置义庄以赡宗族之贫者"⑥;眉州青神县,杨泰之"以千缗为义庄"⑦;眉州眉山县,家铉翁宗族中"凡族大而子孙众多者推一人为约主,期以十年买田为庄,名之曰义庄,渐而益之"⑧。这类族产,除以义田、义庄为名外,更有专赡贫穷族众、乡亲的"慈惠庄"的存在。洪雅县人毛拱已

---

① (宋)李石:《方舟集》卷一〇《家谱后序》,文渊阁四库全书本,第1149册,第645页。

② (宋)李石:《方舟集》卷一〇《代家德麟作重修家谱序》,文渊阁四库全书本,第1149册,第645—646页。

③ 参见(宋)李新:《跨鳌集》卷二九《世系略》,文渊阁四库全书本,第1124册,第648页。

④ (元)家铉翁:《则堂集》卷二《积庆堂记》,文渊阁四库全书本,第1189册,第302页。

⑤ (宋)胡寅:《斐然集》卷二一《成都施氏义田记》,中华书局1993年版,第439页。

⑥ (宋)朱熹:《晦庵先生朱文公文集(六)》卷九五下《少师保信军节度使魏国公致仕赠太保张公行状下》,载《朱子全书》第25册,上海古籍出版社、安徽教育出版社2010年版,第4438页。

⑦ (元)脱脱等:《宋史》卷四三四《杨泰之传》,中华书局1985年版,第12900页。

⑧ (元)家铉翁:《则堂集》卷二《积庆堂记》,文渊阁四库全书本,第1189册,第302页。

的妻子董氏,出生于士族之家,曾捐钱买田,将田产租入用于宗族成员的婚嫁、丧葬、疾病,并资助贫不自赡者。董氏去世后,毛拱巳又增广之,至百亩,并"别其王祖之籍,筑之墙圃,书其强(疆?)畎,而字之曰慈惠庄"①。

宋代宗族的其他组织手段,在四川地区也多有表现。在充分认识到"诗书教子真田宅"②的社会环境下,族塾义学必然得到前所未有的发展。眉山石氏石昌龄,"即其居构层台以储书,以经术教子弟,里人化之,弦诵日闻,号'书台石家'"③。自宋真宗咸平以后,这个宗族迭有登科者。"盛于西南"的眉山孙氏宗族,在"不仕已四世"的情况下,"以聚书治产教子弟,亲田畴为事,而眉人号其家曰'书楼孙氏'"④。家法族规也在逐渐发展。成都施氏在创建义田后,"遵文正公旧规,刻诸石"⑤。这些宗族组织手段的发展,尽管不如东南地区发达,但说明也已向多种手段组织宗族的方向发展。

## 第四节　宗族区域差异的形成原因

各地区的宗族组织之所以各有特点,其形成原因十分复杂。既有传统影响的因素,也有宋代特殊社会环境影响的因素;既有政治因素,也有经济因素;既有地理环境方面的因素,也有社会功能需要方面的因素。

### 一、唐中叶以来社会经济关系发展的不平衡

唐中叶以来,随着均田制的破坏和两税法的施行,社会经济关系出现了新的发展趋向。这种趋向,一方面表现为土地国有制和较为稳定的大土地私有制,向地权转移相对频繁的地主土地所有制的转变;另一方面则表现为

---

① (宋)魏了翁:《鹤山先生大全文集》卷四四《毛氏慈惠庄记》,四部丛刊初编本。
② (宋)苏辙:《栾城集》卷五《寄题蒲传正学士阃中藏书阁》,载《苏辙集》,中华书局 1990 年版,第 86 页。
③ (宋)吕陶:《净德集》卷二二《中大夫致仕石公墓志铭》,丛书集成初编本,中华书局 1985 年版,第 1923 册,第 245 页。
④ (宋)苏颂:《苏魏公文集》卷五五《太子少傅致仕赠太子太保孙公墓志铭》,中华书局 1988 年版,第 840 页。
⑤ (宋)胡寅:《斐然集》卷二一《成都施氏义田记》,中华书局 1993 年版,第 439 页。

地主阶级与农民阶级之间的关系越来越向租佃契约关系转变,即农民阶级对地主阶级的人身依附关系,日益变得松弛。不过,在这种社会变革的大背景下,各区域之间的社会发展却是不平衡的。

东南地区是社会生产的发达地区。"以太湖流域为中心的两浙路是宋代生产最发达的地方,江南东路的部分地区和福建路的濒海地区的生产,差肩于两浙路,江南西路的一些州县南宋时发展甚快。"①在社会发展的过程中,租佃制关系得到了充分发展。也就是说,东南地区的农民阶级对地主的人身依附最弱,社会身份地位相对较高。这种状况,使宗族精英人物要想团聚族人,就要充分利用物质力量,建设公有财产。同时,还要充分利用其他有形的和无形的组织手段,尽量唤起宗族成员的认同意识。

北方地区在经济重心南移以后,生产发展既逊于东南地区,租佃关系的发展亦相对缓慢。在门阀士族地主退出历史舞台后,北方地区的军人集团在一定时期成为新兴土地兼并势力的主流。军人集团之外,文官集团亦多为世代官宦之家。因此,北方地区的人身依附关系就会相对较强。由于政治势力的影响,自然会使富贵之家在宗族中具有特殊的地位。虽然租佃关系有一定发展,但贫、富之家世代固定的经济关系仍较为常见,这就会使宗族与乡党关系相纠缠,血缘关系与其他社会关系相纠缠。这种状况,也就使得宗族成员间比较注重亲情关系。

四川地区社会生产发展虽然迅速,但主要集中在自然条件优越的天府之国——成都平原地区。就其经济关系而言,契约关系的发展相对滞后。在大部分区域内,庄园农奴制下的役属关系甚至还普遍存在。在广阔的庄园中,宗族往往利用人身支配权组织私兵,雄踞一方,成为地方上的强宗大族。"杨允恭,汉州绵竹人。家世豪富,允恭少倜傥任侠。乾德中,王师平蜀,群盗窃发,允恭裁弱冠,率乡里子弟砦于清泉乡。"②成都府广都人郭仁浞,"当(李)顺贼乱,率乡党保别墅获免"③。由于他们在地方上的势力强

---

① 漆侠:《宋代经济史》上册,上海人民出版社1987年版,第217页。
② (元)脱脱等:《宋史》卷三○九《杨允恭传》,中华书局1985年版,第10159页。
③ (元)费著:《氏族谱》,《巴蜀丛书》第1辑,巴蜀书社1988年版,第249页。

大,有时甚至连政府的政令也不放在眼里。在"民俗半夷风"①的汉夷杂居地区,酋长宗族的势力尤为突出,他们不但役使本族地客,而且也设法控制汉族客户。"南川、巴县熟夷李光吉、王衮、梁承秀三族,各有地客数千家,间以威势诱胁汉户,不从者屠之,没入土田,往往投充客户,谓之'纳身'。税赋皆里胥代纳,莫敢督。藏匿亡命,人不敢诘。……光吉稍筑城堡以自固,缮修器甲,远近患之。"②在这样的社会关系下,不同宗族在社会势力上具有明显的差别,因而极易延续传统的门阀等级意识。

## 二、传统政治观念和社会习俗的影响

在幅员辽阔的地域范围内,中国古代政治文明的发展显然难以同步,社会习俗更是表现出明显的区域差异。宋代各区域在传统政治观念、社会习俗等意识形态方面的差异,同样对宗族形态的演变具有重要影响。

北方地区长期以来承担着政治中心的角色,北宋时期首都开封亦在北方。北方地区的官员数量众多而且政治地位较高。宋人陈傅良说:"方国家肇造之初,将相大臣多西北旧族,而东南未有闻者。"③程民生先生曾对《宋史》列传进行统计,结果是:"北宋时,北方各地文臣 433 人,南方各地文臣 371 人,全国总数为 804 人。北方占 53.9%,南方占 46.1%,北方仍占优势。若以武臣而论,北方则占绝对优势。北宋入传的武臣有 255 人,其中北方 241 人,占 94.5%;南方 14 人,仅占 5.5%。"这些官员中,"实任宰相共 71 人,其中北方 42 人,占 59%;南方 29 人,占 41%"。④ 这种社会状况,就容易使人们更加崇尚政治权力,社会等级观念相对较强,并形成讲究礼法、注重亲情的社会习俗。北方地区的富贵家庭,能够在宗族中具有较强的号召力,就是以这种观念、习俗为基础的。宗族中富贵者对贫贱者的经济赒济,多表现为个人(或家庭)间的行为,这虽是宗族成员间经济互助的一种方式,但

---

① (宋)王象之:《舆地纪胜》卷一六七《潼川府路·富顺监》,中华书局 1992 年版,第 4505 页。
② (宋)李焘:《续资治通鉴长编》卷二一九"熙宁四年正月乙未",中华书局 2004 年版,第 5322 页。
③ (宋)陈傅良:《止斋先生文集》卷四一《跋孙氏志述》,四部丛刊初编本。
④ 程民生:《宋代地域文化》,河南大学出版社 1997 年版,第 144、143 页。

却蕴含着等级差异的社会含义。

东南地区传统上远离政治中心,战乱也相对较少。北宋时期官员的数量相对较少,且通过科举入仕的文人比例较大,军人出身的武官则相对较少。人们的政治权威观念和身份等级观念比北方地区要淡薄一些。同时,"江左轻义重财之俗",在宋代得到进一步发展,以致"父母在析居别业者,习以成风,恬不为怪"①。宗族更注重公有财产的建设,注重以多种组织手段收族,与这些社会观念当有一定的关系。

四川地区则由于唐末五代经历战乱较少,魏晋以来的传统观念和习俗得以延续,所以门阀宗族意识较强,"盖犹有九品中正遗风、谱牒之旧法"②。

### 三、人口迁徙带来的多种影响

中唐以来,人口的远距离迁徙明显加强,不但有数次因战乱引起的大规模迁徙,而且在和平时期的人口迁徙也逐渐增多。人口迁徙在各地区有不同的表现。北方地区主要是人口迁出,除一部分被动北迁外,大部分迁出者去往东南地区和四川地区。同时,也有一些北方少数民族人口的迁入。东南地区和四川地区,则主要是接纳来自北方的迁入人口。人口的迁徙,对宗族形态的地域差异产生了不可忽视的影响。

北方地区由于人口不断迁出,宗族组织变得相对松散。同时,在某种程度上也受到北方游牧民族文化的影响。民族间的杂居和民族融合的加强,使人们重视血缘关系的同时,也更容易重视地缘关系,形成血缘关系和地缘关系的相互纠缠。

东南地区则在北方迁入人口的影响下,宗族意识得到强化,土客矛盾也引起宗族内聚力的加强,明显表现出"宗族具有在移民地凝聚力增强的特性"③。

四川地区自安史之乱以来,迁入的士大夫宗族较多,在促进当地文化发展的同时,也强化了传统的门阀等级观念。

① （宋）陈文蔚:《克斋集》卷一二《周迪功墓志铭》,文渊阁四库全书本,第1171册,第90页。
② （元）虞集:《道园学古录》卷一〇《题晋阳罗氏族谱图》,四部丛刊初编本。
③ 冯尔康等:《中国宗族史》,上海人民出版社2009年版,第220页。

### 四、地理环境和经济开发状况的影响

地理环境和经济开发情况不同对宗族社会功能有不同的要求。地理环境的差异,对人们的生产生活具有明显影响,加之各地区经济开发程度不同,从而需要人们以不同的组织方式以适应之。

北方地区人口主要集中在平原或高原地带,经济开发较早,满足个体家庭的基本需要相对容易。青州人王曾解释其乡里谚语说:"'井深槐树粗',土厚水深也;'街阔人义疏',家给人足也。"[1]济南府人辛弃疾也说:"北方之人,养生之具不求于人,是以无甚富甚贫之家。"[2]北方地区的家庭规模相对较大,家庭的经济功能表现充分而宗族的经济功能则较弱,应与这种功能需求有一定关系。

南方地区多山地、丘陵和水域,田地多需灌溉或治理而农业开发相对较晚,一般需要较多的人进行合作。黄宗智认为:"华北平原多是旱作地区,即使有灌溉设备,也多限于一家一户的水井灌溉。相比之下,长江下游和珠江三角洲的渠道灌溉和围田工程则需要较多人工和协作。这个差别可以视为两种地区宗族组织的作用有所不同的生态基础。"[3]这种观点虽然难免有以偏概全之嫌,但对宋以后宗族形态的发展来说,却有其一定的道理。宋代南方商品经济的发达,使贫富差距拉大,如辛弃疾所说:"南方多末作以病农,而兼并之患兴,贫富斯不侔矣。"[4]这应也是宗族公有财产发展的原因之一。

四川地区的成都平原自然条件既优,开发亦早,而其他区域多山地丘陵,开发亦不充分,其宗族肩负的社会功能较为复杂,因而既表现出相对齐全的组织手段,又表现出较强的人身依附关系。

社会变迁虽在形式上表现得多种多样,但其实质无非是以社会组织方

---

[1]　(元)于钦:《齐乘》卷五《风土》,转引自《王曾沂公言行录》,宋元方志丛刊本,第1册,中华书局1990年版,第610页。

[2]　(元)脱脱等:《宋史》卷四〇一《辛弃疾传》,中华书局1985年版,第12165页。

[3]　黄宗智:《华北的小农经济与社会变迁》,中华书局2000年版,第244页。

[4]　(元)脱脱等:《宋史》卷四〇一《辛弃疾传》,中华书局1985年版,第12165页。

式的变化来体现人们社会地位的变动。两宋时期,宗族形态的发展演变既是社会变迁的一个方面,同时也受到中唐以来社会变革尤其是经济关系变迁的巨大影响。因这种社会变迁在各地区发展的基础和程度有很大不同,同时相关的一些社会因素亦各有其地域特点,所以宗族在各地区的表现便有所不同。不过,宗族在适应社会经济关系、充分发挥其社会功能后,便具有相对稳定的特点。其所表现出的区域差异,也同样会长期存在。职此之故,元明清时期各地区同样表现出了各种差异,这不能不说与宋代的影响有关。

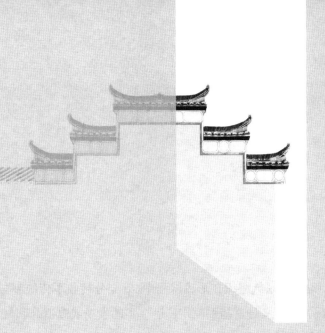

宋代「敬宗收族」宗族组织的精神维系方式

　　"敬宗收族"宗族组织在形成过程中,既充分接收了传统宗族对族众的组织或维系手段,又对这些手段作了进一步的发扬或改造,同时也有一些适应时代变迁的独创手段。就其主要维系方式来看,至少包括精神维系方式、物质维系方式、制度维系方式三个层面。

　　精神维系方式包括祖先崇拜、宗祧观念、宗族认同等方面。在宋代宗族的发展过程中,精神维系方式逐渐得到强化。

## 第一节　祖先崇拜

　　祖先崇拜的思想观念支配着宗族的活动。具体说来,主要是宗族成员普遍具有关于祖先的以下思想意识。

### 一、祖先为人生楷模

　　宗族成员普遍认为,祖先是子孙后代为人处世的楷模。古代长期的世袭政治和自然经济的政治经济条件,使人们的政治经济地位相对稳固,大的社会流动往往是经过几代人的时间才能实现,这就很容易给人一种这样的感觉:人们的地位和家业主要是由祖先遗留下来的。所谓"积善之家,必有余庆"①,正是这种观念的反映。欧阳修曾说他自己:"今某获承祖考余休,列官于朝,叨窃荣宠,过其涯分,而才卑能薄,泯然遂将老死于无闻。"在这

---

① (魏)王弼、(晋)韩康伯注,(唐)孔颖达疏:《周易正义》卷一《坤》,载阮元校刻:《十三经注疏(清嘉庆刊本)》,中华书局2009年版,第33页。

种观念支配下,如果一个宗族能够发展壮大,人们自然会认为自己的祖先在能力和品质方面都是很值得骄傲的。欧阳修认为其祖先有大功德,"子孙宜有被其阴德者,顾某不肖,何足以当之?"①一个宗族会有诸多祖先,他们虽然都会受到子孙崇拜,但祖先中的曾在当时或后世有影响的人物,或者对宗族的发展起过关键性作用的人物,更会被宗族成员看作万世楷模。或者可以说,宗族成员对祖先的历史记忆,在某种程度上是一种有选择的记忆。

宗族成员还会认为,宗族能够衍续下来,发展壮大,是由祖先的神圣所决定的。尽管社会是由各个宗族组成的,这个宗族和那个宗族之间也并没有什么俗神之分。但中国古代的每一个宗族却都有各自的被神化了的发家故事。在这些故事中,祖先多是做了善事,积有阴德。然后,祖先(尤其是这个宗族的始迁祖)与神是相通的,或者自己即被神化,或者为神所搭救,从而肩负起繁衍宗族的神圣使命。此谓之"天之报善,昭昭也如此"。例如临江萧氏宗族的故事:

> 临江萧氏之祖,五代时,仕于湖南,为将校,坐事当斩,与其妻亡命焉。王捕之甚急。将出境,会夜阻水,不能去,匿于人家溜槽中。湘湖间谓溜为笕,天将旦,有扣笕语之曰:"君夫妇速去,捕者且至矣。"因亟去,遂得脱。卒不知告者何人,以为神物,乃世世奉祀,谓之"笕头神"。②

这样的故事在宗族成员中代代流传,具有十分重要的影响。这就使所有宗族成员都会感到自己的宗族是超凡脱俗的。这些宗族发家故事,与原始社会的氏族神话十分类似。另外,在这些宗族发家故事中,往往糅合了许多的民间信仰。因而,中国古代的祖先崇拜,也往往与其他的神灵崇拜揉合在一起。

### 二、祖先灵魂不灭

灵魂不灭的观念产生甚早,是长期影响古人的一种观念。恩格斯曾总

---

① 《欧阳修全集》卷七四《欧阳氏谱图序》,中华书局 2001 年版,第 1067—1068 页。
② (宋)陆游:《老学庵笔记》卷七,中华书局 1979 年版,第 96 页。

结说:"在远古时代,人们还完全不知道自己身体的构造,并且受梦中景象的影响,于是就产生一种观念:他们的思维和感觉不是他们身体的活动,而是一种独特的、寓于这个身体之中而在人死亡时就离开身体的灵魂的活动。从这个时候起,人们不得不思考这种灵魂对外部世界的关系。如果灵魂在人死时离开肉体而继续活着,那就没有理由去设想它本身还会死亡;这样就产生了灵魂不死的观念。"[1]

中国古代社会,在长期的身份等级制度下,由于祖先对宗族和个人具有特别重要的意义,所以祖先灵魂不灭的观念自然就更加强烈。祖先去世以后,被认为到另一个世界继续生活,在这另一个世界里,祖先们按其在人世的世系辈分、尊卑关系继续存在,也就是其在人世的"社会关系"始终与他的灵魂同在。范仲淹曾对子弟说:"自祖宗来,积德百余年而始发于吾,得至大官,若独享富贵而不恤宗族,异日何以见祖宗于地下,亦何以入家庙乎?"[2]这另一个世界,常被人们称为"地下",也就是民间所说的"阴间"。

### 三、祖先支配后人

在灵魂不灭的基础上,古人进一步认为,生活在人世的人,感知不到阴间的情况,但阴间的鬼神却能感知到人间的任何事情。而且,鬼神可以干预人世间的一切。由于祖先最关心自己的子孙后代,所以宗族的一切事务都会受到祖先灵魂的干预。自感"孝悌之至,通于神明"的韩琦,"取五代祖而下及诸宗属所为文章",编成一部《韩氏家集》,"命诸子侄,人录一本,以藏于家"。并在"序"中强调说:"后主之者,或不谨严,使失其传,则上天至明,祖宗至灵,是必降殃以惩不孝,其戒之哉! 其戒之哉!"[3]

由于祖先灵魂支配宗族,所以宗族只有认真奉祀,才算是对祖先孝敬,才会得到祖先灵魂的保佑。儒家的经典著作《礼记》中的《祭统》篇说:"孝

---

[1]　《马克思恩格斯选集》第4卷,人民出版社2012年版,第229—230页。

[2]　《范仲淹全集》附录二楼钥《范文正公年谱》、附录六刘榘《范氏义庄申严规式记》,中华书局2020年版,第760、1033页。

[3]　(宋)韩琦撰,李之亮、徐正英笺注:《安阳集编年笺注》卷二二《韩氏家集序》,巴蜀书社2000年版,第729页。

子之事亲也,有三道焉:生则养,没则丧,丧毕则祭。"①可见,对于过世了的祖先,子孙的祭祀是尽孝的必要手段。宋人说得更加明确:"葬祭二事,尤孝子所当尽心焉。盖孝子之丧亲也,葬之以礼则可以尽慎终之道,祭之以礼则可以尽追远之诚。"②发源于郫县的王氏家族,虽在发展过程中已"散居成都、永康、资中、富顺",但在每年墓祭时,仍然是"阖族无远近,共修祀事于县东之茔",由此,"人犹指为孝子家"③。作为一个宗族,只有其成员对祖先尽到孝道,才会得到祖先灵魂的保佑。否则,则有可能受到祖先灵魂的惩处。

宗族通过各种仪式活动,可以强化宗族成员的祖先崇拜观念,从而将全体族众紧紧地团聚在祖先灵魂的周围,从而达到"收族"的目的。

## 第二节　宗祧观念

宗族的一个显著特点是以父系血缘关系来组织它的成员。在宗族内部,既强调血缘,又强调等级。而宗族中的天然等级便是世系继承。宗祧继承就是世系继承和身份继承相结合的产物。作为男性成员,完成上辈下世的宗祧继承,不但是他对宗族应尽的义务,而且,也成为影响其在宗族中地位(包括生前和死后)的重要内容。因而,宗族成员具有强烈的宗祧观念。

### 一、宗祧传承的方式

按照父系世系,血脉相传,父子相承,这是自然的血统继承。血统继承中加入宗法,即形成自然的宗祧继承。

中国历史上很早就存在嫡子继承宗祧的社会现象。嫡子继承本位宗祧,众子则不断另立宗祧。因此,对于任何一个过世的男性(成年以上)来

---

① (汉)郑玄注,(唐)孔颖达疏:《礼记正义》卷四九《祭统》,载阮元校刻:《十三经注疏(清嘉庆刊本)》,中华书局 2009 年版,第 3478 页。

② (宋)郑至道:《琴堂谕俗编》卷上《正丧服(应俊续编)》,文渊阁四库全书本,第 865 册,第 237 页。

③ 佚名:《氏族谱》,《巴蜀丛书》第 1 辑,巴蜀书社 1988 年版,第 280 页。

说,都应有人来继承他的宗祧。

当正常的世系继承被打断的时候,也就是宗祧继承无法正常进行的时候,强烈的宗祧继承观念便促使人们创制出一种拟制血缘关系来加以弥补。也就是说,如果一个男子没有亲生儿子,就要通过"立继"①的方式来确定他的宗祧继承人。立继又称过继、顶门等。

无子之家确定宗祧继承人,其具体条件并不完全一致。同时,确立宗祧继承人的权利主体,也就是由谁来确定或谁有权来确定,也是随着具体条件的不同而不同的。

夫妻俱在的情况下,立继的并不多。因为既然夫妻俱在,毕竟还有生子的可能。但如果生子的希望确实已很渺茫,譬如已经年老或病笃,也就只能是尽早确立嗣子了。在这种情况下,立嗣权自然是牢牢握在丈夫和其父母(如果还在世的话)的手中。妻子可能赞成也可能不赞成,但被认为无关紧要。

妻亡夫在的情况下,确立嗣子一般由丈夫个人和其父母来定。另外,由于男女性比例的天然不均衡以及一夫多妻制的存在,有些男子终身未娶。没有妻子,自然也就没有亲生儿子。这样的男子如果生前确立嗣子,一般也是由自己来决定,或其父母来为其确定。

夫亡妻在的情况下,宋代法令明确规定:"夫亡妻在,从其妻"②。妻子是有立继权的。不过,如果丈夫立有遗嘱,妻子在立继时就要充分考虑到丈夫的遗嘱;如果其公婆尚在,也要禀承其公婆的意旨。

夫妻俱亡的情况下,立继方式比较复杂。如果夫妻亡后祖父母尚存,立嗣则由祖父母决定;如果祖父母亦俱亡,则由近亲尊长决定;如果又无近亲尊长,则由族长决定。对此,宋代法令是如此规定的:"立嗣合从祖父母、父

---

① 这里所说的"立继",是从广义上使用概念的,即针对确立宗祧继承人的全部情况而言。但这一概念又有狭义内涵,即专指某一种情况。如《名公书判清明集》卷八《生前乞养》篇中说的"身在养子,户绝立继"(中华书局1987年版,第245页),显然是对身在时确定继承人和户绝后确定继承人加以区分的。又同卷《命继与立继不同》篇中说:"祖宗之法,立继者谓夫亡而妻在,其绝则其立也当从其妻;命继者谓夫妻俱亡,则其命也当惟近亲尊长。"(第266页)则是法律上根据确立继承人者的身份不同而区别的两种情况。

② 《名公书判清明集》卷八《已立昭穆相当人而同宗妄诉》,中华书局1987年版,第247页。

母之命,若一家尽绝,则从亲族尊长之意。"①"立继由族长,为其皆无亲人也。"②这是宋代官府重视宗法建设、"不欲绝人之嗣"的具体体现。

### 二、宗祧传承的内容

宗祧继承,作为一种身份继承方式,包括宗族身份和社会身份,前者如宗子,后者如爵位等。同时,它又与财产继承之间具有密切关系,因为经济关系是一切社会关系的基础。宋代的宗祧继承与财产继承有着密不可分的关系。对于子孙相承的家庭,即宗祧继承自然延续的家庭,财产一般以男性后代继承为主,并且以"诸子均分"为原则。但对于通过立继来确定宗祧继承的家庭,则财产继承情况比较复杂。

立继在某种程度上是为了财产继承。古代社会以自然经济为主,财产的积聚十分不易,因此,对财产的占有也便具有跨代际的稳定性。只有保持宗族或家庭较稳定的经济基础,不致使其成员因无法维持基本生计而散亡,才能确保祖先的祭祀不致中断。诚如宋人所说:"人之无子,而至于立继,不过愿其保全家业,而使祖宗之享祀不忒焉耳。"③而被立为嗣子者在出继他位的同时,也就获得了其所继之家的一定的财产继承权。在一些风俗"薄恶"的地区,若"有不幸偶无子孙"之家,则会"远近族属争相睥睨",甚者"诬谤寡妇,撼摇当立之人"④。显然,财产继承是出继的一个重要因素。

正因如此,一方面,对于无子之家来说,有财产才能立继,无财产则难以立继;另一方面,对于出继之子而言,有财产则愿意出继,无财产则不愿出继;财产多则争相出继,财产少则勉强出继。如熊资身死无子,二兄争以其子立嗣,其实是"名虽为弟,志在得田"⑤。

已立继子又生亲子的情况,继子与亲生子享有同样的权利,共同继承父母的财产。如"田县丞有二子,曰世光登仕,抱养之子也,曰珍珍,亲生之子

---

① 《名公书判清明集》卷七《争立者不可立》,中华书局1987年版,第211页。
② 《名公书判清明集》卷八《嫂讼其叔用意立继夺业》,中华书局1987年版,第260页。
③ 《名公书判清明集》卷八《治命不可动摇》,中华书局1987年版,第269页。
④ （宋）魏了翁:《鹤山先生大全文集》卷一〇〇《绍定六年劳农文》,四部丛刊初编本。
⑤ 《名公书判清明集》卷四《熊邦兄弟与阿甘互争财产》,中华书局1987年版,第110页。

也。县丞身后财产,合作两分均分"①。个别双立嗣子的情况,双立的嗣子也是享有同样的继承权。如黄氏双立嗣子之后,"呼集黄氏族长",将其财产"从公作两分均分"②。

继子与本位生父母之间的关系,在法律上既没有生前赡养、死后埋葬的义务,也没有继承财产的权利。如,"杨天常乃杨提举之幼子,出为伯统领后,本不当再得杨提举下物业"③;李震卿"弟幼年已过房,承叔父位下物业,震卿承父分,与过房弟初无相关"④;余自强"于出继一年之后,盗卖本生家田"⑤,被官府判杖八十,业还原主。

### 三、宗祧继承人的义务

宗祧继承的主要目的,一是维持正常的家庭生活,养老送终;二是延续香火,祭祀祖先。用宋人的话说,也就是"盖使主其闺门,奉其祭祀尔"⑥。而在这两者当中,后者又尤为重要。因为,如果打断了宗祧继承,则势必造成"废其祭祀,馁其鬼神"的后果,这被认为是"是可忍也,孰不可忍也"⑦的事情。

### 第三节　宗族认同意识

宗族认同意识来源于宗族成员共同的祖先。因祖先可以上推若干代,所以宗族成员的认同范围也可以适当伸缩。虽然人们一般以某一地区的始迁祖的后代为认同范围,但当需要扩大认同范围时,人们自然也就会扩展自

---

① （宋）刘克庄著,辛更儒笺校:《刘克庄集笺校》卷一九三《建昌县刘氏诉立嗣事》,中华书局 2011 年版,第 7538 页。
② 《名公书判清明集》卷七《双立母命之子与同宗之子》,中华书局 1987 年版,第 219 页。
③ 《名公书判清明集》卷五《侄与继书争业》,中华书局 1987 年版,第 135 页。
④ 《名公书判清明集》卷六《出业后买主以价高而反悔》,中华书局 1987 年版,第 175 页。
⑤ 《名公书判清明集》卷九《出继子卖本生位业》,中华书局 1987 年版,第 298 页。
⑥ （宋）李焘:《续资治通鉴长编》卷一五五"庆历五年四月戊子",中华书局 2004 年版,第 3767 页。
⑦ 《名公书判清明集》卷八《叔教其嫂不愿立嗣意在吞并》,中华书局 1987 年版,第 246 页。

己的祖先记忆。甚至一些没有明显血缘关系的人们,也可通过一些特殊方式来形成认同意识。

## 一、宗族认同心理

宗族成员的认同心理,表现之一是个人属于宗族群体,个体与群体不可分离。司马光在其《家范》中,则引用孔子的说法,将宗族成员的认同心理与社会伦理相结合,并具体解释了二者之间的关系。他说:"孔子曰:不爱其亲而爱他人者,谓之悖德;不敬其亲而敬他人者,谓之悖礼。以顺则逆,民无则焉。不在于善,而皆在于凶德,虽得之,君子不贵也。故欲爱其身而弃其宗族,乌在其能爱身也。"①其主旨是说,一个人与他所属的宗族是一个整体,如果他抛弃了宗族,那么也就抛弃了他自己。

宗族成员的认同心理,表现之二是把同一父系祖先所出的成员,视作一个群体。这个群体中的所有成员,都是自己人;不属于这个群体的,则是外人。《礼记》云:"亲亲故尊祖,尊祖故敬宗,敬宗故收族。"②可以说,敬宗收族是宗族认同心理的集中表现。

范仲淹二岁而孤,其母为生活所迫而携子改嫁,姓名也随继父改为朱说。及其长大后知其家世,乃念念不忘认祖归宗,终于在入仕后还姓更名。他曾深有感触地对子弟说:"吾吴中宗族甚众,于吾固有亲疏,然以吾祖宗视之,则均是子孙,固无亲疏也。吾安得不恤其饥寒哉?"③毫无疑问,范仲淹是具有强烈宗族认同心理的士大夫代表。宋代士大夫因为大多具有这种强烈的心理,所以他们在各种场合都会宣传这种意识。黄榦在为新淦郭氏叙谱堂作记时说:"人禀天地生物之心以为心,凡在覆载之内者皆所当爱也,况族系之所自出,虽枝分派别,推而上之,皆吾祖宗之一气耳。可不知所爱乎?"④胡颖在有关诉讼案件的判词中,更是反复强调这种意识:"大凡宗

---

①　(宋)司马光:《家范》卷一《治家》,上海古籍出版社 1992 年版,第 8 页。

②　(汉)郑玄注,(唐)孔颖达疏:《礼记正义》卷三四《大传》,载阮元校刻:《十三经注疏(清嘉庆刊本)》,中华书局 2009 年版,第 3270 页。

③　《范仲淹全集》附录二楼钥《年谱》,中华书局 2020 年版,第 759—760 页。

④　(宋)黄榦:《勉斋集》卷二二《书新淦郭氏叙谱堂记》,文渊阁四库全书本,第 1168 册,第 241—242 页。

族之间,最要和睦。……盖叔伯兄弟,皆是祖先子孙,血气骨脉,自呼一源。"①应该说,士大夫之所以不断宣传宗族认同心理,正说明当时民众普遍具备这种心理,而且值得进一步加强。

## 二、联宗

联宗,是同姓不同宗的人互认本家,甚至于不同姓而互认本家。不同宗的人,如果相互认可是某个祖先的子孙,就可以成为同宗的族人了。相互联宗的同姓人,在事实上共祖与否,确实有认真对待、认真考证的;但多数人并不去考证,只要是同姓,为了一定的目的就互相承认共祖。郑居中自言为宋徽宗郑贵妃的从兄弟,而郑贵妃"从藩邸进,家世微",也想"倚居中为重"②,于是联宗,互为奥援。蔡京冒认蔡襄为族兄,到他得意的时候,善于逢迎的给事中蔡嶷见到他,便"叙族属,尊为叔父"。蔡京让儿子蔡攸、蔡修等与他相见,他急忙改口说:"向者大误,公乃叔祖,此诸父行也"③,并对他们一一行礼。

联宗的手段主要为通谱,宋人有时径称通谱以指代联宗。陆游曾云:"唐子西庚晚自岭表归客荆州,与处厚、居正两舅氏游,因通谱为兄弟。……且留诗别,曰:旧交零落半存亡,晚岁荆州得两唐。"④唐处厚、唐居正为陆游之"两舅氏",应为越州山阴人。作为眉州丹棱人的唐庚,与他们联宗未必有准确的谱系依据。南宋初年,有中州仕宦者踉跄南渡,"至新市,暂寓寺居"。因与寺僧语及姓氏,僧与仕宦者之妻皆姓汤,"于是通谱系为亲戚"⑤。

联宗行为本应是二人或多人的相互认同,但也有单向认同于他人宗族的情况。宋代民间"以强认亲族者为瓜皮搭李树"。有名林洪者,宋理宗朝

---

① 《名公书判清明集》卷一〇《兄弟侵夺之争教之以和睦》,中华书局1987年版,第369页。

② (元)脱脱等:《宋史》卷三五一《郑居中传》,中华书局1985年版,第11103页。

③ (元)脱脱等:《宋史》卷三五四《蔡嶷传》,中华书局1985年版,第11171页。

④ (宋)陆游:《家世旧闻》卷下《唐子西留诗别二舅氏》,中华书局1993年版,第224页。

⑤ 康誉之:《昨梦录·中州宦者》,载程毅中编:《古体小说钞》宋元卷,中华书局1995年版,第487页。

上书言事,自称为"和靖七世孙"。和靖即著名隐士林逋,隐居在杭州孤山,种梅养鹤,终身不娶,卒谥和靖先生。时有无名子作诗嘲之云:"和靖当年不娶妻,只留一鹤一童儿。可山认作孤山种,正是瓜皮搭李皮。"①可山为洪之号,他强认自己为逋之后人,成为一时笑谈。

### 三、拟制血亲

宗族结成群体的基本纽带是血缘因素,但相互没有血缘关系或血缘关系较为疏远的人之间,也可以通过一定的仪式或程序,结成类似血亲的关系。这类关系,即是拟制血亲。如收养义子、拜干亲、结拜、赐姓等,均属于这类社会现象。

#### (一)收养义子

宋朝法令规定:"诸遗弃子孙三岁以下收养,虽异姓亦如亲子孙法。"②但三岁以上者被收养为义子的情况,也不少见。宋代宦官也可以收养义子,但有一定的限制条件。据《宋史》记载:"旧制,内侍人许养一子,以充继嗣。"开宝四年(971 年),"诏自今满三十无养父者,始听养子,仍以其名上宣徽院,违者准前诏抵死"③。

#### (二)拜干亲

收养义子,一般是以拟制血亲共同生活,另有不在一起生活的拟制血亲,是拜干亲。拜干亲在五代时期已经十分流行,宋人称当时的社会状况是"干戈起于骨肉,异类合为父子"④。宋代拜干亲的人,大多是为了某种个人目的。天禧二年(1018 年),福州举子周总"因事游京师,值诏下,奔乡荐不及",便匆匆投奔"在谯郡守官"的故人。故人为其寻得郡司吏周吉,于是周总"遂拜为父,吉欣然纳之"。其父得知后寄诗一首云:"文章不及林洪范,德行全亏李坦然。若拜他人为父母,直须焚却蓼莪篇。"结果周总"遂不敢

---

① (宋)韦居安:《梅磵诗话》卷中,丛书集成初编本,中华书局 1985 年版,第 2572 册,第 35 页。

② 《名公书判清明集》卷七《已有养子不当求立》,中华书局 1987 年版,第 214 页。

③ (元)脱脱等:《宋史》卷四六六《王仁睿传》,中华书局 1985 年版,第 13602 页。

④ (宋)欧阳修:《新五代史》卷三六《义儿传》,中华书局 2016 年版,第 433 页。

南归,因此惭恨而卒"①。

（三）结拜

宋朝建立前夕,结拜在社会上已十分流行。赵匡胤曾与同僚结成了所谓"义社十兄弟"②。宋代科举制度在发解试中实行解额制度,由于各地解额不一,举子便会向解额宽松的地区流动,并借用认本家、结拜等方式实现入籍。宋宁宗嘉定六年(1213 年),臣僚上言:"游手之士,奔走远郡,或买同姓为宗族,或指丘垅为坟墓,百计营求,以觊一试,于是妄冒诞谩之风成矣。"③小说《水浒传》中有大量关于结拜的描写,应与宋代社会中结拜成风有一定的关系。

除上述几种民间的拟制血亲关系外,宋代也有皇帝赐姓的情况,但主要针对少数民族或境外归附者。宋哲宗曾赐蕃官吕永信父子赵姓④,宋高宗对契丹千户耶律温赐姓赵⑤,均属于赐皇姓的情况。还有一种赐他姓的情况。宋仁宗"补西界内附万子苏渴嵬三班奉职,仍赐姓名李文顺"⑥,又"以西界伪侍中埋移香为顺德军节度使,封顺德郡王,赐姓名白守忠"⑦。赐他姓往往显示了被赐者的姓氏认同心态。

拟制血亲对于严格的血缘关系传承来说,起着破坏作用,在正常情况下是为人们所不能接受的,故有"异姓乱宗"的说法。不过,在特殊情况下,拟制血亲又有其独特作用,因而不可避免地在社会上流行。这种情况说明,严

---

① （宋）阮阅编:《诗话总龟》卷四二《怨嗟门》,四部丛刊初编本。
② 李攸《宋朝事实》卷九《勋臣》(文渊阁四库全书本)所列"太祖义社兄弟"为:保静军节度使杨光义、天平军节度使同平章事兼侍中石守信、昭义军节度使兼侍中李继勋、忠武军节度使同平章事中书令秦王王审琦、忠远军节度使观察留后刘庆义、左骁卫上将军刘守忠、右骁卫上将军刘廷让、彰德军节度使韩重斌(应为赟)、解州刺史王政忠。
③ （清）徐松辑:《宋会要辑稿》选举六之一一,上海古籍出版社 2014 年版,第 5364 页。
④ 参见（宋）李焘:《续资治通鉴长编》卷五〇五"元符二年正月壬子",中华书局 2004 年版,第 12033 页。
⑤ 参见（宋）李心传:《建炎以来系年要录》卷一三七"绍兴十年七月丙寅",中华书局 2013 年版,第 2578 页。
⑥ （宋）李焘:《续资治通鉴长编》卷一〇〇"天圣元年二月庚申",中华书局 2004 年版,第 2316 页。
⑦ （宋）李焘:《续资治通鉴长编》卷一三六"庆历二年五月癸亥",中华书局 2004 年版,第 3266 页。

格意义上的宗法,在社会现实中难以实施,需要以拟制血亲作为其必要补充。

### 四、任人唯亲

任人唯亲是宗族认同意识在政治生活上的表现,可分为制度层面的任人唯亲和运作层面的任人唯亲。制度层面的任人唯亲,主要是传统社会中的各种世袭制度,宋代则主要表现为荫补制度。宋代皇帝任用皇族,虽对其权力有所限制,但各种法定的特权并不算少。同时,宋政府也给予高级官员任用兄弟子侄的特权,即可荫补子弟为官。官员的官位越高,越有条件荫补更多的子弟。一些在位久的高级官员,往往能荫补大批宗族成员入仕。欧阳修为薛塾所撰墓志铭云:"天圣、明道间,(薛奎)实参大政,以道德刚直外正于朝,孝友敦睦内仁其家。其爵命之荣,上逮三世,旁禄其族子官者三十人。"[1]司马光为张诚之所撰墓志铭亦云:"公久在贵位,宗族用公荫补官者凡三十余人。"[2]南宋初年,中书舍人赵思诚言:"祖宗时,仕至卿、监者,皆实以年劳、功绩得之,年必六十,身不过得恩泽五六人。厥后私谒行,横恩广,有年未三十而官至大夫者。员数比祖宗时不知其几倍,而恩例未尝少损。有一人而任子至十余者。"[3]可见,这种特权是越来越多的。

运作层面的任人唯亲,则是运用各种关系网为宗族成员谋求私利。古谚所说的"一人得道,鸡犬升天",正是指利用已有权势援引家族成员或其他具有亲密社会关系的成员的情况。只要产生一个权势人物,他的宗族成员、姻亲成员甚至是故旧、奴仆,均有可能被援引入仕或在仕途上飞黄腾达。宋人张元幹说:"近世士大夫有舍其父祖,而惟外氏之尊,凭藉其名声权势而致位贵显者。"[4]宋代某些臭名昭著的权臣,如蔡京、秦桧、韩侂胄、史弥远、贾似道等人,当政时期无不广引亲戚故旧,在朝廷上下形成强大的同党

---

① 《欧阳修全集》卷六三《内殿崇班薛君墓志铭》,中华书局 2001 年版,第 920 页。

② 《司马光集》卷七七《礼部尚书张公墓志铭》,四川大学出版社 2010 年版,第 1567 页。

③ (元)脱脱等:《宋史》卷一五九《选举志五》,中华书局 1985 年版,第 3733 页。

④ (宋)张元幹:《芦川归来集》卷一〇《宣政间名贤题跋》,文渊阁四库全书本,第 1136 册,第 676 页。

势力。秦桧执政时，"非桧亲党及昏庸谀佞者，则不得在官"①。韩侂胄在位，"童奴滥授以节钺，嬖妾窜籍于官庭。……台谏、侍从，惟意是用，不恤公议；亲党姻娅，躐取美官，不问流品；名器僭滥，动违成法"②。史弥远的个别亲朋未被安插到高级职位上，甚至被人们作为其良好德行记载下来③，这与史氏宗族当时庞大的社会势力相比，何足道哉！朝廷上的权大位高者是如此，而地方上的高级官员，在其权限和能力范围之内，也未尝不是如此。

---

① (宋)徐梦莘：《三朝北盟会编》卷二二〇"绍兴二十五年十月二十二日引《中兴姓氏录》"，上海古籍出版社 2008 年版，第 1584 页。
② (元)脱脱等：《宋史》卷四〇五《王居安传》，中华书局 1985 年版，第 12251 页。
③ (元)脱脱等：《宋史》卷四一四《史弥远传》云："亲密友周铸、兄弥茂、甥夏周篆皆寄以腹心，人皆谓三人者必显贵，然铸老于布衣，弥茂以执政恩入流，周篆以捧香恩补官，俱止训武郎而已。"(中华书局 1985 年版，第 12418 页)

宋代『敬宗收族』宗族组织的物质维系方式

第九章

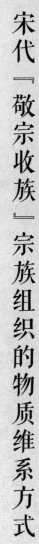

物质维系方式包括族产共有和族人经济互助两个方面。虽然宗族成员之间表现出脉脉温情,但个人或者家庭间的物质利益也无时不在,并成为维系宗族群体的重要方式。

## 第一节 族 产

宗族作为由若干家庭组成的血缘共同体,对各个家庭的财产并不具备支配权。但是,为维护宗族中各家庭之间以及所有宗族成员个人的共同利益,在宗族组织下创建宗族成员共同的财产,则属于宗族这个团体了。

### 一、族产的来源

各种类型的族产,主要是通过如下几种渠道发展起来的。

（一）族人捐置

以个人之力捐置族产的族人,主要是有较强经济能力的官僚和富民。宋代官僚地主兴置族产的积极性很高。范仲淹、刘辉、吴奎、向子谭等人,就是官僚地主捐置族产的代表。还有李傑,"买田数千亩,以赡宗族"[①]。韩赞,"推所得禄赐买田赡族党,赖以活者殆百数"[②]。施扬休,"逮仕受禄……割二顷为义田"[③]。李椿年,"自立义学……捐良田二百亩以赡其

---

① （宋）王象之:《舆地纪胜》卷五九《荆湖南路·宝庆路》,中华书局1992年版,第2130页。

② （元）脱脱等:《宋史》卷三三一《韩赞传》,中华书局1985年版,第10667页。

③ （宋）胡寅:《斐然集》卷二一《成都施氏义田记》,中华书局1993年版,第439页。

用"①。姚颖之"曾大父阜,迪功郎、容州司户。轻财好施,创必庆堂于城南,
延师以教宗族之子弟"②。王威的"十四世孙某惧其族之衍而岁且久,将忘
其所自出也,乃于其里白马山之阴,立一庙"③,是为"王氏家庙"。

同官僚一样,富民也愿意为"敬宗收族"出力。规模为700亩的东阳陈
氏义庄就是由"布衣"陈德高所置。④ 潮阳汤亚卿的"乃祖乃父,世笃忠荩,
置义田,辟义塾,睦于宗党"⑤。俞澄,"宋末布衣,卓有孝行,尝兴义田义
学"⑥。孙仲卿的先人曾创义庄,后废,孙便"铢积寸累",发展至岁收百
斛。⑦ "周君虽贫……自曾高而上苟有域兆可寻,皆立石而志之,捐己产以
赡守茔"⑧。庄氏妇王氏,"惧身没之后,坟墓不保,乃倾平生蚕缲纺绩之赢,
建庵以居守者,又买田六十亩以赡之"⑨。这些事例足以说明,富民捐置族
产的积极性确实是很高的。

（二）族众合置

朱熹在《家礼》"置祭田"条中规定:"初立祠堂,则计见田每龛取其二十
之一,以为祭田,亲尽则以为墓田。"也就是将各房现有田产的二十分之一
抽出裒集为祭田。祭田一般说来是由全体族众合置的。嵩溪大族陈氏,
"南山之阴,九世祖大府君墓在焉,八世七世六世祖墓在焉,诸子孙有不别
葬者在焉"。于是"称家有无率钱"⑩以修整保护其墓田。族众合置族产还
有一种形式:宗族中的数家富室共同出资建置。如,石允德,"晚与族人更

---

① （宋）洪迈:《夷坚志》三志己卷一〇《界田义学》,中华书局2006年版,第1382—1383页。
② 《楼钥集》卷一一四《通判姚君墓志铭》,浙江古籍出版社2010年版,第1968页。
③ （宋）姚勉:《雪坡集》卷三六《丰城王氏家庙记》,文渊阁四库全书本,第1184册,第
　248页。
④ 参见（宋）陆游:《渭南文集》卷二一《东阳陈君义庄记》,《陆游集》,中华书局1976年版,
　第2173页。
⑤ （元）俞德邻:《佩韦斋集》卷一一《双莲图诗序》,文渊阁四库全书本,第1189册,第81页。
⑥ （宋）管景:《（嘉靖）永丰县志》卷四《人物·孝行》,天一阁藏明代方志选刊本,上海古籍
　书店1964年版,第39册。
⑦ （宋）魏了翁:《鹤山先生大全集》卷七九《孙仲卿墓志铭》,四部丛刊初编本。
⑧ （宋）杜范:《清献集》卷一七《题周氏记义仓规约后》,文渊阁四库全书本,第1175册,第
　749页。
⑨ （宋）刘宰:《漫塘集》卷二三《庄氏赡坟田记》,文渊阁四库全书本,第1170册,第609页。
⑩ （宋）陈著:《本堂集》卷五二《劝修祖墓目子》,文渊阁四库全书本,第1185册,第256页。

部公昼问议同作义庄,以给族之贫者"①。陈居仁也曾"命诸子斥田二顷……以给宗姻"②。家铉翁宗族中"凡族大而子孙众多者,推一人为约主,期以十年,买田为庄,名之曰义庄,渐而益之"③。

(三)族人遗产

转化为族产的族人遗产,又分为有后人的先人遗产和无后人的户绝之家的遗产。此外,还有把犯过失族人的财产罚入的情况。

先人遗产本应由其合法的继承人继承之,但有的子孙为了表其孝心,更好地敬宗睦族,不愿分析继承,而是将其拨为族产。如,"(林)寒斋既没,二子同、合,自列于府,言寒斋所受先世产钱一贯九百二十一文二分五厘,苗米二十三石三斗三升三勺。某兄弟以分产异居为耻,愿以薄产尽拨充寒斋烝尝,永不分析"④。郑兴裔的叔父"将终,分以余资,公(郑兴裔)辞曰:'叔父素恤宗族,愿立义庄,赡南北眷。'"⑤泉州人留镛鉴于其侄元刚"尝欲建义塾,不遂",后"辍其遗业三之一建义庄,赡鄂公直下诸孙之贫者"⑥。鄂公为留镛的七世祖留从效,其人"事太祖,为清远军节度使,封鄂国公"⑦。赡养的宗族范围如此之广,正说明留元刚的遗产必定相当庞大。

在宗法观念的影响下,无子之家一般立继子以继其财产、奉其祭祀。如果户绝之家没能立继或立继出现困难时,其财产除其女承分外,则可能被没官或是拨为族产。据《名公书判清明集》载,范熙甫"夫妻与子俱亡",是时其父母俱存,但"皆无立继之意","而以熙甫私置之田为烝尝田,使三房轮

---

① (宋)陆游:《渭南文集》卷三七《石君墓志铭》,《陆游集》,中华书局1976年版,第2352页。

② 《楼钥集》卷九二《华文阁直学士正奉政大夫致仕赠金紫光禄大夫陈公行状》,浙江古籍出版社2010年版,第1639页。

③ (元)家铉翁:《则堂集》卷二《积庆堂记》,文渊阁四库全书本,第1189册,第302页。

④ (宋)刘克庄著,辛更儒笺校:《刘克庄集笺校》卷九三《林寒斋烝尝田》,中华书局2011年版,第3935页。

⑤ (宋)周必大:《文忠集》卷七〇《武泰军节度使赠太尉郑公兴裔神道碑》,文渊阁四库全书本,第1147册,第747页。

⑥ 《(万历)泉州府志》卷一六《人物志》,明万历刻本。

⑦ (元)脱脱等:《宋史》卷三九一《留正传》,中华书局1985年版,第11972页。

收,以奉其祭祀"①。黄仲元曾说其宗族祠堂"即族伯通守府君讳时之旧厅事。某与弟仲固、日新、直公、侄现祖、与权得之,不欲分而有之,愿移为堂而祠吾族祖所自出"②。

（四）官府赐给

宋代官府对先朝遗族、先贤后裔、外戚及累世同居的"义门"等,往往赐以田地、钱帛等加以优恤。这些赐物一般都成了宗族的族产。宋仁宗嘉祐四年（1059 年）四月,下诏:"取柴氏谱系,于诸房中推最长一人,令岁时亲奉周祀。……给公田十顷,专管勾陵庙。"③南宋初年,周必大曾上书要求宋孝宗对杜太后（太祖、太宗之母）的宗族赐以"官屋三二十间,使聚族以居,与国无穷"④。宋度宗时,耿介之臣徐霖去世,"度宗赐祭田百亩,以旌直臣"⑤。

## 二、族产的种类

按财产本身的性质,族产可分为宗族不动产和宗族动产。其中的不动产又可分为宗族田产和宗族宅舍,但族产的主体无疑是宗族田产。

（一）宗族田产

宗族田产包括祭田、义田、义学田等不同种类。祭田是用以供应祖先祭祀的田产,又叫祠田、祀田、烝尝田等,一般的宗族都有数量不等的这类土地。因为祭祀有墓祭和祠祭之分,所以祭田也就有墓田与祠田之别。宋仁宗天圣九年（1031 年）,"诏河南府,民墓田七亩以下,除其税"⑥。宋哲宗元祐年间的一道敕令规定,典卖田宅,"应问邻者,止问本宗有服亲,及墓田相

---

① 《名公书判清明集》卷八《嫂讼其叔用意立继夺业》,中华书局 1987 年版,第 260 页。
② （宋）黄仲元:《黄仲元文稿》卷一《族祠思敬堂记》,四部丛刊三编本。
③ （宋）李焘:《续资治通鉴长编》卷一八九"嘉祐四年四月癸酉",中华书局 2004 年版,第 4560 页。
④ （宋）周必大:《文忠集》卷一四一《论杜太后家子孙》,文渊阁四库全书本,第 1148 册,第 557 页。
⑤ （元）脱脱等:《宋史》卷四二五《徐霖传》,中华书局 1985 年版,第 12679—12680 页。
⑥ （宋）李焘:《续资治通鉴长编》卷一一〇"天圣九年十一月己卯",中华书局 2004 年版,第 2570 页。

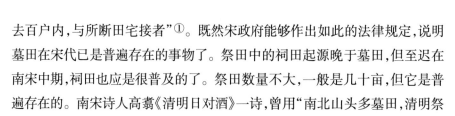

去百户内,与所断田宅接者"①。既然宋政府能够作出如此的法律规定,说明墓田在宋代已是普遍存在的事物了。祭田中的祠田起源晚于墓田,但至迟在南宋中期,祠田也应是很普的了。祭田数量不大,一般是几十亩,但它是普遍存在的。南宋诗人高翥《清明日对酒》一诗,曾用"南北山头多墓田,清明祭扫各纷然"②描写了当时的墓田情况。可见,当时墓田已非常普遍。

中国历史上的宗族义田,起源于北宋。皇祐元年(1049年),范仲淹"于其里中买负郭常稔之田千亩,号曰义田,以养济群族"③。自此之后,官僚士大夫争相仿效,义田遂成为官僚士大夫用以收族的重要手段。义田的用途在于赡族,有许多宗族的义田还明确规定只赡族人之贫困者。如向子谔"置义庄,以赡宗族贫者"④。刘辉"哀族人之不能为生者,买田数百亩以养之"⑤。吴奎"以钱二千万,买田北海,号曰义庄,以赒亲戚朋友之贫乏者"⑥。汤东野"辍俸买田为义庄,以给疏族之贫者"⑦。樊滋之妻蔡氏,"裂庆墙乡之别业为义产",并且对樊氏宗族成员"以戚疏定多少之差,岁给之,而人赖以炊者众焉"⑧。当然,有些宗族的义田不但用来赡族,而且还兼做祭祀之用。如衢州赵氏义庄用"以享先赡族"⑨。陈稽古"闵宗族之不竞,忧墟墓之不保,一日,聚族出手书,拨良田以为义庄,收其半之入以赡族,余以赡茔"⑩。由于义田的主要职能在于赡族,因此它主要存在于官僚士大夫

① (元)马端临:《文献通考》卷五《田赋考五·历代田赋之制》,中华书局2011年版,第113页。
② (宋)高翥:《菊磵集·清明日对酒》,文渊阁四库全书本,第1170册,第134页。
③ 《范仲淹全集》附录六钱公辅《义田记》,中华书局2020年版,第1027页。
④ (宋)汪应辰:《文定集》卷二一《徽猷阁直学士右大中大夫向公墓志铭》,丛书集成初编本,中华书局1985年版,第1989册,第262页。
⑤ (宋)王辟之:《渑水燕谈录》卷四《忠孝》,中华书局1981年版,第34页。
⑥ (宋)刘攽:《彭城集》卷三七《吴公墓志铭》,文渊阁四库全书本,第1096册,第359页。
⑦ (宋)李心传:《建炎以来系年要录》卷九六"绍兴五年十二月甲寅",中华书局2013年版,第1839页。
⑧ (宋)葛胜仲:《丹阳集》卷一四《樊宜人蔡氏墓志铭》,宋集珍本丛刊本,第32册,线装书局2004年版,第638页。
⑨ (宋)刘克庄著,辛更儒笺校:《刘克庄集笺校》卷一五五《安抚殿撰赵公墓志铭》,中华书局2011年版,第6095页。
⑩ (宋)刘宰:《漫塘集》卷二三《洮湖陈氏义庄记》,文渊阁四库全书本,第1170册,第602页。

宗族及豪强大地主宗族之中。

义学田是专门设立助学的田产。在宋代以科举考试作为取士主要手段的社会中,各宗族为了培植本族的势力,纷纷创立义学,"聚族教养"①。义学的经费来源,有些宗族是由义庄供给,但大多数宗族是专设"义学田"以供的。浮梁李氏,李椿年"自立义学……招延师儒,召聚宗党……捐良田二百亩以赡其用"②。玉山刘氏,"割田立屋"③,建立义学。袁采曾论述置义庄赡族的弊病,以为"不若以其田置义学……能为儒者,择师训之,既为之食,且有以周其乏……亦不至生事扰人,紊烦官司也"④。在袁采看来,义学田是族产中最划得来的一项了。

(二)宗族宅舍

以宅舍形式出现的族产主要有祠堂、义宅、义仓以及宗族学舍等。

祠堂是宗族祭祀、聚会、训诫子弟、执行家法族规的主要活动场所。它在宗族中具有特别重要的地位,因而受到宋儒的高度重视。他们极力宣扬古制:"君子将营宫室,宗庙为先,居室为后。"⑤祠堂祭祖在两宋逐渐普及起来。

范仲淹在建立义庄的同时,又建义宅,以"聚族其中",并且"义庄之收亦在焉"。范氏义庄在两宋之际的战乱中荒废,范仲淹的六世孙范良器于庆元二年(1196年)又加以收复,"复得故地","缭以垣墙"。并"创建一堂,仍扁'岁寒',以祠文正;结屋十楹,以处贫族;就立新仓,寝复旧观"⑥。将范氏义宅完全恢复起来。可见范氏义宅既包括用以"处贫族"的屋舍,也包括储藏义庄收入的仓库,还有文正祠一座。在这里,义宅、义仓是二位一体的。在宋代的宗族中,建立义宅是为收恤那些"贫不能自存"的族众。如眉

---

① (宋)魏了翁:《鹤山先生大全集》卷九三《知南平军朝请江君埙墓志铭》,四部丛刊初编本。

② (宋)洪迈:《夷坚志》三志己卷一〇《界田义学》,中华书局2006年版,第1382—1383页。

③ (宋)朱熹:《晦庵先生朱文公文集(五)》卷八〇《玉山刘氏义学记》,《朱子全书》第24册,上海古籍出版社、安徽教育出版社2010年版,第3791页。

④ (宋)袁采:《袁氏世范》卷一《置义庄不若置义学》,商务印书馆2017年版,第57页。

⑤ 《司马光集》卷七九《文潞公家庙碑》,四川大学出版社2010年版,第1602页。

⑥ 《楼钥集》卷五七《范氏复义宅记》,浙江古籍出版社2010年版,第1019页。

州家氏对于"老而无以为养,病而无以为药"的族人,"则为居庐以收恤之"①。"新淦郭氏之于族人也,既买田以给之,又为堂以聚之"②。

宗族义仓则主要是通过贷粮帮助族人度过灾荒年份和青黄不接的时节。陶宣义临死时要求其子:"为义廪,几以周族姻。"③有的义仓面向乡里,收取一定的利息,具有高利贷经营的性质。如武宁田氏所建名曰"希贤庄"的义仓,"敛谷六百石为贷本……率楮六万缗为籴本……贷息什三"④。在官府社仓有名无实的情况下,经朱熹、真德秀等著名士大夫的倡导,乡党、宗族义仓逐渐多起来。

由于各宗族纷纷创立族塾义学,族塾义学的学舍也就成为宗族宅舍中的重要部分。族大业大的宗族,往往"聘知名之士以教族子弟"⑤。他们的义学规模逐渐扩大,其中许多发展成为书院。如南康军建昌县洪氏"于所居之侧,崇饰学舍,一日必葺……子弟之秀者,咸肄业于兹"。宋太宗至道年间(995—997年),得到天子赐予的"御书"百轴,定名为"雷塘书院"。有些宗族的义学甚至在建立之初就称为书院。如官僚张镐,"尝病其居之僻,闻见之隘,建学立师,以训其族之子弟,名曰申义书院"⑥。衡山赵氏义学,"辟四斋,岁延二师,厚其饩廪。子弟六岁以上入小学,十二岁以上入大学……学规如岳麓、石鼓"⑦。在宋代宗族教育如此发展的情况下,宗族学舍自然具有相当的规模。

(三)宗族动产

族产,除了以上各种不动产之外,还有祭器和义庄中的车船、器用等动

---

① (元)家铉翁:《则堂集》卷二《积庆堂记》,文渊阁四库全书本,第1189册,第302页。
② (宋)黄榦:《勉斋集》卷二二《书新淦郭氏叙谱堂记》,文渊阁四库全书本,第1168册,第242页。
③ (宋)周南:《山房集》卷五《陶宣义墓铭》,文渊阁四库全书本,第1169册,第62页。
④ (宋)姚勉:《雪坡集》卷三六《武宁田氏希贤庄记》,文渊阁四库全书本,第1184册,第249页。
⑤ (宋)朱熹:《晦庵先生朱文公文集(五)》卷八〇《玉山刘氏义学记》,《朱子全书》第24册,上海古籍出版社、安徽教育出版社2010年版,第3791页。
⑥ (宋)刘宰:《漫塘集》卷二一《希墟张氏义庄记》,文渊阁四库全书本,第1170册,第580页。
⑦ (宋)刘克庄著,辛更儒笺校:《刘克庄集笺校》卷九二《赵氏义学庄》,中华书局2011年版,第3925页。

产。不过,它们在族产中的比例是微小的。

### 三、族产的管理与经营

在士大夫们看来,兴置族产,尤其是兴置赡族教族的义庄、义学,是一种义事。但这种义事要想维持不废,还必须有良好的管理。

范仲淹创办义庄,在买田后立即定下了十几条田地收益分配的规矩。其具体内容如下:

一、逐房计口给米,每口一升,并支白米,如支糙米,即临时加折。(支糙米每斗折白八升,逐月实支每口白米三斗。)

一、男女五岁以上入数。

一、女使有儿女在家及十五年,年五十岁以上,听给米。

一、冬衣每口一疋,十岁以下、五岁以上各半疋。

一、每房许给奴婢米一口,即不支衣。

一、有吉凶增减口数,画时上簿。

一、逐房各置请米历子一道,每月末于掌管人处批请,不得预先隔跨月分支请。掌管人亦置簿拘辖,簿头录诸房口数为额。掌管人自行破用或探支与人,许诸房觉察,勒陪填。

一、嫁女支钱三十贯(七十七陌下,并准此),再嫁二十贯。

一、娶妇支钱二十贯,再娶不支。

一、子弟出官人,每还家待阙、守选、丁忧,或任川、广、福建官留家乡里者,并依诸房例给米、绢并吉凶钱数。虽近官,实有故留家者,亦依此例支给。

一、逐房丧葬:尊长有丧,先支一十贯,至葬事又支一十五贯;次长五贯,葬事支十贯。卑幼十九岁以下丧葬,通支七贯;十五岁以下支三贯;十岁以下支二贯;七岁以下及婢仆皆不支。

一、乡里、外姻亲戚,如贫窘中非次急难,或遇年饥不能度日,诸房同共相度诣实,即于义田米内量行济助。

一、所管逐年米斛,自皇祐二年十月,支给逐月糇粮并冬衣绢。约自皇祐三年以后,每一年丰熟,椿留二年之粮。若遇凶荒,除给糇粮外,一切不支。或二年外粮有余，却先支丧葬，次及嫁娶。如更有余，方支冬衣。或所余不多，即凶吉等事，众议分数，均匀支给。或又不给，即先凶后吉。或凶事同时，即先尊口后卑口。如尊卑又同，即以所亡、所葬先后支给。如支上件糇粮，吉凶事外，更有余羡数目，不得粮（应为粜）货，椿充三年以上粮储。或虑陈损，即至秋成日，方得粜货，回换新米椿管。

右，仰诸房院依此同共遵守。①

以上便是范仲淹初定的《范氏义庄规矩》。为了维护义庄，范纯仁于宋英宗治平元年（1064 年）四月上奏朝廷，要求"特降指挥下苏州，应系诸房子弟有违犯规矩之人，许令官司受理"②。这一要求得到批准。范仲淹的"初立规矩"、"止具给予之目，仅设预先支请之禁"，他的后代则"随事立规"，使其"关防益密"③，并有了朝廷指挥作为法律依据，义庄的管理逐渐法规化。掌管人具有依规管理义庄的全权，"其族人虽是尊长，不得侵扰干预"。如果"掌管人有欺弊者"，则"听诸位具实状同申文正位"④。范仲淹之后，建立义庄的宗族大都是"遵文正公旧规"⑤，或"略用范文正公之矩度"⑥的。

除了义庄普遍采取设专人掌管的方式之外，其他族产也有设专人掌管的情况。如金华吕氏祭产，"令子弟一人主之"⑦。黄岩县赵氏祭田，"族之长者主之，岁更择子姓之愿而才者掌其出入，而世以为常"⑧。至于族塾义学，则大都是由"掌事者"依学规管理。被选出做族产掌管人的，一般是族中子弟的"贤而廉者"⑨。但也有些宗族径直把族产的掌管权力交给族长。

---

① （宋）范仲淹：《范文正公集续补》卷二《义庄规矩》，载《范仲淹全集》，中华书局 2020 年版，第 698—700 页。

② 《范仲淹全集》附录六《续定义庄规矩》，中华书局 2020 年版，第 1019 页。

③ 《楼钥集》卷五七《范氏复义宅记》，浙江古籍出版社 2010 年版，第 1020 页。

④ 《范仲淹全集》附录六《续定义庄规矩》，中华书局 2020 年版，第 1021 页。

⑤ （宋）胡寅：《斐然集》卷二一《成都施氏义田记》，中华书局 1993 年版，第 439 页。

⑥ （宋）陆游：《渭南文集》卷二一《东阳陈君义庄》，载《陆游集》，中华书局 1976 年版，第 2173 页。

⑦ （宋）吕祖谦：《东莱吕太史别集》卷一《家范一·宗法条目》，载《吕祖谦全集》，浙江古籍出版社 2008 年版，第 299 页。

⑧ （元）陈旅：《安雅堂集》卷八《赵氏祭田记》，文渊阁四库全书本，第 1213 册，第 96 页。

⑨ （宋）刘克庄著，辛更儒笺校：《刘克庄集笺校》卷九二《赵氏义学庄》，中华书局 2011 年版，第 3924 页。

如黄榦宗族烝尝田的收入,除了"每年于内拨六石充祭享及输租外,公交族长掌管"①。

还有一种情况,即族产由诸房或子弟轮管。南宋理学家陆九渊的宗族,就是"每轮差子弟掌库三年"②。剡源戴氏宗族,"墓有山,租钱若干缗,麦若干斤,每岁一人以其租具清明祭祀"③。另据载,对于赡茔田的管理,诸房"经官立约,花利轮收"乃是"通天下之成法"。可见,与义庄的管理不同,祭田的"轮流掌管"在宋代是一种最普遍的管理形式。

值得注意的是,同设专人掌管族产一样,轮流掌管族产也有"关约"为据。不论轮到哪房或哪位子弟掌管,都必须按关约的规定来管理。可见,族产不论采取何种形式的管理方式,一般都是有成文的规定作为依据的。

族田的"赡族",一般宗族只救济族中贫困者。对违反礼教,有不规行为者,即使陷于赤贫状态,也不予赡恤。

宋代宗族田产的经营,普遍采取租佃制的方式。显而易见,这与宋代租佃制占主导地位的经济制度是相一致的。范氏义庄在元丰六年(1083年)七月的续定规矩中有"族人不得租佃义田(诈立名字同)"的规定,在嘉定三年(1210年)十一月的续定规矩中则有"义庄租户,所当优恤,使之安业"④的规定。可见范氏义田是全部租佃给佃户的,并且租佃者必须是范氏族人以外的佃户。优恤佃户,使之安业,这还是租佃关系较为发达的表征。祭田在管理上的"花利轮收"、"租课长房先收"的规定,也足以说明祭田是普遍采取租佃制经营方式的。就地租形态而言,宋代有些族产征收货币地租。剡源戴氏宗族的"墓有山,租钱若干缗,麦若干斤"⑤,说明戴氏祭田是部分地征收货币地租的。宋代宗族田产普遍采取租佃制经营方式及部分地征收

---

① (宋)黄榦:《勉斋集》卷三四《始祖祭田关约》,文渊阁四库全书本,第1168册,第394页。
② 《陆九渊集》卷三四《语录上》,中华书局1980年版,第428页。
③ (元)戴表元:《剡源集》卷五《小方门戴氏居葬记》,载《戴表元集》,浙江古籍出版社2014年版,第131页。
④ 《范仲淹全集》附录六《续定义庄规矩》、《清宪公续定规矩》中华书局2020年版,第1020、1026页。
⑤ (元)戴表元:《剡源集》卷五《小方门戴氏居葬记》,载《戴表元集》,浙江古籍出版社2014年版,第131页。

货币地租,说明宋代宗族是顺应当时经济关系的。

与宋代社会发达的高利贷经济相适应,族产也有采取高利贷经营方式的。武宁田氏所建"希贤庄","敛谷六百石为贷本……率楮六万缗为籴本……贷息十三",春散秋敛,设专人"职其事"①,无疑是一个规模巨大的高利贷经营组织。江陵府松滋县人孙仲卿,其宗族原有义庄用以赡族,后由于义庄收入较少,"岁仅收百斛",而移做"先茔之百用"。同时,"别营泉粟以赡贫者"②。此处孙氏宗族的"泉粟"经营最大可能就是采取高利贷的经营方式。从岁收百斛不足以赡族的情况看,孙氏"泉粟"经营的规模也是不小的。

## 第二节　族人通财

在日常生活中,族众之间的相互通财对增强宗族群体的凝聚力具有重要作用。一方面,人们在困顿时期需要亲属群体力量的帮助渡过难关;另一方面,宗族发展过程中势必产生贫富分化。为了族众能够和睦相处,宗族多宣扬"贫富相资,手足相托"③。所谓相资相托,就是要求族中的富实之家,在特殊时期应出私财以济贫困之家;而贫困的族人,则应安分守己,不要对富裕者有嫉恨之心。"富者时分惠其余,不恤其不知恩;贫者知自有定分,不望其必分惠"④。宗族成员间的相互通财,其表现形式可有多种。

### 一、官僚赒济族众

官僚赒济族众是族人通财的常见形式。一种情况是官员将俸禄或所得赏赐之类散诸亲族。真定灵寿人曹彬,"居官,奉入给宗族,无余积"⑤。

① (宋)姚勉:《雪坡集》卷三六《武宁田氏希贤庄记》,文渊阁四库全书本,第 1184 册,第 249 页。
② (宋)魏了翁:《鹤山先生大全集》卷七九《孙仲卿墓志铭》,四部丛刊初编本。
③ 《名公书判清明集》卷一三《假为弟命继为词欲诬赖其堂弟财物》,中华书局 1987 年版,第 512 页。
④ (宋)袁采:《袁氏世范》卷一《兄弟贫富不齐》,商务印书馆 2017 年版,第 26 页。
⑤ (元)脱脱等:《宋史》卷二五八《曹彬传》,中华书局 1985 年版,第 8982 页。

寿州人吕公著,"俸赐率以周九族,家无余积"。洛阳人程珦,"所得俸钱,分赡亲戚之贫者"。安阳人韩琦,"所得恩例,先及旁族"①。郓州阳谷县人张九思,"凡居官所得俸廪,计身衣食足而已,秩满还家,辄以所余分亲族"②。

另一种情况是官员赒族人之所急。眉州眉山人家炎,"视租之入,盛暑祁寒,周族人之急者,至于再,凡三十年不易其则"③。汉州绵竹张氏的张椿,"轻财好施,勇于为义",为枢密使张浚之从侄,在受张浚委托主持张氏家事时,"视亲姻之祭祀昏葬不能自给甚者,即助之"④。常州义兴县吴氏的吴懋,"内外族姻与夫平生党友,饥者食,寒者衣,病者医,死者葬,嫁其女,字其孤,至不可胜数"⑤。懋之于族人,可谓是急难之时必予赒济。

## 二、富民赒济族众

官僚因高官厚禄来自祖宗"阴德"而不能"独享富贵而不恤宗族"⑥,但即使是布衣身份的富民,也并非均为富不仁,同样有不少散财于亲族的人物。宋州楚丘人戚同文,"纯质尚信义,人有丧者力拯济之,宗族闾里贫乏者周给之"⑦。温州永嘉人陈敦化,"家累百金,益能增侈先德之施,伏腊之外,率用振业族党乡闾之急难"⑧。饶州德兴董氏的董为良,"族姻、乡党之贫无归者,衣食之;罢不能者,教诲之;不幸而有急难者,救护之"⑨。

在富民赒济族众的行为中,某些贤明妇女往往起到重要作用。两宋之

① （宋）赵善璙：《自警编》卷三《赈亲族》,文渊阁四库全书本,第 875 册,第 263—264 页。

② 《欧阳修全集》卷六二《检校司农少卿致仕张公墓志铭》,中华书局 2001 年版,第 905 页。

③ （宋）魏了翁：《鹤山先生大全文集》卷八四《知富顺监致仕家侯炎墓志铭》,四部丛刊初编本。

④ （宋）张栻：《南轩集》卷四〇《通判成都府事张君墓表》,载《张栻全集》,长春出版社 1999 年版,第 1087 页。

⑤ （宋）汪藻：《浮溪集》卷二五《朝请大夫直秘阁致仕吴君墓志铭》,丛书集成初编本,中华书局 1985 年版,第 1960 册,第 301 页。

⑥ 《范仲淹全集》附录二楼钥《范文正公年谱》,中华书局 2020 年版,第 760 页。

⑦ （元）脱脱等：《宋史》卷四五七《戚同文传》,中华书局 1985 年版,第 13418 页。

⑧ （宋）薛季宣：《浪语集》卷三四《陈益之父》,文渊阁四库全书,第 1159 册,第 560 页。

⑨ （宋）朱熹：《晦庵先生朱文公文集（五）》卷九〇《董君景房墓表》,载《朱子全书》第 24 册,上海古籍出版社、安徽教育出版社 2010 年版,第 4183 页。

际自北方的邢州迁徙到南方桂州的张松卿，"奉母夫人之命"，"买田同族食"①，被杨万里誉为当代张公艺。而公艺为唐朝郓州寿张人，九代同居，以孝友雍睦著称。洪雅县人毛拱巳的妻子董氏，曾捐钱买田，将田产租入用于宗族成员的婚嫁、丧葬、疾病，并资助贫不自赡者。该田产又经过拱巳增之，发展至百亩规模，称之为慈惠庄②。

### 三、族众日常互助

除官僚、富室对族众的赒济行为外，宗族内各家庭之间的通财互助更为普遍。这种通财互助多发生在婚丧嫁娶等礼仪时节或遇到特殊困难之时。产生于京兆府蓝田县的《吕氏乡约》，其中关于"患难相恤"之规定，显然应是从日常乡党、宗族间的行为中总结而来。宗族成员间相互帮助具有悠久的传统。班固在解释宗族时即曾说："一家有吉，百家聚之，合而为亲。生相亲爱，死相哀痛，有会聚之道，故谓之族。"③宗族的这种传统团聚互助的功能在宋代仍较为突出。歙州休宁人查道，"初，赴举，贫不能上，亲族哀钱三万遗之"④。此类经济上的保障，无疑对族众具有持久的吸引力。

在族众的日常交往中，宗族成员之间急难之时自然可以相互济助，但对于弱势群体而言，则需要更多的关照。宋王朝建国之初，即继承了前代关于收养的法律规定："诸鳏寡孤独贫穷老疾不能自存者，令近亲收养；若无近亲，付乡里安恤。"⑤可见，近亲之间有相互收养的义务。在法律规定和官府的提倡下，生活难以自理的弱势宗族成员，自然也会投奔亲族。因此，在社会现实中，收养族人或赡养族人的亲缘家庭，相当常见。

① （宋）杨万里撰，辛更儒笺校：《杨万里集笺校》卷四一《寄题八桂张松卿义庄》，中华书局2007年版，第2191页。

② 参见（宋）魏了翁：《鹤山先生大全文集》卷四四《毛氏慈惠庄记》，四部丛刊初编本。

③ （汉）班固著，陈立疏证：《白虎通疏证》卷八《宗族》，中华书局1994年版，第398页。

④ （元）脱脱等：《宋史》卷二九六《查道传》，中华书局1985年版，第9880页。

⑤ （宋）窦仪等：《宋刑统》卷一二《户婚律·脱漏增减户口》，中华书局1984年版，第190页。

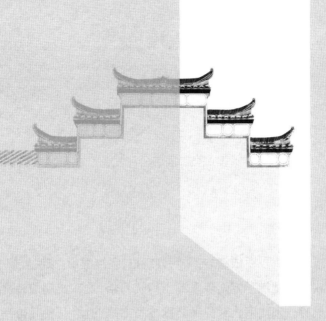

宋代「敬宗收族」宗族组织的制度维系方式

第十章

　　制度维系方式主要依靠族谱、宗族祭祀、宗祧继承、家法族规、字辈与排行等。宗族的制度维系方式多来源于传统习俗，是在长期的社会实践过程中逐渐形成的。宋代宗族对各种制度维系方式的运用，使其得到不断充实和发展。

## 第一节　族　谱

　　宋代社会兴起的族谱，在编修原则、体例内容和社会功用等诸多方面，都呈现出与前代大不相同的时代特征。特别是其记载内容以宗族内部事务为主，成为修谱史上的一个重大转折。

### 一、族谱的编修

　　族谱作为记载家族历史的文献，其编修和续修受到人们的普遍重视。因其主要内容为祖先事迹和宗族世系，所以也有人将其与祖先崇拜联系在一起，认为三十年不修谱，是为不孝。

　　族谱编修分为官府编修和私家编修两种情况。私家编修族谱在历史上也一直存在，但至宋以后，官府一般不再修谱，所以基本上都转为私家编修。私家编修有两种情况，一是本族人编修本族谱，欧阳修、苏洵皆是如此；二是聘请外族人编修本族族谱。私人修谱的方式较为复杂，但多为个人编纂。

　　宋仁宗皇祐、至和年间（1049—1056年），欧阳修"以其家之旧谱问于族人，各得其所藏诸本"，发现这些旧谱诸本"大抵文字残阙，其言又不纯雅"，于是对旧谱加以重新整理,"考正其同异","取其所同多者"①,仿照司马迁的《史记·表》和郑玄的《诗谱略》,"依其上下旁行"②,"列其世次",制成谱图一篇。同时,欧阳修认为,"欧阳氏自得姓以来,子孙众多,而谱随亲疏宜有详略"③。因此,将吉州府君欧阳琮以下的官封、名谥、享年、墓葬、婚娶及行事,编列于谱图之后,于是形成了欧阳氏的新族谱。大约同一时期,苏洵也有感于自己宗族间"喜不庆,忧不吊"、"相视如途人"④的状况,通过咨考其先人,"由今而上得五世,由五世而上得一世"⑤,编写《苏氏族谱》。《欧阳氏族谱》和《苏氏族谱》开创了宋代编修族谱的先河。其后,许多士大夫纷纷为自己的宗族编修族谱。"族谱昉于欧阳,继之者不一而足"⑥。形成了"私谱盛行"的局面。并且,编修族谱者以欧阳氏、苏氏族谱为典范,以二谱所定谱例为准则。

## 二、族谱的续修

由于宗族处在不断的发展变化中,所以族谱修成后,间隔一段时期就应进行续修。宋代族谱也有续修前代族谱的情况。皇祐二年(1050年),范仲淹即续修了范氏族谱。他在《续家谱序》一文中称,"吾祖唐相履冰之后,旧有家谱",但至宋朝时已因"子孙流离"而"遗失前谱"。及至他"追思祖宗既失前谱未获,复惧后来昭穆不明,乃于族中索所藏诰书、家集考之",于是"自丽水府君(范隋)而下四代祖考及今子孙、支派尽在……故作《续家谱》而次序之"⑦。从这篇序文中可以看出,尽管范仲淹称之为《续家谱》,但在旧谱完全遗失的情况下,该谱无异于新作。该谱的内容,似主要侧重于宗族

---

① 《欧阳修全集》卷七四《欧阳氏谱序》,中华书局2001年版,第1090页。
② 《欧阳修全集》卷七四《欧阳氏谱图序》,中华书局2001年版,第1079页。
③ 《欧阳修全集》卷七四《欧阳氏谱图序》,中华书局2001年版,第1073页。
④ (宋)苏洵著,曾枣庄、金成礼笺注:《嘉祐集笺注》卷一四《苏氏族谱》,上海古籍出版社1993年版,第373页。
⑤ (宋)苏洵著,曾枣庄、金成礼笺注:《嘉祐集笺注》卷一四《谱例》,上海古籍出版社1993年版,第371页。
⑥ 《文天祥全集》卷一〇《跋李氏谱》,北京市中国书店1985年版,第250页。
⑦ (宋)范仲淹:《范文正公集》补编《续家谱序》,载《范仲淹全集》,中华书局2020年版,第645页。

成员的世系关系,这与范氏的义庄建设也是相适应的。南宋时期,随着族谱编修的增多,续修族谱更为常见。巴塘黄氏宗族,"淳熙末,名筠者谱其族系。绍定庚寅,寇毁谱亡。宝祐中,名栝者重修,名崇者将锓木,不果。景定中,名楷者因栝所修而增续之,名三杰者作序"①。可见,黄氏族谱编成后,重修1次,续修1次。

续修的时间,自然不尽一致,但一般情况下,修谱通例以30年为断,最迟至60年而止。30年一修之所以成为"通例",是因为父子相继为一世,前后相隔大约不过30年。许多宗族续修甚勤,并不一定要等到30年。丰城孙氏宗族,"乾道癸巳,始效欧阳氏谱谱其族。其十一世孙绍熙癸丑进士、临湘知县伯温,于庆元己未,辑事迹以附其谱之左方。前之谱未及载,后之事迹未及录者,咸淳乙丑,其十一世沅广之"②。乾道癸巳即乾道九年(1173年),庆元己未即庆元五年(1199年),咸淳乙丑即咸淳元年(1265年),间隔时间大体上符合族谱续修的规律。族谱的不断续修,使新增族人及时入谱,保证了其连续性。

### 三、族谱的体例

族谱的体例,在历史发展过程中几经演变,逐渐成熟完善。其总的趋势是由简单到复杂。宋代以后有所谓欧式谱和苏式谱之别。在唐末五代族谱废绝的情况下,欧阳修和苏洵率先编修本族族谱,同时,他们还分别著有《谱例》。欧阳修的《谱例》主要是阐明了编谱的原则:"谱图之法,断自可见之世,即为高祖下至五世玄孙而别自为世,如此世久子孙多则官爵功行载于谱者不胜其繁,宜以远近亲疏为别,凡远者、疏者略之,近者、亲者详之,此人情之常也。玄孙既别自为世,则各详其亲,各系其所出,是详者不繁而略者不遗也。凡诸房子孙各纪其当纪者,使谱牒互见,亲疏有伦。"③其"玄孙既

---

① (元)吴澄:《吴文正公集》卷一八《巴塘黄氏族谱序》,元人文集珍本丛刊本,第3册,新文丰出版公司1985年版,第336页。
② (元)吴澄:《吴文正公集》卷一八《丰城县孙氏世谱序》,元人文集珍本丛刊本,第3册,新文丰出版公司1985年版,第331页。
③ 《欧阳修全集》卷七四《欧阳氏谱图序》,中华书局2001年版,第1076页。

别自为世"的谱图方法,被后世称为"五世一提"法。① 苏洵的《谱例》只是阐述了谱牒的源流和作用,没有自己制定谱例,而是"并载欧阳氏之谱,以为谱例"②。同时,在《苏氏族谱》中他提出这样的原则:"自吾之父以及吾之高祖,仕不仕,娶某氏,享年几,某日卒,皆书。……详吾之所自出也。"《苏氏族谱》也是"小宗之法也。凡天下之人,皆得而用之"。二者明显区别的地方主要是:所谓欧式谱,其体例是先列世系图,然后再列每人的传记;苏式谱的体例则是在世系图下注上人物事迹,每五世一揭。不过,苏洵又创大宗谱法"存之《苏氏族谱》之末,以俟后世君子有采焉"。其特点是:"大宗之法,冠以别子,由别子而列之,至于百世而至无穷,皆世自为处,别其父子,而合其兄弟。"③因而后世又往往以大宗谱法为苏式谱的特点。宋人王得臣总结欧、苏谱法云:"欧阳文忠公、苏洵明允各为世谱。文忠依《汉年表》,明允放《礼》以大宗、小宗为次。虽例不同,皆足以考究其世次也。"④

为适应社会发展的需要,不仅仅是图谱,整体的谱牒编写方式也势必加以改进,以贯彻这些新的编修原则。总体上看,欧、苏二人采取了以图表标世系,以志、纪记人物,以例、记发议论的方式。很明显,这在体例上吸取了纪传体和方志体史书的某些特点。欧、苏之后,修谱者继承并发展了欧、苏二谱的体例,逐渐形成一套包含有图表、志、纪、例、记等内容的规范化的体例。

当然,并非每一部谱牒都完全具有图表、志、纪、例、记等各种记载形式。事实上,宋代编修族谱在体例上是相当灵活的。形式灵活、丰富多彩,这正

---

① 清人张文山对五世一提法的总结是:"以五世为一图,取五世亲尽之义。又五世而提九世,又再提十三世,以至提之无穷,皆五服之义也。直为经,父子相承;横为纬,兄弟并列。名位则注云某公之子。长房系清,则叙二房。条分缕析,按图而稽,了如指掌。"(张文山:《张氏家谱·凡例》,转引自安国楼:《中国家谱中的"欧苏法式"探讨》,《郑州大学学报》1998年第5期)

② (宋)苏洵著,曾枣庄、金成礼笺注:《嘉祐集笺注》卷一四《谱例》,上海古籍出版社1993年版,第372页。

③ (宋)苏洵著,曾枣庄、金成礼笺注:《嘉祐集笺注》卷一四《大宗谱法》,上海古籍出版社1993年版,第388—389页。

④ (宋)王得臣:《麈史》卷下《姓氏》,载《全宋笔记》第1编,第10册,大象出版社2003年版,第67页。

是宋代谱牒体例复杂化的一个表征。

### 四、族谱的内容

各式各样的族谱,记载的内容千差万别,然概括起来看,则大多不外乎以下几个方面的内容:

(一)记载宗族世系关系

谱图、世表等,是将本宗族从最早的先世直至当时的所有宗族成员,按辈分列成图表,标明承继关系。族谱繁简不同,最简单的族谱,只有世系的记录。

(二)记载宗族源流及族谱编修情况

谱序主要记叙族姓的来源、先世仕宦与德行、宗族的迁徙以及本族谱的编修和续修情况,阐述"宗法之义"等。谱例阐明编写族谱的基本原则、族谱的作用以及编写族谱的必要性。

南宋张悦墓中出土的张氏族谱石刻,上半部分记载了道教创始人张天师家族的源流,下半部分记载了墓主人张悦的事迹。

(三)记载族人生平事迹

谱系本纪是将直系近世亲属(一般自高祖而下)的仕宦、婚姻、享年、行事、子女等情况,简单地排列起来。功名录记载族人的官职、爵位及科第等情况。"仕谱"专列本族仕宦者,有的宗族明确规定:"以进士标其首,特奏次之,世赏又次之,封赠又次之。"①

各种人物传记,大多本着"扬善隐恶"、"从善劝后"的原则,凡族人有"一行之善,一艺之长,必为之传,而登官籍、致饶给者则载其志铭焉"②。

(四)记载宗族文献

宗族文献的内容十分广泛,一般是"详其本传、诰、表、铭、状、祭祀之类"③。这既包括朝廷、官府颁降给本族或本族大官僚的诏谕等,也包括本

---

① (宋)方大琮:《铁庵集》卷三二《方氏仕谱志》,文渊阁四库全书本,第1178册,第307页。

② (宋)李石:《方舟集》卷一〇《家谱后序》,文渊阁四库全书本,第1149册,第645页。

③ (清)胡启植等修,叶和侃纂:《(乾隆)仙游县志》卷四八朱熹《王氏族谱序》,民国十九年刊本。

四川省泸县牛滩镇宋墓出土的
南宋张氏族谱石刻①

族人的诗文及关于本族人物的传记资料。吉州庐陵胡氏的族谱,收录了南宋初年胡铨上疏乞斩秦桧的奏疏,为后世留下了珍贵的原始资料。② 也有一些族谱,还收录本族的有关契约文书资料。

（五）记载宗族礼仪规约

包括字辈、家礼等礼仪内容和家训、家诫、规约等规约内容。

① 张政烺主编,沈冬梅、梁建国编著:《中国古代历史图谱·宋代卷》,湖南人民出版社 2016年版,第 277 页。
② 参见(元)虞集:《道园学古录》卷三二《晏氏家谱序》,四部丛刊初编本。

（六）记载宗族财产

包括宗族聚居地、祠堂、坟茔、书院义塾及其他财产等。

宋代族谱除简单记录男性配偶外，一般不书女性，原因是女子生来就是朝向外族的。如仙井李氏的《世系略》即云："自（李）处而下，亦各有女，适良家。谚曰：女生向外。此固逸而不书。"①

值得注意的是族谱世系中的不实成分。由于修谱者好附会名人以自夸，不但"公卿家谱多古之贤者，不肖者皆去之"②，而且平民家谱也多以名人为祖先。不过，士大夫多反对修谱时附会名人为祖先。尽管遭到普遍反对，但附会名人为祖先却像顽疾一样，始终附着在某些族谱身上。不仅存在世系的不实，其他内容也同样有不实的情况。赵彦卫云："近世行状、墓志、家传，皆出于门生故吏之手，往往文过其实，人多喜之，率与正史不合。"③

## 第二节　宗族祭祀

所有的宗族成员均需祭祀共同的祖先。对祖先祭祀的经常与否，仪式的完善与否，场面的隆重庄严程度等，均对宗族组织起着重要的作用。

### 一、宗族祭祀的对象

宗族祭祀是建立在祖先崇拜基础上的一种活动，虽然祭祀对象以祖先为主，但人的祖先是无穷无尽的。所以，宗族祭祀的祖先，是有世代选择的。李觏主张："族人五世外皆合之宗子之家，序以昭穆，则是始祖常祀而同姓常亲也。"④程颐主张根据祭祀的情况区别对待祭祀的世代："冬至祭始祖，立春祭先祖，季秋祭祢。……先祖者，自始祖而下，高祖而上，非一人也，故

---

① （宋）李新：《跨鳌集》卷二九《世系略》，文渊阁四库全书本，第1124册，第649页。
② （宋）朱翌：《猗觉寮杂记》卷下，载《全宋笔记》第3编，第10册，大象出版社2008年版，第58页。
③ （宋）赵彦卫：《云麓漫钞》卷八，中华书局1996年版，第134页。
④ 《李觏集》卷一三《教导第四》，中华书局2011年版，第114页。

设二位。常祭止于高祖而下。"①而朱熹的主张则是,祠祭只能祭及四世,即高祖、曾祖、祖、祢。有人曾经问他:"今士庶亦有始基之祖,莫亦只祭得四代,但四代以上则可不祭否?"他回答说:"若是始基之祖,莫亦只存得墓祭。"②对于程颐和朱熹的主张及其矛盾,后人曾有不少评论。宋末元初人徐明善认为:

> 其始来此邦之祖,伊川程子则以立春祭之,必宗子而后得祭。以予观之,斯祭也,族人皆不可不与,不可怍于豺獭也。莫若三月上旬,筮日即墓而祭,族人毕集,因序昭穆。或宗子之力弗及,则族人协力具馔,而宗子主之。胙必均于贫不能具者,如此亦足以尊祖敬宗收族矣。③

宋代现实社会的具体情况,是祭祀始迁祖及其以后的历代祖先。光泽县的李吕宗族,"聚族千指……为会宗法,岁时设远祖位,合族荐献饮福"④。这个宗族合族祭祀的对象是远祖。俞氏宗族,"每岁寒食,主祭者率子弟各执事,自始祖而下合祀焉"⑤。南宋人陈藻曾叙述过这样一种社会现象:"今人烝尝未始有田者,古坟一丘,而十数代之子孙岁醵以祭。"⑥十数代子孙在一起共同祭祀,其对象也必定以十数代以上的祖先为主,这是毫无疑问的。宋末元初迁居剡源的戴氏宗族,其新建祠堂的情况则更能说明问题:"初祖以下在北室,高祖六四府君在中室,五祀诸神附南室,惟土地之神在下室。"⑦从这些实际情况可以看出,宋代宗族祭祀对象的世代一般是始迁祖以下的历代祖先。

---

① (宋)程颢、程颐:《河南程氏遗书》卷一八《伊川先生语四》,载《二程集》,中华书局2004年版,第240页。

② (宋)朱熹:《朱子语类(四)》卷九〇《礼·祭》,载《朱子全书》第17册,上海古籍出版社、安徽教育出版社2010年版,第3054—3055页。

③ (元)徐明善:《芳谷集》卷上《太原族谱序》,文渊阁四库全书本,第1202册,第580页。

④ (宋)周必大:《文忠集》卷七五《澹轩李君吕墓志铭》,文渊阁四库全书本,第1147册,第790页。

⑤ (宋)徐元杰:《楳埜集》卷一〇《洪庆庵记》,宋集珍本丛刊本,第84册,线装书局2004年版,第4页。

⑥ (宋)陈藻:《乐轩集》卷八《大宗小宗》,文渊阁四库全书本,第1152册,第113页。

⑦ (元)戴表元:《剡源集》卷二三《迁奉祠堂文》,载《戴表元集》,浙江古籍出版社2014年版,第470页。

除了要祭祀自己的祖先以外,宋代宗族还要祭祀其他的一些神灵,如土地、山川等自然神。另外,各宗族还往往有自己宗族的发家神话,在这些神话中对宗族发家起过重要作用的神灵,往往也成为宗族祭祀的对象。南宋初年的某四川守臣,其家所事之神为梓潼神:

> 有蜀守当朝辞,素不能文,以为尤。其家素事梓潼神,夜梦神谓之曰:"两边山木合,终日子规啼。"觉,莫晓其故。会朝对,上问:"卿从三峡来,其风景如何?"守即以前两语对,上首肯再三。翌日,谓宰相赵雄曰:"昨有蜀人对者,朕问峡中风景,彼诵杜诗以对,三峡之景,宛然在目,可谓善言诗也。可与寺丞寺簿。"雄退朝,召问之曰:"君何能尔?"守不敢隐,雄曰:"吾故疑君不能及此,若留中,上再问,败矣。不若归蜀赴郡。"他日,上复问其人,雄对曰:"臣以圣意语之,彼不愿留。"上叹曰:"恬退乃尔!尤可嘉,可与宪节使。"其后神恃功为祟,家遂索焉。①

不过,这些祭祀只是宗族祭祀的陪祭而已,说明宗族信仰具有一定广泛性的特点。

总之,宋代宗族祭祀的对象主要是始迁祖以下的历代祖先,同时也祭祀一些人们普遍信仰的自然神和对宗族发展起过重要作用的神灵。

正因为各宗族祭祀只限定始迁祖以下,至多追及本族远祖。所以,民族的共同祖先反而无人祭祀。宋代僧人释可湘的一首偈颂正是对此有感而发:"清明前,寒食后,处处扫松,家家插柳,祖意甚分明,茫然不知有。三皇冢上绝人游,芳草连天骷髅吼。"②

## 二、宗族祭祀的方式

宗族祭祀不仅是对死者的哀悼,而且是生者表达信仰与社会关系的一种手段。表现在祭祀形式上,就是不同仪式和不同方式的同时存在。宋代由于是建立在长期战乱的唐末五代之后,许多传统礼仪已被纷乱的社会生活所冲垮。因而,在宋王朝建立后的很长一段时期内,宗族祭祀在各地各族

---

① （明）田汝成:《西湖游览志馀》卷二三《委巷丛谈》,上海古籍出版社2018年版,第274页。
② （元）妙恩等编:《绝岸可湘禅师语录》五慈正、妙恩等编:《福州雪峰崇圣禅寺语录》,载《卍续藏经》,第121册,新文丰出版公司1993年版,第987页。

之间显得很不一致,并且大多很不完备。北宋中期以后,由于社会稳定,各宗族能够逐渐讲究祭祀的仪式,也由于士大夫们致力于重整传统礼仪,制定、宣传符合传统礼仪的宗族祭祀仪式,所以逐渐形成了以祠祭、墓祭和家祭为主的宗族祭祀形式。

（一）祠祭

祠祭是在宗族祠堂中进行的祭祀。宋代宗族已逐渐建立家庙、影堂、祠堂或宗祠等。宗祠之下又有支祠等。支祠为族中各支派所建,用于供奉本支、本房的祖先。有的宗族在祖先墓地还另设墓祠。

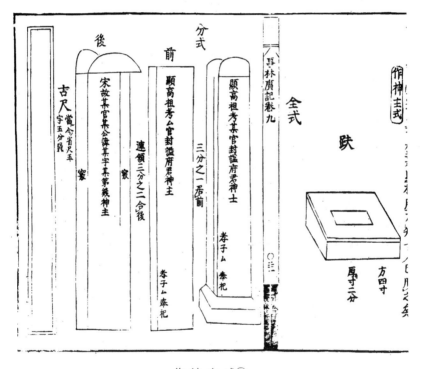

作　神　主　式①

祭祀的时节,祠堂兴起前的寝祭和祠堂祭祀都是以四时祭最为重要。所谓四时,是指采用唐代周元阳《祀录》中的说法,"以元日、寒食、秋分、冬

---

① （宋）陈元靓:《事林广记》卷九《丧祭通礼》,中华书局 1999 年版,第 499 页。

夏至,为四时祭之节"①。每月的初一、十五也要祭祀,称朔、望之祭。除此
之外,平常的俗节及有重要事情时也需祭祀或告祠。朱熹《家礼》中对祠堂
所作的规定是:"出入必告;正至朔望则参;俗节则献以时食;有事则告"。
从南宋时期开始兴起的浦阳郑氏宗族,其《规范》中的第一条,即是:"立祠
堂一所,以奉先世神主。出入必告,正至朔望必参,俗节必荐时物,四时祭
祀,其仪式并遵文公《家礼》。"可见,朱熹《家礼》的规定对后世的影响是很
大的。

　　祖先的忌日则是各家族的具体祭祀时节。"永思堂者,婺源回岭汪氏
祀先之堂也。……先世忌日,率子若孙,行祭礼于中。……同族人割己田附
堂中,至忌日以祀其私亲者,咸听。"②

　　(二)墓祭

　　宗族墓祭是族葬制度的产物。族葬不仅仅是宗族成员葬在一起,而且
还必须按一定的组合规则来埋葬。也就是宋人所说的"以昭穆序葬"③。

　　因为宗族对其坟墓十分重视,所以一般都派专人看守。宋代最盛行
"守墓以僧",许多名门望族的祖茔都建有守墓的寺庵。据《夷坚志》记载,
"京师省吏侯都事一妾怀妊,未及产而死。葬于城外"④,有守冢僧人。"王
履道左丞葬于泉州之葵山,去城四十余里"⑤,有墓人张元,又有守冢僧人。
"徽州城外三里,汪朝议家祖父坟庵在焉。绍兴间,招僧惠洪住持。僧但饱
食安坐,未尝诵经课念。于供事香火亦极简略,仅能循循自守,不为他过。
主家上下皆安之。"⑥"无锡李大夫家坟庵,名曰华丽,邀惠山僧法曷主
之。"⑦宋代还有些宗族建祠堂于墓所,或是建于守墓之寺、庵、院之中,祠庵
合一。

　　宗族墓祭最重要的时节是寒食(清明)。寒食日,都城中士庶"自此三

---

① (宋)叶梦得:《石林燕语》卷一,中华书局1984年版,第9页。
② (元)李祁:《云阳集》卷七《汪氏永思堂记》,文渊阁四库全书本,第1219册,第709页。
③ (宋)邵伯温:《邵氏闻见录》卷二〇,中华书局1983年版,第221页。
④ (宋)洪迈:《夷坚志》志补卷二一《鬼太保》,中华书局2006年版,第1745页。
⑤ (宋)洪迈:《夷坚志》甲志卷二〇《葵山大蛇》,中华书局2006年版,第183页。
⑥ (宋)洪迈:《夷坚志》支景卷八《汪氏庵僧》,中华书局2006年版,第943页。
⑦ (宋)洪迈:《夷坚志》志补卷四《李大夫庵犬》,中华书局2006年版,第1581页。

伊川先生葬图①

日,皆出城上坟"②。清明与寒食相连,在寒食的后一日,因此也可说清明节为墓祭时节。其他一些节日,也往往是宗族举行墓祭的日期。如"岁孟春,率宗族拜省世墓"③。中元节(七月十五日),"祭祖宗,寓预报秋成之意","都城之人有就家享祀者,或往坟所拜扫者"④。十月一日,也是墓祭的重要

---

① (宋)陈元靓:《事林广记》卷九《丧祭通礼》,中华书局 1999 年版,第 498 页。

② (宋)孟元老撰,伊永文笺注:《东京梦华录笺注》卷七《清明节》,中华书局 2007 年版,第626 页。

③ (元)家铉翁:《则堂集》卷二《积庆堂记》,文渊阁四库全书本,第 1189 册,第 302 页。

④ (宋)吴自牧:《梦粱录》卷四《解制日》,中国商业出版社 1982 年版,第 23 页。

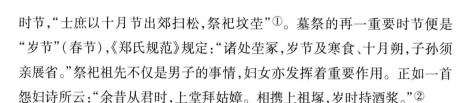

时节,"士庶以十月节出郊扫松,祭祀坟茔"①。墓祭的再一重要时节便是"岁节"(春节),《郑氏规范》规定:"诸处茔冢,岁节及寒食、十月朔,子孙须亲展省。"祭祀祖先不仅是男子的事情,妇女亦发挥着重要作用。正如一首怨妇诗所云:"余昔从君时,上堂拜姑嫜。相携上祖塚,岁时持酒浆。"②

还有些宗族建祠堂于墓所,所谓"墓所必有祠堂以奉墓祭"③是也。如苏州钱氏的"奉祠堂",其形成和功用是这样的:"姑苏钱君僧孺将谋葬其亲而筑馆于其侧,岁时率其群子弟族人祭拜其间。凡家有冠婚大事则即而谋焉。"④可见,钱氏属于建祠堂于墓所的宗族。"荐福院方氏祠堂",则是典型的"祠寺合一"⑤。在这种情况下,祠祭和墓祭一般也就合二为一了。

(三)家祭

家祭又称寝祭,是最常见的祭祀祖先方式。据《穆参军集》记载:"今人既用常所器服而又祭之于寝,盖亦不知事神之道,使士君子之祭,疑于匹庶人之祭久矣。"⑥可见,家祭不但在普通百姓中盛行,在"士君子"阶层也同样流行。陆游诗句"王师北定中原日,家祭无忘告乃翁"⑦。陆氏作为官宦世家,日常生活中的家祭也是不可或缺的。也有一些比较小的宗族,没有祠堂,便在各支、房自己祭祀,同样表现为家祭的形式。

家祭除了祭祀始祖以外,大多祭祀本支、房的祖先或祖、父。赵贺"在临朐时,用转运使李中庸荐改官。中庸没,无子,贺为主葬,图其象,岁时祠于家"⑧。赵贺将恩人李中庸视作祖先,在家中祭祀。这可说是拟制血亲状态下的家祭。在南方少数民族地区,也同样盛行家祭。据周去非《岭外代

① (宋)吴自牧:《梦粱录》卷六《十月》,中国商业出版社1982年版,第42页;(元)俞希鲁:《至顺镇江志》卷三《风俗·十月一日》,江苏古籍出版社1999年版,第80页。

② 《文天祥全集》卷一五《上塚吟》,北京市中国书店1985年版,第384页。

③ (宋)朱熹:《家礼·附录》,文渊阁四库全书本,第142册,第580页。

④ (宋)沈括:《长兴集》卷一〇《苏州清流山钱氏奉祠堂记》,文渊阁四库全书本,第1117册,第303页。

⑤ (宋)刘克庄著,辛更儒笺校:《刘克庄集笺校》卷九三《荐福院方氏祠堂》,中华书局2011年版,第3941—3943页。

⑥ (宋)穆修:《穆参军集》卷下《任氏家祠堂记》,文渊阁四库全书本,第1087册,第21页。

⑦ (宋)陆游:《剑南诗稿》卷八五《示儿》,载《陆游集》,中华书局1976年版,第1967页。

⑧ (元)脱脱等:《宋史》卷三〇一《赵贺传》,中华书局1985年版,第10001页。

答》记载:"家鬼者,言祖考也。钦人最畏之,村家入门之右,必为小巷升堂。小巷右壁,穴隙方二三寸,名曰鬼路,言祖考自此出入也。人人其门,必戒以不宜立鬼路之侧,恐妨家鬼出入。岁时祀祖先,即于鬼路之侧,陈设酒肉,命巫致祭,子孙合乐以侑之,穷三日夜乃已。城中居民,于厅事上置香火,别自堂屋开小门以通街。"①可见,家祭在钦州等地的祖先祭祀中具有重要地位,而且颇具特色。

### 三、宗族祭祀的仪式

有关各种宗族祭祀的具体的繁文缛节,北宋大臣韩琦晚年时曾"裒取古今祭祀书"七种,"研详累月","酌今俗之难废者,以人情断之,成十三篇,曰《韩氏参用古今家祭式》(后人称为《祭仪》)",由于"最为得中",当时"识者多用之"②。可惜现在已不得其详。南宋时期,朱熹在充分采用当时日常习俗的基础上撰写《家礼》,关于祭祀仪式已有详细的表述。在《家礼》日益普及的过程中,受其影响的宗族"四时祭祀,其仪式并遵文公《家礼》"③。《家礼》对各种祭祀的描述相当详细,大体上包括斋戒、设位、陈器、具馔、设馔、盛服就位、降神、参神、进馔、初献、亚献、终献、侑食、阖门、启门、受胙、辞神、彻馂等仪式。有些宗族,特别是一些规模较大的宗族,在进行庄严的祭祀时,要配有祭乐。如四明楼氏,"每寒食上冢,旌旗鼓吹,皆集茔下,乡里以为荣"④。

宗族祭祀的食物与器物,一般应由妇女负责操办。建安陈处士之夫人叶氏,"凡岁时祭祀,涤器调馔,必躬亲,未尝以委奴役"⑤。毗陵孙庭臣之继室施氏,"凡岁时祭祀,率诸姒与其诸妇,夙兴眠涤濯惟谨,羹胾菹醢,非手

---

① (宋)周去非著,杨武泉校注:《岭外代答校注》卷一〇《家鬼》,中华书局1999年版,第447页。

② (宋)叶梦得:《避暑录话》卷上,丛书集成初编本,中华书局1985年版,第2786册,第39页。

③ (元)郑太和:《郑氏规范》,丛书集成初编本,中华书局1985年版,第975册,第1页。

④ 《楼钥集》卷五七《长汀庵记》,浙江古籍出版社2010年版,第1022页。

⑤ (宋)吕南公:《灌园集》卷二〇《陈处士妻叶氏墓志铭》,文渊阁四库全书本,第1123册,第190页。

烹调之不荐"①。显然,本族妇女亲自认真准备祭祀物品,也是宗族对祖先虔诚崇拜的表现。

祭毕之后,宗族还往往进行"族会"。真德秀曾说:"古者合族而祭,事已必有燕焉。"②宋代的族会,就是继承了这一古礼。族会的内容,主要是行"会拜之礼",颂读谱牒,旌劝子弟。浦阳《郑氏规范》规定:"(宗族祭祀)事毕,更行会拜之礼。"汉嘉的焦氏宗族则是:"吉月会同宗同族,旌子弟之尤以劝能者。"③地方志书记载的福建福州地区的情况是:"祭毕合族,多至数百人,少数十人,因是燕集,序列款服,尊祖睦族之道也。"④族会的规模不论大小,均可发挥尊祖睦族的重要作用。

## 第三节　宗祧继承

宗祧继承人的确立,大体上分为自然传承状态下的确立和立继状态下的确立。

### 一、自然传承中宗祧继承人的确立

对于子孙相承的家庭而言,确立宗祧继承人并不困难。因为按照传统,嫡妻所生长子,即是嫡子,是天然的宗祧继承人。无嫡子及嫡子有罪疾的情况,法律也作了明确而具体的规定:"无嫡子及有罪疾,立嫡孙;无嫡孙,以次立嫡子同母弟;无母弟,立庶子;无庶子,立嫡孙同母弟;无母弟,立庶孙。曾玄以下准此。"而且立庶的情况,必须要在"嫡妻年五十以上无子"时,才可"以长"立庶。⑤ 按古代的生育条件,50 岁以上的妇人,几乎不再有生育的可能。如果不按上述顺序,或者在无子的嫡妻年 50 以前就选择立庶,按

---

① (宋)汪藻:《浮溪集》卷二八《令人施氏墓志铭》,丛书集成初编本,中华书局 1985 年版,第 1961 册,第 364 页。
② (宋)真德秀:《西山先生真文忠公文集》卷二四《睦亭记》,四部丛刊初编本。
③ (宋)魏了翁:《鹤山先生大全集》卷八四《学究焦君巽之墓志铭》,四部丛刊初编本。
④ (宋)梁克家:《淳熙三山志》卷四〇《土俗类·墓祭》,宋元方志丛刊本,第 8 册,中华书局 1990 年版,第 8249 页。
⑤ (宋)窦仪等:《宋刑统》卷一二《户婚律·养子立嫡》,中华书局 1984 年版,第 193 页。

法律要受到"徒一年"的处罚。

## 二、立继中宗祧继承人的确立

对于无亲生子之家而言,要想通过立继完成宗祧继承,首要条件就是要有堪承宗祧的人选。那么,什么样的人选才算堪承宗祧的人选呢? 由于宗族中的人口和人际关系情况的不同,被作为宗祧继承人的人选也便具有种种不同的情况。从其身份和血缘关系方面来说,大体可以分述如下。

(一)立同姓昭穆相当者

立继过程中注重血缘关系,同时注重血缘关系中的昭穆关系,是宗法社会的一条基本原则。宋代法令明确规定:"诸无子孙,听养同宗昭穆相当者。"①在具体的执法过程中,宋代官员也是极力维护此一条款,尽量避免昭穆不相当者争立。立同宗中的昭穆相当者是一个总的原则,但在这些昭穆相当者中,还存在着亲疏之别。立继时还必须按照先亲后疏的原则确立人选。具体来说,就是如果某人无子,首先从其亲兄弟之子中选一个做宗祧继承人,如果亲兄弟之子中无合适的人选,就要考虑从兄弟之子;从兄弟之子中无合适的人选,就要考虑再从兄弟之子;依此类推,五服内均无合适人选,才能考虑同族中的远房及同姓的子弟。

(二)立同姓昭穆不相当者

昭穆相当虽是立继的一条基本原则,无奈有时难遂人愿,同宗中竟无昭穆相当者可立。这种情况一般发生在贫弱小族当中,因为本来就贫弱,财产不多,便不愿意流入异姓之手或作户绝财产没官。也就是说,必须立嗣,而又不能立外姓之人,那就只能背理违情,立同宗昭穆不相当者为嗣。这种情况造成宗族关系的尊卑失序,为国家法令所禁。袁采认为如不得已,可以采取变通的方法处理,即可以有立继之实而不必有立继之名:"设不得已,养弟、养侄孙以奉祭祀,惟当抚之如子,以其财产与之。受所养者奉所养如父,如古人为嫂制服,如今世为祖承重之意,而昭穆不乱,亦无害也。"②

---

① 《名公书判清明集》卷七《生前抱养外姓殁后难以摇动》,中华书局 1987 年版,第 201 页。
② （宋）袁采:《袁氏世范》卷一《立嗣择昭穆相顺》,商务印书馆 2017 年版,第 43 页。

（三）立异姓

在同宗无子孙可立的情况下，无子之家才会考虑立异姓为嗣。儒家经典《春秋》将历史上郳子立莒公子为后的事件记为"莒人灭郳"，给后世留下了"国立异姓曰灭，家立异姓曰亡"①的深刻观念。同时，儒家又有"神不歆非类，民不祀非族"②的古训。因此，中国古代是很忌讳立异姓为后的。但在社会现实生活中，立异姓为后的情况并不少见，国家法令也有"诸遗弃子孙三岁以下收养，虽异姓亦如亲子孙法"③的规定。

（四）对宗祧继承的其他要求

中国古代社会长期盛行嫡子继承宗祧的制度，因而，凡为嫡子者，必须承继本位宗祧，而不得出继。宋代法令中有"为人后者不以嫡"的规定。已被立为嗣子者，不可再去继承他人宗祧。因为一个男子只能承继一位宗祧，乃是宗法制的基本原则之一。如果已为嗣子而再去要求继承他人宗祧，则显然是打着宗祧继承的幌子，而去图谋其财产继承。在现存史料中，尚未发现宋代有明清时期的那种兼祧制。

关于被立者的年龄，宋孝宗隆兴年间（1163—1164 年）的法令曾作了如下规定："其生前所养，须小于所养父之年齿"，"为母所养者，年齿亦合小于所养之母"④。显然，如果所养嗣子比其养父母年龄还大的话，也实在是太违背情理了。

如果被立为嗣子者"不肖"，具有明显的"劣迹"，是可以勒令归宗的。虽然宋代官府有所养子孙"不许非理遣逐"的规定，但同时也作了如下的补充规定："若所养子孙破荡家产，不能侍养，及有显过，告官证验，审近亲尊长证验得实，听遣。"⑤

## 三、宗祧继承的特别补救

在娶妇嫁女的社会环境下，招赘被看作非正常的婚姻生活方式。招赘

---

① 《名公书判清明集》卷八《叔教其嫂不愿立嗣意在吞并》，中华书局 1987 年版，第 246 页。
② 《名公书判清明集》卷七《双立母命之子与同宗之子》，中华书局 1987 年版，第 218 页。
③ 《名公书判清明集》卷七《已有养子不当求立》，中华书局 1987 年版，第 214 页。
④ 《名公书判清明集》卷七《双立母命之子与同宗之子》，中华书局 1987 年版，第 220 页。
⑤ 《名公书判清明集》卷七《出继子不肖勒令归宗》，中华书局 1987 年版，第 224—225 页。

往往与宗祧继承相关联。一般说来,招赘之家有两种情况,一种是寡妇招赘,即妇女丧夫后不离开夫家宗族,招来再婚之夫,宋代南方称为"接脚夫"。另一种是女子招赘,因有女无子,不愿让女儿外嫁,招来夫婿共同生活。入赘男子的身份可有两种情况,一种是不改姓,一种是改姓。不改姓的赘婿不被视作入赘宗族的成员,年老后可返回他的本族。改姓是改为女方之姓,加入女方宗族,参加宗族祭祀,赡养老人,有女方家的财产继承权。这种情况下的女子招赘,与立继确定的宗祧继承人在实质内容上并无多大区别。宋代曾将赘婿称为"补代",意思是"人家有女无子,恐后世自此绝,不肯嫁出,招婿以补其世代尔"。但这一称谓被世俗语讹为"布袋",遂使人"多不晓其义",甚至认为是形容赘婿"如入布袋,气不得出"①。

## 第四节　家法族规

家法族规是指全体宗族成员所共同遵守的行为规范,有不成文和成文之分。其名称甚多,如族规、族训、族约、宗规、宗约、家法、家规、家训、家礼、家范、祠规等等。不成文的家法族规,亦即宗族习惯法,与成文的家法族规一样,都是对宗族成员的最直接约束,具有强制性的约束力。

### 一、家法族规的形成途径

宋代广泛发展起来的各种形式的家法族规,其形成途径主要有如下几条:

（一）由宗族祖先或族中重要人物制定

著名的"江州义门"陈氏,在家昌族盛的时候,陈崇曾撰家法以垂示将来。是时为唐昭宗大顺元年（890 年）,陈氏方 200 人。入宋以后,这个陈氏家法不但继续存在,而且和陈氏义门一样,获得了极高的社会声誉。

有的宗族在修谱或续谱时由族中重要人物议订族规,一经订立,同样具

---

① （宋）朱翌:《猗觉寮杂记》卷上,载《全宋笔记》第 3 编,第 10 册,大象出版社 2008 年版,第 49 页。

有不可动摇的权威。宗谱中大多包括族规,祠堂读谱,主要就是读宗谱中的族规。此外,族规家训也有单独汇编成册的。

（二）在同居共财的大家庭中陆续形成

同居共财大家庭,人口众多,有的甚至拥有上千乃至数千人口。对于如此众多的成员来说,如果没有一定的法规加以制约,大家庭制度是难以维持的。所以,在同居共财大家庭中,如果没有著名人物制定,也往往能够陆续形成家法。如吉州永新人颜诩,全族百人同居共财,"家法严肃"①。

在同居共财大家庭中产生的家法族规,又不仅仅局限于同居共财大家庭,而是具有广泛的社会影响。一方面,在官府的提倡和士大夫的倡导下,它得到社会上其他宗族的广泛效仿和推广;另一方面,当同居共财大家庭的共财制度被破坏了的时候,家法族规的主要内容则仍能在宗族内部实行。河中府河东县永乐镇的姚氏宗族,至北宋后期已是"三百余年守其家法无异辞者"②。可见,这个姚氏家法也是陆续形成并从前代承继下来的。

（三）由族产管理规矩演变而来

族产管理规矩,其内容往往会逐渐超出族产范围。范氏宗族的"义庄规矩",范仲淹初定规矩虽然"止具给予之目,仅设预先支请之禁",但随着规矩的实施,其后人"随事立规",使其"关防益密"③起来。其内容也日益扩大,除了义庄管理的严密规定外,还增入了某些惩戒性的规定。④ 因此,在宋人心目中,范氏"义庄规矩"就被视作"范氏家法"。汲汲于义庄建设的楼钥,曾见"范氏家法",为之愧叹不已。游九言在为建阳麻沙刘氏所写的《义庄记》中也有"范文正公家法最备"之语。吕祖谦的宗族针对族产的管理,订立了详细的条目,内容包括祭祀、婚嫁、生子、租赋、家塾、合族、宾客、庆吊、送终、会计、规矩、中庭小牌约束、进退婢仆约束等项,构成了吕氏宗族法规的主要内容。

---

① （元）脱脱等:《宋史》卷四五六《颜诩传》,中华书局 1985 年版,第 13413 页。
② （宋）邵伯温:《邵氏闻见录》卷一七,中华书局 1983 年版,第 187 页。
③ 《楼钥集》卷五七《范氏复义宅记》,浙江古籍出版社 2010 年版,第 1020 页。
④ 参见《范仲淹全集》附录六《清宪公续定规矩》,中华书局 2020 年版,第 1024 页。

### （四）由家训、家诫演变而来

家诫、家训在唐朝时已有向宗族法规演变的趋势，及至宋代，许多已明显具有了宗族法规的性质。其中最为典型的莫过于赵鼎的《家训笔录》。这个家训是由赵鼎参取"京洛士大夫之家"的"规式"制定而成，内容共分为30项。从家政组织到对不肖子弟的处罚，从宗族祭祀规则到族人的婚嫁，从宗族成员财产关系的处理到族产的管理，从婢仆的使唤到族人仕宦原则，无不具有详细的规定。赵鼎还特别强调，对于这些规定，子孙要"世世守之"，"不得有违"。这一"家训"简直可以视作宋代宗族法规的典范。陆游在《放翁家训》中便说，其"家"在唐代时做宰相的有6个人，五代时弃官不仕，东徙渡江，夷于编氓，但仍然是"孝悌行于家，忠信著于乡，家法凛然，久而弗改"。虽曰"久而弗改"，但陆氏家法也不可能是在宋代毫无变化的，至少陆游之后要加上《放翁家训》的。

### 二、家法族规的主要内容

宋代家法族规的内容十分广泛。从宗族行政组织到个人行为规范，从经济生活到日常社会关系的处理，从教育到婚姻，可以说是无所不包的。这种状况的出现，是与社会关系的变化有着密切联系的。大量有关财产关系尤其是有关族产分配的规定，说明了经济关系是宋代宗族最基本的凝聚力量。而有关宗族内身份等级的规定以及有关民事关系、行为规范等方面的规定，则一方面说明了宋代封建身份性等级差距的某些缩小，另一方面也说明了由此带来的民事关系的日益复杂。

（一）宗族内部身份等级的权利与义务

程颐曾说："治家者，治乎众人也。苟不闲之以法度，则人情流放，必至于有悔，失长幼之序，乱男女之别，伤恩义，害伦理，无所不至。"[1]这就是说，家法族规是通过规定宗族内部的"长幼之序"、"男女之别"来治理众人的。具体说来，在宗族组织内部，族长、房长、家长及各位管事以至普通宗族成

---

① （宋）程颢、程颐：《周易程氏传》卷三《周易下经上·家人》，载《二程集》，中华书局2004年版，第885页。

员,他们之间是等级森严、尊卑关系分明的。因此,他们的地位各不相同,在宗族中的权利和义务也是大不一样的。家法族规对所有宗族成员的等级地位、各种权利和义务都有详细的规定。有关"孝悌"的规定就是涉及宗族等级身份地位的重要内容。家法族规中这种类型的规定是为了更好地实施族长、房长以至家长的有系统的族权统治。

(二)宗族内部的财产关系

首先是有关名义上"共有"的族产。如前所述,家法族规有些就是由族产管理规矩演变而来的。族产管理规矩,就是为使"共有"的族产能够长期存在下去而制定的。其他类型的家法族规,也都有大量有关族产的规定,如宗祠、族产、宗学的管理制度以及族产收入的分配办法等等,因为族产乃是族权统治的物质基础。宋代有的士大夫宗族的家法族规,甚至规定将所有宗族成员的收入,统一充为宗族公产,然后再分配给各个小家庭支用。但这样的宗族又不是同居共财的大家庭,因为他们并没有同居共爨的特点。如北宋时期著名的饶阳李氏宗族,史载就是这样的:"公(李昉)有第在京城北,家法尤严。凡子孙在京守官者,俸钱皆不得私用,与饶阳庄课并输宅库,月均给之。故孤遗房分皆获沾济,世所难及也。"①

其次是有关宗族、家庭内的财产族长、家长支配权。如赵鼎《家训笔录》规定:"诸位中以最长一人主管家事,及收支租课等事务。"②在同居共财大家庭中,更是要对所有财产的支配权加以规定。如金华时氏规定:"财货出纳……必禀家长。"③对于其内部子孙、卑幼蓄置私财的现象,家法族规是严加惩戒的:"子孙倘有私置田业,私积货泉,事迹显然彰著,众得言之家长,家长率众告于祠堂,击鼓声罪而榜于壁……所私即便拘纳公堂。有不服者,告官以不孝论。"④

为了避免因图产争嗣而在宗族内部引起争端,一些宗族对承继的次序

---

① (宋)吴处厚:《青箱杂记》卷一,中华书局1985年版,第3页。

② (宋)赵鼎:《家训笔录》,载《全宋笔记》第3编,第6册,大象出版社2008年版,第73页。

③ (宋)朱熹:《晦庵先生朱文公文集(五)》卷九〇《太孺人邵氏墓表》,载《朱子全书》第24册,上海古籍出版社、安徽教育出版社2010年版,第4181页。

④ (元)郑太和:《郑氏规范》,丛书集成初编本,中华书局1985年版,第975册,第3页。

预先作了安排。尽管如此,宗族中争嗣争产的闹剧仍不时发生,族长在处理此类问题时有很大的发言权,并可从中渔利。

(三)宗族成员日常行为规范

在国法规定之外,家法族规中又有许多对宗族日常行为规范的特殊规定,以及有关礼仪制度方面的规定,这显然是为了增加宗族的"亲和"力量,并从积极的角度来规范人们的日常行为。

在国法规定之外的民事关系,和礼仪制度一样,本来是一种主要靠习俗和道德舆论来维持的社会制度。但在家法族规中,它们却成了被维护的重要内容。如金华吕氏《宗法条目》中的祭祀、合族、宾客、庆吊、送终等项即是。王炎午的宗族,由"长者"所定的"礼节",包括"诸族元日之聚拜,婚丧之扶持"等等,"秩秩可观,比他族为盛"①。司马光的《书仪》和朱熹的《家礼》是专讲礼仪制度的。这两部书被宗族组织奉为圭臬,在许多家法族规中是被大加渲染,而"不可以一日而不修"②的。宗族还繁文缛节地规定了许多禁约。这种禁约在族规中占有很大比重,可见宗族对个人品德修养的重视。

家法族规还包含许多要求族众遵守国法和惩罚族内越轨行为的规定,这是从消极的角度来规范人们的日常行为。由于宗族总是将其成员的触法犯科看作门户的最大耻辱,因而,大多数的家法族规都有"公法不可不畏,租赋不可不时"③之类的规定,将"遵守国法"作为对族众的首要要求。还尤其强调族人按时交纳赋税,做国家的顺民,避免给宗族带来麻烦。宗族把能否按时交纳赋税,看作是否忠君爱族的行为。

如果一个宗族成员触犯了国法,那么他也同时触犯了家法族规。他将受到的就是双重制裁,即不但要受到国家法律的制裁,而且也要受到家法族规的制裁。国家法律的制裁是严厉的,家法族规的制裁同样也是严厉的,如"移乡"、"削去谱籍"等等。对于宗族成员在族内的越轨行为,即触犯宗族

① (宋)王炎午:《吾汶稿》卷九《先父槐坡居士先母刘氏孺人事状》,文渊阁四库全书本,第1189册,第619页。
② (宋)朱熹:《家礼序》,载《朱子全书》第7册,上海古籍出版社、安徽教育出版社2010年版,第873页。
③ (宋)黄庭坚:《宋黄文节公全集》别集卷一〇《青阳希古墓志铭》,载《黄庭坚全集》,中华书局2021年版,第1527页。

的成文法和习惯法的行为,家法族规也有相应的处罚办法。如会稽县的裴氏宗族,"有竹箅亦世相授矣,族长欲挞有罪者,则用之"①。这里的"有罪者",显然就是指触犯家法族规的宗族成员。

### 三、家法族规的执行

宗族对族人的要求,大致可分为三种类型:一是规、约,如宗约、宗规、家规、族规、祠规,是宗族要求族人共同遵守的行为规范;二是禁、诫,如宗禁、家诫、家禁等,规定族人不许做的事情;三是训语,教诲族人如何做人,起伦理教化作用。但这三方面往往混合在一起,大部分内容具有强制性,即所谓"子孙世守之,不得有违","祖宗之法不可违"。以下主要介绍宗族处罚触犯强制性内容要求的族人的程序和方法。

族长对族人拥有审判权。"会稽县民裴承洵同居十九世,家无异爨"。大中祥符四年(1011年),宋廷"诏旌表其门闾"。后来"族人虽异居,同在一村中,世推一人为长,有事取决则坐于听事。有竹箅亦世相授矣,族长欲挞有罪者,则用之"②。宗族惩治族人,要将族人"所犯过恶告明祖先",向祖先"受请家法"。

著名的《郑氏规范》,就有这样的规定:"子孙受长上诃责,不论是非,但当俯首默受,毋得分理。"在家法族规的内容方面,无论从日常行为规范,到宗族财产的支配权,再到对宗族成员(包括附属成员)的处罚权上,也都充分体现了这一点。如,"寿昌胡倅(应为氏),彦特之家,子弟不得自打仆隶,妇女不得自打婢妾。有过则告之家长,家长为之行遣。子弟擅打婢妾则挞子弟。此执贤者之家法也"③。

家法族规通过其对族众的种种约束,使族众的任何抗上的言论和行为都不能萌生,由此起到消弭广大群众的反抗斗争这一社会作用。尤其是这种种的约束又要通过宗族礼仪和宗族舆论以及物质上的制约这样的多重手段来实现,这一作用也就表现得更加明显。宋代家法族规中训诫和伦理方

---

① (宋)王栐:《燕翼诒谋录》卷五,中华书局1981年版,第48页。

② (宋)王栐:《燕翼诒谋录》卷五,中华书局1981年版,第48页。

③ (宋)袁采:《袁氏世范》卷三《婢仆不可自鞭挞》,商务印书馆2017年版,第137页。

面的内容相当多,由此也就不难使宗族成为道德舆论的主体。因而,宗族成员之间就会依此而"有善相告,有过相规"①。这里的"善"和"过"显然是以是否遵守宗族内部秩序和封建统治秩序为其基本标准的。当然,家法族规的这种作用,并不仅仅停留在这一点上。如果宗族成员的反抗行为和言论已经发生,或者已经达到了某种"严重"程度,还会受到家法族规的实实在在的处罚,包括形体处罚和物质处罚。清人方苞曾说:"范氏之家法,宗子正位于庙,则祖父行俯首而听命。过愆辩讼,皆于家庙治之。故范氏之子孙,越数百年,无受罚于公庭者。盖以文正置义田,贫者皆赖以养,故教法可得而行也。"②麻沙刘氏的家法族规明确规定:"患苦乡闾,害及族党者,虽贫勿给。"③

## 第五节 宗族字辈

作为一种血缘等级组织制度,宗族文化中体现等级的因素有很多,字辈即属于这方面的内容。字辈是随宗族制度的发展而逐渐产生的,至唐宋时期,已非常流行,而影响则及至今日之中国社会。

### 一、宗族字辈的流行

字辈,又称行辈、班辈、字派、班派等,是标识辈分的名字符号,因而与宗族辈分密切相关。辈分是一种自然的等级关系,应该说远在母系社会就已产生。母亲和子女之间的等级关系,可说是母子辈分的表现。但宗族辈分,即宗族成员之间的辈分关系,则产生在氏族社会末期,是随父系家长制大家庭制度的出现而出现的。

与辈分相比,字辈的产生要晚得多。有学者认为,汉代以后,宗族字辈才真正出现。④ 汉代以后逐渐在名或字中,用相同偏旁或相同字来表示同

---

① (清)陈梦雷:《古今图书集成·家范典》卷一〇四,中华书局1934年版,第329册。
② (清)方苞:《望溪先生文集》卷一四《仁和汤氏义田记》,四部丛刊初编本。
③ (宋)游九言:《默斋遗稿》卷下《建阳麻沙刘氏义庄记》,文渊阁四库全书本,第1178册,第386页。
④ 参见楚庄:《中国古人的姓氏字号》,《文史知识》1981年第4期。

辈关系,这就是字辈。字辈形成以后,宗族成员起名或起字就逐渐格式化。

赵氏皇族自赵匡胤兄弟以下,逐渐确立了严格的字辈关系。北宋时确定的字辈具体是:"太祖下以德、惟、从、世、令、子、伯、师,太宗下以元、允、宗、仲、士、不、善、汝,魏王以下以德、承、克、叔、之、公、彦。"①南宋时又续之。宋人陈元靓编撰的《事林广记》甲集卷一〇记载的皇族《族派字诗》:"克叔之公彦,夫时若古嗣(秦十[王]直下)。从世令子伯,师希与孟山(由?)(太祖直下)。宗仲士不善,汝崇必良友(太宗直下)。孝安居多自甫(濮安懿王下)。有卿茂中孙(楚王似下神宗之后)。"这又说明,宋代已流行用诗句表达字辈顺序。

## 二、宗族字辈的规则

宋代大多数宗族的字辈,是每一辈成员用同一个字相连,单名则用同一偏旁相连,个别情况下也有的两者兼用。汉族人姓氏多为单字,因此一个人的姓名一般为三字或两字。在三字姓名中,第一字为姓,第二字与第三字为字辈和名,或字辈在前名在后,或名在前字辈在后。在两字姓名中,第一字为姓,第二字为名,其偏旁为字辈。

南宋王明清在《挥麈录》中,曾列举了宋代一些官宦世家的字辈关系。他说:

> 自祖宗以来,故家以真定韩氏为首,忠宪公家也。忠宪诸子,名连丝字,康公兄弟也。生宗字。宗生子,名从玉字。玉生子,从日字。日生元字。元生子,从水字。居京师,廷有桐木,都人以桐树目之,以别"相韩"焉。"相韩"则魏公家也。魏公生仪公兄弟,名连彦字。彦生子,名从口字。口生子,从胄字。胄之子,名连三画,或谓魏公之命,以其名琦字析焉。东莱吕氏,文穆家也。文穆诸子,文靖兄弟也,名连简字。简字生公字。公字生希字。希字生问字。问字生中字。中字生大字。大字生祖字。河内向氏,文简公家也。文简诸子,名连传字。传字生子,从丝字。丝字生,从宗字,钦圣宪肃兄弟也。宗字生子字。子字

---

① (宋)王应麟:《玉海》卷五一《艺文》,江苏古籍出版社、上海书店1987年版,第960页。

生水字。水字生土字。土字生公字。两浙钱氏,文僖兄弟名连惟字。惟字生日字。日字生景字。景字生心字。心字生之字,在长主孙则连端字,赐名也。曹武惠诸子,名连玉字。玉字生人字,慈圣光献昆季也。人字生言字。言字生日字。日字生水字。水字生丝字。高武烈诸子连遵字。遵字生士字,宣仁圣烈兄弟也。士字生公字。公字生世字。世字生之字。晁文元诸子,名连宗字,文庄兄弟也。宗字生仲字。仲字生端字。端字生之字。之字生公字。公字生子字。①

　　王氏此处所举的这些世家大族的字辈,在宋以后宗族起名中当然是颇具代表性的。韩亿诸子为纲、综、绛、绎、维、缜、纬、缅,诸孙则为宗彦、宗道、宗古、宗哲、宗师、宗弼、宗恕、宗武、宗儒、宗良、宗厚、宗文、宗直、宗本、宗迪、宗质、宗敏、宗尧、宗亮、宗望、宗坦、宗矩等等。可见韩纲辈是单名以偏旁相连,韩宗彦辈是双名以字相连。双名以字相连者,字辈有在前面的情况,也有在后面的情况。相州韩氏的韩侂胄一辈的成员,就属于字辈在后面的情况。这一辈的成员有肖胄、肯胄、肤胄、完胄、宏胄、安胄、宝胄、膺胄、昌胄、庄胄、昭胄、贻胄、侂胄、仰胄等等。更有双名既以字相连又以偏旁相连的情况,同辈人的名字一望便知。

　　五行作为古代说明宇宙万物的起源和变化的元素,许多宗族往往利用其相生的顺序作字辈。董仲舒《春秋繁露·五行之义》:"木,五行之始也,水,五行之终也,土,五行之中也,此其天次之序也。木生火,火生土,土生金,金生水,水生木,此其父子也。"此种说法,恰巧为宗族以此为字辈提供了依据。至迟到唐代,就有这种字辈情况的出现,而宋代世家大族,更多有"取五行相生为次"②者。清人钱大昕说:"予读《昌黎集》,有王屋县尉毕坰墓志,其大父名构、父名炕、弟名增,子四人——镐、钚、铼、锐。则唐人已有之。"他又以较多的事例说明宋代这种情况的盛行:"今人好以五行偏旁命名,递及子孙,取相生之义,盖盛于宋时。尹源弟洙,源子林,林子焞,洙子

① (宋)王明清:《挥麈录》前录卷二《本朝族望之盛》,上海书店出版社2001年版,第15—16页。"丝",原作"糸",今据四部丛刊本改。
② (宋)牟巘:《陵阳集》卷一六《题西秦张氏世谱后》,文渊阁四库全书本,第1188册,第143页。

构。秦桧兄梓、弟棣,桧子熺,孙埛、堪,曾孙钜,玄孙浚、澐。朱松子熹,孙
塾、埜、在,曾孙钜、钧、鉴、铎、铨,玄孙渊、洽、潜、济、瀿、澄。李焘子垕、𡺇、
孙铦、锡、鉴、銶、锬、镧、铨。陈源子栎,孙照、勋,曾孙墼、圻、基,玄孙鏊
是也。"①除钱大昕所列事例外,南宋时的绵竹张氏和成纪张氏也是明显的
例子。绵竹张氏族人中有张浚、张栻、张焯、张圮等人。成纪张氏族人中则
有张镃、张濡、张枢、张炎、张埜等人。

　　尽管字辈多体现为字形上的规则,并由先辈拟定,后辈遵从,但也有极
个别的特例。庄绰《鸡肋编》云:"世人名子,多连上下一字,或从偏傍。唯
李復圭修撰兄弟三房名子,或曰执柔、袭誉、传正,人莫晓其意义。乃以仄
平、仄仄、平仄为异也。永嘉林季仲懿成云,渠诸父五人,伯父首得子,即以
八元名之。后诸房果得子八人,两房遂绝。人谓数已谶于其始。然蔡子正
枢密之子,以五行为名,至第六子,名之曰谷,以应六府。晚年又得一子,遂
名之为修,亦岂在是也? 河阳张望九子,皆连'立'字,令以'立、门、金、石、
心'为序。靖生阁,阁之女嫁郑居中长子修年,而台卿诸子因更从'年'。慕
势而违祖训,金石之心遂从革矣。"②李復圭宗族以名字发音之平仄为规则,
的确很不明显。张望宗族后人慕势而违祖训,所立字辈中的"金、石、心"便
不再被遵从。

　　宗族字辈一般记载在族谱中,称为字辈谱。宗族在编修族谱时,通常将
宗族世系序列编成朗朗上口的诗句,以便宗族成员记诵。宗族在发展过程
中,不同的支系各自发展,会出现"同姓不同修"的现象,即分化出来的新的
宗族各自修谱。这样,也就会出现同姓不同字辈的现象。

　　字辈的主要社会作用是继承和维持宗族成员的身份。它以人名中的文
字符号的形式,规定了宗族成员在宗族中的地位,并通过这种文字符号在宗
族成员姓名中代代相传。它对增加宗族成员之间的亲情关系和内聚力,也
有一定的作用。③

---

① (清)钱大昕:《十驾斋养新录》卷一九《五行命名》,江苏古籍出版社 2000 年版,第 403 页。
② (宋)庄绰:《鸡肋编》卷下,中华书局 1983 年版,第 92 页。
③ 参见欧阳宗书:《字辈——中国古代宗法制社会的一种礼制》,《江西大学学报》1989 年第
　 4 期。

## 第六节　宗族排行

在宗族的同辈成员中,势必存在长幼顺序。排行是用来规范同辈成员长幼秩序的规则,主要在日常称谓中使用。排行也可直接用于取名,特别是在社会下层成员中,更为常见。

### 一、宗族排行的流行

除用字辈区分宗族成员的辈分关系外,宗族中还流行以排行相称。排行又称行第,是指同一祖父、曾祖父、高祖父或更远的祖先之下同辈成员相排,或兄弟和姐妹分别排列,或兄弟姐妹混合排列。

排行的出现早于字辈。排行发展到唐代,已直接以顺序数字表示,比之天干和伯(孟)、仲、叔、季,更加方便。至迟到五代时期,已出现以排行取名的现象。如后周单州刺史赵凤,有子5人,其中第三子"曰小字二十五"①,看来幼时以大排行相称。

宋代社会,以排行相称更为盛行。陆游曾说:"今吴人子弟稍长,便不欲人呼其小名,虽尊者亦行第呼之矣。"②周辉也云:"自昔名贤,严于辈行,尤笃通家之好。子弟见父执必拜,或立受,或答半礼,呼以排行,或称小字。"③

宋代排行的流行,应与当时社会上避名讳的习俗有关。相互熟悉的人之间,称呼往往是姓加排行。如宋初大将符彦卿,在兄弟中排行第四,"军中谓之符第四"④。"皇城使刘承规,在太祖朝为黄门小底时,气性不同,已有心力,宫中呼为刘七"⑤。

---

① 周阿根:《五代墓志汇考》202《赵凤墓志》,黄山书社2012年版,第550页。
② (宋)陆游:《老学庵笔记》卷五,中华书局1979年版,第64页。
③ (宋)周辉撰,刘永翔校注:《清波杂志校注》卷五《名贤辈行》,中华书局1994年版,第200页。
④ (元)脱脱等:《宋史》卷二五一《符彦卿传》,中华书局1985年版,第8840页。
⑤ (宋)丁谓:《丁晋公谈录》,载《全宋笔记》第1编,第4册,大象出版社2003年版,第266页。

　　即使在称及第三方时，也往往用姓加排行。韩维作《和吴九王二十八雪诗》①，吴九指吴充，王二十八指王安石。赵与裹《辛巳泣蕲录》云："时北门守御林知县荣申，有青山乡学生董应能、总首徐彬等，捕获奸细卢四名立供，元系寿州下蔡县人氏，自嘉定二年招安过淮，分居蕲州新寨，有头目人张奇八郎，常令我与其家张二、张三、韩四、王小乙等归北界报信。"②其中的"小乙"，应是排行第一。《夷坚志》云："衢州人李五七，居城中。本巨室子弟，后生计沦落，但为人家管当门户。"③真定韩氏家族的韩璜，曾与某钱塘娼妓相好，后该妓回忆说："璜即韩九，字叔夏，旧游妾家，最好欢。"④如被称之人为长辈，排行后还往往加个尊称"丈"字。王安石之子王雱在谈及司马光时，称为"司马十二丈"⑤。王明清述及朱希真、徐毅立时，称"朱三十五丈希真、徐五丈敦立"⑥。对晚辈或年轻男子的称呼，排行后还往往加个"郎"字。范纯仁问其子光禄丞范正思："八郎，尔今几岁？"范正思应曰："某四十六矣。"⑦显然，46岁已不算年轻，这是对晚辈的称呼。宋徽宗对妓女李师师自我介绍："娘子休怕！我是汴梁生，夷门长。……姓赵，排房第八。俺乃赵八郎也！"⑧这个自称的"郎"，应含有年轻之意。南宋初年，"时人呼诸将，皆以第行加于官称"⑨。如王三十太尉，是指王瓌。刘三、张七、韩五则分别指刘光世、张俊和韩世忠。

　　皇族成员，一般不呼姓，往往以排行或排行加官职相称。宋英宗为"濮王十三子"⑩，于仁宗为侄，与仁宗曹皇后之甥女高氏，"自幼同养禁中"。

① （宋）韩维：《南阳集》卷四《和吴九王二十八雪诗》，文渊阁四库全书本，第1101册，第545页。
② （宋）赵与裹：《辛巳泣蕲录》，载《全宋笔记》第7编，第2册，大象出版社2016年版，第125页。
③ （宋）洪迈：《夷坚志》支乙卷四《衢州少妇》，中华书局2006年版，第820页。
④ （宋）罗大经：《鹤林玉露》乙编卷六《韩璜廉按》，中华书局1983年版，第227页。
⑤ （宋）陆游：《渭南文集》卷二八《跋居家杂仪》，载《陆游集》，中华书局1976年版，第2258页。
⑥ （宋）王明清：《挥麈录》前录卷四《王仲言弱龄见知于朱希真、徐毅立二公》，上海书店出版社2001年版，第31页。
⑦ （宋）范公偁：《过庭录·忠宣谓光禄为福人》，中华书局2002年版，第329页。
⑧ 无名氏著，程毅中校注：《宣和遗事校注》前集，中华书局2022年版，第117页。
⑨ （宋）庄绰：《鸡肋编》卷下，中华书局1983年版，第94页。
⑩ （宋）苏辙：《龙川别志》卷下，中华书局1982年版，第90页。

后仁宗对曹皇后说："吾夫妇老无子,旧养十三(英宗行第)、滔滔(宣仁小字),各已长立。朕为十三、后为滔滔主婚,使相娶嫁。"①此后,宋英宗高皇后又曾对曹太后说："奏知娘娘,新妇嫁十三团练尔,即不曾嫁他官家。"②宋英宗即位前任团练使,所以称为"十三团练",做了皇帝之后,又被称为"官家"。宋英宗的排行虽已至十余位,但仍属亲兄弟之间的小排行,只是显示了其父子女众多而已。

在社会下层民众中,有不少人只称呼姓和排行,没有名,更不曾取字。《名公书判清明集》中就有徐六三、邓四六、曾少三等等之类的人物。女子也用姓加排行,但年轻女子往往在排行后又加"娘"等字。如"德兴医者叶吉甫妻张氏,行第三",称"张三娘"③。

相比而言,以排行相称在宗族内部最为盛行。宋末元初人王炎午所撰其父母事状云:"先君子槐坡先生,姓王氏,讳希淮,字同甫,第行九五。……曾祖讳廷,字彦直,第行十六。祖讳忠政,字君德,第行三十六。父讳朝用,字淑行,第行四十五。先妣孺人刘氏,第行十六娘。"④

## 二、宗族排行的规则

唐代使用排行的方法是在姓氏后加排行。例如韩愈,人称韩十八。排行的范围,多不超过曾祖所出,所以排行数目多在30以内,至50者已极为少见。

宋人排行的范围大大扩大,早已打破了唐人的十位数,从个、十、百,直到千位、万位。如话本中"王七府判儿,唤做王七三官人"⑤,意指父亲排行第七,是通判;儿子的排行则是第七十三。但以千位、万位数为排行的情况非常复杂,未必都是按宗族顺序排列的。即使在正常的排列顺序内,在特殊情况下,也有不按顺序进行排行的。陆游讲述其大伯父的排行由来是:"三

①　(宋)邵伯温:《邵氏闻见录》卷三,中华书局1983年版,第20页。
②　(宋)蔡絛:《铁围山丛谈》卷一,中华书局1983年版,第7页。
③　(宋)洪迈:《夷坚志》支景卷八《张三娘》,中华书局2006年版,第946页。
④　(宋)王炎午:《吾汶稿》卷九《先父槐坡居士先母刘氏孺人事状》,文渊阁四库全书本,第1189册,第615—616页。
⑤　佚名:《京本通俗小说》卷一二《西山一窟鬼》,上海古籍出版社1988年版,第34页。

十八伯父(原注:讳宦,子元长),楚公(陆佃)长子。公得子晚,年三十八,始生伯父,遂以三十八为行。"①这种情况应该是甚为少见的。

女子的称谓,往往在排行后加"娘"或"姨"。对宋代社会有所反映的文学作品《水浒传》中,有孙二娘、扈三娘等女性人物。《青箱杂记》卷四记载:"龙图刘公烨未第前,娶赵尚书晃之长女,早亡,而赵氏犹有二妹,皆未适人。既而刘公登科,晃已捐馆,夫人复欲妻之,使媒妇通意。刘公曰:'若是武有之德,则不敢为姻;如言禹别之州,则庶可从命。'盖刘公不欲七姨为匹,意欲九姨议姻故也。夫人诘之曰:'谚云:薄饼从上揭。刘郎才及第,岂得便简点人家女?'刘公曰:'非敢有择。但七姨骨相寒薄,非某之对,九姨乃宜匹。'遂娶九姨。……七姨后适关生。"②赵晃之女的排行,看来是超出同胞的大排行。

字辈可明确世系次第,排行可明确长幼之序。二者的流行,对宗族内部的分尊卑、别长幼,维系成员间的相互关系,起着重要的作用。

---

① (宋)陆游:《家世旧闻》卷上《楚公不为三十八伯父陈乞在京厘务差遣》,中华书局1993年版,第193页。
② (宋)吴处厚:《青箱杂记》卷四,中华书局1985年版,第42页。

元代北方宗族组织的整合与发展

第十一章

　　元代是中国历史上空前的大一统时期,结束了自辽、五代对立以来的分裂局面。由于长期的南北方社会组织发展的区域差异,主要是原金、西夏统治区域与南宋统治区域的差异,使元代宗族组织的发展也比较明显地表现出南、北宗族的各自特色。

## 第一节　大一统政权下北方民族向汉族宗族组织的靠拢

　　在大一统政权统治下,北方地区各民族的流动与交往日益频繁。生活方式的变迁,使人们的宗族组织亦发生着相应的变化。由于汉族人口在数量上居于绝对多数,因而在北方民族南迁与汉族北迁的过程中,北方民族在各方面更易受到汉族的影响。北方地区宗族组织的发展,重要表现便是北方民族向汉族宗族组织的靠拢。

### 一、宗族组织方式的靠拢

　　元代的北方民族,特别是南迁的北方民族,其宗族组织方式已明显受到汉族的影响。在族谱编纂、族葬、祖先祭祀、家法族规、族产、字辈与排行等方面,出现了向汉人传统宗族组织方式靠拢的社会现象。

　　(一)族谱编纂

　　元代进入中原地区的北方民族,已普遍重视族谱的编纂。回鹘人约尔珠定其宗族之姓为里氏,编修了《里氏庆源图》①。唐兀人那木罕(王翰)家

---

① 　(元)程钜夫:《雪楼集》卷一五《里氏庆源图引》,文渊阁四库全书本,第1202册,第210页。

藏《王氏家谱》，自称其先世为"齐人没元昊者，其宗族在东阿、阳谷甚盛"①。蒙古人编修族谱者更是不乏其例。如燮理普化编《斡罗氏世谱》②、荅鲁乃蛮兼善藏有其族谱《中山世家》③等。特别值得一提的是，基层社会中的蒙古人，亦有撰刻石谱的现象。刻立于至正六年（1346年）的蒙古斡罗那歹氏宗族谱系图④，即为实证。至于元朝建立前已进入中原定居的契丹等族，甚至更早的鲜卑等族，重视族谱编修则更为明显。

刘通兄弟本为契丹人，其先"世居宿州灵璧县丁墟镇，佐仕于金"，金亡后，迁居潍阳（今山东潍坊）。迁居之后，卜吉地、立祖茔，以使先人得以瞑目于地下。由于其先人"欲续家谱以诏示子孙，垂之不朽，不果而逝"。为使子孙知悉明确世系，通与乃兄率其弟侄，"协力谋为，共奉遗训，择年月日以成厥命"⑤。由"续家谱"一词可知，潍阳刘氏在迁居之前已有修撰家谱的传统，而且世次明确。迁居潍阳之后，先人继续修撰家谱以承续，只是"不果而逝"。通与兄善，继先人遗志，"率其弟侄，协力谋为"，续修家谱。

石抹存道与石抹伯玑亦为契丹人，且原属契丹贵族。金灭辽后，"易其贵族之姓述律为石抹氏"，后以石抹为姓。蒙古征战时，契丹人随之效力并"散处四方"。后元朝建立，天下渐平，散处各地的契丹人逐渐定居，并有复姓的强烈愿望。存道"尝持文衡于四川行省，及其请于朝而复姓"，事虽不果，"然其谱而存之"⑥。由此可知，石抹氏虽复姓没有成功，但有家谱记载先人事迹以示子孙来龙去脉。

---

① （元）吴海：《闻过斋集》卷一《王氏家谱叙》，丛书集成初编本，中华书局1985年版，第2417册，第13页。

② 参见（元）虞集：《道园学古录》卷四〇《题斡罗氏世谱》，四部丛刊初编本。

③ 参见（元）贡师泰：《玩斋集》卷六《中山世家序》，文渊阁四库全书本，第1215册，第591—592页。

④ 参见郭济生：《山东淄博刘家营村蒙古斡罗那歹氏刻石》，载《元史论丛》第5辑，中国社会科学出版社1993年版。

⑤ 余有林、曹梦九修，王照青纂：《（民国）高密县志》卷四一《元刘氏墓碑》，载《中国地方志集成·山东府县志辑》，第41册，凤凰出版社、上海书店、巴蜀书社2004年版，第219—220页。

⑥ （元）陈基：《夷白斋稿外集》卷下《书舒穆噜氏家谱后》，文渊阁四库全书本，第1222册，第389页。

元明善自称为鲜卑人后裔。鲜卑元氏本为北魏皇族,孝文帝改革时,易皇族之姓拓跋为元氏,后以元氏称于后世。元明善在《跋卢龙赵氏族谱后》云:"余尝述元氏族谱,四世以上,不能原其所自,每悲之。"①由此可知,元明善曾经修撰族谱。

现存山西省寿阳县南燕竹镇吴家崖村的《石氏先茔之志》碑,刻石于至治三年(1323 年)。碑阴刻有石氏宗祖图,也就是宗族谱系,具有族谱的基本特征。碑阳记载寿阳石氏的迁徙、繁衍和传承等情况。② 石姓来源较为复杂,其中有来自北方民族的多个渠道。既有鲜卑族乌石兰氏改为石姓的情况,又有作为"昭武九姓"之一的石姓。他们进入中原后,较为集中地居住在山西省地区。因此,该石氏宗族很有可能出自北方民族。

净州马氏宗族"出西域聂思脱里贵族",辽朝后期定居中国。因第二代代表人物帖木尔越歌"以军功累官马步军指挥使,为政廉平,而有威望,人不敢斥其名,惟称之曰马元帅,因以为氏"。该宗族至元朝时编修了《马氏世谱》,编修者黄溍云:"马氏之有姓,迨今仅二百余年,故予为其世谱,可得而详焉。"③可见,马氏的族谱是约请族外人编修的。

(二)族葬

在中国传统社会的伦理观念中,生养死葬是人生大事。在百行孝为先、营葬以尊祖的观念支配下,元人对营葬十分重视,这也成为敬宗收族的重要手段之一。受此影响,元北方民族十分重视丧葬一事。

在元代,丧葬活动是北方民族家庭或宗族生活中的一个重要组成部分。其主要有两种丧葬方式,即卜葬和归葬、祔葬等。卜葬是指死者亲属请巫师占卜坟地之风水与下葬之日期,这种丧葬礼俗最早可上溯至商朝,而为历代所传承。④ 前述契丹人刘通与刘善兄弟的先人曾"世居宿州灵璧县丁墟

① (元)元明善:《清河集》卷四《跋卢龙赵氏族谱后》,元人文集珍本丛刊本,第 5 册,新文丰出版公司 1985 年版,第 182 页。
② 参见史景怡主编:《寿阳碑碣》,山西古籍出版社 2007 年版,第 95 页。转引自王慰霞:《金元以降山西中东部地区的宗族与地方社会》,南开大学博士学位论文,2010 年。
③ 《黄溍全集》上册《马氏世谱》,天津古籍出版社 2008 年版,第 434 页。
④ 参见邓文韬:《元代唐兀人研究》,宁夏大学博士学位论文,2017 年,第 152 页。

镇",并"于州西南,去城七里……乃卜兆之地,可立祖茔"①。由此可知,刘氏先祖曾在宿州西南距城七里的地方营建祖茔以奉安祖先,其采用的方式就是以巫师为主导的卜葬。同样,元代的西夏遗民亦曾采用这种方式。如昔里钤部卒于1259年秋七月,至"至元戊寅"(1278年),其孙教化才"念祖之权厝未葬,是以改卜新茔"②;昔里也速普花之妻威弥氏卒于至正七年四月二十八日,"卜以是年七月九日"③下葬。

另外,归葬、祔葬与序昭穆以葬,更能反映出儒家传统礼仪文化对北方民族葬俗的影响。西夏皇族后裔李惟忠宗族祖坟在淄川,因后人跻身元朝权力中枢,而将祖坟迁至大都。李恒去世后,由其子李世安赴交趾,"护丧归葬大都路宛平县永安山之阳",当世安与其弟世雄去世后,也同样由他们的后代"祔公于考妣之兆"④,"葬永安山之原,祔先茔"⑤。进行归葬与祔葬的现象,说明他们接受了聚族而葬、父为子纲、夫为妻纲等家庭伦理价值。⑥契丹人耶律钧去世后,其子有尚"护枢还东平,丧葬合礼,闾里范之"⑦。有尚所遵行的丧葬礼仪,不但已完全是汉式的,而且即使在中原地区,也被人们奉为模范。耶律铸也曾说:"祖宗以来,皆以礼薄葬。"⑧可见,耶律氏宗族在丧葬方面注重的是儒家一再强调的礼。

(三)祖先祭祀

《孟子·滕文公上》有言:"生,事之以礼;死,葬之以礼;祭之以礼,可

---

① 余有林、曹梦九修,王照青纂:《(民国)高密县志》卷四一《元刘氏墓碑》,载《中国地方志集成·山东府县志辑》,第41册,凤凰出版社、上海书店、巴蜀书社2004年版,第219页。

② 《小李钤部墓志》,杜建录:《党项西夏碑石整理研究》,上海古籍出版社2015年版,第198页。

③ (明)唐锦编纂,陈滞采辑:《(正德)大名府志》卷一〇《元大名达鲁花赤昔李公墓志铭》,天一阁藏明代方志选刊本,上海古籍书店1964年版,第39页。

④ (元)吴澄:《吴文正公集》卷四二《元故荣禄大夫江西等处行中书省平章政事李公墓志铭》,元人文集珍本丛刊,第4册,新文丰出版公司1985年版,第22页。

⑤ (元)张伯淳:《养蒙文集》卷四《益都淄莱等路管军万户李公墓志铭》,文渊阁四库全书本,第1194册,第462页。

⑥ 参见邓文韬:《元代唐兀人研究》,宁夏大学博士学位论文,2017年,第154页。

⑦ (元)苏天爵:《滋溪文稿》卷七《皇元故昭文馆大学士兼国子祭酒赠河南行省右丞耶律文正公神道碑铭》,中华书局1997年版,第104页。

⑧ 《耶律铸墓志》,载北京辽金城垣博物馆编:《北京元代史迹图志》,北京燕山出版社2009年版,第199页。

谓孝矣。"①在中国传统社会,孝道以先的伦理要求下,祭祀是体现孝道的重要形式之一。宋代理学大家程颐曾说:"凡物,知母而不知父,走兽是也;知父而不知祖,飞鸟是也。惟人则能知祖,若不严于祭祀,殆与鸟兽无异矣。"②如此可知,程颐把祭祀祖先与否上升到人性的高度,若严于祭祀,则是为人,否则与鸟兽无异。受汉文化影响,元代北方民族亦对祖先祭祀十分重视。

　　元代北方民族的祭祀对象虽为祖先,但在一定程度上,祭祀的主体多是有选择性的,一般是父祖以上有明确世系与功绩者。契丹人耶律希亮"性至孝,困厄遐方,家赀散亡已尽,仅藏祖考画像,四时就穹庐陈列致奠,尽诚尽敬。朔漠之人,咸相聚来观,叹曰:'此中土之礼也。'"③希亮祭祀的主要是祖考,祭祀时节在四时。唐人周元阳《祀录》记载:"以元日、寒食、秋分、冬夏至,为四时祭之节。"④以他人赞"中土之礼"来说,耶律希亮的祭祀行为是遵循汉人之礼尽孝的。

　　在西夏遗民中,常见的做法是组织家祭,祭祀祖先。唐兀崇喜之母命之"赡坟地至二百余亩,内有所产,以供祭祀"⑤。刘完泽为父治丧,"葬祭无不备具,亦宾敬之间素有所仪刑矣"⑥。也有一些西夏遗民的大族,甚至有专门用于家祭的家庙。李世安曾于"居室之西营家庙,祠武愍公"⑦。

　　旺古赵氏是蒙元时期北方重要的色目人宗族之一,赵氏在元代共历6代20余人,且宗族世系明确。他们主要居住在今甘肃礼县、四川成都和云南等地。赵氏一族虽以武功著称,但宗族成员亦多习文业。赵国宝"自幼学问",赵世延"喜读书,究心儒者体用之学"⑧,在儒家文化的影响下,孝悌、

① 《孟子》卷五《滕文公上》,中华书局2006年版,第101页。
② (宋)程颢、程颐:《河南程氏遗书》卷一八《伊川先生语四》,载《二程集》,中华书局2004年版,第241页。
③ (明)宋濂等:《元史》卷一八〇《耶律希亮传》,中华书局1976年版,第4162页。
④ (宋)叶梦得:《石林燕语》卷一,中华书局1984年版,第9页。
⑤ 《唐兀公碑》,载杜建录:《党项西夏碑石整理研究》,上海古籍出版社2015年版,第243页。
⑥ (元)虞集:《道园类稿》卷四二《彭城郡侯刘公神道碑》,元人文集珍本丛刊本,第6册,新文丰出版公司1985年版,第269页。
⑦ (元)吴澄:《吴文正公集》卷四二《元故荣禄大夫江西等处行中书省平章政事李公墓志铭》,元人文集珍本丛刊本,第4册,新文丰出版公司1985年版,第22页。
⑧ (明)宋濂等:《元史》卷一八〇《赵世延传》,中华书局1976年版,第4163页。

丧葬礼俗等方面表现出明显的汉文化特点。世延晚年时,想营建家庙,祭祀先祖先父,因病逝世而未能如愿。其子继承遗志,代父营建家庙,立碑祭祀。

（四）家法族规

注重宗族成员的行为规范,以家法族规约束族众的日常行为,是中原地区汉人宗族的普遍做法。进入中原的北方民族,也越来越明显地受到汉人的影响,其中不乏“家法秩然”[1]的宗族。耶律铸之妻奇渥温氏,“治家处身之道,一用汉人之法”[2]。铸之女昼锦嫁入旺古族汪氏之后,“淑德宜家,义方教子,阃政为乡党仪范”[3]。潍县契丹人刘氏宗族,“治家有法”[4]。益都女真人刘氏宗族,也同样是“治家有法”[5]。畏兀儿廉氏宗族,廉希宪“清规雅范”,“诸公子彬彬儒雅,克世其业,袭清风而蹈……巍然公辅家法之正然也”[6]。上述各北方民族的宗族,能够得到时人的不断赞赏,说明其家法族规的建设是卓有成效的。

（五）族产与族人通财

兴置族产或族人通财,是传统上汉人以物质手段联系族众的主要形式。北方民族也表现出了明显的相同趋势。耶律楚材宗族在物质生活方面逐渐表现出宗族互助的特点。楚材“当国日久,得禄分其亲族,未尝私以官”[7],自己临终“唯名琴数张,金石遗文数百卷而已”[8]。这些做法,与长期为人称道的中原汉族贤士大夫无异。

---

①　（元）许有壬:《至正集》卷五三《西域使者哈扎哈津碑》,元人文集珍本丛刊本,第7册,新文丰出版公司1985年版,第251页。

②　《耶律铸夫人奇渥温氏墓志》,载北京辽金城垣博物馆编:《北京元代史迹图志》,北京燕山出版社2009年版,第200页。

③　《大元中书左丞谥贞肃汪公贞善夫人耶律氏之墓志》,载赵一兵:《元代巩昌汪世显宗族墓葬出土墓志校释五则》,《内蒙古社会科学》2006年第2期。

④　余有林、曹梦九修,王照青纂:《（民国）高密县志》卷四一《元刘氏墓碑》,载《中国地方志集成·山东府县志辑》,第41册,凤凰出版社、上海书店、巴蜀书社2004年版,第220页。

⑤　《山左金石志》卷二一阎复《刘氏先茔碑》,续修四库全书本,上海古籍出版社1996年版,第910册,第99页。

⑥　（元）元明善:《读书岩记》,载《永乐大典》卷九七六五,中华书局1986年版,第4217页。

⑦　（明）宋濂等:《元史》卷一四六《耶律楚材传》,中华书局1976年版,第3463页。

⑧　（元）苏天爵编:《元文类》卷五七宋子贞《中书令耶律公神道碑》,商务印书馆1958年版,第837页。

西夏遗民李恒宗族，一家五世，聚族而居。后李世安赴中书省任职，迁居大都，但仍不忘淄州同族，"尝至淄川，聚族戒曰：'此吾祖初基，今族大蕃衍，以淄川公视之，岂容有亲疏之异？'族人无子孙或孤弱客死远方，为归其丧，就祖茔序昭穆以葬。有义田供展省之费，族之婚丧皆取给于斯"①。由此可知，李氏宗族治有义田，以为宗族成员之婚丧嫁娶之费用，体现了李氏宗族互助的特点，亦由此表现出唐兀人维持聚族而居的生活方式。

（六）姓氏、字辈与排行

姓名与称谓作为宗族成员最为明显的文化符号，在人们日常交流中使用频繁。北方民族的姓氏在元代有进一步向汉族靠拢的趋势。契丹族的耶律氏多改姓刘。《刘黑马墓志》云："本耶律德光之后，金朝改耶律为移剌，又改移剌为刘姓。"②《（嘉靖）开州志》曾提到"元刘德裕，本辽东丹阳王耶律之胄，尝历州郡，多异政。至元中为州尹，廉平公正，化行俗美，百姓为之立碑"③。刘德裕之姓名，甚至已与汉人无别。女真族的改姓也十分明显。元人阎復在为益都刘氏撰写先茔碑时曾云："刘氏之先，系出女真望族，本姓乌古论氏，逮至国朝，始改今姓。"④张英为李世和撰写神道碑时也说："姓蒲察氏，后更易为李。"⑤色目人改为汉姓者也相当常见。高昌人约尔珠自定其氏为里。其宗族自其祖父萨奇苏归附元朝以来，"列朝著寄方伯、垂绅曳绂、分符握节者余六十人"，可谓盛族。约尔珠"大惧世代日益远，生齿日益众，无命氏以相别，终亦荒唐杳渺不可知而已"。他便根据其祖父之名"从世俗书有从土从田之文"，其父与伯父之名"皆有里字，而春秋有里氏，遂自氏曰里氏"⑥。另一高昌人布鲁海牙，在官拜燕南诸路廉访使时，适逢

---

① （元）吴澄：《吴文正公集》卷四二《元故荣禄大夫江西等处行中书省平章政事李公墓志铭》，元人文集珍本丛刊本，第4册，新文丰出版公司1985年版，第22页。

② 参见李举纲：《西安南郊新出土〈刘黑马墓志〉考述》，《考古与文物》2015年第4期。

③ （明）孙巨鲸修，王崇庆纂：《（嘉靖）开州志》卷五《官师志》，天一阁藏明代方志选刊本，上海古籍书店1964年版，第16页。

④ 《山左金石志》卷二一阎復《刘氏先茔碑》，续修四库全书本，上海古籍出版社1996年版，第910册，第99页。

⑤ （清）吴浔源编纂：《（光绪）宁津县志》卷一二张英《李世和神道碑》，载《中国地方志集成·山东府县志辑》，第20册，凤凰出版社、上海书店、巴蜀书社2004年版，第242页。

⑥ （元）程钜夫：《雪楼集》卷一五《里氏庆源图引》，文渊阁四库全书本，第1202册，第210页。

其妻生子,便云:"吾闻古以官为姓,天其以廉为吾宗之姓乎!"①由此,其子孙皆以廉为姓。

在宗族内部,字辈与排行标识成员之间的相互关系,最为明确。元代汉族的字辈与排行已形成相当成熟的规则。耶律楚材宗族命名,即明显表现出这种汉化倾向。楚材,字晋卿,取《左传》"楚虽有材,晋实用之"之语。其兄名辨才、善才,兄弟名连"才"字。楚材下一辈——钧、镛、铉、铸等,取名均从"金"字;铸之子希徽、希勃、希亮、希宽、希素、希周、希光、希逸、希援、希崇、希晟,从"希"字;有尚之子楷、朴、权、栝、检,从"木"字。这一命名方法,乃是典型的汉族字辈命名法。天成刘氏刘黑马"子男十四人,长曰元振,袭父职;次曰元贞,不仕;次曰元正,管人匠达鲁花赤;次曰元礼,都总管奥鲁万户;次曰元济,成都府路总管;次曰元德,山西等路管民总管;次曰琰,山西西路奥鲁万户;次曰元亨,山西东西两路征行千户;次俱幼"②。可见,黑马子辈成员也是比较严格地按字辈取名的。畏兀儿族廉氏宗族,廉希宪兄弟名希闵、希恕、希尹、希颜、希愿、希鲁、希贡、希括等,从弟名希贤,俱名连"希"字。希宪有子名孚、恪、恂、忱、恒、惇等,其中孚为与诸弟字辈相连,更名怡③,兄弟名连"心"字。

当然,宗族成员的命名还同时存在"双轨"现象。耶律楚材宗族成员的小字多有继承本民族传统命名法者,如志公奴、谢家奴等。廉希宪宗族亦有类似情况,希宪弟希恕又名不鲁迷失海牙,另有一弟名阿鲁浑海牙。后者之子名廉惠山海牙④。希宪之子恂,又名米只耳海牙等。值得一提的是,耶律楚材、耶律希亮还被赐以蒙古名——吾图撒合里、秃忽思,这也是多民族融合的有力见证。

## 二、宗族生活的靠拢

在元代北方地区多民族交往过程中,不同民族间的生活习俗相互影响

---

① （明)宋濂等:《元史》卷一二五《布鲁海牙传》,中华书局1976年版,第3072页。

② 李举纲:《西安南郊新出土〈刘黑马墓志〉考述》,《考古与文物》2015年第4期。

③ （元)刘因:《静修先生文集》卷一九《廉公惠更名序》,四部丛刊初编本。

④ 参见(明)宋濂等:《元史》卷一四五《廉惠山海牙传》,中华书局1976年版,第3447页。

甚为明显。耶律楚材宗族在生活习俗方面的表现,可说是一个代表性的宗族。

首先看物质生活方面。契丹族作为游牧民族,在建立辽政权之前,物质生活习俗有其鲜明的特点。耶律氏宗族能够长期在东丹国及中原地区生活,应该在衣食方面较多受到农耕民族的影响。耶律楚材在中都曾"执菜根蘸油盐,饭脱粟"①,这是极为俭朴的农耕民族的饮食内容。耶律伯明被人描述为"翩然来自旧京华,历数山河不谓遐。往事已空惟重黍,元(玄)谈未了更浇茶"②。耶律铸曾赋其"别业"云:"双溪别墅,实曰方湖。……我灌我园,我溉我蔬。蔬食为肉,安步为舆。"③食黍饮茶,以"蔬食为肉",明显地说明耶律氏宗族饮食习惯的转变。

耶律氏宗族在居住和交通方面,则更为明显地表现出由游牧向城居的过渡。耶律楚材自注其诗"三十年前旅永安,凤箫楼上倚阑干"云"先叔故居之楼名"④。耶律有尚"既归老,屏居别墅……表所居曰寓斋"⑤。宗族总的迁徙趋势是由北向南,特别是迁居长城以南之后,已与中原汉人的生活方式十分接近。

其次看精神生活方面。语言和文字是一个民族的重要标志,而民族的融合往往表现为对其他民族语言和文字的掌握和运用,同时民族的消亡也往往伴随着本民族语言和文字的消失。辽朝的开国皇帝耶律阿保机,"善汉语"⑥,而耶律倍"工辽、汉文章"⑦,对汉语和汉字已有很深的了解。履、

---

① (元)耶律楚材:《湛然居士文集》行秀《序一》,中华书局1986年版,第1页。
② (宋)牟巘:《陵阳集》卷五《和汴教耶律伯明》,文渊阁四库全书本,第1188册,第40页。伯明,似应为耶律铸之字。王恽《为耶律伯明醮金疏》曾云:"伯明秀造,漆水东丹之后,右丞文献之孙。"[(元)王恽著,杨亮、钟彦飞点校:《王恽全集汇校》卷七〇,中华书局2013年版,第2972—2973页]刘晓推测为耶律钧(《耶律楚材评传》,第29页)。但从其与牟巘交往的情况看,年龄稍轻的耶律铸可能性更大。
③ (元)耶律铸:《双溪醉隐集》卷一《方湖别业赋》,载《辽海丛书》,辽沈书社1985年版,第3册,第1887页。
④ (元)耶律楚材:《湛然居士文集》卷一〇《寄妹夫人》,中华书局1986年版,第231页。
⑤ (元)苏天爵:《滋溪文稿》卷七《皇元故昭文馆大学士兼国子祭酒赠河南行省右丞耶律文正公神道碑铭》,中华书局1997年版,第105页。
⑥ (宋)薛居正等:《旧五代史》卷一三七《契丹传》,中华书局2016年版,第2134页。
⑦ (元)脱脱等:《辽史》卷七二《义宗倍传》,中华书局2017年版,第1335页。

楚材、铸、希亮、希逸等人，"四世皆有文集"①。清人周春说："耶律氏、萧氏及渤海大氏，其后嗣繁衍入金元登显仕者，指不胜屈。就其政事、文学著称，莫如东丹房。"②耶律氏宗族的汉语言文学创作，成就非凡，突出"反映了异质文化交融带给中国古代文学的生机"③。楚材等人常年跟随蒙古军队征战，通蒙古语。铸"能通诸国语，精敏绝伦"④。

有趣的是，契丹文字的消失在耶律氏宗族史上有着明确的线索。辽朝虽然灭亡，但契丹文字在金朝前期尚得以与女真、汉字并行。承袭人曾学女真、契丹、汉字其一者，即许承袭。金朝中叶，女真与契丹的民族矛盾激化，金章宗废止契丹字，契丹文字逐渐消亡。耶律履"素善契丹大小字，译经润文，旨辞达而理得"。世宗曾"诏以小字译《唐史》，成，则别以女直字传之"，他不但"在选中"，而且"独主其事"⑤。可见，他应精通契丹文、女真文和汉文。耶律楚材在《醉义歌序》中云：

> 辽朝寺公大师者……有《醉义歌》……昔先人文献公尝译之。先人早逝，予恨不得一见。及大朝之西征也，遇西辽前郡王李世昌于西域，予学辽字于李公。期岁颇习，不揆狂斐，乃译是歌。⑥

由此可知，在中原地区，契丹文字已无人传习，耶律楚材不得不习之于西域。王国维说他"殆可谓通契丹文字最后之一人也"⑦，当可成立。

北方民族在人生礼仪、节日习俗、人伦关系等方面，也逐渐吸收本族以外民族尤其是汉族的做法。耶律钧与其兄弟曾作《传家誓训》，其主要意图是："自东丹王以来，生长中国，素习华风。父子夫妇纲常严正，累世弗变。

---

① （元）盛如梓：《庶斋老学丛谈》卷上，《知不足斋丛书》，中华书局1999年版，第8册，第426页。

② （清）周春：《增订辽诗话》卷下《耶律履》，《全辽诗话》，岳麓书社1992年版，第174页。

③ 刘达科：《金元耶律氏文学世家探论》，《民族文学研究》2003年第2期。

④ 《耶律铸墓志》，北京辽金城垣博物馆编：《北京元代史迹图志》，北京燕山出版社2009年版，第199页。

⑤ （金）元好问著，狄宝心校注：《元好问文编年校注》卷五《故金尚书右丞耶律公神道碑》，中华书局2012年版，第694页。

⑥ （元）耶律楚材：《湛然居士文集》卷八《醉义歌》，中华书局1986年版，第171页。

⑦ 王国维：《耶律文正公年谱余记》，载《王国维集》第4册，中国社会科学出版社2008年版，第356页。

不当效近世习俗,渎乱彝伦。"①耶律希亮侍从定宗幼子大名王火忽时,火忽"遗以耳环,其二珠大如榛,实价直千金,欲穿其耳使带之",希亮辞以"不敢因是以伤父母之遗体也"②。这显然是因接受了儒家"身体发肤,受之父母,不敢毁伤,孝之始也"③观念的影响而改变生活习俗使之然也。迁居保定的张氏宗族,本是西夏人,张讷翁历官台省,因"出其至性,行其至孝,有厚伦之道,有易俗之心","至元戊寅,建义学其家"④。由此可知,张氏义学的创办是基于以人伦经世的目的。此后,"芝生梁间者五",刘岳申特作《瑞芝堂记》以记之。

宗教信仰不但对宗族日常生活有着多方面的影响,而且从世界观、人生观等深层次上影响着民族群体的认同和人们的政治观念。耶律氏宗族的宗教信仰虽然庞杂,但明显的趋向是向多教合一、以儒教为核心方面发展。以耶律楚材为例,他虽苦心参禅,但其宗教思想实为三教合一。他认为"三圣人教,皆有益于世者"。具体来讲,就是三教皆有助于民化:"以能仁,不杀、不欺、不盗、不淫,因果之诚化其心,以老氏慈俭自然之道化其迹,以吾夫子君君臣臣、父父子子之名教化其身,使三圣人之道若权衡然行之于世,则民之归化,将若草之靡风,水之走下矣。"⑤相比而言,楚材尤重儒、释二教。他认为"穷理尽性莫尚佛法,济世安民无如孔教"⑥。因而当万松行秀告诉他"以儒治国,以佛治心"时,他"亟称之"⑦。此后,更"常谓以吾夫子之道治天下,以吾佛之教治一心,天下之能事毕矣"⑧。然而观其一生,他时时以天下为己任,无论是言论上还是行动上,体现最多的还是儒家思想。可以说,

---

① (元)苏天爵:《滋溪文稿》卷七《皇元故昭文馆大学士兼国子祭酒赠河南行省右丞耶律文正公神道碑铭》,中华书局1997年版,第104—105页。

② (明)宋濂等:《元史》卷一八〇《耶律希亮传》,中华书局1976年版,第4160页。

③ (唐)李隆基注,(宋)邢昺疏:《孝经注疏》卷一《开宗明义》,上海古籍出版社2009年版,第4页。

④ (元)刘岳申:《申斋集》卷六《瑞芝堂记》,文渊阁四库全书本,第1204册,第257页。

⑤ (元)耶律楚材:《西游录》卷下,中华书局1981年版,第13、19页。

⑥ (元)耶律楚材:《湛然居士文集》卷六《寄用之侍郎》,中华书局1986年版,第130页。

⑦ (清)郭元釪:《御订全金诗增补中州集》卷六一《万松老人》引《绿水亭杂识》,文渊阁四库全书本,第1445册,第786页。

⑧ (元)耶律楚材:《西游录》卷下,中华书局1981年版,第13页。

耶律楚材宗族的宗教信仰,明显具有杂糅多种信仰的特点,并且具有渐趋以儒教为主的倾向,宗族的政治观念也因此向以忠孝为核心的价值观发展。

## 第二节　北方地区汉族宗族组织的维系

在北方民族逐渐向汉族传统上的宗族组织靠拢的过程中,随着社会形势的发展,多民族日常生活的相互影响,北方地区的汉族宗族组织,也在继承传统的前提下,不断发展。

### 一、宗族祭祀

在中国古代社会,宗族祭祀不仅是对死者的一种哀悼,其中还有更多现实需要的内容。宗族祭祀的形成主要有两种,即墓祭、祠祭。元人对这两种祭祀十分重视,认为:"君子设教,惧其久而或忘也。为墓之郊而封沟之,为庙于家而尝禘之,为衰为忌而悲哀之,所以致其思,思存则亲虽远,其能忘乎?"①

(一)墓祭

墓祭作为宗族祭祀的一种重要方式,受到元代北方汉人的普遍重视。时人云"燕俗尚墓祭"②,其实不仅燕地,北方地区普遍重视墓祭。关于墓祭的目的,《朱氏祭田记》记载:"墓祭之降杀……惧远者之易忘,则用先儒家礼……虑亲尽则情尽,则有时之序拜。"③由此可知,墓祭的主要目的在于慎终追远,维系亲情。

墓祭的前提条件在于先茔的营建与存续。宗族成员的埋葬,一般都讲究昭穆规则。尤其是大族或官宦之家,更注重先茔修建所昭示的族葬制度。元人赵炳曾言:"宗法之坏久矣。人之族属,散无统纪。……幸而周礼不泯,族葬之类犹有一二存者。""族葬者,所以尊远祖,辨昭穆,亲逊属,宗法

---

① （元）杨维桢:《东维子文集》卷一七《顾氏永思冢舍记》,四部丛刊初编本。
② 《刘敏中集》卷二《田氏孝敬堂记》,吉林文史出版社 2008 年版,第 22 页。
③ （元）黄溍撰、王颋点校:《黄溍全集》上册《朱氏祭田记》,天津古籍出版社 2008 年版,第 371 页。

之遗意也。"①《河东李氏先茔碑》记载:"今河东李氏,数以世变,亡其谱。世次不可知,然犹可推见其为大族者。盖其族本平阳临汾县人,其先墓在大苏里之东,大尖山之麓,有大塚百数。东南一塚最高大者,始葬之祖也。相传以为茔圹既满,后死者不能容,别卜地于西南二十里,曰南梁里。东北一大塚,以为此茔之最尊者焉。祔葬之墓,亦莫可别矣。"②由此可知,河东李氏之族葬应是按照昭穆秩序营建的。

族葬对族人有很强的吸引力和凝聚力。《李氏迁祖之碑》记载:"人之所居为乡,所居之世既久,则谓之故里;人之所葬为坟,所葬之世既久,则谓之先茔。乡里之久安也,□(当为族)属姻戚、师长、朋侪、饮食、宴飨,岁时往来,得其生之乐也。茔域之已定也,树林行列,碑志建立,布置器皿,荐□馨香,得其祭之时也。二者之得,遭其泰之时而然也。若乃辞其先茔,去其故里,姻亲睽孤,朋友离隔,失其生之乐也。或西而东,或南而北,神情郁悒,旅寓荒凉,失其祭之时也。二者之失,遭其否之时而然也。"③《胡公迁葬祖先之碑》记载,胡公"命弟信率领其事。起于甲午之春三月,成于甲午之秋八月。地方二百□□,表以锹锄,列以松桧,先人之丘,巍然乎其中。树碑一,石柱四,石舍人□,石虎二,石羊二。至于宫隧、寝扃、窆窜之仪,簠簋、豆笾、祭祀之器,皆稽合古制无二"④。由此可知,元人重视族葬与祭祀,主要是因先茔在此,族人相聚,依时祭祀,不仅是缅怀先人的重要方式,也是团结宗族成员的重要手段。他们即使是远游千里之外,心中亦常怀先茔所在的故土之情。

墓祭最重要的时节应是寒食(清明)节与中元节,此两节之时,人们的主要活动是祭祀祖先。山东东平张氏为中原望族,元仁宗延祐年间(1314—1320年)张楫曾在先茔之地营建一堂,名为"时思"。他"宦游四

---

① (元)谢应芳:《辨惑编》卷二《择葬》,丛书集成初编本,中华书局1985年版,第988册,第32页。

② (元)虞集:《道园类稿》卷四五《河东李氏先茔碑》,元人文集珍本丛刊本,第6册,新文丰出版公司1985年版,第341页。

③ (清)段松苓辑:《益都金石记》卷三《李氏迁祖之碑》,清光绪九年益都刻本,第28页。

④ 范筑先:《(民国)续修临沂县志》卷一二刘源《胡公迁葬祖先之碑》,载《中国地方志集成·山东府县志辑》,第58册,凤凰出版社、上海书店、巴蜀书社2004年版,第182页。

方,去东平先茔千数百里","时思之心,实近在方寸间。方寸之心即堂也,是'时思'之堂,随寓而在也。今日宦游,异日之归朝,无一时不思春秋之祭祀,无一时不表其思,堂即心而在矣"①。张楫虽在外宦游,但是心中时时牵念先茔之地以寄故土之情。文中所言"春秋之祭祀"即为墓祭。姚燧对齐河岳氏的感慨是:"嗟乎! 安抚公(指岳飞——引者)忠孝所感千百世,宜其宦谱昌盛。……今百九十余禩矣,子请述其事而志之,使公之云礽春秋祭扫马鬣之封,聿念宗先,而兴起者将衮衮公侯,永保弗替。"②"春秋祭扫"主要就是指寒食(清明)节与中元节。

对于墓祭的具体情况,元杂剧中有一细致的描述,其文为:

> 时遇清明节令,寒食一百五,家家上坟祭祖。我将着这春盛担子,红干腊肉,同着社长上坟去来。……自家刘引孙……今日清明节令,大家儿小家儿都去上坟拜扫。……引孙我虽贫,是一个读书的人,怎肯差了这个道理。我往纸马铺门首唱了个肥喏,讨了这些纸钱,酒店门首又讨了这半瓶儿酒,食店里又讨了一个馒头。……引孙如今在邻居家借了这一把儿铁锹,到祖坟上去浇奠一浇奠,烈些纸儿,添些土也,也当做拜扫,尽我那人子之道。……刘引孙别无什么孝顺,我向祖坟上添些儿新土……我添了土儿,可行祭祀的礼。则一个馒头……劈作两半个:一半儿供养公公、婆婆,这一半儿供养父亲、母亲。奠了酒,烈了纸钱,祭祀已毕,我可破盘咱。③

由此可知,供食、奠酒、添土、送纸钱等活动是清明时节祭祀的主要内容。这些活动应是墓祭的基本要求。祭祀结束后,还有所谓的"破盘",即宗族成员祭后分吃祭品。这一活动,可以使宗族成员在一起合食和交流感情,凝聚族众,以体现"亲亲"之道。

---

① (元)陈栎:《陈定宇先生文集》卷三《时思堂记跋》,元人文集珍本丛刊本,第4册,新文丰出版公司1985年版,第441页。

② 杨豫等修,阎廷献等纂:《(民国)齐河县志》卷三三姚燧《岳氏宗茔之碑》,载《中国地方志集成·山东府县志辑》,第13册,凤凰出版社、上海书店、巴蜀书社2004年版,第498页。

③ (元)武汉臣:《散家财天赐老生儿》第三折,载徐征等主编:《全元曲》第4卷,河北教育出版社1998年版,第2206—2208页。

### (二)祠祭

元朝政府虽然重视各种祭祀,但"大臣家庙不与焉"①。可见元朝政府对设立家庙并不重视,以至"大臣家庙,惟至治初右丞相拜住得立五庙,同堂异室,而牲器仪式未闻"②。元代没有大臣建立家庙的正式制度,也基本没有大臣被朝廷正式准予建立家庙的情况,只有右丞相拜住一例。但是,若称为祠堂,则一般为政府所准许。缙山侯氏,"号衣冠族,辽金以来蝉联名宦不绝,著称云朔间"。侯士温作为侯氏的"贤子弟",曾娶当地李氏宗族之女。因李氏年幼守寡,在战乱中携子流离,后定居睢阳。李氏教子孙有成,曾被元政府作为贞节典范,"许其家立祠奉祀"③。

尽管政府不重视家庙建设,但宗族私建家庙,将其作为祠祭的重要场所,在元代仍是比较普遍的社会现象。山东费县刘氏自宋代定居于此,子孙枝叶繁茂,至元三年(1266年)冬,刘秀等召集宗族子弟商议:"祖封岁久,惟□庙祀,就今通年,同劳己力,各舒己财,修其宗庙,镌其铭记,序其昭穆,后辈子孙不失次序,汝吾心独不恔乎? 皆曰:然。遂伐木以修庙,谒匠以刊石。"④由此可知,刘氏家庙的建设是在刘秀的倡议下,集合宗族之力,"各舒己财"而建成的,主要目的在于"序其昭穆,后辈子孙不失次序"。刘秀的这一倡议得到了全族的支持。由此家庙即成,不仅用以祭祀祖先,而且实现了凝聚宗族并辨别世系的目的。至元四年,翰林修撰王恽撰写过《告家庙文》,祭祀三代祖。⑤ 世祖朝中书左丞李恒亦建有家庙。⑥ 泰定年间,贺仁杰创庙三间。⑦ 济阳人李成也曾建立家庙以奉祭先祖。"李氏惟恭,世为济

---

① (明)宋濂等:《元史》卷七二《祭祀志一》,中华书局1976年版,第1780页。
② (明)宋濂等:《元史》卷七六《祭祀志五》,中华书局1976年版,第1905页。
③ (元)苏天爵编:《元文类》卷二〇郭松年《侯府君夫人李氏祠堂碑》,商务印书馆1958年版,第253页。
④ 《(光绪)费县志》卷一五《刘氏奉先之记》,清光绪二十二年刻本。
⑤ 参见(元)王恽著,杨亮、钟彦飞点校:《王恽全集汇校》卷六三《告家庙文》,中华书局2013年版,第2711页。
⑥ 参见(元)姚燧:《牧庵集》卷一二《故资善堂大夫中书左丞赠银青荣禄大夫平章政事谥武愍公李公家庙碑》,四部丛刊初编本。
⑦ 参见(元)同恕:《榘庵集》卷三《奉元王贺公家庙记》,文渊阁四库全书本,第1206册,第679页。

南济阳人,居县之回河镇……阅既葬,成悉以家事付吴,结庐墓侧,居三年未尝一至其家,手植松柏千余株,服即除,犹不忍去,簀土筑台于墓之前,缭以周垣,然后归,即所居立家庙,以奉神主。"①广平赵氏建奉先堂祭祀祖先:"奉先堂者,广平赵君家祭之堂也。"②平遥梁氏则建有家佛堂,供奉祖先塑像,表明受佛教的影响很深。③

在祭祀时,有许多烦琐仪式,各宗族或许难以完全一致。济阳李氏,"晨昏荐祭,出入必面,如其生时。每遇时祭,粢盛肴醑,必农必洁,有谨无懈,以终其身"④。由此可知,李氏日常祭祀比较频繁,"晨昏荐祭"。这一频繁的祭祀行为恐许多宗族都难以做到。而且在每遇比较正式的时祭时,要求更为严苛。

## 二、族产

北方地区的宗族,创置义田、义学者多为官僚士大夫。汴梁之太康人韩元善,"效范文正公遗规,置田百亩为义庄,以周贫族。至正交钞初行,赐近臣各三百锭,元善复以买田六百亩,为义塾,延名士,以教族人子弟云"⑤。大名元城人盖苗,"性孝友,喜施与,置义田以赡宗族"⑥。

作为宗族公产,族田往往由族长或房长掌管,并约定不得典卖,以便为凝聚宗族提供持久的物质保障。如大同张氏宗族,"推大宗之长主之,籍其口食衣廪,给丧祭婚娶,各有差。咸家之长幼、嫡庶、臧获,均有养焉。岁阅其赢,以备不虞"⑦。义田所得主要是为宗族活动的开支和赡养族中贫苦无依者,还有些宗族,置义田的目的就是纯粹为赈济族人中的贫乏者。

---

① 王嗣鋆纂,卢永祥修:《民国济阳县志》卷一七张起严《李氏先茔碑铭》,载《中国地方志集成·山东府县志辑》,第 14 册,凤凰出版社、上海书店、巴蜀书社 2004 年版,第 464 页。
② 《黄溍全集》上册《跋奉先堂记》,天津古籍出版社 2008 年版,第 203 页。
③ 参见王慰霞:《金元以降山西中东部地区的宗族与地方社会》,南开大学博士学位论文,2010 年,第 33—34 页。
④ 王嗣鋆纂,卢永祥修:《民国济阳县志》卷一七张起严《李氏先茔碑铭》,载《中国地方志集成·山东府县志辑》,第 14 册,凤凰出版社、上海书店、巴蜀书社 2004 年版,第 464 页。
⑤ (明)宋濂等:《元史》卷一八四《韩元善传》,中华书局 1976 年版,第 4241 页。
⑥ (明)宋濂等:《元史》卷一八五《盖苗传》,中华书局 1976 年版,第 4262 页。
⑦ (元)释大訢:《蒲室集》卷一三《继斋说》,文渊阁四库全书本,第 1204 册,第 614 页。

　　尽管如此，真正能够长久维持的，仍十分稀少。元人胡助说："予观近代富家巨室，往往置义庄以赡族，遭世变鲜不废者。"①这说明易代鼎革更增加了族产管理的困难。本来宋金时期北方地区的义田创置并不普遍，因而元代的北方地区，宗族在经济上的维系手段更多的是族人通财与经济互助。至元十一年（1274年），"中书省御史台呈：切闻为人子者，养亲当致其乐，不敬其亲谓之悖礼。伏见随路居民有父母在堂，兄弟往往异居者，分居之际，置父母另处一室，其兄弟诸人分供日用。父母年高，自行拾薪，取水执爨为食。或一日所供不至，使之诣门求索。或分定日数，令父母巡门就食，日数才满，父母自出，其男与妇亦不恳留。循习既久，遂成风俗，甚非国家所以孝治之意。今后禁约：父母在堂之家，其兄弟诸人不许异居，著为定式"②。由此可知，为了避免因兄弟分家而出现父母无人赡养或不愿尽心赡养父母的与孝背道而驰的社会现象，元代以国家强制力量规定"父母在堂之家，其兄弟诸人不许异居"。在这种情况下，元代逐渐发展起累世同居的大家庭。③ 在宗族日常生活中，即使有义田，如果不是具有相当规模而收益丰裕，族人也会在不动用族产的前提下，出于道义，私人帮助贫困的族人。

### 三、族谱

　　元代族谱之名称，除族谱、家谱外，还有世谱、谱、家乘、世系、谱系、宗谱、族谱图、谱图、家谱图、本支图和支派图等。④ 虽然这些名称有异，但都是记述血缘群体世系的载体。

　　（一）族谱的编修

　　关于族谱的修撰，元人黄溍在《三槐王氏世谱序》中提及："世继世，此

① （元）胡助：《纯白斋类稿》卷二〇《胡氏族谱序》，丛书集成初编本，中华书局1985年版，第2091册，第189页。
② 黄时鉴点校：《通制条格》卷三《户令·亲在分居》，浙江古籍出版社1986年版，第28页。
③ 参见刘晓：《试论累世同居共财在元代的发展及其特点》，《中国经济史研究》2001年第1期。
④ 参见常建华：《元人文集族谱序跋数量及反映的谱名与地区分布》，《史学集刊》2008年第6期。

族谱所由作也;学继学,此家谱所以传也。夫世始于一,而至于千百,服属疏而流泽远,弗稽诸谱,后之相视如途人矣。是故由祖而子,由子而孙,若曾若元,绵绵延延。"①由此可知,族谱的编修目的在于继世、继学。

从现存文献记载来看,元代北方宗族编修的族谱较南方为少。依常建华先生的统计,河北、山西、河南、山东四地族谱总数在 20 篇左右。② 很大一部分原因在于北方战乱导致族谱散失难寻。陆文圭有言:"幽冀,古燕赵国。土脉深重,习气刚猛。人生其间,雄杰魁伟,毅然有烈丈夫之风,可与共功名者。顾自辽宋以来,南北殊疆,谱牒遗逸,所闻所传闻朝市山林之间,姓名晦而弗彰者,何限? 有志之士,所为慨然太息者也。"③由此可知,因为谱牒失散,所以"姓名晦而弗彰"。河北宁晋王氏宗族,"金亡兵荒中,世谱不存"。后又"细列世系,刻之碑阴,使为子孙者有所考焉。岁时伏腊,聚宗族于其下,封坟拜垅,尊卑长幼各知其序"④。显然,王氏后修之族谱,乃是刻有世系的墓碑。元人刘因曾说:"近世多刻石先茔,叙先世名迹,如古先庙碑者。"⑤可见,北方地区的石刻谱逐渐盛行。

元代石刻谱的盛行,一方面是继承了金代的习俗,另一方面则是因为战乱而谱失。"金之季年,兵毁漂摇,士大夫家俱莫能知有谱牒世次。"⑥开封的孙氏宗族,就"值金乱谱牒散轶,莫迹其始"⑦。邢植宗族世代居住的安阳地区,"金亡,大姓散走,谱谍冢墓轶塞,率高曾莫能考名字,维邢由酒使君始著"⑧。

---

① (清)陈树德编纂:《安亭志》卷五《三槐王氏世谱序》,上海古籍出版社 2003 年版,第 61 页。

② 参见常建华:《元人文集族谱序跋数量及反映的谱名与地区分布》,《史学集刊》2008 年第 6 期。

③ (元)陆文圭:《墙东类稿》卷一三《慈悟居士墓志铭》,元人文集珍本丛刊本,第 4 册,新文丰出版公司 1985 年版,第 601 页。

④ (元)胡祗遹:《胡祗遹集》卷一一《宁晋王氏本支图记》,吉林文史出版社 2008 年版,第 269 页。

⑤ (元)刘因:《静修先生文集》卷一六《怀孟万户刘公先茔碑铭》,四部丛刊初编本。

⑥ (元)戴表元:《剡源集》卷一七《宋氏墓表》,载《戴表元集》,浙江古籍出版社 2014 年版,第 349 页。

⑦ (元)邓文原:《巴西集》卷上《孙氏先茔碑》,文渊阁四库全书本,第 1195 册,第 528 页。

⑧ (元)袁桷撰,杨亮校注:《袁桷集校注》卷二七《邢氏先茔碑铭》,中华书局 2012 年版,第 1323 页。

高平王氏"以世涉多故,家谱逸坠,无可考征"①。因为战乱导致族谱亡逸,所以时人感叹"宗法废而族谱乱,以伪乱真,以贱冒贵,以凡陋袭穹华,概不能以其身自树立,以求显扬,徒以其先谓他人昆,以取讥笑"②。如果不乱认冒认祖先,人们能记起的祖先世代是比较有限的。"推名讳至于祖,则有能言者矣;上而高曾,不复有能言矣。"③因而,元代的石刻谱所记世系大多不过数代而已。

尽管战乱导致族谱散佚,但一旦社会安定,有条件的宗族仍会撰修族谱。东平王氏"世居潍州,家谱云,与中书令同系"④,可知王氏宗族已修成了族谱。李庭实曾为潍州李氏撰写过《李氏先茔碑记》,称李成与诸子侄"遂同域祔葬,出家谱,求志于圹"⑤。可知李氏宗族当时已修有家谱。莘县杨氏中的杨昇"按家牒,访遗老,得曾大父之概"⑥。另外,卫州汲县人王恽作《跋马氏家谱图后》,其文为:"夫源深则流长,本盛则末茂。至于家世蕃衍硕大,亦由忠厚之培植,德泽之渊浸者耳。燕著姓马氏,自辽历金,代有显人,故居河朔者多大坟是归。昔狄武襄以族系不明,不敢附梁公之后,时人毗之。今绛尹马君出示兹谱,曰:'此某之高曾也,皇显也,将而下之曰伯,曰从,曰昆,曰仲。'连绵次序,蔚为一宗。"⑦他在《题辽太师赵思温族系后》中说:"(赵思温)裔孙穆,联缀遗谱,装潢完整,携示求跋。"⑧王恽还作《南

① (元)蒲道源:《闲居丛稿》卷二六《西轩王先生行实》,文渊阁四库全书本,第1210册,第772页。

② (元)刘岳申:《申斋集》卷二《洛阳杨友直家谱序》,文渊阁四库全书本,第1204册,第194页。

③ (元)袁桷撰,杨亮校注:《袁桷集校注》卷二二《马氏族谱序》,中华书局2012年版,第1149页。

④ (元)袁桷撰,杨亮校注:《袁桷集校注》卷三二《翰林承旨王公请谥事状》,中华书局2012年版,第1498页。

⑤ 王金岳修,王景韩等纂:《民国昌乐县续志》卷一七《李氏先茔碑记》,载《中国地方志集成·山东府县志辑》,第35册,凤凰出版社、上海书店、巴蜀书社2004年版,第378页。

⑥ (元)程钜夫:《雪楼集》卷一九《莘县杨氏先茔之碑》,文渊阁四库全书本,第1202册,第271页。

⑦ (元)王恽著,杨亮、钟彦飞点校:《王恽全集汇校》卷七一《跋马氏家谱图后》,中华书局2013年版,第3015页。

⑧ (元)王恽著,杨亮、钟彦飞点校:《王恽全集汇校》卷七三《题辽太师赵思温族系后》,中华书局2013年版,第3086页。

郎王氏家谱图叙》①,王义山为平滦刘氏作《刘宣使秉忠家谱序》②。虞集为藁城董氏作《藁城董氏世谱序》,其文为"吾于国家功臣之系,得藁城董氏功德事状,思见其子孙之能长久也。乃为录而序之,以附其家传,使其后之人,犹有考于其本,而知所维持焉,则庶几先王之遗志"③。可见,无论是辽金旧族,还是新兴官僚宗族,大都注重保存旧谱或编撰新谱。

元人黄溍在《族谱图序》中提及:"庸敢窃取斯义,断自九世祖以下,丘陇之尚完、祭享之不废者,为之图若谱。远不可知、疑不可明者,悉阙焉。凡为图谱之法,亲者宜详,疏者宜略。为子孙者各详其亲,则其可略者,自可互见。今不以亲疏为间,而有所或遗者,恐诸房子孙,不必人人能有其图谱,而于所亲各致其详也。来者当思补其所未备,而无厌其伤于繁哉。"④由此可知,元代族谱编修已成为一种风气,在这种风气的带动下,修谱宗族日众,内容愈为丰富。目的在于使后代能够"各详其亲",确知自己及亲属在宗族历史中的位置,进而对宗族有一种认同感和归属感。

(二)族谱的内容和体例

族谱发展到元代,体例已比较完备,内容比较多,诸如谱序、告身、家训、世系图谱、字辈、科举、传记、墓图、先世考辨、著述等项均包括在内。⑤

作为族谱,基本内容是记述宗族来源、迁徙、世系传承等情况。如金朝遗民李俊民于蒙古国乃马真后二年(1243年)自编本族族谱《李氏家谱》,内容主要是姓氏来源、宗族迁徙与世系传承,兼及成员官职与事迹。其文云:"按大唐天潢玉牒,颛帝之后生大业,大业生娲,娲娶有乔氏之女,感月光贯昂而生咎繇,咎繇生伯翳,伯翳之后,世为士师。至里成避桀之乱,逐居伊侯之墟,食李实,乃改为李氏。此言咎繇之后,以理狱为功,遂姓理氏。其

---

① (元)王恽著,杨亮、钟彦飞点校:《王恽全集汇校》卷四一《南郎王氏家谱图叙》,中华书局2013年版,第1970页。

② (元)王义山:《稼村类稿》卷五《刘宣使秉忠家谱序》,文渊阁四库全书本,第1193册,第34页。

③ (元)虞集:《道园学古录》卷五《藁城董氏世谱序》,四部丛刊初编本。

④ 《黄溍全集》上册《族谱图序》,天津古籍出版社2008年版,第273页。

⑤ 参见常建华:《元代族谱研究》,载《谱牒学研究》第3辑,书目文献出版社1992年版,第88—89页。

后子孙,或改里氏,至伊侯之墟避难,遂改里为李也。成生利正,当商汤之时,利正生昌祖,昌祖仕陈为大夫,因居若县,昌祖生明,明为陈相,葬濑乡之北,立庙,因有相城。明生庆宾,庆宾生灵飞,一名虔。所言陈国,乃古之陈国,非周时所封胡公满之国也。自李成至虔会,五世相承,年代相类。……宋初,李植字彦材,熙宁间,中武举科,随范文正公西征,官至右侍禁。墓志云,葬于泽州晋城县五门乡,从先茔也。三子持、摀、授。高祖李宪之,忘其所出,生曾祖猷,猷生祖行可。行可二子,长之邵,次之才。之邵一子曰楫,楫子六人,长仪阙,应进士举恩榜。二子亡,有女在北,弟马兴,男闰郎在,余亡。之才三子,长植,次构,次俊民,字用章。植三子,曰挺,曰扐,曰振。挺男世英,渭南马铺监,没于王事。扐谦甫,进士第一科,孟津机察。男世宁,监福昌酒。构,洛阳茹店商酒监。男铁块、女蓬仙,在北。俊民男扬,伊阙商酒监。扬一子道儿。甲戌兵火,值甲午二十余年间,皆物故矣。独闰郎在,楫之孙也。二子皆幼,为李氏之裔。"①文中记述的姓氏演变为:理氏—里氏—李氏,并解释了姓氏演变的原因和经过。文中对李氏世系传承的记述,主要是以编者李俊民本人为中心的。从文字记载可以看出,李俊民支系的具体传承为:高祖宪之—曾祖猷—祖行可—父之才—李俊民—子扬—孙道儿。

孔子五十一代孙、衍圣公孔元措编纂《孔氏祖庭广记》12卷,实即孔氏族谱。"应祖庭事迹、林庙族世、古今名号、典礼沿革之始末,并列于篇,粲然完备。于国,则累朝尊师重道之美靡所不载;于家,则高曾祖考保世承祧之美靡所不扬。"②元措自称:"是书之出也,不惟示训子孙,修身慎行,不坠先业,流芳万古,是亦学者之光也。"③此书中主要内容是人物事迹、林庙族世、古今名号、典礼沿革之始末。这是内容相对繁杂的孔氏族谱。此外,还有只记载世系的简易的孔氏族谱。山东省曲阜市的孔府内,至今存放着刻

①　(金)李俊民:《庄靖集》卷八《李氏家谱》,文渊阁四库全书本,第1190册,第633页。

②　(清)张金吾编纂:《金文最》卷四一张行信《孔氏祖庭广记序》,中华书局1990年版,第594页。

③　(清)张金吾编纂:《金文最》卷四一孔元措《孔氏祖庭广记序》,中华书局1990年版,第595页。

于元代的孔氏族谱,即元天历二年(1329 年)立孔氏宗族谱系图碑,是孔子至 42 世孙的孔氏族谱。

孔府元代孔氏族谱石碑

随着记载内容的日益丰富,族谱的体例也更为详尽,甚至具体事项的书法也受到人们的重视。莘县高昇修撰《高氏族谱》时云:"自唐太傅文献公至先人父若于世,中则魏州别驾府君,为有莘别子之祖,继别者若干世,继祢者若干世,宗合族属具载。达而仕则曰'讳某',他遂名之。高祖曰'讳某',祖之也;大父曰'讳某',逮事之也。娶某氏,皆不书。不以名治际会间,天叙也;生某岁,卒某岁,不书,主在室也。自别驾葬有莘,八世异兆相望,昭穆之有序位,树壤之有丰杀,不书,墓有表也。别驾而上,葬不知域,因不书也。"①可见,高氏族谱的编修书法相当严整。

(三)族谱的功用

元人李存论述族谱功能说:"谱之修,尊祖宗、序亲疏、辨隆杀、右贤德、

①　(元)任士林:《松乡集》卷五《高氏族谱引》,文渊阁四库全书本,第 1196 册,第 560 页。

述贵显、详婚嫁、严死生、尚敦睦,此古今天下所同说也。"①由此可知,修撰族谱的功能主要有记录宗族世系,维系宗族组织的团结稳定,进行道德伦理教育。

其一,记录宗族世系,明晰宗族成员之间的关系。族谱的首要功用在于对该宗族的来龙去脉有一个清晰的交代,柳贯撰《跋谷平李氏家谱》中提及:"其嗣胤支庶有源有委,可考不诬,则以谱存焉耳。谱为明宗收族而作者也。"②由此可知,族谱记述需要"有源有委",所记必须是经过认真考证的,主要目的是"明宗收族"而不出现失误。如果族谱记载不明,就会导致祖先祭祀缺失或缺乏依据的情况。吴海在《薛氏家谱序》中言:"蔑祖宗,弃亲戚。至有无子不立宗人,而以他姓为继,自绝其后而不悟不悔,使鬼神不得歆其禋祀,亦由谱牒不明故也。薛本春秋诸侯之国,后世因以为氏。在唐,氏居河东者为望族。今薛氏,世家扬之泰兴,其派出河东。旧有谱而失之,其可征特自高祖以下,故今以为谱首。"③泰兴薛氏本"派出河东",原由于"谱牒不明"而导致"鬼神不得歆其禋祀"。这对重视养生送死的古代伦理而言,是十分严重的事情。为了明确世次,因而需要修撰谱牒。东平人赵仲文的叙述较有代表性,他说:"吾中原士大夫,遭金季乱,宗族世次,俱莫能稽考。而赵氏所及,□止此。往者不敢臆补,失今不图,恐愈无以语后嗣、传永久。"④

其二,维系宗族组织的团结稳定。族谱更深意义的功能是"尊祖、敬宗、收族",即让宗族成员按尊卑关系聚拢在祖先的传承范围内,达到"收族"与强化群体意识的目的。柳贯在撰写谱跋时曾云:"使道散俗媮之余,知礼之家又不为之立谱画系以联属之,则仁义之根株既磔,而孝弟之条肄愈戕,世变日下,将不止如涂人而已。此家之有谱,所以为防范人心之一物,而

---

① (元)李存:《俟庵集》卷二○《舒氏族谱序》,文渊阁四库全书本,第 1213 册,第 723 页。
② (元)柳贯:《柳待制文集》卷一八《跋谷平李氏家谱》,四部丛刊初编本。
③ (元)吴海:《闻过斋集》卷一《薛氏家谱序》,丛书集成初编本,中华书局 1985 年版,第 2417 册,第 24 页。
④ (元)戴表元:《剡源集》卷二○《东平赵氏述》,载《戴表元集》,浙江古籍出版社 2014 年版,第 419 页。

世固鲜能灼然知之也。"①此处点明族谱的功用是"立谱画系以联属之",目的在于凝聚宗族。即使因为子孙繁衍而出现迁徙分化趋势,只要总谱在,就能按图索骥。虞集所说的洛阳杨氏,正是如此。杨氏的具体情况是:"族人益蕃,遂有四院之谱,所谓华阴、闽、蜀、浙者也。洛阳去华阴为至近,或者洛阳之族,其华阴之裔乎? 洛阳之族,遭时丧乱,死徙北方,而卒能自归于先茔之次,岂无天意乎? 再册封弘农,而益有民社之寄。别族为谱,自中京君始,以其所可知者而言之,所以信于其后世子孙者也。故为书其端云。""又虑夫子孙之南北宦游,不能以时至墓下,乃书为谱,锓梓摹之,子孙胜衣以上,各受简而藏之,虽远且久,不忘其初,而他族无以间之也。或千百里之外,数十年之间,适然相遇,各出本而求之,昭穆长幼之序不乱也。请为之序云。"②由此可知,洛阳杨氏因为"族人益蕃,遂有四院之谱",虽然相隔千里,但因有谱记述,可以更好地凝聚宗族。

其三,进行伦理道德教育。中国古代社会的伦理核心是忠孝,这在谱牒中有明确的体现。"谱牒之作,以亲亲也。人之亲,莫重乎父子兄弟。自吾身而上,推而至于远祖,而莫非父也。自吾身而下,推而究于百世,而莫非子也。旁而推之,自吾之兄弟,吾祖吾父之兄弟,至凡族人,皆世世兄弟之次。虽属有远近,礼有隆杀,而义无独殊者,由人之生一本故也。世教不立,人道大隳,愚者昧于其理,懦者安于所习,不孝不仁者。"③据《董信公孝思碑》记载,董氏"今有嗣孙□□笃实慷慨,忠孝显祖宗之。劬劳报深恩之厚德。其后代不忘远近之亲也。欲纪诸石,故传于将来岁月云尔"④。由此可知,族谱可以通过亲情宣讲和道德教化来和睦宗族。

## 四、家法族规

家法族规是宗族组织中要求族人遵守的行为规范和各项规章制度,

---

① (元)柳贯:《柳待制文集》卷一八《跋谷平李氏家谱》,四部丛刊初编本。
② (元)虞集:《道园学古录》卷三三《洛阳杨氏族谱序》,四部丛刊初编本。
③ (元)吴海:《闻过斋集》卷一《薛氏家谱序》,丛书集成初编本,中华书局 1985 年版,第 2417 册,第 24 页。
④ (元)运德常:《董信公孝思碑》,载新文丰出版公司编:《石刻史料新编》第 3 辑第 24 册《曲阳金石录》,新文丰出版公司 1982 年版,第 498 页。

在宋代已经比较盛行,但多见于官僚宗族和同居共财大家庭中。元代北方地区的汉人宗族,同样注重家法族规建设,但形式多样,且大多比较简洁。

(一)家法族规的制定

元代一般士庶宗族很少立有专门的成文家法族规。① 北方地区的宗族,具有系统、完整的成文族规的情况的确不多,但在一些宗族的先茔碑铭和宗族成员墓志铭、行状等传记类的族谱文献中,却不乏对子孙的训诫之词。其内容既有对日常生活中训诫子弟言行的记载,也有对以遗言方式训诫宗族成员的记载。这些训诫之言虽然零散,但大多会被子孙牢记,并在宗族内部世代传承,最终使宗族形成一种持久的家风。因而,这些训诫之言具有家法族规的性质。

在元代家法族规的制定中,很大程度上都是以自身实际情况为参照,对子孙进行的训诫。如张养浩之父张郁在至治元年(1321年)十二月临终前,以亲身经历谆谆教导养浩。章丘张氏中的张玘见其子斯立等好学,非常高兴,于是以自己的遭遇为例对其加以诫勉。他说:"吾生不遇时,常以不得读书为恨。尔今若是,吾无恨矣。"②

张养浩曾撰《家训》一篇,训诫其子。文中先论说人生际遇值得珍惜:"维人之生,或孩而殇,或冠而妖,或壮而疾废,幸而不殇、不妖、不疾废,则生于陋邦遐邑,而不于中原,幸而生中原则又屠沽贫贱,而不于富贵好礼之家,呜呼! 其孩焉而不殇、冠焉而不妖、壮焉而无疾废,而又生于中原好礼之家者,天既全之,如此而人之所以求,称其全者,愿可苟简而不力哉?"次论说为学必先立志:"夫学不求至于圣贤皆负德,造物者也,道万里而不以为远,陟千仞而不以为高,洞金石而不以为艰,□水火而不以为殆者,志焉而已矣。志苟一立,天下无不能为之事,而况读书乎? 志苟不立,目击所有而不能致,而□□圣贤乎? 呜呼! 士而无志可与有为耶?"再论说传承宗族责任重大:"自开辟以来,□□为年几千而汝始生焉,自祖宗以来,不知传世几百

---

① 参见常建华:《宗族志》,上海人民出版社1998年版,第430—440页。
② 《刘敏中集》卷一一《参政张公先世行状》,吉林文史出版社2008年版,第137页。

而汝始承焉,呜呼! 以开辟以来,始有之身,祖宗以来,承传之□,而于汝托焉,则汝所以兢兢业业、□学褆身、克肩厥任者,当何如哉?"最后要求立志要高远:"汝其斋心凝虑以思古之学者,皆有所志,志者心所向也,志高而或下者有矣,志下而能高者,未之有也,故古人谓:取法于上,犹得乎中,取法于中,不免为下也,信矣!"①家训中,养浩表达了好学以礼德和读书立志的感慨,整篇家训充斥着长辈对子孙的一种谆谆教诲和殷切期望的情感。但像这样专篇训诫式的家法族规,元代相对较少。

(二)家法族规的内容

首先,家法族规涉及日常行为规范和个人道德修养方面。在元代汉族的家法族规中,对个人行为和道德修养的规定是很重要的内容,这不仅关乎个人,亦关乎宗族。藁城董氏"家法甚严",守恕之父"岁时长幼宴享,拜跪尽礼,虽极欢洽,未常狎言笑。及居官,无大小相戒以廉慎。合族数百人,厉节以相尚,不敢有所败辱"②。由此可知,董氏一族的居家处族的基本原则是为人知礼,为官廉慎。这些要求,无不体现在事亲、待人、应事等日常行为中。当然,在家法中,"孝"是必备的维护内容。莘县人杨德,"早承父母之训,长则身任其家务,周旋内外,克慎以和,胸次洞达,与人交无宿怨。值父母丧,能致哀毁。自奉淡泊,惟务俭约,有余辄赈救其宗族、闾里之贫者焉"③。可见,"父母之训"影响杨德的一生,并逐渐扩展至宗族成员之中。章丘人刘敏中之父曾对其"手训示戒,曰:曾子有言:吾日三省吾身。汝亦当三省汝身,饮食起居中节乎? 视听言动合礼乎? 进德修业及时乎? 毋以荒恣败身,毋以自信败德,毋以因循废学"④。济阳人杨文郁曾戒饬诸子说:"予无他长,但诚实不欺而已,汝曹立身行己切宜识之设,或饰诈求媚以求进取之计,何足为荣,直道而行,为时所摈,亦乌足为辱哉,惟有诚而已。"⑤

---

① (元)张养浩:《归田类稿》卷八《家训》,文渊阁四库全书本,第1192册,第540页。

② (元)虞集:《道园类稿》卷三七《董忠宣公家庙碑》,元人文集珍本丛刊本,第6册,新文丰出版公司1985年版,第198页。

③ (元)苏天爵:《滋溪文稿》卷二○《莘县杨氏先茔碣铭》,中华书局1997年版,第337页。

④ 《刘敏中集》第一一卷《先府君迁祔表》,吉林文史出版社2008年版,第128页。

⑤ 王嗣鋆纂,卢永祥修:《民国济阳县志》卷一七《翰林学士杨公神道碑铭》,载《中国地方志集成·山东府县志辑》,第14册,凤凰出版社、上海书店、巴蜀书社2004年版,第463页。

张应瑞亦常语人曰："与其遗子孙以财,曷若教子孙以德? 财或用之有尽,德可传之无穷。"①

在个人道德修养之外,还有对持家的劝诫。朝城县左氏的左庭,平生"居产务耕稼,不求赢余;治第尚完洁,不事侈靡。尝戒子孙曰:富不可希,俭不可弛。富则易倾,俭则能久"②。庭训诫子孙要勤俭节约,不能奢靡浪费,这是对生活的一种积极态度。

其次,家法族规还涉及为政之道、为吏之道等对官府执事成员的规范。真定苏氏苏志道"无敢违祖父之训,执事无敢不谨"③,因志道为官,曾官至"奉训大夫、刑部主事",祖父对其训诫是执事谨严。虞集记王氏遗训:"先人值国家兴运,以故将家帅师立功,专城而治,维忠与孝,可以事君于久远,而不坠世业也。"④王氏遗训的重点在于事君,事君的根本是"维忠与孝",目的是"不坠世业"。王氏作为官宦宗族,遗训的重点是训诫子孙能恪守为官之道,忠于职守,清廉为政,只有如此,才能保持宗族长久兴盛。德平郭氏宗族中的郭实见"诸子长而仕进",便利用各种机会对其进行为官之道的教育:"家庭燕语,未尝一日不以公忠清白为训,常曰:朝廷设官分职,养以重禄。仕者本欲荣亲,若贪以败官,为辱己甚,何荣之有! 吾平生所见多矣。凡居官倚势作威,瘠人肥己,虽累家资至巨万而覆败不旋踵者皆是,尔曹戒之!"其家教的成效亦很明显,"诸子敬听确守,所至为政,皆著名实,历历可纪,由公教之笃也"⑤。莱阳于氏"族居莱阳,至数百家,雍睦有序",于玠"性长厚,不与人较失德,居家尤孝友"。"每饬其子孙曰:凡蠹善类、坏心术者,莫甚于刀笔吏。汝曹谨之。"他还训诲子孙说:"吾氏代殖令德以至于今,汝等宜加敦勉。譬如种树,其本深,其封厚,而人无滋灌焉,其不毙且槁

---

① 罗福颐辑:《满洲金石志》卷四,民国二十六年刊本,第96页。

② 《刘敏中集》卷八《故中顺大夫开州尹左公墓道碑铭》,吉林文史出版社2008年版,第100页。

③ (元)虞集:《道园类稿》卷四五《苏氏先茔碑》,元人文集珍本丛刊本,第6册,新文丰出版公司1985年版,第329页。

④ (元)虞集:《道园学古录》卷八《潼川王氏忠孝堂记》,四部丛刊初编本。

⑤ (元)程端礼:《畏斋集》卷六《元故赠中顺大夫兵部侍郎郭公墓志铭》,文渊阁四库全书本,第1199册,第702—703页。

者几希。"①

再次,家法族规中不乏加强宗族成员互助和团结方面的内容,以保持宗族稳定。李资在《李氏遗训》中曾言:"尝见一父一母同胞兄弟,且相戕相讼,如盗如贼者,种种于县庭。况吾后人之后人,各父其父,各母其母,世远人殊,服尽情睽,门分户割,匪朝匪夕,身所自出与所同出,何能敦睦?惟我后人,勉其有知,戒其无知,相继相承,期以勿斁是道也。昔以治邑,今以教家;昔以正民,今以训子若孙。盖家规也,实治理也。"②由此可知,李氏家规的主要目的在于凝聚宗族,敦睦族人,以致"相继相承"。恩县陈氏的陈仲文训诫后人亦云:"人之有族属,犹木之有枝叶也,其枝则异,其本则同,骨肉之爱,而忍忘乎?"③商河王氏中,王用、王逊、王弼兄弟三人"其父无恙时,训用等曰:'每见人家兄弟,往往因货财忿争,伤其骨肉之义,吾甚耻之。今为汝曹异其产,庶不至伤义也。'"兄弟三人"垂白相从,日以读书力穑课子孙,言笑怡怡然,正家范于上。诸子侄娣以至僮妾幼稚,服役共命,容止斥斥然,循礼节于下。阖门盈五百指,和乐肃恭……又且三十年,不衰如初"④。章丘商氏宗族,"凡五世,上下数百指,门风雍肃,无有异食私蓄、阋墙反目之隙"。传至商友,"天资信厚,持家有法,事亲孝,视其兄之子如己之子,严而爱"。"故乡人言孝义而能显荣祖宗者,必曰商氏焉。"⑤提倡孝悌等传统伦理道德是保持家庭或宗族稳定的重要手段。

(三)北方汉族家法族规的特点

北方汉族家法族规多是对子孙立身处世、持家治业的教诲,多以训诫的形式出现。作为一种显性的约束性规范,它对子弟的指导约束作用是有形

---

① 梁秉锟等修,王丕煦等纂:《民国莱阳县志》卷三之三下《赠朝列大夫同知济南路总管府事骑都卫尉河南伯于公墓铭》,载《中国地方志集成·山东府县志辑》,第 53 册,凤凰出版社、上海书店、巴蜀书社 2004 年版,第 572 页。

② 《(民国)重修蒙城县志》卷一一《李氏遗训》,民国四年铅印本,第 54 页。

③ (元)刘敏中:《中庵先生刘文简公文集》卷一一《东阳陈公墓道铭》,载《北京图书馆古籍珍本丛刊》第 92 册,书目文献出版社 1991 年版,第 359 页。

④ (元)刘敏中:《中庵先生刘文简公文集》卷二《王氏孝敬堂记》,载《北京图书馆古籍珍本丛刊》第 92 册,书目文献出版社 1991 年版,第 280 页。

⑤ (元)刘敏中:《中庵先生刘文简公文集》卷五《商氏世德碑铭》,载《北京图书馆古籍珍本丛刊》第 92 册,书目文献出版社 1991 年版,第 312 页。

的、明显的。因此,家法族规应该条约化、系统化。但元代北方汉族的家法族规不具系统条理,多是家中长辈对子孙的言语告诫。这种训诫看似比较随意,但事实上也是宗族发展过程中长期积累的观念,具有一定程度上的习惯法性质。

北方汉族的家法族规涉及内容比较广泛。有对个人品德及日常行为的规定,也有对宗族内外各种事务处理原则的规定。总体而言,内容多涉及礼仪规范。陵川郝氏宗族,"岁时燕集,尊卑壮稚,比次以序,秩然有礼,熙然有恩,而粲然有文,无阋墙反目之私"①。宗族成员长期受家法族规的影响,日常行为就会自然表现出礼仪姿态。不过,尽管北方地区家法族规涉及内容宽泛,但关于宗族经济方面的内容则关涉较少,这或许与北方地区的宗族共有财产不甚发达相关。

## 五、宗族字辈

字辈是专门用以标志宗族成员辈分关系的。其主要目的在于明确宗族内世系,确保宗支不混淆,昭穆不失序,维护宗族制度。有学者更认为它是中国宗法制社会中人人都必须遵从的一种礼制。②

元代北方汉人宗族的字辈也是遵从礼制社会的这种规定。如河东段氏之段矩有三子,长曰钧,次曰镛,又次曰铎。三人以同一偏旁"金"来表示同一辈分。钧生汝舟,汝舟生恒,恒生克己、成己、修己。段恒三子不用偏旁,却以"己"为字辈。克己之子三人:思永、思诚、思温。成己之子曰思义。此四人以"思"为字辈。河东段氏的字辈采用了较为常见的共用偏旁方式和共用字方式。这种情况在其他宗族中也普遍使用。平滦刘氏的字辈体现了明显的共用字的特点,王义山为平滦刘氏作《刘宣使秉忠家谱序》③,其中提及秉忠兄弟为秉正、秉礼、秉文、秉信、秉忠。他们均名连"秉"字。山东东

---

① (元)郝经著,张进德、田同旭编年校笺:《郝经集编年校笺》卷二六《棣华堂记》,人民文学出版社 2018 年版,第 689 页。

② 参见欧阳宗书:《字辈——中国古代宗法制社会的一种礼制》,《江西大学学报》1989 年第 4 期。

③ 参见(元)王义山:《稼村类稿》卷五《刘宣使秉忠家谱序》,文渊阁四库全书本,第 1193 册,第 34 页。

平王氏的字辈体现了明显的共用偏旁的特点,即以"五行"为偏旁来表示祖辈、父辈、子辈等。东平王氏自王珤始,其宗族成员共五代十余人。据胡祗遹《王忠武墓碑铭》和袁桷《翰林学士承旨赠大司徒鲁国王文肃公墓志铭》记载,将五代人的字辈大略列出:珤子为铎,当是以"金"为字辈。铎有四子,三子不可考,仅存公渊,当是以"水"为字辈。公渊生有三子,长子桢,次子桓,三子构,以"木"为字辈。桓生二子,士焕、士炌;构生三子,士熙、士点、士然,以"火"为字辈。由此可知,东平王氏的字辈遵从五行之法以表示不同的辈分。同时,亦注意到在士熙、士点、士然、士焕、士炌一辈的字辈中,在以五行之"火"表示字辈的同时,亦进一步以"士"来表示字辈。为了"明宗支,分族从",各支族在遵从大宗族原则下,又自立字辈谱。这就在一定程度上出现了"同姓不同修"的渐变趋势。虽如此,但根本目的应在于增强宗族的血缘关系和内聚力。

另有字辈规则不甚明确的情况。如山东章丘张氏宗族,张铸有二子:范、高。范有二子:起岩、如古。如古有二子:顺、坚;起岩生二子:琳、琛。张氏宗族字辈应有一定的规律,但是通过横向与纵向对比发现,除张起岩两子琳、琛字辈从"玉"字外,范、高—起岩、如古—顺、坚的字辈规律较难明确。

由以上可知,元代北方汉人宗族的字辈遵循着自汉以来形成的按字辈排列人物世系的基本原则。字辈的基本规则,多以偏旁和共字,同时也有美好寓意的字辈取法。其作用应该是明确人物世系以维持宗族等级身份,同时通过字辈也将同族人联系在一起,有利于增强宗族成员的凝聚力和宗族整体的稳定性。

## 六、宗族排行

北方地区的宗族排行继承了辽金以来的传统。出土于北京市昌平区崔村的《昌平崔村锣钹邑碑》,原立于金大定十七年(1177 年),后损毁,于元天历二年(1329 年)重立。重立时所列邑人有小尹二、艮王大、林六、曹大、小齐六、纪大、武三、崔大、于二、马三、黄三、杨大、王大、董九、齐大、齐二、蜂王三、张二、马大、齐五、中王五、木王四、孙四、齐三、檀二、黄七、范大、王四十五、李二、杨六、刘四、杜大、齐六、常三、孙四、董十一、东齐四、赵二、康大、张三、田三、张二、姚大等。① 现存山西省侯马市凤城乡西城村唐太宗庙内的《立庙壁记》,立于元至正二十二年(1362 年)。是碑记有南梁大、楼董二、董六、梁四官、东梁大、梁小三、李四、李大、李二、北董五、西董大、中董大、南董五、董八、董二、北董大、北董三、小董大、西王四、王六、王小二、王小三等名称。② 从这些包含有排行因素的人物中不难看出,北方地区的宗族排行,除个别为大排行外,绝大部分为小排行。许多人只是姓氏后缀上小排行,可谓是最简单的取名与称谓方式,因而多有同姓名者。

---

① 参见《昌平崔村锣钹邑碑》,载王新英:《全金石刻文辑校》,吉林文史出版社 2012 年版,第211 页。
② 参见高青山主编:《三晋石刻大全·临汾市侯马市卷》,三晋出版社 2011 年版,第 35 页。

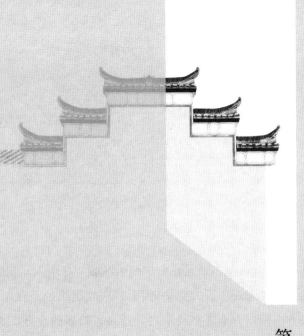

第十二章　元代南方宗族组织的强化与发展

　　元代的南方地区,基本就是原南宋统治区域。在纳入元朝统治版图后,原有的社会关系并未发生很大变化,因而其宗族组织也是在原有基础上的进一步发展。由于南方地区在两宋之际迁入了较多的北方汉人,又加之元朝的南人社会地位最低,因而人们的群体意识有所增强,宗族的凝聚性更为明显。同时,元朝基本废罢科举,重用勋贵与吏人,使士人逐渐转向基层社会建设,因而宗族组织的建设在南方地区更为普遍。

## 第一节　宗族祭祀

　　元代南方地区的宗族祭祀方式,大致可以分为三类:一是墓祭,二是祠祭,三是家祭。墓祭在继续流行的基础上,建立墓祠祭祖日益普及。祠堂祭祖则在前代基础上进一步盛行,并出现了大宗祠,扩大了祭祖的范围。家祭主要祭祀近世先祖,但随着家庭的裂变,单门独户的家祭可以发展为宗族祠祭。

### 一、墓祭

　　所谓墓祭,即在坟墓祭拜祖先。虽然"墓祭非礼",但自秦汉以后,士庶已相习成俗。元人吴澄曾描述其所见墓祭场景:"余尝适野,见车马塞道,士女盈盈于墟墓之间。少长咸集,攀号悲泣,彷佛初丧之哀,未尝不嘉其孝诚之笃,而亦不能不叹夫古礼之泯也。"①元代墓祭之盛,可见一斑。

---

① (元)吴澄:《吴文正公集》卷四《致慤亭说》,元人文集珍本丛刊本,第3册,新文丰出版公司1985年版,第117页。

　　定期墓祭祖先的现象,在元代南方地区相当普遍。婺源德兴胡氏,"每寒食拜墓下,子子孙孙森如也"①。龙泉章氏建墓祠标庆庵,"凡族人无贱贵,岁立春、寒食,相率会祠下"②,以祭拜祖先。武进人谢应芳所作《寒食祭曾祖墓祝文》亦言"时维禁烟,随俗展墓"③。除寒食墓祭之外,有的宗族选择在岁首或冬至举行墓祭。婺源凤亭里汪氏,"岁正之朝,族人子弟会拜族长之家,然后以鼓乐前导,省谒墓下,还宴于家。明日,以次谒先世诸墓,遍而后止"④。休宁人陈栎所作《正初拜墓祝文》亦言"岁初拜扫,厥有故常,醪羞将诚,明德荐香"⑤。而四明倪氏则是"岁祭以冬至之日"⑥。也有的宗族是岁时俱祭,临江谈氏"岁时省墓,则有时食庶羞之奉,有祭之意焉"⑦。金华程氏也是"岁时汛扫,馈荐有礼"⑧。

　　除定期墓祭祖先外,又有临时墓祭的情况。大德元年(1297年)九月,新安歙县人程深甫因公事路过故乡,"因得过家上冢,与族党亲戚款接甚欢。以其年十二月十七日回途至太守墓拜扫焉"⑨。显然,常年离开家乡的人,只有回乡时才能实现墓祭祖先的愿望。

　　随着墓祭的盛行,与之相关的祭礼、规式也开始出现。虞集在史馆任职时,就曾"见翰长许人赵继明先生,立墓祭之法"⑩。具体到元代南方地区,

---

① (元)胡炳文:《云峰胡先生文集》卷二《宏山庵祠堂记》,元人文集珍本丛刊本,第4册,新文丰出版公司1985年版,第179页。

② (明)王祎:《王忠文公集》卷七《章氏祠堂记》,丛书集成初编本,中华书局1985年版,第2424册,第182页。

③ (元)谢应芳:《龟巢稿》卷一五《寒食祭曾祖墓祝文》,文渊阁四库全书本,第1218册,第358页。

④ (元)郑玉:《师山集》卷五《凤亭里汪氏墓亭记》,文渊阁四库全书本,第1217册,第43页。

⑤ (元)陈栎:《陈定宇先生文集》卷一四《正初拜墓祝文》,元人文集珍本丛刊本,第4册,新文丰出版公司1985年版,第443页。

⑥ (元)危素:《危学士全集》卷一一《倪氏祠堂碑》,四库全书存目丛书,集部第24册,第790页。

⑦ (元)虞集:《道园类稿》卷二六《临江谈氏孝节祠堂记》,元人文集珍本丛刊本,第6册,新文丰出版公司1985年版,第33页。

⑧ 《黄溍全集》上册《裕庵记》,天津古籍出版社2008年版,第378页。

⑨ 程伸叔:《晋新安太守程公墓志》,载(明)程敏政辑撰:《新安文献志》卷一四,黄山书社2004年版,第380页。

⑩ (元)虞集:《道园类稿》卷三五《跋司氏新阡表》,元人文集珍本丛刊本,第6册,新文丰出版公司1985年版,第160页。

也不乏制定墓祭礼式之例。淳安人曹庆孙曾"著墓祭礼,沿革之以为常式"①。诸暨顾氏,"凡春秋祭祀冢舍之政皆有著式"②。富州人陈友沅,"献岁迎长会拜,以序族,季春授规以祭墓"③,说明陈氏墓祭也是有规式可依的。

上述墓祭规式的具体内容,现在已难得其详。但根据时人的记载,仍可窥见元代墓祭的些许场景。浦江人柳贯曾回忆其乡名家望族墓祭情形:"自庙祭寝荐外,春秋洒扫茔域,登其余馂,合醵以乐。"他还称赞墓祭"有长长之序,无贵贵之等,盖其率礼成教者在是"④。奉化戴氏宗族在清明墓祭之日,"小方门、西宅、洗马桥、坊郭老稚倾室来,罗拜墓下。拜讫,馂祭之余,归舍复治酒数行,果盘食饤杂馔如式。富不敢奢,贫不敢陋,最后汤饼一箸而散,阖族聚会欢谐,自以为至乐"⑤。同柳贯的乡人一样,戴氏宗族上墓祭拜先祖后,会分享祭胙,并还家宴聚,以此联络族众感情,增进宗族团结。而东阳人蒋晦则是"岁时,率族人祭始迁祖墓,祭毕,序长幼列坐,告之亲睦之道"⑥。墓祭的各种仪式活动,都是为了彰显敬宗睦亲之义。

作为墓祭的一种重要存在形式,墓祠祭祖在元代也十分流行。"元代墓祠祭祖习俗南方胜于北方,南方中尤以江南地区为盛。"⑦墓祠祭祖盛行于南方地区的原因之一,是这些地区战乱较少。元人郑玉曾说:"恒见中原士大夫家遭辽金之乱,高曾之墓已有不可考者。而况十七世之远乎!我辈幸生江南,承平日久,祖宗坟墓无所遗逸,子孙世守。"⑧显然,只有承平日

---

① (元)邵亨贞:《野处集》卷三《元故建德路淳安县儒学教谕曹公行状》,文渊阁四库全书本,第 1215 册,第 212 页。
② (元)杨维桢:《东维子文集》卷一七《顾氏永思冢舍记》,四部丛刊初编本。
③ (宋)徐明善:《芳谷集》卷下《陈直翁墓志铭》,文渊阁四库全书本,第 1202 册,第 608 页。
④ (元)柳贯:《柳待制文集》卷一四《鹤山庵记》,四部丛刊初编本。
⑤ (元)戴表元:《剡源集》卷五《小方门戴氏居葬记》,载《戴表元集》,浙江古籍出版社 2014 年版,第 131 页。
⑥ (明)宋濂:《朝京稿》卷五《东阳贞节处士蒋君墓铭》,载《宋濂全集》,浙江古籍出版社 2014 年版,第 1943 页。
⑦ 常建华:《宋以后宗族的形成及地域比较》,人民出版社 2013 年版,第 59 页。
⑧ (元)郑玉:《师山集》卷五《王干里洪氏始祖墓记》,文渊阁四库全书本,第 1217 册,第 43 页。

久,祖宗坟墓才能有序传承。

墓祠的修建在元代南方地区相当普遍,一般以堂、冢舍(精舍)、亭、庵等的形式出现。嘉兴杨港邵氏建墓祠以为展拜之所,"凡若干楹,视旧规加闳且崇如……取古语'阴德享荣以及子孙'者,名堂'享德'焉"①。三山人吴明之,"筑亭于阳冈大父之墓侧,名之曰'孝思'"②。璜溪吕氏兄弟,"治冢域如法。冢前甃文石坛及隧道,树以椿桂栝栢。又并冢为精舍,以奉春秋祭祀。祀必亲眂牲器,不以属人,俯仰斋懔,如亲见其先之享者,虽岁月去远,为之悲慕不已,名其舍曰'著存'"③。安吉县人张英于其母陆氏墓旁建屋数间,"规置守者以给祠事,子孙岁时展省,得以止而休焉。取《易—坤》用六之义,名曰'永贞之菴'"④。也有以祠堂形式修建者。婺源汪氏"其七世孙周,将构祠于大夫之墓,以虔祭扫,且以藏大夫之手泽,故名之以'泽存'"⑤。抚州金溪王杰之子,"构堂墓侧,为岁时展墓奉祠之所,扁曰'灵杰'"⑥。由前可知,元代南方地区的墓祠不仅形式多样,且命名也颇为讲究,多用"思"、"存"、"孝"等字,寓以追远、敬宗之意。

在元代南方地区,墓祠一般建于墓左。丰城人黄葵,葬其父母于武陵新安原,"作亭墓左,扁曰'归来'"⑦。常熟人赵壁之子益、晋,"相与谋辟地筑庵于兆域之东。屋以间计者若干,中建祠室,为岁时馈荐之所"⑧。有的墓祠中还奉有神主。诸暨顾氏葬其先妣于族墓,"既葬,作室于墓左之南若干步,以奉先世及妣孙夫人神主"⑨。墓祠的建筑规模多为"若干楹"。四明

---

① (元)杨维桢:《东维子文集》卷一九《邵氏享德堂记》,四部丛刊初编本。

② (元)袁桷撰,杨亮校注:《袁桷集校注》卷二〇《孝思亭记》,中华书局 2012 年版,第1045 页。

③ (元)杨维桢:《东维子文集》卷一六《著存精舍记》,四部丛刊初编本。

④ (元)赵汸:《东山存稿》卷三《永贞庵记》,文渊阁四库全书本,第 1221 册,第 262 页。

⑤ (元)李祁:《云阳集》卷六《泽存祠记》,文渊阁四库全书本,第 1219 册,第 699 页。

⑥ (元)吴澄:《吴文正公集》卷二五《灵杰祠堂记》,元人文集珍本丛刊本,第 3 册,新文丰出版公司 1985 年版,第 442 页。

⑦ (元)许有壬:《至正集》卷三六《归来亭记》,元人文集珍本丛刊本,第 7 册,新文丰出版公司 1985 年版,第 186 页。

⑧ 《黄溍全集》上册《永思庵记》,天津古籍出版社 2008 年版,第 379 页。

⑨ (元)杨维桢:《东维子文集》卷一七《顾氏永思冢舍记》,四部丛刊初编本。

倪氏的敬宗精舍，"为屋十有七楹"①，则应是规模较大的了。

　　需要注意的是，元代南方地区还存在筑墓庐、坟庵，以供守墓之用的现象，这也是墓祭的一种重要补充形式。洪州靖安人舒公平，"父丧，哀毁庐墓侧。服丧母时年几六十，如丧其父"②。歙县航口孙居士"事母黄氏孝，母殁，誓终身庐墓。积俭累勤，买田十亩，筑室十间，田以供粢盛，屋以祀其先"③。邵武人郑彦昭葬其母，并于墓侧"筑屋若干楹以祠以庐，以致其终身之慕"④。除墓庐建造者亲自守墓之外，又有建坟庵以僧徒守墓者，嘉禾人沈荣宗，"即其父之墓所立屋若干楹，曰'报本庵'，置田若干亩，命浮屠氏之徒守之，率其弟若子孙祀焉"⑤。慈溪李氏印传夫妇入山祭拜祖墓，"闻佛氏有大报恩，而用其法，名为福源精舍，命僧以居。遂一以浮屠，所需者咸备具。复买田若干，命僧某首主，俾其弟子，相次以继。其所度僧，非李氏不得入"⑥。可见，坟庵一般都配有墓田，以供僧徒守墓之用，且祭祀仪式上也会受到佛教的影响。

　　虽然以僧徒守墓不尽合古之宗法之义，但这也是世俗变化之中，孝子贤孙崇宗祭祖的一种现实选择。元人董复礼分析了僧徒守墓的形成，认为"虽异于古之宗法，盖亦因时乘变，不得已而为也"。具体原因就是，"秦汉以降，宗法既坏，民始涣散而不属，吉凶不以告，祭祀无所诣。仅一再从，或不相往来。幸而殷盛，犹足以相捄；不幸而陵迟衰替，则邈若途人然"。这种现象"近代为尤甚"，"于是始有用释氏之徒说建精舍而世祠其先者，庶几恒久不废"⑦。既然宗族成员涣散难聚，那么建精舍利用僧徒守墓祭祖便不

---

① (元)危素:《危学士全集》卷一一《倪氏祠堂碑》，四库全书存目丛书，集部第24册，第790页。

② (元)吴澄:《吴文正公集》卷三九《故平山舒府君墓志铭》，元人文集珍本丛刊本，第3册，新文丰出版公司1985年版，第632页。

③ (元)方回:《桐江续集》卷三六《善应庵记》，文渊阁四库全书本，第1193册，第717页。

④ (元)贡师泰:《玩斋集》卷七《终慕庵记》，文渊阁四库全书本，第1215册，第636页。

⑤ (元)董复礼:《报本庵记》，载《全元文》卷一四八八，凤凰出版社2004年版，第49册，第13页。

⑥ (元)袁桷撰，杨亮校注:《袁桷集校注》卷二〇《福源精舍记》，中华书局2012年版，第1047—1048页。

⑦ (元)董复礼:《报本庵记》，载《全元文》卷一四八八，凤凰出版社2004年版，第49册，第14页。

失为一种长久之法。

## 二、祠祭

祠祭,即在宗族祠堂致祭祖先。祠堂的主要作用是祭祀祖先,同时也是族人进行相关公关活动的场所。黄仲元曾说其宗族祠堂:"堂以祠名,即古家庙,或曰影堂,东里族黄氏春秋享祀、岁节序拜之所也。"①建宗祠以祭祖先,这是宋以后出现的一种新的祭祖方式。元代理学家吴澄曾在分析祠祭时指出:"河南程子始修《礼略》,谓家必有庙,庙必有主。而新安朱子损益司马氏《书仪》,撰《家祭礼》,以家庙非有赐不得立,乃名之曰祠堂。古者庶人荐而不祭,士无田亦然,盖度其力之有不足故尔。遵朱子《家礼》而行,亦惟荐礼而已,视古祭礼则为简。然古之卿、大夫、士祭不设主,庶士之庙一,适士之庙二,卿大夫亦止一昭一穆与太祖而三。今也下达于庶人,通享四代,又有神主,斯二者与古诸侯无异,其礼不为不隆。既简且便,而流俗犹莫之行也。"②由此,祠祭也是为适应现实祭祀需求而渐趋流行的。宋儒对祠祭制度的发展起到了重要的推动作用,其中影响较大者,首推编撰了《家礼》一书的朱熹。

元代南方不少宗族的祠堂设置和祖先祭祀,都是以《家礼》为主要参考依据。邵武人黄镇成,"乃即所居为祠,龛神主,奉四世而祔以先伯父母,岁时荐祭,依《家礼》而又撙节之"③。鄞县戴氏,"营祠堂正寝之东……中设四龛,以奉宗子之四世……四时祭飨,略如朱文公所著仪式"④。具体到神主位次上,《家礼》中所提出的以西为尊主张,也被部分宗族落实在祠堂布置中。至正十三年(1353年)十月,休宁龙川赵氏家族的赵汸,"新作先妣以上四世神主,于东山寓舍祠堂奉安",其神主安放次序即为:"先高祖考帅属

---

① (宋)黄仲元:《四如集》卷一《族祠思敬堂记》,文渊阁四库全书本,第1188册,第595页。
② (元)吴澄:《吴文正公集》卷二五《豫章甘氏祠堂后记》,元人文集珍本丛刊本,第3册,新文丰出版公司1985年版,第440—441页。
③ (元)黄镇成:《秋声集》卷九《家祭图序》,元人文集珍本丛刊本,第8册,新文丰出版公司1985年版,第509页。
④ (元)戴良:《九灵山房集》卷一二《戴氏祠堂记》,丛书集成初编本,中华书局1985年版,第2094册,第179页。

百六府君神主、先高祖妣程氏恭人神主,居西第一室。先曾祖考税院二府君神主、先曾祖妣金安氏人神主,居西第二室。先祖考县丞定一府君神主、先祖妣朱氏安人神主,居第三室。先考仓使相二府君神主、先妣汪氏安人神主,居第四室。"赵氏族人"敬以清酌庶馐之奠,即祠堂合祭,昭告祖考四世之灵"①。庐陵富川文氏建祠堂,其中布置为"四世一堂,五龛肸列。右为太保邢国公、邢国刘夫人,次则太傅永国公、永国邹夫人、永国刘夫人,又次则太师魏国公华斋先生、魏国曾夫人,然后为少保右丞相枢密使信国公文山先生焉,然后为广西宣慰文溪先生曾夫人焉"②。祠堂一般坐北朝南,文氏祠堂布置中的"右",也就是"西"。

前述多为祭及高、曾、祖、祢的小宗祠,故其在神主位次安放上较易参用《家礼》的主张。但元代也出现祭祀不限于四代近祖的大宗祠,若仍以西为尊,自西而东安放神主,就显得不大妥当。故有的家族就损益《家礼》制度,以中为上,来安放神主。浦江义门郑氏就是典型例子,其族人郑泳曾言:"吾家累世同居,宗支既多,位次难依《家礼》,自西而东,以四世为序,又难排日分宗而祭。"因此,他认为郑氏祠堂的神主安放,应该"同堂南向,以中为上,男女分左右,祭则于祝文上各见所继之宗。满四世者,依朱子例祧。如此,则宗法既明,而位序亦无不稳"③。

像浦江义门郑氏之类的大宗祠,一般会祭祀始祖,这在元代浙江、安徽、江西、福建等南方地区表现较为显著。奉化人戴表元于新创祠堂奉安神主,"初祖以下在北室,高祖六四府君以下在中室,五祀诸神主附南室"④。吉安吉水刘桂隐"创始祖祠,率族子岁时祭祀,以正昭穆之叙"⑤。其始迁祖刘

---

① (元)赵汸:《东山存稿》卷五《东山寓舍安神主祝文》,文渊阁四库全书本,第1221册,第312—313页。
② (元)刘将孙:《养吾斋集》卷一六《文氏祠堂记》,文渊阁四库全书本,第1199册,第147页。
③ (元)郑泳:《郑氏义门祠堂记》,载(清)郑尔垣等编:《义门郑氏奕叶文集》卷二,四库全书存目丛书,集部第410册,第45页。
④ (元)戴表元:《剡源集》卷二三《迁奉祠堂文》,载《戴表元集》,浙江古籍出版社2014年版,第470页。
⑤ (元)欧阳玄:《圭斋文集》卷一〇《元故隐士庐陵刘桂隐先生墓碑铭》,载《欧阳玄全集》,四川大学出版社2010年版,第283页。

滔至建祠已有十一世。莆田黄氏祠其"祖所自出,御史公讳滔以下若而人,评事公讳陟以下大宗小宗、继别继祢若而人,上治、旁治、下治,序以昭穆,凡十三代"①。长乐罗田林氏,更将"繇远祖而下二十一世,凡族人祧毁无后之主,悉祠之"②。值得注意的是,元代南方地区已经出现远祖和近祖祭祀相结合的情形。徽州汪氏知本堂,"奉始得姓之祖神主中居,及初渡江者,及始来居大畈者",又"别为专祠于大畈西浯村先人故居,曰'永思堂',祀高祖而下四世",以使"知本者以明大宗之事,而永思则小宗之遗意也"③。

关于祠祭的时间,元代南方不同宗族也不尽一致:有的是岁首或清明一祭,信州李氏祠堂,"自高曾而下,主而列于东室;高曾而上,溯而至于苍梧,列诸西室。岁正月三日,集祭越国以及于东室,其西室礼而不祭,昭不忘也"④。婺源回岭汪氏,"每当岁清明节,大会族人致祭"⑤。也有岁时俱祭,宜春黄氏,"于岁时具酒馔蔬果,率长幼以享乎先祖"⑥。深溪王氏,"月朔必谒,有故必告,岁时奉其明荐,罔敢或怠"⑦。鄞县吴氏,"辟东轩为祠堂,合考叔祖考之神主其中,约以朔望,祭以四时"⑧。福州长乐县罗田林氏,则是"春秋卜日,谨奉主列叙堂上,执事者深衣幅巾,行三献礼"⑨。而在冬至与正旦之时,林氏又会陈设族系谱图于祠堂北墙上,由宗子率族人进行祭拜,"毕则撤图布席。宗子升坐于堂之东,族长一人,升坐于堂之西,昆弟子侄以次成列序拜,就坐献寿,设食劝酬。礼终,尊者称述先代功业缔造之勤,

①　(宋)黄仲元:《四如集》卷一《族祠思敬堂记》,文渊阁四库全书本,第 1188 册,第 595—596 页。

②　参见(元)吴海:《闻过斋集》卷四《宗会堂记》,丛书集成初编本,中华书局 1985 年版,第 2417 册,第 41 页。

③　(元)赵汸:《东山存稿》卷四《知本堂记》,文渊阁四库全书本,第 1221 册,第 281 页。

④　(元)李存:《俟庵集》卷一四《叶真人祠堂记》,文渊阁四库全书本,第 1213 册,第 673 页。

⑤　(元)李祁:《云阳集》卷七《汪氏永思堂记》,文渊阁四库全书本,第 1219 册,第 709 页。

⑥　(元)虞集:《道园学古录》卷三八《思本堂记》,四部丛刊初编本。

⑦　(明)胡翰:《胡仲子集》卷七《深溪王氏祠堂记》,丛书集成初编本,中华书局 1985 年版,第 2109 册,第 93 页。

⑧　(明)张以宁:《翠屏集》卷四《和乐亭记》,文渊阁四库全书本,第 1226 册,第 631 页。

⑨　(元)贡师泰:《玩斋集》卷七《林氏祠堂记》,文渊阁四库全书本,第 1215 册,第 627 页。

积累之厚,子孙守成之不易,覆坠之不难"①。可见,林氏宗族除定期于祠堂祭拜祖先外,还会利用祠祭的机会对族人进行诫勉。

不论祠祭活动以何种形式开展,其主要目的还是为了敬宗收族。徽州人汪中元在家乡造知本堂,"欲因四时之享,以寓合族之义"。不仅和睦族众而已,而且以祖宗业绩砥砺后人,促进宗族发展。"使其族人之登斯堂者,思世家之远如彼,而有功德者之盛又如此,则必不肯一日自同于凡民";"子弟之学于是者,晨夕瞻敬,知千百人之身本同出一人,则亲亲之念蔼然自生,必将力求所以无负于先生(汪中元)之教者矣"②。

### 三、家祭

元代南方地区的祭祖,在墓祭、祠祭之外,仍然广泛存在家祭活动。祁门人李与廉,每当"春分家祭"之时,必"沐浴更衣,馈荐拜跪如礼"③。两宋之际南迁的宗族,经过数代发展,至元代时多已具有一定规模,因而祠祭可以祭祀始祖以来的历代祖先,而家祭则可以祭祀近世先祖。

在社会变乱、宗族人口流动的过程中,有些家庭离开宗族,与宗族成员失去联系,因而祭祖只能以家庭为单位。邵武人黄镇成讲到其家祭祖情况时云:"先君子寿山翁早孤家破,流离转徙,虽在逆旅,即设位祭其先,卒勤植立余五十年,始筑室于城南之圃。将谋所以行于家者,一法文公之教,事未就而即世。呜呼,痛哉!"可见,在单门独户的情况下,"寿山翁"只能以家祭的形式祭祀祖先。但他仍有志于依朱熹的《家礼》立祠以祭。至黄镇成时,终于"仰承先志,乃即所居为祠,龛神主,奉四世而祔以先伯父母,岁时荐祭,依《家礼》而又撙节之,使为可继"。黄氏在建立祠堂以后,"岁合祭二,夏用端午,冬用岁终。祭先祖用除日,余祭就祠堂,便家费也。方祭之日,躬率子侄男女盛服执事,更递捧荐,登降拜跪,尽恭致洁,优然肃然,真若有见乎其位而接乎其容声者矣"。黄镇成还"惧后人执礼未熟,则不能无忽

---

① （元）吴海:《闻过斋集》卷四《宗会堂记》,丛书集成初编本,中华书局1985年版,第2417册,第41—42页。
② （元）赵汸:《东山存稿》卷四《知本堂记》,文渊阁四库全书本,第1221册,第281页。
③ 《黄溍全集》下册《祁门李君墓志铭》,天津古籍出版社2008年版,第594页。

忘也,乃取其仪用著于左,将以贻永久云"①。显然,随着黄氏家族的发展壮大,单门独户的家祭逐渐演变成宗族的祠祭。

## 第二节　族　产

族产为宗族成员共有之财产,一般来源于族人捐助或祖先遗产。族产是宗族延续和发展的经济基础,在祭祀修祠、赡养族人、宗族教育诸方面发挥着重要作用。

### 一、族产的种类

作为宗族共有财产,族产种类多样。就元代南方地区来看,族产大体上可分为宗族田产和宗族宅舍。其中,宗族田产主要包括祭田、义田、义学田等;宗族宅舍则有祠堂、学舍、义宅、义廪等。

宗族田产在元代南方地区的各类族产中占主体地位。若按用途进行区分,可将宗族田产分为祭田、义田、义学田等。

祭田是宗族祭祀活动得以正常开展的重要保障,"岁时常祀,因田以存,所以竭虔致享"②。因此,元代南方地区的宗族大多都置有祭田。休宁陪郭程氏,"置膳茔之田,定合族之约,俾后人世守之"③。祭田数量一般为几亩到几十亩不等。婺州东阳人许熊,"八世祖庙,久坏弗葺,发已橐,撤而新之,仍界以祭田若干亩"④。衢州开化人江仲和,"作庵以奉先祖以下之亲,拨三都所有田若干亩于庵中"⑤。南剑尤溪叶氏,以"先世田三十亩奉烝尝"⑥。华

---

① (元)黄镇成:《秋声集》卷九《家祭图序》,元人文集珍本丛刊本,第8册,新文丰出版公司1985年版,第509页。
② (元)陈高:《陈高集》卷一二《林氏祭田记》,浙江古籍出版社2014年版,第169页。
③ (元)朱凤林:《永思亭记》,载(明)程敏政辑撰:《新安文献志》卷一五,黄山书社2004年版,第395页。
④ 《黄溍全集》下册《许君墓志铭》,天津古籍出版社2008年版,第587页。
⑤ (元)鲁贞:《桐山老农集》卷一《江仲和墓田记》,文渊阁四库全书本,第1219册,第128页。
⑥ (元)程钜夫:《雪楼集》卷一八《叶隐君墓表》,文渊阁四库全书本,第1202册,第361页。

亭任氏，"置田七十亩有奇，以给岁时之祭"①。也有实力雄厚宗族，祭田数量会达百亩以上。浦江义门郑氏，"拨近家之田一百五十亩，名曰祭田"②。

义田产生于北宋时期，由范仲淹首创。范氏义田在元代仍然存续，并得到官府的关照，影响深远。因而，不少宗族仿范氏设义田、立规矩。四明人黄景先就曾"仿范文正公义庄之制，而稍损益之"，以租田五百亩为义田。其弟景贤继之，"更益田一百亩"③。处州龙泉的汤氏宗族设义田，"大略仿范文正公之成规，而微有所损益"④。除浙江外，江苏、江西等地也是义田设置较为集中的地区。⑤ 江阴陆氏宗族，也是"仿范文正公立义庄法"⑥，设立义田。丹阳人蒋铕，"节缩日用，专积之以买田千亩为义田"⑦。分宁泰清里人冷颐孙"为义田以仁其族"⑧。

义学田是族塾义学存续发展的重要保障。元代南方不少宗族义塾都配置有义学田。崇德吴氏义塾，"为亩者二百，师生饩廪有度，讲肄有业"⑨。华亭人邵天骥，"捐私钱，即所居之旁辟义塾，赡以胥浦、风泾、仙山三乡之田二百十八亩有奇"⑩。丰城县长宁乡揭氏，"就蒨冈旧基建义塾，聚教其族人……畀田五百亩给其食"⑪。可见，元代南方地区的义学田规模一般都在百亩以上，且其收入主要用于师生廪给。

义冢用来安葬各类死后没有葬地的人。元代南方一些宗族，会设置专

① (明)贝琼：《清江贝先生文集》卷八《元故两浙都转运盐使司照磨任公墓志铭》，四部丛刊初编本。

② 郑泳：《郑氏义门祭田记》，载(清)郑尔垣等编：《义门郑氏奕叶文集》卷二，四库全书存目丛书，集部第410册，第44页。

③ (元)贡师泰：《玩斋集》卷七《黄氏义田记》，文渊阁四库全书本，第1215册，第627页。

④ 《黄溍全集》上册《汤氏义田记》，天津古籍出版社2008年版，第312页。

⑤ 冯尔康等：《中国宗族史》，上海人民出版社2009年版，第185页。

⑥ (元)陆文圭：《墙东类稿》卷一四《陆庄简公家传》，元人文集珍本丛刊本，第4册，新文丰出版公司1985年版，第609页。

⑦ (元)陈旅：《安雅堂集》卷九《义庄记》，文渊阁四库全书本，第1213册，第122页。

⑧ (元)刘岳申：《申斋集》卷九《有元隐君子冷正叔桐乡阡碣》，文渊阁四库全书本，第1204册，第291页。

⑨ (元)邓文原：《巴西集》卷上《吴氏义塾记》，文渊阁四库全书本，第1195册，第508页。

⑩ 《黄溍全集》上册《邵氏义塾记》，天津古籍出版社2008年版，第313页。

⑪ (元)吴澄：《吴文正公集》卷二二《蒨冈义塾记》，元人文集珍本丛刊本，第3册，新文丰出版公司1985年版，第402页。

门安葬无葬地族人的义冢。龙泉人章三益,"其于宗族里党……患其死者无所于葬,则以玉峰西岗为义阡,听其瘗焉"①。无锡人强以德,"捐山四百亩为义冢,凡贫而无地可葬者得葬焉"②。

宗族宅舍是除田地以外的重要固定财产,包括祠堂、学舍、义宅、义廪等。

祠堂是最常见的宗族宅舍。清代学者赵翼曾说:"近世祠堂之称,盖起于有元之世。"③赵氏之言虽不无商榷之处,但元代南方地区的祠堂设置,确比宋代有显著增加。庐陵秀川罗氏,"按《家礼》,祠堂在正寝之东。贞之居厅事之东,有堂曰'逊緐',凡十有八楹,其深二丈有奇,其袤称之。堂之前有轩,轩之外有亭,高明深靓,宜祠"④。同县的富川文氏,"即宅东为祠堂。既稽古礼,搜旧仪,饰庭寓,崇阀阅。严严翼翼,特阿别雉。闳门疏敞,墁地肆展。曲栏回环,两序六室。左以藏手泽,以宿祔主,以与享外氏;右以藏遗书,以缄祭器,以贮遗衣。进为拜庭,两阶以登"⑤。像罗氏、文氏之类的祠堂,在元代南方地区应不在少数。这些祠堂,多依《家礼》设置于正寝之东,且建造较为考究。

宗族学舍是宗族为子弟设置的修习之所,自然是宗族宅舍的重要组成部分。在元代南方地区,一般的宗族学舍规模是"为屋若干楹",也有规模较大者。嘉兴白牛镇戴氏建义塾,"为屋总四十有五间"⑥。宗族学舍的构造往往也颇为讲究。崇德人吴僖卿建义塾,"经度缔构,宏丽亢爽,中象燕居,翼以斋庑,其北讲堂,寝息有所,左右书器,庋阁严奥,重门辉赫,南穴为池,直池北东,廪舍庖湢,各有攸处。又增田二百亩以羡岁入。中河为桥,级

---

① (明)张萱辑,吴丰培整理:《西园见闻录》卷五《敦睦》,载《中国文献珍本丛书》,全国图书馆文献缩微复制中心 1996 年版,第 103 页。

② (清)卢文弨辑:《常郡八邑艺文志》卷二之下吴澄《梁溪义塾记》,载《卢文弨全集》第 11 册,浙江大学出版社 2017 年版,第 174 页。

③ (清)赵翼:《陔余丛考》卷三二《祠堂》,中华书局 1963 年版,第 692 页。

④ (元)欧阳玄:《圭斋文集》卷五《秀川罗氏祠堂记》,载《欧阳玄全集》,四川大学出版社 2010 年版,第 101 页。

⑤ (元)刘将孙:《养吾斋集》卷一六《文氏祠堂记》,文渊阁四库全书本,第 1199 册,第 147 页。

⑥ 《黄溍全集》上册《白牛镇戴氏义塾记》,天津古籍出版社 2008 年版,第 314 页。

石夷平,便诸入塾者。自造端至今,更十有七寒暑,而塾始大备"①。吴氏义塾不仅有斋庑、讲堂、书阁等教学设施,还配有寝所、厨房、浴室、苑池等日常生活处所,可谓是建造精良,功能齐全。

义宅、义廪作为宗族宅舍,虽然不很普遍,但各有其特殊用途。义宅多是为族中贫困无归者所提供的居所。浦江义门郑氏,"宗族之无归者,生有义宅以居养之"②。义廪,也即义仓,是存留赡族谷米的仓储。休宁人程致和,"割田五百亩为义廪,以资嫁娶丧葬"③。除婚丧嫁娶,义廪也可用于赡济贫苦人家,浏阳人廖士元,"为义廪,凡宗族亲戚及里之贫者,婚姻丧葬,辄助其不及"④。

### 二、族产的来源

元代南方地区族产的来源渠道不一,大致有个人捐置、族众合置、遗产充公等几种类型。

个人捐置族产,通常有两种形式:一是捐资购置,多见于义田、义庄。桃源人陈思礼,"买田其乡为义田,几若干顷"⑤。松江人章梦贤,则是"买田置义庄"⑥。义庄田的数量一般为数百亩,但也有财力雄厚者,所捐置义庄田达数千亩之多。靖安人舒公平,"尝买田二千亩为义庄"⑦。除义田外,也有捐资购置祭田等族产的情况。龙泉章氏原有祭田湮没不存,族人章溢"捐己赀,悉更而复之,为亩若干"⑧。

---

① (元)邓文原:《巴西集》卷上《吴氏义塾记》,文渊阁四库全书本,第 1195 册,第 508—509 页。
② (元)王礼:《麟原前集》卷八《郑氏孝义门表》,文渊阁四库全书本,第 1220 册,第 426 页。
③ (元)贡师泰:《玩斋集》卷八《跋程氏遗安义学本末》,文渊阁四库全书本,第 1215 册,第 663 页。
④ (元)欧阳玄:《圭斋文集》卷六《世绵堂》,载《欧阳玄全集》,四川大学出版社 2010 年版,第 116 页。
⑤ (元)陈高:《陈高集》卷一二《义田记》,浙江古籍出版社 2014 年版,第 171 页。
⑥ 《揭傒斯全集》辑遗《兰溪州知州武义县男章梦贤墓志铭》,上海古籍出版社 2012 年版,第 55 页。
⑦ (元)吴澄:《吴文正公集》卷三九《故平山舒府君墓志铭》,元人文集珍本丛刊本,第 3 册,新文丰出版公司 1985 年版,第 632 页。
⑧ (明)王祎:《王忠文公集》卷七《章氏祠堂记》,丛书集成初编本,中华书局 1985 年版,第 2424 册,第 182 页。

　　二是直接捐产，即把自己的土地全部捐出或割出部分为族田。湖州归安人沈君，"至顺辛未，捐田五百亩建义塾……至正乙酉，捐田五百亩，即义塾之南立义庄"①。祁门人李与廉"割己田若干亩，立祠于十世祖墓，而刻其谱系，陷真壁间"②。婺源汪氏世有赡茔田及地产三百余亩，节妇俞夫人"更割田二百亩益之"③。

　　族众合置的族产，最常见的是祭田。南宋朱熹《家礼》中规定："初立祠堂，则计见田每龛取其二十之一，以为祭田，亲近则以为墓田。"④显然，元代南方地区受其影响较大。鄞县桃源戴氏建永思堂，族人戴茂"惧赀费之不继也。复与弟升议买田若干亩"⑤，以为祭田。除祭田之外，像义塾、祠堂等大宗不动产也多由族众合置。前述龙泉章溢捐置祭田后，又欲建义塾，"溢妻之兄雅州知府陈伯大，与四弟伯新、伯元辈，同以田来助溢，于是其事遂成"⑥。长乐县罗田林氏族长与诸孙谋议，"买宗人宅一区"⑦，共建祠堂。

　　祖宗遗产既然为祖先传留下来的财产，宗族多会用作祭田。庐陵秀川罗氏先祖，在北宋嘉祐二年（1057 年）已置有祭田，传至元代已历"三百余年，祀田世守如初"⑧。天台黄岩赵氏以其先祖赵英"所遗田百六十亩，存之以为祭田"⑨。传至元代后，族长赵与庆请当时名士陈旅作记文，以使后人宗族存续祭田用意。有的宗族还会增置祖先所遗祭田，前述长乐县罗田林氏，在宋代就"尝置祭田若干亩"，至元至正四年（1344 年），其族人"复益田

①　《黄潜全集》上册《沈氏义庄记》，天津古籍出版社 2008 年版，第 316 页。
②　《黄潜全集》下册《祁门李君墓志铭》，天津古籍出版社 2008 年版，第 593 页。
③　（元）李祁：《云阳集》卷八《汪氏节妇传》，文渊阁四库全书本，第 1219 册，第 740 页。
④　（宋）朱熹：《家礼》卷一《通礼·祠堂》，载《朱子全书》第 7 册，上海古籍出版社、安徽教育出版社 2010 年版，第 876 页。
⑤　（元）戴良：《九灵山房集》卷一二《戴氏祠堂记》，丛书集成初编本，中华书局 1985 年版，第 2094 册，第 179 页。
⑥　徐可先修：《（顺治）龙泉县志》卷七《龙渊义塾规约序》，载中国科学院图书馆选编：《稀见中国地方志汇刊》第 19 册影印清顺治十二年（1655）刊本，中国书店 1992 年版，第 1327 页。
⑦　（元）贡师泰：《玩斋集》卷七《林氏祠堂记》，文渊阁四库全书本，第 1215 册，第 627 页。
⑧　（元）欧阳玄：《圭斋文集》卷五《秀川罗氏祠堂记》，载《欧阳玄全集》，四川大学出版社 2010 年版，第 101 页。
⑨　（元）陈旅：《安雅堂集》卷八《赵氏祭田记》，文渊阁四库全书本，第 1213 册，第 96 页。

十五亩"①。

也有子孙自愿将应继承之祖先遗产拨充族产,如莆田人黄仲元宗族的祠堂原是伯父的遗产,他与弟、侄"不欲分而有之,愿移为堂,而祠吾族祖所自出"②。类似情形又有,鄱阳德兴胡氏建墓祠于宏山,"山若地及墓前田,元隶本初子孙,后逊于本固子举逊、本中孙文炜,皆不己私,以归于庵如初"③。

另外,族人中的户绝之家,在某些特殊情况下,其财产未必被全部没入官府,而很可能转变为宗族的共同财产。

### 三、族产的管理

元人龙仁夫曾说:"予尝过苏天平,范文正家,茔域在焉。予读《义田碑约》,盖族之长者贤者持其岁之出入,而不得擅其会计,文正子孙得董其会计,而不得亲田之出入,范数百口赖以不饥寒至今,非以其公耶!"④范氏宗族能够长盛不衰,很大程度上得益于其对族产长期有效的经营管理。但并非所有宗族都能保持族产的良好发展。四明楼氏义庄,"经始于绍兴,奏请于嘉定,几厄于至元之丁亥,荡析于大德之丙午,复归于旧则泰定之丙寅,上下二百余年,一成一毁"。楼氏义庄发展中遭遇毁败的原因之一,在于其个别族员"悖先训,违教令,贸鬻覆坠而莫之顾,利欲之陷溺其心"⑤。因此,为防止族产毁败,有的宗族会定立相关条规,以使子孙守而行之。元人袁桷外祖母张氏,"有田若干,足以治坟垄,奉春秋,刻于碑阴。惧瑾、瑾之子若孙,灭其情义,必曰礼有所不载,遂具昔之训抚行事,立石于墓,俾勿坠"⑥。

① （元）贡师泰:《玩斋集》卷七《林氏祠堂记》,文渊阁四库全书本,第1215册,第627页。
② （宋）黄仲元:《四如集》卷一《族祠思敬堂记》,文渊阁四库全书本,第1188册,第595页。
③ （元）胡炳文:《云峰胡先生文集》卷二《宏山庵祠堂记》,元人文集珍本丛刊本,第4册,新文丰出版公司1985年版,第180页。
④ 余晋芳纂:《麻城县志续编》卷一四龙仁夫《秦氏义田记碑》,载《中国方志丛书(华中地方)》第358号,成文出版社有限公司1975年版,第503页。
⑤ （元）王元恭:《至正四明续志》卷八况逵《昼锦楼氏义田庄记》,宋元方志丛刊本,第1册,中华书局1990年版,第6560页。
⑥ （元）袁桷撰,杨亮校注:《袁桷集校注》卷三三《外祖母张氏墓记》,中华书局2012年版,第1548页。

就族产管理模式而言,在元代南方地区主要有以下两种。

一是专管。族产专管在宋代就已存在,典型代表为范氏义庄。这种专管模式也为元代南方部分家族所采用。龙泉汤氏义庄,"择族人廉谨而有干局者,俾任其出纳"①。湖州归安沈氏义庄,"择族中之长且贤者,同主其出纳"②。除义庄外,祭田、义学田等其他族产也存在专管的情况。天台黄岩赵氏祭田,"族之长者主之,岁更择子姓之愿而才者掌其出入,而世以为常"③。崇德吴氏义塾田,"子孙之长且贤者次掌之,而师友共稽其出纳"④。

另一是轮管。族产中的祭田多采用轮管的方式。鄞县桃源戴氏建祠堂后,"议买田若干亩,岁入其租,而命子弟轮掌之"⑤。东阳傅氏杏溪祠堂,"有田三十亩,子孙更掌之"⑥。金华王氏有"墓祭田,族人迭主之"⑦。金华张氏宗族的义田,同样"俾三族之嗣人轮掌其租入"⑧。也有义田轮管的情形。麻城秦氏义田,即以"族之能者递掌之"⑨。

族产中最普遍的是祭田,其设置的主要目的是祭祖修祠。时人郑泳云:"今以祭视礼,礼为祭之本;以祭视田,田为祭之末。然无礼不可以成祭,无田不可以成礼,二者交相须而相为用者也。"⑩正因为祭田之于宗族祭祀的重要性,元代南方不少宗族都专置祭田以供祭祀之用。福宁林氏置祭田,"籍其入以为祖祢春秋之享荐,忌日之献祠"⑪。奉化棠奥袁氏有祭田,"以

---

① 《黄溍全集》上册《汤氏义田记》,天津古籍出版社2008年版,第312页。
② 《黄溍全集》上册《沈氏义庄记》,天津古籍出版社2008年版,第316页。
③ (元)陈旅:《安雅堂集》卷八《赵氏祭田记》,文渊阁四库全书本,第1213册,第96页。
④ (元)邓文原:《巴西集》卷上《吴氏义塾记》,文渊阁四库全书本,第1195册,第509页。
⑤ (元)戴良:《九灵山房集》卷一二《戴氏祠堂记》,丛书集成初编本,中华书局1985年版,第2094册,第179页。
⑥ 《黄溍全集》上册《杏溪祠堂记》,天津古籍出版社2008年版,第370页。
⑦ 《黄溍全集》下册《故处士金华王君墓志铭》,天津古籍出版社2008年版,第590页。
⑧ (明)宋濂:《銮坡前集》卷一〇《金华张氏先祠记》,载《宋濂全集》,浙江古籍出版社2014年版,第676页。
⑨ 余晋芳纂:《麻城县志续编》卷一四龙仁夫《秦氏义田记碑》,载《中国方志丛书(华中地方)》第358号,成文出版社有限公司1975年版,第502页。
⑩ (清)郑尔垣等编:《义门郑氏奕叶文集》卷二郑泳《郑氏义门祭田记》,四库全书存目丛书,集部第410册,第44页。
⑪ (元)陈高:《陈高集》卷一二《林氏祭田记》,浙江古籍出版社2014年版,第169页。

供资用粢盛、酒醴、牲牢、脯醢"①。深溪王氏所置祭田,亦是为了提供"粢盛、醴齐、牲杀、器皿"②等方面的费用。在用于祭祀活动的同时,祭田收入还被用于祠堂、墓庵等修缮方面。龙泉章氏置祭田,"烝尝之需,营缮之费,皆于是取给"③。庐陵秀川罗氏建祠后,"复买田为洒扫、修治、薰燎之费"④。规模较大的族产,其功用还可体现在赡济族人、奖学助教、完役纳赋等方面。

## 第三节　族　谱

与宋代相比,元人的修谱实践活动有了进一步的发展。传世的元代族谱序跋反映的地区分布,前几名依次为"江西 80 例、浙江 37 例、江苏 13 例、安徽 12 例、河北 10 例"⑤。即元代族谱的编修与保存在南方地区表现较为显著。

### 一、族谱的编修和续修

五代至元,战乱频繁,"华宗茂族,遭时多艰,宗谱散亡"⑥。动乱致使族谱散失的情况比比皆是,闽县卓氏家族自唐讫元"累经兵火,谱牒失之"⑦。西昌和溪胡氏也"兵燹之余,家乘靡存"⑧。从地域上来看,战乱对北方的宗族与谱牒破坏严重,而南方的情况则相对较好。正如欧阳玄所说:"中州故

---

① （宋）舒岳祥:《阆风集》卷一一《广孝庵记》,文渊阁四库全书本,第 1187 册,第 436 页。
② （明）胡翰:《胡仲子集》卷七《深溪王氏祠堂记》,丛书集成初编本,中华书局 1985 年版,第 2109 册,第 93 页。
③ （明）王祎:《王忠文公集》卷七《章氏祠堂记》,丛书集成初编本,中华书局 1985 年版,第 2424 册,第 182 页。
④ （元）欧阳玄:《圭斋文集》卷五《秀川罗氏祠堂记》,载《欧阳玄全集》,四川大学出版社 2010 年版,第 101 页。
⑤ 常建华:《元人文集族谱序跋数量及反映的谱名与地区分布》,《史学集刊》2008 年第 6 期。
⑥ （宋）牟巘:《陵阳集》卷一三《赵氏族谱序》,文渊阁四库全书本,第 1188 册,第 111 页。
⑦ （元）吴海:《闻过斋集》卷二《卓氏家谱叙》,文渊阁四库全书本,第 1217 册,第 173 页。
⑧ （元）王礼:《麟原后集》卷三《和溪胡氏族谱序》,文渊阁四库全书本,第 1220 册,第 479 页。

家,屡更兵燹,仕者投牒天官,曾大父、大父或犯其讳,其族谱可知矣。江南内附,多不烦干戈,承平既久,冠盖之族,幸遭明时,涵濡深仁,往往治其家谱。"①故战乱过后,南方地区修谱活动更易恢复起来。如吴兴丁氏在元朝"用兵江南时,其家文籍尽散佚,世绪无所于考"。族人清溪君道"乃惕然以为隐忧,搜遗讨残,积以岁月,作《丁氏世谱》一卷"。② 平阳陈氏族谱则亡失于大德元年(1297 年)风潮之变,族人陈高"志在修辑而无所考见,乃广询族之故老,及检寻先世遗简残编,略得其宗派流传之一二,因次序之,以为陈氏之族谱焉"③。歙县洪源著姓洪氏,"有以耆德称洪厓老人者,虑支裔之涣散,谱牒之残阙,遂据亲疏,重加厘正,名之曰《水木根源》","以警族人,使之咸知自勉也"④。

但修谱并非易事,往往需克服各种困难。富春孙氏,族人孙垚鉴于"谱牒不立,则传久而失宗",于是"家询户问,旬纂月缉,凡寝庙之所藏,碑碣之所存,父兄姻故之所知,心思耳目精力之所可得而及者,蒐讨略备,亦既可谱数世,盖已无复遗憾矣。其心思耳目精力之所不得而及,虽孝子顺孙无如之何! 一日,偶得先世尝为浮屠氏之教者数纸于尘煤鼠蠹中,自其谱以上,于是又得讳第居娶男女生卒葬之岁月者数,而世谱遂完"⑤。宋朝大臣张叔夜之后人张子仁,"惓惓以宗谱未备,网罗附缀,支分而派别之,历历在指掌。其勤且劳,积二十年始成焉",故袁桷为其作序时感叹:"是则为谱者,诚不易矣!"⑥

前代所修族谱,部分幸存至元代,随着宗族成员的增加和世系的延展,需不断续修。就元代南方地区的族谱来看,有相当一部分是在宋人族谱基础上加以续修的。婺源武口王氏,"宋嘉祐戊戌岁,有七世孙、左承事郎、国

---

① (元)欧阳玄:《圭斋文集》卷七《庐陵中州刘氏族谱序》,载《欧阳玄全集》,四川大学出版社 2010 年版,第 133—134 页。

② (元)陈旅:《安雅堂集》卷四《丁氏世谱序》,文渊阁四库全书本,第 1213 册,第 54 页。

③ (元)陈高:《陈高集》卷一〇《族谱序》,浙江古籍出版社 2014 年版,第 129 页。

④ (明)唐桂芳:《白云集》卷五《洪氏宗谱序》,文渊阁四库全书本,第 1226 册,第 849 页。

⑤ (元)戴表元:《剡源集》卷一〇《富春孙氏族谱序》,载《戴表元集》,浙江古籍出版社 2014 年版,第 213 页。

⑥ (元)袁桷撰,杨亮校注:《袁桷集校注》卷四九《书张子仁少监族谱后》,中华书局 2012 年版,第 2194 页。

子监主簿、知抚州崇仁县汝舟,尝为《九族图》。嘉定辛未岁,有十世孙、中奉大夫、婺源县开国男炎,尝为《世系录》,而其宗遂因之而不散。录成后迄今,又几九十年。中奉公之曾孙传,又搜讨缀缉,增为五卷"①。东阳胡助家族,"宋绍圣间,四世祖六府君始续世家。淳祐间,从伯父古拙同我先君更修家牒,名曰世谱,而工部尚书李公为之序"。至元朝"至大初,先兄古学再修是谱,萃为一图,支分派别,粲然可见",胡助为之序。元顺帝至正六年(1346年),胡助"告老而归,为合族之长。闲居无事,追予往来京师凡三十载,而族之后生不能徧识。因阅族谱,再加修缉而续书之"②。王氏、胡氏族谱编修和续修活动可以上溯至北宋时期。

更多的宗族则是南宋以来修谱的继续。丰城孙氏,"谱之重修,已再而三,事之续编,亦再而三矣",其中"乾道癸巳,始效欧阳氏谱谱其族。其十一世孙、绍熙癸丑进士临湘知县伯温,于己未辑事迹以附其谱之左方。前之谱未及载、后之事迹未及录者,咸淳乙丑,其十一世沆广之。大元至治辛酉,其十四孙隐求又广之"③。乐安巴塘黄氏,"淳熙末,名筠者谱其族系。绍定庚寅,寇毁谱亡。宝祐中,名栝者重修,名崇者将锓木不果。景定中,名楷者因栝所修而增续之,名三杰者作序。至大戊申,名绍复者润色旧谱,锓之以传,并刻初三代所葬地图。名栝之孙复亨又备其所未备"④。可见,孙氏宗族、黄氏宗族对其历次续修族谱情况均是十分清楚的。

此外,还有的宗族在续修族谱时,会合入本族其他分支的族谱,进行所谓的"通谱"。"西昌白沙之吴,源于禾川,其为显族也旧矣,名贤之序其谱者众矣。远孙茂卿,又合禾川之谱而重修之,此尊祖敬宗之心也。"⑤休宁人

---

① (元)戴表元:《剡源集》卷一八《题婺源武口王氏世系》,载《戴表元集》,浙江古籍出版社2014年版,第385页。

② (元)胡助:《纯白斋类稿》卷二〇《胡氏族谱序》,丛书集成初编本,中华书局1985年版,第2091册,第190页。

③ (元)吴澄:《吴文正公集》卷三二《丰城县孙氏世谱序》,元人文集珍本丛刊本,第3册,新文丰出版公司1985年版,第331页。

④ (元)吴澄:《吴文正公集》卷一八《巴塘黄氏族谱序》,元人文集珍本丛刊本,第3册,新文丰出版公司1985年版,第336页。

⑤ (元)王礼:《麟原后集》卷一《白沙吴氏族谱序》,文渊阁四库全书本,第1220册,第456页。

程岘,"以本宗出梁将军忠壮公后,且与伊川先生南渡子孙通谱互继,而谱未之续也。会宗人歙西教授傅岩、闽川宣使槃斋,及会里孝隐翁天经、汉口处士可大参考订定,为《程氏世谱》三十卷,又约为《程谱提要》二十篇"①。信州人缪若凤,"得合黄岩、平阳、长溪之谱",因而使缪氏宗族的世次"由江南之近年,上溯战国以达于鲁穆"②。不过,像缪氏宗族这样因合谱而能够上溯世系达一两千年的情况,必然会掺入越来越多的不实成分。

## 二、族谱的内容

元代族谱的内容,从族谱序跋所涉及的情况看,南方地区比北方地区更为丰富。吴兴《丁氏族谱》云:"凡祖考告身、举制、遗文、墓志咸载。"③四明《罗氏族谱》云:"于谱牒后,悉录先世之行状、墓志及夫垂殁之训、哀勉之辞。"④丁氏、罗氏族谱包括了入谱先世人物的重要个人文献。类似的情况还有庐陵宣溪人王礼之父"尝修族谱图,系明贤所为诸祖墓志铭"⑤。黄岩《童氏族谱》云:"附载先世嘉言善行及积功累德,所以淑后人者居多。"⑥金华《章氏家乘》设有"景行篇",表彰该族可师仰者。⑦ 童氏、章氏族谱均单列祖先嘉言善行,为后世劝。乐安巴塘《黄氏族谱》"刻初三代所葬地图九"⑧。黄氏族谱包含了族葬地图。危素《永丰王氏族谱序》云:"广信王君志道以其家谱示余于京师,曰:'此大母俞夫人手笔也。吾少孤,大母鞠而教之。七世祖朝奉府君家训八事,亦书于谱。尚书韩公无咎、内翰洪公景卢

① 管子瑜:《见山居士程君岘墓志铭》,载(明)程敏政辑撰:《新安文献志》卷八八,黄山书社2004年版,第2180页。

② (元)戴表元:《剡源集》卷一八《题缪氏族谱》,载《戴表元集》,浙江古籍出版社2014年版,第359页。

③ (元)陈旅:《安雅堂集》卷四《丁氏世谱序》,文渊阁四库全书本,第1213册,第54页。

④ (元)陈高:《陈高集》卷一四《罗氏家乘跋》,浙江古籍出版社2014年版,第227页。

⑤ (元)王礼:《麟原前集》卷一〇《跋栋头王氏谱后》,文渊阁四库全书本,第1220册,第441页。

⑥ (元)刘仁本:《羽庭集》卷六《跋童氏族谱》,文渊阁四库全书本,第1216册,第114页。

⑦ 参见(元)王礼:《麟原后集》卷一《章氏家乘序》,文渊阁四库全书本,第1220册,第461页。

⑧ (元)吴澄:《吴文正公集》卷一八《巴塘黄氏族谱序》,元人文集珍本丛刊本,第3册,新文丰出版公司1985年版,第336页。

为府君挽诗,书诸壁间。夫人惧夫壁有时而坏,则又书于谱。'"①王氏族谱包含家训与族外名人为本族人物题写的挽诗。浙江浦江《杨氏族谱》云:"经纬错综,画以成图,而疏其字、配、卒、葬于名下……咨采既博,凡有系于谱事者,亦不欲弃去,合为一编,而分上、中、下三卷。其上卷则推原姓之异同,祖之远近,旁支正谱粲然毕纪。其中卷则科第及遗事、遗文之属,而碑碣姻戚识疑并隶焉。其下卷则名人之纪述与杂著祭规之当存者。若夫祭田、墓林亦附见乡落步亩。而终之以所合齿行之序,其用意也周,其立创也严。"②杨氏谱的内容包括姓源、正谱、支谱、科第、遗事、遗文、碑碣、外家、识疑、传记、杂著、祭规、祭田、墓林、乡落、步亩等 16 项。

综合元代南方地区族谱的情况来看,其内容有序言、谱图、姓源、告身、科举(举制、科第)、著述(右集、遗文、杂著)、传记(行状、墓志、墓志铭、景行篇、遗事、撮拾、嘉言善行及积功累德)、家训(遗训、垂殁之训)、哀辞、坟墓(墓图、墓林)、祭规、祭田、附注、姻亲、识疑、乡落、步亩等。后世完整族谱的主要内容元代基本上都出现了。当然,这是指元代族谱所具有的整体内容而言。就单部族谱来说,元代南方地区的族谱还是以世系记载为主,其他内容不完整,且无严格分类。③

元代南方地区的族谱,也有攀附名人现象,先祖世系中可能存在不实成分。元人黄溍《谱系引》云:"家谱之作,所以溯祖系之远,而纪族人之繁也。而族人之繁,不无播迁散逸,辄亦阙而不载,或载而不详。至于祖系之远,则虽邈不可追者,容或委曲附会,以为某名贤、某乡先生之后。噫!此岂特汾阳之拜,贻人嘲笑?自问厥心,应亦有赧然不安者矣。人各有族,族各有祖,祖有其所自出。而祖之所自出者,又更有其所自出。溯而上之,皆吾祖也。果其脉络相传,凿凿可据,则当详稽备登,以示不忘。否则宁略毋详,宁缺毋备。盖缺之[则]谱有未登之祖,而吾祖之真者自在;不缺而游移仿佛之间,

---

① (元)危素:《危太仆文集》卷一〇《永丰王氏族谱序》,元人文集珍本丛刊本,第 7 册,新文丰出版公司 1985 年版,第 475 页。

② (明)宋濂:《杨氏宗乘序》,转引自盛清沂《试论宋元族谱学与新宗法之创立》,载《第二届亚洲族谱学学术研讨会会议记录》,联经出版公司 1985 年版,第 133 页。

③ 参见常建华:《宋以后宗族的形成及地域比较》,人民出版社 2013 年版,第 84 页。

或且冒他人之祖以为己祖,而其真为吾祖者,反以家谱之作而外见。是岂为子孙者所忍出哉?"①不过,尽管遭到普遍反对,但附会名人为祖先却像顽疾一样,始终附着在某些族谱身上。

### 三、族谱的体例

元末明初闽县人吴海所作《吴氏世谱序》中存有"凡例",这是目前发现的元人唯一修谱"凡例",对了解元代南方地区族谱体例当有一定参考价值。据载:

一、谱首为图,具世次而派别之,以名系世,盖略则以考派别则不紊。无后者直疏其下曰绝(谓无子而不置后者),有官者疏曰某官(从后授)。迁居者曰迁某所。

一、首既为图,以系世次,次为谱,亦以派别,乃详记名字、行次、娶某氏、历官某、生子几人、某甲子生年若干,卒葬某处,某人为志。若迁居者,备述其由。

一、谱后述先世家训文字略者及墓志,若先世著述文字多者,别为集,不录于此(先世家训及述,子孙保藏之,以传后人)。

一、子孙名次,从水木火土金,行为一世,五行相生,循环无穷。

一、子孙行次五行,从名次五行,男阳女阴,世次易考(如名从水,则行次男壬一、女癸一;名从木,则行次男甲一、女乙一之类)。每世从一起数,则不相紊。

一、后世子孙有弃父母出家为僧为道者不录(谓不系世次也)。

一、后世有无子不立宗人而以婿与外孙为继者不录。直疏其下曰绝(谓其自绝于祖宗也)。

一、丧事不得用浮屠道士,营修科典,不惟于死者无益,而生者重有损。

一、葬事随力厚薄,不得用俗礼,焚化大不孝,后虽有悔,终不能及。

---

① 《黄潜全集》上册《谱系引》,天津古籍出版社 2008 年版,第 280 页。

一、浯州府君尝谓海曰："吾行四方,乐邹鲁土风之厚,甚欲徙居其地,万一不能,汝能承吾志乎?"①

由上可知,《吴氏世谱》体例主要由谱序、世系图、世系谱、家训、墓志5项构成。

元成宗大德八年(1304年),牟巘为因避靖康之难而举族过江的东平赵氏族谱作序,略及赵氏族谱体例:"谱有图,仿年表为旁通,继之以谱,纲举目张,绳联珠贯,不尽用苏谱例。其散居某所,则见附注;外继某氏,则见姻亲;录姓之本始,则见纪原;至于志状本末、姻戚阀阅、见闻坠轶,则皆见右集与摭拾焉。""首挈淳熙旧序,具述遗训,刊于谱之前后。"②可知赵氏族谱的体例由谱序、世系图、世系谱、附注、姻亲、纪原、右集、摭拾、遗训等9项组成。牟巘又评论西秦张氏世谱说:"谱略效太史公年表,为旁通书之,至六七世未艾。历官概见于左,而于本宗卒葬特详。尊其所自出,亦苏氏谱法也。"③通过分析吴氏世谱、赵氏族谱和张氏世谱的体例构成可以发现,谱序、世系图、世系谱是其核心构成部分。

### 四、族谱的保存

族谱修成之后,需妥善保存,而且要长期保存,代代相传,这显然并非易事。欧阳玄曾说:"予序南北大姓多矣,求其自受姓以来,世系不绝,历历然可考者鲜。盖由世变相承,或断续于南北六朝之离合,或散逸于五季列国之纷争,往往而是也。"④休宁人程龙曾编有《龙陂程氏世谱》,后经宋末元初世变,以致"片纸无复存者"⑤,甚为可惜。元人谓:"自离乱荐更,故家大族

---

① (元)吴海:《闻过斋集》卷一《吴氏世谱序》,丛书集成初编本,中华书局1985年版,第2417册,第2—3页。

② (宋)牟巘:《陵阳集》卷一三《赵氏族谱序》,文渊阁四库全书本,第1188册,第111页。

③ (宋)牟巘:《陵阳集》卷一六《题西秦张氏世谱后》,文渊阁四库全书本,1188册,第144页。

④ (元)欧阳玄:《圭斋文集》卷七《后林周氏谱序》,《欧阳玄全集》,四川大学出版社2010年版,第132页。

⑤ 程伯机:《元中顺大夫同知徽州路总管府事致仕赠中宪大夫上骑都尉追封新安郡伯程公龙家传》,载(明)程敏政辑撰:《新安文献志》卷九五上,黄山书社2004年版,第2405—2406页。

能保而存之盖鲜。"①有元人对存谱情况作了估算。东阳人胡助说："近世故
家大族,兵燹之后,谱牒悉多散逸,而又子孙卑微不学,其能存先世之谱者,
百无一二焉。"②依胡氏所说,士大夫宗族在遭到兵燹之后,保存其族谱的最
多也仅是百分之一二,真可谓丧失殆尽了。闽县人吴海的估计较为乐观,他
认为"更数大乱,故家谱牒存者,十不能一二"③。

为了妥善保存族谱,以传诸子孙,南方地区部分宗族往往把修好族谱锓
梓成为刻本。乐安黄氏宗族于至大元年(1308 年),"润色旧谱、锓之以
传"。夏阳汤氏,"其族之谱系,九世孙思可尝锓梓"④,入元后,十二世孙汤
敏正是以幸存刻本来请名士王礼为之作序。

也有相当多的宗族,要将族谱刻于石碑,成为石谱。资阳史氏宗族,就
有"资阳故谱石刻"⑤。元人的石谱,往往是刻在墓碑的阴面。歙县人郑玉,
"乃取高池府君而下,至族之曾孙,凡十五世,辑为此图,刻之先大父墓碑之
阴"⑥。元代南方地区的石刻族谱,还往往置于宗族祠堂。东阳人胡助为当
地宋氏宗族撰写《宋氏世谱记》,"俾之刻石先祠"⑦。吴兴丁氏有《丁氏世
谱》,"买佳石以重刻之,作时思斋墓侧"⑧。丁氏作于墓侧的时思庵是墓
祠,石谱是时思庵中的主要设置。

族人对族谱的保存十分谨慎,并视之为对祖先的一种孝道。南丰曾梦
吉曾述其族谱保存情况:"此我祖文昭子开先生元丰所手编,而从祖文肃所
参订者也。追惟遭罹衰乱,分崩荡析,园庐荒废,旧业萧条,独是编出入必

①　(元)吴海:《闻过斋集》卷二《魏氏支派图叙》,文渊阁四库全书本,第 1217 册,第 171—
　　172 页。该叙在丛书集成初编本《闻过斋集》中未收录。
②　(元)胡助:《纯白斋类稿》卷二○《吴氏谱牒序》,丛书集成初编本,中华书局 1985 年版,
　　第 2091 册,第 186 页。
③　(元)吴海:《闻过斋集》卷一《潘氏世谱序》,丛书集成初编本,中华书局 1985 年版,第
　　2417 册,第 12 页。
④　(元)王礼:《麟原后集》卷二《夏阳汤氏族谱序》,文渊阁四库全书本,第 1220 册,第
　　465 页。
⑤　(元)虞集:《道园学古录》卷五《题史秉文资阳故谱序》,四部丛刊初编本。
⑥　(元)郑玉:《师山集》遗文卷一《郑氏石谱序》,文渊阁四库全书本,第 1217 册,第 74 页。
⑦　(元)胡助:《纯白斋类稿》卷二○《胡氏族谱序》,丛书集成初编本,中华书局 1985 年版,
　　第 2091 册,第 194 页。
⑧　(元)陈旅:《安雅堂集》卷四《丁氏世谱序》,文渊阁四库全书本,第 1213 册,第 54 页。

俱,岿然灵光。某等绍承无状,藉此少逭不孝之罪。"①曾氏能够在乱世中保存族谱,孝心起了重要作用。

## 五、族谱的功用

族谱具有多方面的功用,元代南方地区的儒士对此多有议论。在这些议论中,饶州安仁人李存的论述最有代表性。他在《舒氏族谱序》中指出:"谱之修,尊祖宗,序亲疏,辨隆杀,右贤德,述贵显,详昏嫁,严死生,尚敦睦,此古今天下所同说也。"②此语代表了元人对族谱功能的基本认识,但未能将元人观点囊括无遗。如庐陵宣溪人王礼认为:"族谱者,谱其族属崇卑疏戚,使子孙笃尊尊亲亲之谊,而或以之述门望、显畜聚、表交游者也。"③其中包含了李存所没有的认识。李存、王礼的论述中,除了尊祖宗、序亲疏、辨隆杀这些明崇卑疏戚以尊尊亲亲尚敦睦之功用,族谱右贤德、述贵显、详昏嫁、严死生、述门望、显畜聚、表交游的功用,则以往少有人论及。

族谱还具有补史的作用。宣城人贡师泰曾经谈到,至正年间,朝廷"尝诏天下,上诸功臣遗事",诏令下达逾年而无所获,他当时正供职于史馆,反复思忖,认为"非假谱牒图籍,则一代之文献将何所征哉"④。具有这种认识的人,当然不止贡师泰一人。而利用族谱了解历史特别是政治人物、政治事件的做法,则更是不乏其人。虞集曾提到宋朝胡铨的奏疏保存在族谱中的事例。他说,宋朝南渡后秦桧专政误国,胡铨慷慨上疏乞斩秦桧,轰动一时,但后世学者鲜得见之。尽管宋朝国史中有胡铨的传记,但他却在族谱中看到了这篇奏疏。此正所谓"君子之言,其不可泯也如此乎"⑤?

① (元)刘壎:《水云村稿》卷七《读曾丹潭梦吉家谱》,文渊阁四库全书本,第1195册,第405页。
② (元)李存:《俟庵集》卷二〇《舒氏族谱序》,文渊阁四库全书本,第1213册,第723页。
③ (元)王礼:《麟原后集》卷二《夏阳汤氏族谱序》,文渊阁四库全书本,第1220册,第465页。
④ (元)贡师泰:《玩斋集》卷六《中山世家序》,文渊阁四库全书本,第1215册,第591—592页。
⑤ (元)虞集:《道园学古录》卷三二《晏氏家谱序》,四部丛刊初编本。

族谱的功用尽管众多，但元朝南方地区的儒士普遍认为，其最主要的功用是敬宗收族。德兴人徐明善指出："今宗法弛，犹赖谱可以收族人也。"①闽县人吴海说，宗法既废，"人各以意自私其亲，恩不广而施易终，至有视周亲若途人者，然则今日所赖，惟简牒之存，使知木本水原之义，是谱所以作也"②。在他们看来，只有族谱才能使宗族成员凝聚成为一个群体。

对于族谱何以具有收族这一主要功用，儒士也多有论证。不过，其论证的角度，却有所不同。有的强调一本意识。浏阳人欧阳玄认为，"族谱之作，将以重伦纪、厚风俗，使其子孙知源委之所自，足矣"③。莆田人陈旅指出："凡得立宗以缀其族者，非有谱识所从出，条所由分，则世远族众，其系必紊，而昭穆之辨淆矣，此世谱不可以不作也。"④刘诜则说："族有谱，然后不以疏为戚、戚为疏，不以尊为卑、卑为尊，戚疏尊卑秩然不可紊，而后孝悌之心生焉……所以使吾义亲情密也。"⑤

有的认为族谱收族，可以弥合宗族内部贵贱贫富差异导致的矛盾。饶州安仁人李存曾说："族之有谱，尚矣。昔人所以序其义者，详且重矣，尚何言？然俗之不长厚日益甚，姑举其浅者、近者言之，源分派别历年久，贱贫贵富之不齐。夫贱贫贵富者，势也；而昭昭穆穆，虽百世不可绝者，义也。古之人见义而不见势，后之人或反是，盖垂旌列荣之间，垢衣弊冠者自远也；荜门圭窦之家，导前拥后者自罕来也。是故有不期于盈而自盈，有不期于馁而自馁。亲远则疏，疏则离，亦其势然也。故谱存则义或存，谱亡则义从而亡矣。"⑥东阳人胡助也强调："谱牒之显晦不同，宗族之贫富有异，势使然也。后世宗法既坏，犹幸家自为谱，故学士大夫贵于谱牒时修，所以收拾宗族疏

①　(宋)徐明善：《芳谷集》卷上《太原族谱序》，文渊阁四库全书本，第1202册，第580页。
②　(元)吴海：《闻过斋集》卷一《吴氏世谱序》，丛书集成初编本，中华书局1985年版，第2417册，第2页。
③　(元)欧阳玄：《圭斋文集》卷七《防里欧阳氏族谱序》，载《欧阳玄全集》，四川大学出版社2010年版，第129页。
④　(元)陈旅：《安雅堂集》卷四《丁氏世谱序》，文渊阁四库全书本，第1213册，第54页。
⑤　(元)刘诜：《桂隐文集》卷四《龙溪曾氏族谱》，文渊阁四库全书本，第1195册，第157页。
⑥　(元)李存：《俟庵集》卷二七《题章氏族谱后》，文渊阁四库全书本，第1213册，第794页。

远离散之心,使不至于相视如涂人则善也。"①

有的把族谱看作是维系族人联系和秩序的手段。彰德汤阴人许有壬指出:"人一身其来尚矣,少而至于多,近而至于久,则不得不分。分而益多以久,至亲尽而为途人,势也。使多而不紊,久而不迷,则图谱之作可少哉!"②平阳人陈高也在本族族谱中论述道:"族之有谱,所以别宗支,叙昭穆,定长幼,辨亲疏也。流派虽分,而其原同出乎一;子孙虽众,而其祖未尝有二。以吾祖之一身,而为子孙之千百,非谱曷以明之?……降及后世,浇伪日滋。而上失其政,富贵而骄,势利而争,甚而手足同气犹相视如途人,而况于服之穷乎?况于十数世之远者乎?为吾族之子孙者,盍亦思法古人之厚,而戒今世之薄乎?此为所为作谱之意也。"③类似的议论,均强调了族谱在联系族人方面的突出作用。④

## 第四节  家法族规

"国有制,家有法。"⑤元代的家法族规在南方地区得到进一步普及。作为宗族内部全体成员必须遵守的行为规范,家法族规在调整族人之间关系、维系宗族秩序和社会秩序等方面发挥着重要作用。

### 一、家法族规的制定

家法族规的制定,多是在宗族发展过程中根据现实需要而形成的。第一种情况,是由族长或宗族中的重要人物定立条规,公布执行。在同居共财大家庭中,这种情况相对较多。著名的浦江郑氏宗族,自南宋建炎年间开始

---

① (元)胡助:《纯白斋类稿》卷二〇《吴氏谱牒序》,丛书集成初编本,中华书局 1985 年版,第 2091 册,第 186 页。
② (元)许有壬:《至正集》卷七三《莆田黄氏族谱》,元人文集珍本丛刊本,第 7 册,新文丰出版公司 1985 年版,第 326 页。
③ (元)陈高:《陈高集》卷一〇《族谱序》,浙江古籍出版社 2014 年版,第 129—130 页。
④ 参见常建华:《宋以后宗族的形成及地域比较》,人民出版社 2013 年版,第 70—71 页。
⑤ (明)胡翰:《胡仲子集》卷六《浦阳王氏义门碑颂》,丛书集成初编本,中华书局 1985 年版,第 2108 册,第 80 页。

同居共财。当时的家长郑绮"治家严,斗粟尺布,人无敢私者。临没,歃血誓子孙毋分居"。此后,子孙均谨遵誓约,不曾分家。至第五世德珪、德璋兄弟"尤竭友恭之义"。"德珪之子东垫处士文嗣,德璋之子龙湾提领太和,益思先人誓言之切,感泣奋励,务欲齐其家。太和弟文泰,复悉力先后之,凡冠婚丧祭,乡相见之礼,各有常则;布帛米粟,膳羞服器之用,各有常度;振乡善族,恤姻字贫之施,各有常数。子姓之繁,则各量其材而授之职。闻钟声男女则各同室而膳,旦望则各趋于庭下,家齐饬焉。有子孙不帅教者,罚及之。太和乃述为书,凡五十有八条。"郑太和所制定的58条规范,是根据郑氏日常管理习俗而撰成的。与郑氏宗族同居一县的王氏宗族,"同居而不异爨者五世"。在王士觉做家长时,积极谋划促进宗族的长远发展。于是,"乃本诸礼,旁采近制,定为规则"。在内容方面,"凡敬先务本,惇礼厚生,睦族恤众,吉凶之际,钜细之务,具有条贯。而儆戒防范,曲尽其虑,不忘造次"。制成之后,王士觉"帅其子姓而躬践之"①。天台著姓谢氏,"内外八百余指,合居共爨,凡冠昏丧祭,悉遵紫阳《家礼》,而饮食起居之节,则又取之浦江郑氏焉"。尽管如此,谢理兄弟"尚虑行之不逮,守之不固也",因而由理之弟珪"尝著为训"②。

上述数家,均是世代同居共财,为管理庞大的家庭成员而制定的家法族规。普通宗族虽然关系相对简单,但在发展过程中,关心宗族长远发展的人物也会自觉制定家法族规。金华清塘包氏,因包永叔"自著《治家要略》及《三省斋记》《患难横逆解》,辞气典雅,皆足以训其后,故总名之曰《包氏家训》"③。此后自然成为包氏家法族规的蓝本。番禺人钟复昌,曾被征为苏州府教授,然"不数载弃官回籍,高卧罗峰周岭之间,作《家训》十则以垂子孙"④。

---

① (明)胡翰:《胡仲子集》卷六《浦阳王氏义门碑颂》,丛书集成初编本,中华书局1985年版,第2108册,第78页。
② (元)贡师泰:《玩斋集》卷六《谢氏家训序》,文渊阁四库全书本,第1215册,第591页。
③ (宋)金履祥:《仁山文集》卷二《书包氏家训后》,文渊阁四库全书本,第1189册,第832页。
④ (清)梁鼎芬等:《番禺县续志》卷三四徐朝直《元苏州府教授子还钟公墓志铭》,载《中国方志丛书(华南地方)》第49号,成文出版社有限公司1975年版,第454页。

　　第二种情况是后人记录先世遗训,从而形成家法族规。闽县吴氏,"谱后述先世家训文字略者,及墓志,若先世著述文字多者,别为集,不录于此"①。四明罗氏"谱牒后悉录其先世之行状、墓志及夫垂殁之训、哀勉之辞"②。宜黄人吴镒,"为人端庄静重,谈论畅达笃实,所言皆敬身明伦之要、应世处事之方。居家礼法严肃,尝书参议公遗训于屏,以示子孙,族姻乡党咸取法焉"③。

　　家法族规制定后,尽管会在宗族的日常生活中被奉为圭臬,但随着形势的变化,也会有不周全或不适应之处。因此,家法族规也会出现不断续订或修订的情况。浦江郑氏在郑太和制定58条后,其子郑钦"复以平日所辑祖父之训演而绎之,成续规,亦六十余条,以补前规之未备者"④。此后,前五十八条称《前录》,后六十余条称《后录》。后又有"《续录》九十二则,七世孙青琏府君钦、江浙行省都事铉所补,皆已勒石锓板"。元末至正年间,"八世孙太常博士涛,复以为三规阅世颇久,其中当有随时变通者,乃率三弟泳、澳、湜,白于二兄弟濂、源,同加损益,而合于一。其闻诸父之训,曾行而未登载者,因增入之,总为一百六十八则;文辞之属,选有系于事实者录之,厘为三卷,通名曰《旌义编》"⑤。郑氏规范在不断续订的过程中,不仅使条规数量越来越多,也对个别条规进行了随时变通。

## 二、家法族规的内容

　　元代南方地区的家法族规,内容比前代更为充实,几乎涉及宗族成员日常行为的各个方面。在内容的条理性方面,大多数的家法族规条目清晰,要求更为具体、更为细致。

---

① (元)吴海:《闻过斋集》卷一《吴氏世谱序》,丛书集成初编本,中华书局1985年版,第2417册,第2页。

② (元)陈高:《陈高集》卷一四《罗氏家乘跋》,浙江古籍出版社2014年版,第227页。

③ (元)吴澄:《吴文正公集》卷四〇《故复轩居士吴君墓志铭》,元人文集珍本丛刊本,第3册,新文丰出版公司1985年版,第639页。

④ (元)郑钦:《郑氏义门续规序后》,载(清)郑尔垣等编:《义门郑氏奕叶文集》卷一,四库全书存目丛书,集部第410册,第14页。

⑤ (明)宋濂:《芝园后集》卷三《旌义编引》,载《宋濂全集》,浙江古籍出版社2014年版,第1567页。

　　一是关于宗族组织方式与祖先祭祀方面的内容。浏阳陈氏的家法族规，要求成员"祭祀用朱文公《家礼》，参之以司马文正公《书仪》，著为成书，毋遽增损。凡祭，宗子主之。叔父虽尊，不当主祭。不奉神鬼浮屠，不用巫觋"；"事无大小，必告家长，毋得颛行"①。休宁县范氏《延祐六年瑶村各处祖茔合同禁约》规定："尊祖敬宗乃子孙当然之理，伏睹皇庆二年三月内，国朝明有不许典卖坟地墓木禁例。今族众重新修理祖宗坟茔，之后有各项合关防事务，尽一开写连押合同文字。各支子孙收执，永远照用，各守理法，毋致有违者。"②现存《郑氏规范》，这方面内容更是占了近半条目。其中关于祠墓及祭祀制度的条目计 11 条，关于宗子、家长制度的条目计 13 条，关于子孙分管族务的组织化管理制度的条目计 43 条，关于其他的宗族事务计7 条。③

　　二是关于宗族成员经济关系与经济活动方面的内容。浏阳陈氏的家法族规，要求成员"男子各为生计，公库给本钱，居者月归子钱，行者杀其四之三。子妇绩麻十有二斤，取纺纑十斤；女子未嫁者取其半。子妇治丝织绫缂者，六十有一疋予一疋，女子三十有一疋予一疋。能增置产业及桑茶竹木，必纪于籍，毋私蓄、私假、私与。饮食衣服、冠昏酬酢、私亲馈遗一取诸公库，定为品节，毋过于奢。仕而有余禄者，亦归诸公库。仆婢授之以事，而责其成"；"家事三年以次掌之"④。汉中襄城县的王得舆，曾"召其子及诸妇、诸孙序立堂下，示之曰：'吾见人家昆季，往往不义，皆因父祖积财以启争端。吾幼罹大变，骨肉离散，惟余此身，艰险百至，虽欲积财，何可得也。纵使得之，亦匪我心……或私畜财货，敢言异居者，子放妇出，非我宗嗣。子子孙孙，永为家范。'"⑤得舆不但禁止王氏后人私畜财货，而且特别强调使其永

①　(元)危素：《危太仆文集》卷五《陈氏尚德堂记》，元人文集珍本丛刊本，第 7 册，新文丰出版公司 1985 年版，第 427 页。

②　《延祐六年瑶村各处祖茔合同禁约》，载(明)范涞纂修：《休宁范氏族谱》之五《谱茔》，明万历二十八年刻本，藏安徽省图书馆古籍部。

③　参见常建华：《宗族志》，上海人民出版社 1998 年版，第 439 页。

④　(元)危素：《危太仆文集》卷五《陈氏尚德堂记》，元人文集珍本丛刊本，第 7 册，新文丰出版公司 1985 年版，第 427 页。

⑤　(元)蒲道源：《闲居丛稿》卷二六《西轩王先生行实》，文渊阁四库全书本，第 1210 册，第774 页。

为家范。

三是关于宗族成员个人修养与行为礼仪方面的内容。汉中襄城县的王得舆,"家法之严,尤谨于内外男女之别。诸妇送其子,女止于中门,男宾未有辄至中门者,有事,择书童幼而谨愿者以将命。子婿同居二十年,未尝一至其寝室。每旦夙兴,诣祠堂,拜谒毕,子孙于其所在,行晨省之礼。先生问以所习事业,而责其成功,妇女群下皆然,昏定亦如之正。至朔望叙拜如仪,先生必以平昔所历患难、今日所以为乐者谕之"。又要求后人"能明乎圣经贤传之奥,日行乎孝弟忠信之实",以便达到"一家之中,父父、子子、兄兄、弟弟、夫夫、妇妇、上下和睦,和气蔼然,虽欲致争,亦无自而得也"①的理想境界。新吴人彭敬则,"作堂以示训",名曰"进德",其目的就是"立训也","上念乃祖之令德,下悯时俗之日替,将纳其子孙于善也"。其具体做法是:"去华就朴,以教俭;高廉重阶,以教严;岁时奉烝尝,以教孝;序尊卑,以教敬;存孤弱,以教慈;合宗族,以教和;谭礼乐,敦诗书,以教学。"②永丰王氏,祖训有言:"不可起无益之争,兴无故之讼,骨肉自相吞噬,用度过为侈靡,轻弃祖业,谋坏故居,废四时祀先之礼,忘在庭义方之训。"③长乐亦山陈某,请著名文人程矩夫为其所居之堂题匾曰"友敬",以"申友敬之义,作为家训,以儆诸孙"④。

四是关于宗族成员婚姻关系方面的内容。浏阳陈氏的家法族规,要求成员"取妇毋苟利其赀产"⑤。

五是关于宗族成员族外行为等其他方面的内容。现存《郑氏规范》,关于宗族成员出仕规定的条目计 3 条,关于兴义举的条目计 7 条,关于不可纵庄奴来往的条目计 11 条。

---

① (元)蒲道源:《闲居丛稿》卷二六《西轩王先生行实》,文渊阁四库全书本,第 1210 册,第774 页。

② 《揭傒斯全集》文集卷六《进德堂记》,上海古籍出版社 2012 年版,第 379 页。

③ (元)危素:《危太仆文集》卷一〇《永丰王氏族谱序》,元人文集珍本丛刊本,第 7 册,新文丰出版公司 1985 年版,第 475 页。

④ (元)程矩夫:《雪楼集》卷一八《叶隐君墓表》,文渊阁四库全书本,第 1202 册,第 319 页。

⑤ (元)危素:《危太仆文集》卷五《陈氏尚德堂记》,元人文集珍本丛刊本,第 7 册,新文丰出版公司 1985 年版,第 427 页。

### 三、家法族规的执行

在祖先崇拜观念和宗族群体认同意识的作用下，宗族成员大多能够自觉遵守家法族规的要求。为使宗族成员充分了解家法族规的内容，宗族往往会通过多种方式对家法族规进行宣传。浏阳陈某，"自著家规十有六条，刻诸堂中，俾世守之"①。新吴人彭敬则，"又惧近之弗察，远之弗明也，属余疏其义以广其训，刻石屋漏，朝夕俾观省焉"②。除制立规约、刻石于家外，有的家族也会定期组织族员诵读训辞。浦江郑氏，"朔望家长率众谒祠堂毕，出坐堂上，男女分立堂下。令子弟一人唱，听唱以儆众耳。一人诵于侧曰：'子道孝养，妻道顺正。兄必爱弟，幼必敬长。毋狥私欲，以妨公义。毋听妇言，以伤和气。毋为非横，以干天刑。毋耽曲糵，以乱厥性。有一于此，既殒尔德，复隳尔胤。眷兹训辞，实系兴废。言之再三，尔宜深戒。'"③不论以何种方式，其目的都是要族人把家法族规铭记于心，并能守而行之。

如果族人违反了家法族规的规定，当然会受到相应的惩罚。其惩罚方式，大致分为四种：一是警告，包括训斥、记过。二是解除或部分解除族人与宗族有关的权利和义务，如停米、革胙、革祭、出族等。三是刑罚，如罚银、罚跪、锁禁、笞杖、处死等。四是鸣官，即宗族出证并将犯者交官府依国法惩治。④浦江郑氏，"子孙倘有私置田业，私积货财，事迹显然彰著，众得言之家长，家长率众告于祠堂，击鼓声罪而榜于壁，更邀其所与亲朋告语之，所私即便拘纳公堂。有不服者，告官以不孝论"⑤。休宁程氏宗族规定："诸处墓林赡茔田土，官有禁例，子孙不许贸易典卖，如违，许诸人陈告。或有尊长及在上之人，恃长凌幼，妄起异心，贸易执占，许在下子孙执此赴官陈告，并同不孝论罪。又或一等不孝之徒，不以祖宗为心，苟图利己，贸易山林者有之，

---

① （元）危素：《危太仆文集》卷五《陈氏尚德堂记》，元人文集珍本丛刊本，第7册，新文丰出版公司1985年版，第427页。

② 《揭傒斯全集》文集卷六《进德堂记》，上海古籍出版社2012年版，第379页。

③ （元）王礼：《麟原前集》卷八《郑氏孝义门表》，文渊阁四库全书本，第1220册，第426页。

④ 参见常建华：《宗族志》，上海人民出版社1998年版，第466页。

⑤ （元）郑太和：《郑氏规范》，丛书集成初编本，中华书局1985年版，第975册，第3页。

变卖赡茔者有之,其事虽小,其情甚重。必须将已断还物业明白书写,所犯情由标附过名,以彰其恶,不许入族,视如途人。"①同处于休宁的范氏宗族,在订立延祐六年祖茔合同禁约时云:"自本年十二月初一日为始,各子孙不许私有违例典卖祖墓地段。如有违犯之人,从本宗尊长众议,一人经官陈告,将犯人治罪,勒令取回私契,对众毁抹,仍罚至元钞五十贯入官公用,永依此合同文字为照。"②对于违反了家法族规的成员,经官陈告后可以由官府治罪,也可以官府备案后由宗族治罪。

## 第五节　宗族字辈

元代南方的宗族字辈,在延续宋代习俗的基础上,更为流行也更为严格。一些世代出现的字辈排列方法,逐渐得到进一步的推广。字辈在南方各地均受到重视,而江南地区最为流行。

宗族成员取名,可以取一字名,也可以取二字名。取一字名的情况,流行以偏旁为字辈。婺州金华人戚崇僧,有子名英、蒙、庄、莞、多,除早卒之子多,其余人以"草"为字辈。③ 金华竹山里人楼如浚,有孙名铉、铁、钢、钦、钧、鈊、锐、铖、镔、钲、镇、铨、鳞、钟、锷,以"金"为字辈。④ 义乌喻氏,有子名京、魏、高,以"亠"为字辈;有孙名祺、祐,以"示"为字辈;有曾孙名宓、宣、安、寓,以"宀"为字辈。⑤ 东阳人蒋晦,有孙名昭、晖、旭、晔、昇、昱、昺、昂、昊,以"日"为字辈;有曾孙名钧、銮、铠、镇等,以"金"为字辈。⑥

---

① (明)程敏政纂修:《休宁陪郭程氏本宗谱》附录《休宁陪郭程氏赡茔首末》,明弘治十年刻本,藏安徽省图书馆古籍部。

② 《延祐六年瑶村各处祖茔合同禁约》,载(明)范涞纂修:《休宁范氏族谱》之五《谱茔》,明万历二十八年刻本,藏安徽省图书馆古籍部。

③ 参见《黄溍全集》下册《戚君墓志铭》,天津古籍出版社 2008 年版,第 585 页。

④ 参见《黄溍全集》下册《楼文翁墓志铭》,天津古籍出版社 2008 年版,第 586 页。

⑤ 参见(明)王祎:《王忠文公集》卷二〇《喻母石夫人墓表》,丛书集成初编本,中华书局1985 年版,第 2428 册,第 528—529 页。

⑥ 参见(明)宋濂:《朝京稿》卷五《东阳贞节处士蒋君墓铭》,载《宋濂全集》,浙江古籍出版社 2014 年版,第 1944 页。

　　取二字名的情况,大多是以人名中的第二字为字辈,第三字为名。分宁泰清里人冷颐孙,有子名有泰、有益、有观,以"有"为字辈。① 四明黄氏宗族,在黄景振兄弟一辈,分别取名为景振、景文、景诚、景华、景行、景贤,显然以"景"为字辈。② 诸暨人陈嵩,有子名嘉言、嘉绩、嘉善,以"嘉"为字辈。③东阳人蒋玄,有子名允同、允兴、允亨、允畀,以"允"为字辈。④ 庐陵人刘可仕,有子名应牛、应登、应凤,以"应"为字辈。⑤

　　同时,也有些人名中的第三字为字辈,第二字为名。洪州靖安人舒公平,有子名绍隆、嗣隆、奕隆、世隆、系隆、裔隆、永隆、昌隆,以"隆"为字辈。⑥高安县人严君,有子名寅翁、仁翁、辰翁,以"翁"为字辈。⑦ 松江上海县人章梦贤有子名元泽、振孙、裕孙、容孙、定孙、宁孙、斗孙、陵孙,除元泽外,其余7人以"孙"为字辈。⑧ 婺州东阳人许熊,有长兄名熹、仲兄名勋,以"火"为字辈;有子名忻、恂、悌、恒、懂,以"心"为字辈;有孙名震享、蒙享、巽享、益享、鼎享,以"享"为字辈,另有大有、大同,以"大"为字辈。⑨ 许氏宗族在许熊的孙辈时出现了第三字为字辈、第二字为名的情况。

　　同辈成员中,既用字辈字相连又用偏旁相连的情况也已比较常见。天台黄岩人赵子英,有子名伯准、伯沆、伯洙、伯湏、伯浒、伯澋,以"伯"为字辈,第三字又以"水"字相连。⑩ 处州龙泉县人吴益懋,有子名天泽、天济,以

---

① 参见(元)刘岳申:《申斋集》卷九《有元隐君子冷正叔桐乡阡碣》,文渊阁四库全书本,第1204册,第292页。
② 参见(元)贡师泰:《玩斋集》卷七《黄氏义田记》,文渊阁四库全书本,第1215册,第626页。
③ 参见《黄溍全集》下册《诸暨陈君墓志铭》,天津古籍出版社2008年版,第571页。
④ 参见《黄溍全集》下册《谷城县尉蒋君墓志铭》,天津古籍出版社2008年版,第532页。
⑤ (宋)刘辰翁:《须溪集》卷七《乐邱处士墓志铭》,文渊阁四库全书本,第1186册,第558页。
⑥ 参见(元)吴澄:《吴文正公集》卷三九《故平山舒府君墓志铭》,元人文集珍本丛刊本,第3册,新文丰出版公司1985年版,第633页。
⑦ 参见(元)吴澄:《吴文正公集》卷四二《从仕郎瑞州路高安县尹严君墓志铭》,元人文集珍本丛刊本,第4册,新文丰出版公司1985年版,第26页。
⑧ 参见《揭傒斯全集》辑遗《兰溪州知州武义县男章梦贤墓志铭》,上海古籍出版社2012年版,第560页。
⑨ 参见《黄溍全集》下册《许君墓志铭》,天津古籍出版社2008年版,第587页。
⑩ 参见(元)陈旅:《安雅堂集》卷八《赵氏祭田记》,文渊阁四库全书本,第1213册,第96页。

"水"为字辈,又以第二字"天"相连。① 婺源考水人胡斗元,有子名炳文、焕文、灿文,名连"文"字,第二字又以"火"字相连。②

上述字辈排列方式,是不同宗族取名方式的综合反映,但也有不少宗族,往往会在发展过程中交替使用。麻城秦氏,第一代名执中。第二代名希申、希孟、希旦、希尹、希仁,以"希"为字辈。第三代名枏、楷、椅、概、槤,以"木"为字辈。第四代名克勤、克俭、克家为枏之子,以"克"为字辈;名从龙,楷之子,震龙,槤之子,以"龙"为字辈。第五代名国柱,克家之子,名国栋、国材、云卿,伯季父之子,以"国"为字辈;琼(从龙之子);斌(震龙之子)第六代名梦弼。③ 乌程朱坞人褚嗣英,祖辈名友龙、仲龙,以"龙"为字辈;父辈名锡珪、锡琦、锡瑜,以"锡"为字辈;同胞兄弟名嗣良、嗣俊、嗣贤,以"嗣"为字辈。④ 褚氏宗族在褚嗣英的祖辈出现第三字为字辈、第二字为名的情况,此后则第二字为字辈、第三字为名。

取名使用字辈之外,又有取字使用字辈的情况。休宁人程岘,字和卿;兄,字仁卿,兄弟取字以"卿"相连。⑤ 剡源戴氏,戴汝明之子溁,字默叟;灏,字商叟;颉,字子美;南一,字梅叟,取字大多以"叟"相连。又有戴氏族人鑫,字淳父;矗,字良父,取字以"父"相连。⑥

五行相生作为字辈自唐代以来逐渐流行,至元代,在南方地区已十分常见。闽县人吴海《吴氏世谱序》:"子孙名次,从水木火土金行为一世,五行相生,循环无穷。"⑦浦江郑氏的郑深,在"语及其家世"时说:"自我先世之

---

① 参见(明)王祎:《王忠文公集》卷二〇《故石门书院山长吴君墓志铭》,丛书集成初编本,中华书局1985年版,第2428册,第515—516页。

② 参见(元)戴表元:《剡源集》卷一六《孝善胡先生墓志铭》,载《戴表元集》,浙江古籍出版社2014年版,第344—345页。

③ 参见余晋芳纂:《麻城县志续编》卷一四龙仁夫《秦氏义田记碑》,载《中国方志丛书(华中地方)》第358号,成文出版社有限公司1975年版,第501—502页。

④ 参见(元)杨维桢:《东维子文集》卷六《褚氏家谱序》,四部丛刊初编本。

⑤ 参见管子瑜:《见山居士程君岘墓志铭》,载(明)程敏政辑撰:《新安文献志》卷八八,黄山书社2004年版,第2180页。

⑥ 参见(元)戴表元:《剡源集》卷五《小方门戴氏居葬记》,载《戴表元集》,浙江古籍出版社2014年版,第130—131页。

⑦ (元)吴海:《闻过斋集》卷一《吴氏世谱序》,丛书集成初编本,中华书局1985年版,第2417册,第2页。

居白麟,至我大父贞和先生为六世。六世之胤名皆从金,金之生从水,水之生从木,木又生息矣。……"①可见,人们以五行为字辈,主要是寓意了"五行相生,循环无穷"的愿景。江阴人陆垕,有子名镛、镗、铨、镒、铸、铉、錡,以"金"为字辈。② 土生金,可知陆垕以"土"为字辈。龙泉人汤镛,有子名滨、溱、京,长子、次子是以"水"为字辈。③ 金生水,可知汤镛以"金"为字辈。龙泉人吴益懋,有子名天泽、天济,以"水"为字辈;有孙名桱、楫、模、柱,以"木"为字辈;有曾孙名熊、罴,以"火"为字辈。④ 四明人楼琦,有同胞兄弟名琛、琚、璩、珌,以"玉"为字辈;有子名镗,以"金"为字辈;有孙名洪、深、泽、瀚,以"水"为字辈;有曾孙名杞、椿,以"木"为字辈。⑤ 可见,由宋入元的楼氏宗族,早期虽使用字辈,但未用五行,至楼镗一代,乃以五行为字辈。

在男子取名采用字辈的同时,女子取名采用字辈也日益流行。富州人陈友沅,有孙女名能静、能正、能定,以"能"为字辈。⑥ 女子字辈,有与同辈男性成员并用者,也有与男性成员分别使用者。前者如鄞县人陈绍祖,有孙子名公溥、公潜,有孙女名淑、洙,都以"水"为字辈,其孙子又以"公"相连。⑦ 后者如华亭人夏濬,有子名文举、文彦、文德,以"文"为字辈;有孙女名孟贞、安贞、居贞,以"贞"为字辈。⑧

---

① (元)李好文:《跋郑氏家范》,载(元)郑太和辑:《麟溪集》巳卷,四库全书存目丛书,集部第 289 册,第 14 页。

② 参见(元)陆文圭:《墙东类稿》卷一四《陆庄简公家传》,元人文集珍本丛刊本,第 4 册,新文丰出版公司 1985 年版,第 610 页。

③ 参见《黄溍全集》上册《汤氏义田记》,天津古籍出版社 2008 年版,第 312 页。

④ 参见(明)王祎:《王忠文公集》卷二○《故石门书院山长吴君墓志铭》,丛书集成初编本,中华书局 1985 年版,第 2428 册,第 515—516 页。

⑤ 参见(元)王元恭:《至正四明续志》卷八况逵《昼锦楼氏义田庄记》,宋元方志丛刊本,第 1 册,中华书局 1990 年版,第 6560 页。

⑥ 参见(宋)徐明善:《芳谷集》卷下《陈直翁墓志铭》,文渊阁四库全书本,第 1202 册,第 609 页。

⑦ 参见(元)程端学:《积斋集》卷五《故处士陈继翁墓志铭》,丛书集成续编本,新文丰出版公司 1989 年版,第 137 册,第 268 页。

⑧ 参见(元)贡师泰:《玩斋集》卷一○《元故处士夏君墓志铭》,文渊阁四库全书本,第 1215 册,第 698 页。

## 第六节　宗族排行

宗族成员中的同辈成员，流行按照年龄进行排行。在各种称谓中，人们习惯以排行相称。

四明人倪钲，曾自称："我十三世祖府君次九……府君之子三人：曰五评事，居邑廛；曰六宣义，居梅磜；曰八宣义，居钱仓。今四百四十余年，传世十有八，族人二百余家。"①可见，倪氏以排行相称乃是继承了唐宋以来的习俗。同属于四明地区的戴氏宗族，也同样对祖先、族人以排行相称。在戴表元撰写的《小方门戴氏居葬记》一文中，即有明显的体现。据该文记载，戴表元的八代祖曰九府君；七代祖曰十三府君；六代祖曰十五府君，夫人曰徐氏六夫人，有子名杲、升、遄；五代祖名遄，曰廿六府君，有子宇曰六四府君、宏曰八十府君、实曰八一府君、真曰八二府君；高祖名宇，曰六四府君，有子名颜曰九一府君、九三府君、九四府君、辛曰九五府君、九七府君、克顺曰九八府君；曾祖名辛，曰九五府君，夫人曰六一夫人，有子万一府君、万四府君、汝明曰万三二府君，从曾祖克顺曰九八府君，有子名杰曰万廿九府君、杏曰万三三府君；祖汝明曰万三二府君，夫人郑如玉曰千十夫人，有子名溁曰再十六府君，夫人曰袁氏三八夫人，灏曰再十八府君，颉曰再十九府君，南一曰再二十府君，须曰再廿一府君，再从祖名杏之子名顿曰谦四府君；父名灏，曰再十八府君；兄名兆东，曰桂二府君。此外，还有族人居花园者有：鑫曰六八府君、矗曰七九府君；居鲒崎者有：履曰荣一府君、元春曰荣五府君。②

从上述称谓中可以看出，戴氏宗族的排行范围较广、数目较大，应是大排行。宗族成员或以同一祖父、同一曾祖父、同一高祖父或更远的祖先为范围，进行排行。在这种排行中，亲兄弟的排行未必相邻，因为可能其中插入了从兄弟或再从兄弟等。戴表元的祖父一辈，排行以"万"起首，显然是在

---

① （元）危素：《危学士全集》卷一一《倪氏祠堂碑》，四库全书存目丛书，集部第24册，第790页。

② 参见（元）戴表元：《剡源集》卷五《小方门戴氏居葬记》，载《戴表元集》，浙江古籍出版社2014年版，第130—131页。

顺序前所加的符号,并非顺序已排至万。戴表元的父亲一辈,排行以"再"起首;兄弟一辈,排行以"桂"起首;族人中排行有以"荣"起首者,也应是在一定范围的顺序前所加的符号。戴表元的六代祖母曰徐氏六夫人,曾祖母曰六一夫人,祖母郑如玉曰千十夫人,生母曰袁氏三八夫人,说明女子也流行排行,但很可能是按照各自本家的同辈宗族成员进行的排行。

义乌宋氏宗族的排行情况,与戴氏也颇多类似之处:其始迁义乌福釜之祖宋荣以下,第五代中,名祥,行廿二;名海,行廿四,排行以"廿"起首。第八代中,名永敷,行百四;名柏,行百五,排行以"百"起首。第十代中,名守还,行三;名守有,行万四;名守富,行万五,排行以"万"起首。第十一代中,名文昭,行福四;名文圃,行福五;名文馨,行福七;名文隆,行福八,排行以"福"起首。第十二代中,名渊,行俊一;名濂,行俊二;名澄,行俊三;名渭,行俊五,排行以"俊"起首。第十三代中,名瑛,行殷一;名瓒,行殷二,排行以"殷"起首。①

宗族排行有男女混排的情况,但更多的则是男女分别进行排行。为了区别男子与女子的不同,有些宗族还对字辈和排行作了设计。闽县人吴海《吴氏世谱序》云:"子孙行次,五行从名次。五行,男阳女阴,世次易考(如名从水,则行次男壬一,女癸一;名从木,则行次男甲一,女乙一之类)。每世从一起数,则不相紊。"②富春孙氏,"谱既成,其群从兄弟之贤而有力者,又相与纠合其族人,使行为一第。以五行相生之义,第为二十字以传永久。曰:'如此周而复始,吾长幼昭穆,可以百世而不乱。'"③这类设计,如能得到后世子孙的严格遵守,无疑会使宗族成员间的关系更为明确。

①　参见(元)胡助:《纯白斋类稿》卷二〇《宋氏世谱记》,丛书集成初编本,中华书局 1985 年版,第 2091 册,第 193—194 页。

②　(元)吴海:《闻过斋集》卷一《吴氏世谱序》,丛书集成初编本,中华书局 1985 年版,第 2417 册,第 2—3 页。

③　(元)戴表元:《剡源集》卷一〇《富春孙氏族谱序》,载《戴表元集》,浙江古籍出版社 2014 年版,第 213—214 页。

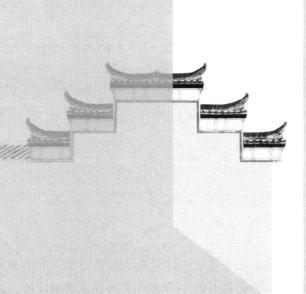

辽宋夏金元时期宗族的社会功能

第十三章

在辽宋夏金元时期中国社会的发展过程中,宗族发挥着重要作用。不管是继承传统社会的宗族组织,还是在中原地区逐渐形成的"敬宗收族"宗族组织,均适应了中唐以来各区域社会关系的变化,并在发展过程中得以不断完善和发展。与此同时,宗族组织也充分利用自身的优势条件和社会特点,承担了各种相关的社会功能,使宗族成员得到多方面的社会权益和保障。宗族组织对社会发展产生了重要作用,其历史影响也颇为深远。

## 第一节　政治功能

宗族组织作为中国古代基层社会的重要组织,在政治上发挥着多种职能,影响着社会秩序的维持与变动。辽宋夏金元各政权内部,尽管存在着民族的和地域的差别,但宗族组织政治上所发挥的各种职能,则大体上是一致的。正因为宗族组织对基层社会秩序的维持与地方政治势力的制衡,均发挥着一定的作用,所以北宋人刘敞认为,宗族组织是老百姓自己治理自己的最佳组织,它可以使统治者收到治理天下"结之不以恩惠,威之不以刑罚,不为而治"①的社会效果。

### 一、宗族政治势力的传承

在北方民族所建立各政权的社会传统和政治制度下,宗族政治势力的传承比同时的中原王朝更有保障。对于进入统治阶层的宗族成员来说,通

---

① (宋)刘敞:《公是弟子记》卷一,文渊阁四库全书本,第 698 册,第 448 页。

过世袭、世选、荫补、征辟等各种选官制度,使自己的亲属进入官员行列并非难事。同时,宗族的各种社会关系及其政治影响也有利于政治势力的传承。

世袭作为一种政治身份世代相传的制度,有狭义和广义之分。事实上,辽宋夏金元的世选和荫补,均可归入广义的世袭范围。狭义的世袭,在官位方面虽已不多见,但在爵位方面却仍广泛存在。宋代特权宗族即有世袭爵位或特定官职的情况。孔子后裔世袭文宣公或衍圣公,且宋政府曾"世以孔氏子孙知仙源县,使奉承庙祀"①。邢州柴氏宗族则获得了世袭崇义公的特权,历代柴氏子孙可推一人"袭爵授官承替,永为定式"②。金代的猛安谋克制度,更广泛存在着世袭现象。曷速馆莁里海水人合住,"仕辽,领辰、复二州汉人、渤海"。其子蒲速越,"袭父职";另一子余里也,"从宗望伐宋,以功迁真定府路安抚使兼曹州防御使,佩金牌。授莁里海水世袭猛安"③。沈州双城人王伯龙,于天辅二年(1118年)"率众二万及其辎重"④投奔新兴的金王朝,获授世袭猛安。曷懒路禅岭人乌延吾里补,于天眷二年(1139年)"袭其父世袭猛安,授宁远大将军"⑤。丰州人完颜陈和尚,以军功"授定远大将军、平凉府判官,世袭谋克"。其从兄斜烈,"毕里海世袭猛安"⑥。

世选制度是指从某些固定宗族的成员中选任人员来担任某一官职。清代史家赵翼在评论辽世选制度时说:

> 辽初功臣无世袭,而有世选之例。盖世袭则听其子孙自为承袭,世选则于其子孙内量才授之。……辽代世选官之制,功大者世选大官,功小者世选小官,褒功而兼量才也。⑦

在这里,赵翼侧重论述了世选制度与世袭制度之间的相互区别。事实上,世选制度也属于广义上的世袭制度。其特点主要是:第一,契丹世选制

---

① (元)脱脱等:《宋史》卷一一九《礼志二二》,中华书局1985年版,第2799页。
② 《宋大诏令集》卷一五六《封周室子孙为崇义公诏》,中华书局1962年版,第588页。
③ (元)脱脱等:《金史》卷六六《合住传》,中华书局2020年版,第1662页。
④ (元)脱脱等:《金史》卷八一《王伯龙传》,中华书局2020年版,第1934页。
⑤ (元)脱脱等:《金史》卷八二《乌延吾里补传》,中华书局2020年版,第1954页。
⑥ (元)脱脱等:《金史》卷一二三《完颜陈和尚传》,中华书局2020年版,第2827、2829页。
⑦ (清)赵翼著,王树民校证:《廿二史劄记校证》卷二七《辽官世选之例》,中华书局1984年版,第590—591页。

度的选官对象,并非像嫡长子世袭制下严格限制在嫡长的顺序内,而是宗族世袭,子孙均有平等的机会。当然,契丹世选制度在其发展过程中,也逐渐产生了嫡庶的观念。至辽圣宗太平年间,曾连续发布过两道有关嫡庶的诏令:太平七年(1027年),"诏诸帐院庶孽,并从其母论贵贱";翌年,"诏庶孽虽已为良,不得预世选"①。第二,契丹王朝建立以后,世选逐渐变为一种资格,职位并非完全固定于某一或某些宗族。凡是世选某官的宗族,只是具有资格,而并非这个宗族对某官职的世代占有。

世选制度主要实行于契丹族中,与契丹关系密切的奚族以及其他一些北方游牧民族,在纳入辽朝统治范围后也是实行世选制度的。但在各族文化的相互作用下,辽朝的各种选官制度相互融合的成分比较大,世选、世袭和荫补之间并没有十分明确的界限。契丹世选之家也有许多类似于以荫补官的情况,而汉人的荫补入仕有时又颇类似于契丹人的世选。姚从吾先生甚至说:"辽朝的任用汉人,主要的仍是世选与考试制度,即有恩荫,也是不重要的。"②其实,世选制度向荫补制度过渡的趋势更为明显。史称品部人耶律引吉"以荫补官"③,即可为证。

中原王朝传统上的任子制度几经变迁,至宋朝形成了比较完善的荫补制度。荫补也称补荫、恩荫、资荫、奏补、任子、世赏等。自宋朝建立,特别是宋太宗和宋真宗时,荫补的范围和名目不断扩大,成为官员群体在数量上来源最多的入仕途径。宋代高级官员不但可以荫补直系子孙,而且也可以荫补宗族旁支成员,甚至是异姓、门客。因此,宋代的荫补之滥,成为时人长期议论的社会问题。

受中原王朝的影响,辽夏金元亦有荫补制度。《契丹国志》云:"若夫任子之令,不论文武,并奏荫,亦有员数。"④这与中原王朝荫补的基本原则是一致的。从辽代汉人的入仕情况看,荫补实为最主要的途径。依靠荫补特

---

① (元)脱脱等:《辽史》卷一七《圣宗纪八》,中华书局2017年版,第229页。
② 姚从吾:《说辽朝契丹人的世选制度》,载《东北史论丛》上册,台北正中书局1959年版,第283—305页。
③ (元)脱脱等:《辽史》卷九七《耶律引吉传》,中华书局2017年版,第1549页。
④ (旧题)(宋)叶隆礼:《契丹国志》卷二三《试士科制》,上海古籍出版社1985年版,第227页。

权,高级官僚的子弟往往能大批地进入官僚阶层。金王朝建立后,对辽代的荫补制度加以继承,其实行范围则扩大至原北宋统治区域。在具体的执行过程中,荫补的方法得到逐渐完善。"凡门荫之制,天眷中,一品至八品皆不限所荫之人。贞元二年,定荫叙法,一品至七品皆限以数,而削八品用荫之制。"官员荫补子弟的具体数量,各时期容有细微差别,但中期以后的主要定额是:"凡诸色出身文武官一品,荫子孙至曾孙及兄弟侄孙六人,因门荫则五人。二品则子孙至曾孙及兄侄五人,因门荫则四人。三品子孙兄弟侄四人,因门荫则三人。四品、五品三人,因门荫则二人。六品二人,七品子孙兄弟一人,因门荫则六品、七品子孙兄弟一人。旧格,门荫惟七品一人,余皆加一人。明昌格,自五品而上皆增一人。凡进纳官,旧格正班三品荫四人,杂班三人。正班武略子孙兄弟一人。杂班明威一人,怀远以上二人,镇国以上三人。司天、太医迁至四品诏换文武官者,荫一人。"①除官员可以荫补子弟外,具有较高政治地位的宗族,其成员在政治升迁甚至犯罪减免方面均享有特权。如西夏政权内部,"凡宗族、世家议功、议亲,俱加蕃汉一等。工文学者,尤以不次擢"②。在如此优容的政治制度下,宗族的政治势力无疑会得到较为顺利的传承。

在宗族政治势力的传承过程中,不同宗族还可通过婚姻关系结成联盟,共同维护其政治势力。辽代皇族和后族的固定婚姻关系,构成了契丹贵族联合专政的基石。尽管由于政治上的需要,契丹皇族也适当与其他民族的上层宗族通婚,但皇后则基本上是由契丹后族的几个宗族世选产生的。这种婚姻关系,使皇族和后族在政治上结成牢固的联盟,占据了许多重要的职位,巩固了宗族的地位和契丹王朝的统治。皇族和后族之间的世婚,在一定程度上形成了上层统治权力"非宗室外戚不使"③的局面。西夏建国后仍长期与豪族大姓联合专政。元昊联姻野利大族,"拽利王旺荣、天都王刚浪唛者,皆元昊

①　(元)脱脱等:《金史》卷五二《选举制二》,中华书局 2020 年版,第 1240 页。

②　(清)吴广成撰,胡玉冰校注:《西夏书事校注》卷三二,上海古籍出版社 2021 年版,第399 页。

③　(元)脱脱等:《辽史》卷一一四《逆臣传》论曰,中华书局 2017 年版,第 1668 页。

妻之昆弟也,与元昊族人嵬名山等四人为谟宁令,共掌军国之政"①。元昊之后,外戚没藏讹庞专权,"朝廷岁赐谅祚金帛,(庞)四族常分其半,首领入贡,辄货易图利,故四族盛强"②。

宗族组织利用各种社会条件传承政治势力,自然有其有利的一面,但在某些情况下,也有宗族政治势力受到牵连或冲击的可能。大定二十九年(1189 年),金章宗即位之初,便"制强族大姓不得与所属官吏交往,违者有罪"③。这显然是对强宗大族政治势力不断膨胀的限制。由于婚姻政治集团各宗族间具有一定的连带性,所以当某一宗族在政治事件中衰败下去时,其他宗族也可能受到相应的冲击。重元之乱失败后,相关婚姻宗族亦多受牵连。如萧革,"以其子为重元婿,革预其谋,陵迟杀之"④。可见,对于具体某一宗族来说,婚姻联盟虽有利于宗族地位的维持或提升,但也有受到牵连冲击的风险。

## 二、宗族军事组织的作用

在人类进入阶级社会的早期,社会组织与宗族结合密切,尤其是在全民兵制下,军事武装的组织和宗族组织密切相关。契丹、党项、奚等游牧民族以部族为社会组织单位,部族兵往往与宗族武装相纠缠,在全民皆兵原则下,宗族成员作为士兵,宗族首领作为将领,即可组织作战单位。而部族首领则可率领本部族若干宗族武装,组成高一级的作战单位。至于拥有大量奴隶的贵族,则可以奴兵组织自己的武装。

（一）对外征战

部族体制下的适龄男子,往往由父子、兄弟、叔侄等各种亲属关系组成团体,为国家或首领所征用。契丹族早在隋"开皇末,其别部四千余家背突厥来降。……部落渐众,遂北徙逐水草……分为十部。兵多者三千,少者千

---

① (宋)司马光:《涑水记闻》卷五,中华书局 1989 年版,第 88 页。
② (宋)张方平:《乐全集》卷三六《康穆程公神道碑铭并序》,中州古籍出版社 2000 年版,第605 页。
③ (元)脱脱等:《金史》卷九《章宗纪一》,中华书局 2020 年版,第 232 页。
④ (元)脱脱等:《辽史》卷一一三《萧革传》,中华书局 2017 年版,第 1661 页。

余,逐寒暑,随水草畜牧。有征伐,则酋帅相与议之,兴兵动众合符契"①。这时的部族兵,无疑是以宗族武装为基础形成的。辽王朝建立后,对契丹等族实行"凡民年十五以上、五十以下,隶兵籍"②的政策。在西夏王朝境内,党项等族则是"壮者皆习战斗"③。这些部族兵,自然是国家或首领对外征战的重要力量。俗云"打虎还得亲兄弟,上阵须教父子兵",部族兵往往具有极强的战斗力,因而成为各政权对外征战的主体力量。

后唐明宗长兴三年(932年),云朔地区的官员频频上言"契丹族帐近塞,吐浑、突厥已侵边地",而后唐"戍兵虽多,未有统帅"④。契丹、吐谷浑、突厥等族为了拓展生存空间,已对后唐边地戍兵构成了威胁,而这种威胁既然起源于宗族迁徙,其武装力量无疑来自宗族武装。

辽夏金的宗族贵族由于拥有众多的奴隶,因而往往将他们组织成私兵,从而形成十分可观的宗族武装力量。私兵也成为各政权对外征战的重要力量。在所有拥有私兵的奴隶主中,拥有私兵最多的自然是皇帝或临朝的皇太后。此外,皇族其他成员以及后族权贵人物,也往往拥有较多的私兵。曾任职于辽朝的宋琪,在其上奏宋廷的《平燕蓟十策》中曾说:"(后)晋末,契丹主头下兵谓之大帐,有皮室兵约三万,皆精甲也,为其爪牙。国母述律氏头下,谓之属珊,属珊有众二万……其诸大首领有太子、伟王、永康、南北王、于越、麻荅、五押等(原注:于越,谓其国舅也)。大者千余骑,次者数百骑,皆私甲也。"⑤这是辽太宗末期皇族和后族私兵势力的基本情况。

皇族、后族之外,拥有私兵的贵族仍有不少,尤其是高门权贵,大都拥有一定数量的私兵。萧胡笃于辽末"以籍私奴为军,迁知北院枢密使事"⑥。但一般说来,他们拥有的私兵数量是较少的。

---

① (唐)魏徵、令狐德棻:《隋书》卷八四《契丹传》,中华书局1973年版,第1881—1882页。
② (元)脱脱等:《辽史》卷三四《兵卫志上》,中华书局2017年版,第451页。
③ (元)脱脱等:《宋史》卷四八六《夏国传下》,中华书局1985年版,第14028页。
④ (宋)薛居正等:《旧五代史》卷七五《高祖纪一》,中华书局2016年版,第1143页。
⑤ (元)脱脱等:《宋史》卷二六四《宋琪传》,中华书局1985年版,第9125—9126页。
⑥ (元)脱脱等:《辽史》卷一〇一《萧胡笃传》,中华书局2017年版,第1583页。

辽朝末年,沈州双城人王伯龙"聚党为盗",应是主要组织了本族的武装。金太祖天辅二年(1118年),他"率众二万及其辎重"①投奔新兴的金王朝,获授世袭猛安,知银州。此后,跟随金兵四处征战。显然,王氏宗族的武装成为其获取政治砝码的基本资本。

(二)保卫家园

在社会较为稳定的承平之时,宗族自卫主要是防盗。契丹部族全民皆兵,"儿童能走马,妇女亦腰弓"②。即使盗贼或各种反抗力量没有主动攻击,宗族首领只要认为受到威胁,也会主动出击的。耶律智先"先闻草寇范则聚党百人,依险自固","与兄礼先率仆隶披甲执锐□勋,数日尽获之"③。分布在西夏境内及宋朝西北边疆地区的党项宗族,"首领各将种落之兵,谓之'一溜',少长服习,盖如臂之使指,既成行列,举手掩口,然后敢食,虑酋长遥见"④。遇到紧急情况,成员皆能参战,这种状况自然是有利于自卫的。

女真族因早期时常受到部族或宗族间相互斗争的威胁,因而宗族武装必须承担起保家卫园的职能。辽朝时期,女真完颜部首领完颜劾里钵"至桓赦、散达所居,焚荡其室家,杀百许人"⑤。

汉族传统上安土重迁,宗族势力发展到一定程度自然就会承担保家卫园的职能。中原地区唐末五代以来,虽然宗族关系日渐松散,但纷乱的社会环境却也经常使宗族成员自动武装起来。石介曾记述了他的宗族在后晋开运三年(946年)的一场自卫战斗情况:

> 石氏富于粟。且当五代兵寇之时,中原用武,诸祖又皆敏有材力,习战尚勇,骑射格斗,豪于乡里。赵将军者,巨盗也,众数千人……来战。遂阵于南门之外。我不素备,犹杀贼数百人。……遂败。是以长

---

① (元)脱脱等:《金史》卷八一《王伯龙传》,中华书局2020年版,第1934页。

② 《欧阳修全集》卷一二《奉使道中五宫长韵》,中华书局2001年版,第202页。

③ 《汉字耶律智先墓志铭》,载刘凤翥:《契丹文字研究类编》,中华书局2014年版,第810页。

④ (宋)李焘:《续资治通鉴长编》卷一三二"庆历元年五月甲戌",中华书局2004年版,第3136页。

⑤ (元)脱脱等:《金史》卷一《世纪》,中华书局2020年版,第8页。

　　曾祖、七曾祖、大祖父、二祖父、四祖父、七祖父皆没于阵。①
石氏以宗族武装与赵将军的数千人相抗衡,虽然失败,但也使对方付出了被
杀数百人的沉重代价。可见,石氏的宗族武装力量也具有一定的战斗力。

　　入宋以后,社会逐渐稳定,但每当有战争或动乱之时,就会有宗族武装
自救之事。如宋真宗景德元年(1004年),辽朝军队大举侵宋,主力部队攻
至澶渊。其游兵四处掳掠,有一小股游兵远攻至青州临淄。当地的大姓麻
氏宗族,便迅速组织起了宗族武装一千余人,据堡自守,成功地使其宗族和
乡里免受了辽朝游兵的杀掠之苦。麻氏宗族抗击辽兵的堡寨,人们称之为
"麻氏寨"②。又如陇干曲氏,"世为著姓。宝元、康定间,夏人数入寇,珍诸
父纠集族党御之,敌不敢犯。于是曲氏以材武长雄边关"③。可见,曲氏宗
族在曲珍先辈时已具有足以保家卫国的武装力量。

　　从北宋末到南宋初的一段时期,一方面是农民起义不断,另一方面是金
军入侵,金、伪齐军队又与南宋军队进行了多次战争,波及区域甚广,再加上
军贼流寇到处骚扰,因而社会最为纷乱。这时的宗族武装也最为活跃。如
小说《水浒传》所记载的情况:"三个村坊:中间是祝家庄,西边是扈家庄,东
边是李家庄。这三处庄上,三村里算来,总有一二万军马人家。惟有祝家庄
最豪杰,为头家长,唤做祝朝奉……这三村结下生死誓愿,同心共意,但有吉
凶,递相救应。惟恐梁山泊好汉过来借粮,因此三村准备下抵敌他。"④而金
军占领北方以后,"山东大姓结为山砦以自保"⑤,"忠义巡社"大多为宗族、
乡党武装发展而来,成为北方抗金的主力。南侵的金兵也不断受到宗族武
装的抗击。如宿迁大姓尹氏,纠集宗族成员组成武装,抗击金兵,并曾"劫
女真龙虎大酋之垒"⑥。在此后的宋金对峙过程中,由于战争时有发生,直
到南宋后期,与金接壤的襄、汉、扬、楚等州之间,仍然是"豪杰皆自相结以

---

① (宋)石介:《徂徕石先生文集》附录《石氏墓志》,中华书局1984年版,第251—252页。
② (宋)司马光:《涑水记闻》卷六《临淄麻氏》,中华书局1989年版,第112页。
③ (元)脱脱等:《宋史》卷三五〇《曲珍传》,中华书局1985年版,第11083页。
④ (明)施耐庵、罗贯中:《水浒传》第四十七回《扑天雕两修生死书,宋公明一打祝家庄》,人
　　民文学出版社2017年版,第555页。
⑤ (元)脱脱等:《宋史》卷三七五《李邴传》,中华书局1985年版,第11609页。
⑥ (宋)洪迈:《夷坚志》支甲卷二《宿迁诸尹》,中华书局2006年版,第722页。

保其族"①的。军贼流寇对民间的劫掠,有时并不亚于金军,因此,宗族武装同样与他们展开了激烈搏斗。建炎二年(1128年),军贼李成劫掠到德安,当地著名的义门陈氏宗族,便与他们大战四日,并擒获了他们的一个头目。无为人王之道也曾"率族党保胡避山",并且"以兵法部其丁壮,转战于外。且诱乡民运粟于山,能致一石者与其半,故粮不乏"。胡避山西面有毛公寨,遭流寇李伸围攻,王之道"以精卒从间道出不意,大破之"②。

金朝初年,嘉祥县成氏宗族,"迨至天会间,兵革之乱,四方云扰,居民逃难解散。是时成氏之族已数十余户,诸成氏等与昆弟相议而语曰:'若此荒岁,岂不悬命于干戈之弊乎? 当率其众据山险为之堡寨,安老幼于中以俟休息,不亦可乎?'诸子皆□敬诸其策,乃举其族。内讳进者及讳宝者,俱为寨长。每驱少壮以守其隙,群盗不敢向视者众矣。后三载,天下休兵,四方安静,得全者万口,皆诸成众族之力也"③。金朝末年,"贞祐南渡,河朔板荡,豪杰竞起",涿州定兴县乔氏宗族的乔惟忠"聚族属、乡曲,保西山之东流埚,别自为一军"④。与乔氏为同乡的张氏宗族,在张柔的组织下,也是"聚族党数千家,壁西山东流埚,选壮士,团结队伍以自卫,远近惮之,莫敢犯"⑤。绛州地区,"时四境遗民,守巢穴未下者□葛伯、鳌背、弹平、青龙诸寨,互出没劫掠,人不得宁处",曲沃县人靳和"选子弟壮健者数千人,教以武事,敌至则荷戈以御,去则负耒以力穑"⑥。

(三)政治斗争

由于宗族成员大都对首领有一定的依附关系,因而宗族武装极易为宗族首领所利用。这种利用,一方面表现为宗族首领为攫取各种政治利益,参

---

① (元)脱脱等:《宋史》卷四一四《董槐传》,中华书局1985年版,第12429页。

② (宋)王之道:《相山集》卷三〇附录《赠故太师王公神道碑》,北京图书馆出版社2006年版,第353页。

③ (清)张金吾编纂:《金文最》卷八六鹿汝弼《成氏葬祖先坟茔碑》,中华书局1990年版,第1264页。

④ (金)元好问著,狄宝心校注:《元好问文编年校注》卷六《千户乔公神道碑铭》,中华书局2012年版,第1137页。

⑤ (元)苏天爵:《元朝名臣事略》卷六《万户张忠武王》,中华书局1996年版,第95页。

⑥ (金)段成己:《二妙集·绛阳军节度使靳公神道碑》,丛书集成三编本,新文丰出版公司1997年版,第41册,349页。

与到各种政治活动中;另一方面,则是在阶级矛盾爆发之时,宗族首领往往率宗族武装极力镇压被剥削者被压迫者的各种反抗斗争。

契丹族宗族在长期的"用武立国"环境下,基本成为政治斗争的工具。太平九年(1029 年),渤海地区爆发大延琳之叛,"时国舅详稳萧匹敌治近延琳,先率本管及家兵据其要害,绝其西渡之计"①。萧匹敌的家兵,无疑是极具实力的一支军事力量。辽末皇族成员耶律余覩受萧奉先诬陷,"惧不能自明被诛,即引兵千余,并骨肉军帐叛归女直"②。保大二年(1122 年),皇族成员耶律棠古"复拜乌古部节度使。及至部,敌烈以五千人来攻,棠古率家奴击破之"③。所谓"骨肉军帐",可能就包括有部分的随身私奴;而"家奴"能够击破五千人的进攻,定非完全从事家务劳动的奴隶。

在北方民族所建立的政权范围内,汉族宗族虽处于被统治民族地位,但上层宗族与统治民族的联合,也使其参与统治者内部斗争成为社会常态。玉田韩氏宗族在出宫籍之前,从身份上讲尚为私奴,但由于处权要位置,世代典兵,也同样拥有一定数量的私兵。韩德让在圣宗即位问题上起了重要作用,《续资治通鉴长编》对此事的记载是:"初,萧氏(承天后)与枢密使韩德让通,明记(景宗)疾亟,德让将兵在外,不俟召,率其亲属赴行帐,白萧氏易置大臣,立隆绪。"④所谓"率其亲属",乃是率领了一支重要的武装力量。《契丹国志》记载则为:"景宗疾亟,隆运不俟诏,密诏其亲属等十余人并赴行帐。"⑤通过"亲属"控制的武装力量,必定包含了众多的私兵。金朝初年,北方汉人多有投奔南宋政权者。绍兴议和后,宋臣胡铨建议:"凡归正之人一切遣还,如程师回、赵良嗣等聚族数百,几为萧墙忧。"⑥程师回、赵良

---

① (元)脱脱等:《辽史》卷一七《圣宗纪八》,中华书局 2017 年版,第 230 页。

② (元)脱脱等:《辽史》卷一〇二《耶律余覩传》,中华书局 2017 年版,第 1589 页。"骨肉军帐",《契丹国志》卷一一《天祚皇帝中》作"骨肉车帐"。

③ (元)脱脱等:《辽史》卷一〇〇《耶律棠古传》,中华书局 2017 年版,第 1572 页。

④ (宋)李焘:《续资治通鉴长编》卷二三"太平兴国七年闰十二月",中华书局 2004 年版,第 533 页。

⑤ (旧题)(宋)叶隆礼:《契丹国志》卷一八《耶律隆运传》,上海古籍出版社 1985 年版,第 175 页。

⑥ (元)脱脱等:《宋史》卷三七四《胡铨传》,中华书局 1985 年版,第 11587 页。

嗣均为辽朝南京地区人。① 赵良嗣原名马植,出自南京地区大族。他们的宗族跟随他们辗转,并被视为一支武装力量。

宋朝在政治形势风云突变的情况下,宗族武装也会卷入到各种政治、军事斗争中。北宋末年,面对金朝军队的节节进逼,不少宗族武装加入到抗击金军的队伍中。但也有些宗族武装,在形势逆转之时纷纷降金。一路南逃的赵构曾短驻相州,在其逃走后金军便包围相州,"依山设险,保聚居民"②的鹤壁村田氏、南平李氏、平罗兰氏等大族所筑坞堡都相继投降。宗族组织的发展,对农民的阶级斗争、农民起义也产生了一定的影响。一方面,农民起义更容易在流民或流动性较大的农民中爆发。这是因为他们摆脱了宗族组织的控制而更容易结成阶级阵线。也有些宗族武装,成为反抗现有统治秩序的力量。南宋时,"秀州华亭县保正胡询者,兴贩私盐五千斤,已捕得犯者,而询乃集亲族七百人被甲持杖,夺去犯人并赃物,缚去巡检张承信及捕事人张兴等十三人,杀死捕事沈旺"③。另一方面,宗族组织模糊了农民的阶级视线,宗族武装极易为地主分子所利用,成为维护地主利益、镇压农民反抗的工具。当农民起义已经爆发,地主阶级往往组织族众与起义军相对抗。广大族众为地主阶级所利用,与农民起义军相互残杀,而不自觉。王小波、李顺起义时,"豪宗"杨允升、杨允元兄弟率"乡里子弟",与农民军为敌。④ 方腊起义时,淳安钱氏钱盰、钱鬻兄弟亦率宗族武装与农民军为敌。⑤

党项族传统的社会组织以宗族为基层单位,因而宗族的军事功能比较突出,宗族武装在各种活动中发挥着重要的作用。"党项、吐蕃风俗相类,其帐族有生户、熟户,接连汉界、入州城者谓之熟户,居深山僻远、横过寇略

---

① 参见(宋)洪迈:《夷坚志》乙志卷一五《程师回》,中华书局 2006 年版,第 315 页;(宋)徐梦莘:《三朝北盟会编》卷一"政和七年七月四日",上海古籍出版社 2008 年版,第 2 页。

② (宋)徐梦莘:《三朝北盟会编》卷七三"靖康元年十二月二十五日",上海古籍出版社 2008 年版,第 550 页。

③ (宋)陈造:《江湖长翁集》卷二五《寄袁京尹书》,文渊阁四库全书本,第 1166 册,第 319 页。

④ 参见(元)脱脱等:《宋史》卷三〇九《杨允恭传》,中华书局 1985 年版,第 10163 页。

⑤ 参见(明)姚鸣鸾、余坤等:《(嘉靖)淳安县志》卷一二《人物·忠义》,天一阁藏明代方志选刊本,上海古籍书店 1964 年版,第 16 册。

者谓之生户。其俗多有世仇,不相来往,遇有战斗,则同恶相济,传箭相率,其从如流。虽各有鞍甲,而无魁首统摄,并皆散漫山川,居常不以为患。"①宋人曾说:"西贼首领,各将种落之兵,谓之一溜,少长服习,盖如臂之使指,既成行列,举手掩口,然后敢食,虑酋长遥见。"②党项族首领赵德明曾"遣万子等四军主领族兵攻西凉府"③。淳化四年(993年),宋政府拟禁青盐,这直接影响了产盐地区及其周边居民的生活,结果"羌族四十四首领盟于杨家族,引兵骑万三千余人入寇环州石昌镇"。这次军事反抗尽管为知环州程德玄等击败,但宋政府也不得不"驰其盐禁"④。咸平五年(1002年),知镇戎军李继和上言:"昨自天麻川杀卫狸族后,近界蕃部颇甚震慑。即今自本军西陇山外五百里以来,诸族皆乞点集军马,各于蕃界建立寨栅,戍守要害。"⑤元丰四年(1081年),苏轼云:"今秉常虽为母族所篡,以意度之,其世家大族,亦未肯俯首连臂为此族用也。"⑥元符元年(1098年),宋将折可适俘获天都统军嵬名阿埋与监军妹勒都逋,"其诸族帐首领见捕获此二人,接续扶携老幼争来投降,并欲依附都逋等"⑦。

吐谷浑等族作为游牧民族,社会组织具有兵民合一的传统特点,因此宗族武装承担政治功能的作用甚为明显。由于石敬瑭割幽云十六州与辽,内迁于此地的吐谷浑等族一时皆属辽朝。至后晋高祖天福六年(941年),边将安重荣上表云:"臣昨据熟吐浑白承福、赫连功德等领本族三万余帐自应州来奔,又据生吐浑、浑、契苾、两突厥三部,南北将沙陀、安庆、九府等各领其族、牛羊、车帐、甲马七八路来奔,具言契丹残害,掠取生口羊马,自今年二

---

① (元)脱脱等:《宋史》卷二六四《宋琪传》,中华书局1985年版,第9129页。
② (宋)李焘:《续资治通鉴长编》卷一三二"庆历元年五月甲戌",中华书局2004年版,第3136页。
③ (宋)李焘:《续资治通鉴长编》卷六八"大中祥符元年三月戊辰",中华书局2004年版,第1528页。
④ (元)脱脱等:《宋史》卷四九一《党项传》,中华书局1985年版,第14141页。
⑤ (宋)李焘:《续资治通鉴长编》卷五一"咸平五年二月己卯",中华书局2004年版,第1115页。
⑥ (宋)苏轼:《苏轼文集》卷三七《代滕甫论西夏书》,中华书局1986年版,第1053—1054页。
⑦ (宋)李焘:《续资治通鉴长编》卷五〇五"元符二年正月甲辰",中华书局2004年版,第12026页。

月已后,号令诸蕃,点阅强壮,办具军装,期以上秋南向。诸蕃部诚恐上天不祐,败灭家族,愿先自归,其诸部胜兵众可十万。"①这些蕃部诚恐"败灭家族",是因为他们基本上是全民皆兵的。既然归属辽朝,辽朝也必然是按照"凡民年十五以上、五十以下,隶兵籍"②的办法点集他们。如果在战争中遇到"上天不祐"的情况,真有可能会"败灭家族"的。

### 三、宗族对地方社会的日常维护

传统社会中的地方秩序,主要依靠民间组织来维持,其中宗族的作用最为重要。除前述动乱情况下宗族武装保家卫园,使地方免于外来侵害外,日常生活中对社会治安的维持以及对各种纠纷的处理,更是离不开宗族。

### (一)维持日常治安

基层社会的日常治安,虽然官府发挥着不可替代的重要作用,但以宗族为主体的民间组织发挥的作用更为具体也更为全面。在宗族组织比较完善的基层社会中,宗族甚至承担了日常治安的主要任务。在社会较为稳定的承平之时,宗族自卫主要是防盗。袁采曾说:"屋之周围,须令有路可以往来,夜间遣人十数遍巡之。"③袁采虽然是就治家的情况而言,但社会实践中,却是宗族、村落大抵如此自卫。

游牧社会由于生产方式和生活方式造成了居住相对分散的特点,在受到外来侵害时,往往由宗族成员组织起来进行抵制,维持或恢复社会秩序。在宗族成员之间的矛盾斗殴发生时,也会由宗族首领进行弹压和处理。不同宗族之间发生冲突或其成员间发生斗殴事件,则会由双方或多方宗族首领进行协调和处理。在氏族社会,"同氏族人必须互相援助、保护,特别是在受到外族人伤害时,要帮助报仇"④。农耕社会中,宗族成员居住集中,为维护人们日常生活的安全,往往会修筑一些自卫设施。而这些设施的修筑,多是由宗族来组织或参与完成的。设施之外,宗族还往往派成员轮流巡逻,

---

① (宋)欧阳修:《新五代史》卷五一《安重荣传》,中华书局 2016 年版,第 658 页。
② (元)脱脱等:《辽史》卷三四《兵卫志上》,中华书局 2017 年版,第 451 页。
③ (宋)袁采:《袁氏世范》卷三《防盗宜巡逻》,商务印书馆 2017 年版,第 120 页。
④ 《马克思恩格斯选集》第 4 卷,人民出版社 2012 年版,第 98 页。

以维持地方秩序。

　　日常防盗主要针对族外人员,但宗族对地方治安的维护,更重要的是维持族内日常秩序,平息族众的反抗意识和行为。一方面,宗族组织以各种手段劝诫族众遵守国法。宗族总是将其成员的违法犯罪看作门户的最大耻辱,因而"国法须遵守"①也就成了对族众的首要要求。苏州范氏"义庄规矩"中有这样一条规定:"诸房闻有不肖子弟因犯私罪听赎者,罚本名月米一年,再犯者除籍,永不支米。除籍之后,长恶不悛,为宗族乡党善良之害者,诸房具申文正位,当斟酌情理,控告官府,乞与移乡,以为子弟玷辱门户者之戒。"②井研人青阳简为书遗训其后代:"公法不可不畏,租赋不可不时。"③郑至道则说:"所谓教者,非徒诵读之谓也。大要使之识道理,顾廉耻,不作非法,不犯非礼,以尽人道而已。"④正是在宗族组织的劝诫下,国法得以很好地发挥其威摄作用。另一方面,宗族内部的行为规范是社会控制的重要组成部分。它对族众的制约是基层社会秩序稳定的基础。宗族是道德舆论的主体,成员之间"有善相告,有过相规"⑤。宗族组织越强,宗族成员之间的联系越密切,这种道德舆论的作用也就越大。它对人们反抗意志和行为的控制是积极的。再加上宗族法和宗族礼仪的控制,使得当时人们反抗的意志和行为基本上被平息在宗族内部。

　　(二)行为规约与人际纠纷的处理

　　宗族在维持日常治安的同时,对族内成员的日常行为规范,也会通过家教、家风及家法进行引导;对宗族成员间的人际纠纷,也会及时地处理和化解。"腊醅、麻产兄弟者,活刺浑水诃邻乡纥石烈部人。兄弟七人,素有名声,人推服之。"⑥这说明腊醅兄弟具有处理宗族人际纠纷的威望和义务。

　　宗族裁判族内民事纠纷,维护了财产继承关系。在乡村,一般的民事纠

---

①　(宋)吴处厚:《青箱杂记》卷二,中华书局1985年版,第17页。

②　《范仲淹全集》附录六《清宪公续定规矩》,中华书局2020年版,第1026—1027页。

③　(宋)黄庭坚:《宋黄文节公全集》别集卷一〇《青阳希古墓志铭》,载《黄庭坚全集》,中华书局2021年版,第1527页。

④　(宋)郑至道:《琴堂谕俗编》卷上《教子孙》,文渊阁四库全书本,第865册,第228页。

⑤　(清)陈梦雷:《古今图书集成·家范典》卷一〇四,中华书局1934年版,第329册。

⑥　(元)脱脱等:《金史》卷六七《桓赧传》,中华书局2020年版,第1681页。

纷"多不之官府",而是在族内通过族长、尊长裁判解决。这种解决办法甚至超出宗族的范围,乡党亦是如此。如云中东胜人程获庆、程总父子,"质直尚气节,乡人有讼,多就决之"①。衡州衡阳县人胡晏,"性资孝友,乡里慕之,有争讼不到公庭,多往质焉"②。井研青阳简,"好读律,能通法意,乡邻讼者多决于君"③。吉州安福县王希淮宗族,"长者性笃厚,每一言一行,乡人取以为法,族里有争,率有直焉,得一言无不悦服者"④。永嘉陈敦化,"乡间信服其谊,争讼多不之官府,得公一言即时解散"⑤。这些具有宗族、乡里民事纠纷裁判权的人,除具有族长、尊长的身份外,一般都属于乡村中的士绅阶层。他们识文达"理",在宗族、乡党中德高望重。

除了裁判民事纠纷,宗族对财产关系的维护还在以下两个方面有所体现:第一,族长、尊长是析产分家的主持人和公证人。南宋官员在处理家庭财产纠纷时,曾经"唤集谭氏族长,将谭念华所管田业及将李子钦姓名买置者,并照条作诸子均分"⑥;"呼集黄氏族长,将黄廷吉分产,从公作两分均分"⑦。在官府作出判决的情况下尚且如此。可见,平时析产分家的主持权和公证权自然由族长、尊长承担。第二,族长、尊长具有一定的立继权。在宗法社会中,宗祧继承和财产继承总是绾连在一起的。凡承继香火者必定享有继承财产的权利。按照立继之法,族长、尊长在某些情况下具有立继权。诚如文献所载:"立继由族长,为其皆无亲人也。"⑧"命继者谓夫妻俱亡,则其命也当惟近亲尊长。"⑨"凡立继之事,出于尊长本心,房长公议,不

---

① (金)元好问著,狄宝心校注:《元好问文编年校注》卷一《御史程君墓表》,中华书局2012年版,第69页。

② (明)杨珮:《(嘉靖)衡州府志》卷六《人物》,天一阁藏明代方志选刊本,上海古籍书店1964年版,第59册。

③ (宋)黄庭坚:《宋黄文节公全集》别集卷一〇《青阳希古墓志铭》,载《黄庭坚全集》,中华书局2021年版,第1526页。

④ (宋)王炎午:《吾汶稿》卷九《先父槐坡居士先母刘氏孺人事状》,文渊阁四库全书本,第1189册,第619页。

⑤ (宋)薛季宣:《浪语集》卷三四《陈益之父》,文渊阁四库全书本,第1159册,第560页。

⑥ 《名公书判清明集》卷四《随母嫁之子图谋亲子之业》,中华书局1987年版,第125页。

⑦ 《名公书判清明集》卷七《双立母命之子与同宗之子》,中华书局1987年版,第219页。

⑧ 《名公书判清明集》卷八《嫂讼其叔用意立继夺业》,中华书局1987年版,第260页。

⑨ 《名公书判清明集》卷八《命继与立继不同》,中华书局1987年版,第266页。

得已而为人后可也。"①"立嗣合从祖父母、父母之命,若一家尽绝,则从亲族尊长之意。"②"王圣沐者,号称族长,握继立之权。"③族长、房长们利用他们握有的立继权,自然较多地从宗族利益出发,将继嗣者严格地限制在父系血缘关系之内。

## 第二节　经 济 功 能

尽管游牧民族与农耕民族的宗族组织不尽相同,但作为亲属群体的社会组织,却均具有多方面的经济功能。宗族组织经济功能的发挥,与社会经济关系的变迁密切相关。在自然经济的社会条件下,宗族组织通过其承担的各种经济职能,对传统自然经济起着保护和补充的作用,对促进各民族社会经济的发展也具有十分重要的作用。

### 一、族内救济与互助

由于宗族具有共同的祖先,而祖先在能力、素质和财富方面对后代具有重要影响。人们直接的财富占有也多与继承有关。因而,在族人认同意识的作用下,宗族成员会认为每个人获得的财富均与祖先有着某种关系,由此具有一定的财富共有意识。正是在这种意识的支配下,宗族容易形成一些共有共用的财产,族内救济或经济互助更是常见的社会现象。这对宗族经济势力的发展和日常生活的维持,起着一定的保障作用。

（一）财产共有共用

在部落制状态下,"每一部落除自己实际居住的地方以外,还占有相当大的地区供打猎和捕鱼之用。在这个地区之外,还有一块广阔的中立地带,一直延伸到邻近部落的地区边上"④。而对于游牧民族而言,更是需要共同占有广阔的牧地。

---

① 《名公书判清明集》卷七《吴从周等诉吴平甫索钱》,中华书局 1987 年版,第 204 页。
② 《名公书判清明集》卷七《争立者不可立》,中华书局 1987 年版,第 211 页。
③ 《名公书判清明集》卷八《父子俱亡立孙为后》,中华书局 1987 年版,第 264 页。
④ 《马克思恩格斯选集》第 4 卷,人民出版社 2012 年版,第 102 页。

除宗族继承祖先的已有财产常常会转变成共有共用的财产外,通过各种渠道新增的财产也很可能成为共有财产。如宋神宗元丰四年(1081 年)讨伐夏国敕榜云:"其先在夏国主左右并鬼名诸部族同心之人,并许军前拔身自归,及其余首领能相率效顺,共诛国仇,随功大小,爵禄赏赐,各倍常科,许依旧土地住坐,子孙世世常享安荣。"①显然,宋朝官府基于对党项社会的认识,赏赐财产时即将赏赐对象定位于宗族群体。

一些宗族能够建置祭田、义田等各类族产,可以说比较强烈地反映了族人的财产共有共用意识。族产的用途除了祭祖之外,主要用于族人日常生活和族内赈济。或是平均分与族人,或是专门赈给贫困者,使族人不致因贫困潦倒、无法生活下去而铤而走险,起来反抗官府统治。龙泉汤氏义田的收入,"月给人五斗。有丧者二石,葬则半之;产子者一石,再有子则倍之;子始入学,予钱三十缗;嫁女如入学之数,娶妇则减三之一;年七十者,每岁帛一疋,能自业者弗预。不知检饬而有子弟之过者罢之"②。汤氏计口授粮的赡养方式,基本上涵盖了全族,但却附加了一些限制条件,目的就是维护良好的族内秩序和社会秩序。也有一些宗族置义庄、义田是专为救济贫困族人。湖州归安沈氏义庄,"贫无以给婚丧诸费者,量厚薄之宜,制隆杀之等,而周给焉"③。

宗族财产的共有共用,对族人群体势力的发展,是十分有益的。刘岳申曾赞叹分宁人冷颐孙置办义田之举云:"方义田之未成也,族多不举子,有不娶者,有流落无死所者;及义田既成,族无不举子,男女无无室家者矣,有过五十而娶有子者,有六十始育,八十而以天年终者,有老且死他邦,不远千里而来归者,有滨死而生者,死而得所归者。"④刘氏所云虽不无夸大之嫌,但在一定程度上反映了族产共有共用对宗族发展所起的重要作用。

(二)富者资助贫者

宗族中的富者与贫者,反映的是不同家庭间的经济分化。出于来自共

① (宋)李焘:《续资治通鉴长编》卷三一六"元丰四年九月丙午",中华书局 2004 年版,第7650 页。
② 《黄滔全集》上册《汤氏义田记》,天津古籍出版社 2008 年版,第 312 页。
③ 《黄滔全集》上册《沈氏义庄记》,天津古籍出版社 2008 年版,第 316 页。
④ (元)刘岳申:《申斋集》卷九《有元隐君子冷正叔桐乡阡碣》,文渊阁四库全书本,第 1204册,第 291 页。

同祖先的亲缘心理,富者常对贫者加以资助。特别是富者中的官僚与士人,更将资助贫者视为仁义行为。金代保义副尉赵彦将终,告诫其子孙说:祖宗积累之业,"亦惟我祖宗实有庆尔,无遂独庇尔裔,必及其余,以答我祖宗意"①。正是这种心理的真实写照。但富者对贫者的资助,主要目的还是希望贫者能够遵从现行社会秩序。所谓"贫富相资"、"富者出资以辑其宗族,贫者食粟以兴善行"②云云,正说明了这一问题。

在北方民族中,富者资助贫者是一种常见的社会现象。辽代皇族季父房成员耶律和尚,"雅有美行,数以财恤亲友,人皆爱重"③。重熙十一年(1042年),辽兴宗下诏"振恤三父族之贫者"④。这可说是辽代帝王对宗族成员的接济。金朝宗室完颜昂,"睦于兄弟,尤善施予,其亲族有贫困者,必厚给之。至于茵帐、衣衾、器皿、仆马之属,常预设于家。即命驾相就,为具,欢乐终日,尽以遗之,即日使富足"⑤。连金世宗都曾提醒皇族成员:"大凡资用当务节省,如其有余,可周亲戚,勿妄费也。"⑥金世宗母贞懿皇后李氏,"敦睦亲族,周给贫乏,宗室中甚敬之"⑦。李氏出身于渤海族世家大族,在嫁入完颜氏后,对资助夫家宗族贫者仍然十分尽力,因而获得族众的尊敬。

汉族长期受儒家思想熏陶,为"亲亲"观念所支配,更加崇尚仁义行为。在宗族内部,官僚富豪以私财散济族众,贫苦族众则接受救济而感其恩惠。有些官僚甚至在条件允许的情况下,"亲属有贫乏者,赈济周给,各遂所愿"⑧。辽金之际的燕人吕嗣延,"于其家尤孝悌,所得俸禄,分给宗族"⑨。

---

①　(清)张金吾编纂:《金文最》卷九一王若虚《保义副尉赵公墓志》,中华书局1990年版,第1335页。

②　(宋)游九言:《默斋遗稿》卷下《建阳麻沙刘氏义庄记》,文渊阁四库全书本,第1178册,第386页。

③　(元)脱脱等:《辽史》卷八九《耶律和尚传》,中华书局2017年版,第1490页。

④　(元)脱脱等:《辽史》卷一九《兴宗纪二》,中华书局2017年版,第260页。

⑤　(元)脱脱等:《金史》卷八四《昂传》,中华书局2020年版,第2008—2009页。

⑥　(元)脱脱等:《金史》卷七《世宗纪中》,中华书局2020年版,第182页。

⑦　(元)脱脱等:《金史》卷六四《睿宗贞懿皇后传》,中华书局2020年版,第1616页。

⑧　《大金故通奉大夫前同知东平府路兵马都总管事护军谯国郡开国侯食邑一千户食封一百户赐紫金鱼袋曹公神道碑铭》,载国家图书馆善本金石组编:《辽金元石刻文献全编》,北京图书馆出版社2003年版,第2册,第902页。

⑨　《吕嗣延墓铭》,载王新英:《全金石刻文辑校》,吉林文史出版社2012年版,第423页。

宋代夏县司马氏的司马京,"晚年颇优足,即散以赒亲戚之贫者"。遇有族人向其借贷,不管多少,从不拒绝,及族人归还,辄怒曰:"同家异财,此大不义,某不为也。"①可见,司马京既有经济条件又有通财意识。宋人理想中的族人通财,正是希望族人"有无欲其相通,凶荒欲其相济"②。常州义兴县吴氏的吴懋,"内外族姻与夫平生党友,饥者食,寒者衣,病者医,死者葬,嫁其女,字其孤,至不可胜数"③。宗族中的妇女,特别是富户中的主妇,往往也是资助贫者的有力人物。金代定武曹氏宗族,曹溥之妻王氏,"亲属有贫乏者,赈济周给,各遂所愿"④。沃州柏乡焦氏宗族,焦旭"性纯孝,疏财好施,其族系甚大,有相依者,无问远近,皆与赒赡之,月俸屡不能给"⑤。河中李氏宗族,李献卿之母梁氏"振贫乏,抚孤幼,僮仆之无依怙者,聚之一室,躬自存养,有父母之爱"⑥。

富者资助贫者,除了给予财物的直接资助行为外,还有其他多种形式。对于孤弱不能供给官府征徭者,有富强有力之家代役的情况。莱州掖县"綦氏世为著姓,宗族尝至万指,中有孤茕,其征徭不能力给者,(綦遵)皆身任之"⑦。对孤贫不能自存者,富裕家庭甚至直接加以收养。洛阳人石熙载,"亲族间有孤寡者,无不聚而育之"⑧。封丘人赵宗道,对"内外疏属孤

① (宋)范祖禹:《范太史集》卷三八《虞部郎中司马君墓志铭》,文渊阁四库全书本,第1100册,第422页。

② (宋)朱熹:《朱子遗集》卷四《家政》,载《朱子全书》第26册,上海古籍出版社、安徽教育出版社2010年版,第704页。

③ (宋)汪藻:《浮溪集》卷二五《朝请大夫直秘阁致仕吴君墓志铭》,丛书集成初编本,中华书局1985年版,第1960册,第301页。

④ (金)王珣:《赐紫金鱼袋曹公神道碑铭》,载阎凤梧主编:《全辽金文》,山西古籍出版社2002年版,第1404页。

⑤ (清)张金吾编纂:《金文最》卷八六李嗣周《中议大夫西京路转运使焦公墓碑》,中华书局1990年版,第1260页。

⑥ (金)元好问著,狄宝心校注:《元好问文编年校注》卷三《赞皇郡太君墓铭》,中华书局2012年版,第227页。

⑦ (元)李庭:《玄门弘教白云真人綦公本行碑》,载陈垣编纂,陈智超、曾庆瑛校补:《道家金石略》,文物出版社1988年版,第662页。

⑧ (宋)赵昌言:《大宋故推忠协谋佐理功臣金紫光禄大夫守尚书右仆射上柱国乐陵郡开国侯食邑一千五百户食实封二百户赠侍中石公墓志铭并序》,载郭茂育、刘继保编:《宋代墓志辑释》,中州古籍出版社2016年版,第56页。

无依者,必收鞠成人,为毕婚嫁"①。自邢州迁往桂州的张氏宗族,张松卿曾
"奉母夫人之命","买田同族食"②。南宋时有一孤寡老妇人阿王,"子孙零
落,独有一胡师琇尚存,乃飘弃出家不顾",结果只能"生则族人养之,死则
族人葬之"③。

（三）成员互助

西夏谚语云:"叔侄兄弟当相助,无空口助;岳母姒娌当相送,无空碗
送。"④这一谚语生动地说明了宗族成员在日常生活中应诚心互助。元末党
项人余阙曾说:"予家合淝,合淝之戍,一军皆夏人。人面多黎黑,善骑射,
有长身至八九尺者。其性大抵质直而上义,平居相与,虽异姓如亲姻。凡有
所得,虽箪食豆羹不以自私,必召其朋友。朋友之间,有无相共。有余,即以
与人;无,即以取诸人,亦不少以属意。百斛之粟,数千百缗之钱,可一语而
致具也。岁时往来以相劳问,少长相坐,以齿不以爵,献寿拜舞,上下之情,
怡然相欢。醉即相与道,其乡邻亲戚各相持涕泣,以为常。予初以为此异乡
相亲乃尔,及以问夏人,凡国中之俗,莫不皆然。其异姓之人乃如此,则其亲
姻可知矣。宜其民皆亲上死长,而以弹丸黑子之地,抗二大国,传世五六百
年而后亡,非偶然也。"⑤可见,在西夏立国期间,人们的互助风气甚至超出
了宗族的范围。

北方民族的财产继承习俗,多是以少子继承为主。辽代生女真首领完
颜石鲁有子二人,其中少子乌古出虽酗酒,屡悖其母,然部人仍然认为"在
国俗当主父母之业"⑥。在这种情况下,分家另立门户的兄弟更需要一定程
度上的通财或兄弟互助。即使是世代久远,宗族成员仍有可能在需要时相互

---

① （宋）韩琦撰,李之亮、徐正英笺注:《安阳集编年笺注》卷四九《故尚书祠部郎中集贤校理
　致仕赵君墓志铭》,巴蜀书社 2000 年版,第 1527 页。
② （宋）杨万里撰,辛更儒笺校:《杨万里集笺校》卷四一《寄题八桂张松卿义庄》,中华书局
　2007 年版,第 2191 页。
③ 《名公书判清明集》卷一〇《祖母生不养死不葬反诬诉族人》,中华书局 1987 年版,第
　386—387 页。
④ 陈炳应译:《西夏谚语——新集锦成对谚语》,山西人民出版社 1993 年版,第 17 页。
⑤ （元）余阙:《青阳先生文集》卷四《送归彦温赴河西廉使序》,四部丛刊续编本,上海书店
　出版社 1985 年版。
⑥ （元）脱脱等:《金史》卷六五《乌古出传》,中华书局 2020 年版,第 1641 页。

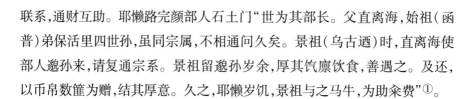

联系,通财互助。耶懒路完颜部人石土门"世为其部长。父直离海,始祖(函普)弟保活里四世孙,虽同宗属,不相通问久矣。景祖(乌古遒)时,直离海使部人邀孙来,请复通宗系。景祖留邀孙岁余,厚其饩廪饮食,善遇之。及还,以币帛数筐为赠,结其厚意。久之,耶懒岁饥,景祖与之马牛,为助粂费"①。

## 二、宗族的社会救助

宗族的社会救助是指宗族对本族以外的各种捐助。一般而言,这类捐助主要体现在灾荒年景的赈灾,但在平常年景,对一些遭遇非次急难的乡党,宗族也会施以赈济。同时,宗族还会承担一些公益事业或国家需要的事务。如果按照捐助的对象来划分,具体可分为以下几种情况。

(一)捐助族外社会成员

宗族族产的收益,除祭祀之用外,一般主要供赈济之用,其赡济对象并不限于本族成员。华亭人夏潜,"立义庄,以赡父、母、妻三族"②。父之族为宗族,母、妻之族可以说是宗族之外的成员了。金坛人张恪"择良田数顷为义庄","岁旱饥,出积谷,平粜价以惠乡里;流离者众,则作茇舍道傍,竭廪廥之藏为粥以食,日不减数千人"③。嘉兴人陶宣义轻财好施,曾对其子说:"今当别为义廪,几以周族姻;为义薪,几以平市估。"④信安赵氏宗族的义田,如遇乡里饥荒,主持人"赈无靳色"⑤。桃源人陈思礼,置义田,"岁籍其入以赒恤宗族乡里之贫者"⑥。可以看出,族产的赈济范围,往往不局限于宗族成员,而是赈及乡党甚至更大的范围。特别是在灾荒年景,更是如此。但宗族赈济范围的扩大,往往是有先后顺序的。分宁泰清里冷颐孙所置义田,先赡给族人,"然后次及亲党邻里,又次及故人远客,无不随事多方,各

① (元)脱脱等:《金史》卷七〇《石土门传》,中华书局2020年版,第1721—1722页。
② (元)贡师泰:《玩斋集》卷一〇《元故处士夏君墓志铭》,文渊阁四库全书本,第1215册,第697页。
③ (元)俞希鲁:《至顺镇江志》卷一九《人材·孝友》,江苏古籍出版社1999年版,第781页。
④ (宋)周南:《山房集》卷五《陶宣义墓铭》,文渊阁四库全书本,第1169册,第62页。
⑤ (宋)方仁荣、郑瑶:《景定严州续志》卷五《救荒记》,宋元方志丛刊本,第5册,中华书局1990年版,第4388—4389页。
⑥ (元)陈高:《陈高集》卷一二《义田记》,浙江古籍出版社2014年版,第227页。

用其情"①。也有些宗族的赈济,会视急难程度而灵活处理。范氏"义庄规矩"规定:"乡里、外姻亲戚,如贫窘中非次急难,或遇年饥不能度日,诸房同共相度诣实,即于义田米内量行济助。"②范氏宗族的赈济方式,是比较符合人情的。

　　同居共财的大家庭,由于家大业大,对天灾的抗御能力也就相对较强,甚至不仅可以保证本族成员安全度过灾荒时期,而且也可以对族外贫民施以赈济。越州"刘承诏十世同居,熙宁中,越地连旱十年,承诏旁郡收米,周给宗族"③。潮州的林昌朝家,"自曾祖以来四世不析居异财……绍兴六年,本州荒歉,昌朝出米以济贫民,全活者甚众"④,因而被旌表门闾。金溪陆氏是宋代著名的同居共财大家庭,陆九韶在《居家正本》制用篇中,讲到陆氏田畴所收在家庭内部的分配原则后,又说:"又有余,则以周给邻族之贫弱者、贤士之困穷者、佃人之饥寒者、过往之无聊者。"⑤可见,陆氏财产可以救助多类族外人员。

　　有些宗族由于没有可供赡族的族产,也不是规模庞大的同居共财大家庭,如果遇到灾荒年景,族中的富实之家,尤其是富实的士绅之家,往往出私财以济贫困之家。这一方面是为帮助他们渡过难关,不至于转死沟壑;另一方面也是为了让他们不要铤而走险,揭竿而起。此谓之"贫富相资,手足相托"⑥。这类对族外社会成员的资助,也同样以乡党、姻亲为多。稷山县段氏宗族,号为巨室,广有资财,段矩"一无所积,悉以分人,尤喜赈人之急"⑦。

---

① (元)刘岳申:《申斋集》卷九《有元隐君子冷正叔桐乡阡碣》,文渊阁四库全书本,第1204册,第291页。

② (宋)范仲淹:《范文正公集》续补卷二《义庄规矩》,载《范仲淹全集》,中华书局2020年版,第699页。

③ (宋)张侃:《张氏拙轩集》卷二《读刘义门碑》,文渊阁四库全书本,第1181册,第387页。

④ (清)徐松辑:《宋会要辑稿》礼六一之一一至一二,上海古籍出版社2014年版,第2109页。

⑤ (宋)陆九韶:《陆氏家制》,续修四库全书本,上海古籍出版社1996年版,第935册,第260页。

⑥ 《名公书判清明集》卷一三《假为弟命继为词欲诬赖其堂弟财物》,中华书局1987年版,第512页。

⑦ (清)胡聘之编:《山右石刻丛编》卷二二李愈《大金故赠中奉大夫护军武威郡侯段公碑》,续修四库全书本,上海古籍出版社1996年版,第907册,第524页。

潞城王纮宗族，"家赀丰腴，人有不给者，出粟以贷。岁饥，皆为除其息、宽其约，空乏者折券以赒之"①。武安胡氏宗族"家累巨万"，胡益"轻财好施，不责报偿。秋冬之交，量以布絮散寒者，仍作糜粥以食之，岁以为常。赵魏间称积德者，莫不以胡氏为称首"②。宣德县刘氏宗族，"家故大族，又以赀雄其乡，委积丰实，畜牧蕃息。北山之奚家关，西乡之土厚，皆有别业。与世官荣禄家同里闬，出入游观，裘马相尚。轻财好施，少不靳固。求者多所全济，故州里以阴德称焉"③。永嘉陈氏的陈敦化，"家累百金，益能增侈先德之施，伏腊之外，率用振业族党乡闬之急难"④。

宗族资助的外地的族外社会成员，往往也是经过本地的过客。泰安地区，"有张氏者，以财谷雄里社。当前金正隆间，人伙地狭，往往无所资衣食。惟张氏有田若干亩，有牛若干角，然能赒急继困，过客无问贵贱，馆之如一，当时遂有长者之称"⑤。

在某些地区，富裕宗族还会分工负责各项社会救济事务。庐陵郡的永新县，"间遇水旱疾疫，凡邑之大家，分任赈恤之事：某家发廪，某家给薪刍，某家药病者，某家瘗死者。以是，流殍稀鲜"⑥。

(二)捐助地方公益事业

宗族靠其经济力量和组织能力，往往承担起乡村某些公益事业的建设。修桥补路之类的事情，多由宗族主持或参与其中。辽代固安县的谢家庄，"为近川流，恒苦湫下"，但"并由习贯，止务因循，致兹险阻之深，无有坦夷之望"。后来邑主事张阎氏，可谓巾帼豪杰，她在家人支持下，热衷于公益

① (金)赵扬：《故潞城隐德君子王公墓志铭》，载阎凤梧主编：《全辽金文》，山西古籍出版社2002年版，第1134—1135页。
② (金)元好问著，狄宝心校注：《元好问文编年校注》卷五《朝散大夫同知东平府事胡公神道碑》，中华书局2012年版，第920页。
③ (金)元好问著，狄宝心校注：《元好问文编年校注》卷五《大丞相刘氏先茔神道碑》，中华书局2012年版，第943—944页。
④ (宋)薛季宣：《浪语集》卷三四《陈益之父》，文渊阁四库全书本，第1159册，第560页。
⑤ (清)张金吾编纂：《金文最》卷一〇九杜仁杰《泰安阜上张氏先茔碑》，中华书局1990年版，第1569页。
⑥ (宋)周必大：《文忠集》卷七二《谭宣义墓志铭》，文渊阁四库全书本，第1147册，第759页。

事业，"每自出财，或他与力"。她"以谓沛然莫之御者水为大，确乎弗可拔者石为坚"，因此决定兴建石桥。"由是一之日，规断岸计横流。二之日，就它山下文础。"但由于工程量太大，自家经费难以负担，"会有涿州西七里小马村成济闻之，惠然来助"。随后"老幼相呼，远近比至"，带动起乡亲们参与公益事业的热情，结果石桥得以高质量地完成。"望之玉立"，"过之砥平"①，受到人们的一致好评。

宋太宗淳化年间（990—994 年），洪州奉新胡氏"以私财造南津桥"②。《郑氏规范》规定："桥圮路淖，子孙倘有余资，当助修治，以便行客。或遇隆暑，又当于通衢设汤茗一二处，以济渴者，自六月朔至八月朔止。"③松阳潘氏宗族发展至潘好古时，"其族传三世而门益大"，因见"西湖旁两塘废不治"，便"发钱数十万新之，人赖其利"④。袁采也曾告诫世人："乡人有纠率钱物，以造桥修路及打造渡航者，宜随力助之，不可谓舍财不见获福而不为。"⑤乡人组织的此类活动，自然多有宗族参与其中。

（三）捐助国家

宗族除在承平时期督促其成员完粮纳税外，在国家有特殊需求之时，也往往会直接捐助资财。宋王朝的创立者赵匡胤曾说："富室连我阡陌，为国守财尔。缓急盗贼窃发，边境扰动，兼并之财，乐于输纳，皆我之物！"⑥宋高宗绍兴三十一年（1161 年），成纪张氏的张子颜、张子正、张子仁、张宗元等上奏朝廷："臣等伏睹王师进讨，窃虑兵食所须，费用浩大，谨以私家所积粮米一十万石，进献朝廷。"⑦同时，张氏宗族还献钱十万缗。绍熙五年（1194

① 《固安县固城村谢家庄石桥记》，载向南编：《辽代石刻文编》，河北教育出版社 1995 年版，第 411—412 页。

② （元）脱脱等：《宋史》卷四五六《胡仲尧传》，中华书局 1985 年版，第 13390 页。

③ （元）郑太和：《郑氏规范》，丛书集成初编本，中华书局 1985 年版，第 975 册，第 11 页。

④ （宋）吕祖谦：《东莱吕太史集》卷一〇《朝散潘公墓志铭》，载《吕祖谦全集》，浙江古籍出版社 2008 年版，第 151、153 页。

⑤ （宋）袁采：《袁氏世范》卷三《造桥修路宜助财力》，商务印书馆 2017 年版，第 163—164 页。

⑥ （宋）王明清：《挥麈录》余话卷一《〈祖宗兵制〉名〈枢廷备检〉》，上海书店出版社 2001 年版，第 221 页。

⑦ （宋）徐梦莘：《三朝北盟会编》卷二三七"绍兴三十一年十月二十九日"，上海古籍出版社 2008 年版，第 1702 页。

年),宋光宗"以两浙州县米价腾贵,小民艰籴,诏许帅守监司劝谕豪右,出米赈粜。出米最多、利济及民者,优加旌擢"。结果"临安府言,在城张、杨、刘府,岁入甚丰,以理劝谕,(张)宗况、宗愈首出米一十万石"①。金哀宗正大四年(1227年),金朝政府"西南调度窘迫",是时"系出汪骨族"的陇州防御使汪世显"发家资,率豪右助边,邻郡效之,军饷以之不绝"②。

### 三、宗族对日常生产的促进

宗族对日常生产具有明显的促进作用,这主要体现在生产技术的传承、生产的组织与勤俭风气的倡导等方面。

#### (一)生产技术的传承

在古代自然经济的发展过程中,生产技术的进步主要靠经验的积累,而经验的传授就是靠一辈一辈的父老传授给一辈一辈的子弟。尽管辽宋夏金元时期的商品经济有了很大发展,但总体上仍然属于自然经济形态。因此,生产技术的进步,也仍然主要靠人们经验的积累和传授。宗族成员之间或宗族成员与族外成员之间在日常生产中的互帮互助,必然会涉及生产技术的传授或交流,无疑是社会生产向前发展的有力保障。

由于宗族多具有聚族而居的特点,族人在生产活动中接触的本族人为多。甚至一些富有的雇主,"耕田佃地,荷车负担之役,皆其族人"③。女真族在建国前后,宗族首领便于"农月,亲课耕耘刈获,远则乘马,近则策杖,勤于事者勉之,晏出早休者训励之"④。即使宗族成员适当与族外居民杂居,也不会影响他们之间的交流和联系。大定二十年(1180年),金世宗曾对宰臣说:"猛安谋克人户,兄弟亲属若各随所分土,与汉人错居,每四五十户结为保聚。农作时令相助济,此亦劝相之道也。"⑤兄弟亲属之间,在农作

---

① 《宋会要辑稿》职官六二之三六,上海古籍出版社2014年版,第4741页。
② (元)杨奂:《还山遗稿》卷上《总帅汪义武王世显神道碑》,载《杨奂集》,吉林文史出版社2010年版,第292页。
③ (宋)陈耆卿:《嘉定赤城志》卷三七《天台令郑至道谕俗七篇》,宋元方志丛刊本,中华书局1990年版,第7576页。
④ (元)脱脱等:《金史》卷六三《景宗昭肃皇后传》,中华书局2020年版,第1595页。
⑤ (元)脱脱等:《金史》卷四六《食货志》,中华书局2020年版,第1108页。

时令相互助济,不但有利于生产的进行,也有利于技术的传承。因此,宗族组织对生产技术的传授及交流起了主流作用。

宗族组织在对生产技术进行传承的过程中,有些特有的技术甚至还会限定在一定范围内而秘不外传。宋代亳州地区有两个宗族世代相传纺织轻纱的技术。生产的轻纱"举之若无,裁以为衣,真若烟雾"。因为"一州惟两家能织",他们"惧他人家得其法",便"相与世世为婚姻"①。在歙州休宁县,吴姓人口发展最为繁盛,"然大宗之法久废,其散而居境内者,为十余族"。这些可能出自同一祖先的吴氏宗族,"族之小者犹数十家,大者至数百家,其能殖生业、致高赀,为进士擢第,有闻于时者,眎他姓亦独多"②。他们之所以会产生较多的"能殖生业、致高赀"的富户,当是其宗族在生产技术传承方面起到了重要的作用。同处于歙州的李氏宗族,则依靠制墨业工艺技术的传承而闻名于当时。李氏墨,自李超始知名。有人曾"收歙州李氏父子四世五人墨"③。李超之子庭邦,"庭邦之弟庭宽,庭宽之子承晏,承晏之子文用,文用之长子尔明、次子尔光,尔光之子丕基,皆能世其业"④。抚州临川县的胡氏宗族,亦以制墨工艺世代相传闻名。胡氏自胡达义三世祖胡湛然"相传授异人墨","子孙绳其祖武,它工竟莫窥其藩篱,故艺独精而名益彰达"⑤。

(二)生产的组织

尽管在传统社会的自然经济条件下,生产主要是以个体小家庭为单位进行,但宗族对于个体生产的组织还是能够起到一定的作用。"方春耕作将兴,父老集子弟而教之曰:田事起矣,一年之命系于此时。其毋饮博,毋讼诈,毋嬉游,毋争斗,一意于耕。"⑥除督促宗族子弟及时专心生产外,宗族父

---

① (宋)陆游:《老学庵笔记》卷六,中华书局1979年版,第80页。
② (宋)吴儆:《竹洲集》卷一一《隐微斋记》,文渊阁四库全书本,第1142册,第259页。
③ (宋)罗愿:《新安志》卷一〇《叙祺说·墨》,宋元方志丛刊本,第8册,中华书局1990年版,第7759页。
④ (宋)陈正敏:《遯斋闲览·李庭邦墨》,载《全宋笔记》第10编,第11册,大象出版社2018年版,第290页。
⑤ (元)吴皋:《吾吾类稿》卷三《赠墨卿胡达义序》,文渊阁四库全书本,第1219册,第41页。
⑥ (宋)高斯得:《耻堂存稿》卷五《宁国府劝农文》,丛书集成初编本,中华书局1985年版,第2041册,第99页。

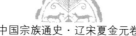

老还会组织一下小家庭相互协作的生产事项以及需要较多劳动力进行合作才能完成的生产事项,特别是水利灌溉之类的事项。

　　动乱时期,社会生产的正常进行需要武力保卫,宗族往往承担其相关职责。金朝末年,曲沃县人靳和"选子弟壮健者数千人,教以武事,敌至则荷戈以御,去则负耒以力穑"①。靳氏宗族族大人众,宗族武装颇具规模,武装人员敌至则参加战斗,敌去则从事农业生产,保障了农业生产的正常进行。

　　(三)勤俭风气的倡导

　　勤奋是衣食之源,每个宗族都将它作为劝诫族众的重要内容。抚州金溪的陆氏宗族,"晨揖,击鼓三叠,子弟一人唱云:听听听听听听听,劳我以生天理定。若还惰懒必饥寒,莫到饥寒方怨命"②。

　　俭朴或丰俭适宜乃是持家之道,而奢侈无度则没有不破家的。宗族成员多能牢记相关祖训,或从宗族长老的倡导中获得教益。湖州人倪思曾告诫其后人:"人家用度,皆可预计,惟横用不可预计。若婚嫁之事,是闲暇时子弟自能主张。若乃丧葬,仓卒之际,往往为浮言所动,多至妄用,以此为孝。世俗之见,切不可狥,只当随家丰俭也。"虽然他此处所说的"随家丰俭"很有道理,但其实他更强调"俭":"俭则足用,俭则寡求,俭则可以成家,俭则可以立身,俭则可以传子孙。"③

　　四、赋税交纳的督促

　　马克思指出:"捐税体现着表现在经济上的国家存在。"④宗族组织为了向专制国家表示他们的忠心,总是将赋税的交纳作为族众的重要职责来督促。

　　(一)劝导族人交纳赋税

　　宗族组织劝导成员完粮纳税,多是宗族中有影响的成员的日常行为,也

---

①　(金)段成己:《二妙集·绛阳军节度使靳公神道碑》,丛书集成三编本,新文丰出版公司1997年版,第41册,第349页。

②　(宋)罗大经:《鹤林玉露》丙编卷五《陆氏义门》,中华书局1983年版,第324页。

③　(宋)倪思:《经鉏堂杂志》卷七《岁计》,载《全宋笔记》第6编,第4册,大象出版社2013年版,第457、456页。

④　《马克思恩格斯全集》第4卷,人民出版社1958年版,第342页。

有些宗族,甚至还设专人来负责此事。如汉州绵竹县人张椿,"身率宗族,公租及时先输"①。江州陈氏,"立庄长以督赋租"②。"义居二十余世"的永乐姚氏,"税赋不待催驱,未尝以讼至县庭"③。正是在宗族组织对赋税的督促下,官府的赋税征收才能顺利进行。即使在"遭时多故,县官倚办于民者几倍常赋"的情况下,宗族主持人也能"调度有方,从容赡给"④。

(二)里正、保甲督征赋税

在中国古代乡村中,宗族组织往往与基层行政组织结合,部分地承担乡村行政职能。宋代最基层的行政机构为里甲制,负责人主要为里正、户长。淳化五年(994 年)曾规定里正差乡村第一等户轮充,户长差乡村第二等户轮充。以后虽有所变化,但都是差富实有力之家。这些人往往又是宗族中颇有势力和影响的成员。这样一来,基层政权就可以充分利用宗族这一组织形式,而更加有效地去督促赋税的交纳。

(三)族产的完税

辽宋夏金元时期,族产一般有专门的税籍和税收政策。宋仁宗天圣九年(1031 年),"诏河南府,民墓田七亩以下,除其税"⑤。宋哲宗元祐七年(1092 年),"诏诸大中大夫、观察使以上,每员许占永业田十五顷,余官及民庶,愿以田宅充奉祖宗飨祀之费者亦听,官给公据,改正税籍"⑥。南宋孝宗时,知常州宜兴县姜诏上书云:"第四、五等人户有墓地者,谓之墓户。经界之时,均纽正税。"⑦显然,宋政府曾在不同时期、不同地区实行过免除墓田税的政策。范仲淹在吴县、长洲县创置的义田在宋理宗时也曾得到"与免

---

① (宋)张栻:《南轩集》卷四〇《通判成都府事张君墓表》,载《张栻全集》,长春出版社 1999 年版,第 1087 页。

② (宋)胡旦:《义门记》,载《义门陈氏大成宗谱》卷首,转引自许怀林:《"江州义门"与陈氏家法》,载《宋史研究论文集》(一九八七年年会编刊),河北教育出版社 1989 年版。

③ (宋)邵伯温:《邵氏闻见录》卷一七,中华书局 1983 年版,第 187 页。

④ 《陆九渊集》卷二八《葛致政墓志铭》,中华书局 1980 年版,第 329 页。

⑤ (宋)李焘:《续资治通鉴长编》卷一一〇"天圣九年十一月己卯",中华书局 2004 年版,第 2570 页。

⑥ (清)徐松辑:《宋会要辑稿》食货六一之六一,上海古籍出版社 2014 年版,第 7469 页。

⑦ (清)徐松辑:《宋会要辑稿》食货一〇之一九,上海古籍出版社 2014 年版,第 6551 页。

科籴"①的优待。

除了政策上获得的减免赋税优待之外,不管是义田、祭田,还是义学田等族产,宗族组织往往将赋税的交纳放在重要位置。金华吕氏族产明确规定:"每遇夏秋税起催日,先期输纳。"②歙县鲍氏宗族,以族产"岁所入十分为率",其中"三分以供公上贡赋及官府百费"③。麻城秦氏有义田7000余顷,其收入除做赡族、教育子弟外,"若县官赋入,供亿百需,则别峙贮千余石,于所谓新安仓以俟"④。可见,宗族大多将收入首先用于完税,然后再作他用。

## 第三节　文　化　功　能

宗族作为社会群体,最希望自己能够绵延流长,不断发展壮大,为此而承担了多方面的文化功能。在宗族进行日常社会教化之外,越来越多的宗族通过创办学校对子弟进行教育。如果子弟中有从事科举考试的士人,宗族也会从各方面给予资助。共同的信仰与价值取向,又使宗族成为所有成员的精神家园。

### 一、宗族学校教育

西夏谚语云:"不择良师父无智,不正所学子忘心。"⑤正说明在当时社会,送子辈接受学校教育,正是父辈成员的应有责任。宗族对子弟的教育尽管有多种方式,但建立学校教育子弟,无疑是宗族组织"收族"的最有效方式之一。因而,宗族学校教育受到人们的普遍重视,成为宗族教育子弟的重要方式。

（一）宗族学校的创办

从唐朝开始,不断有世家大族创办书院之类学校的情况。辽宋夏金元时期,仍有许多前代延续下来的这类学校。如德安陈氏的东佳学堂、豫章胡

---

① 《范仲淹全集》附录四《与免科籴提领浙西和籴所帖》,中华书局2020年版,第949页。

② （宋）吕祖谦:《东莱吕太史别集》卷一《家范一·宗法·租赋》,载《吕祖谦全集》,浙江古籍出版社2008年版,第302页。

③ （元）郑玉:《师山集》卷八《鲍仲安墓表》,文渊阁四库全书本,第1217册,第64页。

④ 余晋芳纂:《麻城县志续编》卷一四龙仁夫《秦氏义田记碑》,载《中国方志丛书(华中地方)》第358号,成文出版社有限公司1975年版,第502页。

⑤ 陈炳应译:《西夏谚语——新集锦成对谚语》,山西人民出版社1993年版,第12页。

氏的华林书院以及建昌洪氏的雷塘书院等。① 但这些享有盛誉的学校,毕竟基本局限在所谓的"义门"之中。就整体情况而言,则是经过士大夫和普通宗族的推陈出新,族塾义学才逐渐兴盛起来的。

宋仁宗皇祐元年(1049 年),范仲淹在其家乡吴县创置义田后,又置屋聘师,创办义学。这一做法一经出现,便立即得到官僚士大夫的纷纷响应。为本宗族置义田、办义学,便成为官僚士大夫在当时历史条件下标榜仁义、收拢人心的重要手段。与此同时,那些没有官位的庶民地主甚至富裕农民,也从自己的实际情况出发,创办各种各样的族塾义学,以使自己的子弟能够接受教育,在科举竞争中一试身手。宗族的这种努力,逐渐形成了"家乐教子"②的良好社会风尚,有些地方甚至"为父兄者以其子与弟不文为咎,为母妻者以其子与夫不学为辱"③。

宗族创办学校教育子弟虽为人崇尚,但也不会很普及,因为有不少宗族心有余而力不足。宗族成员以个人之力创办学校,如果没有很强的经济势力,绝非易事,有些宗族甚至经过几代人的谋划与努力。太原阳曲人张祐,"好读书","自言却后三十年,吾宗当有文达者"。其子则"轻财好施,以诗书棋酒自适"。其孙张公著"起文庙于所居安生里社,延致名儒,课子弟授业"④,终于实现了张氏宗族建学校教育子弟的夙愿。

和平时期尚且不易,至于战乱年代,则尤为不易。章丘的张氏宗族,因比较富有,"金季盗炽……数被剿劫"。族人张仲"避地他适者久之,事定还守丘陇",在"生理复就绪"⑤后,乃"聚书馆士,教群子弟以学"⑥。

---

① 参见(宋)杨亿:《武夷新集》卷六《南康军建昌县义居洪氏雷塘书院记》,福建人民出版社 2007 年版,第 100 页。

② (明)郑庆云、辛绍佐:《(嘉靖)延平府志》卷一《风俗》,天一阁藏明代方志选刊本,上海古籍书店 1964 年版,第 54 册。

③ (宋)洪迈:《容斋随笔》四笔卷五《饶州风俗》,中华书局 2005 年版,第 683 页。

④ (金)元好问著,狄宝心校注:《元好问文编年校注》卷五《朝列大夫同知河间府事张公墓表》,中华书局 2012 年版,第 721、726 页。

⑤ (清)吴璋修,曹楙坚纂:《道光章邱县志》卷一四《中书参知政事张公先茔碑铭》,载《中国地方志集成·山东府县志辑》,第 68 册,凤凰出版社、上海书店、巴蜀书社 2004 年版,第 402 页。

⑥ (清)吴璋修,曹楙坚纂:《道光章邱县志》卷一四《张斯和墓碑》,载《中国地方志集成·山东府县志辑》,第 68 册,凤凰出版社、上海书店、巴蜀书社 2004 年版,第 415 页。

（二）教育对象

作为宗族组织创办并经营的族塾义学，其教育对象自然主要是宗族子弟。但限于各种条件和主事者的胸怀，各宗族容有不同。

一是教育宗族全部弟子。范仲淹创置义庄、义学，其目的就是使"为其宗族者，宅于斯，学于斯"①，这可说是教育对象包括宗族全部子弟的典型事例。乐清赵氏建书塾，"延致名师，尽聚其族之子侄而教之"②。青田季氏湖山义塾，"萃其族之子弟悉入学"③。东阳人王大远在创置义田后，又"立精舍为义塾，延名士为师以教族人，子弟就廪食之，而又给其贫乏者焉"④。王氏义学田既做子弟教育之用，又兼有救济贫困族人之用。既然要教育全宗族的子弟，族塾义学的规模就不能太小。这就要求宗族具有较强的经济势力，或族中富人"轻财好施"，能够建立起较大规模的族塾义学，方可办到。

二是教育宗族部分子弟。如果宗族财力有限，所建族塾义学规模较小，便无力承担全宗族子弟的启蒙教育，而只能是重点教育部分宗族子弟。或者"择子侄之秀者，起学堂，延名儒以教之"⑤；或者只教育族中富人的子弟；或者以教育捐资创办者的直系子孙为主，而间或吸收个别宗族子弟。太原阳曲人张公著建学校教育子弟，"二侄经、纬，皆有声场屋间，继擢上第。张氏遂为河东文章宗"⑥，显然以教育近亲属为主。湖州长兴县的刘涉，"创横经堂于家圃，凡三从子弟，皆肄业焉"⑦，教育对象为创办者的五服亲属子弟。处州龙泉人汤京，辟立本、养原二斋，"合群族俊彦，聘硕师诱迪之"⑧。

---

① 《范仲淹全集》附录七牟巘《义学记》，中华书局 2020 年版，第 1046 页。
② （元）陈高：《陈高集》卷一二《赵氏书塾记》，浙江古籍出版社 2014 年版，第 192 页。
③ （明）刘基：《刘伯温集》卷三《季氏湖山义塾记》，浙江古籍出版社 2016 年版，第 132 页。
④ （元）胡助：《王氏义学田记》，载《全元文》卷一〇一四，第 31 册，凤凰出版社 2004 年版，第 514 页。
⑤ （宋）江少虞：《宋朝事实类苑》卷五三《忠孝节义·于令仪》，上海古籍出版社 1981 年版，第 696 页。
⑥ （金）元好问著，狄宝心校注：《元好问文编年校注》卷五《朝列大夫同知河间府事张公墓表》，中华书局 2012 年版，第 726 页。
⑦ （宋）张守：《毗陵集》卷一四《宋故赠太子少师刘公神道碑》，上海古籍出版社 2018 年版，第 195 页。
⑧ （明）宋濂：《翰苑续集》卷二《故龙泉汤师尹甫墓碣铭》，载《宋濂全集》，浙江古籍出版社 2014 年版，第 980 页。

　　三是接收族外愿学者。如果族塾义学具有相当的规模,其经营者又具有开阔的胸怀,其教育对象就可能不仅仅局限于本族子弟。对于"乡人之愿学者","亦许造焉"①;"乡人来学者,弗拒也"②。章丘的张氏宗族,宗族学校"为乡党风俗劝,沾溉一方,□其德而濡其教者甚众"③。贵溪县的高氏桐源书院,"特以教其家与一乡之子弟,有古人闾塾之遗意"④。邹平张氏宗族,张克忠"勤于治生,延师教子,里中子弟赖之以学"⑤,亦招收乡里子弟。东阳蒋氏城南精舍,"合子、侄及里之俊秀,群居而肄习焉"⑥。甚至还有的族塾义学,为了扩大办学影响,并不局限于本族本乡,而是广泛接纳各地的好学之生。"建昌县民洪文抚,六世义居,室无异爨,就所居雷湖北创书院,舍来学者"⑦。"东阳郭君钦止,作书院于石洞之下。……使乡里之秀并焉"⑧。像洪氏书院、窦氏书院、郭氏书院这样的情况,一般都会逐渐发展成为地方上的著名学府。

　　(三)教学场所

　　遍布于各地的族塾义学,其规模有大有小,各具特色。其教学场所主要有三种情况:

　　一是独立校舍。宗族学校,大者名师会聚,生徒众多,聚书上万卷,分级授课,足以与官学相媲美。潞州张氏,"尽买国子监书,筑学馆,延四方名士,与子孙讲学"⑨。兖州李氏宗族的李淑敬曾任中山教授,至正年间与弟

---

①　(宋)朱熹:《晦庵先生朱文公文集(五)》卷八〇《玉山刘氏义学记》,载《朱子全书》第24册,上海古籍出版社、安徽教育出版社2010年版,第3791页。

②　《黄溍全集》上册《沈氏义庄记》,天津古籍出版社2008年版,第316页。

③　(清)吴璋修,曹楙坚纂:《道光章邱县志》卷一四《张斯和墓碑》,载《中国地方志集成·山东府县志辑》第68册,凤凰出版社、上海书店、巴蜀书社2004年版,第415页。

④　(宋)汪应辰:《文定集》卷九《桐源书院记》,丛书集成初编本,中华书局1985年版,第1987册,第108页。

⑤　栾钟垚、赵咸庆修,赵仁山纂:《民国邹平县志》卷九《河沟阡表》,载《中国地方志集成·山东府县志辑》第26册,凤凰出版社、上海书店、巴蜀书社2004年版,第169页。

⑥　《黄溍全集》上册《远怀亭记》,天津古籍出版社2008年版,第381页。

⑦　(宋)李焘:《续资治通鉴长编》卷四一"至道三年六月己亥",中华书局2004年版,第867页。

⑧　(宋)叶适:《水心文集》卷九《石洞书院记》,载《叶适集》,中华书局1961年版,第154—155页。

⑨　(宋)邵伯温:《邵氏闻见录》卷一六,中华书局1983年版,第176页。

李远、侄李钰等"自备己力创建家塾,敦请明师,教养四方子弟,以备擢用"①。像这样的族塾义学,显然都是独立的校舍。致仕官僚李椿年"于所居之东三里间,自立义学……召聚宗党,凡预受业者逾三十人"②。李氏义学规模虽然不很大,但也是单独建立的校舍。青田季氏湖山义塾,"筑于其居之侧以为堂,设孔子像,旁列斋舍,翼以廊庑,缭以周垣。买田若干亩给师弟子之食"③。丰城县揭氏蒨冈义塾,"中建巍楼一,前建小楼二;中以奉先圣,旁以处学徒。主簿君割右畔之地益其广,而构燕居之堂及庑与门,以底于完美"④。安福州安田李氏建万川家塾,"构礼殿,奉至圣先师,设讲堂,立斋舍,门庑、庖廪悉具"⑤。湖山义塾、蒨冈义塾、万川家塾布局精巧、设施完善,还设有释奠孔子之所,以彰显崇儒重教之义。除孔子外,一些名儒贤达也会被部分族塾所奠祭。处州松阳杨氏,"即所居之近,度闲旷之地,创为屋庐。其中为寝,象夫子燕居,而前为论堂,堂左为室,祠范文正公、朱文公。又左为斋,曰'主敬',为弟子之所肄习"⑥。可见,杨氏义塾是将孔子、范仲淹、朱熹共同释奠。

二是设馆于家进行教学活动的学校。就大多数宗族教学活动而言,一般是塾师一人或数人,生徒数十,学堂一间或数间,因而往往可以设馆于家。金朝大臣完颜希尹,"诸孙幼学,聚之环堵中。凿图宝(应为圆窦),仅能过饮食,先生晨夕教授"⑦。昌乐刘氏宗族,重视对子孙的教育,"时兵余,遗民流离道路,得衣冠之士数人,馆于家,俾子孙从之学"⑧。金末元初的刘氏宗

---

① (清)李漋:《滋阳县志》卷四《创建义塾崇礼斋记》,清康熙十一年(1672)刻本。
② (宋)洪迈:《夷坚志》三志己卷一〇《界田义学》,中华书局 2006 年版,第 1382—1383 页。
③ (明)刘基:《刘伯温集》卷三《季氏湖山义塾记》,浙江古籍出版社 2016 年版,第 132 页。
④ (元)吴澄:《吴文正公集》卷二二《蒨冈义塾记》,元人文集珍本丛刊本,第 3 册,新文丰出版公司 1985 年版,第 402 页。
⑤ (元)吴澄:《吴文正公集》卷二二《安福州安田里塾壁记》,元人文集珍本丛刊本,第 3 册,新文丰出版公司 1985 年版,第 401 页。
⑥ (明)王祎:《王忠文公集》卷五《杨氏义塾记》,丛书集成初编本,中华书局 1985 年版,第 2423 册,第 132 页。
⑦ 《完颜希尹神道碑》,载王新英:《全金石刻文辑校》,吉林文史出版社 2012 年版,第 219 页。
⑧ 王金岳修,王景韩等纂:《民国昌乐县续志》卷一七《北海刘氏昭先碑》,载《中国地方志集成·山东府县志辑》,第 35 册,凤凰出版社、上海书店、巴蜀书社 2004 年版,第 383 页。

族重视子孙教育,其方法是在自家设馆立学,延请因战乱流经其家的衣冠士人。莘县韩氏的韩鹏,"天资纯直,以孝弟闻,家结四壁,教诸子皆读书,克勤生理,虽远服贾,亦终无倦"①。韩鹏虽家徒四壁,但依然教子读书。汉中褒城县人王得舆推崇理学,于居所"东偏为家塾,号曰习斋。中奠先圣、颜、孟,左右周、程、张、邵、司马六先生像,朔望率子孙而拜奠之"②。

三是设学校于祠堂。元代南方地区有的族塾设置于祠堂之中,以突显"古之为道,莫重于祭,莫切于教"之用意。宜春人黄元瑜"作'思本'之堂于居室之近,聚族人之为学者,饮食而教之"③。长乐县罗田林氏祠堂,"中堂四楹,东西两庑,门庭庖库,祭器具完……聘名师即两庑教其子孙之来学者。然后尊祖敬宗之道稍备,而子弟彬彬然亦知所向矣"④。另外,又有义庄义塾合置情况。诸暨人陈嵩兄弟,"割田若山六千余亩,建义庄、义塾,聚族人之不能自食者养之,其未知学及里中子弟来学者教之"⑤。

(四)教师队伍

宗族学校的教师,有两种主要的来源。

一是由本宗族成员特别是家中有文化的长辈亲自教授。范仲淹创办的义学,其选拔教师的规定是:"诸位子弟内选曾得解或预贡有士行者二人,充诸位教授,月给糙米五石。虽不曾得解预贡,而文行为众所知者,亦听选,仍诸位共议。"⑥范氏义学教师不仅是从本族成员中选拔,且对教师水平有明确的规定。休宁万川人汪德懋"慨庠序之不兴,而士习日靡,乃以所闻于予者,居家教授,集亲族、闾里之子弟若干人,旦夕修读以自日助"⑦。一些饱读诗书的人以身作则,践行儒家伦理道德,对子孙进行言传身教。真定人

---

① (清)张朝玮修,孔广海纂:《光绪莘县志》卷八《元赠冠州知州韩君鹏墓志铭》,载《中国地方志集成·山东府县志辑》,第95册,凤凰出版社、上海书店、巴蜀书社2004年版,第621页。

② (元)蒲道源:《闲居丛稿》卷二六《西轩王先生行实》,文渊阁四库全书本,第1210册,第773页。

③ (元)虞集:《道园学古录》卷三八《思本堂记》,四部丛刊初编本。

④ (元)贡师泰:《玩斋集》卷七《林氏祠堂记》,文渊阁四库全书本,第1215册,第627页。

⑤ 《黄溍全集》下册《诸暨陈君墓志铭》,天津古籍出版社2008年版,第570页。

⑥ 《范仲淹全集》附录六《续定义庄规矩》,中华书局2020年版,第1020页。

⑦ (明)汪克宽:《环谷集》卷五《万川家塾记》,文渊阁四库全书本,第1220册,第699页。

焦悦,"家庭雍睦,虽盛暑必具衣冠以见子孙,子孙亦皆绯学修行"①。

二是延请族外人士担纲教职。若本族内没有可以堪当教师之任的人选,或是为了得到更高水平的教师,就不得不采取从外族聘请的做法。由此,名师硕儒便成为诸多族塾义学争相延致的对象。潞城王氏宗族,王纮"出己所藏图书,辟学舍,命名儒率诸好事子弟,朝夕请益,使知仁义孝悌之方"②。武安胡氏宗族,胡益"正隆南征,以良家子从军,载国子监书以归,因之起'万卷堂',延致儒士,门不绝宾"③。兖州李氏宗族"自备己力创建家塾,敦请明师,教养四方子弟"④。金乡刘氏家族中的刘信"筑室延师,以教其邑人子弟"⑤。刘氏教育子孙的方式是筑室以延师教邑人子弟。九江瑞昌蔡氏义学,"延名师,进宗族乡党而教之"⑥。华亭邵氏义塾,"礼名士主其席"⑦。平江长洲人陆德原,"创义塾,以田归之,遗重币迎儒先生为时所信重,如陆君文圭、龚君璛、柳君贯者,以为之师"⑧。陆文圭等人皆一时名儒,执掌教职,不仅可以使子弟得到良好教育,也能扩大声誉,有利于宗族学校的存续和发展。

元人吴澄说,义塾之教"选择师儒,在己识鉴,而无所牵掣,虽未必有如淳古道德之师,夫苟能得耆艾博硕之彦,引导有其方,熏渍有其渐;不坏之以速成,不害之以小利,亦庶几乎古焉尔"⑨。对于具体标准,他认为应"择其有实行、孝于亲、弟于长、敦于宗族、笃于外姻、信于朋友、仁于乡里、行己有廉耻、待人能忠恕者,以淑一家一族之子弟"⑩。元人叶世杰"锐意经术,学

---

① (元)苏天爵:《滋溪文稿》卷一四《焦先生墓表》,中华书局 1997 年版,第 227 页。

② (金)赵扬:《故潞城隐德君子王公墓志铭》,载阎凤梧主编:《全辽金文》,山西古籍出版社 2002 年版,第 1135 页。

③ (金)元好问著,狄宝心校注:《元好问文编年校注》卷五《朝散大夫同知东平府事胡公神道碑》,中华书局 2012 年版,第 920 页。

④ (清)李濂:《滋阳县志》卷四《创建义塾崇礼斋记》,清康熙十一年(1672)刻本。

⑤ (元)苏天爵:《滋溪文稿》卷二一《金乡刘氏阡表》,中华书局 1997 年版,第 355 页。

⑥ (元)虞集:《道园学古录》卷三六《瑞昌县蔡氏义学记》,四部丛刊初编本。

⑦ 《黄溍全集》上册《邵氏义塾记》,天津古籍出版社 2008 年版,第 313 页。

⑧ 《黄溍全集》下册《元故徽州路儒学教授陆君墓志铭》,天津古籍出版社 2008 年版,第 596 页。

⑨ (清)卢文弨辑:《常郡八邑艺文志》卷二之下吴澄《梁溪义塾记》,载《卢文弨全集》第 11 册,浙江大学出版社 2017 年版,第 174 页。

⑩ (元)吴澄:《吴文正公集》卷二二《蒋冈义塾记》,元人文集珍本丛刊本,第 3 册,新文丰出版公司 1985 年版,第 402—403 页。

有渊源,其才固不凡",并且"沉默庄重,可以愧末俗之儇浮者",故龙泉人陈天秩,"不远千里招延于家,使教其子弟、兄弟之子"①。可见,除才学之外,德行也往往成为元代族塾义学择师时考量的重要因素。

(五)教学内容

族塾义学多为蒙学,以承担启蒙教育为主。族塾义学所用教材往往也是便于初学者识字、明理的蒙求类读物。在宋代流传下来的大量蒙学读物中,有许多以识字为主的读物。可以想见,小规模的族塾义学,必定首先采用这些读物来作为学生的教材。南宋时项安世在其《项氏家说》中曾说:"古人教童子多用韵语,如今《蒙求》《千字文》《太公家教》《三字训》之类。"除此之外,学生还要学习介绍专门知识的教材和专讲伦理知识的教材。前者如黄继善所编的《史学提要》、方逢辰所编的《名物蒙求》等,后者如朱熹的《小学》、吕祖谦的《少仪外传》以及吕本中的《童蒙训》等。这基本上就是他们的小学阶段教育。

元代南方士人也曾编撰蒙求类读物,以便初学者使用。铅山人詹仲美编《五典蒙求》,主要内容有:"其一事亲,其二事君,其三夫妇,其四长幼,其五朋友。典系一章,章系百句,句系一事"②。昌国人应翔孙所编《类书蒙求》,"凡诸经之指,篇标韵举,粲然在目。汎滥而及于《仪礼》《尔雅》《诸子》,扬雄之《太玄》、马融之《忠经》,莫不皆有《蒙求》"③。

一些规模较大、办学成熟的族塾义学,其教授内容并不局限于蒙求类知识,而往往是从初级到高级分授不同内容的。鄞县的程氏家塾,对宗族子弟的培养大体分为三个阶段:八岁入学之前为启蒙阶段,以读"语约而义备"④的《性理字训》为主。八岁至十五岁前为经学教育阶段,"小学书、四书诸经

① (元)王毅:《木讷斋文集》卷一《送叶世杰赴陈氏家塾序》,续修四库全书本,上海古籍出版社 1996 年版,第 1324 册,第 226 页。

② (元)戴表元:《剡源集》卷七《左氏蒙求序》,载《戴表元集》,浙江古籍出版社 2014 年版,第 165 页。

③ (元)戴表元:《剡源集》卷七《昌国应君类书蒙求序》,载《戴表元集》,浙江古籍出版社 2014 年版,第 166 页。

④ (元)程端礼:《程氏家塾读书分年日程》卷之一,丛书集成初编本,中华书局 1985 年版,第 59 册,第 1 页。

正文,可以尽毕"①。十五岁至二十五岁之前为全面育成阶段,其中前三四年"以朱子法读四书注"②,在二十三四岁至二十四五岁之前,除读经书外,遂次读史,次读韩文、《离骚》,次学作文。程氏义塾在子弟成长不同阶段,分授相应知识,由经及史,然后习文,循序渐进,体系完备,这反映出元代南方地区族塾义学教育的相对成熟。

族塾义学还有一个突出的特点,就是把伦理道德、宗法观念视作教学内容的核心部分。因为宗族组织创办族塾义学的一个主要目的,就是为了把族众教育成为国家和宗族的忠顺臣民。贵溪高氏宗族建立的桐源书院,也是希望"高氏子孙读书于书院,当以古圣贤心学自勉,毋以词章之学自足"③。"孝"是宗法观念和伦理道德中最为核心的部分,所以许多宗族都强调教学内容要围绕"孝"来展开。章丘张氏宗族于战乱甫定即坚持创办宗族学校,其目的在于"申以孝悌之义"。经过一定时期的努力,终于"礼俗为之浸复"④。龙泉龙渊义塾明确规定:"入吾塾者,当以孔、孟为师,颜、闵为友。所读者六艺之科,诸子百家之异户勿攻也;所履者六德之教,权谋术数之偏诡,勿习也。"⑤孔孟之道、六艺之科、六德之教,皆为儒家道德教化的核心内容。虞集评论婺源虎溪精舍云:"其为学也,本诸圣贤道学之传,周、程、张、朱讲明之说,以明夫《易》《诗》《书》《春秋》《礼》《乐》之教。敦其孝弟忠信,于日用常行之间,不为文具以玩岁月,不尚华采以干进取,此其大略也。"⑥虞氏认为宗族、乡里子弟学习圣儒先贤之说,最重要的也是要养成日

———————————

① (元)程端礼:《程氏家塾读书分年日程》卷之一,丛书集成初编本,中华书局 1985 年版,第59 册,第 8 页。

② (元)程端礼:《程氏家塾读书分年日程》卷之一,丛书集成初编本,中华书局 1985 年版,第59 册,第 9 页。

③ (宋)汪应辰:《文定集》卷九《桐源书院记》,丛书集成初编本,中华书局 1985 年版,第1987 册,第 108 页。

④ (清)吴璋修,曹楙坚纂:《道光章邱县志》卷一四《中书参知政事张公先茔碑铭》,载《中国地方志集成·山东府县志辑》,第 68 册,凤凰出版社、上海书店、巴蜀书社 2004 年版,第402 页。

⑤ (清)徐可先修:《(顺治)龙泉县志》卷七《龙渊义塾规约序》,载中国科学院图书馆选编:《稀见中国地方志汇刊》第 19 册影印清顺治十二年(1655)刊本,中国书店 1992 年版,第1327 页。

⑥ (清)杨周宪:《(康熙)新建县志》卷八《虎溪精舍碑记》,清康熙十九年刻本。

常生活中孝弟忠信的品德。

根据宗族的传统和实际需要,不同族塾义学在教学内容上也会有所侧重,某些技术性知识或某方面学术知识,会成为某些族塾义学的教学特色。北宋权臣蔡京曾"求善训子弟者",其族子蔡应之推荐了张劢。张劢任教于蔡氏学馆后,"忽谓之曰:'汝曹曾学走乎?'诸生骇而问曰:'尝闻先生教令读书徐行,未闻教以走也。'劢曰:'天下被而翁破坏至此,旦夕贼来,先至而家,汝曹惟有善走,庶可逃死尔。'"①张劢建议蔡氏诸生学跑自然主要出于戏谑和讽刺,但也从一个侧面反映了塾师根据宗族需要确定教学内容的情况。

总而言之,宗族组织创办族塾义学,不但承担了众多儿童的启蒙教育,而且有的还发展成为当时的地方教育中心和学术文化中心,对宗族组织和社会发展都起了重要作用。

二、宗族对士人的资助

宗族中的士人,是促进宗族兴盛和发展的重要潜在力量。因此,在他们入仕之前,往往会得到宗族的各种资助。

北方民族虽然传统上重武轻文,但在受汉文化影响后,只要条件允许,宗族大都会让子弟读书。耶律突吕不,"幼聪敏嗜学"②。耶律贤适,"嗜学有大志"③。耶律八哥,"幼聪慧,书一览辄成诵"④。奚王楚不宁之后萧蒲奴,"幼孤贫,佣于医家牧牛",医家亦"教以读书,聪敏嗜学。不数年,涉猎经史"⑤。契丹、奚等游牧民族的子弟尚且读书成风,农耕民族的子弟,自幼接受文化知识教育自不待言。术虎筲寿,"亲授三子者学,夜参半,犹课诵不已"⑥。赵晖、赵时兄弟之母鲜于氏,为显州观察判官鲜于钧之女,

---

① (元)脱脱等:《宋史》卷三七九《张劢传》,中华书局 1985 年版,第 11696 页。
② (元)脱脱等:《辽史》卷七五《耶律铎臻传附突吕不传》,中华书局 2017 年版,第 1368 页。
③ (元)脱脱等:《辽史》卷七九《耶律贤适传》,中华书局 2017 年版,第 1402 页。
④ (元)脱脱等:《辽史》卷八〇《耶律八哥传》,中华书局 2017 年版,第 1412 页。
⑤ (元)脱脱等:《辽史》卷八七《萧蒲奴传》,中华书局 2017 年版,第 1469 页。
⑥ (金)元好问著,狄宝心校注:《元好问文编年校注》卷五《龙虎卫上将军术虎公神道碑》,中华书局 2012 年版,第 594 页。

她对二子"自童稚之齿,常教务学",兄弟二人"至于冠岁,皆得通明经史"①。可见,宗族中的母教,在子弟成才的过程中往往能够发挥重要作用。在接受了初级教育之后,许多子弟还要入山寻求名师,同时也利用寺院中的清静环境,进一步深造。如著帐郎君之后耶律良,"读书医巫闾山,学既博,将入南山肄业"②。萧韩家奴,"弱冠入南山读书,博览经史,通辽、汉文字"③。涿州人王鼎,"居太宁山数年,博通经史"④。这些远离家乡的求学者,更需要接受各方面的资助,宗族的资助无疑是其中的重要力量。金乡刘氏家族中的刘信,"忠厚孝友,不乐进取,喜施与,诸子宦学于外者,悉资给之"⑤。

宋朝科举入仕的大门,几乎是面向全社会敞开的,"虽山野贫贱之家,子弟苟有文学,必赐科名"⑥。科举取士,有力地刺激了宋代社会的读书风气。再加上学校教育的不断发展,使得宋代士人数量庞大。与前代士人主要出身于大地主阶层不同,他们来源于社会各阶层。有些士人家境贫寒,能够参加科举考试,一定程度上依靠宗族组织的资助。苏州范氏"义庄规矩"规定:"诸位子弟得大比试者,每人支钱一十贯文,再贡者减半。"歙州休宁人查道,"初,赴举,贫不能上,亲族衰钱三万遗之"⑦。南宋大儒、建宁府浦城人真德秀,"家甚贫",在再次参加科举考试时,一方面通过参加举人互助组织过省会"获钱凡数万",另一方面又"益以亲友之赆",于是能够"舍徒而车,得以全其力于三日之试"⑧,终于考中。

宗族组织资助士人,鼓励族人读书应试,是因为族人的读书应试能够给宗族带来更大的利益。士人一旦获得功名,不但自己可以"身享富贵",而

① 《鲜于氏墓志》,载向南编:《辽代石刻文编》,河北教育出版社 1995 年版,第 684 页。
② (元)脱脱等:《辽史》卷九六《耶律良传》,中华书局 2017 年版,第 1538 页。
③ (元)脱脱等:《辽史》卷一○三《萧韩家奴传》,中华书局 2017 年版,第 1593—1594 页。
④ (元)脱脱等:《辽史》卷一○四《王鼎传》,中华书局 2017 年版,第 1601 页。
⑤ (元)苏天爵:《滋溪文稿》卷二一《金乡刘氏阡表》,中华书局 1997 年版,第 355 页。
⑥ (宋)陈耆卿:《嘉定赤城志》卷三七《仙居令陈密学襄劝学文》,宋元方志丛刊本,第 7 册,中华书局 1990 年版,第 7572 页。
⑦ (元)脱脱等:《宋史》卷二九六《查道传》,中华书局 1985 年版,第 9880 页。
⑧ (宋)真德秀:《西山先生真文忠公文集》卷二七《万桂社规约序》,四部丛刊初编本。

且"家门光宠,户无繇役,庥荫子孙",实为"盛事"①。一个宗族能不能成为地方名门望族,基本上取决于这个宗族的出仕人数及其官职的大小。宋人在教导子孙时就说:"何以睦族,无宁官。"②士人出仕以后,为宗族带来各种利益:第一,创置或增置族产。官僚们以其丰厚的俸禄创置或增置族产,是宋代社会较为常见的一种现象。第二,恩荫宗族子弟。宋代实行恩荫制度,高级官员恩荫宗族子弟既多且滥。第三,赋税徭役减免的庇护。"人家一子仕宦,一家一族孰不望其庇荫。"③至于官僚们利用手中权力为宗族谋取非法利益,自不必说。章得象做宰相八年,对宗族子弟"一切抑而不进"④,竟被当作怪事传载,由此可以想象,"正常现象"应是一个什么样子。宗族组织资助士人,士人出仕给宗族带来更大的利益,这正是一个问题的两个方面。

## 三、社会教化

宗族的社会教化功能,主要表现为宗族观念的教育和对宗族成员进行的政治伦理教育。

### (一)宗族观念教育

宗族观念是以宗族为本位、维系宗族成员之间相互关系的一种观念。一般来说,这种观念是宗族成员所共同具有的。尽管其内容非常广泛,但核心部分无非是"尊尊"和"亲亲"两种观念。它们被看作是宗族内部最重要的道德规范。在日常生活中,尊长从言传到身教,充满了对卑幼"尊尊"、"亲亲"观念及由此派生的"孝悌"、"友爱"观念的灌输和熏陶。"忠义"作为宗族观念的推衍物,也是宗族社会教育的重要内容之一。无论是"孝悌"

---

① (宋)陈耆卿:《嘉定赤城志》卷三七《仙居令陈密学襄劝学文》,宋元方志丛刊本,第7册,中华书局1990年版,第7572页。

② (宋)晁说之:《景迂生集》卷二〇《宋太令人陈氏墓志铭》,文渊阁四库全书本,第1118册,第392页。

③ (宋)刘克庄著,辛更儒笺校:《刘克庄集笺校》卷一九二《提干张辐状诉弟张载张辂妄诉赡茔产业事》,中华书局2011年版,第7517页。

④ (宋)李焘:《续资治通鉴长编》卷一五五"庆历五年四月戊申",中华书局2004年版,第3769页;(元)脱脱等:《宋史》卷三一一《章得象传》,中华书局1985年版,第10205页。

还是"忠义",其伦理要求都突出地体现在尊卑长幼间的一个"顺"字上。可以说,宗族观念的教育,其社会目的就是为了培养人们的顺从素质。金朝宗室完颜昂,"睦于兄弟,尤善施予,其亲族有贫困者,必厚给之。……人或以子孙计为言,答曰:人各有命,但使其能自立尔,何至为子孙奴耶?"①可见,在完颜昂看来,对子孙只要能完成社会教化任务,使其能自立于社会,就算尽到自己的责任了。

族谱宣扬收族,把始祖或支祖下的子孙合于同一谱书,使族人通过寻找自己在血缘关系网中的位置,确定自己同祖先、族人的关系,增加彼此间的联系,加深血缘的向心力和凝聚力,以提升认同感。同时,族谱还宣扬尊祖敬宗,就是要追述自始祖以来诸位祖先的事迹,缅怀其功德,并特别突出作为祖先嫡传的宗子的地位。在尊祖敬宗的观念下,使族人团聚在一起,并确定亲疏、尊卑的等级秩序,认可宗族内部的等级关系。族谱对记载人物的褒贬,一般出于维护宗法等级和名分的需要。

为了强化宗族观念教育,宗族组织往往编造宗族神话。尽管社会是由各个宗族组成的,这个宗族和那个宗族之间也并没有什么俗神之分。但中国古代的每一个宗族却都有各自的被神化了的发家故事。在这些故事中,祖先(尤其是这个宗族的始迁祖)与神是相通的,或者自己即被神化,或者为神所搭救,从而肩负起繁衍宗族的神圣使命。如真定曹氏宗族的故事:"曹武惠彬下江南,副帅欲屠城,曹力止之,曰:'此已降,不可杀。'曹后梦一神人告之曰:'汝能全江南一城人,帝命赐汝城中人为汝子孙。'故其后繁盛。"②这样的故事在宗族成员中代代流传,具有十分重要的影响。这就使所有宗族成员都会感到自己的宗族是超凡脱俗的。这些宗族发家故事,与原始社会的氏族神话十分类似。另外,在这些宗族发家故事中,往往糅合了许多的民间信仰。因而,中国古代的祖先崇拜,也往往与其他的神灵崇拜糅合在一起。

---

① (元)脱脱等:《金史》卷八四《昂传》,中华书局 2020 年版,第 2008—2009 页。
② (宋)周辉撰,刘永翔校注:《清波杂志校注》卷七《曹武惠下江南》,中华书局 1994 年版,第 288 页。

### (二)政治伦理教育

宗族组织以求和睦、求稳定为目的,其教育必定是将政治伦理教育放在首要地位。儒教受到各民族的推崇之后,孝义观念为人所重。"训饬必以孝弟忠信为主","子孙为学,须以孝义切切为务"①。辽代耶律义先曾告诫皇族成员说:"国家三父房最为贵族,凡天下风化之所自出,不孝不义,虽小不可为。"②显然,这种宗族政治伦理教育,是直接为现实政治秩序服务的。

家法族规提倡伦理道德,规定宗族成员的等级名分和行为准则。宗族伦理的核心观念是"孝"。所谓"孝",不仅是指子孙对父祖的一般意义上的尊敬和生养死葬行为,而是要求唯父、祖之命是从,不能有任何的违背。清宁元年(1055年),在辽道宗即位之初,有"皇族十公悖母,伏诛"③。这是对不符合伦理行为的惩罚,也是对所有宗族成员最有效的教育。金代定武曹氏宗族,曹溥之妻王氏,"治家有法,睦族以礼"④。用儒教的礼来规范族众行为,调节由族内到族外的人际关系,这正是官府所期望的社会效果。司马光所定家规《居家杂仪》中提出:"凡子受父母之命,必籍记而佩之,时省而速之……若以父母之命为非,而直行己志,虽所执皆是,犹为不顺之子。"又说:"凡子事父母,妇事舅姑……居闲无事,则侍于父母、舅姑之所,容貌必恭,执事必谨,语言应对必下声怡气,出入起居必谨扶卫之,不敢涕唾喧呼于父母、舅姑之侧,父母、舅姑不命之坐不敢坐,不命之退不敢退。"⑤"孝亲"和"敬长"每每相提并论,许多宗族的族规规定,子孙受到尊长的诃责,即使尊长错了,也得俯首默受,不许分辨是非。显而易见,由子女对父母、子孙对祖先的无条件的"孝",可以派生出卑幼者在一切尊长者面前的驯顺,以及所有宗族成员对代表祖先的族长的听命,从而在宗族内部实行等级服从和等级控制。

① (元)郑太和:《郑氏规范》,丛书集成初编本,中华书局1985年版,第975册,第13页。
② (元)脱脱等:《辽史》卷四五《百官志一》,中华书局2017年版,第783页。
③ (元)脱脱等:《辽史》卷二一《道宗纪一》,中华书局2017年版,第287页。
④ (金)王珣:《赐紫金鱼袋曹公神道碑铭》,载阎凤梧主编:《全辽金文》,山西古籍出版社2002年版,第1403页。
⑤ (清)李文炤:《家礼拾遗》卷一《通礼·司马氏居家杂仪》,载《李文炤集》,岳麓书社2012年版,第616—617页。

族谱多载有家训家诫和家法族规方面的内容。家训家诫一般具有丰富的内容，并以说教的方式训导族人；家法族规则多是具体的强制性的行为规则，对族人具有约束或惩戒的作用。许多宗族有定时在祠堂读谱的活动，基本都是读这些方面的内容。因此，族谱可说是族人社会化的教材。族谱的体例含有褒贬的原则，对上谱族人事迹的褒贬评论，也明显具有教育族人的寓意。族谱提倡忠君报国，多把有功名、做官视作受"皇恩"、"国恩"的结果，将其视作一种荣耀。同时，族谱也特别强调国家法律必须遵守，将违法犯罪视作宗族的最大耻辱。

宗族中的等级观念对人的社会化具有重要作用。宋儒吕大临曾说："所谓成人者，非谓四体肤革异于童稚也，必知人伦之备焉。亲亲贵贵长长，不失其序之谓备。此所以为人子，为人弟，为人臣，为人少之礼行，孝弟忠顺之行立也。"①为了强调等级性，就要严格区分长幼次序。即使是双胞胎的子女，也同样需要进行严格区分。宋人洪迈曾说："今时人家双生男女，或以后生者为长，谓受胎在前；或以先生者为长，谓先后当有序。"②可见，虽然确立长幼的方法并不一致，但都是有其理由的。

### 四、文化娱乐

宗族作为社会群体，成员在各种活动中相聚，就免不了要有一些文化娱乐活动。这些活动，不但增进了亲情，也把各种宗族规则融入仪式中，教育了族人。

宗族祭祀是全体族众聚会的重要方式，族众聚会在一起，就免不了要有一些文化娱乐活动。在进行庄严的祭祀时要配有祭乐，这本身就是文化活动。如四明楼氏，"每寒食上冢，旌旗鼓吹，皆集茔下，乡里以为荣"③。祭毕后的宗族"族会"，尽管各宗族之间并不相同，但大多有一定的文化娱乐内容，则是无疑的。或是饮酒畅谈，或是行"会拜之礼"，或是诵读谱牒，旌劝子弟。同时，还很可能伴有一些文艺演出性质的活动。吕祖谦在其《宗法

---

① （明）邱浚：《大学衍义补》卷五〇《治国平天下之要》，京华出版社1999年版，第443页。

② （宋）洪迈：《容斋随笔》续笔卷一《双生子》，中华书局2005年版，第221页。

③ 《楼钥集》卷五七《长汀庵记》，浙江古籍出版社2010年版，第1022页。

条目》的"合族"条中规定"四仲时祭后饮福"①。遂安和新安两地的詹氏宗族,"惧两原子弟世远日疏,乃立二老祠,每岁季春,悉合其少长奉祀。事已,相与饮酒,序亲爱以无忘厥初,雍雍然也"②。保州的"邢大将",也"以寒食日,率家人上冢,祀毕饮酒"③。作为濮州李氏宗族成员,致仕官员李肃之"每岁时节序,率子侄辈往濮上祀先垅,合族以食,欣欣然步趋笑语,少年不若也"④。从李肃之的个人表现,不难想象宗族祭祀后合食的娱乐功能。福建福州地区的富室大姓,"祭毕合族,多至数百人,少数十人,因是燕集,序列款服"⑤。可见,宗族祭祀后族人在一起进行文化娱乐活动具有一定的普遍性。通过这样的活动,使族人尤其是广大的贫苦族众,在辛苦劳动之余,得到了一定的精神放松。宋末元初人戴表元曾说他的宗族:"每岁一人以其租具清明祭祀,祭之日……富不敢奢,贫不敢陋……阖族聚会欢谐,自以为至乐。"⑥在现存大量的宋诗中,这些情况也得到了许多的具体反映。如郭祥正描述他的宗族"春饮"时的情况是:"家人共醮榴花酒,蛮妓争歌金缕衣。"⑦姜特立吟咏墓祭后的情况说:"新晴冲晓谒先茔,颇爱山行竹树清。日午未须回俗驾,且留趺坐听松声。"⑧戴复古则描述本族族会时的情况说:"衣冠拜元日,樽俎对芳辰。上下二百位,尊卑五世人。排门乔木古,照水早梅春。寒事将消歇,风光又一新。"⑨生动形象的诗句,再现了宗族日常生

---

① (宋)吕祖谦:《东莱吕太史别集》卷一《家范一·宗法·合族》,载《吕祖谦全集》,浙江古籍出版社 2008 年版,第 303 页。

② (宋)张栻:《南轩集》卷三九《直秘阁詹公墓志》,载《张栻全集》,长春出版社 1999 年版,第 1083 页。

③ (宋)洪迈:《夷坚志》乙志卷一四《邢大将》,中华书局 2006 年版,第 307 页。邢大将失其名。"大将"乃北宋时期的无品武阶官名。

④ (宋)苏颂:《苏魏公文集》卷六一《龙图阁直学士致仕李公墓志铭》,中华书局 1988 年版,第 932 页。

⑤ (宋)梁克家:《淳熙三山志》卷四〇《土俗类·墓祭》,宋元方志丛刊本,第 8 册,中华书局 1990 年版,第 8249 页。

⑥ (元)戴表元:《剡源集》卷五《小方门戴氏居葬记》,载《戴表元集》,浙江古籍出版社 2014 年版,第 131 页。

⑦ (宋)郭祥正:《青山续集》卷五《族人春饮》,文渊阁四库全书本,第 1116 册,第 821 页。

⑧ (宋)姜特立:《梅山续稿》卷三《谒茔》,文渊阁四库全书本,第 1170 册,第 29 页。

⑨ (宋)戴复古:《石屏诗集》卷三《岁旦族党会拜》,文渊阁四库全书本,第 1165 册,第 584 页。

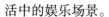

活中的娱乐场景。

在南方少数民族地区,祭祀时也同样伴随有娱乐内容。如钦州地区,"岁时祀祖先……陈设酒肉,命巫致祭,子孙合乐以侑之,穷三日夜乃已"①。子孙合乐以侑,达三天之久,自然包含着文化娱乐因素。

宗族成员的聚会,除宗族祭祀祖先等重大活动外,每个宗族成员的人生礼仪活动,也是一定范围内宗族成员相聚的重要机会。这些礼仪活动,除丧礼外,其他如出生礼、成年礼、婚礼等,多具有喜庆性质。参与活动的成员,一般会饮酒娱乐。同时,还会有各种相关仪式或歌舞助兴,士人则多赋诗助兴。宗族成员遇有值得庆贺的事情,或某些重要人物的出现,也很可能聚会娱乐。"女真风俗,初甚淳质。其祖宗者,不知人主之为贵,邻人酝酒欲熟,则烹鲜击肥而邀主于其家。无贵贱、老幼团坐而饮,酒酣则宾主迭为歌舞以夸尚。今则稍知礼节,不复如此耳。"②大定二十五年(1185年),金世宗在上京宴请故老,并云:"朕寻常不饮酒,今日甚欲成醉,此乐亦不易得也!"随后,"宗室妇女及群臣故老以次起舞,进酒"③。宗族成员聚会时的文化娱乐活动,既是亲情的体现,又进一步增进了亲情。

---

① (宋)周去非著,杨武泉校注:《岭外代答校注》卷一〇《家鬼》,中华书局1999年版,第447页。

② (宋)文惟简:《虏庭事实》,载《全宋笔记》第10编,第12册,大象出版社2018年版,第167页。

③ (元)脱脱等:《金史》卷八《世宗纪下》,中华书局2020年版,第207页。

# 结　论

　　辽宋夏金元宗族发展的历史特点,是宗族形态演变过程中明显具有区域性差别。辽夏金统治区域内的宗族,较多地继承了门阀士族宗族制度的观念和组织方式;宋代特别是南宋统治区域内的宗族,则沿着敬宗收族宗族制度的方向进行转型。至元朝统治时期,敬宗收族宗族制度的发展虽逐渐完善,但明显表现出南方与北方的地域差别。

　　宗族的组织结构既与各民族的社会发展阶段有关,又与各民族的生活方式有关,还与民族习俗密切相关。在辽夏金政权中,一个显而易见的现象是,社会上层以世家大族为主体。因而,上层社会中的宗族在政治、经济、文化和社会生活中的作用,引人注目。世家大族依靠各种特权在政治上某种程度地垄断仕途和在经济上占有大量社会财富。通过世选、荫补等对世家大族具有保护性的入仕制度,大批世家大族子弟纷纷进入仕途,占据了各级政府的大量官位,而留给其他社会阶层成员的官位就会变得十分有限。世家大族在经济上的剥削,不论是以奴隶制方式还是以农奴制方式,都是相当沉重的。依靠经济上的各种特权和残酷的经济剥削,世家大族占有了大量的社会财富。相比而言,社会中下层尤其是被剥削阶级的财富积累则极为困难。"夫以人之生世也,吸天[地]之粹,钟父母之灵,有以贵贱豆其身,有以长短受其命。身受其贵者,或文相而武将;身受其贱者,或男臧而女获。"①世家大族是辽夏金政治舞台上的主角,各民族世家大族相互联合,共同维护了北方民族所建王朝富有特色的专制主义政治体制。宋人富弼在《上仁宗河北守御十三策》中说:"契丹自得燕、蓟以北,拓跋自得灵、夏以

---

① 《张思忠墓志》,载《辽代石刻文编》,河北教育出版社1995年版,第215页。

西,其间所生英豪,皆为其用。得中国土地,役中国人民,称中国位号,仿中国官属,任中国贤才,读中国书籍,用中国车服,行中国法令。"总之,"所为皆与中国等,而又劲兵骁将,长于中国",宋朝人完全不应再"以古之夷狄"①视之。这正说的是统治者吸纳汉族世家大族和行用汉法的情况。世家大族在政治上的联合,也促使他们在经济和社会生活等各方面联系的加强,从而在一定程度上促进了民族融合。

辽夏金统治范围内的游牧民族与农耕民族,由于生产生活方式的不同以及社会形态演变的差别,其宗族组织方式亦表现出明显的差异。北方游牧民族在不同程度上处于聚居状态,游牧社会的宗族组织,或逐渐形成,或不断发展。父系家庭的普遍发展,是游牧社会宗族组织形成的前提。在各民族的父系群体逐渐形成的过程中,继承权的确立又是其核心内容。而在继承权确立的过程中,北方民族独具特色的世选制度,与宗族行政组织的发展密切相关。经济上随着财产权观念的逐渐形成和强化,宗族内部经济关系日益复杂,在分家析产时财产多由幼子继承。游牧民族的宗族规模不仅处于不断的变动中,而且人口数量相差较大。大者人口逾万,小者不过数十人而已。在宗族内部,宗族成员对首领具有一定的人身依附关系,权贵家庭也逐渐占有一定数量的依附民。外来的散户投奔有一定势力的宗族,往往需要依附于人,从而也形成了两者间的依附关系。因此,宗族的依附成员不但有外族成员,也有本族的成员。

游牧民族宗族的组织结构十分复杂。宗族首领的职责,一方面是维持宗族内部的秩序,另一方面则是参与部落等各级社会组织的事务。宗族作为组成部族的基本社会组织,在部族组织逐渐松弛的情况下,其独立性就会越来越强。帐本是组成宗族的最基本单位,但《金史》云"奚有十三部、二十八落、一百一帐、三百六十二族"②,此处奚族的族反而小于帐。这是因为在最初的房支分出后,随着世代的发展,帐族可以越来越大,甚至地域上已较为分散,而族主要是指在地域上较为接近的亲属群体。这正是游牧民族宗

---

① (宋)赵汝愚:《宋朝诸臣奏议》卷一三五富弼《上仁宗河北守御十三策》,上海古籍出版社1999年版,第1502页。

② (元)脱脱等:《金史》卷六七《奚王回离保传》,中华书局2020年版,第1688页。

族复杂性的表现。辽宋夏金时期游牧民族的宗族往往拥有一定数量的奴隶,特权宗族更是占有数量庞大的奴隶。尽管宗族的维系主要依靠血缘关系,但游牧民族的人员更容易聚散离合。由此,在复杂的宗族形成过程中,因组织方式不同便会产生不同的类型。每一种类型的宗族,均有其自身的特点。只是,不论何种类型的宗族,在发展到一定规模后,都会因受到各种条件的制约而发生裂变,以适应社会环境与自然环境。

辽夏金各政权内的农耕民族,若与同时期宋王朝境内的农耕民族相比,其宗族组织内部成员之间,明显具有较强的人身依附关系。由于受到民族传统和社会发展状况的影响,不同地区间的差别亦甚为明显。可以说,农耕社会宗族组织依附关系的差别,既有民族的因素,又有地域的因素。以地域而论,燕云、辽东、中原及西夏境内的宗族组织,各有特点。燕云地区传统上为宗族组织较为兴盛的地区。虽受到北方民族不断迁入的影响,但汉族人口始终占绝大多数,故宗族组织与中原地区较为接近。在社会关系不断变迁的过程中,燕云地区对传统社会组织方式的继承更为明显。辽东地区的宗族组织,一方面受到渤海、女真等族社会发展的制约,另一方面也在一定程度上受到中原文化的影响。社会生产方式的演变,多民族的杂居与交往,均与宗族组织的发展具有一定关系。西夏境内农耕民族的宗族组织,主要由税户家主和税户组成。税户家主是有耕地的纳税户,需要承担基本的赋役,但是权利较大;税户是有耕地的且要纳税的自由民。税户要受家主的约束和监管,二者具有一定的从属关系。这种宗族组织所包含的小家庭之间联系密切,权益义务明确,但宗族规模较小。金代中原地区的宗族组织,在延续北宋状态的基础上进一步发展。尽管汉族宗族组织有着悠久的传统,仅仅依靠传统的社会习俗与规范,成员间的关系就会比较密切。但在北方民族不断南下,各民族杂居的社会现实状况下,宗族组织也在适应社会现实中不断演进。

在两宋政权的统治区域内,从魏晋隋唐门阀宗族制度转变为宋代的"敬宗收族"宗族制度,是唐宋之际社会经济关系变革的必然产物,同时也是统治阶级为维护自身地位而努力的结果。自唐中叶以后,中国传统社会进入一个转折时期,经济上随着经济关系的调整,租佃制逐渐取得主导地位,而庄园农奴制衰落了;政治上随着科举选官制度的发展,士族政治衰落了。与之相适应,门阀宗族制度也逐渐丧失了它的活力。五代宋初时期,宗族关系出现松弛的趋势,由此引起了传统伦理道德的弱化,这对于专制统治秩序和统治阶级社会地位的维持,都是潜在的威胁。因此,在宋政府"以孝治天下"政策的引导下,以官僚士大夫为核心的宋代统治阶级纷纷编修族谱,兴置族产,制定家法族规,创办族塾义学,完善宗族祭祀和宗祧继承,倡导"尊尊"、"亲亲"、"敬宗"、"收族"等宗法观念,形成治家治族的社会风气。经过士大夫阶层这样一番努力,以"敬宗收族"为突出特点的新型宗族制度便出现在宋代历史舞台上了。

宋代在社会变迁过程中逐渐形成的"敬宗收族"宗族组织,由于其组织方式适应了现实社会状况,因而得以逐渐普及和不断完善,并对社会运行发挥着重要作用。随着中唐以后社会经济关系的变革,不同社会阶层之间的关系变得日益简单而明朗。在宋代的社会环境下发展起来的宗族组织,自觉承担起缓和阶级矛盾、协调阶级关系的社会职能,这是其维护社会秩序的最主要表现。首先,在"敬宗收族"宗族制度确立的过程中,统治阶级打着"尊祖"、"敬宗"、"收族"、"睦族"的招牌,强调温情脉脉的血缘关系,极力唤起人们的同根意识,以此来掩盖人们的贫富贵贱差异。其次,族产的用途除了祭祖之外,主要用于族内赈济。要么平均分与族人,要么专门赈给贫困者,这就使族人不致因无法生活下去而起来反抗现实社会秩序。所谓"贫富相资"①云云,正说明了这一问题。在"亲亲"观念的影响下,族内的官僚富豪还往往以私财散济族众,使接受救济的族众只知感怀其惠。再次,宗族组织普遍设立的族塾义学,为族众尤其是其中稍微富裕一点的农民提供了一个受教育和上升的机会。农民子弟可以在宗族组织的资助下,通过读书参加科举考试而上升到地主阶级的行列中来。这就给了农民阶级一个转变地位的可能。在宗族内部,"其乐融融"的血缘关系融解了各类矛盾和对立。在宗族与宗族之间,有的宗族族大人众,宗族教育发达,族人仕宦者多,

---

① （宋）游九言:《默斋遗稿》卷下《建阳麻沙刘氏义庄记》,文渊阁四库全书本,第1178册,第386页。

富室又多,形成地方上的强大势力,其子弟凭借宗族的势力,即可横霸一方。而另一些宗族则由于族小人寡,势力薄弱,被迫依附于大族,形成大族统率小族的局面。至于那些单门奇姓,或是从外地迁来的客户,更是受到强宗巨族的控制。这些依附于强宗巨族的弱小宗族或单门奇姓的许多人,往往就是巨族富门的佃户。所以,宗族组织往往对他们也加以笼络,从而适度协调族外社会关系。宋代宗族组织适应了中国古代社会后期的社会状况,在调和社会关系、维护社会稳定、传承优秀文化方面均发挥了重要作用。这种宗族组织在宋以后的元明清诸代又有进一步发展,对中国传统社会的演变和文化形态的塑造,均产生了重要影响。

元代宗族组织的发展,比较明显地表现出南、北宗族的各自特色。尽管元朝是中国历史上规模空前的大一统王朝,彻底结束了自唐朝灭亡以来的南北对立与分裂局面。但由于长期的南北方社会组织发展的区域差异,使统治阶级不得不因势利导,在遵从现实社会秩序的基础上进行统治。因而,南北方已经形成的社会组织差异,仍然存在并继续发展。

元代大一统政权带来了相对稳定的社会环境,北方地区各民族的流动与交往便日益频繁。北方民族,特别是南迁的北方民族,其宗族组织方式已明显受到汉族的影响。在族谱编纂、族葬、祖先祭祀、家法族规、族产、字辈与排行等方面,出现了向汉人传统宗族组织方式靠拢的社会现象。这是因为,在长期的日常交往中,人们的生活方式势必相互影响,而生活方式的变迁,使人们的宗族组织亦发生着相应的变化。由于汉族人口在数量上居于绝对多数,因而在北方民族南迁与汉族北迁的过程中,北方民族在各方面更易受到汉族的影响。北方地区宗族组织的发展,重要表现便是北方民族向汉族宗族组织的靠拢。在北方民族逐渐向汉族传统上的宗族组织靠拢的同时,北方地区的汉族宗族组织,也随着社会形势的发展和多民族日常生活的相互影响,在继承传统的基础上适度发展和演变。南方地区的宗族组织,则在南宋原有基础上进一步发展。由于南方地区在两宋之际迁入了较多的北方汉人,又加之元朝的南人社会地位最低,因而人们的群体意识有所增强,宗族的凝聚性更为明显。同时,元朝基本废罢科举,重用勋贵与吏人,使士人逐渐转向基层社会建设,因而宗族组织的建设在南方地区更为普遍。其具体表现,一是宗族祭祀的进一步强化。大多数宗族,"凡族人无贱贵,岁立春、寒食,相率会祠下"①,以祭拜祖先。二是族产设置更为普遍。"常人有百金之产,尚置义田,宗族困厄者,为之教养"②。三是修谱实践活动有了进一步的发展。有的宗族,"谱之重修,已再而三,事之续编,亦再而三矣"③。后世完整族谱的主要内容,元代基本上都出现了。四是家法族规得到进一步普及。其内容比前代更为充实,几乎涉及宗族成员日常行为的各个方面。五是宗族字辈与排行,在延续宋代习俗的基础上,更为流行也更为严格。六是宗族学校在南宋的基础上又有进一步的发展。尽管南方各区域之间并不平衡,但总体上宗族组织的建设比北方更为普遍,其中的江浙地区则最为兴盛。

辽宋夏金元时期的宗族组织,尽管表现形式有所不同,但均是由社会形态发展阶段与民族传统的伦理观念所决定的。无论是在区域政权统治下,还是在大一统政权统治下,宗族组织均与当时当地的政治、经济、文化以及社会生活息息相关。宗族组织在发展过程中,既有对前代的承袭,又有适应现实社会状况的调整和变革。元代大一统政权下之所以会表现出宗族形态的南北差别,无疑来自两宋政权与辽夏金政权统治时期逐渐形成的区域格局。而元代时期宗族形态在南北区域的进一步发展,又深刻影响着后世宗族发展的区域差异。不过,宗族形态表现出的区域差异,并不影响南北宗族发挥着基本相同的社会功能,传承着基本相同的注重血缘亲情的价值观念。

---

① (明)王祎:《王忠文公集》卷七《章氏祠堂记》,丛书集成初编本,中华书局1985年版,第2424册,第182页。
② (明)宋濂等:《元史》卷一八四《崔敬传》,中华书局1976年版,第4242页。
③ (元)吴澄:《吴文正公集》卷三二《丰城县孙氏世谱序》,元人文集珍本丛刊本,第3册,新文丰出版公司1985年版,第331页。

# 参 考 文 献

## 一、古籍资料

(汉)班固著,陈立疏证:《白虎通疏证》,中华书局 1994 年版。

(明)贝琼:《清江贝先生文集》,四部丛刊初编本。

(宋)蔡絛:《铁围山丛谈》,中华书局 1983 年版。

(宋)晁说之:《景迂生集》,文渊阁四库全书本。

陈炳应译:《西夏谚语——新集锦成对谚语》,山西人民出版社 1993 年版。

(宋)陈淳:《北溪大全集》,文渊阁四库全书本。

(元)陈高:《陈高集》,浙江古籍出版社 2014 年版。

(元)陈基:《夷白斋稿外集》,文渊阁四库全书本。

(元)陈栎:《陈定宇先生文集》,元人文集珍本丛刊本。

(元)陈旅:《安雅堂集》,文渊阁四库全书本。

(宋)陈耆卿:《嘉定赤城志》,宋元方志丛刊本,中华书局 1990 年版。

陈述:《全辽文》,中华书局 1982 年版。

(清)陈树德编纂:《安亭志》,上海古籍出版社 2003 年版。

(宋)陈文蔚:《克斋集》,文渊阁四库全书本。

(宋)陈襄:《使辽语录》,载顾宏义编:《宋代日记丛编》,上海书店出版社 2013 年版。

(清)陈衍辑撰、王庆生增订:《金诗纪事》,上海古籍出版社 2003 年版。

(宋)陈藻:《乐轩集》,文渊阁四库全书本。

(宋)陈造:《江湖长翁集》,文渊阁四库全书本。

(宋)陈振孙:《直斋书录解题》,上海古籍出版社 1987 年版。

(宋)陈正敏:《遯斋闲览·李庭邦墨》,《全宋笔记》第 10 编,第 11 册,大象出版社 2018 年版。

(宋)陈著:《本堂集》,文渊阁四库全书本。

(元)程端礼:《程氏家塾读书分年日程》,丛书集成初编本。

（元）程端礼：《畏斋集》，文渊阁四库全书本。

（元）程端学：《积斋集》，丛书集成续编本。

（宋）程颢、程颐：《二程集》，中华书局 2004 年版。

（元）程钜夫：《雪楼集》，文渊阁四库全书本。

（明）程敏政辑撰：《新安文献志》，黄山书社 2004 年版。

（明）程敏政纂修：《休宁陪郭程氏本宗谱》，明弘治十年刻本，藏安徽省图书馆。

（元）戴表元：《戴表元集》，浙江古籍出版社 2014 年版。

（宋）戴复古：《石屏诗集》，文渊阁四库全书本。

（元）戴良：《九灵山房集》，丛书集成初编本。

（元）邓文原：《巴西集》，文渊阁四库全书本。

（宋）丁谓：《丁晋公谈录》，《全宋笔记》第 1 编，第 4 册，大象出版社 2003 年版。

（元）董复礼：《报本庵记》，《全元文》卷一四八八，凤凰出版社 2004 年版。

（宋）窦仪等：《宋刑统》，中华书局 1984 年版。

（宋）杜范：《清献集》，文渊阁四库全书本。

（金）段克己、段成己：《二妙集》，丛书集成三编本，新文丰出版公司 1997 年版。

俄罗斯科学院东方研究所圣彼得堡分所、中国社会科学院民族研究所、上海古籍出版社合编：《俄藏黑水城文献》第 10 册，上海古籍出版社 1999 年版。

（宋）范成大：《范石湖集》，上海古籍出版社 1981 年版。

（宋）范公偁：《过庭录》，中华书局 2002 年版。

（明）范涞纂修：《休宁范氏族谱》，明万历二十八年刻本。

（宋）范镇：《东斋记事》，中华书局 1980 年版。

（宋）范仲淹：《范仲淹全集》，中华书局 2020 年版。

（清）方苞：《望溪先生文集》，四部丛刊初编本。

（宋）方大琮：《铁庵集》，文渊阁四库全书本。

（元）方回：《桐江续集》，文渊阁四库全书本。

（宋）方仁荣、郑瑶：《景定严州续志》，宋元方志丛刊本，中华书局 1990 年版。

（元）费著：《氏族谱》，《巴蜀丛书》第 1 辑，巴蜀书社 1988 年版。

凤凰出版社编撰：《中国地方志集成》，凤凰出版社、上海书店、巴蜀书社 2004 年版。

（宋）高斯得：《耻堂存稿》，丛书集成初编本。

（宋）高翥：《菊磵集》，文渊阁四库全书本。

（元）贡师泰：《玩斋集》，文渊阁四库全书本。

（清）顾炎武著，黄汝成集释：《日知录集释》，上海古籍出版社 2006 年版。

（宋）管景：《（嘉靖）永丰县志》，天一阁藏明代方志选刊本，上海古籍书店 1964 年版。

（宋）郭祥正：《青山续集》，文渊阁四库全书本。

（清）郭元钎：《御订全金诗增补中州集》，文渊阁四库全书本。

（宋）韩琦撰，李之亮、徐正英笺注：《安阳集编年笺注》，巴蜀书社 2000 年版。

（宋）韩维：《南阳集》，文渊阁四库全书本。

（元）郝经：《陵川集》，文渊阁四库全书本。

（宋）洪皓：《松漠纪闻》，《全宋笔记》第 3 编，第 7 册，大象出版社 2008 年版。

（宋）洪迈：《容斋随笔》，中华书局 2005 年版。

（宋）洪迈：《夷坚志》，中华书局 2006 年版。

（元）胡炳文：《云峰胡先生文集》，元人文集珍本丛刊本。

（明）胡翰：《胡仲子集》，丛书集成初编本。

（宋）胡宏：《胡宏集》，中华书局 1987 年版。

（宋）胡寅：《斐然集》，中华书局 1993 年版。

（明）胡应麟：《少室山房笔丛》，上海书店 2009 年版。

（元）胡祗遹：《胡祗遹集》，吉林文史出版社 2008 年版。

（元）胡助：《纯白斋类稿》，丛书集成初编本。

（宋）黄榦：《勉斋集》，文渊阁四库全书本。

（宋）黄鉴、宋庠：《杨文公谈苑》，《全宋笔记》第 8 编，第 9 册，大象出版社 2017
年版。

（元）黄溍：《黄溍全集》，天津古籍出版社 2008 年版。

黄时鉴点校：《通制条格》，浙江古籍出版社 1986 年版。

（宋）黄庭坚：《黄庭坚全集》，中华书局 2021 年版。

黄维翰：《渤海国记》，金毓绂辑《辽海丛书》第 1 集。

（元）黄镇成：《秋声集》，元人文集珍本丛刊本。

（宋）黄仲元：《黄仲元文稿》，四部丛刊三编本。

（宋）黄仲元：《四如集》，文渊阁四库全书本。

（清）嵇璜、曹仁虎等：《续文献通考》，文渊阁四库全书本。

（元）家铉翁：《则堂集》，文渊阁四库全书本。

（宋）江少虞：《宋朝事实类苑》，上海古籍出版社 1981 年版。

（宋）江休复：《江邻幾杂志》，中华书局 1991 年版。

（宋）姜特立：《梅山续稿》，文渊阁四库全书本。

（元）揭傒斯：《揭傒斯全集》，上海古籍出版社 2012 年版。

（宋）金履祥：《仁山文集》，文渊阁四库全书本。

（元）李存：《俟庵集》，文渊阁四库全书本。

（宋）李觏：《李觏集》，中华书局 2011 年版。

（金）李俊民：《庄靖集》，文渊阁四库全书本。

（唐）李隆基注,（宋）邢昺疏:《孝经注疏》,上海古籍出版社 2009 年版。

（元）李祁:《云阳集》,文渊阁四库全书本。

（宋）李石:《方舟集》,文渊阁四库全书本。

（宋）李焘:《续资治通鉴长编》,中华书局 2004 年版。

（元）李庭:《寓庵集》,丛书集成续编本。

（清）李卫等:《（雍正）畿辅通志》,文渊阁四库全书本。

（清）李文炤:《李文炤集》,岳麓书社 2012 年版。

（宋）李心传:《建炎以来朝野杂记》,中华书局 2000 年版。

（宋）李新:《跨鳌集》,文渊阁四库全书本。

（清）厉鹗:《辽史拾遗》,丛书集成初编本。

（宋）梁克家:《淳熙三山志》,宋元方志丛刊本,中华书局 1990 年版。

（唐）令狐德棻等:《周书》,中华书局 1971 年版。

（宋）刘跂:《学易集》,丛书集成新编本。

（宋）刘攽:《彭城集》,文渊阁四库全书本。

（宋）刘敞:《公是弟子记》,文渊阁四库全书本。

（宋）刘敞:《公是集》,宋集珍本丛刊本,线装书局 2004 年版。

（宋）刘辰翁:《须溪集》,文渊阁四库全书本。

（明）刘基:《刘伯温集》,浙江古籍出版社 2016 年版。

（元）刘将孙:《养吾斋集》,文渊阁四库全书本。

（宋）刘克庄著,辛更儒笺校:《刘克庄集笺校》,中华书局 2011 年版。

（元）刘敏中:《刘敏中集》,吉林文史出版社 2008 年版。

（元）刘敏中:《中庵先生刘文简公文集》,北京图书馆古籍珍本丛刊本,书目文献出版社 1991 年版。

（元）刘祁:《归潜志》,中华书局 1983 年版。

（宋）刘清之:《戒子通录》,文渊阁四库全书本。

（元）刘仁本:《羽庭集》,文渊阁四库全书本。

（元）刘诜:《桂隐文集》,文渊阁四库全书本。

（后晋）刘昫等:《旧唐书》,中华书局 1975 年版。

（元）刘壎:《水云村稿》,文渊阁四库全书本。

（元）刘岳申:《申斋集》,文渊阁四库全书本。

（宋）刘宰:《漫塘集》,文渊阁四库全书本。

（元）柳贯:《柳待制文集》,四部丛刊初编本。

（宋）楼钥:《楼钥集》,浙江古籍出版社 2010 年版。

（清）卢文弨辑:《常郡八邑艺文志》,浙江大学出版社 2017 年版。

（元）鲁贞:《桐山老农集》,文渊阁四库全书本。

（宋）陆九韶：《陆氏家制》，续修四库全书本。

（宋）陆九渊：《陆九渊集》，中华书局 1980 年版。

（元）陆文圭：《墙东类稿》，元人文集珍本丛刊本。

（宋）陆游：《放翁家训》，知不足斋丛书本。

（宋）陆游：《家世旧闻》，中华书局 1993 年版。

（宋）陆游：《老学庵笔记》，中华书局 1979 年版。

（宋）陆游：《渭南文集》，《陆游集》，中华书局 1976 年版。

（宋）路振：《乘轺录》，《全宋笔记》第 8 编，第 8 册，大象出版社 2017 年版。

（宋）罗大经：《鹤林玉露》，中华书局 1983 年版。

（宋）吕大临等撰，陈俊民辑校：《蓝田吕氏遗著辑校》，中华书局 1993 年版。

（宋）吕皓：《云溪稿》，丛书集成续编本。

（宋）吕南公：《灌园集》，文渊阁四库全书本。

（宋）吕陶：《净德集》，丛书集成初编本。

（宋）吕祖谦：《吕祖谦全集》，浙江古籍出版社 2008 年版。

（元）马端临：《文献通考》，中华书局 2011 年版。

（战国）孟轲：《孟子》，中华书局 2006 年版。

（宋）牟巘：《陵阳集》，文渊阁四库全书本。

（宋）穆修：《穆参军集》，文渊阁四库全书本。

宁夏大学西夏学研究中心、国家图书馆、甘肃五凉古籍整理研究中心编：《中国藏西夏文献》第 15 册，甘肃人民出版社、敦煌文艺出版社 2005 年版。

（宋）欧阳修、宋祁：《新唐书》，中华书局 1975 年版。

（宋）欧阳修：《欧阳修全集》，中华书局 2001 年版。

（宋）欧阳修：《新五代史》，中华书局 2016 年版。

（元）欧阳玄：《欧阳玄全集》，四川大学出版社 2010 年版。

（元）蒲道源：《闲居丛稿》，文渊阁四库全书本。

（清）钱大昕：《十驾斋养新录》，江苏古籍出版社 2000 年版。

（明）钱谷：《吴都文萃续集》，文渊阁四库全书本。

（明）邱浚：《大学衍义补》，京华出版社 1999 年版。

（元）任士林：《松乡集》，文渊阁四库全书本。

（宋）邵伯温：《邵氏闻见录》，中华书局 1983 年版。

（元）邵亨贞：《野处集》，文渊阁四库全书本。

（宋）沈括：《梦溪笔谈》，《全宋笔记》第 2 编，第 3 册，大象出版社 2006 年版。

（宋）沈括：《长兴集》，文渊阁四库全书本。

（唐）沈亚之著，肖占鹏、李勃洋校注：《沈下贤集校注》，南开大学出版社 2003 年版。

（元）盛如梓：《庶斋老学丛谈》，《知不足斋丛书》，中华书局 1999 年版。

（明）施耐庵、罗贯中：《水浒传》，人民文学出版社 2017 年版。

（宋）施宿等：《嘉泰会稽志》，宋元方志丛刊本，中华书局 1990 年版。

（宋）石介：《徂徕石先生文集》，中华书局 1984 年版。

史金波、聂鸿音、白滨译注：《天盛改旧新定律令》，法律出版社 2000 年版。

（宋）舒岳祥：《阆风集》，文渊阁四库全书本。

（宋）司马光：《司马光集》，四川大学出版社 2010 年版。

（宋）司马光：《司马氏书仪》，丛书集成新编本。

（宋）司马光：《涑水记闻》，中华书局 1989 年版。

（宋）司马光：《资治通鉴》，中华书局 2011 年版。

（宋）司马光：《资治通鉴考异》，四部丛刊初编本。

（汉）司马迁：《史记》，中华书局 1982 年版。

（明）宋濂：《宋濂全集》，浙江古籍出版社 2014 年版。

（明）宋濂等：《元史》，中华书局 1976 年版。

（宋）苏轼：《苏轼文集》，中华书局 1986 年版。

（宋）苏颂：《苏魏公文集》，中华书局 1988 年版。

（元）苏天爵：《元朝名臣事略》，中华书局 1996 年版。

（元）苏天爵：《元文类》，商务印书馆 1958 年版。

（元）苏天爵：《滋溪文稿》，中华书局 1997 年版。

（宋）苏洵著，曾枣庄、金成礼笺注：《嘉祐集笺注》，上海古籍出版社 1993 年版。

（宋）苏辙：《龙川别志》，中华书局 1982 年版。

（宋）苏辙：《苏辙集》，中华书局 1990 年版。

（明）孙巨鲸修，王崇庆纂：《（嘉靖）开州志》，天一阁藏明代方志选刊本，上海古籍书店 1964 年版。

（明）唐桂芳：《白云集》，文渊阁四库全书本。

（明）唐锦编纂，陈滞采辑：《（正德）大名府志》，天一阁藏明代方志选刊本，上海古籍书店 1964 年版。

（明）田汝成：《西湖游览志馀》，上海古籍出版社 2018 年版。

（元）同恕：《榘庵集》，文渊阁四库全书本。

（元）脱脱等：《金史》，中华书局 2020 年版。

（元）脱脱等：《辽史》，中华书局 2017 年版。

（元）脱脱等：《宋史》，中华书局 1985 年版。

（明）汪克宽：《环谷集》，文渊阁四库全书本。

（宋）汪应辰：《文定集》，丛书集成初编本。

（宋）汪藻：《浮溪集》，丛书集成初编本。

(宋)王安石:《王安石全集》,上海古籍出版社 1999 年版。

(魏)王弼、(晋)韩康伯注,(唐)孔颖达疏:《周易正义》,阮元校刻《十三经注疏(清嘉庆刊本)》,中华书局 2009 年版。

(宋)王得臣:《麈史》,《全宋笔记》第 1 编,第 10 册,大象出版社 2003 年版。

(元)王礼:《麟原前集》,文渊阁四库全书本。

(元)王礼:《麟原后集》,文渊阁四库全书本。

(宋)王明清:《挥麈录》,上海书店出版社 2001 年版。

(宋)王辟之:《渑水燕谈录》,中华书局 1981 年版。

(宋)王溥:《五代会要》,上海古籍出版社 2006 年版。

(宋)王钦臣:《王氏谈录》,《全宋笔记》第 3 编,第 3 册,大象出版社 2008 年版。

(宋)王象之:《舆地纪胜》,中华书局 1992 年版。

(宋)王炎午:《吾汶稿》,文渊阁四库全书本。

(明)王祎:《王忠文公集》,丛书集成初编本。

(宋)王义山:《稼村类稿》,文渊阁四库全书本。

(元)王毅:《木讷斋文集》,续修四库全书本。

(宋)王应麟:《玉海》,江苏古籍出版社、上海书店 1987 年版。

(宋)王栐:《燕翼诒谋录》,中华书局 1981 年版。

(宋)王禹偁:《小畜集》,四部丛刊初编本。

(元)王元恭:《至正四明续志》,宋元方志丛刊本,中华书局 1990 年版。

(元)王恽著,杨亮、钟彦飞点校:《王恽全集汇校》,中华书局 2013 年版。

(宋)王之道:《相山集》,北京图书馆出版社 2006 年版。

(元)危素:《危学士全集》,四库全书存目丛书本。

(宋)韦居安:《梅磵诗话》,丛书集成初编本。

(宋)魏了翁:《鹤山先生大全集》,四部丛刊初编本。

(北齐)魏收:《魏书》,中华书局 1974 年版。

(唐)魏徵、令狐德棻:《隋书》,中华书局 1973 年版。

(宋)文天祥:《文天祥全集》,北京市中国书店 1985 年版。

(宋)文惟简:《虏庭事实》,《全宋笔记》第 10 编,第 12 册,大象出版社 2018 年版。

无名氏著,程毅中校注:《宣和遗事校注》,中华书局 2022 年版。

(宋)吴曾:《能改斋漫录》,文渊阁四库全书本。

(元)吴澄:《吴文公正集》,元人文集珍本丛刊本。

(宋)吴处厚:《青箱杂记》,中华书局 1985 年版。

(清)吴广成撰,胡玉冰校注:《西夏书事校注》,上海古籍出版社 2021 年版。

(元)吴海:《闻过斋集》,丛书集成初编本。

（宋）吴自牧：《梦粱录》，中国商业出版社1982年版。

（宋）夏竦：《文庄集》，宋集珍本丛刊本，线装书局2004年版。

（元）谢应芳：《辨惑编》，丛书集成初编本。

（元）谢应芳：《龟巢稿》，文渊阁四库全书本。

（宋）熊禾：《勿轩集》，文渊阁四库全书本。

（宋）徐梦莘：《三朝北盟会编》，上海古籍出版社2008年版。

（元）徐明善：《芳谷集》，文渊阁四库全书本。

（清）徐松辑：《宋会要辑稿》，上海古籍出版社2014年版。

（宋）徐元杰：《楳埜集》，宋集珍本丛刊本，线装书局2004年版。

徐征等主编：《全元曲》，河北教育出版社1998年版。

（元）许有壬：《至正集》，元人文集珍本丛刊本。

（宋）薛季宣：《浪语集》，文渊阁四库全书本。

（宋）薛居正等：《旧五代史》，中华书局2016年版。

（宋）阳枋：《字溪集》，文渊阁四库全书本。

（元）杨奂：《杨奂集》，吉林文史出版社2010年版。

（宋）杨杰：《无为集》，文渊阁四库全书本。

（明）杨珮：《（嘉靖）衡州府志》，天一阁藏明代方志选刊本，上海古籍书店1964年版。

（宋）杨万里撰，辛更儒笺校：《杨万里集笺校》，中华书局2007年版。

（元）杨维桢：《东维子文集》，四部丛刊初编本。

（宋）杨亿：《武夷新集》，福建人民出版社2007年版。

（宋）姚勉：《雪坡集》，文渊阁四库全书本。

（明）姚鸣鸾、余坤等：《（嘉靖）淳安县志》，天一阁藏明代方志选刊本，上海古籍书店1964年版。

（元）姚燧：《牧庵集》，四部丛刊初编本。

（元）耶律楚材：《西游录》，中华书局1981年版。

（元）耶律楚材：《湛然居士文集》，中华书局1986年版。

（元）耶律铸：《双溪醉隐集》，《辽海丛书》，辽沈书社1985年版。

（宋）叶隆礼（旧题）：《契丹国志》，上海古籍出版社1985年版。

（宋）叶梦得：《避暑录话》，丛书集成初编本。

（宋）叶梦得：《石林燕语》，中华书局1984年版。

（宋）叶适：《叶适集》，中华书局1961年版。

佚名：《京本通俗小说》，上海古籍出版社1988年版。

佚名：《名公书判清明集》，中华书局1987年版。

（宋）游九言：《默斋遗稿》，文渊阁四库全书本。

(元)于钦:《齐乘》,宋元方志丛刊本,中华书局 1990 年版。

(元)余阙:《青阳先生文集》,四部丛刊续编本,上海书店出版社 1985 年版。

(元)俞德邻:《佩韦斋集》,文渊阁四库全书本。

(元)俞希鲁:《至顺镇江志》,江苏古籍出版社 1999 年版。

(元)虞集:《道园类稿》,元人文集珍本丛刊本。

(元)虞集:《道园学古录》,四部丛刊初编本。

(唐)虞世南辑录:《北堂书钞》,文渊阁四库全书本。

(宋)宇文懋昭撰,崔文印校证:《大金国志校证》,中华书局 1986 年版。

(金)元好问:《续夷坚志》,中华书局 2006 年版。

(金)元好问编,张静校注:《中州集校注》,中华书局 2018 年版。

(金)元好问著,狄宝心校注:《元好问文编年校注》,中华书局 2012 年版。

(元)元明善:《清河集》,元人文集珍本丛刊本。

(宋)袁采:《袁氏世范》,商务印书馆 2017 年版。

(元)袁桷撰,杨亮校注:《袁桷集校注》,中华书局 2012 年版。

(元)张伯淳:《养蒙文集》,文渊阁四库全书本。

(宋)张方平:《乐全集》,中州古籍出版社 2000 年版。

(清)张金吾编纂:《金文最》,中华书局 1990 年版。

(宋)张侃:《张氏拙轩集》,文渊阁四库全书本。

(宋)张礼:《游城南记》,《全宋笔记》第 3 编,第 1 册,大象出版社 2008 年版。

(宋)张栻:《张栻全集》,长春出版社 1999 年版。

(宋)张守:《毗陵集》,上海古籍出版社 2018 年版。

(明)张萱辑,吴丰培整理:《西园见闻录》,《中国文献珍本丛书》,全国图书馆文献缩微复制中心 1996 年版。

(元)张养浩:《归田类稿》,文渊阁四库全书本。

(明)张以宁:《翠屏集》,文渊阁四库全书本。

(宋)张元幹:《芦川归来集》,文渊阁四库全书本。

(宋)张载:《张载集》,中华书局 1978 年版。

(唐)长孙无忌著,刘俊文笺解:《唐律疏议笺解》,中华书局 1996 年版。

(金)赵秉文:《闲闲老人滏水文集》,丛书集成初编本。

(宋)赵鼎:《家训笔录》,《全宋笔记》第 3 编,第 6 册,大象出版社 2008 年版。

(元)赵汸:《东山存稿》,文渊阁四库全书本。

(宋)赵汝愚:《宋朝诸臣奏议》,上海古籍出版社 1999 年版。

(宋)赵善璙:《自警编》,文渊阁四库全书本。

(清)赵翼:《陔余丛考》,中华书局 1963 年版。

(清)赵翼著,王树民校证:《廿二史劄记校证》,中华书局 1984 年版。

（宋）赵与裹：《辛巳泣蕲录》，《全宋笔记》第 7 编，第 2 册，大象出版社 2016 年版。

（宋）真德秀：《西山先生真文忠公文集》，四部丛刊初编本。

（清）郑尔垣等编：《义门郑氏奕叶文集》，四库全书存目丛书本。

（宋）郑樵：《通志二十略》，中华书局 1995 年版。

（明）郑庆云、辛绍佐：《（嘉靖）延平府志》，天一阁藏明代方志选刊本，上海古籍书店 1964 年版。

（元）郑太和：《郑氏规范》，丛书集成初编本。

（元）郑太和辑：《麟溪集》，四库全书存目丛书本。

（汉）郑玄注、（唐）孔颖达疏：《礼记正义》，北京大学出版社 2000 年版。

（元）郑玉：《师山集》，文渊阁四库全书本。

（宋）郑至道：《琴堂谕俗编》，文渊阁四库全书本。

周阿根：《五代墓志汇考》，黄山书社 2012 年版。

（宋）周必大：《文忠集》，文渊阁四库全书本。

（清）周春：《增订辽诗话》，《全辽诗话》，岳麓书社 1992 年版。

（宋）周辉撰，刘永翔校注：《清波杂志校注》，中华书局 1994 年版。

（宋）周密：《齐东野语》，中华书局 1983 年版。

（宋）周南：《山房集》，文渊阁四库全书本。

（宋）周去非著，杨武泉校注：《岭外代答校注》，中华书局 1999 年版。

（宋）朱熹：《晦庵先生朱文公文集》，《朱子全书》，上海古籍出版社、安徽教育出版社 2010 年版。

（宋）朱熹：《家礼》，《朱子全书》，上海古籍出版社、安徽教育出版社 2010 年版。

（宋）朱熹：《家礼·附录》，文渊阁四库全书本。

（宋）朱翌：《猗觉寮杂记》，《全宋笔记》第 3 编，第 10 册，大象出版社 2008 年版。

（宋）庄绰：《鸡肋编》，中华书局 1983 年版。

［波斯］拉施特主编，余大钧、周建奇译：《史集》第 1 卷第 2 分册，商务印书馆 1983 年版。

［俄］克恰诺夫、李范文、罗矛昆：《圣立义海研究》，宁夏人民出版社 1995 年版。

## 二、考古资料

### （一）著作

北京辽金城垣博物馆编：《北京辽金文物研究》，北京燕山出版社 2005 年版。

北京辽金城垣博物馆编：《北京元代史迹图志》，北京燕山出版社 2009 年版。

（清）段松苓辑：《益都金石记》，清光绪九年益都刻本。

盖之庸:《内蒙古辽代石刻文研究》,内蒙古大学出版社 2002 年版。

国家图书馆善本金石组编:《辽金元石刻文献全编》,北京图书馆出版社 2003 年版。

河北省文物研究所:《宣化辽墓——1974～1993 年考古发掘报告》上册,文物出版社 2001 年版。

刘凤翥:《契丹文字研究类编》,中华书局 2014 年版。

刘凤翥等辑:《辽上京地区出土的辽代碑刻汇辑》,社会科学文献出版社 2009 年版。

刘泽民等:《三晋石刻大全》,三晋出版社 2012 年版。

阮元等:《山左金石志》,续修四库全书本,上海古籍出版社 1996 年版。

石永士、王素芳、裴淑兰编:《河北金石辑录》,河北人民出版社 1993 年版。

王新英:《全金石刻文辑校》,吉林文史出版社 2012 年版。

向南编:《辽代石刻文编》,河北教育出版社 1995 年版。

向南等编:《辽代石刻文续编》,辽宁人民出版社 2010 年版。

（二）论文

韩世明、[日]吉本智慧子:《梁国王墓志铭文初释》,《民族研究》2007 年第 2 期。

贾鸿恩、李俊义:《辽萧孝恭萧孝资墓志铭考释》,《北方文物》2006 年第 1 期。

李举纲:《西安南郊新出土〈刘黑马墓志〉考述》,《考古与文物》2015 年第 4 期。

刘凤翥、王云龙:《契丹大字〈耶律昌允墓志铭〉之研究》附录,《燕京学报》新 17 期,北京大学出版社 2004 年版。

刘凤翥等:《契丹小字〈耶律慈特·兀里本墓志铭〉考释》,《燕京学报》新 20 期,北京大学出版社 2006 年版。

孙勐:《辽代吕□□墓志考释》,《鲁谷金代吕氏宗族墓葬发掘报告》,科学出版社 2010 年版。

王成生:《辽宁朝阳市辽刘承嗣族墓》,《考古》1987 年第 2 期。

赵一兵:《元代巩昌汪世显宗族墓葬出土墓志校释五则》,《内蒙古社会科学》2006 年第 2 期。

周峰:《金代刘正墓铭考释》,《宋史研究论丛》第 23 辑,科学出版社 2018 年版。

周峰:《金代张子行墓志三题》,《文物春秋》2002 年第 6 期。

周伟洲:《陕北出土三方唐五代党项拓跋氏墓志考释》,《民族研究》2004 年第 6 期。

邹宝库:《辽阳市发现金代〈通慧圆明大师塔铭〉》,《考古》1984 年第 2 期。

三、研究论著

（一）著作

白寿彝主编:《中国通史》第六卷,上海人民出版社 1995 年版。

常建华:《宋以后宗族的形成及地域比较》,人民出版社 2013 年版。

常建华:《宗族志》,上海人民出版社 1998 年版。

陈炳应:《西夏文物研究》,宁夏人民出版社 1985 年版。

陈莉萍、陈小亮:《宋元时期四明袁氏宗族研究》,浙江大学出版社 2012 年版。

陈玮:《西夏番姓大族研究》,甘肃文化出版社 2017 年版。

程民生:《宋代地域文化》,河南大学出版社 1997 年版。

杜建录:《党项西夏碑石整理研究》,上海古籍出版社 2015 年版。

冯尔康等:《中国宗族史》,上海人民出版社 2009 年版。

符海朝:《元代汉人世侯群体研究》,河北大学出版社 2007 年版。

何新所:《昭德晁氏家族研究》,上海古籍出版社 2006 年版。

何兆泉:《两宋宗室研究:以制度考察为中心》,上海古籍出版社 2016 年版。

黄宽重:《宋代的家族与社会》,国家图书馆出版社 2009 年版。

黄宗智:《华北的小农经济与社会变迁》,中华书局 2000 年版。

景爱:《皇裔沉浮——北京的完颜氏》,学苑出版社 2002 年版。

李贵录:《北宋三槐王氏家族研究》,齐鲁书社 2004 年版。

李玉君:《金代宗室研究》,科学出版社 2016 年版。

刘焕阳:《宋代晁氏家族及其文献研究》,齐鲁书社 2004 年版。

柳立言:《宋代的家庭与法律》,上海古籍出版社 2008 年版。

罗莹:《宋代东莱吕氏家族研究》,人民出版社 2011 年版。

马斗成:《宋代眉山苏氏家族研究》,中国社会科学出版社 2005 年版。

马泓波:《宋代家法族规研究:儒家理想中的社会秩序》,吉林人民出版社 2011
年版。

蒙文通:《蒙文通文集》,巴蜀书社 1998 年版。

漆侠、乔幼梅:《辽夏金经济史》,河北大学出版社 1998 年版。

漆侠:《宋代经济史》上册,上海人民出版社 1987 年版。

齐德舜:《〈宋史·吐蕃传〉笺证》,中国社会科学出版社 2015 年版。

齐伟:《辽代汉官集团的婚姻与政治》,科学出版社 2017 年版。

史风春:《辽朝后族诸问题研究》,人民出版社 2017 年版。

史金波:《西夏社会》,上海人民出版社 2007 年版。

舒焚:《辽史稿》,湖北人民出版社 1984 年版。

宋德金、史金波:《中国风俗通史·辽金西夏卷》,上海文艺出版社 2006 年版。

王鹤鸣:《中国家谱通论》,上海古籍出版社 2010 年版。

王明珂:《游牧者的抉择:面对汉帝国的北亚游牧部族》,广西师范大学出版社
2008 年版。

王善军:《辽宋金社会史论集》,人民出版社 2022 年版。

王善军:《世家大族与辽代社会》,人民出版社 2008 年版。

王善军:《宋代宗族和宗族制度研究》,人民出版社 2018 年版。

魏峰:《宋代迁徙官僚家族研究》,上海古籍出版社 2009 年版。

夏宇旭:《金代契丹人研究》,中国社会科学出版社 2014 年版。

邢铁:《中国家庭史·宋辽金元时期》,广东人民出版社 2007 年版。

杨积堂:《法典中的西夏文化:西夏〈天盛改旧新定律令〉研究》,法律出版社
2004 年版。

杨茂盛:《中国北疆古代民族政权研究》,黑龙江教育出版社 2014 年版。

杨若薇:《契丹王朝政治军事制度研究》,中国社会科学出版社 1991 年版。

杨忠谦:《金代家族与家族文学关系研究》,中国社会科学出版社 2019 年版。

张邦炜:《宋代婚姻家族史论》,人民出版社 2003 年版。

张建伟:《元代北方文学家族研究》,商务印书馆 2019 年版。

张正明:《契丹史略》,中华书局 1979 年版。

朱开宇:《科举社会、地域秩序与家族发展》,台湾大学出版委员会 2004 年版。

邹重华、粟品孝主编:《宋代四川家族与学术论集》,四川大学出版社 2005 年版。

[德]马克思、恩格斯:《马克思恩格斯全集》第 4 卷,人民出版社 1958 年版。

[德]马克思、恩格斯:《马克思恩格斯选集》第 4 卷,人民出版社 2012 年版。

[俄]克恰诺夫、聂鸿音:《西夏文〈孔子和坛记〉研究》,民族出版社 2009 年版。

[美]柏文莉:《权力关系:宋代中国的家族、地位与国家》,刘云军译,江苏人民
出版社 2015 年版。

[美]戴仁柱:《丞相世家:南宋四明史氏家族研究》,刘广丰、惠冬译,中华书局
2014 年版。

[美]贾志扬:《天潢贵胄:宋代宗室史》,赵冬梅译,江苏人民出版社 2005 年版。

[日]爱新觉罗乌拉熙春:《契丹语言文字研究》,以文社 2004 年版。

[日]井上彻、远藤隆俊编:《宋—明宗族的研究》,汲古书院 2005 年版。

[日]小林义广:《欧阳修——他的生涯与宗族》,创文社 2000 年版。

（二）论文

安国楼:《中国家谱中的"欧苏法式"探讨》,《郑州大学学报》1998 年第 5 期。

蔡美彪:《辽代后族与辽季后妃三案》,《历史研究》1994 年第 2 期。

蔡美彪:《契丹的部落组织和国家的产生》,《历史研究》1964 年第 5、6 期合刊。

蔡美彪:《试说辽耶律氏萧氏之由来》,《历史研究》1993 年第 5 期。

常建华:《近十年宋辽金元宗族研究综述》,《安徽史学》2011 年第 1 期。

常建华:《宋元时期徽州祠庙祭祖形式及其变化》,《徽学》2000 年卷,安徽大学
出版社 2001 年版。

常建华:《元代墓祠祭祖问题研究》,赵清主编《社会问题的历史考察》,成都出

版社 1992 年版。

常建华:《元代族谱研究》,《谱牒学研究》第 3 辑,书目文献出版社 1992 年版。

常建华:《元人文集族谱序跋数量及反映的谱名与地区分布》,《史学集刊》2008 年第 6 期。

陈广恩:《元唐兀高氏家族考略》,《元史及民族与边疆研究集刊》第 22 辑,2010 年。

陈鲲化:《唐宋时代家族共产制度与法律》,朝阳大学《法律评论》12 卷 1、2 期,1934 年。

陈瑞:《元代徽州的宗族建设》,《安徽师范大学学报》2009 年第 2 期。

陈述:《金史氏族表》,《金史拾补五种》,科学出版社 1960 年版。

陈述:《契丹女真汉姓考》,《东北集刊》1941 年第 2 期。

陈玮:《从〈天盛律令〉看西夏皇族》,《西夏研究》2010 年第 2 期。

楚庄:《中国古人的姓氏字号》,《文史知识》1981 年第 4 期。

戴建国:《宋代家法族规试探》,漆侠、李埏主编《宋史研究论文集》,云南民族出版社 1997 年版。

邓文韬:《元代唐兀人研究》,宁夏大学博士学位论文,2017 年。

都兴智:《从出土的石刻资料看萧翰的出身和族帐》,贾淑荣、韩世明主编:《辽金史论集》第 17 辑,中国社会科学出版社 2019 年版。

都兴智:《辽代契丹人姓氏及其相关问题考探》,《社会科学辑刊》2000 年第 5 期。

都兴智:《略论辽金时期的渤海高氏》,《东北亚研究论丛》第 3 辑,吉林大学出版社 2009 年版。

都兴智:《契丹族的姓氏和名称》,《辽宁师范大学学报》1990 年第 5 期。

杜建录:《论党项宗族》,《民族研究》2001 年第 4 期。

杜建录:《夏州拓跋部的几个问题》,《西夏研究》2013 年第 1 期。

杜建录等:《宋代党项拓跋部大首领李光睿墓志铭考释》,《西夏学》第 1 辑,2006 年。

冯继钦:《金元时期契丹人姓名研究》,《黑龙江民族丛刊》1992 年第 4 期。

冯永谦:《辽史外戚表补证》,《社会科学辑刊》1979 年第 3—4 期。

韩世明:《辽代皇族六院部夷离堇房相关问题考》,《民族研究》2012 年第 2 期。

韩世明:《辽金时期女真氏族制度新论》,《东北亚论坛》1994 年第 2 期。

胡小鹏:《元代巩昌汪氏家族事略》,《西北师大学报》1990 年第 3 期。

景爱:《双城完颜氏宗族谱考释》,《东北史研究》(内部交流刊物)2008 年第 2 期。

柯昌基:《宋代的家庭公社》,《南充师范学院学报》1982 年第 3 期。

蓝利等:《古居延绿洲汉代至西夏渠系影像特征及绿洲环境变迁》,《第四纪研究》2009 年第 2 期。

李锡厚:《试论辽代玉田韩氏家族的历史地位》,《宋辽金史论丛》第 1 辑,中华书局 1985 年版。

李智裕、苗霖霖:《略论辽金时期东京渤海遗民张氏家族》,《辽金历史与考古》第 4 辑,辽宁教育出版社 2013 年版。

刘达科:《金元耶律氏文学世家探论》,《民族文学研究》2003 年第 2 期。

刘凤翥:《释契丹语"迤逦免"和"乙林免"》,《沈阳师范学院学报》1980 年第 1 期。

刘浦江:《渤海世家与女真皇室的联姻——兼论金代渤海人的政治地位》,《北大史学》第 3 辑,北京大学出版社 1995 年版。

刘晓:《试论累世同居共财在元代的发展及其特点》,《中国经济史研究》2002 年第 1 期。

刘晓:《元代家族发展略论——以族谱、族田与祠堂为中心》,《中央民族大学学报》2018 年第 3 期。

刘晓:《元好问寄中书耶律公书补释——兼论士大夫家族在金元政治生活中的延续》,《中国社会科学院历史研究所学刊》第二集,商务印书馆 2004 年版。

刘晓溪:《完颜希尹家族新证》,《东北史地》2013 年第 6 期。

刘兴唐:《宋代中国之血族公有财产制》,《文化批判》第 3 卷第 1 期,1935 年。

罗海燕:《契丹石抹家族在元代的变迁》,《黑龙江民族丛刊》2011 年第 3 期。

罗继祖:《辽汉臣世系表》,《愿学斋丛刊》,1937 年。

孟楠:《略论元代的察罕及其家族》,《内蒙古大学学报》2003 年第 3 期。

欧阳宗书:《字辈——中国古代宗法制社会的一种礼制》,《江西大学学报》1989 年第 4 期。

潘洁:《西夏税户家主考》,《宁夏社会科学》2016 年第 2 期。

漆侠:《从对〈辽史〉列传的分析看辽国家体制》,《历史研究》1994 年第 1 期。

漆侠:《契丹辽国建国初期的皇位继承问题》,《知困集》,河北教育出版社 1992 年版。

漆侠:《宋元时期浦阳郑氏家族之研究》,《刘子健博士颂寿纪念宋史研究论文集》,同朋舍 1988 年版。

乔幼梅:《论党项的宗法封建制》,《烟台大学学报》1994 年第 2 期。

任爱君:《9 世纪中后期契丹社会的组织结构与发展状态——以世里氏家族研究为中心》,《内蒙古社会科学》2008 年第 6 期。

盛清沂:《试论宋元族谱学与新宗法之创立》,《第二届亚洲族谱学学术研讨会会议记录》,联经出版公司 1985 年版。

史金波、吴峰云:《元代党项人余氏及其后裔》,《宁夏大学学报》1985 年第 2 期。

宋德金:《烧饭琐议》,《中国史研究》1983 年第 2 期。

粟品孝:《组织制度、兴衰沉浮与地域空间——近八十年宋代家族史研究走向》,《社会科学战线》2010 年第 3 期。

孙昊:《辽金女真的"家"与家庭形态》,《贵州社会科学》2015 年第 11 期。

汤开建:《隋唐五代宋初党项拓跋部世次嬗递考》,《西夏学》第 9 辑,2013 年。

陶晋生:《北宋士族——家庭·婚姻·生活》,(台北)"中研院"历史语言研究所 2001 年版。

田卫疆:《元代高昌畏兀儿偰氏家族研究》,《新疆历史研究》1985 年第 1 期。

佟建荣:《西夏后妃宗族考》,《西夏研究》2014 年第 2 期。

汪受宽:《巩昌汪氏的族属及其与徽州汪氏的通谱》,《民族研究》2006 年第 3 期。

王国维:《耶律文正公年谱余记》,《王国维集》第 4 册,中国社会科学出版社 2008 年版。

王静如:《西夏文〈杂字〉研究》,《西北民族研究》1997 年第 2 期。

王梅堂:《元代内迁畏吾儿家族世家——廉氏家族考述》,《元史论丛》第 7 辑,江西教育出版社 1999 年版。

王民信:《契丹外戚集团的形成》,《契丹史论丛》,学海出版社 1973 年版。

王善军:《辽朝横帐新考》,《历史研究》2003 年第 2 期。

王善军:《女真贵种与金代政治文明的演变》,《中国社会科学》2022 年第 6 期。

王善军:《宋代的宗族祭祀和祖先崇拜》,《世界宗教研究》1999 年第 3 期。

王颋:《应奎从杨——元、明之际的华亭"璜溪吕氏"》,《古代文化史论集》,上海古籍出版社 2007 年版。

王慰霞:《金元以降山西中东部地区的宗族与地方社会》,南开大学博士学位论文,2010 年。

魏淑霞:《西夏职官中的宗族首领》,《宁夏社会科学》2015 年第 5 期。

魏淑霞:《元代的西夏遗民——斡氏家族》,《西北第二民族学院学报》2008 年第 2 期。

吴海涛:《从元代贺氏家族的兴盛看两种文化之间的中介角色》,《元史论丛》第 7 辑,江西教育出版社 1999 年版。

萧启庆:《汉人世家与边族政权——以辽朝燕京五大家族为中心》,《"国家"科学委员会研究汇刊》第 3 卷第 1 期,1993 年。

萧启庆:《蒙元时代高昌偰氏的仕宦与汉化》,《中国近世家族与社会学术研讨会论文集》,(台北)"中研院"历史语言研究所出版品编辑委员会 1998 年版。

萧启庆:《元代四大蒙古家族》,《元代史新探》,台北新中出版公司 1983 年版。

肖爱民:《"分三耶律为七,二审密为五"辨析——契丹遥辇氏阻午可汗二十部研究之二》,《内蒙古社会科学》2005 年第 2 期。

徐扬杰:《宋明以来封建家族制度述论》,《中国社会科学》1980 年第 4 期。

许怀林:《"江州义门"与陈氏家法》,《宋史研究论文集》(一九八七年年会编刊),河北教育出版社 1989 年版。

许怀林:《财产共有制家族的形成与演变——以宋代江州义门陈氏、抚州义门陆氏为例》,《大陆杂志》1998 年第 2—4 期。

许守泯:《江南第一家——元代浦江郑氏的发展及其士人网络》,《元史论丛》第 10 辑,中国广播电视出版社 2005 年版。

许守泯:《元代金华士人的宗族观——从修谱谈起》,《元代文化研究》第 1 辑,北京师范大学出版社 2001 年版。

杨浣:《五代夏州拓跋部世系与婚姻考论》,《宁夏社会科学》2005 年第 1 期。

杨军:《"变家为国":耶律阿保机对契丹部族结构的改造》,《历史研究》2012 年第 3 期。

杨茂盛、陈春霞:《党项人的宗族部族及其民族与国家的形成》,《黑龙江民族丛刊》2003 年第 2 期。

杨茂盛:《论契丹的宗族—家族斗争及其世选制》,《北方文物》1996 年第 1 期。

杨忠谦:《金代女真皇族谱牒文化述论》,《中州学刊》2012 年第 3 期。

姚从吾:《说辽朝契丹人的世选制度》,《东北史论丛》上册,台北正中书局 1959 年版。

尹俊、席永春:《元人文集家谱序中的元代家族》,《中共宁波市委党校学报》2005 年第 3 期。

章毅:《理学社会化与元代徽州宗族观念的兴起》,《中国社会历史评论》第 9 卷,天津古籍出版社 2008 年版。

章毅:《元明之际徽州地方信仰的宗族转向:以婺源大畈知本堂为例》,《(香港中文大学)中国文化研究所学报》第 47 期,2007 年。

赵华富:《宋元时期徽州族谱研究》,《元史论丛》第 7 辑,江西教育出版社 1999 年版。

赵英丽、韩光辉:《楠溪江流域宗族与学术高峰》,《中国历史地理论丛》2006 年第 1 辑。

周峰:《元代西夏遗民杨朵儿只父子事迹考述》,《民族研究》2014 年第 5 期。

[美]万安玲:《宋元转变的汉人精英家族:儒户身份、教育传统与书院》,《中国社会历史评论》第 9 卷,天津古籍出版社 2008 年版。

[日]爱新觉罗乌拉熙春、呼格吉勒图:《初鲁得族系考》,《内蒙古大学学报》2007 年第 6 期。

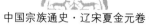
〔日〕爱新觉罗乌拉熙春:《韩知古家族世系考》,《立命馆文学》591 号,2005 年 10 月。

〔日〕爱新觉罗乌拉熙春:《契丹横帐考》,《立命馆文学》583 号,2004 年 4 月。

〔日〕饭山知保:《金元时期北方社会演变与"先茔碑"的出现》,《中国史研究》 2015 年第 4 期。

〔日〕宫本则之:《宋元时代的坟庵与祖先祭祀》,《佛教史学研究》第 35 卷第 2 期,1992 年。

〔日〕仁井田陞:《唐宋之家族同产及遗嘱法》,汪兼山译,《食货》1 卷 5 期, 1935 年。

〔日〕森田宪司:《宋元时代的修谱》,《东洋史研究》第 37 卷第 4 号,1979 年。

〔日〕松浦茂:《金代女真氏族的构成》,《民族史译文集》第 10 辑,中国社会科学 院民族研究所编刊,1981 年。

〔日〕中田薰:《唐宋时代的家族共产制(一、二)》,《国家学会杂志》第 40 卷第 7、8 号,1926 年。

# 索　引

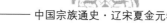

# 后　记

　　本卷自 2014 年"多卷本《中国宗族通史》"课题立项开始着手收集资料,随后陆续对资料进行研读和初稿写作,至 2019 年基本完稿。课题结项后,又对书稿进行了若干修改,至 2021 年基本定稿。前后延宕大约 8 年时间。

　　本卷涉及辽宋夏金元 5 个政权,内容繁杂,章节安排很难周延,作者学力也很难覆盖全部内容,时有顾此失彼之感。有鉴于此,在书稿写作的过程中,时常就相关问题与我的学生讨论,他们的意见有不少为作者所采纳。其中,我的两位博士生还参与了部分初稿的写作。一位是现工作于西北师范大学历史文化学院的郝振宇,提供了第二章第二节"党项世家大族"、第五章中有关西夏部分的初稿以及第十一章"元代北方宗族组织的整合与发展"的部分初稿;另一位是目前在暨南大学中国文化史籍研究所从事博士后研究工作的王迎辉,提供了第十二章"元代南方宗族组织的强化与发展"的初稿。

　　在进行课题研究和书稿写作的过程中,得到课题主持人常建华先生和承担课题的同人阎爱民、夏炎等先生的诸多帮助。书稿中的资料,主要由我的学生陈岑、胡月、朱杨龙、米欣悦等进行了核对。

　　对于以上各位学友的帮助,谨致以真诚的谢意!

王善军

2023 年 11 月 19 日

责任编辑:郭彦辰
封面设计:石笑梦
版式设计:顾杰珍

**图书在版编目(CIP)数据**

中国宗族通史. 辽宋夏金元卷/常建华 主编;王善军 著. —北京:
　人民出版社,2024.1
ISBN 978－7－01－026177－5

Ⅰ.①中…　Ⅱ.①常…②王…　Ⅲ.①宗族-历史-中国-辽宋金元时代
　Ⅳ.①K820.9

中国国家版本馆 CIP 数据核字(2023)第 244625 号

**中国宗族通史**

ZHONGGUO ZONGZU TONGSHI

(辽宋夏金元卷)

常建华 主编　　王善军 著

**人民出版社** 出版发行

(100706　北京市东城区隆福寺街 99 号)

北京盛通印刷股份有限公司印刷　新华书店经销

2024 年 1 月第 1 版　2024 年 1 月北京第 1 次印刷
开本:710 毫米×1000 毫米 1/16　印张:31.25
字数:470 千字

ISBN 978－7－01－026177－5　定价:180.00 元

邮购地址 100706　北京市东城区隆福寺街 99 号
人民东方图书销售中心　电话 (010)65250042　65289539